道德·价值·文化丛书

幸福与和谐

（第二版）

江　畅／著

科学出版社
北　京

图书在版编目（CIP）数据

幸福与和谐 / 江畅著．—2 版．—北京：科学出版社，2016
（道德・价值・文化丛书）
ISBN 978-7-03-050659-7

Ⅰ．①幸… Ⅱ．①江… Ⅲ．①社会发展－研究－中国
Ⅳ．① D668

中国版本图书馆 CIP 数据核字（2016）第 274278 号

丛书策划：侯俊琳 樊 飞
责任编辑：侯俊琳 樊 飞 / 责任校对：张怡君 赵桂芬
责任印制：徐晓晨 / 封面设计：无极书装

编辑部电话：010-6403 5853
E-mail：houjunlin@mail.sciencep.com

科学出版社出版
北京东黄城根北街 16 号
邮政编码：100717
http://www.sciencep.com
北京虎彩文化传播有限公司 印刷
科学出版社发行 各地新华书店经销
*
2016 年 11 月第 一 版 开本：720 × 1000 1/16
2020 年 1 月第二次印刷 印张：35 1/2
字数：700 000
定价：169.00 元
（如有印装质量问题，我社负责调换）

“道德·价值·文化丛书”

引言

幸福：人类追求的终极目标

人是有意识的，其重要体现之一是人能思考为什么活着，从而能确立人生的终极目标。然而，人生应该确立什么样的终极目标？不同的人有不同的看法，不同的社会（在人类历史上有不同的基本形式，如民族、部落、国家等）有不同的选择。如果考虑个体与群体的因素，情形就会更为复杂。从历史和现实来看，有三类人生终极目标：一类是社会倡导的；一类是思想家主张的；一类是大众奉行的。这三类人生终极目标可能是基本一致的，也可能不一致甚至彼此冲突，尽管它们总是相互影响的。那么，有没有某种自古以来得到更多认同的人生终极目标呢？有！这就是幸福。

何谓幸福？人们可以从不同的角度理解它，并给它下定义。其中有两种见解十分流行：一是把幸福理解为快乐；一是把幸福理解为德性。这两种流行看法的主要缺陷在于没有从人生存和发展的角度理解幸福。如果我们不是单纯从个人的感官欲望出发，也不是单纯从社会的稳定需要出发，而是从人的生存和发展需要出发，我们就可以对幸福做出如下规定：幸福就是人由生存需要得到适度的满足、发展需要得到一定程度的满足并不断追求进一步满足所产生的对人生总体上感到满意的愉悦状态。

这种对幸福的规定有三个要件：其一，生存需要必须得到满足，否则就不会有幸福，相反会不幸，甚至痛苦；但是，对生存需要的追求又必须适度，否则就会由此导致贪欲，贪欲是祸患的根源。其二，只有生存需要得到满足是不够的，发展需要还必须得到一定程度的满足，而且不断追求进一步的满足。不追求发展需要的满足，或获得一些满足就无所用心，也不会有幸福，或由幸福变得不再幸福。其三，作为幸福的那种满意状态，只能是就生活总体而言的，而不是就某一件事或某一方面而言，否则就不会有人能获得幸福。

幸福与快乐不同，幸福更依赖环境和条件。幸福与否不仅取决于生存发展需要满足的状态，而且取决于环境和条件。事实上，人的生存和发展需要本身也取决于环境和条件。大致说来，幸福的环境和条件主要有四个方面：社会、家庭、职业、素质。这四个方面的状况共同规定着人们是否幸福和幸福的程度，它们是控制人们幸福状况的变量。在这些变量中，社会对于个人幸福来说又是根本性的。个人生存和发展需要满足所需要的资源、对象、场所、机会等所有一切都需要社会提供。规定个人幸福的其他因素归根到底取决于社会。社会决定着是否把个人幸福作为社会一切活动的终极追求，甚至也决定着个人能否把幸福作为自己的人生终极目标。

从西方历史来看，早在古代希腊，无论大众还是政治家就已经把幸福作为人生的追求。例如，著名的雅典政治家梭伦就曾与吕底亚的国王克洛苏斯讨论幸福问题，并主张财富不能决定一个人的幸福；没有一个人在死前可以被称为幸福的。此后，什么是幸福和怎样才能获得幸福的问题成为了希腊哲学最重要的主题之一。事实上，希腊神话中的神形象就已经表达了古希腊人的幸福理想和对幸福的向往。

中世纪的西方被认为是神学和教会统治下的黑暗时期，但如果深入考察就会发现，幸福仍然是社会倡导、思想家主张和大众信奉的人生终极目标。与希腊人所追求的幸福不同之处仅在于：这种幸福不是现实的幸福，而是来世的幸福；不是短暂的幸福，而是永恒的幸福；不是耳目感官满足的幸福，而是与上帝同在的幸福。这种幸福不可能靠人自己的力量来实现，只有上帝才能实现，于是信奉上帝就成为人们获得幸福之路。当然，事实证明这是一条异化之路：信仰上帝本来被作为通向幸福的道路，结果却成为了不幸的根源。

文艺复兴以来的西方近现代，上帝的统治地位被推翻，但追求幸福的传统并没有改变，只是幸福回归到了现实，实现幸福的力量回归到了人自身，人成为了自身幸福的真正主人。

由此看来，幸福是西方人自古以来一直坚信不渝的人生终极目标，尽管对什么是幸福以及怎样获得幸福存在着诸多不一致，但在应该把幸福作为人生终极目标这一点上，无论是大众，还是思想家，以及统治者都无明显的分歧。

与西方不同，中国历史的情形要复杂得多。早在《尚书·洪范》（《洪范》篇记载的是周代统治者的言论）中就提出了“五福”，即：“一曰寿，二曰富，三曰康宁，四曰攸好德，五曰考终命”①，并要求用“五福”教化民众，使之倾慕之。但

① 这被认为是狭义的“五福”，还有广义的“五福”，即：福、禄、寿、喜、财。参见江畅、戴茂堂：《西方价值观念与当代中国》（湖北人民出版社 1997 年版）下篇，第一章：多维的传统。

是，自春秋开始，思想家和统治者都不怎么谈福，统治者不倡导追求幸福，思想家也不主张追求幸福。特别是自孔子开始的儒家学派，只推崇“德”（其核心内容是“三纲五常”），而不倡导“福”。维护统治秩序的“德”被看作是公“义”被倡扬，而“福”被看作是私“利”被贬抑。当这种思想被上升为占统治地位的意识形态后，崇德弃福就成为了社会的主导观念，并成为中国主流文化的传统。

但是，中国远古“福”的观念在中国民间得到了一代又一代的传承。中国的老百姓历来都把获得“五福”看作是人生的圆满境界，并逐渐形成了尚福、祈福、祝福、致福的传统。每逢过节，特别是除旧岁迎新年的春节，中国的百姓都会贴着倒写的“福”字，其意思是：祈求福到。每逢喜庆日子，特别是给人祝寿时，人们都通过各种方式表达对当事者的祝福，如“多子多福”、“福如东海长流水，寿比南山不老松”，等等。

对于中国这种复杂的情形有三点值得注意：

第一，中国传统社会是一种极少数人统治和压迫绝大多数人的社会，防止被统治者反抗，维护统治秩序是社会的第一要务。统治者以及属于统治者阵营的思想家，必定会把旨在维护统治秩序的“德”置于人生的首选目标甚至唯一目标加以倡扬，崇德而弃福。

第二，如果不考虑统治者和思想家崇德弃福的利己用心，那么这种做法也像西方中世纪一样，是一种异化。从社会的角度来看，道德本来是一种社会控制机制，是维护社会秩序的一种手段，其目的是为了给社会成员的幸福提供稳定的环境。中国传统社会的统治者和思想家忽视了道德的手段性质，而将之强调到极端，以至于把它确立为人们应追求的人生终极目标，手段变成了目的。真正的目的被替代、被湮没。

第三，统治者和思想家这样倡扬并不意味着他们自己就这样躬行实践，实际上绝大多数统治者和思想家与老百姓一样追求“福”，不同之处在于，他们更经常地把“仁义道德”挂在嘴边，表里不一。

值得庆幸的是，中国传统社会自鸦片战争开始受到冲击。到20世纪80年代，改革开放的春风迅速地消融了中国传统社会“异化”的坚冰。在新世纪开始的时候，马克思“人的全面而自由发展”的理想通过党和国家领导人的正式讲话确定为我国社会及其成员的终极追求[①]。人全面而自由发展，这无疑可视为现代人所理解的幸福。中国共产党第十六次全国代表大会的政治报告中更明确地提出把“人

① 参见江泽民：《在庆祝中国共产党诞生八十周年大会上的讲话》，《人民日报》2001年7月1日。

民幸福”作为社会追求的目标。这样，我们可以说，“幸福”已经被写在了今日中国社会的旗帜之上。

从中西方的历史来看，除了发生异化和统治者利用政治谋取私利的时期之外，人类文明社会及其思想家和大众一般都把幸福作为自己的终极目标，而且随着人类社会的进步，这种意识越来越明确和自觉。幸福是人类追求的终极目标，人类是自己幸福的主人，人类一切活动的终极目的只是为了自身的幸福，对此，今天似乎不应该有什么异议。在这一点上形成共识，可以说是对人类生存和发展具有根本意义的重大事情。普遍认同这一观念并以之为人类的基本原则，就为人类确立了一条终极的价值尺度，就可以从根本上杜绝人类社会和个体发生异化的可能。

幸福是一个抽象的概念，其内涵是不确定的、相对的。不同的人、不同的社会、不同的时代对幸福有不同的理解。然而，正是这一抽象的概念才最适合作为人类的终极价值目标。

幸福总是个体性的。以幸福作为终极目标，本身意味着以人类成员个体作为人类的终极实体，对于人类来说，其他一切实体（包括国家和其他一切组织）都是从属的。坚持以幸福为终极目标，就可以防止不以人类成员个体而以其他事物为终极目标的情况发生。

幸福是一个总体性的范畴，它意味着好的生活。“生活”是一个总体性范畴，它不是指人生活的某一方面，而是指人生活的总体，如物质生活、文化生活、精神生活，等等。“好”也是一个总体范畴，它不是指某一方面好，而是指各方面都好，如事业好、家庭好、个性好、德性好，等等。尽管历史上人们对幸福的理解有种种偏差，但毕竟是偏差，并非幸福概念本身有局限。

幸福作为一个抽象概念是可填充的，这为每一个人确立自己具体的人生终极目标保留了空间。幸福不是一个量化的指标体系，而是一个一般性的要求，这种要求是框架性的。这就使不同的个人可以创造属于自己的幸福，形成自己的生活个性。幸福本身要求人们在幸福的框架内自我选择、自我设计、自我创造，要求个人成为自己幸福的真正作者。

幸福是一个社会性范畴，不幸的社会不会有幸福的人生。好的生活需要好的社会。那种限制甚至扼杀个人幸福的社会，根本就不可能有真正的个人幸福。只有那种把幸福作为社会的终极目标并致力于实现这种目标的社会，才会鼓励其成员追求幸福、创造幸福、享受幸福，也才会为其成员获得幸福创造条件、提供机会，使幸福得以普遍实现。

幸福总是相对的。幸福不是尽善尽美，而是一种相对的好。一方面它意味着对于某一个人而言的好，这种好对于别人不一定就是好。例如一个残疾人的幸福，显然不同于一个正常人的幸福。另一方面它意味着不满足现状，与时俱进，在可能的情况下越来越好。从这种意义上看，幸福意味着生活得更好。

智慧：实现幸福的最佳途径

幸福不是毛毛雨，不会从天上掉下来。人们为了获得幸福，必定会寻找各种通达幸福的道路。在林林总总的幸福之路中，有的是平坦的，有的是坎坷的；有的是径直的，有的是曲折的；有的是令人愉快的，有的是令人痛苦的；有的是可以达到幸福境界的，有的可能是南辕北辙的，甚至是死胡同。智慧，就是那种平坦、径直、令人愉快的幸福之路。

何谓智慧？一般地说，智慧就是能批判地、实践地运用的经验和知识。按《牛津哲学指南》的解释，智慧是“把反思的态度与实践的关切统一起来的一种理智（understanding)。这种态度的目的是要理解实在的根本本性及其对过好生活的意义。这种实践关切的对象是要在主体的品质和环境既定的情况下构成一种关于过好生活的合情合理的概念，并对他们不得不在其中作出决定和行动的情境作出评价。作出这些评价因为许多情境的复杂性而是困难的，好生活是不完全地构成的，个体的品质和环境的可变性使一般原则成为不充分具体的。因此，智慧可以与评价复杂情境的好的判断、由于对人的条件的反思性理解所获得的好的生活的概念等同起来。”①

另外一位哲学家对智慧的解释也许更容易理解：“智慧要求人们不仅能做事实判断或描述判断，而且也能做规范判断。人的目的，按照希腊人的传统，就是要把握‘善、真、美’。”②“一个有智慧的人不仅知道实在是什么，而且知道它能是什么。当一个人必须接受像他所发现的那样的世界时，他或她还能做另外两件事情：(1) 区分世界的哪些方面更有价值；(2) 以这样的方式行动：改进这个世界。哲学家的任务就是要表明这两者怎样被做。”③

由此看来，智慧既是知识也是能力，体现在人的认知、评价、决策和操作的各种活动中。它包括理论方面和实践方面，有对象之思和自我之思或反思之思之

---

① Cf. “Wisdom”, in *The Oxford Companion to Philosophy*, Oxford University, 1995.

② G. Runkle, *Theory and Practice: An Introduction to Philosophy*, New York: CBS College Publishing, 1985, p.205.

③ G. Runkle, *Theory and Practice: An Introduction to Philosophy* New York: CBS College Publishing, 1985, p.208.

别。真正的智慧应该包括智慧的所有方面。智慧是聪明，但不只是小聪明，而且是大聪明，是明智。智慧是理性，但不只是工具理性，还是价值理性，是合规律性与合目的性的统一，是合理。智慧是审慎，但不是谨小慎微，而是深思熟虑，是稳健。既重物欲，又重心灵，既看树木，又看森林，既有近忧，又有远虑，这就是人类智慧的真正本性。

智慧实质上是适应人更好地生存和发展所形成和发展起来的人的特有能力，它的使命也是要使人能在艰难的生存竞争中有效地保护自己，丰富自己，发展自己，获得需要满足，实现自我价值。智慧是人生的指南针、控制器。它给人认识、评价、选择、活动以正确方向，给人与环境（包括自然环境和社会环境）的关系、人自身内在的各种关系以恰当调节。总之，智慧可以使人的生活达到可能达到的美好状态，这种可能达到的美好状态，对于一个人来说就是幸福。因此我们说，智慧是人们实现幸福的真正途径和有效工具。

智慧之所以是实现幸福的主要途径，归根到底是智慧的特性决定的。智慧是人特有的一种复杂机能，是人的灵性的集中体现。与人的其他机能（如信仰、灵感、理性等）相比较，具有以下显著特点：

注重整体观照。智慧说到底就是人们妥善处理个体与整体、局部与全部、眼前与长远、私利与公益、情感与理智、物质（物欲）与精神（心灵）这些人生基本关系的能力。智慧要求人们注重从根本上总体上认识和处理问题，要求人们在认识和处理各种问题时兼顾到各方面，立足于根本、着眼于总体认识和处理问题，切忌顾此失彼，抓住一点，不及其余。

恪守推己及人。智慧要求人们“己所不欲，勿施于人”，也就是时时事事处处想到别人也是人，也有与自己一样的自由、权利和追求，这一切都应该得到尊重，切忌强人所难，把自己不想要的、不想做的强加给别人。这也就是康德所说的，你要这样地行动：使你的行为所遵循的准则能成为每一个人都能遵循的普遍法则。

践行中庸之道。智慧要求人们为人处世要遵循中道原则，无过无不及，力求做到恰如其分，合情合理，切忌走极端，无所顾忌。正如古希腊哲学家德谟克利特所指出的：“从智慧中引申出这三种德性：很好地思想，很好地说话，很好地行动。”①

既入世又出世。智慧要求人们以积极的态度追求成功，为自己和所在集体（包括单位、国家等）谋求福利，同时又要求人们以超然的态度对待追求的结果，

---

① ［古希腊］德谟克利特著作残篇：《道德思想》，北京大学外国哲学史教研室编译：《古希腊罗马哲学》，商务印书馆 1961 年版，第 107 页。

适度淡化对功名利禄的占有，切忌成为福利的奴隶，成为贪欲的奴隶。或者说，要求人们既进取又超脱，既重视物质追求又重视精神超越，既关注眼前境遇又关注终极状况。

智慧对于人生幸福的意义，早在古代希腊就已经为人们所公认。古希腊主流观点认为人的幸福主要在于人的德性或美德，有德才有福，有德就有福。他们并不是把德完全等于福，但也不只是把德看作福的必要条件之一，而是认为德是福的必要而又充分的条件。“最优良的德性就是幸福，幸福是德性的实现，也是德性的极致。”[①]亚里士多德的这句话可称得上是上述观点典型的表达。古希腊人认为，在所有德性中，有四种德性是主德，这就是智慧、勇敢、节制、正义。智慧被古希腊人推崇为第一美德或最高德性。如果说有德才有福，那么没有智慧，就不会有福。不仅如此，没有智慧，其他所有的德性也许就不再是德性了。

尽管古人早已意识到了智慧对于人的生存和发展、对于幸福的意义，但直到今天，人们仍然并不总是清醒地意识到自己智慧的本性，并没有努力去发挥和发展这种本性，更不总是去开发自己的智慧。相反，在平常人那里，由于种种原因，智慧常常为小聪明和工具理性所淹没，他们为日常的功名利禄所累，忘却了或忽略了生存的根本目的和真正意义。事实表明，智慧虽然是人所具有的，但并不是自然而然就会存在的，它需要学习、实践、开发。其必经的途径就是学习和掌握哲学。人类之所以要哲学，就是要哲学来开启人类的智慧。

哲学的本意就是爱智慧。这里的“爱”，就是把智慧作为人最宝贵的东西来加以对待，加以研究和阐释。这里的“智慧”不是小聪明，而是大聪明，亦即生存智慧。哲学就是通过研究和阐释生存智慧，并通过批判常识和导引心灵，使人意识到自己智慧的本性，使人真正有智慧。哲学作为关于智慧的学问，不是思维的艺术品，而是人类生存智慧之学。其中心问题就是要研究和回答人类如何有智慧地生存。其主要使命就是要从根本上总体上关照人类生存、维护人类生存、改善人类生存。其根本目标就是要使整个人类和所有个人都拥有真正的智慧。其基本意义就在于促进人类整体和个体对人生和世界的自觉，使之着眼于生存的终极目标和总体状况来反思生存、谋求生存，不断改善自己的生存境遇，使自己真正过上幸福的生活。

哲学是智慧的结晶，也是智慧的升华。哲学是智慧的事业。它关注人类的生存，关注人类的自由，关注人类的命运和未来，一言以蔽之，它关注人类的幸福。

---

① ［古希腊］亚里士多德：《政治学》1428a。参见亚里士多德：《政治学》（吴寿彭译），商务印书馆1965年版，第364页。

因此，哲学也是幸福的事业。要幸福，就要有智慧，要有智慧就必须掌握哲学。哲学不是哲学家的专属品，而应该是我们每一个人的公共品。“人不一定应当是宗教的，但是他一定应当是哲学的。”[①]不一定每一个人都要成为哲学家，都能成为哲学家，但每一个人都应该有哲学的头脑，有哲学的精神，有哲学的境界。

德性：人格完善的可靠保证

自古以来，人格完善一直被作为人生的理想，在不少的民族、国家的某些历史时期，人格完善对于人生的意义甚至比幸福更重要，中国传统社会就是如此。直到今天，还有不少学者将人格完善作为人生的终极追求。人格完善是人生幸福的一个基本方面，即主观条件。如果将人生幸福看作是由内在要素和外在要素两大方面构成的，那么完善的人格就是人生幸福的内在要素的总体结构。这一结构对人生幸福具有决定性意义，因而也可以说是人生幸福所需要的主观条件。当一个人形成了完善的人格，并具备必要的外部条件，他就是幸福的。人格完善之人，亦即“完善之人”，只要具备适当外在条件，就是幸福之人。不过，人格完善的人还只是具备了幸福生活的主观条件，并不一定就会过上幸福生活。因为人的幸福生活受诸多外在条件的影响，而这些条件并不是每一个人所能完全控制的，即使具有很强生存能力的人格完善之人也是如此。

人格完善作为人生幸福的主观条件可以从两种意义上看。在一种意义上，一个人格完善的人具备了获得幸福的素质。人要获得幸福必须具备一定的条件，如社会条件、家庭条件、职业条件等，就个人本身而言，最重的是个人的素质条件。个人素质如何不仅直接规定着个人幸福的广度和深度，对家庭条件、职业条件也有直接影响。[②]人格就是人的综合素质。人格是否完善，意味着综合素质是否完善，人格越完善，人的综合素质越高。人格完善使一个人的人生幸福建立在高层次的起点上和广阔的平台上。在另一种意义上，一个人格完善的人具备了获得幸福的能力。人格完善指人格的各种构成要素及其结构是健康的、完整的、道德的，是协调一致、前后一贯的，而且整体上达到了高层次，个性特色鲜明，具有很强的自我调适能力、自我塑造能力和自我完善能力。这种能力是获得和享受幸福生活的能力。一个人人格越完善，自我调适、自我塑造和自我完善的能力越强，获得和享受幸福的能力就越强。从上述两种意义上看，人格完善是一个人过上幸福生活的充分主观条件。一般来说，个人生活的幸福与个人人格的完善是成正比的。

---

① 冯友兰：《中国哲学简史》，北京大学出版社 1996 年第 2 版，第 5 页。
② 参见江畅：《理论伦理学》，湖北人民出版社 2000 年版，第 110 ～ 113 页。

人格完善的意义不只是在于它是获得幸福的充分主观条件，而且还在于它是幸福感的重要源泉。人格完善的人具有人格魅力，一个人的人格越完善、越高尚，他的人格越有魅力。人格魅力是由人格高尚、人格完善所产生的吸引他人并令他人倾慕、崇敬、赞美的力量。对于具有人格魅力的人来说，人格魅力的意义主要在于，它使他感到自己不仅得到了他人的认同和尊重，而且得到了他人的倾慕、崇敬、赞美，感到自己的价值得到了实现和公认，从而在心理上得到极大的满足。这种满足感是一种比占有财富、金钱、权力、地位等资源更得到他人认同、更得到自我肯定的满足感。这种满足感是一种有高度、有深度的持久幸福感。因此，具有人格魅力是一个人产生不可替代的高质量幸福感的源泉。

用人本主义心理学家马斯洛的话说，人格完善就是自我实现。人格完善作为人性的完善实现，其内涵十分丰富，涉及不同的要素、层次和结构问题。从人类社会生活现实看，其中最重要的是人格要素是否健康、人格结构是否完整、人格性质是否道德、人格层次高低和人格是否具有鲜明的个性特色这五方面的问题。综合这些方面，人格完善具有人格健全、人格道德、人格高尚、人格个性化四个主要特征。

人格健全，主要指人格的各种构成要素及其结构是健康、完整、协调一致和前后一贯的，人格的各个要素没有缺损和障碍，不存在变形、扭曲、冲突、异化的情况。这样的人是全面完整的人，具有统一稳定的自我。一个知识贫乏的人就不能说他人格完善，一个心理变态的人也不能说他人格完善，一个有自私、贪婪、懒惰等恶性的人更不能说他人格完善。

人格健全的前提是具有自我同一性。自我同一性（ego-identity）又称“自我认同”，“就是对自我的定义与确认，即个体对自己是谁，将来要成为什么样子，以及如何适应社会的知觉与感受”。它的形成既不在青春期开始，也不在青春期结束，而是一个逐渐的纵向发展过程。

人格道德，主要是指人格在性质上是道德的，具在正确的价值取向，能服务于个人更好地生存，能妥善处理个人与他人、群体和环境的关系，实现两者的利益共进。人格道德首先体现为其中的品质是德性的。一个人只有品质是德性的，他的人格才会是道德的，相反一个人的品质是恶性的，他的人格就是不道德的。人格道德还体现为具有良心这种基本的道德情感以及其他道德情感，对人的所有活动道德情感都能发挥自我调控作用。人格的道德也体现为具有以社会道德要求为取向的意志控制机制，能在不同情境作出正确的行为选择，能确保行为在任何情况下都是正当的。

人格高尚，主要指人格整体上达到了较高的层次，有很强的自我调适能力、自我塑造能力和自我完善能力。作为人格完善的人格高尚，与通常意义上的人格高尚不完全相同。人们一般把人格高尚理解为德性高尚或有气节，这里所说的人格高尚是指人格的整体水平高，除了德性外还包括观念、知识、能力等人格要素在较高层次上达到了协调一致。当然，德性在人格结构中具有更突出的地位，是人格高尚的主导方面。人格高尚的重要体现是具有智慧。人格高尚的人就是有智慧的人。

一个人具有健全的人格，他的人格就是正常的，而在此基础上具备了道德、高尚的特性，他的人格就是道德的、高尚的。但是，健全、道德、高尚的人格并不就是完善的，完善的人格还必须具备个性化的特征。由于每一个人的人性是不同的，因而每一个人的人格无论是否完善也是各不相同的。每一个人的人性本身就是个性化的，在进行人格塑造和追求人格健全、道德、高尚的过程中不是要消除这种个性化，而是要在塑造健全、道德和高尚人格的过程中使人格更具有个性特色。因此，个性化也是人格完善的一个重要特性，只有具有个性特色的健全、道德、高尚人格才是真正完善的。

人格个性化，主要指人格具有独特性或不可替代性。一般说来，人格总是共性与个性的统一，不同人的人格总有一些共同性，同时或多或少有些差异。这种差异不是人格个性化，人格的个性化不是自然形成的，而是通过自我塑造达到的。人格个性化所指的是每一个人应有自己不同于他人的独特人格，人格的共性寓于个性之中并通过丰富多彩的个性体现出来。

全面、充分、优质、道德、个性化地实现潜能是一种无止境的过程，永远不可能达到完全彻底，更不可能毕其功于一役。人格完善实际上是一种理想状态。任何一个人都不可能完全彻底地实现他的人性潜能，也不能完全彻底地达到人格完善。因此，人格完善常被看作是人格理想。虽然人只能接近而不能达到人格完善，但把人格完善作为人生理想来追求，能使自己的人生更丰富、更充实、更优质、更道德、更高尚，从而达到更高的境界。追求理想人格的实现，不仅需要个人的学习、实践、涵养，而且需要良好的生存环境。特别是各种人格问题的克服需要相应的配套环境。例如，在拜金主义盛行的社会环境中，人格金钱化的弊端就很难克服。但是，个人追求人格完善的意识和意志，个人持续地学习、实践和锻炼即不断地进行人格修养，对于人格完善仍然具有关键性的意义。“出污泥而不染”和“宁为玉碎，不为瓦全”，是有力的证据。

人格的内在结构包括观念、知识、能力和品质四个要素，在这四种内在人格构成要素中，知识和能力一般只从程度方面评价，评价知识用渊博或丰富与否，评价能力用大小、强弱，而观念和品质则一般从性质方面评价，观念存在着正确错误的问题，品质存在着善恶的问题。在四个个性心理特征或内在人格结构要素中，只有品质有善恶之分，通常也只对品质作道德评价，因而品质属于道德调控范围，具有道德意义。因此，品质要素决不只是人格内在的要素之一，而是人格结构中的决定性因素，其善恶性质决定着人格的善恶性质，品质是不是道德的(即德性的)，是区别人格是否道德的主要根据。具有德性品质的人，他的人格就是道德的，而具有恶性品质的人，他的人格就是不道德的。品质作为人的态度倾向和活动方式是人的心理定势，通常以未被意识到的活动准备状态，对人的观念、知识、能力形成和发挥从而对人的活动，发生重要作用和深刻影响。一方面它规定着形成什么样的观念、知识和能力，怎样运用它们以及将它们运用到什么程度；另一方面它决定着人观念、知识、能力运用的性质和方向。因为品质对人的心理活动及其观念、知识、能力和行为起规范和导向作用，所以它被认为是人的最重要的个性心理特征。品质是把一个人与其他人区别开来的显著标志之一。

人格是道德的，并不意味着人格完善，人格完善包括其构成因素及其结构完善，但人格完善意味着品质完善，完善的品质必定是德性的品质，而不会是恶性的品质，恶性的品质不存在完善问题。因此，品质完善与德性完善实质上是同义的。既然品质是人格的决定性因素，那么德性完善就是人格完善的决定性因素。一个人的其他人格要素无论多么完善，如果他的品质不完善，他的人格决不能称为完善的。人格只有在品质完善或德性完善的前提下才谈得上完善。德性是否完善是人格是否完善的首要条件。

德性是人优秀品质中的一种，即道德的品质，或善的品质。德性是一种善（好）性，是不同于行为正当、情感仁爱的品质善。德性并不是与生俱来的，而是在后天的道德实践中形成的。但是，在社会环境中自发形成的德性并不是真正意义的德性，充其量只能称之为“自发的德性”。真正意义的德性是“自觉的德性”或“反思的德性”。这是通过养成和完善的过程从不完整逐渐达到完整、从不高尚逐渐到达高尚。自觉的德性是由理智或智慧在正确道德观念的前提下根据有利于具有者和他活动于其中的共同体及其成员更好生存的根本要求培育所形成的品质。这个过程是一个选择和确认以及将这种确认转变为意愿、谋求和行为的不断反复的复杂过程，其中包括反思、比较、甄别、判断、寻找理由、试错等诸多环节。品质一旦形成就会以心理定势或无意识的动机对人的活动发生作用并使人的活动及其主体成为善（好）的道德意义上的善（好）的。

当然，出于德性的行为并不是确定无疑就是善的，它在实际情境中还要需要智慧（理智）的判断给予支持，在一些情况下还需要仁爱的情感提供动力。但是，德性是人的道德素质中的基本素质，甚至可以说是一个人道德素质的主要标志。这主要表现在：一个人的理智因为有德性作为支撑才成智慧；它比道德情感更具有稳定性，而且道德情感因为有德性而才会成为持久、深沉的道德感情；它对一个人成为什么样的人、过什么样的生活有着决定性的影响，德性之人才是好人，他所过的生活才是好生活。因此，一个人的德性完善程度对于他的人格完善程度有着决定性影响，德性完善对于人格完善具有极端重要性。首先，德性完善直接规定着人格的好坏性质，只有具有优秀的品质才有优秀的人格，品质有缺陷就不会有完善人格，品质有恶性则决无完善人格可言。品质不好，人格中的其他因素再好，可能对人格具有者和其他人乃至社会是有害的。其次，在人格构成因素中，只有品质这一构成因素能够较少地受外在因素影响而养成德性并达到完善。无论是观念、知识还是能力在很大程度上是受环境制约的，与禀赋状况，特别是与接受教育的程度直接相关。一个接受教育很少的人很难有丰富的知识和卓越的能力，但他们可以追求和达到德性完善。

德性对于人格完善的意义不仅体现为德性是人格道德的决定性因素，德性完善是人格完善的首要条件和核心内容，更现实地体现为具有德性可以防止各种人格障碍的发生，也可以通过德性修养克服人格障碍。在人格形成发展的过程中常常会发生各种障碍，这就是人格障碍（personality disorder）。从人格障碍的共同特征和各种表现看，虽然人格障碍都会在行为上有所表现，但深入观察就会发现，这些行为上的问题都是人的品质发生了问题。以最严重的人格障碍——反社会型人格障碍——为例。这种人格障碍的主要特征是常做出不符合社会要求的行为：妨碍公众，不负责；经常违法乱纪，行为冲动；缺乏羞耻心和罪责感；犯错后，无后悔的感觉，也不从中吸取经验教训，常把一切责任归罪于他人。如果一个人在品质自发形成阶段形成了德性的品质，特别是在德性养成和完善阶段注重德性修养并形成了完善德性，所有这些人格障碍就不会发生。一个德性之人，他不可能做出不符合社会要求的行为，即使由于行为情境的原因出现了行为偏差，一旦意识到也会及时纠正。因此，德性之人不会发生人格障碍。人格障碍的发生是与品质形成发生偏差直接相关的。人格障碍出现后很难纠正，需要通过多种途径才能发生作用，从根本上说，只有通过德性修养才能最终克服。人格障碍实质上是品质缺陷，克服这种缺陷离不开德性的养成和完善。

和谐：生存环境的理想状态

人是在环境中生存的。人追求和获得幸福离不开环境，没有好的环境，人的幸福无从谈起。人生存的环境既包括小环境（家庭环境）也包括大环境（社会环境、世界环境、自然环境或宇宙环境），这些不同类型的环境情形本身及其相互关系十分复杂，它们有没有某种共同的“好”的标准呢？有。这就是古今中外许多思想家所主张并且越来越为国人所认同的“和谐”。和谐是人追求和获得幸福所必需的生存环境的理想状态。

何谓和谐？一般地说，和谐是事物之间的一种有序协调的秩序。和谐首先是一种秩序，就是说，是事物的一种共存状态，是事物相互影响、相互作用的方式。其次是一种有序状态，就是说，是事物各安其位、各守本分、各司其职的良序，而不是事物错位、越位、混乱的无序或恶序。最后是一种协调状态，就是说事物之间不敌对、不争斗，相反，彼此之间配合默契，成彼之美。

从和谐的以上一般含义可以看出，和谐有四个基本前提：共存性、多样性、交互性、构建性。

和谐总是就一定的系统或共同体而言，至少有两个以上的事物共存于某一系统之中，才有可能存在彼此之间的秩序，也才谈得上和谐问题。和谐的构成成分是多元的，而非一元的。在绝对统一的一元化整体中，和谐没有存在的余地。那种试图使系统或共同体成为一个绝对统一的一元化整体的努力，只会从根本上消解和谐的根基。中国传统社会长期流行和谐观念，然而从未真正和谐，这也许是因为人们不断致力于构建思想、言论、行为的大一统。

构成和谐的主体或因素不仅是多元的，而且彼此之间是各不相同的，存在着差异性。和谐不是清一色，而是基于差异所形成的多样性，正因为如此，和谐是美的。清一色的事物也可能构成一种秩序，但那种秩序可能是整齐，而不可能是和谐。和谐是基于差异性、多样性并尊重个性构建的秩序。无差异就无多样，无多样则无和谐。和谐的对立面不仅是无序，而且是整齐划一。现代文明所导致的由“单面人”构成的“单面社会”不可能是和谐的，因为构成它的人是清一色的，没有差异性、多样性和个性。

有差异的不同个体如果彼此孤立，“鸡犬之声相闻，老死不相往来”，也无所谓和谐。构成成分之间交互作用、相互影响也是系统或共同体和谐的一个重要前提。和谐不是由僵死的景物构成的静态平面图画，而是由不同的自主个体不断彼此融通协调过程构成的动态立体场景。不同构成要素彼此之间的动态相关性、交互性、渗透性是和谐的重要特征。

和谐有自然性的和构建性的。自然性的和谐是自然形成的，应该承认自然性的和谐是存在的。例如，太阳系就是一种自然性的和谐。但是，作为人生存环境的和谐主要不是自然性的和谐，而是构建性的和谐，不用说人生存的家庭环境、社会环境、世界环境，即使是人生存的自然环境，也日益成为人化的，是人有意无意构建的结果。没有人的构建，就不会有家庭环境、社会环境、世界环境的和谐，在人类面临着严重自然环境恶化威胁的今天，没有人的构建，也不会有自然环境的和谐。对于今天的人类而言，自然性的和谐是少有的，这少有的自然性和谐也是十分脆弱的，不足以满足人类生存对环境的需求。我们应该承认和肯定，人生存所需要的环境和谐是人自主构建的，离开了人的自主性，离开了人的积极构建，就不会有人生存所需要的环境和谐。和谐不能寄希望于维持和保护，而只能诉诸于构建和开创。而且，和谐是属人的，是以人幸福地生存为指向的，人构建和谐的环境，是为了人更好地生存。离开了人，离开了人的幸福，保护和构建环境就是没有意义的。因此，必须着眼于人更好地生存来构建和维护和谐的环境。

从和谐的一般含义，我们可以引申出和谐的四个基本规定性：和平共处、相辅相成、相得益彰、良性互动。

和谐是和平共处。和谐是这样一种秩序状态：在这种状态中，属于同一系统或共同体的不同事物或个体平等、和睦、平安、友好地相处，彼此尊重对方的地位、权利、个性、品格。它们彼此之间可以有竞争，但没有敌对，没有战争，没有恶意的伤害。

和谐是相辅相成。和谐也是这样一种秩序状态：在这种状态中，属于同一系统或共同体的不同事物或个体彼此之间相互依赖，相互扶助，相互支持，互为依托，共生共荣。

和谐是相得益彰。和谐还是这样一种秩序状态：在这种状态中，属于同一系统或共同体的不同事物或个体通过对方映现自己的形象，体现自己存在的意义，彰显和实现自己的价值。它们互惠互利、相互促进、共同进步，而不以邻为壑、惟利是图、不择手段。

和谐是良性互动。和谐更是这样一种秩序状态：在这种状态中，属于同一系统或共同体中的不同事物或个体彼此之间“心心相印”，“心有灵犀”，能设身处地地为对方着想，着眼于对方更好地生存从而实现自己更好地生存，达到了“从心所欲不逾矩”、“己所不欲，勿施于人”、“己欲立而立人，己欲达而达人”的境界。

人生存的环境可以依范围的大小划分为四个基本领域，因而作为人生存环境理想状态的和谐也可以相应地划分为四个基本领域：家庭和谐，社会和谐，世界和谐，宇宙和谐。

家庭是人生存的“港湾”，没有家庭，一个人会成为无家可归的漂泊“弃儿”。但是，有家并不等于有幸福，只有和谐的家庭才是其成员幸福的基本环境条件，才是社会和谐的组成部分和基础。尽管不幸的家庭是千差万别的，但和谐的家庭都是相同的：家庭成员之间和睦相处，充满亲情至爱。父慈子孝，兄友弟恭，夫勤妻贤，家庭成员的权利得到尊重和实现，家庭成员切实履行自己的义务和责任，都可以说是家庭和谐的一些基本规定性。

人生幸福问题不只是个人问题，在很大程度上是社会问题。社会是人生幸福的环境和条件，也是个人素质的母体、有作为的前提。一个社会的状况如何从根本上规定着该社会的成员能否获得幸福以及幸福的程度。好的社会不仅能保证其成员普遍获得幸福，而且有助于普遍增进社会成员的幸福，而坏的社会则是其大多数成员不幸和痛苦的祸根。因此，社会和谐是个人幸福的关键性环境条件。社会环境不和谐，根本不可能有个人幸福可言。社会环境不仅直接影响个人幸福，而且影响家庭，甚至影响世界和自然。社会和谐的直接表征是社会成员（包括不同的个人、不同的组织、不同的个人与不同的组织）普遍和睦相处，包括人际关系和谐，个人与组织和谐，组织与组织和谐，等等。社会和谐有诸方面的规定性，我们将之概括为普遍幸福、个体自由、社会平等、民主充分、法制健全、生活殷实、道德高尚、公正立国这八个基本方面。

今日的世界正在成为一个统一的整体，成为“地球村”，当代和未来的人类幸福问题已经不再只是个人问题和社会问题，而正在成为世界问题。世界的一体化进程已经改变了整个人类生存的环境和空间，不仅个人，而且国家再也不能与世界隔绝，再也不能孤立封闭地存在，世界已经成为事关每一个人人生是否幸福、每一个国家是否和谐的基础、环境和条件。世界的状况如何越来越深刻地影响着整个世界成员（包括个人和国家）的命运和前途，有和谐的世界才可能有其成员普遍更好地生存和发展，坏的世界则是其大多数成员不幸和祸患的根源。和谐的世界就是以各个国家为主体，以人类和平、世界公正和国际合作为标志的和谐世界。只有这种和谐世界才是人生幸福、国家和谐所需要的世界。

人类生活在地球上和宇宙中，地球是人类生存的小自然环境，宇宙是人类生存的大自然环境。地球和宇宙的状况如何不仅关系到整个人类的幸福，而且关系到整个人类的生存，关系到整个人类的命运和前途。当人类人口较少、能力较小、居住分散时，人类虽然控制环境的力量较弱，在更大的程度上受自然的摆布，但人类可以依赖地球而生存，地球对于数量有限的人类简直就是取之不尽、用之不竭的宝库。然而，随着人口的增长，随着人类生存观念由只追求生活下去到追求生活得好再到生活得更好的转变，随着由现代科学技术发展所带来的人类控制自然能力的大大增强，人类越来越野蛮地对待自然环境而不顾后果，导致了人类赖以生存的自然环境遭到严重破坏。这种状况已经威胁着整个人类的生存。在这种严重的环境问题面前，人类不能不重新思考人与自然环境的关系，不能不改变人类对自然的态度，不能不调整人类的价值观念和生活方式，不能不在人类力所能及的范围内构建人类幸福生活所需要的宇宙和谐。只有这样，人类才能继续生存下去，才有幸福可言。根据宇宙和自然界本身的可塑性、人类的能力和人的需要，和谐的宇宙应当是生态平衡、风调雨顺的宇宙。

和谐是构建的，而构建和谐的基础和依据在于公正。和谐不仅仅是一种表面的有序协调，还有其内在根据和根本原则，这就是公正。公正是和谐的生命之源。没有公正，就不会有真正的和谐。公正不只是一个社会政治概念，而是一个已被扩展和延伸到与人类相关的各个领域的广义哲学概念。公正，最一般地说，就是使相关者得其所应得，或者说，使相关者各得其所。我们说公正是和谐的内在根据，是指只有在系统或共同体内的不同事物或个体各自安身立命、各得其所的情况下，它们才会各守本分、各司其职，因而也才会彼此和平共处、相辅相成、相得益彰、良性互动。例如，就社会公正而言，只有社会成员都能得其所应得，社会才会有公正。如果一个社会权利不公、机会不公、分配不公，这样的社会无论怎样致力于构建和谐，都不可能达到和谐。我们必须严格根据公正的要求来构建和谐，尊重系统或共同体内事物或个体应有的地位、权利，尽力使其各尽其能，努力使其各得其所。

优雅：当代人类的应有选择

如果说智慧是实现幸福的最佳途径，而智慧是一种认知、评价、选择、决定和实践的综合性能力，那么，在什么是幸福和如何获得幸福的问题上，当代人类的智慧应该作出什么选择？这个问题实质上也就是人类未来生存方式的选择问题。

在到目前为止的漫长人类历史上，人类的生存方式纷繁复杂，不过归结起来，大致上经历了三个阶段：自然生存；奴役生存；自由生存。

我们可以把人类进入文明社会之前的时期看作是人类自然生存的时期。自然生存的人与动物没有什么两样，完全受缚于自然，是自然界的奴隶，他们只能满足于采集或狩猎到的可怜的食品，生活是没有着落的，生存缺乏起码的保障。显然，自然生存的方式是人类童年不得不接受的一种可怜的生存方式。这种生存方式是与人类不断谋求生存得更好的本性相违背的，因而必定为人类所否弃。

人类走出自然状态的途径是组成社会，但当人类一进入到社会状态就进入到了不平等地生存的状态，进入到了大多数人被强制性地接受统治和压迫的奴役生存的状态。奴役生存的生存方式不仅具有必然性，而且具有某种价值，或者更确切地说，是人类为了更好地生存所必须付出的代价。但是，奴役生存是建立在人类不平等基础上的一种少数人奴役多数人的生存方式。这种奴役不是自然的，而是人为的；这种奴役不是单方面的，而是多方面的，甚至是全方位的。于是，这种罪恶性的生存方式为一种新的生存方式即自由生存所取代。

自由生存是一种追求每一个人都能按照自己的意愿生存的生存方式。其最大的优越性在于，它通过人性和个性的解放和张扬使人成为社会、自然的主人，使人的潜能充分地释放并创造出巨大的物质财富和精神财富，使人的欲望不断地被开发并得到花样翻新的满足。但是，这种生存方式不是顺应人性，而是放纵人性，使人的贪欲恶性膨胀，而且由于不同的人按自己意愿行事的能力和环境相差很大而导致社会的贫富两极分化。人类应该自由生存，而不能奴役生存，这是不言而喻的，但人类也不能因此放纵人性而生存，而只能顺应人性而生存。顺应人性而生存就是要克服目前自由生存这种生存方式的放纵性以及由此派生的疯狂性，使之从放纵人性走向顺应人性，使之从疯狂生存走向优雅生存。这是今日人类更好地生存的必由之路，是人类应有的智慧选择。

众所周知，现代化深刻改变了西方社会并通过西方社会深刻改变了整个人类社会，使人类社会从贫穷落后的传统文明走向繁荣昌盛的现代文明，但也存在着根本性的缺陷，这就是：过分刺激和鼓励对实利的自由追求，必然导致有限自然资源的迅速消耗乃至枯竭，必然导致为占有更多资源而引发的各种争斗乃至战争，从而必然导致人类整体面临日益严重的生存危机和人类个体面临日益严重的生存压力。这种根本性的缺陷已经导致了诸多使人类整体面临日益严重的生存危机和人类个体面临日益严重的生存压力的难题。既然这些难题的根源在于当代人类现代化这种生存方式，那么要使人类走出生存困境和减轻生存压力，就必须改变现代化的生存方式。这种现代化生存方式不改变，当代人类面临的各种难题就不可能从根本上解决，相反人类会越来越为各种层出不穷的难题所困扰、所纠缠。

今天，我国在致力于现代化建设。为避免重蹈覆辙，我国应该认真吸取发达国家现代化的经验和教训，在实现现代化的过程中，努力避免和克服现代文明的缺陷和弊端，在实现现代化的同时超越传统的现代化，使马克思的“人全面而自由发展”社会理想变为现实。因此，走向优雅生存不仅具有某种必然性，而且对于人类的前途和命运、对于我国未来的发展是必要而又重要的，甚至可以说是紧迫的。

今天的人类以优雅方式生存，并不只是一种理想，更不是一种空想。在历史上就有过追求优雅生存的先例。例如，古希腊的雅典人的生活不是富裕的，但却是优雅的。雅典人就不怎么关注财富的占有和积累，不追求舒适和豪华的用品，但却十分关心有闲暇去从事谈论雄辩、文娱体育、哲学探讨、艺术创造、学术研究。从事所有这些活动都不是被迫的，也不是为了实用，也不是为了名利，而是出于自己的喜好和兴趣，为了乐生，为了显示个人的才智。这一事例表明，以什么方式生存确实与经济社会条件相关，但也在很大程度上取决于人们的生存观念。古代雅典人在那种落后的社会条件下能够追求优雅生存，对于今天的人类来说，追求优雅生存就不存在什么条件不具备的问题。

现代物质文明为人类优雅生存提供了充足的物质保障和厚实的经济基础。特别是现代科学技术的迅猛发展，大幅度地提高生产能力，为生产更多更好的产品提供了可能，从而改变了拼资源、拼消耗的粗放型经济增长方式。科学技术的发达和劳动生产率的提高既大大地减轻了人们的劳动强度又大大缩短了人们的劳动时间，使人们有更多的时间和精力来发展个性和享受人生。

现代精神文明更为人类优雅生存提供了基本的思想观念、丰富的精神食粮、应有的综合素质，从而为人类优雅生存提供了充分条件。

现代制度文明也为人类优雅生存作了某些准备。现代文明的制度日益合理和完善。制度是人们行为的唯一规范，制度之外人们有广阔的空间，在这种空间内人们有充分的自由；同时制度本身充分体现人们的意愿和意志，而且日益民主化、规范化、程序化。

由此看来，在现代文明昌盛的今天，人类优雅生存的经济社会条件和物质技术条件总体上已经具备，现在问题的关键在于思想观念。观念的基础是确信，而确信人类应该优雅生存的基础则在于以这种方式生存的可能性。

优雅生存，从一般意义上看，就是优质地、雅致地生存。所谓优质，就是生存的质量高，也就是人的各种需要得到充分的、协调的满足，人的各种才能得到自由的、尽情的发挥。所谓雅致，就是生存的规格高，也就是在人的各种需要中更追求高层次需要的满足，在人的各种才能中更追求高层次才能的发挥。所以，我们可以一般地说，所谓优雅生存，就是在追求各种需要得到充分和协调满足的同时更追求高层次需要满足、在追求各种才能自由和尽情发挥的同时更追求高层次才能发挥的生存方式。

优雅生存，从社会实质上看，就是要在克服自由生存这种生存方式的缺陷和弊端的前提下超越这种生存方式，使人类生存水平上升到一个新层次的生存方式。

自由生存有许多合理的内容，但其缺陷和弊端（自利性、物欲性、贪婪性、异化性、破坏性等）也日益明显和严重。优雅生存就是针对自由生存这种生存方式所存在的以上缺陷和弊端及其所导致的严重后果提出的一种力图从根本上走出这种生存方式困境的新的生存方式。

优雅生存不是对自然生存、奴役生存和自由生存这些生存的简单否定，而是对以前所有生存方式的扬弃和超越。作为人类痛定思痛后作出的理智选择，无疑具有以前所有生存方式所不可比拟的巨大优越性。这主要表现在：

它能使人从各种奴役力量中摆脱出来，从容地为人处世，不再感到活得很累。自由生存使人类从各种外在的束缚中解放出来，使人成为了社会、自然的主人，优雅生存则要进一步使人类从贪欲中解放出来，并从所有的束缚中解放出来，使人真正获得自由。

它能使世界的罪恶减少，使人类从冰冷的利己主义世界走进温情的德性主义世界中来。今天人类的种种罪恶主要起源于人的贪欲。优雅生存的生存方式既反对过分刺激鼓励人的物质欲望，同时又给人的物质欲望指出释放或升华的途径，因而可以从根本上铲除导致日益严重的罪恶的主要根源。

它能使人间充满友爱和真情，使世界更美好、人类更幸福。这种新的生存方式会使友情取代仇恨，真情代替虚伪，互助代替欺诈，使社会逐渐走向人性化、人道化，成为真正适合人类生存的天地。

它能使人类与自然和谐共处，使地球成为适合人类幸福生活的家园。优雅生存要求人们更多地获得精神性的享受，鼓励人们在精神享受水平方面无限地提高。这样，它就通过改变人的追求方向和享受方向，使人类减少自然资源的消耗和导致污染环境的废弃物。优雅生存还要求人类为了环境更美好而重构自然环境。这样，它不仅可以解决当前人类面临的紧迫的环境危机问题，而且可以建立人类与自然的永久和谐共处。

它能使社会真正成为自由、平等、公正、幸福、开放、多元、有序、人道的社会，成为真正个体自主而又整体和谐的社会，成为各尽所能、各得其所、各有所乐的社会，从而使每一个社会成员普遍获得幸福。生活在这种社会中，每一个人都心安理得，都能通过不同的途径实现自我，都能获得自己的幸福。

总之，走向优雅生存的优越性在于，它不仅可以使人类摆脱层出不穷的各种社会问题的困扰，使人类走出生存危机，减轻人类的生存压力，而且可以使世界更美好，使人类更幸福。人类之所以要选择和走向优雅生存，归根到底是因为这种生存方式自身所具有的优越性。

目录

第一章　人性与人生

一、人　　性

有人说人类最难以说清楚的领域是人自身，而人自身这一领域中最难以说清楚的领域，也许就是人性。自古以来，众多学科的许多研究者都试图提供一种令人信服的答案，然而迄今为止，关于这一问题仍然众说纷纭，莫衷一是。其所以如此，重要的原因有三：一是因为人性是一种复杂的结构，有不同的维度、不同的层次；二是因为人性是变化不居的，因不同时代、不同环境而不尽相同；三是因为人们常常是在不同的意义上理解人性，理解的角度、维度、广度、深度不同。人性是一个整体，有其自身的结构，人性又是变动的，因时代不同而不同。因此，要弄清人性的真谛，必须整体地、动态地考察人性。

不同的理解

古今中外思想家关于人性的不同观点，大致可以划分为评价性观点和描述性观点两种类型。评价性观点是用善恶概念看待人的本性的观点。描述性观点是只对人性作自然描述而不作善恶评价的观点。

性善论和性恶论是两种典型的评价性观点。这两种观点本身又不尽相同，而且还存在着由这两种观点派生的观点和折中的观点。

性善论在中国的主要代表人物是孟子。他认为人的本性不是人的生理本能，而是人的道德属性，即仁义礼智。这些道德属性不是后天获得的，而是先天就具有的，即所谓“恻隐之心，人皆有之；羞恶之心，人皆有之；恭敬之心，人皆有之；是非之心，人皆有之。恻隐之心，仁也；羞恶之心，义也；恭敬之心，礼也；是非之心，智也。仁义礼智，非由外铄我也，我固有之也”[①]。这些善性还只是“善端”，要使具有善端的人成为善人，还必须努力培养、着力扩充已有的这些善端。性善论在西方的主要代表人物要算法国的卢梭。他认为，如果说现今的人是坏的，这并不意味着人一直是坏的，更不是说人的本性就是恶的。生活在自然状态中的自然人是天性善良的，他们具有怜悯自己同类的天然感情。“因此我们可以肯定地说，怜悯心是一种自然的情感，由于它调节着每一个人自爱心的活动，所以对于人类全体的相互保存起着协助作用。正是这种情感，使我们不假思索地去救援我们所见到的受苦的人。正是这种情感，在自然状态中代替着法律、风俗和道德，

---

① 《孟子·告子上》。

而且这种情感还有一个优点，就是没有一个企图抗拒它那温柔的声音。”[①] 诸如野心、贪婪、嫉妒、虚伪、渴望受人尊重和出人头地等社会性情感和欲望，在这些离群索居的、质朴的自然人中是不存在的。是人的“自我完善化”能力和各种客观条件的综合作用，使自然状态步入文明社会，使自然人成为社会人。这与其说是一种不幸，不如说是一种必然性。

性恶论在中国的主要代表人物是荀子。他认为，如果从人的自然资质方面理解人性，人的本性只能是恶的，而不是什么善的。人为了满足各自的需求和欲望，就必然是“残贼生而忠信亡”。“礼义法度”不是由人的本性所决定，而是“圣人之所生也，人之所学而能，所事而成者也”[②]。性恶论在西方则是一种更流行的理论。《圣经》记载，人类的始祖亚当、夏娃违背上帝的禁令偷吃善恶树上的果子犯了原罪，自此以后，人生而有罪，成为上帝的罪人。这种原罪说长期被奉为信条，为许多学者所信奉和阐发，并在相当广的范围内影响了大众的意识。从非宗教的意义上看，明确提出和系统阐发人性本恶观点的是意大利思想家马基雅维里。他根据自己对罗马史和当时现实的研究认为，人不存在一种自然向善的本性，更不会择善而行，除非需要，人从来不会做什么好事。“关于人类，一般地可以这样说：他们是忘恩负义、容易变心的，是伪装者、冒牌货，是逃避危难、追逐利益的。”[③] 当他们有作恶的选择和自由而不受惩罚时，那他们一定会唯利是图，到处制造混乱和不安。自然使人渴望得到一切而又不能得到一切，有些人试图得到更多的东西，有些人则担心失去已经得到的东西，于是他们就放纵于敌对和战争。自私和贪婪构成了人性的本质内容。倘若任其自然，这种本性就会暴露无遗，所以需要强有力的政府统治。

中国唐朝思想家李翱提出的性善情恶论是一种派生的、但颇具特色的评价性人性论。他认为，每一个人的本性是善的，因而每一个人都有成为圣人的基础，但是人的七情不断地从各个方面干扰人性，使人的善良本性得不到扩充和发展。既然如此，只要排除情欲，使心神处于一种绝对宁静的本来状态，就可以尽人之性，成为圣人。

西方近代的自然法论是描述性观点的最早典型。这种理论一般都假设曾经存在过一种自然状态，并根据生活在这种状态中的自然人的本性说明人的本性，由此引申出社会政治理论。思想家们的观点并不一致，其中英国哲学家霍布斯和洛克的观点比较有代表性。霍布斯认为，人类在进入社会状态之前，人们各行其是，无所不为，其趋乐避苦的“自爱”本性暴露无遗。求利使人相互竞争，求安使人彼此猜忌，求荣使人追求名位。这种求利、求安、求荣之心是无止境的，其贪婪

---

① ［法］卢梭：《论人类不平等的起源和基础》，李常山译，东林校，商务印书馆 1962 年版，第 102 ～ 103 页。

② 《荀子・性恶》。

③ ［意］马基雅维里：《君主论》，潘汉典译，商务印书馆 1985 年版，第 80 页。

的程度甚至比动物有过之而无不及。每个人都要实现自己占有一切，包括占有他人人身的权利，彼此争权夺利，从而陷入“一切人反对一切人的战争状态”[①]。与霍布斯不同，洛克认为自然状态不是一种战争状态，而是“一种完美无缺的自由状态”,“也是一种平等的状态”[②]。在这种自然状态中，人们都同等地享有各种“自然权利”，包括自由、平等和财产等权利。

20世纪有更多的思想家对人性持描述性态度。生物人类学家格仑（Arnold Gehlen）关于人性的观点就是很具有代表性的。他认为，人在生物学意义上是“未完成”、“未确定”的生物，人与动物最大的区别在于人是未特定化的，因而人需要解释和确定自己，需要通过活动完备和发展自己。虽然他肯定正是由于未特定化，人才有能力在活动中补偿自己的缺陷从而超越拥有足够自然装备的动物，但他并不认为人的这种生物规定性是善的或是恶的。

评价性观点基本上是传统观点，而描述性观点则正在成为当代思想家看待人性的主流。其所以如此，是因为这种对待人性的态度更合理。无论人性如何，到目前为止都是自然形成的，尽管人类特有的文化积累越来越大地影响到人性，但人的意识和意志不能对人性发生作用。既然如此，我们就不能对这种自发形成的人性进行道德评价，因为道德评价只适用于有意识的意志行为，那种无意识的行为不在道德评价的范围。对人性不能进行道德评价，就如同不能对无知孩童的行为、自然现象进行道德评价一样。当然，不同的主体可以从不同的立场对人性进行好坏的价值评价，说这种本性是好还是不好，是有利还是不利，但这种评价毕竟与道德评价不同。更重要的是，当我们谈到人性是什么的时候，是要对人性本来是怎样的作出描述，而不是要对人性是好是坏作出评价。

虽然描述性观点更具有合理性，但这类观点本身又是各不相同的，甚至是相反的。无论是评价性观点还是描述性观点，都把人性理解为人的特性，或者说理解为人不同于其他种类事物特别是动物的特征。这种理解是有问题的，因为这种理解忽略了人与其他种类事物相同和相通的共性方面，使人成为远离宇宙万物的孤零零的“高贵者”。人来源于宇宙，复归于宇宙，生活于宇宙，与宇宙万物息息相关。这种关联性是割不断的，人为割断的结果，历史事实证明只会使人成为没有血肉的躯壳，只会使人类所贬损的自然万物反过来主宰人类。人类历史的教训要求我们改变理解人性的视角，不仅要以描述性的态度，而且要从与宇宙万物相联系的视角历史地、综合地考察人性。

一般内涵

人性，最一般地说，不是人不同于其他事物的特性，而是人之所以为人的规

---

① ［英］霍布斯:《利维坦》，黎思复、黎廷弼译，杨昌裕校，商务印书馆1985年版，第94页。

② ［英］洛克:《政府论》下篇，叶启芳、瞿菊农译，商务印书馆1964年版，第4页。

定性。“人性是人类倾向于具有的一组内在的区别性特性的概念，这些特性包括思维、感受和行为方式。”①那么，应该怎样理解人之所以为人的规定性呢？中国古代思想家荀子在谈到人性时曾经说：“水火有气而无生，草木有生而无知，禽兽有知而无义；人有气、有生、有知亦且有义，故最为天下贵也。”②荀子关于人性的具体观点不一定会为今人所接受，但他联系宇宙万物考察人之所以为人的思路是值得借鉴的。按照科学的观点，人是从动物进化而来的，动物是从生物进化而来的，生物是从无生物进化而来的。这种进化不是一种完全否定的过程，而是一种继承和变革的过程，是一种外延缩小而内涵丰富的过程。就其规定性而言，生物性统摄而又超越了无生物性，动物性统摄而又超越了生物性和无生物性，人性统摄而又超越了动物性、生物性和无生物性。假如把这种统摄和超越的结果看作是一座宝塔的话，那么人性就不是这座宝塔的顶尖，而是这座宝塔的整体。

如果把人性看作是一个整体，看作是人之所以为人的规定性的集合，那这个整体或集合是什么呢？在人类思想史上有不少思想家提供过答案。例如，著名心理分析学家弗洛伊德从心理学的角度提出，人的整个心理世界就像海洋里的巨大冰山，意识、理性不过是露出海洋面上的冰山山尖，而湮没在海水下面的巨大山体则是无意识、本能或欲望。又如，德国著名哲学家莱布尼茨从本体论的角度提出，知觉和欲望是宇宙万物共同具有的固有本性和内在本原，但它们在不同的事物中的完善程度各不相同：无机物只具有微知觉和冲动；动植物不仅具有微知觉和冲动，而且具有知觉和欲望；人则不仅具有微知觉和冲动，知觉和欲望，而且具有理智和意志。这些答案都有其合理性，特别是提供答案的思路是有启示意义的。但是，所有这些答案似乎都不能令人充分信服，还没有真正把握人性的根本的总体的特征。

那么，我们应该如何从根本上和总体上把握人性呢？应该从哲学本体论的角度来把握，因为从根本上、总体上回答人性是什么的问题是哲学本体论的使命，也只有本体论才能通过哲学的方法而不是科学的方法从根本上、总体上回答人性是什么的问题。

从本体论的角度看，世界上所有事物的最一般的也是最根本的共同规定性是存在。每一个事物都是一个存在者，都在一定的时间内存在于宇宙的某一空间。存在可以说就是前面所谓的无生物性，或者称之为事物性。宇宙万物具有这种事物性。

由于宇宙的进化，宇宙中出了一类谋求生存的存在者，它们也是存在者，但是存在的方式与宇宙中其他种类的事物有所不同：不只是任由存在，而是谋求生存。由于有了一定的存在自主性，它们不只是存在者，而且是生存者。存在、生

---

① “Human Nature”, in *Wikipedia*, *the Free Encyclopedia*, http://en.wikipedia.org/wiki/Human_nature.
② 《荀子·王制》。

存是这一类事物的共同的规定性。它们共同构成了前面所谓的生物性。宇宙中的生物具有这种生物性。

由于生物的进化，在地球上出现了一类谋求生存得好的生存者。它们也是生存者，但是谋求生存的方式与其他生物有所不同，不只是谋求生存下去，而是谋求生存得好。它们通过主动地适应环境，与天敌抗争不断改变自身、完善自身，改善生存状况。存在、生存、生存得好是这一类事物的共同规定性，它们共同构成了前面所谓的动物性。地球上的动物具有这种动物性。

由于动物的进化，在地球上出现了一类谋求生存得更好的生存者。它们也是生存者，但是谋求生存的方式与动物有所不同，不只是谋求生存得好，而是谋求生存得更好。它们具有自主性，不仅主动地适应环境，而且自主地改变环境，重构环境，使环境适应自身的生存和发展；它们具有创造性，不仅从环境中获取生存资料，而且生产和创造环境所不现成提供的生存资料，以使自己生存得更好；它们具有协调性，不仅适应和改变自然环境，而且不断营造和改善社会环境；它们具有更新性，不仅追求现实的生存和生存得好，而且谋求未来的发展和生存得越来越好；它们具有互利性，不仅要求自己生存得好，而且要求他人也生存得好，谋求通过他人生活得好来实现自己生活得好，谋求自己与他人或社会的生存、发展和享受的共进。存在、生存、生存得好、生存得更好是这一类事物的共同规定性，它们共同构成了前面所谓的人性。地球上的人类具有这种人性。

谋求存在、生存、生存得好、生存得更好，或者简单地说，谋求生存得更好（因为生存得更好统摄了存在、生存、生存得好），这是人性的一般内涵（或者说一般人性），也是人之所以为人的根本规定性。这种人性的一般内涵、人的根本规定性还是抽象的，而不是现实的。我们可以把这种人性称作“人的本性”，即人本来如此的规定性。只有具有这种规定性，人才是人。这里就涉及通常所说的人的本性与人性的关系问题。人的本性是抽象的、一般的人性，是任何时代、任何地域存在的人的共同规定性；人性则是比人的本性更具体、更现实、内涵更丰富的范畴，是人的本性在不同时代、不同地域的体现，是人的现实的历史的规定性。可以这样说，人的本性是从源头上、从根本上看人，而人性则是从断面上、总体上看人。认清并顺应作为人的根本规定性的一般人性或人的本性是十分重要的。历史经验证明，如果我们忽视甚至扼制人不断追求生存得更好这种本性，人不仅不能生存得越来越好，相反其生存还会受到威胁，人就会遭受苦难。

谈到人性、人的本性，就会涉及人们经常使用的另一个术语“人的本质”。人的本质通常被理解为人不同于动物乃至所有其他事物的根本规定性。对于这种根本规定性，不同的学者有不同的理解：有的理解为理性，有的理解为语言，有的理解为文化，有的理解为劳动，有的理解为社会性，有的理解为会制造工具，等等。初看起来，人的本质似乎有些像我们上面所理解的一般人性或人的本性，但实际上并不相同。我们所说的一般人性或人的本性是统摄而又超越了动物性、生物性、事物性的，所有这些规定性是血肉相联、水乳交融的，而不是脱离了所有其他事物规定性的、人所独有的规定性。这种一般人性与人的本质之间的区别是明显的：一般人性是指人具有而其他事物不完全具有的那些使人成为超越其他事物的存在者的东西；而人的本质是指的人具有而其他事物完全不具有的使人成为不同于其他事物的存在者的东西。或者通俗地说，一般人性所指的是“宝塔”的塔体；而人的本质所指的是“宝塔”的塔尖。

结构和自然倾向

如果说从根本上看人性在于生存得更好，或者说，更好地生存，那么从总体上看人性会是怎样的呢？从总体上看，人性是一个综合体，是一种立体结构。这种立体结构的要素就是人性的各种不同的规定性，它们是人本性的体现和展开。

作为人本性的体现和展开，人性结构大体上可以划分为六个子系统：需要系统，动力系统，获取系统，满足系统，调节系统，智能系统。

需要系统是人性的基础结构。就其要素而言，需要系统包括生存需要、发展需要和享受需要三大基本要素。按照马斯洛的说法，生存需要是因缺乏而产生的需要，包括由低到高的四个层次：生理需要（空气、水、食物、住所、睡眠、性生活），安全与保障，爱与归属，自我尊重和他人尊重。发展需要是生存需要之后出现的需要或自我实现的需要，如事业成功，人格高尚，个性完美，情趣高雅，等等。在马斯洛的需要层次论中没有享受需要，这是一大缺憾。享受需要是感受人生、体验人生、享受人生、愉悦人生的需要。这种需要可以与生存需要相伴随，也可以与发展需要相伴随。享受需要最有可能被扼制，然而没有这种需要及其满足的人生是乏味的人生。人的需要并不是一成不变的，特别是在当代，厂商们竞相开发人的需要，人的需要呈现出日益拓展和深化的趋势，但可以肯定的是，无论人的具体需要怎样变化，都不外乎生存、发展和享受这三大层次的需要。

动力系统是人性的驱动结构。就其要素而言，动力系统大致包括本能、欲望、动机、情感、意志等基本要素。本能是动物求生存、繁衍和自我保护的要求和满足这种要求的能力，是所有动物都具有的心理能量。除了在某些极端情况下，本能在人性的结构中不常见，正在为其他的动力要素所取代。当人意识到需要并追求需要的满足时，需要就转变成欲望。欲望是动力系统中的动力源泉。欲望通常划分为两种类型：基于生理需要的生理性欲望（appetite），其中最基本和最典型的是食欲和性欲。这类欲望是原初的，在最原初的意义上可以说是直接与本能相伴随的。二是基于心理需要的心理性欲望。心理性欲望总是以“想要（want）”的形式出现，因而更具有主观性色彩，表现为人的愿望（desire）。这类欲望很多，而且呈无限增长的态势，其中最基本和最典型的是利欲、色欲、名欲、权欲。这两类欲望只是一种理论上的划分，实际上除了在极端的情况下，人的欲望总是以心理性欲望的形式表现出来。由于欲望是与需要对应的，因而根据需要的类型把欲望划分为生存欲望、发展欲望和享受欲望三大类型更恰当。当欲望达到一定的强度并有可能满足的情况下，欲望就会转化为动机。动机是促使人通过行动以追求欲望满足的直接动力。当人出于一定动机去行动时，有另外两种人性因素发挥着重要作用，这就是情感和意志。情感一般说来是人在进行各种活动的过程中所获得的切身体验。这种体验会转化为人对活动对象的态度，而这种态度会强化或弱化人的动机。意志则是人在把欲望转变为行动目的，并追求行动目的实现过程中所表现出来的那种调节自我、克服困难的能动作用。意志是动力系统中最重要的推动力和控制力。

获取系统是人性的手段结构。就其要素而言，获取系统包括制造和使用工具、生产和创造价值、争斗和合作、伤害和守规等基本要素。人获取满足欲望的事物（价值）的过程就是人劳动的过程。人劳动的目的是生产和创造价值，价值就是通过劳动生产和创造产生出来的。人的劳动乃至一切活动都不只是简单的获取，更多地是复杂的创造。这就需要使用工具来延伸和增强人的体能，因而人的劳动都是以工具为中介的。人要劳动就必须使用工具，必须制造工具。因此，生产和创造价值，以及使用工具和制造工具就成为人性的要素和人的基本规定性。人劳动的复杂性、分工性和多层次性，决定了单个人很难完成劳动的全过程，因而单个人需要与他人交往和合作。每一个人都追求自己欲望的满足，因此在交往和合作的过程中，在获取欲望满足的过程中，人与人之间必然会发生冲突，发生争斗，出现有意无意妨碍和伤害的情形。为了调解冲突、避免人与人之间的相互妨碍和伤害，需要制定规则用以规范人的行为。任何一个人都必须在一定程度上遵守规则，否则他就无法在社会中生存下去。因此，争斗、合作、伤害、守规等也可以说是人性的要素。

满足系统是人性的目的结构。人生活在世界上最一般的目的就是要获得满足。满足是与目的直接关联的。在人的需要表现为欲望之后，而当欲望又有了明确的指向时，欲望就转变成为目的。欲望的满足就是目的的实现。每一个人都有一个目的系统，因而每一个人都有一个满足系统。其中有不同层次、不同维度的目的。每一个人的终极目的不相同，整个目的的结构也不相同。终极目的和目的结构不同，一个人满足的结构、满足的质量也就不同。一般说来，终极目的层次越高，目的达到所获得的满足就越深，目的结构越丰富、越完善，目的达到所获得的满足就越多、越大。不过，目的并不等于满足。目的过高、过多而不能达到，相反会使人更不能获得满足。因此，人的满足结构的状况取决于二维的指标：一是目的的高低、多寡及其结构的完善性；二是目的实现的可能性。人满足的质量与人的自我意识有关。对于不同的自我意识，相同的满足可以引起不同的效应。自我意识强的人，善于反思、品尝、回味，可以使满足引起更美好的感觉。

调节系统是人性的控制结构。人在追求满足的过程中，经常会遇到问题、困难、阻碍和挫折，需要总结经验，调整方案，改变行为方式，因而在人性中存在着一种自我调节系统。调节系统包括气质、性格、意志、自我意识等因素。其中自我意识是调节系统的控制机制。自我意识主要是指对自我存在价值的意识和通过认识自我、调节自我达到完善自我、实现自我、超越自我目的的要求。自我意识不仅是自我认识，而且包含情感和意志两种因素。属于认识方面的因素有自我感觉、自我观察、自我分析、自我评价、自我设计、自我监督等。属于情感方面的因素有自尊心、自信心、自爱心，以及自豪感、义务感、责任感、友谊感、归属感等。属于意志方面的因素有自我肯定、自我调节、自我控制、自我超越等。自我意识作为人适应环境、改善环境、营造环境的控制力量，在整个人性结构中处于核心地位并具有关键作用。它是人的主体意识的前提，也是处理好个人与他人、社会关系的前提。一个人只有意识到自我存在及其价值、意义，才能确立自身的主体地位，才能确立自己在社会中的位置，才能更好地发挥自己的主动性、积极性和创造性。

智能系统是人性的资质结构。就其要素而言，一般来说包括智力和能力两大基本要素。这两大要素又包括相互关联的众多因素，如感觉、知觉、记忆、想象、思维、语言、经验、知识、本领，等等。所有这些人性因素是所有其他人性结构要素的前提，从根本上制约和规定着从需要系统到动力系统、获取系统和满足系统的整个人性结构。虽然每一个人都具有这些要素，但每一个人在这些方面的质量却不相同。正是这种不同导致了人生质量的差异。贯穿于智力和能力之中的还有一种更为根本的东西，这就是理性。理性虽然是一个十分含混的概念，但任何人也不能否认理性的存在，否认理性对于人性的根本性意义。理性和欲望构成了人性结构中的两大支柱。如果说欲望是人性的动力源泉，那么可以说理性是人性的控制机制。理性对欲望是什么以及如何满足欲望起着认识、选择、筹划和调整的作用。

人性的结构是动态的，而不是固定不变的。随着环境的变化，随着人类自身的完善，人性结构的要素的质量乃至人性要素本身会发生改变。今天的人性结构显然与一千年前的人性不同，也必将与一千年后的人性结构不同。总的来说，人性结构的变化是一个自然进化的过程，但人为干预的作用越来越大。特别是 20 世纪以来，高度发达的现代科学技术、市场经济正在从广度和深度上改变着人性的结构。到目前为止，这种改变的总方向是丰富和完善，而且更好地体现人性的根本要求，即生活得更好。但是，也不能排除存在偏离人性根本要求的可能性，对此人类要始终保持清醒的头脑。

从人性的上述结构可以看出，人性有一种总体倾向。这种总体倾向就是利己，或者说，就是为己。人性结构的出发点是个人的需要和欲望，它的目的就是个人需要和欲望的满足。在人性的结构中，我们无法找到出发点和目的是为他人的根据。如果说在人性结构中有为他人的需要或欲望的要求，这种要求也是从属的，即归根到底是为了个人需要或欲望的满足。这种看法似乎是冷酷的，但所反映的却是事实。肯定利己是人性的总体倾向，绝不是要为利己主义张目，而是要使我们对这种倾向有一种自觉的意识，弄清这种自然倾向对人生和社会可能具有的作用，从而确立我们对它应持有的正确态度。

历史事实表明，人天生就具有利己的自然倾向，这非但不可怕，相反对于个人和社会的生存和发展都是必不可少的。我们可以设想，如果没有利己的动机，没有人对功名利禄的追求，怎么可能会有今天高度发达的文明？今天的文明，与其说是追求利他的结果，不如说是追求利己的结果。那种不分青红皂白地一概否定利己的社会或国家，其最终的结果不是社会进步、人民富裕，而是社会落后、人民贫穷。欧洲的中世纪、中国的后期封建社会就是很有说服力的例证。但是另一方面，对人性的利己倾向不加引导和限制，也会对他人、社会，最终也会对自己导致伤害。因此，问题不在于是否应该利己，而在于应该如何利己：是合理地，还是极端地？如果我们在这一点上达成共识，那么我们就要在经济、政治的政策导向方面刺激和鼓励利己，在法律、道德的制约机制方面规范和引导利己，从而既保护利己的追求，又使利己的追求始终运行于良性的轨道。

二、人　　生

人生是人实际的生活过程。这种生活过程是人性的展现和现实化，从根本上受人性的规定和制约。然而，人生又不同于人性。人性是抽象的、潜在的，人生则是具体的、现实的；人性是人所共同的、稳定的，人生则是人各不同的、变动的。与人性相比较，人生更复杂，更丰富多彩。人生也是许多学科关注的对象：文学艺术描述和刻画人生；宗教学致力于揭示人生的真谛和规范人生；人学从整体上研究人生，等等。在这里，我们从伦理学的角度讨论人生的实质和一般内容。

人性的现实化

何谓人生？最简单地说，人生就是人生命活动的过程，就是人生活的过程。对人生可以从不同的角度和层次进行理解，但就其实质而言，人生就是人性的现实化。这一看起来十分简单的规定，却蕴含着十分丰富的内涵。

首先，人生是人性在世界中的现实化。人在世界中生活，这是人生的最基本规定性。德国哲学家海德格尔认为人生活在世界中是人生存的最基本状态，“此在本质上就是：存在在世界之中。”①世界，广义地说包括人生活于其中的一切社会共同体，从家庭、团体、民族、国家，到由全人类构成的世界，也包括人生活于其

① ［德］海德格尔：《存在与时间》，陈嘉映、王庆节译，熊伟校，生活·读书·新知三联书店1987年版，第17页。

中的地球、自然界、宇宙。人是世界的产物，人生是世界的构成部分。世界不仅给人生提供了广阔的生活背景，提供了所需要的物质、能量、信息，而且给人生提供了舞台，提供了条件和机会。人只能在世界中生存、发展和享受，只能在世界中展现和实现人性。没有世界，就不会有人生；没有好的世界，就不会有好的人生。另一方面，世界又不是独立于人的外在实体和异己物，而是属人的，是人化的，是由人构建起来的。人在创造人生的过程中，也在创造着世界。从这个意义上可以说，世界又是人性现实化的结果，是人生活的产物。世界规定人生，人生构建世界。世界，特别是社会，与人生的这种相互关联性，决定了要有美好的人生，必须有美好的世界，反之亦然，要有美好的世界，就必须有美好的人生。

其次，人性是通过活动在世界中现实化的。人在世界中生活，就是在世界中活动。活动是人生的基本规定性之一。人在世界中的活动，从其目的看包括求生存的活动，求发展的活动和求享受的活动；从其内容看，主要包括认识活动、生产活动、消费活动、享受活动和休闲活动等；从其方式看，可以从不同的角度划分为简单活动和复杂活动，体力活动和脑力活动，学习性活动和自主性活动，消极性活动和积极性活动，重复性活动和创造性活动，等等。活动并不是人所特有的，而是所有生物所共有的，但与动物或其他生物的活动相比较，人的活动具有以下一些特征：更明确的目的性，更突出的自主性，更鲜明的创造性，更丰富的多样性，以及工具性、自觉性、自控性、社会性，等等。所有这些特性发挥得如何直接规定着人性实现的程度，规定着人生的广度和深度。

再次，作为决定着人性在世界中现实化的程度和质量。人在世界中活动，总是有所作为的。作为是与活动联系在一起的，有活动才有作为。人生是活动的过程，也可以说是作为的过程。对于人生来说，只有作为大小的问题，不存在作为有无的问题。因此，作为也是人生的基本规定性之一。活动是人性现实化的途径或中介，作为则是人性现实化的程度和质量。作为在一种意义上是活动的结果，但并不是活动的所有结果都是作为，而只有那些展现人性的结果和有助于展现人性的结果才是作为。当然，人生会受到各种环境和条件因素的制约，但最终还是取决于人生主体的作为。“离开了人的这种作为，人性就不能现实化，就不能变成现实的人生。”①

最后，个人是自己人性在世界中现实化的主人。人性在世界中现实化是通过活动及其作为实现的，而活动和作为的主体是个人自己。个人是自己人性在世界中现实化的主人，是自己人生的作者，这是人生最根本的规定性。尽管作为外部条件的世界和作为内部条件的人性常常构成人生活动和作为的可能空间，但在这个空间范围内，如何设计、利用和开发这一空间，则完全取决于个人自己。更何

① 江畅：《德性论》，人民出版社 2011 年版，第 116 页。

况，具有开拓精神和创造精神的个人甚至还可能改造和拓展这一空间本身。

目的和意义

人生是活动的过程，而活动都是有目的的。活动千差万别，目的也是千差万别的。那么在这千差万别的目的中，有没有某种终极的目的？回答是肯定的。这种终极目的就是整个人生的目的，或者说就是人生的目的。人生目的的问题，就是通常所谓的人为什么活着的问题。而这个问题又是与对人怎样活着才有意义的问题的认识相关的。

对于人为什么活着和人怎样活着才有意义这一古老而又常新的话题，人们有着千百种看法，可以说是见仁见智。不过，归结起来无外乎三大类型：为己型，为他型，兼顾型。

为己型的看法认为，人生在世，个人就是一切，人应该为自己而活。人生的意义就在于个人自己的生存、发展、享受。这一类看法本身并不一致。有的更强调为了个人的生活享受，有的更强调为了个人的事业成功，有的更强调为了个人的全面发展，有的更强调为了个人的人格完善，有的更强调为了个人的家庭幸福，也有的强调这几项兼顾。这类看法以个人与他人、社会相互对立，两者难以兼容、兼顾、互利，为己必损人为前提，认为世界上人人都是为自己的，因而强调为己的必要性，强调为己的天然合理性。其典型表达是："人不为己，天诛地灭。"主张这种看法的人并不总是率直地把这种看法表达出来，而在实际上信奉这种看法。

为他型的看法认为，人的本质在于社会性，人不能只为自己而活着，而应该为人民的幸福、为社会的发展而活着。人生的意义就在于为社会、为他人作奉献，其意义的大小就在于奉献的大小。这种看法本身也有所不同。有的更强调为他人作奉献，多做好事，行善积德。有的则更强调为社会作奉献，以天下为己任，为某种社会理想而不惜牺牲个人的一切。这种看法也是以个人与他人、社会相互对立，两者难以兼容、兼顾、互利，为人必损己为前提的。只不过认为如果世界上人人都为自己，那谁来为大家呢，而且认为个人的生命是有限的，而人类是无限的，社会发展是无限的，只有将有限的个人生命融合到无限的社会发展中去，人生才是永恒的，也才是真正有意义的。其典型表达是："把有限的生命投入到无限的为人民服务之中去。"值得注意的是，主张这种看法的人尽管在口头上总在这样讲，而在实际上并非总是这样去做。

兼顾型的看法认为，人生在世，不能只为了个人，也不能只为了他人、社会而活着，而应该两者兼顾。人生的意义就在于个人幸福与他人幸福、社会发展共进。这类看法在是以个人为基点还是以他人或社会为基点的问题上存在着分歧。一种观点认为应该以他人和社会为基点实现个人幸福与整体利益共进，其前提是认为整体利益高于个人利益，只有整体利益发展好了，个人才能发展好，即所谓“大河有水小河满，大河无水小河干”。另一种看法认为应该以个人为基点实现个人幸福与整体利益共进，其前提是认为个人高于社会，只有个人才是社会的基础和真正主体，社会是从属的，归根到底是为个人服务的，只有个人发展好了，社会才能发展好，这可以相应地概括为“小河有水大河满，小河无水大河干”。

上述三种看法中，前两种把为己与为人绝对对立起来的看法基本上是传统的看法。这两种看法的形成与传统社会的社会条件有关。在传统社会，个人利益与社会利益，特别是与他人利益是分离、割裂、对立、冲突的，个人从总体上看都是极端利己的，否则便无法生存。然而即便如此，个人也不可能完全离开他人和社会，尤其是在生命安全方面。于是，一些人针对普遍极端利己的情况要求人们放弃利己的要求，强调为他人为社会。随着以市场经济和科学技术高度发展为基本特征的现代社会的到来，个人与他人、社会的关系变得越来越相互关联，相互影响，密不可分。这种事实使人们认识到，为己与为他并不总是对立的，更不是根本对立的，相反完全可以通过为己来为他，通过为他来为己，而且完全可以通过这两种方式来实现相同的人生价值。因此，对于生活在现代社会的人们来说，兼顾型是更可供选择的人生目的和人生意义。

但是，在兼顾型中有两种不同的取向。这两种取向各有所长，从前面的分析可以发现，以个人为基点实现个人幸福与整体利益共进的取向更符合人性的自然倾向和根本要求，因而也更有助于人生目的和价值的实现。这种以个人为基点实现个人幸福与整体利益共进的人生目的和人生价值取向实际上就是使人性现实化。人生的目的应该是使人性现实化，人生的价值或意义就在于人性现实化的程度。

作为人生目的的使人性现实化，就是要在现实生活中生活得更好或越来越好。人可以在三种不同的目的层次上在世界中生活：一是生活下去；二是生活得好；三是生活得更好。但是，只有以生活得更好作为人生的最高目的，才真正体现了人性的要求，才与人性相符合。生活得更好，意味着人的需要或欲望，特别是人的生存和发展需要或欲望能得到越来越好的满足，人所追求的价值能得到越来越好的实现，人能过上幸福的生活。这就是人生的真正目的或最高目的之所在，也是人生的真正意义或最大意义之所在。人生意义的大小取决于达到人生目的的层次，其最大意义则在于能更好地生活。

更好地生活首先是个人的事，当然离不开个人的设计、作为，但是也离不开他人和社会。他人和社会作为每一个人更好地生活的环境和资源，取决于每一个人对他人和社会的贡献。一个人只有使他人更好地生活、使社会更美好，他才能真正更好地生活。因此，更好地生活作为个人人生的最高目的和最大意义，不仅意味着自己更好地生活，而且意味着他人更好地生活，或者不如说通过使他人更好地生活实现自己更好地生活。

历程及其结构

人生是一个从生到死的动态过程，这个过程有不同的阶段，每一个阶段又有不同的结构。而且人生的历程和结构在不同的历史时期，甚至在不同的国度又有不同。例如，就人生历程而言，20 世纪以来，由于食物结构和医疗保健条件的改善，人的寿命普遍延长；由于职业普遍高科技化，学习的时期普遍延长；由于就业的压力和寿命的延长，老年时期大大延长。就人生结构而言，由于劳动效率的提高和就业的压力，职业生活时间大大缩短，而休闲时间大大延长。这里主要以当代人类的生活为根据来考虑人生的历程和结构。

大致说来，从出生开始到最后死亡的整个人生历程，可以划分为四个时期：童年时期，学习时期，工作时期，老年时期。从结构上来看，整个人生包括以身体为基础的饮食、衣着、居住、睡眠、家庭、性爱、娱乐、休闲、学习、职业、社团、交友等生活要素。但是，并不是在所有的人生时期都同时具备各种要素。在不同的人生时期，人生结构的要素并不相同，同一结构要素在不同时期的人生结构中的地位也不相同。对于不同人来说，不同人生时期的人生结构要素也许是相同的，但每一结构要素本身的内涵或丰度却不相同，这种不同表明每一个人人生的程度（宽度和深度）不同，人生的质量不同，人生的意蕴不同。

从出生到上学的童年时期，是人生最短暂的时期，也是人生变化最大的时期。从嗷嗷待哺到初步长成，这一巨大变化过程是在短短的六七年内完成的。在这个时期的早期只有饮食生活、衣着生活、睡眠生活和家庭生活，后期又有了娱乐生活，并可能有初步的学习生活。家庭生活是童年时期人生结构中的最重要要素。家庭是否健全，是否富裕，是否温暖，是否负责，是否有教养，不仅直接决定着孩子童年的幸福，而且对孩子未来的发展具有重要而又深远的影响。虽然这个时期不完全是人生的自主时期，但由于人的天资的差异和家庭的差异，不同的童年之间仍然存在着人生程度、质量和意蕴的不同。这主要体现在三个方面：一是饮食衣着是否有充分保障；二是娱乐生活是否无拘无束，丰富多彩；三是人格是否健康发展，兴趣爱好是否得到全面培养。

学习时期主要是指参加工作前在学校接受教育的时期。对于不同的人，这段时期的期限是很不相同的。就中国的情况而言，按照义务教育法规定，每一个中国公民都必须接受九年的义务教育。然而，并不是每一个人都至少接受了九年义务教育。即使每一个人都接受了九年义务教育，这也是最短的学习时期。如果以博士研究生毕业为学校学习的最后期限，那么在九年义务教育之后还得接受 13 年的学校教育（包括高中 3 年、大学本科 4 年、硕士研究生 3 年、博士研究生 3 年）。这是人走向社会化和成熟化的时期，人性现实化的程度基本上是这个时期奠定的。这个时期的人生结构几乎具备了饮食、衣着、居住、睡眠、家庭、性爱、娱乐、休闲、学习、职业、社团、交友等所有生活要素，其中学习生活是最重要的要素，娱乐生活和交友生活占有重要地位。受教育的程度和学习的质量对后来的人生历程和人生结构具有决定性影响。这个时期的环境（特别是家庭环境和学校环境）对人生的影响仍然是相当大的，但个人的自主性大大增强，受教育的程度和学习质量从根本上说取决于自己。由于环境不同，特别是个人自觉的程度和努力的程度不同，不同的人在这个时期的人生程度、质量和意蕴差异十分巨大。这种差异主要体现在：思想观念（包括价值观念，思维方式，人生态度，批判精神，创新意识等）如何，知识基础如何，专业技能如何，自学能力如何，办事能力如何，社交能力如何；是否具有强健的体魄，是否具有良好的心理素质，是否具有健全的人格，是否具有健康的情趣，是否具有丰富的个性，是否具有广泛的兴趣爱好。

工作时期主要是指离开学校到退休的时期。这个时期也是人各不同的。就起点而言，有的人也许初中毕业（16 岁）就参加了工作，有的人可能到博士研究生毕业（29 岁）才参加工作。就终点而言，有的人可能 50 岁就退休闲居，有的人可能到 80 岁还忙忙碌碌，但通常是到 60 岁退休。这是人社会化、成熟化的时期，人性现实化主要是在这个时期完成的，人生的程度、质量和意蕴主要是由这个时期确定的。这个时期的人生结构最完备，人生内容最丰富，不仅所有的人生要素都一应俱全，而且几乎所有的人生要素都具有重要地位。不过，其中职业、家庭这两个要素是最为重要的。如果说所有人生要素规定着这个时期乃至整个人生的宽度，那么可以说职业和家庭规定着这个时期乃至整个人生的深度。这个时期环境仍然有影响，而且学习时期的基础也起着限制作用，但这个时期人是完全自主的。人作为自己的主人，不仅可以使学习时期奠定的潜能现实化，甚至可以打破学习阶段所奠定基础的局限，改变和营造环境，使人性得到淋漓尽致的酣畅发挥。由于环境和基础不同，尤其是个人作为的程度不同，这个时期人们的人生程度、质量和意蕴更为悬殊：有成功的人生，有失败的人生；有幸福的人生，有不幸甚至痛苦的人生；有不朽的人生，有死的人生。这种悬殊主要表现在：事业是否成功，成就是否显著，家庭是否美满，休闲是否潇洒，个性是否丰富，兴趣是否广泛。

老年时期主要是指退休以后的时期，其长短取决于寿命的长短和退休的早晚。这是人逐渐衰老并最终走向死亡的时期。在这个时期人生的黄金时代已经过去，人性现实化已经基本定型，除了个别例外，通常只能在这方面做些修补工作。这个时期除了职业生活外，人生结构的其他要素基本上都存在，但可能不完全或有缺损。其中家庭、娱乐、休闲在这个时期人生结构中占有重要的地位。家庭生活是否美满，特别是子女是否成器，是否孝顺，娱乐生活是否丰富，休闲生活是否有方，是这个时期人生程度、质量和意蕴的重要指标。另一方面，作为整个人生结构基础的身体在这个时期迅速衰老，容易患病，因而身体是否健康不仅是人生结构的基础，而且也是人生程度、质量和意蕴的重要指标。这个时期的人生程度、质量和意蕴还取决于工作时期的人生状况，特别是事业是否成功、成就是否显著对于老年时期的人生状况有着直接的影响。这个时期的人从总体上看虽然还是生活的主人，但对自我和环境作用的可能性和力量越来越小。不过，作为对这个时期的人生仍然有重要影响。一位奋发努力的老人，可能老有所欲，老有所学，老有所为，老有所乐。这不仅有益于社会和他人，而且也有助于延年益寿。

生活方式

人总是以一定的方式把自己的人性现实化在世界中，总是以一定的方式生活在世界中。这种方式就是所谓的生活方式。生活方式问题也就是怎样生活的问题，怎么度过人生的问题。这个问题所直接涉及的是思维方式问题和行为方式问题，而这两个问题又与价值观念问题和人生态度问题相关联。因此，从狭义上看，生活方式就是思维方式和行为方式；而从广义上看，生活方式还包括价值观念和人生态度。在生活方式的这四个要素中，价值观念和思维方式规定着人生态度，而这三者一起规定着行为方式。

价值观念，简单地说，就是人们在关于各种事物所具有的各种价值的观点或看法的基础上所形成的对这些事物所具有的这些价值的信念。这种信念是人们进行价值判断和选择、确立价值取向和追求的范型和定势。它不同于价值认识。价值认识既包括具体的价值观点和看法，也包括一般的价值观点和看法，即通常所谓的价值观。当人们只是形成了这样的价值认识时它们还不是价值观念，只有当它们成为人们的信念，并从而成为人们进行价值判断和选择、确立价值取向和追求的范型和定势时，它才成为价值观念。人的观念有三类：单纯的价值观念，单纯的事实观念，既是价值观念又是事实观念的二重性观念。从狭义上看，价值观念是指单纯的价值观念，而从广义上看，价值观念则包括所有这三类观念。价值观念是成体系的，有着错综复杂的内在结构，尽管人们并不总是对这种结构有自觉的意识。这种结构大体上可以划分为四个子系统，即目的或目标系统，手段系统，规则系统，制约系统。整个价值观念结构具有鲜明的目的性，这就是怎样使价值目标有效地得以实现。正是这种目的性，使整个价值观念结构形成为一个有机的整体。

价值观念作为在价值认识基础上积淀而成的深层心理结构和信念，作为人们进行价值判断和选择、确立价值取向和追求的范型和定势，对一个人成为什么样的人，一个人怎样生活或以什么方式生活具有决定性的作用。人的生活就是一个追求目的的过程，这一过程包括两方面：有什么样的目的，怎样达到目的。价值观念规定着这两个方面，价值观念的不同决定着这两个方面的差异。有什么样的目的的根据在于价值观念的目的系统。这个系统中有哪些目的，哪一种是根本的，总体的目的是什么，规定着人的生活目的的确定。每一个人的目的观念不尽相同，他们所确立的生活目的也各不相同。怎样达到目的的根据则在于价值观念的手段系统、规则系统和制约系统。这些系统中有哪些观念，哪一些是主要的，规定着实现生活目的的道路和方式，或者说，规定着生活方式。①

思维方式并不像通常所理解的那样只是指认识事物的方式，而是指人们怎样认识和评价事物、怎样形成思想和观点、怎样构想计划和方案的方式。这种方式是在现实生活过程中逐渐形成的具有稳定性的思维范型和定势。思维方式可以从不同的角度划分为以下若干类型：收敛性思维和发散性思维，封闭性思维和开放性思维，继承性思维和批判性思维，保守性思维和创造性思维，线性思维和非线性思维，等等。这种划分不是绝对的，而是相对的，而且一个人的思维方式通常不是以极端的形式存在的，一般具有兼容性。例如，一个人的思维方式可能既具有收敛性，又具有发散性。不过从总的倾向看，一个人的思维方式具有某种总的倾向性：或者是较积极的，或者是较消极的。从这个意义上看，思维方式一般可以划分为积极性的和消极性的两大类型。倾向于收敛性、封闭性、继承性、保守性、线性思维的思维方式属于消极的思维方式，而倾向于发散性、开放性、批判性、创造性、非线性思维的思维方式属于积极的思维方式。

思维方式可以说就是生活的智慧，人生的智慧。它像价值观念一样潜藏在心灵的深处和活动的背后，只能通过思维活动表现出来，但却从根本上规定着思维活动的方向、深度、广度和效率，规定着人的认识、评价、选择、构想和筹划活动，规定着人的整个生活方式。例如，一个人的思维方式是积极的，他就会以积极的态度对待人生，以积极的方式筹划人生，以积极的行动创造人生。

思维方式与价值观念之间存在着交互作用：价值观念总是通过一定的思维方式而形成和转换；思维方式的形成和转换又总是受价值观念的制约。生活方式的这两种深层要素共同从根本上规定人生态度和行为方式。它们可以说是价值观念和思维方式在人生问题和行为问题上的综合体现。

人生态度是人如何看待和对待整个人生及其中各种问题的一般倾向。人生态度是与人的自我意识相联系的。动物没有自我意识，因而对于动物来说不会存在对待生活的态度的问题。人有了自我意识之后，就开始不断地面对、思考人生本身的各种一般问题和具体问题，并且要回答和处理这些问题。人们回答和处理这些问题的一般倾向就是所谓的人生态度。人生态度不仅包括如何看待人生，更包括如何对待人生。如何看待人生是如何对待人生的前提，但两者之间决非完全一致，甚至完全相反。一个人可能确实相信人生应该如此这般，但他自己并不能、甚至不愿如此这般地生活。这种矛盾状况表明，人生态度主要不是一种如何看待人生的人生认识观点，而是一种如何对待人生的人生实践倾向。它主要不是通过

① 参见江畅：《论价值观念》，《江畅自选集》，华中理工大学出版社 1999 年版，第 250 ～ 259 页。

口头表达的，而是通过活动体现的。这其中不仅包含与思维方式相关的人生认识问题，也包含与价值观念相关的人生信念问题，还包含与情感、意志、环境、遭际、经验等诸多因素直接相关的人生实践问题。人生态度与现实的人生关系更为密切，可以说有什么样的人生态度就有什么样的人生面貌。

人生态度包括对待整个人生问题的态度，如人生目的、价值、意义、道路等问题，也包括对待人生某一方面或层面的问题，如生死、苦乐、美丑、灵肉、智愚、荣辱、爱恨、人己、公私、义利、善恶，等等。对于所有这些问题不仅不同时代、不同国度的人的态度是不同的，而且同一个人也并非完全是内在一致和前后一贯的。不过，就不同时代、不同国度而言，特别是就不同个人而言，人生态度总有某种总体倾向。这种总体倾向可以从不同的角度划分为理想主义与现实主义、浪漫主义与实惠主义、禁欲主义与享乐主义、利他主义与利己主义、整体主义与个人主义、德性主义与幸福主义、悲观主义与乐观主义等不同的两极类型，以及诸如纵欲主义、虚无主义、颓废主义、厌世主义等这样一些单极类型。所有这些形式都是就人生态度的极端形式而言的，现实生活中大多数人的人生态度并不是采取极端形式，而是靠近某一极端。所有这些不同态度类型之间存在着错综复杂的交叉关系，很难从它们之间分理出两种不同的取向。不过，当代通常较多从以下两个角度来评价人生态度：一是积极的人生态度与消极的人生态度，二是传统的人生态度和现代的人生态度。一般认为纵欲主义、虚无主义、颓废主义、悲观主义、厌世主义等是消极的人生态度，而其他的态度是积极的人生态度；理想主义、实惠主义、禁欲主义、利他主义、整体主义、德性主义是传统的人生态度，而现实主义、浪漫主义、享乐主义、利己主义、个人主义、幸福主义是现代的人生态度。

行为方式是生活方式的外显形式，但作为生活方式的行为方式并不是指日常生活中的具体行为方式，而是具有稳定性的行为定势，或者是行为的定型、模式，日常生活中的具体行为方式不过是这种行为定势的体现和表现。一般地说，行为方式是价值观念、思维方式，特别是人生态度的体现，但行为方式有其相对的独立性，它更多地表现为人们生活的习性。

行为方式可以从很多角度和层次进行考察，这里仅从行为的确定、过程和结果三个方面考察行为方式的问题及其性质。行为的确定包括行为的决策、判断、选择、评价、筹划等方面。就行为的确定而言，行为方式主要涉及的问题是自主的，还是他主（包括他人、社会等主宰）的；是审慎的，还是草率的。就行为的过程而言，行为方式主要涉及的问题是合法（合法律性、合道德性）的，还是非法的；是自律的，还是他律的。就行为结果而言，行为方式涉及的主要问题是求实效的，还是求虚荣的；是负责任的，还是推责任的。由此可以从总体上把行为方式划分为两种不同的类型：一种是自主的、审慎的、合法的、自律的、求实效的、负责任的行为方式；另一种是他主的、草率的、非法的、他律的、求虚荣的、推责任的行为方式。在规定着这两种不同类型的要素中，自主还是他主是根本的要素，根据这种要素可以把这两类不同的行为方式区分为两种不同性质的行为方式：自主性的行为方式和他主性的行为方式。在现代社会，人们越来越多地倾向于自主性的行为方式，但如何使自主与其他相关要素协调起来，是当代人类面临的重大实践课题。

三、自我实现

尽管人生都是人性的实现，但在不同的人那里人性实现的程度是不同的。这种实现的不同程度，与人生的环境、处境、经历等外在因素相关，但最终取决于一个人自己。人性的实现归根到底是一个人的自我实现。不仅自我实现的是自我，而且自我是自我实现的。自我既是自我实现的对象，又是自我实现的主体，自己是自己的作者。

自我设计与塑造

自我实现的过程就是不断自我设计和自我塑造的过程。

人生并不是一开始就是由自我设计和塑造的，在人生的初期是父母、老师、社会为我们设计和塑造人生。这是不可避免的，也是必要的。但是，如果整个人生都是由他人和社会来设计，并按照社会或他人的愿望和要求来塑造，那则是违背人性的本来要求的。人生来就具有自我意识、自我设计和自我塑造的潜能，当人成长到一定的程度时，这种潜能就会转化成为要求。这种要求就是重新审视、反思和批判他人和社会对自己的设计和塑造，并在此基础上进行再设计和再塑造。这种再设计和再塑造就是自我设计和自我塑造。这一过程的开始就是人的自我实现的开始。从一定意义上说，自我实现就是自我设计和自我塑造。这种自我设计和自我塑造的要求也许会由于社会等外在因素和惰性等内在因素而被扼制，但从人性的角度看，这种扼制是不正常的、病态的。

当然，自我设计和自我塑造并不一定都是对先前的设计和塑造的否定，但是否经过这一过程对于人生的意义是不一样的。经过了这一过程的人生才可能是自主的人生，未经过这一过程的人生则不可能是自主的人生，而是他主的人生。这种自主性是自我实现的根本前提。如果没有了这种自主性，尽管一个人也在度过他的一生，但他的这一生是为别人活着的，他本身不是目的，而是实现别人目的的工具。他也在实现着，但实现的不是他的人性，不是他的自我，而是别人的不属于自己的东西。这也许正是苏格拉底的那句名言“未经审视的人生是不值得过的”所意指的。

从逻辑上看，自我设计是在先的，自我塑造是在后的，但在时间上，两者并无先后，几乎是同时进行的过程。人们在进行自我设计的时候就开始了按这种设计改变自己。在按设计改变自己的过程中，会遇到各种阻力和障碍，人们会调整和修正自己的设计。由于自己既是设计师又是工程师，因而再设计与再塑造是始终相伴随的，是同一生活过程的两个难以分离的方面。整个说来，这个过程不是一次完成的，也不是几次完成，而是终生的，到死方休。当然自我设计更具有明显的阶段性，尽管调整和修改是终生的，但总体的设计通常是一次性的，充其量也不过几次，而自我塑造却更是一个持续的、持久的、艰难的过程。

自我设计和自我塑造的前提是自我独立和自由。一个人如果一切都依附整体，一切都依赖别人，他就不可能有自主，也根本谈不上什么自我设计和自我创造。现代社会已经赋予每一个社会成员以独立的地位、身份和人格，并且要求每一个社会成员成为独立的公民。然而，这种独立资格虽然是个体独立的前提，但对于个体来说还只是名义上的。一个人的真正独立取决于自己。只有当他有了自我独立的意识，并在这种意识支配下从事一切活动，才能说他是独立的。个人的独立说起来很简单，但真正做到却并不容易。人性有惰性的一面，其中之一就是不希望自己长大，总是企求有母爱那种羽翼般的保护。因此，一个人要独立，必须克服这种企求保护的惰性，勇敢地站出来。独立是一个人长大、成熟的第一个标志。

自由以独立为基础，但自由并不等于独立。独立是不依赖、不依附他人，自由则是按照自己的意愿行事。要能够按照自己的意愿行事，涉及多方面的问题。其一是我们生活的环境能在多大程度上允许我们按自己的意愿行事。其二是在环境允许的限度内，我们自己的能力能在多大程度上允许我们按照自己的意愿行事。其三是我们是否意识到、是否力图改变环境的限制和自己能力的限制。现代社会一般都承认和保护个人的自由权利。当然，不同的社会对个人自由仍然有种种限制，但在既有的限度内，我们每一个人是否充分地运用了、是否能充分运用我们的自由权？像对待独立一样，人有一种逃避自由的心理。自由始终使一个人面临着多种可能，自由始终要求一个人在多种可能中进行选择。因此，自由是一种重负，只有勇敢者才能承担。现实生活中，这种逃避心理是普遍存在的。德国著名哲学家海德格尔在批评西方国家普遍存在的社会异化时，就认为这是因为人在存在论上就存在着“沉沦”的倾向，希望把自我湮没在“他人”之中。

当一个人真正具有了独立和自由，他就能够而且必须自我设计和自我塑造自己的人生。

自我设计，亦可称为自我筹划，一般地说，就是根据周围的环境和自己的能力对自己的意愿进行选择，在选择的基础上对如何将意愿变为现实进行规划。自我设计涉及两个维度：一是方向，一是层次。就方向而言，人追求的方向总体上看是幸福，但不同的人适合于从不同的方向追求。因此，每一个人在自我设计时，必须慎重考虑自己最好走什么道路达到幸福。以事业为例，我们就应该考虑自己适合于从事什么职业，什么职业更能使自己成功。方向正确，可以使我们达到事半功倍的效果。就层次而言，人的追求总是有层次限度的。那么，我们在自我筹划时，就应该作出合适的定位。定位太高，终生不懈追求，也距目标十分遥远。这不仅会使自己终生不能获得有深度的满足感，甚至会使自己灰心丧气，悲观失望。果真如此，一生难得有幸福。定位太低则会使自己的潜能得不到充分发挥，使自己的人性不能得到尽情的实现。这样一来，本来可以获得更大的满足和幸福却没有获得，到头来觉得遗憾，感到悔恨。定位应定在适当高于估计有可能达到的目标。这种目标不是完全不能达到，但绝非轻而易举就能达到。合理的自我设计，其前提是要对自己和环境有正确的认识和估计。这种认识不是一下子完成的，需要我们在已经有了认识的基础上不断地进行再认识、再估计。而且要随着认识和估计的改变而不断地调整我们的选择和规划。

自我创造是自我实现的关键内容。自我实现不是他人赋予的，而是自己通过自己的设计、通过自己在设计基础上的创造性活动而完成的。设计不能错，创造不能少。否则，再好的设计也只是纸上谈兵。自我是自我创造的。自我既是作者，也是作品。每一个人都像一个画家，我们最终是个什么样子，全都看我们自己怎样画。自我创造的过程就是一个成为你自己的过程。自我创造是一种复杂的活动。要成功地创造一个完美的自我，需要两个条件：一是创造能力。能力的大小从根本上规定着作品的成败。由于自我创造是一种综合性的创造，因而要提高自我创造能力，最重要的是要提高自我的综合素质。二是临场发挥。临场发挥涉及机会、环境等因素。在临场发挥方面需要注意把握机会，需要培养敢为天下先的勇气，需要提高应变能力，需要讲究技巧。

既然自我是独立自由的，自我是由自己设计和创造的，那么自我必须对自我负责。就是说，不管自己设计得是否得当，创造得是否成功，那都不关别人的事，而是我自己的事。因此，自我负责是自我设计和自我创造的必然要求。自我负责并不是消极的，而是积极的。有了这种责任意识，我们就有了更大的压力，使我们没有为自己的不幸、失败辩护的借口和托辞，使我们走上人生道路后就再也没有了退路，只能勇往直前地走下去。这样，这种压力也就转变成了我们不断追求的动力。

自我设计和自我塑造的过程，作为自我实现的过程，就是个体成为主体的过程，也是个体作为主体活动的过程。自主只有在个体作为主体活动时才能体现出来，而个体在作为主体活动的时候，主体才成其为主体。主体是自主活动构建的，自主活动是主体进行的。因此，个体自主与个体成为主体、个体作为主体活动是同一的。个体成为主体，不是成为抽象的主体，而是成为具体的主体。成为具体的主体，通俗地说，也就是成为你自己。成为你自己，并不等于成为你现在的样子，而是成为你可能成为的样子，成为你应该成为的样子。换言之，成为你自己就是成功地实现自我。成为你自己有许多具体的标准，其中有两条是根本性的：一是具有独特的人格，二是具有丰富的个性。可以设想，如果我们社会中每一个人都能这样地成为自己，那么我们的社会就会更加绚丽多姿，更加和谐有序。

享受与完善

自我设计和自我创造所追求的是自我享受和自我完善，因而自我实现的过程也是不断自我享受和自我完善的过程。

在人类思想史上有许多学派和学者把自我完善看作是人生的终极目标，但其中有不少学派和学者却把完善与享受对立起来，把追求完善与追求享受对立起来，似乎这两者是水火不相容的。享受是与欲望相联系的，甚至可以说，享受就是欲望的满足。上述思想家之所以把完善与享受对立起来，褒扬完善而贬抑享受，就是因为他们认为作为享受基础的欲望是邪恶的，并进而把作为欲望满足的享受与作为道德实现的完善对立起来，否定享受，强调完善。那么，我们首先有必要弄清楚欲望究竟是不是邪恶的。

人的欲望是基于人的生理和心理需要所产生的对需要对象的渴求。它与本能不同。本能是动物求生存、繁衍和自我保护的要求和满足这种要求的能力，是所有动物都具有的心理能量，不包含任何社会性、理智性的因素，只要动物生命存在，本能就会存在。欲望则不同。首先，它不是本能，而是以本能为基础的。不仅如此，它也可能以激情为基础。其次，欲望只是要求，并不必然包含满足这种要求的能力。最后，欲望总包含有社会的、认知的因素，是本能社会化、认知化的结果。人的本能体现为或者不如说发展为欲望，这正是人类文明进化的结果，是人不同于动物的根本性的标志。从这个意义上看，欲望是生物进化的表现，它不是消极的，而是积极的。从欲望本身来看，对于人来说，它是自然的，无论任何人都不可避免地会产生；它是中性的，无所谓是非、善恶、美丑。当然，欲望作为人的一种心理现象，像所有其他心理现象一样，也有可能出现不正常的情况，也有可能发生病变。比如，有时会出现某种欲望亢进或衰退的情况。但这是一种疾病，不仅不应该作道德评价，相反应该给予同情。例如，一个人长期食欲不振，本来就十分苦恼，在这种情况下，我们难道还应该去评价他的这种情况是善的还是恶的吗？应该作道德评价的不是欲望本身，而是另外两个方面：一是欲望是否应该满足，二是欲望应该如何满足。

不仅欲望本身是中性的，无所谓善恶、正当不正当，而且无论是对于个人还是对于社会，一般说来，有欲望比没有欲望好，欲望强烈比欲望平淡好。兴趣是以欲望为基础的，没有兴趣就是因为没有欲望。没有任何兴趣欲望的时候，绝对不是人生中最好的时候，相反是人生中最灰暗的时候。没有什么比见到美味佳肴没有胃口，见到美丽风光没有情绪更难受、更令人同情的了。至于欲望对社会发展和文明进步的意义更是显而易见。弗洛伊德认为，人类文明的进步是人的爱欲被压抑后升华的结果。如果他的这种观点能成立的话，那么显然没有爱欲就没有对爱欲的压抑，也就没有爱欲的升华，当然就没有人类文明的进步。事实上，人类社会的发展并不只是对欲望压抑的过程，相反更多地是一个从产生欲望到满足欲望，再到产生新欲望，螺旋式、展开性地、无限延伸的过程。欲望是这一过程永不枯竭的源泉和动力。例如，如果没有美食的欲望，人类恐怕不只是没有如今这么丰富多彩的饮食文化，人类的农业文明，乃至工业文明、科学技术都是成问题的。如果没有权利欲，人类就不会有当今世界如此完备的政治文明。

欲望不是邪恶的，而是自然的、中性的，不是多余的、消极的，而是必要的、积极的。如果我们肯定这一点，那么我们就有理由说，作为欲望满足状态的享受也是必要的、积极的，是人生中不可缺少的部分。因为道理很简单：如果只有欲望，没有欲望的满足，欲望就会成为不结果的花，这种花迟早要凋谢。只有在不断满足的过程中，欲望才会不断产生，这样才会构成活生生的现实生活和充满生机活力的人生。也只有在这种“欲望—满足—欲望”的无限过程中，人生才逐步走向圆满。事实上，人的一生会产生无限多的欲望，任何一个人都不可能满足其所有的欲望，任何一个人也不可能什么欲望都不满足。差别只在于满足欲望的频度（次数）和深度。如果我们假定两个前提：所有欲望都是应该满足的，满足欲望的所有方式都是正当的，那么可以说一个人欲望满足的频度和深度越高，他的人生完善程度也就越高；反之，一个人欲望满足的频度和深度越低，他的人生完善程度也就越低。从这种意义上看，人生的完善或人的自我实现，就是由一个一个欲望的满足构成的一个整体。它不仅不排斥享受，相反要以享受作为它的基础、作为它的内容。

对于人生而言，享受总是具体的、个别的，而完善总是抽象的、总体的。享受作为欲望的满足（当然享受并不等于欲望的满足，它是由欲望满足所引起的愉悦感，大体上相当于快乐），随时随地都可能出现。享受本身也有不同的层次，有些是很容易获得的，有些很不容易获得，有些一辈子都不能获得。但是，享受总是由具体的事情引起的，总是现实的。完善则不同，它是人性的圆满实现，是人的根本的、总体的需要（或生存发展需要）的充分满足，是自我实现的极致。这是一种总体的终极境界，是一种理想的幸福状态。当然，它并不完全等同于幸福。幸福作为人的根本的、总体的需要得到某种程度的满足所产生的愉悦状态，是在追求完善的过程中所获得的享受，它存在于追求享受和追求完善的有机统一之中。幸福不是一种终极状态，而是日常生活中的享受。与其他享受不同的地方只在于，它是以完善为指向、有助于完善实现的享受。与幸福不同，完善作为一种理想境界，在现实的人生中只能不断接近而不可完全达到。

在现实的生活中，人们只能满足一个个的欲望，很难达到完善的境界。这就使得许多人在追求欲望满足的过程中轻视或忽视对完善的追求。似乎完善是可望而不可及的、虚无飘缈的东西。与其追求这种理想化的完善，不如现实一点，能满足一次算一次，能享受一下算一下，何必去背上完善这个沉重的十字架？这种人生态度尽管历来都很流行，而且有诸多为其辩护的理由，但确实是成问题的，它是导致许多人本来可以生活得更好而未能如此的重要原因。这种人生态度之所以成问题，其症结在于它没有注意到追求完善对于人生的重要意义。

现实中没有一个真正达到完善的人。但是，有完善作为追求和没有完善作为追求，无论是人生的追求过程还是人生的追求结果都是很不一样的。就追求过程而言，追求完善的人，他的人生似乎有一条主线，有一个方向，他的所有欲望、追求、满足好像都是围绕这条主线展开的，都是朝着同一个方向的，都是某一个整体的一个部分。而不追求完善的人，他的一生就是漫无目的的、零散的，生活的内容是分离的、割裂的，生活的道路是蹒跚的、徘徊的。就追求的结果而言，追求完善的人，他的欲望和满足有可能丰富而深厚，他的生活可能充实而完满。而不追求完善的人，他的欲望和满足只会是散乱和浅薄的，他的生活会经常充斥着空虚和无聊。

有没有完善作为人生追求之所以会导致很不相同的人生，其原因就在于，完善虽然是抽象的、总体的，不可能在现实生活中完全实现，但它对人生有一种规范和导向作用。当一个人形成了一种完善的观念并使之成为追求的目标之后，这种完善的观念就会作为思维定势对人的意识和行为发生作用。它会鼓励那些与完善相一致的欲望产生，抑制那些与完善不一致的欲望产生。它会在所出现的欲望中选择那些与完善相一致的欲望作为追求的目标。它会使人对那些与完善相一致的欲望的满足感到快乐或享受。长此以往，完善观念和追求完善的志向就会作用人的整个身心结构，作用人的意识和行为，有可能使一个人的生活围绕完善的观念、朝着完善的目标形成一个不断向前推进的外延不断扩大、内涵不断加深的有机整体。

在现实生活中也有一种与只追求享受而不追求完善的人生态度不同的人生态度，即只追求完善而不追求享受。这种人生态度在传统社会由于社会的倡导而比较常见，在现代社会则由于享乐主义之风盛行而比较罕见，但仍然存在。在传统社会，完善的片面性（只重道德和人格）和严酷性（要求泯灭一切欲望和激情），使许多以完善为唯一追求的人成了完善的牺牲品，他们非但没有成为完整的真正的人，相反成了丧失人性的怪物。中国封建社会出现的二十四孝图中所描绘的“郭巨埋儿”，就是其中的典型事例之一。在现代社会，也有极少数人醉心于人生的至善至美，一心节欲甚至克欲，安贫乐道，过着清教徒般的生活。毫无疑问，这样的人也不会成为完善的人。这样的人严格说来不是现代人，而不过是传统人格的留恋者而已。

如果说那种只追求享受的人不重视追求完善，主要是因为对完善对于人生的意义缺乏认识的话，那么只追求完善的人不重视追求享受，则主要是因为对享受对于完善的意义缺乏认识。完善不是可以一次性地达到的，更准确地说，是不可能完全达到的。完善就存在于追求完善的过程之中，就存在于一次次地欲望、一次次地满足之中。如果我们排除所有这些欲望及其满足，完善就成了空中楼阁。事实上，对于活着的人来说，其欲望及其满足是不可能完全排除掉的，如果真的被完全排除，那就意味着生命的终止。德国意志主义哲学家叔本华注意到并指出了这一事实：人的欲望是无止境的，一个欲望满足了，另一个欲望又会产生。在他看来，这正是人痛苦的根源。人要摆脱痛苦，就必须走禁欲之路，而最后只有死亡才能绝欲，才能使人达到"不可动摇的安宁"，达到"寂灭中的极乐"。

在享受与完善的关系上，既要反对传统社会倡导的那种追求完善而否定享受的人生价值导向，也要克服现代社会流行的那种沉溺享受而忽视完善的人生价值取向，要把追求享受与追求完善真正有机地结合起来。这才是现代人应有的人生态度。

那么，怎样才能把追求享受与追求完善真正有机地结合起来呢？这就是既要在追求完善中追求享受，又要在追求享受中追求完善。

在追求完善中追求享受，就是要把完善作为我们一切欲望、追求和满足的指向和目标。以完善为尺度衡量和选择我们的欲望，不仅选择而且刺激和强化那些有利于完善的欲望，努力满足这些欲望，有意识地培养和增强这些欲望满足后的愉悦感，把这样的满足作为享受。人的欲望各种各样，而且每时每刻产生。如果我们有了完善这一个目标和尺度，我们就不会被欲望牵着鼻子走，成为欲望的奴隶，相反能主宰欲望，成为欲望的主人。

在追求享受中追求完善，就是要在追求享受的过程中并通过追求享受来追求完善。完善是一个总体性概念，它是由一个个具体的欲望的满足构成的，追求完善事实上就是追求一个个欲望的满足。我们不可能不去追求这些具体的满足而只追求完善，相反只能在追求这些具体的满足中来逐渐走向完善。如果我们不去追求职业成就方面的满足、不去追求家庭和美方面的满足，不去追求个性发展方面的满足，我们能达到完善吗？显然不能。历史上的那些为完善而完善、只求完善而不求欲望满足的典型，之所以最终都成了丧失人性的怪物，就是因为否定了完善之中应有的内容，使完善成为空壳。以这种空壳塑造自己，他们自己必定会成为空虚、干瘪的人。因此，问题不在于追求不追求欲望的满足或享受，而在于如何追求享受，是否使对享受的追求指向完善的目标，是否把追求享受与追求完善结合起来。

在追求完善中追求享受，在追求享受中追求完善，说到底就是要把享受人生与完善人生结合起来。人生十分短暂，如果不在这短暂的时光充分享受人生的乐趣，那人活一辈子又有什么意义呢？人活在世上当然不是为了受苦受难，而是为了享受幸福快乐。享受是与苦难对立的，而不是与劳动相对的。过去人们常常把享受与劳动、创造、奉献等对立起来，好像一个人追求享受就必然不爱劳动、不思创造、不讲奉献一样。其实这是观念上的一种重大误区。一个人完全可能既爱劳动，也爱享受，既有奉献精神，又有享受意识。这两个方面在生产力极端落后的社会条件下难以兼顾，因为那时人们要把绝大部分时间和精力用于谋生，没有时间和精力来玩味人生、体验人生。但是，在现代文明昌盛的今天，生存状况大大改善，人们有机会和条件创造生活，也有机会和条件使自己的欲望得到充分的满足，有时间和精力丰富人生、体验人生、玩味人生、享受人生。

然而，享受人生有一个宽度和深度问题，这就是完善人生的问题。享受人生有两种不同的方式：一是在一种狭窄的范围、浅薄的层次上享受；二是在宽阔的范围、多级的层次上享受。前一种享受是缺失的享受，后一种是完善的享受。不言而喻，任何人都愿意选择完善的享受。追求完善的享受，就是追求完善的人生。追求完善的人生，即完善人生，实际上还是享受人生，只不过是以一种完善的方式享受人生。

反思、批判与超越

自我设计和自我创造是通过自我反思、自我批判和自我超越实现的，因而自我实现的过程又是不断自我反思、自我批判和自我超越的过程。

在追求享受中追求完善的过程，就是一个以完善为指向，不断超越已有满足、追求更多更深满足的过程。一个人在某一时间的欲望及其满足状态，构成了这个人在这一时间的自我实现状态，或者说构成了这个人在这一时间的生活和自我。超越这种状态就是超越这时的生活和自我。在这种意义上也可以说，在追求享受中追求完善的过程，就是超越自我的过程。

不断超越自我是追求自我完善的必然要求。人的自我完善意味着人的本性或潜能的充分实现。这种本性或潜能，总是要转化为欲望才能表现和体现出来。人的本性或潜能的充分实现，就是人的欲望的充分满足。在这里，潜能转化为欲望，欲望得到满足都需要过程，需要一步步地、一次次地进行。潜能转化为欲望需要开发，欲望得到满足需要追求。这个过程就是一个不断扩大和深化、不断超越的过程。一个人只要追求自我完善，他就必须不断扩大和深化他的欲望及其满足，不断超越他已有的欲望及其满足。

通过不断超越自我求达自我完善，历来被看作是人的本性，被看作是人区别于其他动物的本质特征。早在古希腊时期，一些思想家就注意到人必须选择和决定自己的生活。在他们看来，人始终如“赫拉克勒斯站在十字路口”（普罗第库斯语），必须“选择”其生活模式（柏拉图语），并且“偏爱”更好的（亚里士多德语）。不过，古代人还只是从极为狭隘的道德领域提出这种观点，而不是从一般人类学或哲学角度提出这种观点，而且他们确立了一些理想的准则作为选择的内容，因而人们有决定的自由，但没有更彻底的创造选择内容本身的自由。近代开始，人们在更广泛的意义上谈论人的自我规定、自我完善的本性，人被看作是在一个其余方面都已规定了的世界中掌握着自我规定的唯一者。这就是斯宾格勒根据歌德作品形象所命名的“浮士德精神”：“在前进中，他发现了痛苦和欢乐，他每时每刻都不会安宁。”

意志主义哲学家尼采把人看作是未限定的可塑性，认为人完全可能设定任何形式，并将这种形式赋予自己。“在人类身上，创造物和创造者是统一的。”在他看来，人类的想象和不满足的意志永远建造新的理想形象，从而引导自己。人生存的模式是不确定的，每一模式“为了未来”都必须重新打破。人最大的危险是“过早停息，如同我们所见，动物以及大多生物物种很早就到达了终点”。在他看来，生命的本能是一股盲目的力量，必须为之确定一个目标，这个目标就是谋求强力，即谋求生命力的高涨和扩大。与此相对应，也必须为处于生命阶梯最高层的人类确定一个目标，使其生命获得意义。这个目标就是超人。他认为，历来一切存在物都会创造某种超越自己的东西，人也是一种应当被超越的存在物。人的价值在于他是动物与超人之间的一种过渡，而不是目的本身。目的是超人，“超人是大地的意义”①。

存在主义者海德格尔则把可能性看作是人的本质特征。在他看来，人一生下来就被抛进了可能性之中，人就是可能性。“此在总是从它所是的一种可能性、从它在它的存在中随便怎样领会到的一种可能性来规定自身为存在者。”②这种可能性不在人之外，不是周围环境、客观条件给人的存在提供各种可能发展的机会，由人的理性去判断、去挑选，而是人自身就具有自己发展的可能性。既然可能性属于人自己，人就可以随意处置它。因此，人对于他自己的可能性来说是自由的。后来法国著名存在主义者萨特则把海德格尔的“人就是可能性”称作人就是自由，人不得不自由。另一方面，既然人被抛进可能性之中，人就不得不处置这些可能性，不得不从他的可能性方面去筹划。这种筹划，就是向未来开放，向着种种可能性开放，就是不断地超出自己，领先于自己。正是通过筹划，人才不断地获得更新，不断地获得自身的内容。这就是说，人面对着种种可能性，不得不进行选择，不得不决定自己应该怎样生存，不得不决定你成为什么样的人。

上述所有这些哲学观点在20世纪得到了生物人类学的有力支持。根据生物人类学的观点，人在生物学意义上是“未完成”、“未确定”的生物。因此，人需要解释和确定自己，人需要通过活动完善和发展自己。人的未特定化最初被看作是不利于生存的因素，是无价值的缺陷，因为人这种生物比起在世界上适应环境的

---

① ［德］尼采：《查拉图斯特拉如是说》，杨恒达译，《尼采全集》第4卷，中国人民大学出版社2011年版，第6页。

② ［德］海德格尔：《存在与时间》，陈嘉映、王庆节译，熊伟校，生活·读书·新知三联书店1987年版，第54页。

其他生物要难以生存得多。但是，生物人类学则认为，正是人的未特定化决定了人必须自我完成，必须自我决定成为某种特殊的事物，必须凭借自身的努力解决自身出现的问题。人不仅可能是创造性的，而且必须是创造性的。创造性并非只限于少数人的少数活动，而是必然根源于人类存在的结构。自我完成是可高可低、可富可贫的。只有不断地创造，不断地前进，不断地超越，才能不断地走向自我完善。在任何时候，我们都已经成为人，同时又正在成为人。

尽管历来有思想家认为不断超越是人的本性，主张人应该通过不断超越求达自我完善，但长期以来，社会（无论是东方还是西方）的主导观念和大众的日常观念却并没有真正接受思想家的影响。思想家的观念仍然是一种理论的观念、理想的观念，其影响的范围十分有限，并没有成为人们实际奉行的观念。

导致这种状况的原因是复杂的。就社会而言，在传统社会，统治的秩序、社会的安定被看作是社会生活中的最重要的事情。为了维护统治秩序和社会安定，统治者竭力强化弱者的道德。用尼采的话说，这种弱者的道德有三个主要特征：提倡柔弱，压制生命；提倡无私，抹杀个性；提倡服从，反对创新。由于统治者长期通过各种措施强化，这种保守性的弱者道德观念深入人心，成了社会通行的观念，成了人们是非善恶的标准。近代以来，经济发展和社会进步逐渐成为社会追求的主导目标，传统的道德观念正在发生变化，但这种变化的速度是缓慢的，是不令人满意的。正因为如此，尼采在19世纪末大声疾呼“重估一切价值”，海德格尔在20世纪上半叶有感于作为“能在”的人通常失落于、受制于他的“世界”，力图找到让人们走出“沉沦”的道路。

不断超越是一种现代观念，要确立这种现代观念，必须破除知足常乐的传统观念。知足是超越的大敌，不断超越就是要不知足，要永不满足。在当代，市场经济和现代生活为人们不断超越提供了条件，创造了环境，现在的关键问题是要更新观念，变“知足常乐”为“超越常乐”。当然，超越并不是目的，但它是实现目的的途径。它的目的就是自我完善，就是幸福，就是生活得更好。在现代社会，要走向完善，要获得幸福，要生活得更好，除了不断超越，别无选择，别无它途。

自我超越实质上就是以自我实现和自我完善为指向的自我改造和自我更新。这种自我改造和自我更新必须以自我反思和自我批判为前提并通过自我反思和自我批判来实现。不断超越自我的过程就是不断认识和反思自我、不断批判和否定自我的过程。不认识和不反思现实的自我，就不知道现实的自我与潜在自我之间的差异，就不知道自我与他人之间的差异，就不知道还有超越自我、完善自我的可能和必要。不批判和否定自我，就不知道真实自我的自由、自主、自为的本性，就不知道现实自我存在的不足和缺陷，就不知道还有改造和更新自我的可能和必要。总之，没有自我反思和自我批判，就不会有自我超越，就不会有自我实现，就不会有自我完善。

自我反思，就是对自我的再认识。这里的自我既指现实的自我，也指潜在的自我。这里的再认识是指以自我为对象的反躬自省。因此，自我反思作为对自我的再认识，就是对现实的自我、潜在的自我以及现实自我与潜在自我之间的差距的反躬自省，也是对自我设计和自我创造的反躬自省。自我批判则是在对自我进行再认识的基础上，根据潜在的自我检讨现实的自我。它的对象是现实的自我，它的尺度是潜在的自我，它的目的是要发现现实自我存在的不足和缺陷及其原因。自我反思和自我批判是交织在一起的，是同一个过程的两个方面。不仅反思中包含着批判，批判中包含着反思，而且两者是相互依赖、不可或缺的。自我反思和自我批判作为自我超越和自我实现的前提和基础，不能是一次性的，而应是无止境的。其所以如此，是因为自我设计和自我创造是动态的，现实的自我是不断变化的，潜在的自我是在人的活动中逐渐认识的。

四、“身”与“心”的和谐

谈到人性与人生的问题，有一个问题是绕不开的，这就是理智与激情的关系问题，也是身心的关系问题。自古以来就有“人一半是天使，一半是野兽”之说，而且这一描述似乎已经成为人们的共识。粗略地说，“天使”意味着“灵”、“精神”，特别是“理性”、“理智”；“野兽”则意味着“肉”、“情感”，特别是“激情”、“情欲”。如果我们承认这是一条公理，那么人通往幸福的道路应该是走向天使或走向野兽，抑或保持本色（即既不追求成为天使，也不追求成为野兽，而是维持半是天使半是野兽的状态）？这是哲学，也是许多其他人文学科历来关注、众说纷纭，至今莫衷一是的重大人生哲学问题。但这绝不只是一个学术问题，而是一个现实的深层价值观念问题。一个人作出什么样的选择，事关他的人生目标、人生道路、人生态度、人生面貌等人生的各个方面。因此，每一个人在面临着有关的各种学说时不能不首先进行认真审视。

关于灵与肉的评说

从生物进化的角度看，“灵”与“肉”并非人类与生俱来的。当“人猿相揖别”之初，人类只是在生理结构及其功能上与动物不同，并不具有与动物根本不同的“灵”。“灵”只是在人类告别动物很久之后，适应生存的需要才逐渐生长出来的，并日益成为人类区别于动物的主要特征之一。“灵”的出现和发展大大加速了人类进化的进程：在使人类加速未特定化的同时，使人这种单纯从生理学意义上看不一定具有优势的种类成为了宇宙的主宰、万物的灵长、世间的天使。正因为如此，当人类有了自我意识（这通常被认为是人之“灵”的顶点）之后，特别是当人类有了致力于反思自己的思想家之后，伴随着“灵”的作用与日俱增，“灵”也日渐被看作是人之所以高于和优于动物的东西，是人的真正本性和本质（或根本规定性），并因此而成为人之所以比动物尊贵的根据。与此同时，“肉”却日渐被看作是人之所以低于和劣于上帝的东西，是人的真正本性实现的障碍，是人之所以会堕落、人类社会之所以会有罪恶的根源。于是，高扬“灵”、贬抑“肉”便几乎成了20世纪以前人类思想史的主旋律、人类文明史的主导观念。

西方扬“灵”抑“肉”的观念至少可以追溯到道德哲学的鼻祖苏格拉底。苏格拉底强调哲学的本性是“爱智”，其使命不在于寻求世界的本原，而在于“认识你自己”，从而把哲学从天上拉回到了人间。他在实现这一西方哲学根本转向的同时，突出了理性特别是自我意识对于人的意义。他认为，神在人之中安排了灵魂，这是人最优秀的部分。认识你自己，就是要认识灵魂中包含的关于善的一般知识，有了这种知识，人就不会作恶。这就是他的“美德即知识”和“作恶是由于无知”的意味所在。他的这种观点隐含着这样的理性主义涵义：人的本质是灵魂而不是肉体，意识到这种灵魂就是知识，只有理性而不是感性才能使人获得这种知识，有了这种知识就会有德，作恶是由于缺乏这种知识。

苏格拉底高扬灵魂、理性，但并没有明确地贬抑肉体感性，到了他的学生柏拉图那里则更进了一步。一方面他把理性的一般概念本体论化，认为作为具体事物抽象概念的理念是世界的本原；另一方面他又在强调只有理性才能把握理念的同时把感性看作是认识理念的障碍，把肉体看作是灵魂的坟墓和牢笼。肉体不仅在人出世时使人忘记了理念，使理念受到了玷污，而且使人受缚于激情和欲望的“洞穴”之中，很难见到理念世界的真理之光。亚里士多德的观点虽然没有他的老师那么极端，但他的“人是理性的动物”的著名命题却成了西方乃至整个人类普遍信奉的信念。

如果说古希腊哲学家既扬“灵”又抑“肉”，那么此后西方的两个历史时代则在承袭这种基本观念的同时各有侧重：中世纪特别强调抑“肉”，而近代则特别强调扬“灵”。

《圣经·旧约》本来并不推崇理性、智慧，相反把智慧看作是导致原本过着感性的幸福生活的人类开始堕落的根源。《圣经·新约》也不推崇理性，而只是推崇“爱”这种情感，不过这种“爱”是爱上帝、爱邻人，（“爱人如己”是爱他人像爱自己一样，应该是没有否定自我）但是，到了基督教神学家那里，由于古希腊罗马哲学的影响，理性受到了重视。虽然理性从属于信仰，但在正统神学家那里，理性被认为是认识上帝的途径和扼制情欲的手段。理性并不是与信仰对立的，而是与情感对立的。当然也有一些神秘主义神学家并不欣赏理性，而诉诸某种神秘的体验来达到与上帝的同一，但这毕竟不是基督教神学的正统观点。

自文艺复兴开始，强加于人的理性之上的上帝被打倒了，理性逐渐取代上帝而成为至高无上的东西。由于启蒙运动的作用和影响，理性不仅被看作人的认识能力，而且被看作人的本质；不仅被看作人的本质，而且被看作世界的本原和主宰，这即是所谓“人为自然立法”，“理念创造世界”。与古希腊和中世纪不同，近代思想家大多并不那么贬抑“肉”，但把“灵”推到了无可复加的地步，而且从总体上看“灵”与“肉”仍然是分离的、对立的。例如，康德就把人看作既是感性世界的成员又是理性世界的成员，是理性而不是感性使人成为自由的、有道德的，使人成为人。

与西方思想家特别推崇理论理性或思辨理性不同，中国古代正统思想家特别推崇实践理性或道德理性，而且在推崇实践理性的同时更贬抑情感欲望。孔子把“仁”作为人类的最高追求，“仁”就是实践理性。什么是“仁”？仁者爱人，忠恕之道，中庸之道，等等。这些都是道德要求。如何实现“仁”？克己复礼为仁。显然，孔子这里“灵”与“肉”不仅是对立的，而且还以抑“肉”来扬“灵”。至于后来儒学提出的“存天理，灭人欲”，则更是扬“灵”抑“肉”的极端。

传统的扬“灵”抑“肉”的观念，也就是通常所谓的理性主义。这种理性主义在西方近代达到其极致，西方近代就是典型的理性主义时代，理性至上、理性万能成为不可动摇的信念。理性主义因其突出人的能动性而大大增强了人类的生存和发展能力：增强了人认识、改造、控制自然的能力，增强了人主宰自身、主宰社会的力量，增强了人对自身的确信和乐观主义态度。其结果是生产力、科学技术、教育文化的迅猛发展。

但是，自19世纪中叶开始，理性主义也日益暴露出其局限，这种局限是通过其社会后果体现出来的：人虽然有强大的认识、改造、控制自然和社会的力量，但这种力量是整体性的力量，而不是个人的力量，相对而言，个人的力量不是增强了，而是减弱了；与此相应，人对自身的确信也是对人类的，而非对个人的，人类虽然获得了更大的自由，而个人的自由却相应地减小；在高度发达的现代文明的光环之下，还有许多令人恐怖的阴影：环境污染，生态平衡破坏，不可再生资源迅速消耗，现代战争阴云笼罩，精神空虚，心理疾病流行，等等。当返回对个人的思考时，人们可怕地发现：个人已经被整体湮没，个人的意志和情感已经为千人一面的理性所否定，整个人类的个体都生活在一种十分危险的境地，个人的生存、价值、自由、尊严受到严重的威胁。

理性主义社会后果中所暴露的问题，不仅仅是一个社会如何使用理性的问题，而且与理性本身的局限直接相关：① 理性只是人的一个方面，甚至可以说是人的非本原的方面。因为从进化的角度看，理性的出现只是为了人的生存和发展。就是说，与人的生存和发展相比较，理性是手段，而非目的本身。如果把理性作为人的唯一本质或本性乃至人的全部，个人就会发生异化。② 理性所反映的是人类的共性方面，过分张扬理性，必然会突出整体、共性，而忽视个体、个性。这样社会就会成为缺乏个性和丰富性的社会，社会就会发生异化。

理性主义问题的综合表现在于个人和社会的异化日益严重。这种异化促使了西方许多思想家对近代以来的启蒙精神、对自苏格拉底以来的理性主义的深刻反省和批判，于是出现了个体悲观主义和非理性主义。

在庞大的非理性主义阵营中，除了文艺的现代派之外，影响最大的是哲学的人本主义思潮和心理学的精神分析主义。

现代人本主义思潮的肇始者、意志主义哲学家叔本华第一次明确提出人的本质不是理性，而是意志。人的理性不过是意志的表现，是意志客观化到一定的程度后的产物。理性是为意志服务的，是满足欲望的工具。他反对以前哲学家把理性当作人的本质，认为他们把意志和理性的关系颠倒了。在他看来，不是理性高于意志，而是意志高于理性：人首先有欲望，然后才认识所要认识的东西，而不是相反。不仅如此，理性也不是万能的。一切真理的源泉是直观而不是理性。只有直接或间接地以直观为根据，才能达到绝对真理，而一旦有理性介入，就难免要出现谬误。例如，理性就不能达到事物的实在本质。“不管我们怎样进行探究，除了影像和名称之外，我们永远不能接触到任何东西。我们就像一个人绕着堡垒转来转去而找不到一个入口，只是有时画下它的草图一样。”①叔本华的这些思想奠定了整个现代人本主义的非理性主义的基调，他之后的人本主义哲学家（包括其他的意志主义者、生命哲学家、存在主义者等）虽然对何为人之本有不同的看法，但在对待理性的态度上则大同小异。

精神分析主义的创立者弗洛伊德的非理性主义观点也许比哲学家更令人振聋发聩。他根据自己的丰富临床经验和长期科学研究雄辩地证明：人在自己清醒的意识之外存在着一个广大的无意识领域，心理的意识部分好比露在海洋面上的冰山的小小山尖，而无意识正如洋面底下看不见的巨大冰山体。这种潜伏于意识深处的无意识的主要内容不是理性，而是本能，其根源则是肉体的欲望和冲动。据此，他针对传统把理性看作是人的本质的观点，强调无意识、本能、欲望对于人的本原意义；断言过分张扬理性会导致普遍的精神疾病；料定人的心理本质决定了人不可能成为天使。

弗洛伊德对自己的发现和学说充满自信。他说，有三次革命给予人类对自身所具有的那喀索斯主义观念（即顾影自怜、孤芳自赏、自我陶醉的自爱心理）以沉重打击。第一次革命是哥白尼的革命，他证明地球比太阳小并围绕太阳转动。第二次革命是由达尔文完成的，他证明人类起源于动物。弗洛伊德本人，则由于发现心灵的奥秘在于无意识而自认为是第三次革命的领导者，“‘自我’并不是自己家宅的主人，它必须满足于大脑中潜意识是如何进行的少许信息。”②他指出，正是通过对人

① 参见［德］叔本华：《作为意志和表象的世界》，石冲白译，杨一之校，商务印书出馆 1982 年版，第 150 页。

② ［奥］弗洛伊德：《精神分析导论》，车文博译，《弗洛伊德文集》卷 7，九州出版社 2014 年版，第 232 页。

类对自身所持的那喀索斯主义的这三次打击，人类越来越认清自己的本来面目。

无论弗洛伊德自己怎样评价自己，也无论世人怎样评价他的学说，有一点是可以肯定的：弗洛伊德在更深刻的意义上改变了人类的自我观念。在他所说的这三次革命中，前两次革命是不够彻底的，它们扫除了人类自我中心观念的外围，尚未触及这种观念的根基。弗洛伊德则以他的精神分析学说，在哥白尼、达尔文的基础上进一步深入到人类自傲心理的最终根源——理性。应该说，弗洛伊德的学说已经完全走到了传统理性主义的反面。美国的一位评论家指出："他在人的骄傲中找到了人的悲惨的终极原因；而且他愉快地了解到，他的观念使骄傲的保护变得更加困难了。"

"灵"与"肉"的交融

就主流而言，人类思想史在"灵"与"肉"、理智和情感的问题上经历了从一个极端走向另一个极端的过程。人的真实本性和生活本来是丰富而全面的，既包括"灵"的方面，也包括"肉"的方面，它们水乳交融、不可分割，对于人的生活和幸福来说都是不可缺少的，无所谓高贵与卑劣、善与恶之别。人为地分割这两个方面，使之对立起来，并扬此抑彼，必然会断送人类本来可能获得的幸福。

传统的那种扬"灵"抑"肉"的态度，最大的问题不在于扬"灵"，而在于"抑"欲。无论从社会的发展，还是从个体的生存看，有些时候高扬人的灵魂、精神、理性是必要的、有意义的。例如，在贫穷、落后、愚昧、迷信、盲从的情况下就是如此。问题在于，高扬"灵"并非必须以抑"肉"为前提条件。它们并不是必然的，而是可以共容的，而且在人的生活中绝大多数情况下是相互依存的。抑"肉"的结果，只会使活生生的人性和生活变得空洞、枯萎，而且常常导致伪善者滋生。

另一方面，我们也不能像19世纪以来的非理性主义思想家那样认为惟有"肉"才是人之本，理性不仅对于人无足轻重，甚至是人类不幸和痛苦的根源。这种扬"肉"抑"灵"的态度，虽然看到了抑"肉"的危害性，但却由肯定"肉"而走向了否定"灵"。他们没有意识到，没有"灵"，人类同样不可能有幸福，如果有幸福那也只是动物式的"幸福"，而不是真正人的幸福。这种观点的问题，首先在于忽视了理性本身是中性的，虽然使用不当可能导致消极后果，但决非必然如此；其次更在于忽视了理性作为人生存的根本性手段对于人生存的根本性意义。不可否认，理性对于人来说是后来才逐渐获得的，但却是最终使人成为人、使人有可能过上动物不可能过上的幸福生活的东西。

在古今中外的思想家中，德国思想家莱布尼茨关于知觉与欲望、理智与意志的观点也许更正确地反映了人性的本来面目和进化方向，值得我们重视和思考。

莱布尼茨认为，世界的万事万物都是由不可再分的精神性的"单子"构成的。单子有两种内在规定性：知觉和欲望。知觉是单子的固有本性，欲望是单子的内在本原，是它们使单子成为单子，使个体成为实体。每个单子都是独特的，它们在完善程度上各不相同，构成了一个具有不同等级的系列。既然知觉和欲望是单子的根本规定性，那么单子的完善性程度，单子所处的不同等级也就取决于它们自身的知觉和欲望。

所有单子的知觉都是一个单子对所有其他单子或者说由单子构成的宇宙的表达或映照，但各个单子都以自己的方式知觉，因而知觉具有不同的种类、方式或等级。在莱布尼茨看来，知觉的清楚性和分明性是知觉完善性的标志，知觉越完善，它就越分明，而知觉越不完善，它就越混乱。不过，知觉或多或少地具有完善性，混乱性只是最低程度的分明性。根据清楚分明的标准，莱布尼茨把单子的知觉分为三大类：① 最低级的微知觉。这是一种极不清楚的无意识。② 较高级的知觉。这是具有意识、注意和记忆的比较清楚的知觉。③ 最高级的察觉或统觉。这是具有自我意识、理性的既清楚又分明的知觉。

正像每一单子有知觉一样，每一个单子有欲望。在莱布尼茨那里，"欲望"涵盖了现代意义的情感和意志两个方面。他把欲望理解为使一个事物指向或追求其目的的东西。欲望是单子变化的本原，正是由于这种本原，单子从一种知觉过渡到另一种知觉。"单子的自然变化是从一个内部的原则而来，因为一个外在的原因是不可能影响到它的内部的。"[①]单子的欲望是各不相同的，像知觉一样，欲望也有无限的程度系列。但是，莱布尼茨像把知觉划分为三类一样，把欲望也划分为三类：① 纯粹无意识的冲动或倾向。这是一种倾向于成为现实的潜在的盲目动力。② 本能的欲望。这是从感情或有意识然而相当混乱的知觉中产生的欲望。像冲动一样，它追求即时的眼前的满足，除了意识和记忆以外没有任何东西指导它。③ 自我意识的欲望或意志。这是其基础在于察觉或清楚分明的理性知识的变化本原。

在莱布尼茨看来，单子之间的差异取决于表象宇宙的知觉的各种程度，因而可以根据知觉的等级来划分单子的等级，即：① 只具有微知觉的无意识单子或赤裸裸的单子，如无机物；② 具有知觉的有意识的单子，例如动物；③ 具有理性或自我意识的单子，如人。这三类单子不仅具有相应的知觉，而且有相应的欲望。无意识的单子的欲望是纯粹的冲动，有意识的单子的欲望是纯粹由情感控制的动物本能或盲目的欲望，而有自我意识的单子的欲望是一种自我意识的欲望或意志。

到此为止，我们还看不出莱布尼茨的理论和其他思想家的理论之间的明显区别。但是，莱布尼茨并未到此为止。在他看来，那些较高级的单子并非本来如此，而是发展或不如说是进化的结果。因为单子本质上是一种力或生命本原，总要通过自发的活动从一种知觉过渡到另一种知觉，混乱的知觉有可能发展成为分明的

---

① ［德］莱布尼茨：《单子论》，北京大学外国哲学史教研室编译：《十六——十八世纪西欧各国哲学》，商务印书馆 1975 年版，第 484 页。

知觉，显示出分明性，较低级的单子也因而有可能发展成为较高级的单子。但是，较分明的知觉与混乱的知觉并不是彼此完全分离的，每个单子或多或少地包含着混乱的知觉。低级的单子发展成为较高级的单子不是对较低级单子的特性的完全否定，而是对较低级单子的特性的部分提升。就是说，单子中的两类较高级的单子除了它自己的特有性质外，还具有较低单子的特性。

根据这种观点，莱布尼茨认为，动物和人不仅有意识，而且有无意识，例如当动物和人陷入昏迷状态或酣睡无梦时就是这样。另一方面，人不仅具有自我意识和理性或严格意义的思想，而且像动物一样具有感觉知觉，以及记忆和想象的经验连续性。他说，就我们的大多数行为和信念而言，我们是单凭经验办事的人，例如当我们期待明日有白天时，并不是因为我们知道它的原因，而是因为一向总是如此。同样，在人的本性中，不仅有理性的意志，而且有无意识的冲动和属于中间等级的欲望的冲动和情绪，以及属于最低等级欲望的物理能力。

莱布尼茨的上述理论对于我们至少有以下几方面的启示意义：

首先，人像世间的万事万物一样，不是纯认知型的东西。虽然认知性的知觉被认定为事物的固有本性，是类似于根本规定性的东西，但情感性的欲望同时也被认定为事物的内在本原，是事物活动、变化和发展的根本动力，它不仅是事物所必不可少的，而且也是世界丰富性的根源。认知性的知觉不仅不是低于人的事物的唯一规定性，而且也不是人的唯一规定性。世界上没有纯认知型的东西，即使是上帝也不例外。莱布尼茨的这种观点给我们的启示在于，在对人的本性和人的理解上，不要把人的理性与感性、理智与情感割裂开来，简单地通过高扬理性和理智、贬抑感性和情感来人为地提高人的地位。人不同于其他事物的特性，并不在于人只有理性和理智，而没有或不应该有感性和情感。

其次，人与万事万物在本质上、本性上是完全一致的，它们的差异只在于发展的程度上。世间所有的事物都有知觉和欲望，这两个方面是所有事物（包括人）的共同规定性。不同的事物之间的区别不在于是否同时具有这两个方面，而在于这两个方面发展或进化的层次。人类文明的进化是以不断人为地提高人的地位，使人类不断地远离其他万事万物、远离自然为前提的。事实已经证明，并还在不断地警告人类，这种人类“沙文主义”态度是对人类有害的，最终将会危及人类的生存。在这方面，莱布尼茨给我们的启示在于，人与万事万物具有同一性，这种同一性是人的根本的、基础的方面；人与万事万物也有差异的方面，但这是人的非根本的、非基础的方面。人类不应该因此而感到羞耻，因为事情本来就是如此。人类更不应该否认这一点，否则就会破坏整个世界的和谐。因为整个世界处于不可分割的普遍联系中，这种自然的联系就是上帝创造世界时已经预定的和谐。世界普遍联系的基础就在于万事万物的统一性，一旦人为地打破这种统一性，势必割断世界的普遍联系，世界的和谐格局就会因此而遭到破坏。

再次，人类的发展和进化过程不是一个不断否定的质变过程，而是一个不断积累的生长过程，高层次因素的生长并不必然要否定低层次的因素，相反总是包含那些低层次的因素在其中并以之作为生长的基础或土壤。例如，就欲望而言，意志的出现并不意味着对冲动、本能的否定，而是在冲动和本能的基础上又生长出意志，意志高于冲动和本能，但并不能取代它们。它们必然会相互影响，有时会发生冲突，但它们绝非势不两立、不可共处和不兼容的。按照莱布尼茨的看法，作为事物发展最高层次的人类，其规定性的结构不是一维的、平面的，而是多维的、立体的。就维度而言，人不仅有知觉的方面，至少还有欲望的方面。就层次而言，不仅有理性（自我意识）、意志，而且有意识、本能，还有无意识、冲动。这样，在莱布尼茨那里，人性就是综合而不是单一的，是丰富多彩而不是单调乏味的，是富有人情味而不是冷冰冰的。

长期以来，人类为了高扬自己，不断地贬抑欲望方面，抬高知觉方面，不断贬抑感性方面，抬高理性方面。其结果一方面虽然使人类成为宇宙中最高洁的存在，但同时也使人类成为孤零零的种群；另一方面使一些受人类文明影响较大的人群（如知识分子）深受其害：他们不断地“修养”，祈求远离动物和尘世，追求尽善尽美，结果却使得人性苍白如纸、人生平淡如水。从这种意义上看，莱布尼茨给我们的启示在于，人性本来就是一个复合体，有所谓“高雅”的方面，也有所谓“低俗”的方面，这是我们不可能否定掉的，我们可以不断地追求“高雅”，但没有必要因此而拼命地拒斥“低俗”。人性的实现、人生的完善不在于有“高雅”而无“低俗”，而在于不仅有“低俗”而且有“高雅”。

激情之是非

传统的抑“肉”的观念，并不是简单地否认生命和感情，而是否认生命里基于肉欲的激情方面。我们知道，古希腊罗马时代的斯多亚派主张把自爱扩展到整个人类，耶稣基督要求人们爱上帝、爱人如己。这种爱无疑也是一种情感，但这种情感被看作是健康的、道德的情感。只有那种激情才是不健康的、不道德的情感。这种情感不仅被看作是邪恶的祸根，而且被看作是人类不幸福、不自由的源头，因为激情用斯多亚派的话说，是不合自然、不合理性的荒唐而又夸张的灵魂病态，用荷兰哲学家斯宾诺莎的话说，是奴役心灵的“被动力量”。于是激情就成了千夫所指的罪恶元凶：对于激情不但要节制，而且要努力摆脱它们，根除它们。因此我们可以说，在传统观念中，抑“肉”的要义就在于要“断激情”。

激情（passion）本来是一个十分含混的概念，思想家们的理解也不尽一致。例如，斯多亚派把快乐、悲伤、恐惧、欲望都看作是激情；黑格尔则认为激情包含情感、欲望、冲动、需要等感性因素。不过，在西方的常识观念中，激情有两种基本的含义：一是指强烈的、有时不能被控制的情感；二是指性爱。

传统观念之所以要如此强硬地“断激情”，原因在于认为激情与理性对立，激情会破坏理性。我们姑且承认激情是与理性相悖的，那么，传统观念为什么要在这两种对立的东西中选择和高扬理性而鄙弃激情呢？传统观念选择和高扬理性而鄙弃激情有深层的社会原因。

我们知道，理性是人的共性的一面，人类只能在理性的基础上达成共识。例如，人类可以在科学和技术上达成共识，就是因为科学和技术是理性的产物；人类很难在价值和趣味上达成共识，则是因为价值和趣味至少不只是依赖于理性的。由于理性是人的共性的一面，是人类形成共识的基础，因而也是社会统一、稳定的基础。按照英国哲学家霍布斯的说法，在自然状态中人在自然欲望驱使下力图占有一切，其结果使人类陷入“人对人是狼”的敌对状态，是理性用自然法规范人们的行为，才使人类进入和平的社会状态。在霍布斯看来，人类之所以作出这种选择，是因为和平和安全较之占有一切对于人的生存更为根本。在这里，是理性而不是欲望、激情使人达成了共识，给人颁布了规则。

另一方面，情感、欲望，特别是激情，就其本性而言，就其没有受到理性的制约而言，是个体的、主观的力量，它总是以自我为出发点、中心和归宿，而不顾及整体、周围和统一。在黑格尔看来，激情构成了人类意志的内容，它与个人对利害关系的关心分不开，包括人的个别兴趣、需要和自私欲望的满足，包括个人对某种目的的热烈向往，包括全部个性忽略了其他一切已有的或可能有的关心和追求，而将整个意志都倾注于一个对象，集中一切欲望和力量于这个对象，企图通过占有这个对象而获得某种满足。他认为，激情之所以称得上激情，主要体现在“它们全然不顾法律和道德要加给它们的种种限制，而且这种自然的势力，比起维护秩序和自制，法和道德的人为的、讨厌的纪律训练，对于人们有一种更直接的影响”。

理性追求统一秩序、激情破坏统一秩序的自然倾向和可能作用，是传统社会之所以高扬理性、鄙弃激情的根本原因。传统社会是追求社会一统的社会，社会稳定、秩序井然、行为统一是社会的最高追求，甚至是唯一追求。至于经济社会是否发展、科学技术是否发达、人民生活是否幸福、个性是否自由全面发展，都没有真正进入统治者的视野，至少不是他们关心的最重要问题。理性是权衡的力量，是规范的源泉，因而是稳定、秩序和统一的基础，维护稳定、秩序和统一的法律和道德这些社会制约机制更是需要诉诸理性。激情则不同，它是超越的力量、创造的源泉，它要求不断地冲破僵化理智的束缚，自由自在地得到满足和宣泄，因而往往会破坏和超出既存的社会规范。因此，以维护统一秩序为使命的传统社会，必定会作出高扬理性、贬抑激情的选择。

历史的选择有其历史必然性，也许还有某种历史合理性。这里我们没有必要作充分的讨论，但有一点是可以指出的，传统社会由于生产力和科学技术落后，总体上看是一种单纯的求生存的社会。这种社会不可能把全体社会成员的自由和幸福放在首位，而只能把满足最基本的生存需要，特别是安全需要放在首位。可以设想，如果没有历史上的对理性的强调、对激情的扼制，人类社会也许不能发展到今天。这就如同，如果没有近代几百年的清教主义的实践，西方社会也许不会有今天的发达一样。但是，我们也要清醒地看到，人类为上述历史选择付出了沉重的历史代价：为生存而牺牲了幸福，为安全而牺牲了自由！

在现代文明高度发达的今天，我们似乎很有必要对历史进行反思，对历史的发展路向作某种可能的假设。例如，我们可以假设，人类在高扬理性的时候不那么贬抑情感是否更有利于社会的发展和个人的幸福。研究历史，要求以史为鉴，本身就隐含着历史发展不是绝对必然的，而是有很大选择余地的。既然有选择的可能，我们就需要作假设：不仅对未来作假设，而且对过去作假设。只有对过去的历史作假设，历史才会真正给我们以教益。

上述假设并不是虚幻的，而是有历史事实作为基础的。西方自文艺复兴以来的几百年历史，特别是第二次世界大战以后半个多世纪的历史，就是走的在高扬理性的时候不那么贬抑情感的道路。事实不仅已经证明这条道路比传统的道路有利于社会发展和个人幸福，而且已经证明至少在几百年前人类就可以走上这条道路。当然，一个社会是否最终选择这条道路，主要取决于政治家。但是，作为哲学家或思想家，在别人已经走了这个道路之后，我们有责任告诉人们：这条道路是否可行，是否更有利；这条道路本身还有什么问题；还有没有别的更好的选择。

黑格尔已经深刻地洞察到，尽管以往几千年的历史是人类高扬理智的历史，但是历史本身的发展并非只有理性或理智发生作用，而激情不发生任何作用。不管人类——特别是思想家和政治家——是否愿意，激情都在发生作用。激情作为一种破坏的否定的力量，在历史上不断地改变着、刷新着历史。完全可以想象，假如历史上的任何一种社会形态只有一种理性的规范的力量在发生作用，这种社会形态会变化、会为其他的社会形态所取代吗？不可能。没有激情的力量和作用，人类也许至今仍停留在其他动物的层次，不用说理性，恐怕连人类也不会存在。

就人类个体而言，假如全人类的所有成员都是纯理智型的，没有任何激情，会有丰富多彩的人类文化和社会生活吗？肯定不会有。果真如此，所有人类个体就都是一架架没有任何差异的生物机器。这样的人类不仅是可悲的，而且是可怕的。在黑格尔看来，激情和冲动塑造了生命，因为只有通过激情，人才能活动起来，人的一切精神方面的功业才能得到建树。

也许是基于以上考察和分析，黑格尔肯定，由激情驱动的人类活动，对财富、名声、美色、幸福等的追求，是能动的、积极的、生动活跃的，人类也因此饱含想象、希望、渴求甚至恐惧而专心致志地、深深地投入某种事业。“我们简直可以断然声称：假如没有激情，世界上一切伟大的事业都不会成功。”①

---

① 参阅［德］黑格尔：《历史哲学》，王造时译，生活•读书•新知三联书店 1956 年版，第 52 页。

作为哲学家、作为深刻的思想家，黑格尔也清醒地注意到，激情也有其消极作用。他认为，人类诸种激情的游戏和表演，可以称得上是一种“暴行”，因为它在社会生活中体现了狂热的“无理智”，表现出不顾一切的任性妄为，构成了对秩序、规范、纪律的威胁和破坏。正因为如此，“激情被看作是不正当的、多少有些糟糕的东西：人不应当有激情”。黑格尔当然不会同意这种否定激情的结论。他承认，激情作为一种疯狂的自然势力，它裹卷着我们，摧毁一切社会建筑物，也毁灭个体生命本身。但是，他强调，也正是通过这种“否定性”的力量，激情在创造和重建着新的社会建筑，构造新的法律、道德、习俗、宗教戒律，乃至普遍的民族意识和民族精神。在这种意义上，历史中一切创新和进步，都应归功于激情。它经常打破事物静止界限，打破均衡，打破事物的持存和静止的延续，破旧而立新。这种激情，就是古希腊人早已意识到的“奴斯（*nous*）”精神，即爱与恨、生与死的原动力，它是历史上一切新事物得以形成、人类历史表现为活生生的诗意过程的源泉。

黑格尔肯定激情的作用，并不是要走向另一个极端：否定理性。相反，他力图寻求这两者统一起来的途径。他告诫人们，对于人类个体和人类整体来说，虽然激情是一个因素，理性是另一种因素，两者表面上看来是对立的，但绝不能把两者始终看作是对立的。这是因为，不仅激情所指向的对私利的追求本身就具有某种天然的合理性，而且这种对私利的追求是扬弃激情的任性妄为、实现德性的真实途径。从这里可以看出，黑格尔作为一位理性主义者和整体主义者，虽然肯定了激情的作用，但认为激情终究要被否定，要被扬弃，激情只是作为理性实现其目的的“材料”。

但是，黑格尔的理性主义立场并没有妨碍他对理性与激情关系的正确把握。在他看来，理性作为激情的异化产物，它与激情的矛盾是在时间和历史中展开的，也只有在时间和历史中才能得到消解。这种展开和消解的结果，是激情的逐步“理性化”，同时又是理性的逐步“激情化”：一方面通过各种理性法规对人的激情进行合理的约束，把激情引导到合理性的轨道上来，从而将动物式的任性放纵最终转变为社会生活中的个人自由自主活动；另一方面使理性愈来愈适宜于容纳和发挥激情的创造活动。他把理性和激情看作是世界历史演进的“经纬线”，它们相互交织、相互作用的动态历史运动构成了真正自由实现、真正自由意识形成的过程。于是，黑格尔得出了一种价值论的结论：真正的激情必须是理性化的，真正的理性不是冷漠和无生命的，而是内在地包含激情的。

黑格尔的说法有些晦涩，如果现实地考察一下当代人类的激情，我们也许能对黑格尔的思想有更明白的了解。过去，人们常常把激情理解为人的动物性的一面，至少到今天，人的激情已经不是动物性的。例如，性爱就是如此。这里撇开人的爱情因素不谈，仅就性活动本身而言，人类的做爱与动物的交配之间就存在着巨大的差异。人类做爱过程中的抚摩动作、做爱方面日益丰富的技巧和花样、做爱的无季节性、做爱后深沉的满足感，还有通过药物等刺激爱欲、手淫以及通过其他方式获得性满足，等等，所有这一切都是其他动物不可比拟的，其中许多是其他动物所根本不具有的。是什么使人类拥有如此丰富而又花样翻新的性爱生活？毫无疑问是理性！不管人们对这一事实本身作何评价，有一点是无法否认的：这一事实有力地说明作为人类激情基本方面的性爱确实已经非常理性化了。

黑格尔力图在既肯定理性，也肯定激情对人类的积极意义的基础上找到理性与激情协调的道路，这种思路无疑是正确的。但是，在黑格尔生活的时代，人们还没有找到如何实现理智与激情协调的现实道路，黑格尔也不例外。在他去世近二百年以后的今天，人类似乎正在这方面形成共识。这就是，激情活动的限度是以理性为基础的法律，在法律的范围内，激情可以尽情地满足、发挥和宣泄。在这种意义上，理性为人类建立秩序，激情为人类提供活力；理性给个人营造生存环境，激情给个人带来幸福自由。我们仍然要张扬理性，但并不因此否认激情，相反要通过张扬理性来为激情酣畅淋漓地发挥创造条件、提供可能。这就是现代文明所选择的不同于传统文明所选择的历史发展道路！这条道路迄今为止尚未为全人类所认同，但它正在以强大的生命力和巨大的吸引力向世界宣告：只有这条道路才是人类通往幸福的道路！

第二章　价值与幸福

一、价值的基础、内涵和结构

人生是活动的过程，人生的活动是有目的或有指向的，这就是价值。从哲学和伦理学的角度看，长期使用的最基本价值概念是“好”或“善”，但它一直是道德意义上的价值，而不是一般意义上的价值，其含义十分狭窄。自 19 世纪末开始，西方一些思想家力图拓宽价值论的研究领域，在哲学和伦理学之外建立研究一般价值问题的一般价值论，与此同时，他们从经济学中引进“价值（value）”概念作为一般价值论的最基本概念。尽管自“价值”引入哲学以来思想家们越来越多地使用这个概念，但并非所有的学者都把“价值（value）”这个词及其相应的形容词“有价值的（valuable）”作为价值论或伦理学的基本概念。许多学者更喜欢用传统的价值概念：“好（good）”。不过在一般价值论的影响下，人们在使用“好”时已不限于传统的道德意义，而是扩大到日常的“好”的意义。所以，在当代学术界，“价值”或“有价值的”与“善”或“好”是意义大体一致的概念。对于这个哲学和伦理学概念，哲学家们的理解很不一致，甚至是完全对立的。这种分歧不只是字面上的、概念上的，而是实质性的、根本性的，关涉对整个价值问题的理解，关涉价值观，乃至关涉人生观，关涉对整个人生问题的理解。

基础及相应涵义

“好”这个词，无论在西方语言中还是在中国语言中，本来是一个形容词，意为“好的”或“善的”。它有时也作为名词使用，意为“好”或“善”，但通常作为形容词使用。作为形容词，它用来指“某物 X 是好的”。这里就发生了意义的分歧：它是指“ X 对于…是好的”呢，还是指“ X 本身就是好的”呢？在前一种意义上，“好的”是“对于……好（good for）”，在后一种意义上，“好的”是“自身好（good in itself）”。“对于……好”本身又有两种意义：如果一个事物对于某个或某些人是好的，那么这里的“好”由于符合人的目的而具有目的的意义；如果一个事物对于其他某个或某些事物是好的，那么这里的“好”由于有助于目的的实现而具有工具或手段的意义。这里很明显，“对于……好”具有相对的、主观的意义，而“自身好”具有绝对的、客观的意义。

这种意义的分歧并不只是理解上的差异，而是涉及到价值论或伦理学观点上的一个重大的、也是根本的分歧：价值存在于哪里？或者说，人们根据什么认为一个事物是有价值的？这个问题就是价值的基础问题，或者说就是价值的本体论问题。在这个问题上存在着以下三种基本的看法：

第一种看法是认为价值存在于事物本身，是事物本身的属性。根据这种看法，价值是事物自身具有的，完全不取决于人是否需要、追求、享受和评价它，甚至独立于上帝的意志之外。由于把价值看作是独立自存的客观性质，因而这种观点被认为是客观主义的。这种价值客观主义通常具有价值绝对主义倾向，认为世界上存在着某种终极价值，事物所具有的价值是这种终极价值的体现或分有。这种价值论绝对主义是与本体论绝对主义和认识论绝对主义相一致的，承认世界上存在着一种万物由它派生而最后复归于它的终极（绝对）实在。这种终极实在是可以认识的，认识达到了它就获得了终极（绝对）真理。这种终极实在也是可以追求的，追求达到了它就拥有了终极（绝对）价值。人生的价值和意义就在于追求终极实在，获得终极真理和拥有终极价值。

第二种看法是认为价值取决于人，是人的需要或欲望所指向的对象。根据这种看法，事物本身不具有价值，某物之所以有价值是因为它为人们所追求或使人得到满足，因而价值主要取决于人的需求，离开了人，世界上根本不存在什么价值。由于把价值看作是完全依赖人的、依赖于人的主观需求的，因而这种观点被认为是主观主义的。值得注意的是，这种观点并不认为主观需求就是价值，而是认为主观需求所指向的东西才具有价值。在这里，主观需求是价值的首要条件，但不是唯一条件。价值需要载体，这就是事物的属性或功能等。这种价值主观主义通常具有价值相对主义倾向，认为所有的价值都是因人、因时、因地而异的，根本不存在纯粹客观、独立自存、永恒不变的终极价值。

第三种是认为价值存在于人（主体）与客体（事物）的关系之中，是主体与客体之间的需要与满足关系。根据这种看法，价值既不取决于主体，也不取决于客体，而是存在于客体的属性或功能等与主体需要之间的一致性关系之中。在这种“关系说”看来，客体的属性等是客观的，主体的需要（不包括欲望等主观的想要）也是客观的，因而作为两者之间的一致性关系的价值也是客观的，是一种客观的价值事实。

由此看来，这种观点似乎是一种价值客观主义。然而事实并非如此，这种观点实质上是价值主观主义的。因为它同样把人的需要看作是价值的首要条件，同样承认价值必须有载体。它与第二种观点不同的地方只在于两点：第一是它强调主客体之间的关系；第二把需要与想要分开，强调需要的客观性。关于第一点，两者之间实际上没有分歧，因为第二种观点同样是把价值看作是主客体之间的关系，只是没有突出地强调。关于第二点，“关系说”把需要看作是客观的是有问题的，因为人的需要与人的想要是分不开的，人的需要已经想要化、主观化，人为地把需要与想要分开在理论上会遇到不少困难。

在上述三种看法中，把价值看作是事物本身独立自存属性的价值客观主义，在理论上是难以成立的。因为人们所说的价值都是相对而言的，一个孤立的事物只具有各种不同的属性和功能，无所谓价值，只有当它与另一个事物发生了关系，它才具有了价值的性质。我们说一个事物有价值，并不是说这个事物本身具有价值，而是说这个事物对于别的什么事物具有价值。价值就存在于这种“对于”之中。价值主观主义看到了价值的这种“对于”性质或相对性，这是合理的。但是，这种观点把价值仅局限于人，无法解释世界中普遍存在的价值现象，而且会得出许多与常识、科学相违背的结论。例如，阳光对于庄稼的生长是有价值的，草料对于马比黄金更有价值，等等。这些是人们的常识，而且一般说来在科学上也能成立。然而，按照主观主义的逻辑，阳光对于庄稼、草料对于马并不具有价值，因为价值是人所特有的。

应该说，价值是普遍存在的，但并不是独立自存的，而是存在于事物之间的相互关联之中，其基础在于事物的相互依赖性，归根到底在于一个事物对于另一事物的有用性（usefulness）。这就是价值的本体论基础。

价值是普遍存在的，但在人这里有其特殊性。对于人而言，价值一般地说也是事物对于人的有用性，但由于人具有意识和自我意识，具有自主性，能意识到自己需要什么，并能将需要转变为对对象的欲望，因而只有那种能满足欲望的对象才被看作是有价值的。能作为满足欲望对象的事物对于人是具有有用性的，但对于人具有有用性的事物并不都能成为欲望的对象。只有一个事物能成为欲望的对象，并能满足欲望，它才具有价值。因此，对于人来说，价值不仅取决于事物对于人的有用性，而且取决于人对事物的欲望，取决于事物与欲望之间的契合性。事物是价值的载体，欲望是价值的根据，事物与欲望之间的契合性是价值的实质。一个事物是否有价值以及它的价值大小就看该事物能否满足欲望以及满足欲望的程度。

在这里，价值有三个要件：一是事物的有用性，二是欲望的指向性，三是事物对欲望的满足性。这三个要件就构成了价值的伦理学基础。

从价值的伦理学基础可以看出，事物对于人的有用性与人的欲望的指向性之间的差异必然会导致这样的情况发生：一些客观存在的事物对于人确实有价值，但由于人没有对它产生欲望而并不被人认为有价值；而人的欲望所指向的事物，有些被认为是有价值的，但并不真的对人有价值，有些确实对人有价值，但不是现实存在的。这是一种人所特有的价值误区。这种价值误区是人在本体论意义上的误区，或者说是与人的存在相伴随的误区。随着人类认识的发展，这种误区的范围会缩小，但永远也不可能完全走出这个误区。

这种误区是人在价值选择和追求上之所以发生错误的终极根源，但它的存在并不是完全消极的。

这种误区的存在为人们的价值观和价值观念的变化和转换提供了可能。只有存在着事物对人的有用性与人的欲望之间的差异，人的价值观和价值观念才会随着对事物有用性认识的丰富和欲望结构的改变而改变和转换。

这种误区的存在为开发人的需要和欲望、改变人的需要和欲望结构提供了可能。当人们意识到事物对人的有用性的无限丰富性和人的欲望的有限性时，人们就会不断地开发人的需要和欲望；当人们意识到被欲望所指向的事物并不真的对人有价值时，人们就会致力于调整需要和欲望结构。

这种误区的存在尤其为创造那些欲望所指向而现实中不存在的事物，从而使人生活得更好提供了可能。欲望不是单纯的生理和心理需要，而是包含了想要，包含了想象。正是在欲望的驱动下，人才去构想和努力创造现实中并不存在的事物，以满足人的欲望、实现人的愿望。从这个意义上可以说，这种误区的存在是人类之所以有价值创造活动的根据。

与价值的基础相一致，我们可以从本体论和伦理学两个层次上理解价值的一般涵义。

从本体论的意义上看，价值就是一事物对另一事物的有用性。这里所说的“事物”和“有用性”都是本体论意义上的，也可以说是最广义上的。“事物”是指宇宙中相互联系的一切存在，包括实体、属性、功能、过程、关系、活动，等等。“有用性”是指一事物所具有的有助于另一事物生长、存在和发展或能对另一事物产生积极效果的一切性质，包括物质性的、能量性的和信息性的性质。

本体论意义上的价值规定包含了以下几层意蕴：

第一，这一规定是就人类可见的宇宙而言的，就是说，价值是宇宙中任何一个事物对任何一个其他事物的有用性；

第二，这一规定不仅是就现实而言的，而且是就可能而言的。就是说，价值是一事物对另一事物现实具有和可能具有的有用性；

第三，这一规定是就肯定意义而言的，就是说，有用性是与无用性和有害性相矛盾的概念，价值只涵盖对另一事物的有用事物，不包括对另一事物的无用和有害的事物。换言之，价值概念像自由、真理、正义、爱情等概念一样，对于人类来说，永远只具有肯定意义，不具有否定意义。

从伦理学的意义上看，价值就是人的欲望所指向的、能满足人的欲望的事物的有用性。这里所说的“事物”也是指宇宙中的一切存在；这里所说的“有用性”则是指一事物有助于人生长、生存、发展和享受或能对人产生积极效果的一切性质。这一伦理学意义上的价值规定是与本体论意义的价值规定相一致而外延较狭窄内涵较丰富的价值规定。可以说，本体论意义上的价值规定是广义的价值规定，而伦理学意义上的价值规定是狭义的价值规定。

伦理学意义的价值规定所包含的特定意蕴在于：

第一，价值不是一般意义上的事物的有用性，而是人的欲望所指向并能满足欲望的事物的有用性。就是说，单纯的事物有用性，单纯的欲望指向，单纯的能满足欲望性都不能构成价值，只有它们三者共同具备才构成价值；

第二，事物对于人的有用性关系不是自发形成的，而是人为构成的，通常是人选择和追求的结果。人是价值的轴心和尺度，在价值关系中处于主体地位。没有人，就没有这种价值关系和价值；

第三，事物的有用性是指事物有助于至少无害于人（包括人类整体、人类群体、人类个体）的生存、发展和享受，一切不利于或有害于人的生存、发展和享受的事物都不具有价值。或者这样说，对一个特定的人具有价值的事物，至少不能对其他人不利，更不能有害；

第四，人的欲望及其满足既包括对能直接满足生存、发展和享受欲望的事物的目的性欲望及其满足，也包括对有助于获取能满足生存、发展和享受欲望的事物的工具性欲望及其满足，因而以人的欲望为根据的价值可以区分为目的性价值和工具性价值。

尽管本体论意义上的价值与伦理学意义上的价值意义不尽相同，但不难发现这两种意义的价值有着共同的结构式，这就是："X 是有价值的" = "X 对于…是有价值的"。这个结构式表明，价值无论在什么意义上都是相对的，而不是绝对的。宇宙中不存在任何独立自存的价值。

人的价值与对于人的价值

人类整体是宇宙中的一类事物，人类个体（包括相对于人类整体而言的人类群体、个人等）是宇宙中的个体事物，因此可以从存在论意义上和伦理学意义上考察人类整体和人类个体的价值问题。从这两个角度考察所涉及的是人自身的价值问题。另一方面，又可以从伦理学的意义上，即以人的欲望为根据考察宇宙中的事物包括人自己对于人的有用性。从这个角度考察所涉及的是事物对于人的价值问题。这是两个相互关联而又不完全相同的问题。在到目前为止的哲学研究中，对这两个问题的研究没有作出必要的区分。这是导致价值研究中的诸多混乱和问题的重要根源之一。

人的价值无论是从存在论上看还是从伦理学上看，都是指人的有用性。只是在存在论意义上是指人对宇宙中任何事物（包括人）的有用性，而伦理学意义上是指人对人的有用性。

人对宇宙中任何事物的有用性问题属于存在论的范畴，有两个问题值得提出：

一是人类的存在及其活动是否使人类所栖身的地球及人类所涉足的宇宙空间更美好的问题。自从人类在地球上出现以来，随着人类文明的进化，人类越来越成为地球的主宰。人类日益增强的自主性活动，使地球上出现了纯粹自然进程中不可能出现的人类文明，这种文明应该说是有利于人类自身的生存和发展的，但是到了今天，人类也越来越感到，人类文明的成就是以破坏地球和地球外的宇宙空间的自然和谐为代价的。就是说，人类的存在和活动不仅没有使地球和宇宙更美好、更和谐，相反在日益干扰和破坏着地球和宇宙的平衡和和谐。这不仅对地球和宇宙不利，而且从根本上威胁着人类的生存。这个问题的严重性已经为人类所认知，但远远没有从根本上改变把人类看作是地球和宇宙的统治者的价值观念和猎取般地对待地球和宇宙的生存方式。

二是人类是不是宇宙的最后目的的问题。进入文明社会以来，人类不仅相信人是万物之灵长，而且相信人类是宇宙的最后目的。根据这种观念，宇宙万物乃至宇宙本身的存在完全是为了人，为了人生存得更美好，其价值的大小就取决于它们对于人的有用性的大小。这种观念今天看来是没有科学根据的，只不过是人类自己的一种偏见。但是，这种偏见仍然影响着人类对待宇宙万物的态度和方式。

人对人的有用性问题，就是伦理学意义上的人的价值问题。长期以来，思想家们都把人的价值看作是一种绝对价值或者目的价值。就是说，人本身就具有价值，这种价值不取决于任何外在的因素。即使一个人对任何其他事物包括人没有任何有用性，他也是有价值的。我们经常把只具有人的形体的白痴或植物人看作是人，就是认为他们具有人的这种绝对价值。西方国家的人权主义者把堕胎看作是违反人权的，也是认为即便是胎儿，只要有了人的雏形就具有了人的绝对价值。世界的万物中为什么只有人才具有这种绝对价值，而其他任何事物都不具有这种价值，这在学理上是无法证明的。过去人们只是相信这一点，似乎并没有考虑到为此提供证明。如果有什么理由的话，也许在于以下两点：一是相信人是宇宙的最后目的。既然人是宇宙的最后目的，宇宙中的其他一切事物最终都只是作为人的手段，所以人就具有了绝对价值。然而，我们没有理由证明人是宇宙的最后目的，尽管我们盲目地相信这一点。二是相信人是上帝的宠儿。既然人是在上帝之下，万物之上，上帝创造宇宙的目的完全是为了人的需要，那么人当然具有绝对价值，而宇宙万物只具有相对价值。同样，尽管我们可以把这一点作为宗教信念，但没有科学的根据证明这一点。

如果我们进行哲学的或理智的思考，我们就不能不承认，人并不具有过去人们所相信的那种绝对目的价值。人的价值就在于对于任何事物包括人的同类和自己的有用性，从伦理学意义上看，就在于对于人包括自己的有用性。

人是一个复杂的概念。从外延上看，人至少可以划分为三大类：人类整体，人类群体（包括国家、民族、社区、企业、团体、家庭等），人类个体（个人）。因此，人的价值也可以区分为人类整体的价值、人类群体的价值、人类个体的价值。人类整体的价值在于对于人类群体、人类个体以及人类整体自身的有用性。人类群体的价值在于对人类整体、人类个体、人类其他群体以及该群体自身的有用性；人类个体的价值在于对人类整体、他所参与其中的人类群体、他与之打交道的其他人类个体以及该个体自身的有用性。

在对待人的价值问题上，过去至少存在着以下三方面的片面性：

一是讨论人的价值时只讨论人类个体的价值而不涉及人类整体和人类群体的价值，好像只存在个人的有用性问题，不存在整体的有用性问题。

二是讨论人的价值时只讨论个人对他人和整体（包括群体）的贡献而不涉及整体、群体、他人以及他自己对自己的有用性问题，好像人的价值问题就是个人如何为他人、社会作贡献的问题。

三是讨论人的价值时只狭隘地强调贡献而忽视了人的有用性的其他方面。贡献不等于有用性。有用性的含义要广泛得多。在许多场合下，即使一个人没有对他人作一点贡献，仅他的存在对他人都具有有用性。例如，对于只身在荒无人烟的孤岛上生活的人来说，有另一个人移居到那里就是很有价值的。这些观点或观念的偏差应该予以澄清。

人的价值在于人对于任何事物包括人的有用性，而对于人的价值则在于任何事物包括人对于人的有用性，即对于人生存、发展和享受的有用性。对于人的价值属于以上所谈的伦理学意义的价值，但不是完全意义上的，而是在部分意义上的。就是说，从欲望可能指向的对象的角度看，对于人的价值属于伦理学意义的价值。

对于人的价值包括两个方面：一是物对于人的价值；二是人对于人的价值。对于人有价值的物的范围十分广泛，包括自然事物，如地球、空气、阳光、矿产、淡水，等等，也包括人为事物，如社会、文化、机器、房屋，等等。对于人有价值的人的范围也非常广泛，包括不同的人群，如人类、不同的群体、不同的个人等，也包括人的活动，如认知活动、生产活动、消费活动，等等。在对于人有价值的物和人这两方面中，人是具有根本意义的。这不仅因为人所面对的事物日益人化，而且因为人的生存、发展和享受越来越离不开他人和社会。18 世纪法国哲学家霍尔巴赫曾经断言："人最需要的是人。"这句话道出了对于人的价值的真谛：人只有在他人和自己对自己有用时才能存在，人只有在自己对他人和自己有用时才有价值。

对于人的价值实质上还是一种潜在的价值、自在的价值，只有当人认识到这种价值并纳入到欲望的范围，使之成为欲望的对象，并把它们作为生活的目的或实现生活目的的手段时，它们才成为现实的价值、自为的价值。但是，认识物和人对于人所可能具有的价值，这是人产生对它们的欲望并追求它们的前提。人类的历史在一定意义上可以说就是不断认识物和人对于人可能具有的价值的历史。

目的价值与手段价值

人的欲望所指向的对象在理性的作用下就会成为人追求的目标或活动的目的。

如果我们以人为中心即以人的生存、发展和享受需要或欲望来思考问题，就不难发现，人生存、发展和享受欲望所指向的目的有两类：一类是旨在直接满足这些欲望的目的，这就是作为目的的目的，或者说就是基本目的；另一类是旨在最终实现这种基本目的的目的，这就是作为手段的目的，或者说就是派生目的。为了方便起见，我们把基本目的称为“目的”，而把派生目的称为“手段”。随着人类文明的进化，基本目的之后的手段层次不断增加，手段层次的增加在一定意义上可以说是文明进步的重要标志。手段层次的增加使越来越多的手段成为目的。于是，目的与手段的区分越来越具有相对性，而且基本目的也越来越难以确定。这就常常会导致这样的问题：目的与手段的混淆，基本目的与派生目的的混淆。其后果是目的与手段的异化。

由于人的欲望所指向的无非是目的和手段，同时只有当一个事物作为目的或作为手段时它才能成为满足人的欲望的事物，因而目的和手段对于人都是有价值的，而且对于人而言的所有价值都无非是目的（性）价值和手段（性）价值这两类。这里的目的价值所指的是基本目的的价值，即对于人来说是直接的价值，能够直接满足人的生存、发展和享受需要。这里的手段价值是相对于基本目的而言的手段的价值，这种价值对于人来说是间接价值，不能直接满足人的生存、发展和享受需要，而只能满足实现目的（包括基本目的和派生目的）的需要。目的价值和手段价值构成了两个不同的基本价值领域。

明确地从目的和手段的角度把价值划分为目的价值和手段价值并强调两者不同的，是古希腊哲学家亚里士多德。他在其名著《尼各马科伦理学》中提出，如果在实践中有某种为其自身而期求的目的，而一切其他事情都要为着它，而且并非全部抉择都是因他物而作出的，那么，这一为自身的目的也就是善自身（或价值自身）。而那些以善自身为目标的他物就是外在的善。他认为，善自身是灵魂的善，因而是主要的、最高的善。“如果人的活动是灵魂的遵循或包含着理性的实现活动；如果一个人的活动同一个好人的活动在根源上同类，且后者的德性上的优越总是被加在他那种活动前面的；如果我们说人的活动是灵魂的一种合乎理性的实现活动与实践，且一个好人的活动就是良好地、高尚地完善这种活动；如果一种活动在以合乎它特有的德性的方式完成时就是完成得良好的；那么，人的善就是灵魂的合德性的实现活动，如果有不止一种的德性，就是合乎那种最好、最完善的德性的实现活动。”①其言外之意，外在的善是次要的、派生的善。显然，亚里士多德这里的善自身实际上就是目的善，而外在的善就是手段善。在《大伦理学》中，他更明确提出，有些善是目的，有些善是手段，而且强调目的总比那些手段

① ［古希腊］亚里士多德：《尼各马可伦理学》，廖申白译注，商务印书馆 2003 年版，第 20 页。

更好，如同健康比为健康的东西（如医药）更好一样。

在亚里士多德之后，把价值划分为目的价值和手段价值成为一种主流观念。后来也有一些学者对价值的领域作了其他的划分。例如，美国哲学家培里把价值划分为道德价值、宗教价值、艺术价值、科学价值、经济价值、政治价值、法律价值和习惯价值八类；美国哲学家刘易斯在亚里士多德的基础上进一步把价值划分为内在价值、固有价值、工具价值和贡献价值；我国比较流行把价值划分为物质价值、精神价值、人的价值；等等。

如果我们把价值体系看作一种立体的、向四周扩散的动态结构，那么亚里士多德的划分可以说是把人作为其中的中心，把人的直接需要所指向的各种目的作为其中可以扩展的内圆，把指向各种目的的各种不同层次的手段作为其中可以扩展的外圆。在这种体系中，作为中心的人是根本，一切价值归根到底都取决于人。作为内圆的目的，一方面根源于人的需要和欲望，是完全由人规定的，其价值取决于满足人的欲望的程度，因而所有目的的价值都可以称作为“满足性的价值”。这种价值同时又是相对于人而言的所有价值中的最高层次，是衡量所有手段是否有价值以及价值大小的根据。作为外圆的手段，有着无限多的层次，上一层次的手段又会成为下一层次的目的，它们各自的价值取决于对上一目的实现的贡献，因而所有手段的价值都可以称作“贡献性的价值”。

显然，根据这种划分能更容易地辨识事物的价值方位，比较正确地判断事物的价值质量，因而有助于作出正确的价值选择。例如，健康是人的生存需要所直接指向的目的，医药、卫生、锻炼就是实现这种目的的手段，医药等又是其他手段（如医药业）的目的。其中健康的价值显然比其他的价值更为根本，其他的价值都是服务于健康这一轴心的。当锻炼更有利于健康时，锻炼比医药更有价值；而当医药至少在当下更有利于健康时，医药比锻炼更有价值。生活中总有许多价值难题和冲突需要我们判断和抉择，而从目的和手段的角度来考察价值则会使我们少犯错误，特别是避免把目的当手段，把手段当目的。

如果与其他的价值分类进行比较，可以发现目的价值和手段价值的分类要比其他的分类更合理。培里根据现实生活的不同领域把价值划分为八大类，至少有两个明显的问题：一是把所有的价值归结为这八大类是不周延的，这八个方面并不能涵盖人的生活的方方面面，而且人的实际生活领域是不断变化的；二是在这八种类型中，人们无从辨识哪些是基本价值，哪些是派生价值，容易导致人们在价值判断和选择时发生偏差。

我国流行的把价值划分为物质价值、精神价值、人的价值三大类型，也有两个不足：

其一，物质价值、精神价值、人的价值存在着交叉关系，尤其在现代社会，许多东西很难说清楚是物质的还是精神的（如政治、信息的价值）。还有，人的体力是不是物质价值？人的智力是不是精神价值？如果是，它们与人的价值是什么关系？这些问题是这种分类无法说清楚的。

其二，把价值划分为物质价值、精神价值和人的价值，很容易导致人们认为物质价值的层次最低、人的价值的层次最高，而这种结论不仅是不正确的，而且是有害的。例如，生产力对社会发展的价值大，还是道德对社会发展的意义大？当然，不能简单地这样比较，但上述这种划分法事实上会使人们作出这种比较，而且逻辑地推演出道德等精神性因素的价值比生产力等物质性因素的价值大的结论，其结果常常会导致重视精神而轻视物质。

以上我们是在肯定目的和手段对于人都有价值的意义上，讨论目的价值是“满足性价值”，手段价值是“贡献性价值”。事实上，并不是任何目的和任何手段对于人都是有价值的。因此，有必要进一步讨论目的和手段分别在什么意义上对人有价值，或者说，它们在什么意义上才能成为“满足性价值”和“贡献性价值”。

目的有一个合理不合理的问题。合理的目的是有价值的，不合理的目的至少是没有价值的。合理的目的可以从正确性和恰当性两个角度考察。

目的的正确性是就目的本身而言的，就是说，确立的任何目的都必须正确。这里的正确性可以从两方面看：一是所确立的目的必须与社会的稳定、繁荣、发展相一致，不能与之相悖，否则这种目的的实现对社会和他人不利。这种要求的现实标准就是法律、道德。一般说来，一种目的至少不能与法律、道德相冲突，否则就难以实现。二是所确立的目的必须与主体的生存、发展和享受这一根本的、总体的需要相一致。不一致、相冲突的目的就是不正确的。例如，如果某人把吸毒视为一种目的，即使他能通过正当的手段实现这一目的（如用诚实劳动赚的钱来买毒品），这一目的也显然是不正确的。

目的的恰当性是就目的与确立目的者自身的条件而言的。目的不仅要正确，而且必须与确立目的者自身的条件相适应，必须是对他本人恰当的，否则这种目的就可能是异想天开的美妙幻想。恰当性要求目的不能过高，可望而不可及，也不能过低，不用费力就可以达到。目的的恰当性问题是人生中十分难以处理的问题，需要我们不断地运用智慧，不断地认识自己，不断地总结经验，不断地观察比较，不断地调整目标。对于派生目的的恰当性，还存在着一个与上一目的相适应的问题，即必须有助于上一目的的实现。

手段不仅有一个合理性问题，还有一个正当性问题。只有既合理又正当的手段才是有价值的。

手段的合理性问题是就手段与目的的内在关系而言的。任何一种目的的实现都需要手段，这是确定无疑的。但是，在许多情况下，甚至在所有的情况下，都存在两种可能性：一是手段根本不能达到目的，就是说，手段是完全错误的，即通常所谓的“南辕北辙”；二是实现一种目的的手段不止一种，有的甚至有无数种。可以说，实现每一种目的的手段都能构成无限多的可能世界。这即是常言所说的“条条道路通北京”。每一条道路都能到达北京，可这并不意味着每一条道路都是最好的。在所有能到达北京的道路中，只有一条道路是最佳的。既然如此，选择合理的实现目的的手段就是十分必要的了。手段的合理性一般地说就是要在多种可供选择的可能中选择最佳的手段，也就是要选定一种达到目的的最佳方案。

那么，怎样才算最佳？严格说来，最佳情形很复杂，至少涉及以下诸种要素：

（1）有效性。就是说，在考虑任何一种实现目的的手段或制定任何一种实现目的的方案时，首先都必须考虑怎样才能最有效地达到目的。这其中既要考虑效率，又要考虑效果。要以最有效的方式达到最好的效果，这是手段合理性的首要要求。

（2）经济性。就是说，在考虑任何一种实现目的的方案时，在注重有效性的前提下，都必须考虑怎样才能最节省地达到目的。这其中最重要的是投入与产出的关系问题，也就是效益问题。以尽可能少的投入获得尽可能多的产出，这是手段合理性的基本要求。

（3）适宜性。就是说，在考虑任何一种实现目的的手段时，在坚持有效性原则和经济性原则的前提下，必须兼顾到主体（使用手段实现目的者）、时间、地点、环境、条件等因素，力求有效、经济而又适宜地达到目的。

有效性、经济性和适宜性，是在选择实现目的的手段和确立实现目的的方案时必须考虑的三种基本要素，同时也是判断手段是否合理的三条基本标准。这三条标准是综合指标，实现一种目的的任何手段只有既有效，又经济，也适宜，才是合理的，否则就是不合理的。

手段正当性是就手段与社会、他人的关系而言的。人的绝大多数目的是在社会中、在与他人交往的过程中实现的，无论目的最后实现与否，只要追求目的的实现，只要使用手段，就不可避免地受到社会和他人的影响，就不可避免地影响到社会和他人。手段的正当性所要求的，就其根本而言，就是追求目的所使用的手段只能给社会和他人产生积极影响，而不能产生消极影响。其意义在于通过限制手段的消极影响来保证社会的秩序和稳定，给大多数社会成员创造良好的实现目的的环境。这里所说的积极影响或消极影响通常难以直接判定，不过人们大多是根据社会既定的规范来进行评判的。

尽管用以评判手段正当与否的社会规范的种类很多，但就其主要的而言，就现代社会通常所使用的而言，只有两类，即道德和法制。因此，手段的正当性的标准也可以说只有两种，这就是道德和法制。手段的正当性，实际上也就是合道德性（合德性）和合法制性（合法性）。

说目的对于人有价值，并不是就目的本身而言的，而是就符合目的的事物而言。例如，说快乐是人的目的，并不是说快乐作为目的本身就是有价值的，不是说快乐本身就具有“满足性”，而是说能产生快乐的事物是有价值的，这种能直接产生快乐的事物是目的（性）价值的载体，具有目的价值。因此，目的价值在目的之外，而不在目的本身。在这种意义上也可以说，目的性的价值就是合目的性的事物的价值。在这里，目的只是一种价值尺度，而不是价值载体。它是用以衡量事物是否具有目的性价值及其价值大小的。

与目的是价值尺度而不是价值载体相反，手段是价值载体而不是价值尺度。例如，生产力对于社会发展是一种手段。那么，生产力的手段性价值存在于生产力本身，但是，生产力的价值的衡量尺度却不是生产力本身，而是作为它的目的的社会发展。人们是根据生产力有利于社会发展而说生产力是有（目的性）价值的，也就是说，生产力的价值在于它对社会发展的“贡献性”。因此，一方面，手段价值在手段本身，而不在手段之外；另一方面，手段价值的衡量尺度在手段之外，而不在手段本身。在这种意义上也可以说，手段性的价值就是某种事物合目的性的价值。

由以上分析可以看出，目的和手段是在“合目的性”的意义上成为对人有价值的，成为“满足性价值”和“贡献性价值”的。因此，合目的性是理解价值的关键，是价值的本质之所在。无论是目的性价值，还是手段性价值，其价值的根据都在于“合目的性”，差别只在于：目的性价值是合目的的事物的价值，而手段性价值是事物合目的的价值。

二、价值判断与价值生成

人要获得价值，首先必须认识价值。认识事物价值的过程就是评判事物价值或评价事物的过程。评价是一种十分复杂的认识现象，它与认知、规范既相关联系又有所区别。评价就是要作出价值判断。在价值判断的过程中同时就在进行价值比较、权衡和选择，因而价值判断是一种多种因素交互作用的复杂过程。作出价值选择之后还需要创造价值。虽然人类所需要的价值并不都是通过创造生成的，但创造是人类获得价值的最主要途径。

认知、评价与规范

认识事物价值就是对事物有无价值及其价值大小作出评判和断定，因而通常把对事物价值的认识称为评价或价值判断。评价是以对事物本身的认知为前提的，同时又往往成为人们确定行为规范的根据。由于认知、评价与规范关系密切并总是交织在一起，因而三者常常容易被混淆。因此，要弄清楚评价的性质和特征，有必要把评价放在与认知、规范的关联中进行考察。

在人类思想史上，人们在很长时期内并没有意识到对事物的认知（通常称为事实判断）与对事物的价值评判（通常称为价值判断）之间的区别。英国哲学家休谟在他的《人性论》（1739 ～ 1740）中第一次发现以“是”为联结词的事实判断与以“应该（当）”为联结词的道德判断之间的区别。“在我所遇到的每一个道德学体系中，我一向注意到，作者在一个时期中是照平常的推理方式进行的，确定了上帝的存在，或是对人事作了一番议论；可是突然之间，我却大吃一惊地发现，我所遇到的不再是命题中通常的‘是’与‘不是’等连系词，而是没有一个命题不是由一个‘应该’或一个‘不应该’联系起来的。这个变化虽是不知不觉的，却是有极其重大的关系的。因为这个应该或不应该既然表示一种新的关系或肯定，所以就必需加以论述和说明；同时对于这种似乎完全不可思议的事情，即这个新关系如何能由完全不同的另外一些关系推出来的，也应该举出理由加以说明。”[①]这时还没有一般价值判断的概念，休谟所说的以“应该（当）”为联结词的判断在今天看来实际上是规范判断。不过，自休谟发现这一问题以后，事实与价值、事实判断与价值判断、“是”与“应该（当）”的关系问题成为哲学家们关注的重要问题之一。一般说来，对事物的认知与对事物的评价都属于人的认识范畴，但两者之间存在着很大的差异。

第一，认知是描述，评价是判断。认知是对事物本身（包括单一事物和事物之间关系）状况（通常称为“事实”）的描述。在认知的过程中，认识者的主观因素会对认知发生影响。例如，认识什么，怎么认识，如何陈述，都是受认识者自身条件局限的，而且人在认识事物过程中不可能完全避开自身的“偏见”。但是，人们在认识的过程中总是在力求克服和消除这种影响，以追求达到对事物本身的客观认识，使认知成为对事物本身的描述。因此，我们可以说认知是事实描述。评价则不同，它不是对事物本身状况的描述，而是对一事物对于另一事物的价值的判断。在评价的过程中，评价者的主观因素对评价具有重要影响。不仅影响认知的主观因素在这里同样发生作用，更重要的是，评价者总要根据某种标准进行评价，没有这种标准评价就无从进行。人们根据的标准不同，所得出的判断也就不同。而实际上人们所使用的价值标准因时代、国度、文化、价值观念的不同而很不相同。一般说来，人们不可能克服这种标准的多元性，也无意去克服这种标准的多元性，相反要拼命为自己所使用的标准的正确性辩护，并使用自己的标准对事物作出种种评判和断定。因此，我们可以说评价是价值判断。认知重在“述”，其根据在于述的对象，即事物本身；评价重在“断”，其根据在于断的主体，即断者自己。

第二，认知正确与否的标准是真理性，评价正确与否的标准是合理性。由于

① ［英］休谟：《人性论》，关文运译，郑之骧校，商务印书馆 1980 年版，第 509 ～ 510 页。

认知是对客观存在的事实的陈述，因而就存在着陈述是否符合事实的问题和在多大程度上符合事实的问题。在人类历史上，一般把符合事实的陈述即正确的认知看作是真的，不符合事实的陈述即错误的认知看作是假的，因而真和假（即真理性）就成为了人们用以判断认知是否正确的标准。评价是对一事物对于另一事物的价值的判断，看起来也存在着一个事物是否真的对于另一事物具有价值的问题，也就是说也似乎存在真理性问题，但实际情形要复杂得多。

由于评价总是根据某种标准作出的，人们根据不同的标准对同一事实作出的价值判断可能是完全不同的，但可能都是正确的。例如，对现代文明的评价就是如此。有些人认为人生活的意义在于物质享受，现代文明为人生活的享受提供了条件，因而认为现代文明是好的；而另外一些人则认为人生活的意义在于精神完善，现代文明彻底动摇了传统的崇高理想，因而认为现代文明是坏的。显然，我们很难说这两种判断哪一种是真的，哪一种是假的，但它们可能都是正确的。

由于人们可能从对与不同事物的关系的角度对某一事物作出评价，因而对同一事物的价值会得出不同的甚至相反的结论。例如，科学技术就是如此。今天人类都意识到科学技术不是绝对好的，也不是绝对坏的，而是一把既可能有利也可能有害的“双刃剑”。

对于两个同样是正确的陈述而言，不好说哪一个对于所陈述的事实更正确；而对于两个同样是正确的价值判断，必须作出哪一个对于价值所指向的对象更正确。例如，同样是正确的两个事实命题“这支粉笔是圆的”和“这支粉笔是白的”，一般说来不存在哪一个更正确的问题。但是，同样是正确的两个命题“科学技术是对人类有利的”和“科学技术是对人类有害的”，却存在着哪一个更正确的问题。

由此看来，对于评价不好简单地用真和假作为其正确性的标准，而应该用是否合理作为其正确性的标准。合理性是一种比真理性复杂得多的标准。真理性所涉及的主要是主观因素和客观因素，是主观与客观之间的一致性关系，它一般不考虑其他因素。合理性则涉及多种因素，是多种因素综合考虑和权衡的结果。

首先，这些因素不仅包括客体的属性、功能与主体的直接需要、欲望的满足关系，而且还包括这种满足与人的总体的、根本的需要的满足关系。例如，我们要评价某人说“抽烟对我有益”这个看法是否合理，我们就不仅要看抽烟是否能满足他的嗜好，而且要看抽烟是否有利于他的健康。

其次，这些因素不仅包括主体与客体之间的满足关系，而且也包括许多其他方面，如时间、场合、年龄、性别、职业、民族、国家、习俗，等等。以抽烟的事实（事实中隐含着价值判断）为例。在公共场所抽烟现在为某些国家所禁止，儿童抽烟历来被看作是有害的，妇女抽烟按照某些民族的习俗是不体面的，有法令规定从事易燃工作的人工作时不得抽烟。

“合理性”与“真理性”不只是一种语词表达的不同，而是有着内容上的实质性差异。虽然学术界对真理性有不同的理解，但按照通常的看法，真理性是指一个判断与客观实际相符合。对同一个事物的认识只有一种是真理性的认识或真理，即所谓真理是唯一的，也正因为是唯一的，所以真理是普遍有效的。例如，“地球围绕太阳转”这个判断是地球与太阳之间运动关系的唯一真理，所有与此不一致的判断（如“太阳围绕地球转”）都不是真理，而且这一真理对于任何人都是一样的，只要你承认它是真理，你就必须认同它。合理性则不同，它是指一个判断具有充足的理由，或者说合乎情理，可以为人们所理解或体谅。对同一事物人们可以作出迥然不同的判断，但它们可能都是合理的。合理性所强调的不是判断或认识与客观实际的符合，而是能不能给所作的判断提供令人信服的理由。别人可以不赞成或不认同你的判断，但可以认为你的判断是合理的，至少是可以理解的。假如我是一个广东人，在餐馆里遇见一位对麻辣食品特别感兴趣的人。我问他为什么如此喜好麻辣，他回答说他是四川人。虽然我一点也不喜欢麻辣，但他的回答使我觉得他的喜好是可以理解的。

与真理性是事实判断的标准相对照，合理性可以说是价值判断的标准，但值得注意的是，合理性并不只是作价值判断的标准，而且也是对价值判断作评价的标准，还是为价值判断进行论证和辩护的标准。由于合理性标准涉及多种多样的因素，因而我们无论是在对别人的价值判断作评价，为自己的价值判断作论证和辩护的时候，还是在自己作价值判断的时候，都必须意识到合理性标准的多因素性、综合性，多角度、多层次地观照、考虑，否则我们所得出的关于合理性的结论就可能是不合理的。我们不应该把判断、论证、辩护、评价的过程简单地看作是一个断定合理性的过程，而应该看作是一个复杂地寻求合理性的过程。

一般说来，真理性是事实判断的标准，而合理性是价值判断的标准。但是这种区别并不是绝对的。价值判断可以划分为目的性价值判断和工具性价值判断两大类。目的性价值判断是关于那些能直接满足人的需要或欲望的价值的判断。这些价值判断由于直接与人的欲望相关、具有很大的相对性，因而很难使人们形成共识，在认识方面达成一致。对这类判断，我们只能寻求合理性，而不能寻求真理性。工具性价值判断是关于那些有助于目的价值实现的价值的判断。这些价值判断由于所涉及的是事物之间的客观关系，因而人们可以形成共识。例如，“科学技术是第一生产力”就是一个工具性的价值判断。这个判断是对客观事实即科学技术在生产力发展中的作用的判断，完全可以作出真假评价，用事实证明科学技术究竟是不是第一生产力。因此，对这一类判断既可以寻求合理性，也可以寻求真理性，在一定意义上也可以说，真理性就是这类价值判断的合理性。

第三，认知为活动方式提供依据，评价则为活动方向提供依据。人类的认知和评价都是为人类的活动服务的，它们都为活动提供依据，但是它们对于人类活动的作用是不同的。认知及其成果知识的功能在于告诉人们事物的真实状况及其运动规律，它的作用是要为人们怎样利用事物及其规律来实现活动的目的提供依据。评价则不同，它的功能在于根据对事物的认知进一步判断事物的价值，包括目的性价值和工具性价值，它的作用是要为人们确立对待事物的态度提供依据，从而为人们的活动定向。可以说，认知规定着人的活动能否成功，评价则规定着人的活动是否有利。例如，人类今天以科学技术知识为依据制造出许多杀人武器，在这方面是很成功的。但是，这些毁灭人类的武器显然是对整个人类有害的。这就涉及评价问题：人们只看到了武器对自己国家有利，而没有看到武器对整个人类是不利的。

评价不仅与认知不同，也与规范不同。规范一般地说就是人们根据一定的价值判断所确立的行为规则。评价与规范的不同主要在于以下几点：

（1）评价是对事物价值的评判和断定，规范则是以价值判断为依据，为人的行为应当怎样不应当怎样确立的规则。

（2）对所有的事物都可以作出评价，但以评价为基础的规范不能将所有的评价变成规范。规范的范围远远小于评价的范围。一般说来，人们只对涉及并有可能妨碍和伤害他人和社会的行为进行规范，而在生活的广大领域是没有规范的。

（3）价值判断仍然是陈述，它也是以“是”为联结词的；规范则不是陈述，而是命令，它是以“应当”为联结词的，具有某种无条件性。

（4）价值判断只给人们的价值选择提供依据，或者说为人确定活动方向提供依据，告诉人们怎样更好或怎样最好，而不规定人们一定要怎样或一定不要怎样；规范则给行为提供指令，要求人们应当或必须怎样，否则就是不正当的。

评价与规范之间的不同事实上是容易理解的。但是，有不少哲学家在这个关系问题上走入了误区，把这两者混为一谈，并因而把价值判断看作不过是情感或态度的表达，否认价值判断的理性基础和认识意义。这些哲学家在这个问题上陷入误区的主要原因在于，他们是在讨论与事实判断的区别时讨论价值判断的，因而只注意到了价值判断和规范与事实判断的不同，而没有注意到价值判断与规范之间的不同。如果我们将认知、评价与规范作以上区别，就可以走出评价与规范关系问题的误区。

价值判断

价值判断是人类生活中最复杂的现象。我们说“某物X是有价值的”，看起来与说“某物X是有颜色的”一样简单。但价值判断的情形要复杂得多。按照美国著名伦理家C. L. 斯蒂文森的看法，“X是有价值的（或善的）”只有被扩展为含有空白的表达式，并且这个空白被适当地填充时，这个表达式的含义才会清晰。“X是有价值的”其含空白的扩展式为“X……是有价值的”。根据冯平博士在她的《评价论》一书中的研究和归纳，这个空白所可能包含的内容有五个方面。其一，“X对谁是有价值的”；其二，“X（对谁）的哪一方面是有价值的”；其三，“X与什么相比（对谁的哪一方面）是有价值的”；其四，“以什么为标准衡量，X

（与什么相比对谁的哪一方面）是有价值的”；其五，“谁认为 X（以什么为衡量标准，与什么相比对谁的哪一方面）是有价值的”。其中第五个方面指谓的是评价主体，前四个方面揭示的是判定价值客体的价值所参照的因素，即事物在什么意义上说是有价值的。[①] 我们可以依据这五个方面进一步阐释价值判断的复杂情形。

“X 是有价值的”，总是对“谁”有价值。这里的“谁”就是价值的主体，从本体论的意义看，它既可以是人，也可以是物；但从伦理学的意义上看则只能是人，尽管在许多情况下价值的直接主体是物，但终极主体还是人。

作为价值主体的人可以是个体的人，也可以是群体的人和整体的人。个体的人就是个人，整体的人就是人类，而群体的人可以小至家庭、单位，大至国家。这样就必然出现这样的情形：同一个事物对这个人有价值，对另一个人不一定有价值；对某一或某些个人有价值，对群体不一定有价值；对这个群体（如家庭）有价值，对另一群体（如国家）不一定有价值；对某个体或群体有价值，对人类整体不一定有价值。这种情形的直接后果就是不同价值主体之间的价值冲突，而其中最重要的后果则是整体与个体之间的价值冲突。

整体与个体之间的价值冲突在当代突出表现在两个方面：一方面是历史上长期存在的作为个体的个人与作为整体的国家之间的价值冲突；另一方面是近代以来日益显著的作为个体的国家和作为整体的人类之间的价值冲突。例如，服兵役就是属于前一种冲突。服兵役对于国家是有价值的，而对于个人则可能是一种损失。战争就是属于后一种冲突。战争对于战胜国是有价值的，但对于人类整体可能是一种灾难。

这种个体与整体之间的价值冲突是理论上和实际上最难解决的价值冲突。对于这种冲突（主要是个人与国家之间的价值冲突），历史上有两种典型的解决方式：一种是强调实现整体价值否定个体价值实现的绝对整体主义，另一种是强调个体价值实现忽视实现整体价值的极端个体主义。事实证明这两种方式不仅不能真正调解价值冲突，而且最终会导致冲突双方都受到损害。20 世纪以来，人们越来越倾向于采取一种新的解决方式：协调冲突，兼顾双方；在不能协调和兼顾的情况下，以整体为重。

就作为价值主体的物而言，也有同样的情形：对一种事物有价值，对另一种事物不一定有价值。值得注意的是，宇宙中的事物都处于因果联系中，几乎所有的事物都有相对于某种其他事物的价值。那么，应该怎样衡量对于某事物的价值？衡量对于某事物的价值的终极尺度是人，是人的需要和欲望。那些对于有利于实现人的目的、满足人的欲望的事物有价值的事物就具有价值，而那些对于有利于人的根本的总体的需要满足的事物有价值的事物具有更大的价值。尽管许多

① 参见冯平：《评价论》，东方出版社 1995 年版，第 76 页。

事物的价值与人的直接需要和目的相去甚远，但经验和理性仍能告诉人们哪些有价值，哪些更有价值。关键是要积累和总结经验、充分发挥理性的作用。

一种事物对某一主体有价值，并不是对该主体的所有方面都有价值，而只对它的某一方面有价值。例如，食物能满足人的食欲，但不能满足人的性欲，食物是相对于人的生命维续这一方面而言是有价值的。价值的这种特性，必然导致这样的情形发生：当多种可供选择而又不可兼得的价值出现在价值主体面前的时候，他就会面临着价值冲突。这是同一主体的不同价值之间的价值冲突。对于任何价值主体来说，这种同一价值主体自身的价值冲突甚至比不同主体之间的价值冲突更经常发生。价值冲突的不可避免性，要求价值主体作出价值抉择，否则在价值冲突面前，价值主体就有可能重蹈“布里丹的驴”的覆辙：因不能在两块草地之间作出选择而最后饿死。要能在价值冲突中作出正确的抉择，其前提就是要能对价值作出正确的判断，而对价值作出正确判断的关键在于，要分清哪些价值是更有利于价值主体的生存、发展和享受的。

不同的事物对于价值主体有不同的价值，不同类事物在价值上存在着类型上的差别。同时，同一类事物由于质量不同在价值上存在着程度上的差别。这样，在价值评价和选择时就存在着类型和程度比较的问题。说某物有价值，事实隐含着，该物比某种或某些事物更有价值，或更值得选择。价值不像事物的其他性质那样，完全是事物本身客观具有的，可以将一事物与其他事物比较判断该事物的质量如何。判断价值大小及其质量如何的最终根据在于人的需要和欲望。因此，必须根据事物能满足人的什么需要或欲望来判断哪些事物更有价值，哪些类型的价值更值得选择，必须根据满足人的需要和欲望的深度来判断事物价值的大小，哪一种价值更值得选择。

价值比较是一个十分复杂的理论和实际问题。在历史上有许多思想家对此作过研究并提出过不同的解决方案。其中比较有影响的是德国哲学家马克斯·舍勒和尼古拉·哈特曼的分类及其根据。

舍勒提出了五条确立价值等级的标准，它们是：① 持久性，即一个持久的价值胜过一个短暂的价值，如幸福胜过快乐；② 可分性，即价值的高低与价值是否可分成反比，如一件不可分的艺术品高于一块可分的面包的价值；③ 基础，即如果某一价值是另一价值的基础，那么前者高于后者，如生命的价值高于快乐的价值；④ 满足的深度，即价值所产生的体验越深刻，价值就越高；⑤ 相对性，即价值的相对性越小，它的价值越高，最高的价值则是完全独立的绝对价值，如上帝。根据这五条标准，舍勒确立了一个有等级秩序的价值王国，其中的价值从低到高依次是：感觉价值，功利价值，生命价值，精神价值（大致相当于真、善、美），神圣价值（其典型是，人中的圣人，超人中的神）。

舍勒的上述观点为哈特曼所修正。他批评舍勒以“高度”作为规定价值等级的唯一向度的做法，认为虽然更高的价值有不同于较低价值的价值反应，而且我们对较高价值抱有一种不同于较低价值的态度的深深敬意，但是“高度”并不是价值规定自身的唯一向度，有很多价值分属于完全不同的类别，不可能说它们谁比谁更高或更低。

哈特曼认为，价值领域还受另一种向度即“强度”的支配。这种向度在某种意义上是“高度”这一向度的反面。在他看来，强度大的价值的匮乏同强度小的价值的匮乏相比，代表着更严重的的负面价值。对强度大的价值的忽视或亵渎同对强度不大的价值的忽视和亵渎相比，代表着更严重的过错。然而，强度较大的价值一般说来又是较低的价值，而强度较小的价值则必定是较高的价值。他举例说，物质价值丧失一般说来是比精神价值丧失更为严重的事情。审美愉快比物质愉快高，但只要一个人没有得到后者，他就会更多地追求它。另一方面，较低价值意义上的罪恶比较高价值意义上的罪恶强度更大，如凶杀比说谎更为严重。因此，他强调不能把两种向度对立起来，而必须兼顾两个方面。他说，价值表现了它的两面性，罗马神话中看守门户的两面神是其象征。它对更基本的价值提出了一种向后看的主张，对更高级的价值提出了一种向前看的主张。他的结论是：实现一个较高价值比实现一个较低价值好，但实现一个较低价值比实现一个较高价值重要。

无论是对事物有无价值的判断，还是对不同事物之间的价值进行比较，都有一个以什么为标准的问题。价值标准不同，所得出的结论也会不同。不同价值主体的价值标准是很不相同的。例如，一个个人的价值标准与一个国家的价值标准之间就会存在很大的差异，这种差异正是个人与国家价值冲突的根源。同一价值主体的价值标准也是多种多样的。例如，同一个人的审美标准和道德标准就不一样。但是，任何一个能够作出价值判断的能动主体（如个人、群体、人类），都有一个自己的价值体系，尽管有的体系是完整的，有的是不完整的，有的是内在一致的，有的是内在冲突的，有的是自觉建立的，有的是自发形成的。这种标准体系就是价值主体作价值判断所使用标准的“标准库”。

那么，如何判定一个价值主体的价值标准体系是否正确呢？由于价值的终极根据在于主体的需要，因而一般说来，判定一个价值主体的价值体系是否正确的根据就是要看这种标准体系是否与价值主体的需要相一致。如果与主体的需要相一致，它就是正确的、合理的，相反，如果各种价值标准的根据不是主体自身的需要，而是别的主体的需要，这些标准对于该主体来说就可能是不正确的。这就是说，不是根据自己的需要来确立价值标准，而是以别人的标准为标准，这种标准很可能是成问题的。这里存在着个体的标准与整体的标准的关系问题。生活在群体中的人，总会面临群体的标准，甚至不得不以群体的标准为自己的标准。在这种情况下，个体是否认同群体的标准，就要看群体的标准是否从根本上反映和代表了自身的需要和愿望。那种与个体需要完全背离的标准，对于个体不能说是正确合理的。

价值标准体系是否正确合理，还涉及不同的价值标准如何排列的问题。这种排列的根据也在于主体的需要。主体的需要有些是根本的，有些是派生的，有些是主要的，有些是次要的，有些是长远的，有些是眼前的，有些是事关总体的，有些只是无关宏旨的。如果价值标准体系的结构与需要的结构相一致就是正确合理的。特别是那种根本的价值标准必须反映和代表根本需要和愿望，否则整个标准体系就是有问题的。

由于各个价值主体的价值标准不同，因而他们作出的价值判断也不一定相同。因此，作为一个成熟的价值主体，首先它不能以自己的标准衡量其他价值主体作出的价值判断是否正确，而应看它是否反映了判断者自身的需要，或者是否反映了被判断对象的需要。例如，一个人说"四川人喜欢吃麻辣"，我们不能根据我们自己是否喜欢吃麻辣，也不能根据判断者是否喜欢吃麻辣，而是要根据四川人是否喜欢吃麻辣来衡量该判断是否正确。其次，它不能以其他价值主体的价值判断为自己的价值判断，即使这种价值判断从判断者的立场看是正确的。例如，一个国家不能简单地以别的国家的政策作为自己的政策，即使这种政策在别的国家是卓有成效的。再次，我们也不能将我们的价值判断强加给其他价值主体，即使事实证明我们的价值判断是正确的。

创造与价值生成

对于人的价值一般说来以两种形态存在：一是自然事物的价值（简称为自然价值），即没有人为干预的自然事物本身所具有的对于人的价值，这种价值不用人为加工就可以直接为人所利用，如阳光、空气、淡水、野果等的价值；二是人为事物的价值（简称为人为价值），即人创造的那些自然界本来不存在的事物所具有的对于人的价值，这种价值一般是在加工自然事物的基础上生成的，如机器、家电、社会、书籍等的价值。对于最原始的人类而言，只存在自然事物的价值，人类还不能改造自然创造价值，因而不存在人为事物的价值。但当人类开始能制造工具的时候，人类就逐渐有了人为事物，出现了人为事物的价值这种形态。进入文明社会以后，这两种形态的价值始终同时存在着。在人类文明的早期，自然价值在人类生活中是占压倒优势的，但随着人类文明的进化，自然价值在人生活中的比重越来越下降，以至于到今天几乎没有什么纯自然事物的价值。与此同时，人为价值在人生活中的比重不断上升，以至于到今天几乎没有多少价值不是人为的。如果说人类早期所可能获得的价值几乎都是自然存在的，那么到了今天人类所可能获得的价值几乎都是人为生成的。

进入文明社会以来，对于人的价值之所以发生这种根本性结构变化，根本原因在于人类的创造性。人类和动物都有活动，但人的活动是创造性的。人的创造性活动使人从完全受缚于自然的奴隶逐渐成为自主地利用和改造自然的主人，从单纯地从自然中索取走向对自然进行变革性的重构。正是这种变革性的重构使价值人为地生成并且加速度地增殖。人类的创造不仅使人为价值在人的生活中占越来越大的比重，而且使人类所获得的价值加速度地发展。正是有了人的创造，今天人类所拥有的价值总量远远不是以往任何人类社会时期所能比拟的。不仅如此，创造还为人类获得更多更好的价值开辟了无限广阔的天地。因此，对于今天的人类来说，价值不是现成的，而是生成的，是通过创造生成的。

当然，在实际社会生活中人们会发现许多生产价值的活动并不是创造性的，而是重复性的。例如，我国农民生产粮食的农业劳动常常是几十年一贯制甚至是几百年一贯制的。这类事实的存在使不少人否认价值是创造的观点。但这里值得注意的是，说价值是创造的，是就人类所获得的价值的总体而言的。从这种意义看，即使是重复性的活动也在创造着价值。另一方面，人类的这种重复性创造价值活动的比重在减小。今天各个企业拼命追求产品品种的日新月异，也许就是证明。

那么，价值是怎样被创造出来的呢？一般地说，我们都知道价值是通过劳动创造出来的。的确如此，如果没有劳动，就不可能有价值的创造。但是，我们不能忽视的是，人的劳动都是在思想观念的指导下进行的。没有思想观念，就没有劳动，没有创造性的思想观念，就不会有创造性的劳动。当然，没有劳动也不会有思想观念的产生，但对于人的现实劳动而言，思想观念是在先的。因此，要了解价值是怎样被创造出来的，关键是要了解思想观念的创造机制。

从思想观念看，价值创造的源泉在于价值构想。所谓价值构想，就是人根据理论和经验知识（包括事实判断和价值判断）构想某种在现实世界中不存在的但对人有价值的东西以及使这种东西变为现实的方案。

价值构想的依据是知识，既包括理论性的知识，也包括经验性的知识；既包括认知性的知识，也包括评价性的知识。有一位哲学家说，一个有智慧的人，不仅知道现实是什么，而且知道现实能够是什么。就是说，一个真正有知识的人，既要有事实知识，也要有价值知识。这两方面的知识越丰富越有助于价值构想。作为价值构想基础和依据的知识有两个层次：一般性知识和专业性知识。一般性知识是一个人所具有的各方面的知识。一般性知识越丰富，涉及面越宽广，一个人的视野就越宽阔。越是视野宽阔，越是见多识广，越有可能联想，越有可能发现问题和未涉足的领域，也就越有助于价值构想。专业性知识是一个人在某方面所具有的专门知识。在某方面有专门知识，而且专门知识扎实，站在某一领域的前沿，就有可能有所突破，有所发明和创造。一般性知识和专业性知识，涉及的是知识的广度和深度。知识的广度和深度如何，从根本上规定着价值构想的质量和层次。

有了所有这些知识，并不一定能形成价值构想。知识是价值构想的前提和依据，而不等于价值构想。价值构想的关键在于构想。价值构想是思维的创造性活动。创造性活动需要知识，更需要由知识转化而来的能力。创造性活动需要创造性的能力。价值构想就是通过创造性能力实现的。创造性能力，也被称作创新能力，包括多种相互关联的能力，如反思能力、批判能力、构建能力，以及与之相关的观察问题的能力、发现问题的能力、分析问题的能力、综合问题的能力、解决问题的能力，等等。创造性活动是一种克服惰性、超越现实的活动，满足现状、得过且过是不行的。因此，创造性活动需要有创新意识和批判精神。创新意识是创造性活动的前提，缺乏这种意识是不可能有创新的。有了创新意识还要有批判的勇气，只有勇于批判已有的理论、观念和现实，才可能有突破。

创造性活动是开拓性的、一次性的，如果某人已经有了某种构想，这种构想对于其他人就是知识，而不再是价值构想了。但是，这并不是说只有构想出了那种闻所未闻的旷世奇物才是价值构想。价值构想有两种不同的方式或类型，即开创性价值构想和改进性价值构想。前者是构想从未有过的某种有价值的事物，如爱迪生发明电灯泡；后者是改进已有的构想，使之完善，如瓦特发明蒸汽机。人类的大多数价值构想都是属于后一种类型。尽管前者的意义更大，但后者也是必要的，而且前者总是以后者作基础和支撑的。

一般说来，每一个正常人都能进行价值构想，但普通人的价值构想常常存在着三个不足或缺陷：一是重复已有的价值构想。由于知识的局限，一些人不知道别人已经有了某种价值构想，而在那里苦思冥想，其结果是自以为有所创造，其实不过是在低层次地重复。二是异想天开。一些人对人类目前具有的认识和创造能力缺乏了解，在那里不着边际地幻想，其结果他们的价值构想不过是虚幻的泡影。三是构想没有什么价值的东西。有些人是在比较现实地构想，但他们所构想的东西无论对于人类，还是对于他们自己都不具有什么价值。

价值构想的内容不仅是那些世界上没有的或现实中不存在的对人有价值的东西，也包括构想如何使这种东西对象化的方案。这两者可能是彼此分离的，也可能是联系在一起的。例如，人类很早就有了飞机这种自然界本来不存在的东西的构想，但只是到了莱特兄弟这里才有了使这种构想现实化的可行方案。从这个意义上看，不仅设计师可以进行价值构想，工程师也可以进行价值构想；不仅思想家（如政治学家、经济学家）可以进行价值构想，实践家（如政治家、商人）也能进行价值构想。价值构想不是某些职业、某些人的专属品，而是所有职业、所有人的共属品。一个人能不能进行价值构想关键在于他有没有创新意识、创新能力，关键在于他是不是创新型人才。

三、作为终极价值的幸福

在人所追求的价值中，有一种价值是根本性的，同时又是总体性的，这就是幸福。幸福是人所追求的终极目的，也是人所追求的终极价值。幸福这种特殊的价值不是某种具体的价值，而是一种抽象的价值；不是某种单个的价值，而是价值的总体；它不是某种确定的价值，而是一种变动的价值；它并不为任何人完全拥有，但几乎所有人都承认它的存在并努力追求它。幸福意味着人生的完善，意味着人性的圆满实现，意味着越来越好的生活。幸福只可以接近，不可能完全达到，但追求它却能使人生更美好。幸福这种看不见摸不着的价值因而成为了人类不懈追求的价值目标。

尽管所有人都在追求幸福，但人们对幸福的理解却很不相同，人们追求幸福的方式、幸福在人们心目中的地位也很不相同。特别是，人类个体都把幸福作为终极追求，而人类的群体却并不总是把其成员的个人幸福作为终极追求，从而导致了个人与群体之间根本性的价值冲突。因此，我们有必要清理我们对幸福的理解，重新认识幸福在人生中的地位和对于人生的意义。

当为终极目标

与动物不同，人的一切活动都是有目的的。当把目的作为追求的对象时，目的就成为人活动的指向或目标。在现实生活中，人们的目的各种各样，追求的目标也各种各样，但在所有这各种各样的目的和目标背后，总有某种终极的东西发生着作用。它规定着所有目的或目标的选择和确定，同时又是所有目的或目标的最后指向和最高追求。这就是我们所谓的终极目标。

终极目标是就两种意义而言的。一是就根本意义而言。就是说所有其他的目标都是由这种终极目标派生的，最后又都指向这种终极目标。它既是根基，又是依归。二是就总体意义而言。就是说，所有其他的目标都从属于它，服从于它，服务于它。它既是全体，又是核心。无论是什么人，只要他健康正常，他都会把这种终极目标作为他生活的指南，只不过有的人是自觉确立的，有的人是自发形成的，有的人意识到了，有的人没有意识到。正是因为终极目标在人的生活中具有如此重要的地位，所以以指导人生为己任的伦理学特别关注这个问题，并力求作出理论上的回答。

选择和确立终极目标的基础和范围是目的王国中的目的。目的王国中的目的众多而又有不同的层次，而且不同目的王国中的目的也不相同，这就给终极目标的选择和确立提供了各种可能。终极目标的选择和确立总是多元的，但是在人类历史和现实生活中，历来都存在着倾向性的定位。这种倾向性的定位可以从两个视角来观察：

一是从纵向上看，传统社会和现代社会有不同的倾向性定位。在传统社会，道德常常被作为首选的终极目标，而在现代社会，道德正在让位于幸福。

二是从横向上看，中国文化和西方文化有不同的倾向性定位。中国文化历来重视道德，德性高尚被确定为终极追求，而西方文化更重视幸福。西方传统文化虽然也强调道德，但幸福的终极目标地位始终没有改变，只是幸福有时被湮没，有时被替代。

这种倾向性的定位源于个人、社会和学者的选择，又影响甚至规定它们的选择。这种规定和影响更值得我们注意。因为这种倾向性的定位，构成了个人、社会和学者选择的文化传统和宏观背景，它们的选择通常很难逃离这种视界。

那么，现代社会为什么要改变传统社会的道德定向呢？传统社会之所以选择和确立道德作为终极目标，大致基于以下两种主要考虑：其一，认为道德是人的本质，是人之所以为人的规定性，以道德作为人的终极目标，可以使人更远离动物，更充分地成为人，甚至成为圣贤或天使。这即是荀子所谓的“水火有气而无生，草木有生而无知，禽兽有知而无义；人有气、有生、有知亦且有义，故最为天下贵也”①。其二，认为道德是社会秩序和整体利益的根本保证，以道德作为人的终极目标，可以维护社会的安定、和谐，可以维护统治阶级的统治，而人是社会的动物，只有社会稳定和发展，个人才可能生存和发展。这即是所谓“大河有水小河满，大河无水小河干”。

从现代的观点来看，这两种考虑或根据本身是有问题的，更不能作为确立道德为人的终极追求的根据。人的本质是什么？虽然过去中外思想家在这个问题上大致达成了共识，即认为人的本质在于道德，但自近代以来情况已经有了很大的变化。这个问题已经成为一个长期争论而至今尚无定论的问题：有的学者认为人的本质在于社会性，有的认为在于文化性，有的认为在于未定的可能性。今天越来越多的学者改变思考问题的方式，强调人的本质不在于人具有其他动物所不具有的特性，而在于人既具有其他动物具有的特性，又具有其他动物不具有的特性，这两个方面才构成完整的人性或人的本质。人们普遍公认，现代社会是法制社会，而不是道德社会，市场经济是法制经济，而不是道德经济。这就是说，现代社会秩序和整体利益的根本保证在于法制，而不在于道德。如果要据此把道德作为终极目标，那么更应该把法制作为终极目标。显然，这种结论人们是不会赞同的。

从历史的角度看，把道德作为终极目标也许有其不可避免性，但事实上却导致了不少的负面效应。

例如，传统道德只注重整体利益，忽视甚至否认个体利益。以这种道德为终极目标，必然扼制个体利益的追求。事实证明，个体（包括个人、企业等）对自身利益的拼命追求，是推进经济发展和社会进步的根本性力量。忽视和否认个体对自身利益的追求，必定使整个社会的发展缺乏原动力。这是传统社会之所以发展缓慢的重要原因。

又如，传统的道德十分偏狭，它以维护整体利益为唯一使命。以这种道德为终极目标，必然限制人的全面发展和个性自由，使整个社会缺乏多样性和活力。

---

①《荀子·王制》。

这就是传统社会千人一面、缺乏个性的重要原因。

再如，人生活在世界上总会或多或少地为自己考虑，否则便无法生存下去。可是，传统道德是一种完全否认自我的非我道德，即便有一闪念的“私”字，也被看作是不道德的。而且这种道德十分严厉，对一闪念之私心也必须狠批狠斗。于是，人们一方面不得不或多或少为自己考虑，而另一方面又不能显露出来，相反要装扮得很有道德。这就是传统社会普遍存在伪善者的重要原因。

正是因为传统社会的道德定向既缺乏充分的根据，又导致了不良的社会后果，所以，当人类进入近代以后，在商品经济发展和产业革命的巨大推动下，思想家们开始反思、检讨和批判传统的道德定向，探讨、选择和确立新的终极目标。探讨、选择的结果，就是初步确立了一种新的终极目标，即幸福。当然，把幸福作为终极目标并非创新。正如前面已经谈及的，古希腊就已经有思想家提出以幸福作为终极目标。但是，这种观点并没有得到普遍认同，而且没有占据主导地位。西方社会长期以来占主导地位的观点是把幸福与道德等同，而实际上强调道德。而且，近代以来所确立的幸福目标，已经不再是传统的道德意义上的幸福，也不是传统的快乐主义意义上的幸福，而是一种现代意义上的幸福。最简要地概括这种幸福的含义，就是生活得更好。

选择和确立现代意义的幸福作为现代人的终极目标，就目前思想家所能达到的认识水平而言理由更充分。

首先，以幸福作为终极目标，符合人的本性。人不仅像其他动物一样要生活，而且要生活得好，要生活得更好。生活下去、生活得好、生活得更好，既体现了人的综合本性，又体现了人不同于其他动物、现代人不同于传统人的独特本性或本质特征。以生活得更好为终极目标体现了人的根本需要。

其次，以幸福作为终极目标，符合人的整体需要。幸福不是一种单向度的目标，而是一种综合性目标。“生活”是一个总体性概念，不仅包括道德生活，还包括所有其他领域的生活，包括人的整个生命过程。“好”也是一个总体性概念，不仅包括道德上的善，而且包括其他领域的价值，包括了价值的所有维度。生活得更好，实际上就是要充分地满足人的整体需要。

再次，以幸福作为终极目标，符合人不断拓展和深化需要的必然趋向。人在理性的作用下，总是不满足现状，总是在追求。在追求中产生新的需要和寻求满足新需要的手段。以幸福作为终极目标，就是要求人们不能满足于生活得好，而要追求生活得越来越好、好上加好。

最后，以幸福为终极目标，符合社会的使命。人们组成社会，不是为了让社会来统治自己，而是为了使自己生活得更好、更幸福。社会的使命就是要使全体社会成员生活得越来越好。以道德为终极目标的传统社会，只重视整体，忽视甚至否认个体。加上整体通常以统治者为代表，这就使个人的追求和社会的追求相分离和相冲突。以幸福为终极目标，从社会的角度看就是要使全体社会成员生活得更好。这既反映了社会使命的要求，也与所有社会成员以生活得更好为终极追求完全统一了起来，传统社会中普遍存在的个体与整体的对立可以从根本上得到克服。

一般内涵

如果把幸福作为终极目标，那么应该怎样理解幸福？一般地说，幸福是一种生活，是一种令人满意的生活。从伦理学的角度看，这种令人满意的生活也就是好（善）的生活，或者说，就是生活得好。然而，人对生活的满意是相对的，通常会由满意逐渐变得不满意。当对生活由满意变得不满意时，好的生活就会变得不再好了。另一方面，现代社会发展突飞猛进，生活质量不断提高，幸福更日益成为一个动态的概念和目标。一个人如果只满足于现在生活得好，而不追求生活得更好，也许不用多久，好的生活就会变得不再好了。因此，真正好的生活应该是越来越好的生活，真正的幸福应该还原为生活得更好。

如果说幸福就是生活得（更）好，那么，怎样才叫生活得好？

“生活得好”并没有绝对的衡量标准，不同时代、不同国度、不同阶层、不同个人用以衡量“生活得好”的标准是很不一样的。就不同的时代而言，例如，在长期的中国封建社会，大多数农民觉得好的生活就是：“三十亩地一头牛，老婆孩子热炕头。”而在当代中国，大多数农民再也不会认为这种生活是一种好的生活。就不同的国度而言，例如，在当代西方，许多人把“三 S（Sun 阳光，Sea 大海，Sex 性爱）”的生活方式看作是一种理想的生活方式，而在当代西亚的穆斯林国家，恐怕大多数教徒都不会认为这种生活方式是一种好的生活方式。就不同的阶层而言，例如，社会下层的人士可能认为富有的生活是一种好的生活，而社会上层的人士可能认为潇洒的生活是一种好的生活。至于不同的个人对什么样的生活是好生活的看法更会因为年龄、性别、职业、受教育程度、民族、国别等的不同而很不相同。

尽管“生活得好”没有绝对的衡量标准，幸福作为一种满足感总是个人的感受，幸福与否重在个人自己的感觉，然而，在某一特定的社会范围内，总有某些得到大多数人认同的要素，总有某些用以判断的客观尺度。而且随着社会的发展，不仅在某一社会范围内，而且在全人类范围内，人们越来越觉得应当有一些衡量生活好坏、生活质量高低的标准。从这种意义上看，一个人是否幸福决不能仅凭自己的感觉。

经历过中国“文化大革命”的人都记得，当时中国上下都流传着这样一种说法：“世界有三分之二的人民生活在水深火热之中。”其言外之意，是认为世界上只有中国人民（或许还包括阿尔巴尼亚、越南等社会主义国家的人民）过着幸福生活。改革开放以后，中国的国门打开，这时才发现，情况并非如此。许多人感到不少国家的人民远比自己幸福，于是在中国出现了持续三十年之久、至今仍未完全平息的“能出国就出国，能不回就不回”的出国潮。

这个教训深刻地告诉我们，尤其在当代国际交流日益加强、现代文明日新月异的条件下，我们绝不能自我陶醉。在判断自己和其他人是否幸福的时候，不能仅仅凭自己的感觉和感受，而应该有时代眼光，应该有全球眼光，应该有发展眼光。要有理性的判断，切忌盲目自大。

如果要对怎样才算生活得好加以理性判断，应该考虑两个层次的因素：其一是幸福的条件，其二是幸福的内容。

幸福的条件是幸福的必要前提和基础，不具备这种条件，即使某人自己感到幸福，也未必是真的幸福。幸福的条件很多，而且因时代、国度等的不同而不同。不过，有以下四个最基本的方面是必须加以考虑的：

一是社会条件。一个社会的状况怎样，看起来远离个人的幸福，其实不然。古希腊哲学家德谟克利特在两千多年前就对此作出过精辟的论断：“在一种民主制度中受贫穷，也比在专制统治下享受所谓幸福好，正如自由比受奴役好一样。”①

就当代世界而言，社会制度很不相同，不能完全以社会制度来判断，但可以从现代文明或现代化的程度加以考虑。据此我们可以断定，如果一个国家在现时代仍然处于传统农业文明阶段，这个国家的人民至少大多数是不可能有什么幸福可言的。那么，什么是现代化？人们对此并无一致看法。西方一些国家最早开始现代化进程，而且也最早实现现代化。后来一些搞现代化的国家为了避免“西化”之嫌，纷纷给现代化加上某种定语，于是就有了不同形态的现代化。这样一来，我们还能以现代化作为判断幸福与否的社会条件吗？回答应该是肯定的。因为尽管现代化有不同的特色，但有一些基本的规定性，这些规定性至少包括自由、平等、民主、法制、市场、科技这六大范畴。对于现代化来说，这六个方面缺一不可。因此，具备这六大规定性的社会可以说就是现代人有可能享受幸福所必备的条件和基础。

二是家庭条件。在现代社会，家庭的许多传统职能已经丧失，但有一种传统职能大大加强，这就是“驿站”或“港湾”的职能。现代社会生存竞争日益激烈，在激烈竞争的漫长人生旅程中，如果没有使人身心得到休养生息的“驿站”，这样的人生恐怕难说是幸福的。这种“驿站”到目前为止人类只发现了一种形式，这就是以男女婚姻为纽带的家庭。

家庭作为幸福条件的意义还远不止如此，大凡结过婚、有过家庭生活的人都有这样的体会：小小的家庭能给人的生活增添许许多多在其他任何地方都不可能获得的感受。这种感受是幸福的人生所必需的。德国哲学家费希特在评价德国哲

---

① ［古希腊］德谟克利特：《道德思想》，周辅成主编：《西方伦理学名著选辑》上卷，商务印书馆1964年版，第86页。

学巨匠然而终生未婚的康德时说："没有结婚的人，只能算半个人。"这一评价有些尖刻，但指出了一个任何人都不可否认的事实：康德是一位饮誉世界的伟人，却不是一个充分享受人生的福人。

但是，常识告诉我们，并非只要有了家庭就具备了幸福所需要的家庭条件。家庭像许多事物一样，是一把"双刃剑"。好的家庭不仅是幸福的条件，而且本身就是幸福的重要内容，而坏的家庭则是痛苦和祸患的根源。那么，如何衡量家庭的"好""坏"？对此人们的看法也不尽相同，但有以下几点基本要求是值得注意的：其一，家庭是否完整。完整的家庭应包括夫妻（父母）、子女。其二，夫妻之间的性爱关系是否和谐。这是整个家庭是否和谐最重要的基础。不管什么层次的家庭（如工人家庭、干部家庭、教师家庭），只要夫妻的性爱不正常，家庭就必然会发生危机。其三，家庭成员的权利是否得到尊重。其中特别重要的是夫妻双方的社交权利。许多家庭的问题就是由丈夫或妻子把对方看作是自己的专属品，限制对方交异性朋友造成的。其四，家庭成员是否尽自己应尽的责任。这是家庭成员享有其权利的前提和家庭稳定的保证。

三是职业条件。众所周知，职业是人的收入的主要来源，因而是享受人生的根本条件。但是，在现代社会，职业已经从传统的单纯的谋生手段转变成为既是谋生手段，又是自我实现和超越的途径。在现代社会，事业成功是许多人追求的最重要目标，这其中不乏"人格资本化"的异化问题，但事业成功的确能给人带来巨大的喜悦，这种喜悦不只是一种快乐，而且是幸福本身。即便是追求事业成功的过程，也能大大增添人生的体验。在现代分工的条件下，事业总是以一定的职业为载体的，没有不从事职业的事业。因此，职业是人幸福的最重要条件之一。

职业作为幸福的条件，可以从三个方面考虑它对幸福的影响。首先有没有相对固定的职业。一个人没有比较固定的职业和相应的职业技能，他的生活就没有根基。这种漂泊不定的生活，不仅生活没有充分保障，而且得不到应有的社会尊重，缺乏自信，容易产生苦恼。其次是有没有职业优势，或者说是不是职业能手。在职业方面具有优势的人，不言而喻，会得到更多的收入，失业的可能性较小，再就业的机会更多，更受人尊重，更充满自信。最后是有没有职业成就。在职业方面有较高追求，把所从事的职业当作事业，并且取得较大的成就，就会得到更多的职业利益和职业乐趣。这三个方面实际上也是职业作为幸福条件的三个层次，层次越高越有利于幸福的获得。

四是素质条件。个人的素质如何是能否获得幸福的重要条件。下面我们将会看到，幸福要求生存需要得到充分满足，而且要求发展需要得到较好满足。幸福的程度就在于发展需要得到满足的程度，而发展需要满足的程度则主要取决于人的素质。

人的素质是综合性的，整体性的。大致说来，人的综合素质主要包括以下四个方面：思想道德素质，包括世界观、人生观、价值观、思维方式、道德品质、自主精神等；知识技能素质，包括自然知识、社会知识、人文知识、专业知识、工作能力等；生理心理素质，包括身体强健、心理健康、人格健全等；乐生休闲素质，包括审美情趣、兴趣爱好、闲情逸致等，这种素质在现代越来越成为幸福的重要条件。

上述所有方面对于一个人来说是一个整体、系统，共同规定着他的幸福是否可能。但是，它们都还只是幸福得以实现的条件，并不是幸福本身。就幸福本身的内容而言，幸福就是人的根本的总体的需要得到某种程度的满足所产生的愉悦状态。这里涉及以下三方面的问题：

一是如何理解“人的根本的总体的需要”。人的需要是一个复杂的系统，有不同的维度和不同的层次。随着社会的发展，人的需要还在迅速地向广度和深度扩展。在当代社会，人的需要与人的想要（欲望或愿望）越来越难以分辨，以至于人的需要日益呈现出没有限度的态势。如果认为幸福是人的所有需要都得到满足，那人不可能有幸福，因为人的需要太多，而且还在不断地产生，任何人都不可能使自己的所有需要都得到满足。因此，应当把幸福限定在人的根本的总体的需要得到某种程度的满足上。人的根本的总体的需要，就是人在世界上生存、发展和享受的需要。

二是如何理解“某种程度的满足”。即便是人生存、发展和享受需要也不可能得到完全的满足。如果把幸福看作是人生存、发展和享受需要得到完全的满足，现实世界就不会有幸福，幸福只会存在于天国。“某种程度的满足”就是既肯定人生存、发展和享受需要不可能得到完全满足，同时又强调必须达到一定程度的满足。这种程度就是：生存需要必须得到充分满足，发展需要得到一定程度的满足，而且有进一步满足的可能。这三方面都是必要的。一个人的生存需要得不到充分满足，他就不得不为生存奔波。这种成天为生存操劳的生活不能说是幸福生活。另一方面，如果生存需要能得到充分满足，但到此为止，饱食终日，无所用心。这种生活会使人感到厌倦、无聊、空虚，也谈不上幸福。真正的幸福不等于生存需要的满足，而是在生存需要得到充分满足的同时，发展需要也得到一定程度的满足，特别重要的是，有可能得到进一步的满足，包括有更高的追求及其实现的条件。

三是如何理解“愉悦状态”。幸福并不就是满足，而是由满足所产生的一种愉悦状态。这种状态可以说是一种满意的状态。满足与满意这两种状态的区别是显而易见的。满意的愉悦状态不仅要求需要得到较好的满足，而且要求满足后能引起美好的感觉。但是，人的一生不可能每时每刻都处于满意或愉悦状态。即使是最幸福的人，生活中也会经常产生或遇到烦恼甚至痛苦。我们应该看到，作为幸福的那种愉悦状态，是就生活总体而言的，就是说生存、发展和享受需要从总体上看得到了令人满意的满足。这种令人满意的满足达到了这样的程度，即在生活中出现某种烦恼或痛苦时，只要一想到自己生活总体上是令人满意的，就能从容对待并缓释烦恼或痛苦。

与快乐的关系

在思想史上和现实生活中，人们对幸福的理解很不一致。自古以来，人类形成了种种不同的幸福观，其中之一就是认为幸福在于快乐。快乐与幸福是容易混淆的，因而我们有必要讨论一下两者之间的关系。

快乐也是需要，特别是欲望得到满足时所产生的愉悦状态，也是满意感。而且这种满意感常常是在强烈欲望得到满足时产生的，往往比幸福所产生的满意感强度更大。因此，不仅常人，而且也有不少思想家把快乐等同于幸福。快乐可以是由物质性的或生理性的需要或欲望引起的（如一顿美味佳肴引起的痛快感），也可以是由精神性的或心理性的需要或欲望引起的（如一场轻歌曼舞引起的惬意感）。因此，有的思想家把生理性的快乐理解为幸福，有的把心理性的快乐理解为幸福，有的则同时强调这两个方面，认为幸福既包括生理性的快乐，也包括心理性的快乐。

毫无疑问，快乐应当属于幸福的范畴。生活没有快乐，即便不是总充满痛苦，那种一切都平淡无奇的生活，恐怕也不能说是幸福生活。文艺复兴时期的人文主义者爱拉斯谟曾说过这样两句话："如果你把生活中的欢乐去掉，那么，生活还成为什么呢？它还配得上称作生活么？""如果没有欢乐，也就是说没有疯狂来调剂，生活中哪时哪刻不是悲哀的，烦闷的，不愉快的，无聊的，不可忍受的？"这两句话虽然有些极端，但却道出了生活的某种真谛。

然而，快乐并不等于幸福。两者之间至少存在着以下六点不同：

第一，快乐是由某种具体的需要或欲望得到满足所产生的愉悦感，而幸福则是由那种根本性的、总体性的需要得到某种满足所产生的愉悦感。例如，"久旱逢甘雨"、"他乡遇故知"所产生的愉悦感通常是快乐，而不一定是幸福；而"洞房花烛夜"、"金榜题名时"所产生的愉悦感，就既是快乐，也是幸福，至少可能产生幸福。

第二，人的所有需要和欲望都能引起快乐，只要它们能得到满足。而事实表明，人的需要和欲望可能是正常的，也可能是不正常的，可能是健康的，也可能是病态的，可能是合适的，也可能是不合适的。所以，快乐总存在着是否正常和健康的问题。那些不正常、不健康、不合适的快乐可能是不利于人的生存和发展的，也可能是不利于社会秩序的。例如吸毒所引起的快乐就是如此。与快乐不同，引起幸福的需要是人的根本的总体的需要，这种需要对于人的生存和发展来说总是正常和健康的，而且也是与社会发展的根本要求相一致的。只有这种需要的满足引起的愉悦感才能称得上幸福。例如，事业成功所引起的愉悦感就是如此。

第三，追求快乐是人趋乐避苦本性的自然倾向，这种追求可以经过理性的选择，也可以不经过理性的选择。因此，对快乐的追求和快乐的获得往往具有自发性。对幸福的追求则不是人的自然本性的自然倾向，而是经过人的理性思考和选择所确定的，是教育影响和社会濡化的结果，也可以说是人的社会本性的客观要求。现实中有许多事例表明，许多追求幸福的行为是与趋乐避苦的自然倾向背道而驰的。例如，学生上学读书就是如此。读书是一份十分艰辛而又旷日持久的苦差事。按照学生天性的自然倾向，也许没有多少人愿意读书。可是，现实生活中实际情形并非如此。学生们不是怕读书，而是怕读不成书。很多人明知生活将十分困苦，还要奋力报考硕士、博士研究生。这有力地说明了追求幸福与追求快乐的差异，说明了理性选择对于追求幸福的意义。

第四，以人趋乐避苦的自然倾向为基础的快乐具有很大的盲目性：只重满足，不问方式，只问目的，不问手段。道德的、合法的满足可以引起快乐，不道德的、不合法的满足也能引起快乐。因此，快乐本身并不就是善的。幸福则不同，它是以人根本的和总体的需要的满足为基础的。人根本的总体的需要本身必须包含道德、法律方面的要求，包含德性方面的要求，达到这种要求是满足这种需要的应有之义。因此，幸福本身就应该是善的。就是说，对幸福的追求包含着对高尚德性的追求，追求幸福的过程是一个合德、合法、合理的过程。

第五，由于快乐总是由某种具体的需要或欲望得到满足所引起的，因而它总是即时的，间断的，来得快，去得也快。也因为如此，一个人的生活不可能总是充满快乐，如果有可能享受不间断的快乐，人的心理也承受不了，因为快乐是一种高度兴奋状态，人的心理不能持续处于这种状态。所以，快乐只能作为生活的调剂，而不能作为生活本身。幸福则由于是由人的根本需要和总体需要得到某种满足所引起的，因而是持久的、连续的、深沉的，来之不易，去之也不易。所以，幸福是一种生活状态，一种生活过程，一种生活本身。幸福中包含某种高峰经验或顶峰体验，但这种状态的出现往往是长期追求的结果。中国古代所谓的“金榜题名时”所引起的高峰体验就是如此。

第六，快乐产生的自发性、一事性、即时性，说明它的产生并不完全取决于一个人生活的外部条件和生存环境，而幸福的产生不仅在于某种需要的满足，还在很大程度上取决于生存的环境和条件。假如一个人在事业上取得了巨大的成功，他当时一定会产生快感，可是这时他的家庭生活并不和谐，时常为夫妻关系而苦恼，他也很可能仍然感到不幸福，而且事实上也不幸福。又比如，在现代社会条件下，如果一个人在专制统治之下过着富有而又舒适的生活，那么他或她的生活不可能是幸福的，只能说偶尔有些快乐。

从理论上看，快乐与幸福之间的区别是明显的，但在实际生活中两者之间的区别并不那么明显。两者都是令人愉悦的状态，不加以理性的思考和选择，就无法辨识它们。更重要的是，快乐较之幸福更容易获得，其刺激性更强，而且快乐本身也不都是消极的，在很多场合是值得追求的，因而在没有理性作用的情况下，人们更倾向于快乐。但是，对两者的区别有清醒的认识，对于人的生活是极为重要的。这是因为：

首先，有助于选择和确立正确的终极价值追求。无论从理论上看，还是从实际生活看，人应该为自己选择和确立正确的终极价值目标，只能是幸福，而不能是快乐。以幸福为终极价值目标，一方面可以通过追求使人获得持续的愉悦感，过上令人满意的生活。同时，这种感受和生活是在追求更好地生存和发展的过程中，并通过追求更好地生存和发展来实现的。在这里，享受人生与生存和发展、与实现自我和超越自我是有机统一的，是同一过程的两个方面。以快乐为终极目标则不同，追求它固然也能给人带来愉悦感，但这种愉悦感由于是以满足每一具体的需要或欲望为前提的，因而是断续的。一旦需要或欲望得到满足或者没有新的需要或欲望产生就会感到痛苦或空虚。而且这每一种具体的需要和欲望的满足并不是以更好地生存和发展为指向的，非但不利于生存和发展，反而常常妨碍甚至有害于生存和发展。事实也表明了这一点。在现代社会，一些以快乐为人生唯一追求的人，除了欲望满足那一刻的快乐外，绝大多数时间所获得的是空虚无聊，最后的结局常常是醉生梦死。然而，要选择和确立幸福作为终极价值目标，首先必须弄清楚幸福与快乐的区别。

其次，有助于有选择和有节制地追求快乐，以丰富人生，增添人生的乐趣，从而更好地享受人生。前面已经提到，快乐给人带来愉悦、快感的强度通常比幸福更大，而快乐的强度又常常是与刺激的强度相联系的。追求快乐就会追求刺激，追求刺激又会带来更大的快乐。这种刺激和快乐并不总是对人生有害的，只要有节度、有限制，相反还可以给人生带来意想不到的乐趣。而在这里，节度和限制的正确把握，必须以对幸福和快乐的区别为前提，这样才有可能做到把刺激和快乐纳入到人生幸福的总体范围。

第三章　素质与作为

一、素　质

人生的目的在于追求与实现价值和幸福。价值和幸福是通过人在活动中的作为来认识、选择、创造和实现的。离开了作为，人生的价值和幸福就无从谈起。只有作为才真正体现了人作为价值主体和生活主人的能动性。人的作为有两个先在条件：一是外部环境，二是自身因素。人的作为的自身因素就是人的素质。作为总是以一定的素质为前提的。作为也可以改变素质，但首先必须以一定的素质为基础。不仅如此，素质的状况如何从根本上规定着作为可能的限度，规定着作为的大小。富兰克林在谈及勤劳和节俭对于富裕的意义时说："简单地说，通往富裕之路（如果你真想走的话）就像去市场一样容易，它只要四个字：勤劳、节俭，也就是说，不浪费时间，也不浪费金钱，而是充分利用它们。没有勤劳和节俭，就会两手空空，有了它们，就会丰衣足食。"[①]可见，品质这种素质对于作为具有多么重要的意义。

素质形成是以禀赋为前提和基础的，但还涉及其他多种因素。与禀赋不同，素质不是与生俱来的，而是人生作为的积淀，是已经现实化的人性的积淀。如果说禀赋是潜在的自我，那么素质则是现实的自我。素质作为人生的现实规定性，作为活动和作为的基础和空间，从根本上规定着人生。人的素质是一个综合性概念，包含着复杂的层次结构，因而在谈到人的素质时，总是意味着人的综合素质。素质各要素之间相互作用，发挥着整体的效能。素质与观念、能力是相关但又不同的概念，弄清它们之间的关系不仅有助于理解素质，也有助于理解它们在作为中的不同作用。这里我们要着重研究素质的结构以及素质是怎样形成、改善和提高的。

禀赋与素质

人性及其一般结构对于所有的人来说是相同的，只要人一来到世界，他就具有了人性并具有人性的一般结构。但是，由于种种原因（如文化、种族、时代、特别是父母的状况等等），不同人的人性质量生来是很不一样的。这种质量的差异主要体现在以下几个方面：一是人性的各种要素是否具备。有些人生来就具备了人性的各种要素，有些人则生来就缺失某一种或几种人性要素。这种情况不是普，

---

① ［德］马克斯·韦伯：《新教伦理与资本主义精神》，于晓、陈维纲等译，生活·读书·新知三联书店 1987 年版，第 33 ～ 35 页。

但也存在。二是人性的各种要素的质量如何。每一个人的各种人性要素都不处于相同的水平，不同人之间的各种人性要素更不处于相同的水平，这就是不同人的人性存在差别的根本原因。三是人性的结构状况怎样。每一个人的人性结构及其潜力由于其要素不同而不同。这种不同体现了人性的整体质量。每一个人生来人性质量状况就不同，这就是我们所谓的禀赋。禀赋就是一个人人生可能实现的最大限度，是人的潜在能力或潜力之所在。

禀赋的概念是对人性概念的必要限定。有了禀赋的概念，我们才能更现实地认识人。具有人性，我们就是人，但我们每一个人都是不相同的，这种不同的根源就在于我们每一个人的禀赋不同。就一般人性而言，人是生而平等的，但就禀赋而言，人并不是生而平等的，相反是生而不平等的。作为人性的限定，禀赋首先是人性质量的标志。当一个人作为人来到世界，他就具有了人性，就是人，但是他将可能成为什么样的人和可能具有什么样的人生则取决于他来到世界的过程中所禀赋的人性质量。禀赋才是真正的人性，它规定着人性的水平。禀赋其次还是人性限度的标志。人性是有限度的，但不同人的人性限度并不相同。这种不同就在于禀赋。高禀赋的人有可能成为低质量的人并具有低质量的人生，但低禀赋的人则一般不可能成为高质量的人，具有高质量的人生。

禀赋作为先天的人性质量状况是人的素质的基础和前提，也是素质可能达到的限度。素质实质上是人在禀赋限度内所达到的综合性的现实能力，或者说是禀赋这种潜在能力转化为现实能力的程度。如果说禀赋是一个人的潜在的人性，那么可以说素质是一个人现实的人性。这种现实的人性标志着人生质量状况，是一定时期内自我实现可能达到的最大限度。因此，素质是人生的现实规定性。

与禀赋与生俱来不同，素质是后天形成的。首先必须肯定，这种后天形成的素质是以禀赋为基础和前提的，也是以禀赋为其限度的。禀赋好、天资高，就有可能而且更容易形成更高的素质。例如，一个人在音乐方面有特殊的禀赋，他就有可能成为著名的歌唱家。

尽管禀赋是素质的前提和基础，也是素质的限度，但一般说来，禀赋的质量与素质的质量之间并不存在正比例关系。就是说，禀赋高并不等于素质高，反之亦然。素质的形成除了禀赋这一根本条件之外，还取决于多种因素，这些因素主要包括环境熏染、教育培养和自我塑造。

人来到世界上就来到了环境中。最初是家庭环境，后来是周遭环境，再后来是学校环境和社会环境。这四种环境对人的素质的最初形成都具有重要影响。其中最重要的是作为小环境的家庭和作为大环境的社会。家庭环境对孩子的个性倾向和心理特征，乃至身体状况有着难以改变的影响。这种影响之大，以至于人们把父母看作是人生的第一位老师。社会环境可以通过家庭环境及其他环境，也可以通过教育对人的素质的形成产生间接影响，更可以直接对人的素质产生作用。

与其他影响相比，社会环境的影响更具有根本性。例如，在一个尚处于传统文明的社会，无论其他影响如何，一般很难使人形成现代素质。环境的影响通常是潜移默化的、长期的、不系统的，因而可以说是一种熏染。这种熏染主要对人的气质、性格、兴趣、爱好、习惯、价值观、人生观和世界观的形成产生作用。

对于人的素质的最初形成，教育具有最重要的意义。教育，特别是学校教育，是现代社会人的素质，特别是观念、知识和能力形成的主要途径。学校教育是通过集中强化的系统教育与训练把人类几千年积累的一般知识和某些专门知识传授给学生，并使之转化为各种不同的能力。过去的学校教育比较强调知识和能力教育，这对于提高人单方面的素质具有特殊的作用，但往往使人的素质畸形发展，影响了人的整体素质的提高。鉴于这种情况，当前学校教育越来越注重综合素质的提高和个性的全面发展。因此，可以设想，学校教育将不仅对人的观念、知识和能力形成具有决定性影响，而且对人的整体素质具有的作用越来越大。由于学校教育对人的素质的最初形成具有决定性影响，而人们接受学校教育的程度不尽相同，因而即使其他条件相同，人们素质形成时所达到的水平也是不相同的。一般地说，接受学校教育的程度越高，综合素质在形成时所达到的层次就越高。因此，尽可能多地接受学校教育是现代社会提高综合素质起点的有效途径。

在这方面，我国面临的形势还十分严峻。有资料表明，我国目前国民接受学校教育的年限还相当低。2000 年我国 15 岁以上国民受教育年限为 7.85 年，25 岁以上人口人均受教育年限为 7.24 年。这两个水平还不到初中二年级程度，仅相当于美国 100 年前 15 岁以上国民受教育的水平，与 1999 年美国人均 12.7 年（相当于大学一年级水平）相比，整整低了近 5 年；与后发达国家韩国（11.48 年）相当于高中三年级水平相比，也要低近 4 年[①]。在国民受教育年限上存在 4 ～ 5 年的差距，意味着我国国民素质水平远远落后于美国、韩国等国家，也意味着我国教育发展还面临着艰巨的任务。

在素质形成的过程中，自我塑造也是十分重要的，而且随着年龄的增长，这种作用越来越大。一般说来，学前家庭环境对素质的形成起着主导作用，从小学到中学阶段，学校教育起着主导作用，个人的自我塑造作用开始增大，进入大学以后这种自我塑造作用开始占主导地位。个人对自己素质的塑造作用主要表现在以下几个方面：一是接受环境熏染和学校教育的自觉性，即通常所谓的“上进心”。在人生的初期，一个人越是自觉地接受社会和学校的影响，越是自觉的认同社会导向和学校教育，或者说上进心越强，他就能越快地提高自己的素质。二是学习努力的程度。整体说来，素质形成的过程就是一个学习的过程，就是学习人

① 参见中国教育与人力资源问题报告课题组：《从人口大国迈向人力资源强国》，高等教育出版社 2003 年版，第 55 页。

类已经积累起来的文化，使之转化为自己的内在素质。一个人学习越努力，就进步得越快，素质也提高得越快。三是学习的效率。注意学习方法，讲究学习效率，可以获得事半功倍的效果，可以更快地取得学习的进步。四是提高综合素质的意识。上进心强可以出于两种动机：一是为他人，如为父母争光；二是为提高自己的综合素质。有了为提高自己综合素质而学习的意识和动机，就更有可能注重提高综合素质，更有可能在学习时重点突出而又兼顾其他。

人的素质形成的年龄是各不相同的，不过在现代社会，大致可以以离开学校走向社会为素质初步形成的标志。一般而言，离开学校越早，素质初步形成得越早，所达到的层次也就越低；离开学校越迟，素质初步形成得越迟，所达到的层次也就越高。例如，在当前中国的正常情况下，一位博士研究生要到29岁才离开学校，而一位小学毕业生到13岁就离开了学校。尽管博士研究生素质初步形成要比小学毕业生晚得多，但博士研究生素质所达到的层次显然要比小学毕业生高得多。

构成要素

素质概念与禀赋、人性的概念一样，是一个综合性、整体性概念，当我们用这个概念来指人的素质时更是如此。尽管人们有时用这个概念来特指人的某方面素质（如心理素质），但即使如此，这个概念也具有综合性整体性的意义，意味着这方面的综合的、整体的状况。素质与禀赋、人性一样具有立体的结构，对于素质的结构也可以像对于人性、禀赋的结构一样从不同的角度进行考察和分析。这里我们主要从人生存、发展和享受需要的角度考察和分析人的素质结构。从这个角度考察，可以把素质结构概括为相互联系的四个方面：思想道德素质，知识能力素质，生理心理素质，乐生休闲素质。

思想道德素质是人精神方面的素质，它主要作为定势对人的生活潜在地发生作用。这方面的素质虽然并不是人直接的求生存、发展和享受的能力，但对人的生存、发展和享受起着导向、规范、保证、调节作用。它规定着人生目的和人生道路的选择和调整，规定着为人处世的立场、态度、视界和高度，规定着各种知识的学习和各种能力的发挥，规定着个人的生活方式和精神风貌。思想道德素质是人的深层次、高层次的素质，突出体现了理性对人生的作用和意义，集中反映了人的学识、见识，是人与人之间差别最大的素质要素。

思想道德素质包括世界观、人生观、价值观、价值观念、思维方式、道德品质、自主精神、批判精神及创新精神等诸多方面。其中最重要的是价值观念、思维方式、道德品质和自主精神，它们可以说是构成人生的四大精神支柱。思想道德素质由于是深层次、高层次的素质，因而也是最难培养、最难提高的素质。一般说来，每一个人在成人的时候由于环境熏染和学校教育，都具有了一定程度的思想道德素质，但这时候的思想道德素质往往是常识性的，是最一般的，而要达到较高的层次则需要个人的不断学习、不断自我反思和批判，不断自觉涵养和锻炼。这即是常言所说的“活到老，学到老，改造到老”。

知识能力素质是人实践方面的素质，它主要作为能力对人的生活现实地发生作用。这方面的素质是人直接的求生存、发展的能力，这方面的素质高低规定着人的职业状况、收入水平、生活质量、社会地位，以至家庭幸福、子女教育等生活的诸多方面，它在一定意义上也规定着人的思想道德素质水平和人生享受水平。

知识能力素质包括自然知识、社会知识、人文知识、专业知识、业务能力、表达能力、社交能力、学习能力等诸多方面，可以从总体上概括为知识和能力两个方面。一般说来，知识主要是靠学习来获得的，能力主要是靠训练来培养的。但是，能力也可以转化为知识，知识也可能转化为能力。这种转化对于提高知识能力素质是十分重要的。知识和能力可以划分为一般知识和能力、专门知识和能力。每一个人都具有一般知识和能力方面的素质，但只有接受过系统教育和训练或个人长期操作练习才有可能具有某种专门知识和能力素质。随着现代科学技术的快速发展，知识和能力越来越高、精、尖化，某方面的专门知识和能力因而也越来越需要系统的学习和训练。

知识能力素质与其他素质不同，一个人不可能具备所有的知识和能力，除了一般知识和能力之外，只能具备某方面或某些方面的专门知识和能力。因此，在现代社会要提高知识能力素质，就是要提高一般性的知识能力素质和某方面专门性的知识能力素质。知识能力素质由于主要是通过学校教育和职业实践获得的，因而是比较容易培养和提高的。在科技知识极其丰富发达的现代社会，一个各方面正常的人只要肯学习、肯钻研，就可以具有较高的一般知识能力素质和某方面的专门知识能力素质。

生理心理素质是人基础方面的素质，它主要作为条件对人的生活全面发生作用。这方面的素质是人的所有其他素质乃至整个人生的必要基础和前提条件。这方面的素质越高越有利于其他素质的形成、改善和提高，越低越不利于其他素质的形成、改善和提高。这方面的素质最容易发生“病变”，并因而使之弱化、缺失甚至发生变态。如果这样，就会严重影响其他素质的形成、改善和提高，严重影响人生的幸福。因此，生理心理素质虽然是最基础的，但对人生影响的强度也是最大的。

生理心理素质包括体质、气质、性格、习惯、情感、感知力、观察力、理解力、记忆力、注意力、想象力、创造力、意志力等方面的素质。所有这些方面达到正常标准都是十分重要的，其中特别重要的是身体健康、心理健康、人格健康、情感健康。这些方面一旦发生问题或“病变”，非但不会使人感到幸福，相反会使人感到痛苦。竞争日益激烈的现代社会生活对人这方面的素质提出了更高要求。没有强健的体魄，没有健康的心态，没有坚强的毅力，就很难在竞争中取胜，很难有安逸的生活。

生理心理素质的质量与人的禀赋关系最紧密，改善和提高的余地相对较小，但决不是不可改善和提高的。这种素质的所有方面都有可塑性，关键是要有改善和提高它们的意识，有涵养锻炼的功夫。生理心理素质的状况与家庭、学校关系密切，但最主要的是靠个人自己保养、培养、修养、实践、锻炼、磨练提高的。生理心理素质水平最能反映出一个人的涵养水平。

乐生休闲素质是人享受方面的素质，它主要作为调剂对人的生活发生愉悦作用。这方面的素质在传统社会只是少数人的专利品，大多数人由于整日为生计奔波，很少意识到更不会培养这方面的素质。进入现代社会后，由于劳动时间大大缩短，闲暇时间大大增加，伴随着物质文明和精神文明的巨大进步，也随着人们生活观念的转变，乐生休闲的素质被提到了议事日程，成为普通大众必须具备的人生素质，并逐渐成为幸福的重要条件和内容。这种素质不仅可以丰富个性，愉悦人生，让生活更充实、更美好，而且可以缓释紧张，调剂生活，使工作更轻松、更愉快。

乐生休闲素质包括审美情趣、兴趣爱好、闲情逸致、鉴赏力、感受力、享受意识、乐生意识、休闲意识等等。所有这些方面对于人的生活都是十分重要的，但到目前为止人们通常对此还缺乏全面而有深度的理解，以为乐生休闲不过是“玩玩”而已。这里就涉及乐生休闲的素质问题。当一个人没有什么兴趣爱好、闲情逸致时，就会感到生活贫乏、空虚、无聊，感到闲暇时间无法打发。当一个人缺乏审美情趣、鉴赏力时，就会对别人津津乐道的东西感到索然无味。当一个人缺乏享受意识、乐生意识，生活感受力差时，就不善于体验人生、享受人生、玩味人生。乐生休闲素质差的人，在现代社会，要么忙忙碌碌地度过一生，生活缺少乐趣；要么在闲暇时间玩些低级的游戏，缺少生活情趣和情调，更严重地还会去做一些违法的事情（如吸毒、犯罪等）。

由此看来，乐生休闲的素质不是人可有可无的素质，相反对人生幸福乃至整个生活是有重大意义的。这方面素质好的人，即便物质生活条件较差，他们的生活可能仍然充满乐趣，而这方面素质差的人，即便物质生活条件很好，他们的生活可能仍然乏味甚至痛苦。

改善和提高

对于人来说素质只有基本形成，直到死亡也不可能达到最终完成，甚至当一个人即将死亡时也可能改变自己的人生观和价值观。因此，人的素质可以不断地改善和提高，当然也可以变差和下降。认识到这一点，对于增强人改善和提高素质的自觉性、不断提高生活质量是十分重要的。

与人的禀赋不同，素质是具有很大的可塑性的。在素质的各种要素中，几乎没有一种是不可改变的，而且事实上它们始终都处于不断的变化之中。素质的可塑性至少表现在以下几个方面：

第一，某些素质原来不具有，可以通过适当的途径加以培养。例如，一个人可能完全不具有音乐鉴赏力，他可以通过学习和训练培养这方面的素质。素质在这方面的余地是非常大的，素质再高的人也不可能具备所有可能具有的素质。因此，每一个人都有在这方面培养和改善素质的可能。例如，一个一辈子没有拿过画板的人，可能在退休之后学绘画，而且画得相当不错，从而培养出了这方面的素质。

第二，某些素质原来已经具有，可以通过训练的强化提高这些素质。例如，一个人可能是身体健康的，他还可以通过加强体育锻炼和注意保健使体魄更强健。每一个人所具备的各种素质都可以通过适当的途径加以提高。不过，不同素质的可塑性是不同的，而且有些素质的可塑性会受年龄、性别、职业等多种因素的影响。例如，感知力就会受年龄增长而逐渐减弱。

第三，素质的整体结构是可以改变的。素质是一个整体结构，这种结构可能因为某些素质的增加、增强或减弱而自然改变，也可以有意识地改变整个素质结构。例如，可以通过整体上更新观念、通过改变思维方式改变整个素质结构，也可以通过着力强化某些素质改变素质的结构。这种整个素质的大调整、大改变一般是不会轻易发生的，但也不是不可能的。在社会生活急剧变化的时期，人们的素质结构就常常容易出现这种大转换。

第四，素质的整个水平可以提高。素质是一个结构整体，当一些重大的结构要素得到了改善和提高时，整个素质水平就会得到整体性的提高。如果一个人的知识能力素质得到了大幅度的提高，思想道德素质也同时达到一个新的高度，这样就会带动其他素质相应地变化，从而使素质的整体水平上升到一个新的层次。例如，一个人大学毕业工作数年后，又去攻读研究生，通过几年的强化教育和训练，不仅专门知识能力得到了大幅度的提高，而且思想观念也得到了洗礼，以至于兴趣爱好也发生了改变，这就会使他的整体素质得到提高。这种情况也可能发生在人的职务改变的时候。例如，一个人成为了企业家、政治家或某领域的专家，也可能因为职务的改变及相应的需要而使素质得到整体的提高。

人人都可以改善和提高自己的素质，但并不是人人都会去这样做。一个人要改善和提高自己的素质，首先要有这方面的意识。就是说，他既要知道自己的素质是可以改善和提高的，又要愿意去改善和提高。不少人到了一定年龄之后，觉得自己已经定型而不愿意去改善和提高。有的人虽然意识到了这一点，但得过且过，不愿意改变现状。这样的人都是不可能改善和提高自己素质的。其次要有这方面的意志。人最难战胜的是自己，自觉地改善和提高自己的素质，就是超越自己、战胜自己。没有强烈的自我意识，没有自我反省、自我批判和自我超越的精神，没有坚忍不拔的意志，就很难克服自己的惰性，改变和提高自己，要不断学习锻炼。学习和锻炼不仅可能直接改善和提高自己的素质，而且可以不断提高自己改善和提高素质的自觉性，增强这方面的信念和意志力。学习和锻炼可以自己进行，但在当今这样的知识爆炸时代，仅靠自学是不够的，应该主动地接受社会所提供的继续教育和终身教育。一般地说，接受一次这样的正规教育，就可以使自己的素质上一个新台阶。

改善和提高自己的素质尽管没有止境，不能完结，但这种改善和提高是完善自我、实现自我的重要内容，更有助于拓宽人幸福的空间和增加人幸福的深度。不断改善和提高自己的素质，也许不是那么轻松的，但却是完全值得的。

二、素质即人格

人的素质实际上就是人的人格状况，一个人综合素质高低是一个人人格完善程度的标志。一个人的人格越完善，他的综合素质就越高，反之亦然。人格与人性是密切相关的。我们说人生是人性的现实化，实际上就是说人生是通过人格来使人性现实化的，人格才是人生现实的载体。就其实质而言，人格是人性的现实化，但人格不同于人性：人性是一个人自我的潜在可能性的集合，而人格是一个人自我的现实规定性的集合，是一个现实的总体状况；人性是人格的阈限，但人格的结构并不等于人性的结构，人性原来的结构在现实化的过程中必定会改变，出现变异的情况；不同人的人性虽然存在着质量的区别，但不存在道德与不道德的区别，人格则存在着道德与不道德的情形。①人格是人性现实化状况，素质同样也是人性现实化的状况。在一定意义上可以说，素质即人格，或者更准确地说是人格的客观呈现。

人格的含义与结构

人性是一个人的潜能或禀赋（或者说是一个人禀赋的潜能），是一个人的潜在自我。这种潜在自我的现实化，就是一个人的现实自我，现实自我就是一个人的人格。英语中的 personality，将其直译为汉语就是“个人性”，即一个人的现实规定性或现实规定性的总和。人格（personality）是心理学、社会学、伦理学研究的重要问题之一。关于人格的理解分歧很大，定义很多。在心理学上，人格是一个人独特无二的稳定情感、思想和行为型式的集合。personality 这个词起源于拉丁文的 *persona*，意思为“面具”（mask）。值得注意的是，在古拉丁社会的剧场，面具不是用作装扮一个人物身份的情节设计，而是用来代表那个人物或使那个人物典型化的惯例或程式。心理学家一般将人格看作是人的内在本性的外在表现。大

---

① 参见江畅：《德性论》，人民出版社 2011 年，第 120 ～ 122 页。

致来说，可以从外延和内涵两个方面来理解人格。从外延上看，人格是“人的心理倾向、心理过程的特点，个性心理特征，以及心理状态等综合的心理结构”①。它主要包括需要、欲望、兴趣、动机、理想、信念、世界观、价值观、人生观等人格倾向性，观念、知识、能力、品质等个性心理特征，以及心理过程和心理状态。从内涵上看，人格是“个体内在的在行为上的倾向性，它表现一个人在不断变化中的全体和综合，是具有动力一致性和连续性的持久的自我，是人在社会化过程中形成的给予人特色的身心组织”②。这个定义把人格理解为全面整体的人、持久统一的自我、有特色的个人和社会化的客体这四个方面。从以上对人格的理解可以看出，人格十分复杂，几乎涉及个人内在的以及外表的各个方面。

人格是与自我、同一性大致相当的概念。关于三者的关系，心理学家约翰•W.桑特洛克认为，“自我是一个人全部特质的总和”；“同一性指一个人是谁，代表自我认识的综合和整体”；“人格是个体一贯的个人特点”。“通常，人格被看作是三个概念中范围最广的一个，涵盖了其他两个概念（自我和同一性）”③。

人格是人类的共同规定性与个人区别于任何其他人的独特自我规定性的统一。它是以人性禀赋的潜能为基础，以满足更好生存的需要为旨归的，是通过人的认识、情感、意志和行为等各种活动塑造并体现在这些活动中的；它由观念、能力、知识、品质等方面的个性心理特征构成，表现为一个人具有一致性和稳定性的总体个性特征和完整精神面貌。一个人的人格也可以说是这个人不同于任何其他人的独特自我，这种自我是与环境交互作用的，表现为一个持续的社会化过程。

人格是个人独特的，也是人类的共同规定性与个人独特规定性的有机统一。人格是每一个人之所以成为他这样一个人的综合规定性。人格可能发生分离（二重人格），但综合规定性是人的真实人格。真实的人格包括两个方面：一方面是所有人具有的作为人的规定性（如理性），即人不同于其他种类的事物包括动物的共性方面；另一方面是每一个人独特具有的规定性，即人各有不同的个性方面。这两个方面不是分离的，而是有机统一的，这种统一是共性寓于个性之中的统一，大家都是人，但又是各不相同的人。因此，考察一个人的人格既要考察他作为一般人的共同规定性，又要考察他作为特殊人的独特规定性。作为一般人的共同规定性更具有根本性，不具有一般人的规定性，或作为一般人的规定性有缺陷，那他就是有缺陷的人，甚至不是真正的人。

人格作为人性的现实化产物，是以人性禀赋的潜能为基础的。人性禀赋的潜能是人格的阈限，对人格具有根本性的、总体性的制约作用，人格的形成是以此

① 参见高玉祥：《个性心理学概论》，陕西人民教育出版社1985年版，第8页。

② 陈仲庚、张雨新：《人格心理学》，辽宁人民出版社1987年版，第50页。

③ ［美］约翰•W. 桑特洛克：《毕生发展》（第3版），桑标等译，上海人民出版社2009年版，第359页。

为基础和前提的。弗洛伊德将人格划分为本我（伊底）、自我和超我，认为本我是人格中原始的、与生俱来的、无意识的结构部分；自我是人格中意识的结构部分，处于本我与外部世界之间，根据外部世界需要而活动，其主要能量用于对本我的控制和压抑上；而当自我的力量还不足以控制本我的时候，就出现了超我，即通常所谓的良心。[①]弗洛伊德对人格的这种划分虽然遭到不少批评，但有一点是值得重视的，他注意到人格不是一个平面结构，而是一个有深度的立体结构，既包括要素结构，也包括层次结构。不过，他将本我仅限定于本能、欲望等无意识内容是有局限的。如果我们将这种本我看作为是一个人人格的潜在形态，除无意识方面的潜能之外也包括意识方面的潜能，也许更能说明人格的本来面目。

就人的禀赋而言，人格与气质有着特别密切的关系。“气质与人格，即个体持久的个性特点，有密切关系。……气质可以被看作是人格的生物和情感基础。”[②]气质（temperament）是人心理活动的动力方面的原初禀赋，包括心理过程的速度和稳定性、心理过程的强度以及心理活动的指向性特点等，如活泼、直爽、沉静、浮躁，等等。在人的心理因素中，气质是最典型、最稳定的，它以同样的方式表现为各种各样的心理活动的动力，而且一般不以活动的内容、目的和动机为转移。气质是一个很古老的概念，希波克拉底（Hippocrates of Cos II 或 Hippokrates of Kos，约前 460 ～前 377 年）和盖仑（Galen，Claudius Galenus，130 ～ 200 年）曾根据人体内的四种液体（即血液、黏液、黄胆质和黑胆质）中的哪一种在人体中占优势而把气质分为多血质、胆汁质、黏液质和抑郁质四种基本类型。他们所使用的四种气质类型的名称一直沿用到现在，而且这种观点曾被许多学者所采纳，并从不同角度作出了解释。这四种类型的划分似乎比较公允地反映了心理意向的主要类型，当然还可以对它们作进一步的划分。而且，尽管科学家在气质所依赖的精确因素方面尚未达成一致，但气质的不同形式具有一种有机的基础是可以确定的。

人格都是人出于自己更好生存的需要，通过认识、情感、意志和行为等有意识的活动塑造并体现出来的。尽管从抽象人权的观点看，人一出生就获得了人格，但实际上这还只是一种潜在的人格，一个人的人格是人在成长的过程中通过与环境的互动逐渐形成的。“多样性的互动会塑造人类的发展。”[③]因此，人的人格并不是与生俱来的，而是后天获得的。在人格获得的过程中，虽然环境、教育等因素具有重要的作用，但最终的决定因素还是在于个人自己的活动和作为。人格是个人自己塑造的，是通过自己有作为的活动塑造的。

人之所以要塑造人格，归根到底是人本性的要求，是出于自己更好生存的需

---

① 参见高觉敷主编：《西方近代心理学史》，人民教育出版社 1982 年版，第 385 ～ 387 页。

② ［美］约翰·W. 桑特洛克：《毕生发展》（第 3 版），桑标等译，上海人民出版社 2009 年版，第 336 页。

③ ［美］理查德·谢弗：《社会学与生活》（插图修订第 9 版），刘鹤群、房智慧译，赵旭东译校，世界图书出版公司 2009 年，第 75 页。

要。人的本性就是谋求更好地生存，它也要求人们去谋求更好地生存。无论自觉与否，他都会在这种本性的驱动下活动，并在这种实现本性的活动中人塑造了自己的人格。尽管不少人的人格连自己都不满意，但这种情况改变不了他是在谋求更好地生存的驱动下或者说是以这种本性为根本动因塑造自己人格的事实，只是他的塑造不成功甚至适得其反。每一个人都是为谋求更好生存的本性和更好生存的目的塑造人格的。

在人格塑造的过程中，自我意识具有重要的作用，它是人格形成的前提，并标志着人格形成的水平。有研究表明，儿童把自己作为主体从客体中区分开来是人格开始发展的主要标志之一。儿童从十二岁开始从脱离对父母的依赖，一直到十八岁，这种倾向表现得越来越明显，此后自我意识随着年龄的增长而进一步增强。[①]正常人都具有自我意识，因而在人格方面具有自我塑造的能力，也负有自我塑造的责任，或者说人应该塑造自己的人格。每一个人在人格上都是有所作为的，可以纳入道德评价的范围。

人格不仅是通过人的各种活动形成的，也是通过各种活动体现出来的，活动是人格呈现的载体。人格隐而不现，不可能通过经验直接把握，但真实人格总会体现在人的各种活动中，因而可以通过人的认识、情感、意志和行为等活动洞察人的真实人格。不过，会出现这样的问题，即真实人格与在各种活动中呈现的人格以及人们通过呈现人格产生的印象之间的差异问题。一般来说，真实人格与呈现人格和印象人格多少是会有差异的，而人们只能通过一个人的认识、情感、意志和行为等活动来认识他的作为内在自我的人格，这就使我们的人格评价变得困难，而且容易发生偏差。因此，要了解和评价一个人的人格，需要对他的活动表现进行较长时间的综合考察，而不能根据对一个人的一时印象。

由于人格会体现在人的各种活动中，体现在人生活的各个方面，因而也可以从不同的角度看人格。看的角度不同，同一个人似乎有不同的人格，如道德人格、政治人格、宗教人格等，也有所谓的“资本人格化”之说。但是，对于一个人来说，人格只有一个，人们从不同角度看出的人格只是同一个人格的在不同方面的不同呈现而已。在实际生活中，人们更注重从道德方面特别是德性方面看一个人的人格。人们之所以特别重视人格的德性方面，是因为人格中的德性因素对其他因素（特别是知识和能力）朝着有利于人更好生存方向发挥功能具有根本性的规定作用。

人格是观念、能力、知识、品质等要素构成的一个人的总体个性特征和完整精神面貌。人格实际上是人的综合规定性，而其规定性的要素主要是观念、能力、知识和品质这四个方面。这四个方面是人的内在人格要素，虽然它们是人各具有的，但观念正确与否、知识是否丰富、能力是强是弱、品质是否优良共同规定着

① 参见高玉祥：《个性心理学概论》，陕西人民教育出版社 1985 年版，第 194 ～ 199 页。

一个人的真实人格。人们在这些要素方面的差异决定着人们人格的差异。这些要素共同构成一个人的总体个性特性和完整精神面貌，因而一个人的人格主要不是一个人的生理状况或身体形象，而是这个人的心理特征的综合体现，是他内心世界的呈现。从这种意义上看，人格主要是心理的人、精神的人，与生理的人并没有直接的关联。一个残疾人也可能有完善的人格，一个体魄强健的人也可能是一个人格扭曲的人。这种心理的人、精神的人构成了人的真实人格，但这种真实的人格可能有不同的呈现。正常的人格是真实的人格与呈现的人格相一致的，如果不一致，人格就是不正常的。人格一旦形成就具有相对稳定性或同一性，尽管人格有变化的可能性，但正常的人格变化是缓慢的。

人格形成变化是在环境中特别是社会环境中实现的，因而人格形成变化的过程也是一个不断社会化的过程。人的社会化实际上就是通过自我与环境的交互作用使自我成为一种社会的存在。一般来说，每一个成熟的人都是社会化了的人，人的社会化完成是人格形成的重要标志。在人社会化的过程中，家庭、学校、同辈群体和大众传媒起着重要的作用。①社会学研究发现，人的自我形成发展过程是一个毕生持续的社会化过程。随着社会化过程的持续，人格会相应发生变化。除了正常的社会化之外，对于那些社会化发生严重问题的人还要进行再社会化。“再社会化指的是为了彻底改变儿童或病人的人格而详细控制其环境的过程”②，如监狱和精神病医院将犯人或病人隔离起来，限制他们打电话、写信和被访。监狱或医院成为他们唯一生活的环境，这样的环境有利于工作人员改变犯人或病人的人格，起码能使其变得顺从。

人格完善的意蕴

人格是心理学、社会学、伦理学研究的重要问题之一。关于人格的理解分歧很大，定义很多，笔者从伦理学的角度将人格看作是人性的现实化。人性是人之所以为人的潜在规定性构成的统一整体。人作为存在物，要谋求存在；人作为生物，要谋求生存；人作为动物，要谋求生存得好；作为人，则要谋求生存得更好。生存得更好统摄了存在、生存、生存得好，因此，人性是由谋求生存得更好的各种潜在特性构成的统一整体。这个整体就是一个人的人性，而谋求存在、生存、生存得好、生存得更好则是人性的根本特性，是人性的一般内涵（或者说一般人性），也是人之所以为人的根本规定性，即“人的本性”。人的本性还是抽象的，它在不同时代、不同地域、不同个人身上有不同的体现。谋求生存得更好的本性在不同个体有不同的体现，构成各种不同的潜在特性的统一整体。这种整体才是现实的人性。

---

① 参见［美］约翰·J. 麦休尼斯：《社会学》，风笑天等译，中国人民大学出版社 2009 年版，第 150 页。

② ［美］约翰·J. 麦休尼斯：《社会学》，风笑天等译，中国人民大学出版社 2009 年版，第 161 页。

因此，尽管人的本性是相同的，但每一个人的人性是不同的。世界上没有两个完全相同的人，人性的差异是不能通过后天的培育来消除的。

每一个人都在实现自己的人性，都在进行自我实现，但朝哪个方向实现、实现的程度如何却千差万别。有的人的人性朝着人格完善的方向充分地实现，有的人的人性朝着人格完善的方向不充分地实现，有的人的人性则朝着人格缺损的方向异常地实现。人格完善就是一个人的人性朝着完善的方向得到了充分的实现。人格完善作为人性的完善实现，其内涵十分丰富，涉及不同的要素、层次和结构问题。从人类社会生活现实看，其中最重要的是人格要素是否健康、人格结构是否完整、人格性质是否道德、人格层次高低和人格是否具有鲜明的个性特色这五方面的问题。综合这些方面，人格完善具有人格健全、人格道德、人格高尚、人格个性化四个主要特征。

人格健全，主要指人格的各种构成要素及其结构是健康、完整、协调一致和前后一贯的，人格的各个要素没有缺损和障碍，不存在变形、扭曲、冲突、异化的情况。这样的人是全面完整的人，具有统一稳定的自我。一个知识贫乏的人就不能说他人格完善，一个心理变态的人也不能说他人格完善，一个有自私、贪婪、懒惰等恶性的人更不能说他人格完善。人格健全的前提是具有自我同一性。自我同一性又称“自我认同”，“就是对自我的定义与确认，即个体对自己是谁，将来要成为什么样子，以及如何适应社会的知觉与感受”。它的形成既不从青春期开始，也不在青春期结束，而是一个逐渐的纵向发展过程。“同一性的确立意味着个体对自身有了充分的了解和把握，能够将自我的过去、现在和将来组合成一个有机的整体，确定个人理想与价值观，并对未来发展做出自己的思考和选择。”但是，如果个体难以忍受这一探索过程的孤独状态，或者听任他人操纵自己的选择，或者回避矛盾，拖延决定，那么最终会造成同一性涣散，即由没有形成清晰和牢固的自我同一性所导致的自我处于一种毫无布局的扩散、弥漫状态；或形成消极同一性，即所形成的同一性与社会要求相背离，成为社会不予承认、不能接纳的或反社会的角色。①

人格道德，主要是指人格在性质上是道德的，具有正确的价值取向，能服务于个人更好地生存，能妥善处理个人与他人、群体和环境的关系，实现两者的利益共进。人格道德首先体现为其中的品质是德性的。一个人只有品质是德性的，他的人格才会是道德的，相反一个人的品质是恶性的，他的人格就是不道德的。人格道德还体现为具有良心这种基本的道德情感能力以及道德荣辱感，对人的所有活动道德情感都能发挥自我调控作用。人格的道德也体现为具有以社会道德要

---

① 参见韩晓燕、朱晨海：《人类行为与社会环境》，格致出版社、上海人民出版社 2009 年版，第 367 ～ 371 页。也见［美］约翰·W. 桑特洛克：《毕生发展》（第 3 版），桑标等译，上海人民出版社 2009 年版，第 373 页。

求为取向的意志控制机制，能在不同情境作出正确的行为选择，能确保行为在任何情况下都是正当的。

人格高尚，主要指人格整体上达到了较高的层次，有很强的自我调适能力、自我塑造能力和自我完善能力。作为人格完善的人格高尚，与通常意义上的人格高尚不完全相同。人们一般把人格高尚理解为德性高尚或有气节，这里所说的人格高尚是指人格的整体水平高，除了德性外还包括观念、知识、能力等人格要素在较高层次上达到了协调一致。当然，德性在人格结构中具有更突出的地位，是人格高尚的主导方面。人格高尚的重要体现是具有智慧，人格高尚的人就是有智慧的人。

一个人具有健全的人格，他的人格就是正常的，而在此基础上具备了道德、高尚的特性，他的人格就是道德的、高尚的。但是，健全、道德、高尚的人格并不就是完善的，完善的人格还必须具备个性化的特征。由于每一个人的人性是不同的，因而每一个人的人格无论是否完善也是各不相同的。每一个人的人性本身就是个性化的，在进行人格塑造和追求人格健全、道德、高尚的过程中不是要消除这种个性化，而是要在塑造健全、道德和高尚人格的过程中使人格更具有个性特色。因此，个性化也是人格完善的一个重要特性，只有具有个性特色的健全、道德、高尚的人格才是真正完善的。

人格个性化，主要指人格具有独特性或不可替代性。一般说来，人格总是共性与个性的统一，不同人的人格总有一些共同性，同时或多或少有些差异。这种差异并不是人格个性化，人格的个性化不是自然形成的，而是通过自我塑造达到的。人格个性化所指的是每一个人应有自己不同于他人的独特人格，人格的共性寓于个性之中并通过丰富多彩的个性体现出来。

按照人格个性化的要求，人不应该追求统一或同一的人格，社会要防止所有人的人格趋同，防止使所有的个人统一于一个刻板的模式。人格的个性化是人性的自然倾向，也是人格健全和完善的条件和标志。压制人格个性化并不能真正使人格整齐一致，相反会使人格发生各种问题。人类历史上和现实中这样的教训很多，很深刻。因此，我们不能企图通过教育等途径使各不相同的人性最后变成整齐划一的所谓完善人格。如果社会将某种统一的完善人格标准作为全社会每一个成员追求的理想，这种理想最终只会落空。因为无论社会作出什么样的努力都不能将所有人的人性差异抹平，都不能使所有人塑造成相同的完善人格。海德格尔在批评现代文明对人产生的消极后果时指出，作为个人的“此在”在现代文明的消极影响下，出现了普遍“沉沦”的情况，导致人们普遍追求没有个性、丧失自由的“常人”。由这种“常人”构成的社会是可怕的社会。要解决现代文明导致的问题，就是要使人们的人格个性化。

用人本主义心理学家马斯洛的话说，人格完善就是自我实现。马斯洛的自我实现不是萨特意义上的通过自我选择达到的自我实现。萨特的自我实现并不强调将人性的潜能实现出来，而是强调人要在各种可能性中自由选择，至于选择什么是无关紧要的，没有任何限定的，人性的任何可能性都可以选择；马斯洛则强调要将自己的潜能实现出来，这种潜能是有限定的，即人的基本需要和自我实现需要。萨特要求人们在各种可能性中选择并将这种选择介入到处境中去，即在处境中实现自己的选择；而马斯洛则要求人们在满足基本需要的基础上满足自我实现的需要，从而实现自己的人性。在马斯洛看来，人是在满足基本需要和自我需要的过程中获得人格的，一个人满足了基本需要和自我实现的需要，他就获得了完善的人格。

全面、充分、优质、道德地实现潜能是一种无止境的过程，永远不可能达到完全与彻底，更不可能毕其功于一役，人格完善实际上是一种理想状态。任何一个人都不可能完全彻底地实现他的人性潜能，也不能完全彻底地达到人格完善。因此，人格完善常常被看作是人格理想。虽然人只能接近而不能完全达到人格完善，但把人格完善作为人生理想来追求，能使自己的人生更丰富、更充实、更优质、更道德、更高尚，从而达到更高的境界。

人格完善对于人的意义

自古以来，人格完善一直被作为人生的理想，在不少民族、国家的某些历史时期，人格完善对于人生的意义甚至比幸福更重要，中国社会就是如此。直到今天，还有不少学者将人格完善作为人生的终极追求。人格完善是人生幸福的一个基本方面，即主观条件。如果将人生幸福看作是由内在条件和外在条件两大方面构成的，那么完善的人格就是人生幸福的内在条件的总体结构。这一结构对人生幸福具有决定性意义，因而也可以说是人生幸福的前提条件。当一个人形成了完善的人格，并具备必要的外部条件，他就是幸福的。人格完善之人，亦即“完善之人”，只要具备适当的外在条件，他就是幸福之人。

威廉·詹姆斯曾说，“如果我们要问‘人类主要关心的是什么？’我们应该能听到一种答案：‘幸福’。”[①] 但自古以来，无论是思想家（包括伦理学家）还是普通人对幸福有种种不同的理解，对幸福对于人生的意义也有种种不同的看法，以至于康德曾发出这样的感慨：“不幸的是：幸福的概念是如此模糊，以致虽然人人都在想得到它，但是，却谁也不能对自己所决意追求或选择的东西，说得清楚明白、条理一贯。”[②] 幸福是一种价值性质，即善性（或好性），是使人对生活总体上感到满意的价值性质。幸福并不就是需要的满足，而是生活的那种能使人的需要总体上得到满足并能使人由此产生愉悦感的性质。具有这种性质的生活就是幸福生活，即伦理学家们所说的好（善）生活。人的生活有好坏善恶之分，好生活有

---

① William James, *The Varieties of Religious Experience*, New York: Modern Library, 1929, p.77.

② ［德］康德：《道德形而上学基础》，周辅成编：《西方伦理学名著选辑》（下卷），商务印书馆 1987 年版，第 366 页。

次好（善）和最好（善）之别。在伦理学中，幸福生活大致上与“好生活”同义，但严格说来是好生活中的最好生活，幸福可以说是最好或至善。“亚里士多德认为，伦理学领域工作的真实目的就是要增进我们对过好生活意味着什么的理解，而好生活就是幸福生活之所是。”①

那么，什么是好生活？根据当代美国伦理学家克里斯丁•斯万顿的概括，现行的文献关于好生活的概念主要有三种：其一，好生活是繁荣或兴旺的生活；其二，好生活是既在道德上有价值的又在个人方面令人满足的（兴旺的，个人成功的）；其三，好生活是个人的善处于支配地位的生活。②其中第二种观点是自古以来为更多学者所接受的观点。“好生活要么是在值得赞赏的意义上有吸引力的生活，要么是在值得欲望的意义上有吸引力的生活。”③好生活可以从两种不同意义上理解：一是把好生活理解为“值得赞赏的生活”（the admirable life），这是指的道德或德性高尚的生活；二是把好生活理解为“值得欲望的生活”（the desirable life），这是指的繁荣或发达的生活。真正的幸福生活应该既是“值得欲望的生活”，又是“值得赞赏的生活”。当代美国伦理学家约翰•刻克斯说；“好生活可以被理解为具有道德价值的生活，或者被理解为令人满足的生活，或者理解为具有道德价值和令人满足在某种比例上的结合的生活。这些可供选择的生活被称为‘德性的’、‘令人满足的’和‘达到平衡的’生活。”④这种“达到平衡的”生活就是既值得欲望又值得赞赏的生活。达到了这种“平衡”就是最好（善）的生活，也就是我们说的幸福生活。

一般来说，幸福包括两方面的因素：客观因素和主观因素。幸福的客观因素在于，人生存需要获得充分满足、发展需要获得一定程度满足并有可能得到进一步满足。一个人的生活具备了幸福的客观因素，或者说一个人客观上过上了好生活，并不一定就会感到幸福。这就涉及幸福的主观因素，即幸福的感受或幸福感。所谓幸福感，就是对自己客观上已过上好生活的状态进行反思和回味所产生的愉悦感。幸福感是幸福所必不可少的主观因素，有了幸福感，意味着生活客观的好性质已经为个人意识到、感受到。幸福生活的主体是个人，一个人要使自己具备幸福的客观要素和主观要素，并使之在自己的生活中发生作用，必须具备应有的主观条件。人格完善就是这种主观条件。一个人的人格越完善，他过上幸福生活的主观条件就越充分。

---

① Pedro Alexis Tabensky，*Happiness: Personhood*，*Community and Purpose*，Hampshire: Ashgate Publishing Limited，2003，p.4.

② Cf. Christine Swanton，*Virtue Ethics: A Pluralistic View*，New York: Oxford University Press，2003，pp.57-58.

③ Linda Zagzebski，“The Admirable Life and the Desirable Life”，in Chappell，Timothy，ed.，*Values and Virtues*: *Aristotelianism in Contemporary Ethics*，Oxford: Clarendon Press，2006，p.62.

④ John Kekes，*Moral Wisdom and Good Lives*，Ithaca and London: Cornell University Press，1995，p.31.

人格完善作为人生幸福的主观条件可以从两种意义上看。在一种意义上，一个人格完善的人具备了获得幸福的素质。人要获得幸福必须具备一定的条件，如社会条件、家庭条件、职业条件等，就个人本身而言，最重要的是个人的素质条件。个人素质如何不仅直接规定着个人幸福的广度和深度，对家庭条件、职业条件有直接影响。[①]人格就是人的综合素质。人格是否完善，意味着综合素质是否完善，人格越完善，人的综合素质越高。人格完善使一个人的人生幸福建立在高层次的起点上和广阔的平台上。在另一种意义，一个人格完善的人具备了获得幸福的能力。人格完善主要指人格的各种构成要素及其结构是健康的、完整的、道德的，是协调一致、前后一贯的，而且整体上达到了高层次，个性特色鲜明，具有很强的自我调适能力、自我塑造能力和自我完善能力。这种能力是获得和享受幸福生活的能力。一个人人格越完善，自我调适、自我塑造和自我完善的能力越强，获得和享受幸福的能力就越强。从上述两种意义上看，人格完善是一个人过上幸福生活的充分主观条件。一般来说，个人生活的幸福是与个人人格的完善成正比的。

不过，人格完善的人还只是具备了幸福生活的主观条件，并不一定就会过上幸福生活。因为人的幸福生活受诸多外在条件的影响，而这些条件并不是每一个人所能完全控制的，即使具有很强生存能力的人格完善之人也是如此。例如，在一种不公平的社会，一个人格高尚的人不仅得不到应有的幸福所需要的客观条件，他的状况甚至比那些人格低劣的人更不佳。这也就是康德所感受到的“有德者未必有福，有福者实多恶徒”的情形。正是因为这个缘故，不少伦理学家将人格完善或道德完善作为人生的追求，而不是将幸福作为人生追求。但是，我们不能因为在人类历史上出现过人格高尚的人过不上幸福生活而动摇幸福是人生的终极目的的信念。在确定幸福是人生的终极目的的前提下，社会一方面要倡导人们普遍追求人格完善，另一方面要努力营造使人格完善之人享受幸福生活的社会条件。这种社会条件就是一种人格状况与幸福程度相匹配的、以社会公正为基础的和谐社会。在这种社会，人格普遍完善与社会普遍公正是相互促进的。

在社会成员人格普遍完善与社会环境公正和谐的关系上，前者在很大程度上受制于后者，没有社会环境的公正和谐不可能有社会成员人格的普遍完善。由于种种原因，在人类历史上，人们的人格从来没有普遍完善过，即使出现过一些曾经一时被认为是人格完善的人，后来看也并非如此。因为人类并没有建立起真正公正和谐的社会。从人类历史发展过程看，在自然状态下，人们的人格发育还不成熟，甚至还谈不上严格意义上的人格。在传统的奴役社会，那种非人性的、非人道的奴役竟被看作是合理的、正当的。在这样的社会条件下，无论是奴役者还是被奴役者，他们的人格都是有缺陷的。在近代以来的现代社会，由于商品化、

① 参见江畅：《理论伦理学》，湖北人民出版社 2000 年版，第 110 ～ 113 页。

市场化、科技化、利己主义、拜金主义、享乐主义的影响，人格缺损、人格障碍、人格冲突、人格变形、人格扭曲、人格异化等人格问题日益严重。马克思所揭露的资本家人格资本化和货币拜物教问题，当代世界频繁发生的官员腐败、巨资豪赌、痴迷邪教、恐怖活动以及各种犯罪等问题就是明证。今天人类社会普遍存在的心理问题、精神问题更表明人格问题的普遍性、严重性。这些人格问题是当代人类幸福生活的主要障碍之一。要使社会成员普遍幸福地生活，不仅要有效地解决当前普遍存在的人格问题，使人格普遍健全、高尚和个性化，而且要使我们生活的世界更加公正和谐。

人格完善的意义不只是在于它是获得幸福的充分主观条件，而且还在于它是幸福感的重要源泉。人格完善的人具有人格魅力，一个人的人格越完善、越高尚，他的人格就越有魅力。人格魅力是由人格高尚、人格完善所产生的吸引他人并令他人倾慕、崇敬、赞美的力量。对于具有人格魅力的人来说，人格魅力的意义主要在于它使人感到自己不仅得到了他人的认同和尊重，而且得到了他人的倾慕、崇敬、赞美，感到自己的价值得到了实现和公认，从而在心理上得到极大的满足。这种满足感是一种比占有财富、金钱、权力、地位等资源更得到他人认同、更得到自我肯定的满足感。这种满足感是一种有高度、有深度的持久幸福感。因此，具有人格魅力是一个人产生不可替代的高质量幸福感的源泉。

追求人格完善

每一个人都会将自己的人性现实化，人在自我实现的过程中会受到各种主客观因素的影响，他们的自我实现并非必然地朝着有利于更好生存的方向正确而充分地实现，既有可能朝着不利于自己更好生存的方向错误地实现，也有可能不充分地或缺损地甚至变态地实现。如果从这种意义上看，萨特等人笼统地强调自我实现的重要性是有局限性的，容易导致误解。一个人在错误的方向上充分地自我实现，会比在正确的方向上不充分实现更糟。在什么方向上、在什么程度上现实化，这里就存在着自我实现的选择问题。

在自我实现过程中的自主选择有多种可能性。就选择的取向而言，一个人可能朝有利于自己更好生存的方向选择，也可能朝着不利于自己更好生存的方向选择。在正常情况下，人都会朝有利于自己更好生存的方向选择。但是，人们在作这种选择的时候常常会发生偏颇，即为了一己更好地生存而妨碍或伤害他人、社会或环境。以这种有偏颇的取向作选择，往往最终伤害自己，使自己不能更好地生存。因此，真正以自己更好生存为取向作选择意味着实现个人利益与他人、社会、环境利益共进。就选择的范围而言，有的人可能选择尽可能全面地实现自己的潜能，也有的人可能选择部分地实现自己的潜能。在这方面，不少人在选择实现自己潜能的时候，往往“小富即安”，实现了自己足以生存下去的潜能即满足现状，不思进取。真正以自己更好生存为取向的选择是不断拓展，更全面地实现自己的潜能，使自己的人生丰富，这即是人的全面发展。就选择的程度而言，人们可能选择深度地实现自己的潜能，也可能浅度地实现自己的潜能。有不少人在选择实现自己潜能的时候，往往“浅尝辄止”。真正以自己更好生存为取向的选择是尽可能深度地或充分地实现自己的潜能，使自己的生存达到更高的水准，进入更高的境界。就选择的质量而言，有的人可能选择优质实现自己的潜能，而有些人选择劣质实现自己的潜能，得过且过，不求最佳。一个人要生活得更好，就得选择优质地实现自己的潜能，使自己高质量生活。

做出以上这四个方面的选择，并使之付诸实施，其结果就形成了人的人格。人格作为自我实现的结果，首先是选择的结果，其次是根据选择塑造的结果。当一个人选择了以自己与他人、社会、环境利益共进互赢为取向，全面、充分、优质地实现自己的潜能后，努力使之付诸实施，一个人就会获得完善的人格。这一选择和实施的过程，就是人格完善的过程。人格完善实质上就是人性的完善实现，也就是人性得到了全面、充分、优质、道德的实现。

马斯洛在谈到如何达到自我实现时提出了八条自我修养的途径，他的看法对于追求人格完善也具有参考价值。这八条通往自我实现的途径是：自我实现意味着充分地、活跃地、无我地体验生活，全神贯注，心驰神往；让我们把生活设想为一系列的选择过程，一次接着一次地选择；有一个自我要被实现出来，“要倾听内在冲动的呼唤”，即要让自我显现出来；当有怀疑时，要诚实地说出来而不要隐瞒；能够一一做到这些小事的人，将能做出对他而言是正确的选择，他开始懂得他的命运是什么，谁将是他的妻子或丈夫，他一生的使命是什么；自我实现不是一种结局状态，而是在任何时刻、在任何程度上实现一个人的潜能的过程；高峰体验是自我实现的短暂时刻；向自身展示自己：弄清一个人的底细，他是哪种人，他喜欢什么、不喜欢什么，对于他什么是好的、什么是不好的，他正在走向何处，以及他的使命是什么。① 在马斯洛看来，自我实现就是这样的成长过程。

在人性充分实现的过程中，德性对于人性朝着人格完善的方向实现意义具有决定性影响，德性修养是人格达至完善的关键之所在。虽然人格的内在结构包括观念、知识、能力和品质四个要素，但品质要素绝不只是人格内在要素之一，而是人格结构中的决定性因素，其善恶性质决定着人格的善恶性质。因此，品质是不是道德的（即德性的），是区别人格是否道德的主要根据。具有德性品质的人，他的人格就是道德的，而具有恶性品质的人，他的人格就是不道德的。同时，在人格构成因素中只有品质这一构成因素能够较少受外在因素影响而养成德性并达

① ［美］马斯洛：《自我实现及其超越》，马斯洛等：《人的潜能和价值》，林方主编，华夏出版社 1987 年版，第 259 ～ 265 页。

到完善。无论是观念、知识还是能力在很大程度上是受环境制约的，与禀赋状况、特别是与接受教育的程度直接相关。一个接受教育很少的人很难有丰富的知识和卓越的能力，但他们可以追求和达到德性完善。

人格是道德的，并不意味着人格完善。人格完善包括其构成因素及其结构完善，人格完善意味着品质完善，完善的品质必定是德性的品质，而不会是恶性的品质，恶性的品质不存在完善问题。因此，品质完善与德性完善实质上是同义的。既然品质是人格的决定性因素，那么德性完善就是人格完善的决定性因素。一个人的其他人格要素无论多么完善，如果他的品质不完善，他的人格决不能称为完善的。人格只有在品质完善或德性完善的前提下才谈得上完善。德性是否完善是人格是否完善的首要条件。有了品质完善，人格其他方面不够完善但无明显缺陷的人，可以看作是人格完善的人，或者更准确地说是总体上人格完善的人。德性完善不仅是人格完善的首要条件，更是人格完善的核心内容。一个人的德性越完善，他的人格就越完善。德性完善就是从道德角度看的人格完善，完全意义的德性之人就是从道德角度看的人格完善之人或完善之人。从某种意义上可以说，德性完善与人格完善是一而二、二而一的。有学者甚至认为，一个人的德性状况就是这个人的道德人格，并将道德人格与人格等同起来，不加区别。①

德性对于人格完善的意义不仅体现在德性是人格道德的决定性因素，德性完善是人格完善的首要条件和核心内容，更现实地体现为具有德性可以防止各种人格障碍的发生，也可以通过德性修养克服人格障碍。

在人格形成发展的过程中常常会发生各种障碍，这就是人格障碍。人格障碍的情形很复杂，可以从不同的角度进行划分。从行为特点的角度看，人格障碍有以下各种类型：偏执型、分裂型、分裂病型、戏剧化型、自爱恋型、反社会型、边缘型、回避型、依赖型、强迫型、被动攻击型等。所有这些人格障碍都具有以下三个特征：有紊乱不定的心理特点和难于相处的人际关系；把所遇到的任何困难都归咎于命运或别人的错处，不能感觉到自己有缺点需要改正；自己对别人没有责任可言。人格障碍的行为问题有多种不同的程度。最轻者完全过着正常生活，只有与他紧密接触的人（亲属或同事）才会觉得他们无事生非，难以相处。最严重者事事都违抗社会习俗而且积极表现于外，很难适应正常的社会生活。②

从人格障碍的共同特征和各种表现看，虽然人格障碍都会在行为上有所表现，但深入观察就会发现，这些行为上的问题都是人的品质发生了问题。以最严重的人格障碍——反社会型人格障碍——为例，这种人格障碍的主要特征是常做出不符合社会要求的行为：妨碍公众，不负责任；经常违法乱纪，行为冲动；缺乏羞

① 参见唐凯麟：《伦理学》，高等教育出版社 2001 年版，第 181 ～ 188 页。

② 参见陈仲庚、张雨新：《人格心理学》，辽宁人民出版社 1987 年版，第 418 ～ 423 页。

耻心和罪责感；犯错后，无后悔的感觉，也不从中吸取经验教训，常把一切责任归罪于他人。如果一个人在品质自发形成阶段形成了德性的品质，特别是在德性养成和完善阶段注重德性修养并形成了完善德性，所有这些人格障碍就不会发生。一个德性之人，他不可能做出不符合社会要求的行为，即使由于行为情境的原因出现了行为偏差，一旦意识到了也会及时纠正。因此，德性之人不会发生人格障碍。人格障碍的发生是与品质形成发生偏差直接相关的。人格障碍出现后很难纠正，需要通过多种途径才能起到作用，从根本上说，只有通过德性修养才能最终克服。人格障碍实质上是品质缺陷，克服这种缺陷离不开德性的养成和完善。

三、作　　为

人格就是一个人的现实状况。人格是自己创造的，因而人也是自己创造的，但更准确地说人格和人是自己的作为创造的。没有作为，就不会有人生。人生的过程在一定意义上可以说就是作为的过程。人生有成功不成功、幸福不幸福的问题，这就取决于作为的大小。作为就是创造人生、实现自我的努力及其结果。一般地说，作为是以素质和环境为其可能范围的，但是，作为是能动的、有弹性的，存在着发挥得如何的问题。消极、无效或低效的作为，不仅人性的潜能难以圆满实现，即使是素质的潜力也不可能得到充分发挥；相反，积极、有效的作为不仅可以充分利用素质提供的可能，而且可以改善素质，可以营造环境，可以拓宽人生的范围和提高人生的境界，从而尽可能圆满地实现人性。

与作为载体的活动

作为与活动是不同的。活动一般地说是人为达到某种目的所采取的行动，而人的行动能不能达到目的，这就是作为的问题。从活动者的角度看，这里涉及两个问题：一是活动者的努力程度问题；二是活动的效果问题。作为所指的就是活动者的努力性以及与努力性相关的活动的效果性。

显然，作为离不开活动，它是以活动为载体的。人的一切作为都必须通过活动来体现，也必须通过活动来实现。离开了活动，不可能有作为存在。作为的大小首先取决于活动的多少。活动越多，作为就可能越大，反之，活动越少，作为只会越小。如果一个人想有所作为而不愿意积极从事活动，消极懒惰，那么他是不可能有所作为的，至少不可能有大的作为。

作为离不开活动，但活动则可以有所作为也可能无所作为。这一点是显而易见的。我们都会注意到，尽管所有的作为只能通过活动实现，但并不是所有人的活动都要求有作为，更不是所有人的活动都是有所作为的。现实生活中，许多人在从事活动时根本就没有想到要有所作为，也不去追求有所作为。他们的一些活动不过是一些习惯性的动作，不过是为了打发无聊的时光。一般说来，人人都在从事活动，但并不是人人都有所作为。这就是有些人一生也忙忙碌碌，结果却一事无成的原因之所在。这一事实表明，人不仅要积极活动，更要讲求作为，要牢固树立作为观念。

生活的过程就是活动的过程，人不能不活动，人须臾离不开活动，活动是人的根本规定性，问题在于如何使我们的活动尽可能有所作为、尽可能有更大的作为。这正是需要我们研究的重要问题。这里有两个问题值得重视：其一，是不是人的所有活动都应该追求有所作为；其二，怎样才能使活动都有所作为、有更大的作为。

对于第一个问题，人们并没有多少思考和研究，但从常识来看，回答似乎是否定的。如果我们把人的活动划分为认识活动、生产活动、消费活动、享受活动和休闲活动这几大类的话，那么一般的人可能会认为，认识活动和生产活动，也就是通常的学习活动和职业活动包括社交活动，应该追求有所作为，休闲活动（包括各种竞技活动）可以追求也可以不追求有所作为，消费活动、享受活动则可以不追求有所作为。在实际生活中许多人事实上也是这么做的。然而，这种看法和做法是有问题的，需要进行批判性反思。通过这种反思，我们会发现，在人生活的每一个领域中，在人的一切活动中，人都能够而且也应该有所作为。我们在日常生活中常常见到，居住在相同类型住房的两家人，尽管他们的经济状况相当，但其中的一家可能布置得舒适，收拾得整洁，而另一家则可能完全是另一番情形。这就是生活领域中作为不同的体现。消费活动、享受活动和休闲活动是否有作为看起来是无关紧要的，但事实上不然。在这些类型的活动中追求有所作为，可以使本来物质条件差、职业状况不理想的人生活得更好。这是一个观念问题。只有当一个人树立了所有的活动都应该追求有所作为的观念，他的所有活动才可能有所作为，尽管事实上并不一定有所作为。相反，如果缺乏这种观念，他的活动至少有一些不会有所作为。

第二个问题则与多种因素相关。从活动者本身来看，至少有以下几个问题值得注意：

其一是活动目的的正确性。一般地说，人的活动都是有目的的，活动本身就包含着目的，问题在于活动的目的是否正确。活动的目的是否正确规定着作为的方向，方向不确定或经常发生错误，作为就会发生混乱、冲突，以致从人生的总体上看无所作为。

活动的目的千差万别，活动目的的正确性并没有统一的标准，但有几点是我们可以把握的。一是看活动的目的是不是最终有助于活动者的生存、发展或享受，或者说是否最终有助于活动者的幸福。正确的活动目的应当是最终有助于而不是有害于活动者的人生幸福的。二是看出于一定目的所从事的特定活动是不是与其他正常活动相协调、相促进。人总在不断地从事活动，如果各种活动相互冲突、相互抵消，就会影响活动的作为，就会妨碍幸福的实现。正确的活动目的应当是，按照这种目的所从事的活动与出于其他目的所从事的活动是协调一致的，并且是有助于其他活动的。三是看活动目的的实现是否可能妨碍、危害他人和社会。正确的活动目的应当是，这种目的的实现不仅不会妨碍、危害他人和社会，而且能增进他人和社会的利益和幸福。

其二是活动方式的恰当性。作为的大小是直接与活动方式相关的。活动方式是否恰当规定着作为的效率和效果。只有方式恰当，正确的活动目的才能有效地实现，作为也才会更多、更大。活动方式的恰当性有两条具体的标准：一是有效性；二是正当性。只有能最有效地达到目的的活动方式才可能是恰当的，否则就是不恰当的。有效性有两个指标：高效率和高效果。高效率就是以最少的时间取得最大的效益。高效果就是以最小的投入取得最大的产出。高效率和高效果的活动方式会使活动有大的作为。活动方式的恰当性不仅在于有效性，而且在于正当性。就是说应当以正当的途径、手段来实现正确的目的。活动方式的正当性一般地说就是合法律性、合道德性，但归根到底，则在于不是有害于而是有利于他人和社会。作为是一个褒义词，它本身就包含了合法和合德的要求。

其三是活动主体的努力性。对于作为来说，选择正确的目的和恰当的方式是重要的，但这还只是前提，作为的大小最终还是取决于活动主体努力的程度。甚至目的的正确性、手段的恰当性本身也取决于主体的努力，因为只有勤奋努力的主体才会不断地总结经验教训，调整活动目标，改进活动方式。努力是作为的核心，是作为的实质之所在。努力的程度是作为大小的关键因素。作为在一定意义上说就是努力。没有活动主体的努力，作为根本无从谈起。何谓努力？简单地说，努力就是充分发挥主观能动性。具体地说，努力包含三方面的要求：一是积极的态度，即积极主动、开拓进取、不懈追求的态度；二是刻苦的精神，即好学肯钻、勇于创新、不怕磨难的精神；三是顽强的意志，即坚韧不拔、百折不挠、永不服输的意志。

其四是活动效果的优化性。活动是为了达到目的，目的达到了活动就有了效果。但是，达到目的的效果总是不同的，可能是最优的，可能是一般的，也可能是较差的，这是一方面。活动的效果不仅要以目的是否实现以及是否圆满地实现为标准，而且还要考虑活动可能产生的影响或效应。这种效应包括两方面：对活动者的其他活动以至人生的影响；对他人和社会的影响。这种效应又包括两个层次：直接的、现实的影响和间接的、潜在的影响。只有当活动对自己整个生活并对他人和社会，无论从直接的、现实的角度看，还是从间接的、潜在的角度看，都产生了最大可能的正面效应或积极效应，这种效果才是最佳的。活动达到了目的，并产生了积极效应，活动就有了效果，也就有了作为，但只有当活动产生了最佳的效果时，活动才是最有作为的。因此，如何使活动效果最优化，这是人的作为必须重视的焦点问题。

使活动最优化，首先，必须精心设计活动的方案。设计方案时不仅要考虑活动目的的正确性、方式的恰当性，还必须考虑活动可能产生的影响，必须有预防活动产生消极影响的对策和措施。其次，必须以追求活动最优化作为活动的指针、作为活动的原则，使所从事的一切活动都讲求效果最佳，力求效果的最优化。再次，由于效果最优化并不是一开始就能实现的，也不是所有的活动都能达到的，因而必须注意总结经验教训，改进活动方案，增强预见性，不断提高最优化的程度。特别是要使重复性活动不断完善，不断优化。

两个主要领域

有活动就有作为问题。但是，人的精力和能力有限，一个人不可能使每一个活动、每一个生活领域的活动都有大的作为。这就是常言道的“有所为，有所不为”。一切都求最好，可能最后都不那么好。另一方面，人在有些活动领域的作为对人生意义更大并且影响深远，有些则不是这样，在能力和精力都有限的情况下，一个人应该更重视那些对人意义更大、影响更深远的活动领域的作为。在每一活动中都应该有所作为、都应该有更大的作为。这种想法是对的，但这种要求应该有重点、有主攻方向。就是说，在确保重点活动有大的作为的前提下使其他的活动有所作为、有更大的作为。

每个人追求有所作为的活动是各不相同的，也不可能完全相同。但是，有两个领域的活动的作为对于每一个人都是同样重要的，这就是职业活动领域和家庭活动领域。这两个领域活动的作为之所以对每一个人都重要，是因为这两方面的作为对人的整体生活、对人的幸福有着根本性影响。这两方面有大的作为就能为幸福打下基础和提供保障，使人的幸福成为可能。事业和家庭是人生的两大支柱，一个人在这两方面有大的作为，他的整个生活就支撑起来了，他就可能从容地对待生活。相反，如果一个人在这两方面无所作为，甚至搞得一团糟，他不可能有幸福的生活，甚至常常为痛苦所困扰。同时，这两方面有大的作为本身就是幸福的内容。事业成功所引起的成就感可以说是最高层次的幸福感；家庭和睦所引起的甜美感也是最重要的幸福感。这两种幸福感具有不可替补性。就是说，一个人在其他方面都感到幸福，都不能代替这两方面的幸福，不能补偿甚至缓解这两方面的不幸或痛苦。但是，这两种幸福可以代替其他方面的幸福，可以缓解以至补偿其他方面的不幸或痛苦。

世界上的职业千百种，人们从事的职业是各不相同的，而且一个人一生所从事的职业也可能不只是一种。那么，怎样才是在职业活动方面有作为或有大的作为呢？职业活动方面的作为就在于职业成功，职业活动方面取得大的成功就是在职业活动方面有大的作为。成功的标准就是有成就，因而是否有成就以及成就大小就是职业活动是否有作为以及作为大小的标准。职业活动是否成功或是否有成就，可以从两个维度考察：一是职业之间，一是职业内部。

从职业之间来看，人类所从事的职业并不是在同一个层面上的，而是有不同层次的。尽管不好准确地说出哪些职业层次高些，哪些职业层次低些，但职业之间存在着层次高低的区别是事实，而且也是不可避免和必要的。由于职业存在着巨大的层次差异，而且越是真正高层的职业越要通过作为或努力才能得到，因而所从事职业层次的高低是作为大小的首要标志，从事高层次的职业就标志着职业成功和职业成就。美国人推崇“白手起家的英雄”。这种所谓的英雄就是在职业方面的成功者，这种成功者不仅包括像林肯这样的总统、像洛克菲勒和福特这样的企业家，也包括从报童、卖破烂的小孩成长为教授、医生、律师等高层次职业的人士。显然，这里从事什么职业被看作是作为的标志，从事高层次的职业被看作是职业成功的标志。

然而，一个社会不可能让所有的人都去从事高层次的职业，也不是所有的人都能够去从事高层次的职业。从社会生活需要的角度看，各种职业都是需要的，也都是需要有人去做的，而且都存在着做得好与不好的问题。一个社会不能所有的人都去从事高层次的职业，从而取得这方面的职业成功或职业成就，但一个社会所有的人都能干好自己所从事的职业，无论所从事的职业层次是高还是低。这就是考察职业成功和职业成就的第二个维度：从每一种职业内部看，存在着作为的大小问题，存在着是否成功和是否有成就的问题。一个总统有可能是最蹩脚的总统，一个清洁工人有可能是最优秀的清洁工人。如果说从事什么职业更多地取决于外在因素的话，那么，对所从事的职业干得好不好则更多地取决于从业者本身。因此，生活在社会中的每一个有可能从事职业的人都能成功，都能取得职业成就。职业的成功和成就不是某些人的专利品，而是所有人都应该追求的目标。

每一个人都能够而且应该追求在职业活动方面有大的作为，都能够而且应该追求职业成功和职业成就。那么，人应该怎样去追求职业成功和职业成就呢？从一般的意义上看，应该努力增强敬业精神和责任意识，应该努力提高综合素质和专业能力，应该刻苦努力、积极进取、勇于开拓。其中最重要的是，把追求职业成功和职业成就作为人的使命，把取得职业成功和职业成就看作是自我实现的重要内容，把从事职业（无论什么）看作是干事业，干一行，爱一行，精一行，成一行。

过去从事职业只是为了谋生，为了养家糊口。因而，职业对于人来说是一种纯粹外在的东西，是人不得已而为之的事情。现在职业的这种意义越来越减弱，而职业的自我实现的意义和乐生的意义大大增强。在今天的社会，一个人不从事职业，也不一定会饿死冻死，但这样的人物质条件再好也不会真正幸福，因为他不可能有由事业成功引起的幸福感，而这种幸福感对于幸福是根本性的。从事职业以及取得职业成功和职业成就，至少不只是为了求生存，而是为了求发展、求享受、求幸福，是为了自我实现，是为了完成自己作为人的使命。这是一种观念问题，也是一种境界问题。只有当我们树立了这种观念、达到了这种境界，我们才能在今天的社会取得大的成功。如果从事职业只是为了混碗饭吃，只是为了求利求实惠，成天计较个人的利害得失，这种人不仅干不了大事，而且也干不了好事。

人们一般都认识到人生活在世界上应该在职业活动方面有所作为，尽管人们并不是始终如一地这样去做，但是在家庭生活方面，人们这种认识也许还比较缺乏。人们都希望有个家，也希望家庭幸福，然而人们很少考虑自己在家庭建设方面或自己在家庭活动方面可能有和应该有的作为，更少追求有大的作为。

在当代中国，这方面存在着许多问题。例如，有的孩子把家庭建设看作是父母的事，不主动地通过自己的作为增加或促进家庭的幸福；有的夫妻在结婚前积极有为，结婚后慢慢地变得消极无为，宁可将时间和精力用在争吵上，也不愿意在家庭建设上多一点作为；有的父母把孩子看作是自己理想的替身，为了孩子迷失了自己，葬送了婚姻；有的夫妻（特别是丈夫）把为家里赚钱看作是自己所能做的一切，并以此为由放弃或推卸自己对家庭的责任；夫妻双方把对方看作自己的专属品，只想占有，不愿呵护、关爱。所有这些问题大多是人们在家庭活动方面缺乏作为意识引起的。这些问题已经严重地威胁着家庭的存在，也严重地威胁着人生的幸福。

人应该有个家，幸福必须有家庭生活，但家庭如果大多都是苦恼、麻烦的根源，人怎么可能有幸福？当今中国社会许多人感到不幸福，一个重要原因就在于家庭。问题的严重性告诉我们，必须重视人在家庭和睦方面可能有和应该有的作为。

与职业活动通常不得不从事不同，家庭活动则似乎是可从事或可不从事、可多从事或可少从事的。因此，要使家庭和睦，首先要乐于从事家庭活动。不用说儿童和老人几乎整天在家，即使是成年人一般也至少有四分之三的时间在家。对于任何一个人，从事家庭活动的时间是没有问题的，问题是愿意不愿意把时间用在家庭活动方面。这里存在着两种重要障碍：一是缺乏对家庭活动意义的认识和自觉，不知道通过家庭活动可以使自己的生活更加美好；二是把家庭活动理解为干家务活。家庭活动包括通常所理解的买菜做饭洗碗等家务活，但范围要广得多，许多家庭活动是精神性、情感性的（如关心性的问候、爱抚活动等），而且有不少是人所乐意干的（如夫妻情感交流，家庭外出游玩等）。

要使家庭和睦，其次要精心经营。家庭就像一个企业、一个单位一样，需要经营，而要使家庭达到和睦的境地，就必须精心经营。所谓精心经营，包括周密设计、筹划，用心布置、安排，细心关爱、呵护。这里的一个障碍是，有人觉得家庭就是要放松，人本来就活得累，如果连家庭都要去精心经营，那人不是活得更累了吗？这种想法是不对的。一方面，家庭可以不去精心经营，但人将会失去本来用不了多少付出就可得到的东西，甚至还会因此陷入苦恼、麻烦或痛苦；另一方面，经营家庭的工作量是很有限的，并不需要很多的时间和精力。与其说需要出力，不如说需要用心。

影响作为的因素

影响人作为的因素很多，概括起来，无非四种，这就是素质、环境、机遇、努力。其中素质和努力是内在因素，环境、机遇是外在条件。在谋求作为的过程中，素质和努力是根本。但是，这并不意味着要否认环境和机遇的重要意义。素质和努力前面已经讲过，这里着重谈谈环境和机遇。

作为总是在一定环境中的作为，作为不仅离不开环境，而且需要环境提供条件和空间。环境虽然是一种外在因素，但对人的作为的影响是很大的。这种影响主要表现在它能不能允许人们充分地发挥其潜能、充分地发挥其能动性。

作为的环境可以小至家庭，大至人类，大致上可划分为小环境和大环境。小环境亦可称为处境，是指与作为直接相关的环境，包括家庭、工作单位、组织、社团等。大环境亦可称为社会，是指与作为不直接相关，但对作为有影响的环境，包括地区（如省市）、国家，乃至人类文明。

小环境对作为的影响表现在两个方面：一是直接影响。人在某一种环境中活动，这种环境就会对作为产生直接影响。二是间接影响。人在实际生活中总是在不同的小环境中活动，这些小环境是相互联系的，而且在不同小环境中活动的是同一个主体，因而他会把在一个环境活动中所受的影响带到另一个活动。这种影响就是小环境的间接影响。例如，一个人家庭不和睦因而心情不愉快，这就会影响到他的工作。小环境可以作为条件和作为氛围对作为产生直接影响和间接影响。好的小环境可以为作为提供条件、便利和激励，形成必须有所作为的气氛和压力，使人们想有所作为、不得不有所作为；而坏的小环境则会给作为设置障碍，贬抑作为，打击有作为者，使人们不敢甚至不愿意有所作为，或者使活动主体心情不愉快，没有心思和情绪作为。

大环境则会对作为产生显性影响和隐性影响。显性影响是看得见对作为有直接利害关系的影响。例如，国家、地区（如省市）的法制、政策会直接、明显地对所属成员起作用。隐性影响则是既不直接、也不明显的影响。大环境有几种途径对作为产生隐性影响：一是社会的自由度、开放度、文明度等潜在地影响人们是否可能有所作为；二是社会的价值观念、价值体系、价值导向等通过教育等多种途径系统地或零散地影响人们是否愿意有所作为；三是社会的风气和舆论氛围对作为取向是否肯定，对作为是否赞扬；四是通过作为大环境产物的小环境对作为发生间接影响。

环境影响作为这是毫无疑问的，但人对环境并不是完全无能为力的。无论是小环境还是大环境不仅是可以改变的，而且是可以通过活动者的努力改善的。总的说来，环境对于作为存在着两种基本性质：有利和不利。任何一个人都不会总是处于有利环境之中，也不会总是处于不利环境之中，关键在于如何对待和处理环境。其正确的方式是：对于有利环境要充分利用，并且要使之朝着更有利的方向发展。对于不利的环境，则要努力改变环境，使之朝着有利的方向转化。在有些情况下，特别是在暂时无力改变不利环境时，还要能顺应环境，适当调整自己的作为，并创造条件促使不利环境的转化。如果真正做到了充分利用有利环境，努力改变不利环境，必要时顺应环境，我们就能主宰环境，成为环境的主人。环境不是凝固的，而是有弹性的，关键在于营造。营造环境本身也是作为的体现和要求。

机遇也是作为的一种外在条件，但又不是一般的条件，而是十分有利的条件。我们知道，在现代社会，我们所希望争取的一切，也都是别人希望争取的。在两个人主观条件相同的情况下，如果其中一个人能获得一个机遇，马上就会处于有利的地位，就更有可能在竞争中取胜。然而，自古以来的人类社会，对于广大的社会成员来说，机遇总是十分有限的，得到它们不是一种常态，而只能说是一种幸运。

对待幸运历来有三种不同的态度：一是放任。持这种态度的人也承认幸运是好东西，但觉得幸运不是可求就可得的，相信“命中有时终须有，命中无时莫强求”，于是对幸运不抱什么希望，也不去刻意追求。对于持这种态度的人来说，有幸运更好，没有也不失望、不抱怨，一切顺其自然。二是强求。持这种态度的人把幸运看作是获得成功和幸福的最重要的东西，认为一切全靠运气，相信所谓“运来铁如金，运去金如铁”，于是一心只碰运气，乞求交好运，把自己一生的幸福作为赌注押在运气上。三是争取。持这种态度的人把幸运看作是获得成功和幸福的重要条件，但不是最重要的条件，更不是唯一的条件。他们不把人生的赌注押在幸运上，但也不放过有可能获得幸运的机会，并且努力创造条件争取幸运。

这三种态度中的第一种态度是消极的。谋求幸运，不一定会得到幸运，但是，不谋求则几乎不可能得到幸运。听任自然，其结果常常是与幸运擦肩而过而不能把握它。第二种态度则是不正确的。幸运只能是幸运，没有一个人一生总是走运，而且实际上也不可能如此。把自己的一生都交给了运气，其结果只会是令人悲哀的。这种人不是自主的主体，而是运气的投机者，或者说是运气的赌棍，其人生的失败是不可避免的。这即是富兰克林所说的“守株待兔者，美餐无保证”。只有第三种态度是可取的、应取的，因为这种态度隐含了一个深刻的人生哲理：自助者，天助之。

自助，就是自力更生；天助，就是幸运降临。自助者之所以会得到天助，是因为：

第一，那些自立自强、不懈奋斗的自助者，由于活动的内涵丰富、活动的外延宽广，因而更容易遇到机会。一位孜孜以求的企业家，就会比在他公司工作的职员遇到更多的商业机会、成功机会。相比较而言，那些无所用心、得过且过、依赖他人的人，就难得成为幸运儿。这即是所谓“勤勉乃幸运之母”。

第二，那些勤奋努力的自助者，会使别人对他有信心。当别人对他有信心时，就会认为给他支援和机会能取得更大的效益，能得到更多的回报，别人就会愿意给他支援和机会。

第三，那些自助者不仅会遇到较多的机会，而且更能把握和抓住机会。自助者都是自立自强、勤奋努力的人，因而一般都有较强的实力和能力。实力和能力是幸运的基础，在同样的机会面前，那些实力和能力强的人更有可能抓住机会。

如果说在等级制的传统社会一个人的幸运更多地在于他的出身、家族、地位等个人身外条件的话，那么在民主制的现代社会，一个人的幸运则更多地、甚至完全地取决于自己。因为在真正民主的社会，即使一个人的父亲是一位总统，他也很难比出身于平民之家的人获得更多机会，而真正民主的社会正在向全人类走来。而且在现代社会竞争日趋激烈的情况下，人们更愿意把幸运之箭射向有实力、有潜力、有能力的人。

当然，即使是自助者也需要自己争取机会。有实力、有潜力和有能力为幸运的降临准备了条件，但幸运的降临常常不是自然而然的，而是需要努力争取的。这方面有几点值得特别注意：

一要牢固树立机会不仅是效益，而且是十分特殊的效益的观念。一次机会把握得好，可以使人绝处逢生，可以改变整个现状。相反，错过一次机会，可能要付出更多的艰辛，甚至永远不可能得到同样的机会。这就是常言所谓的“机不可失，时不再来”。

二要不断提高识别和预测机会的能力。识别是以信息为前提的。要争取机会首先必须信息灵通，要始终注意了解周围、社会乃至世界情况的变化。掌握了信息还要善于辨别信息，对有用的信息要敏感。在对信息有了比较充分了解的前提下，还要善于分析和预测。预测事态变化的走向，并为有可能把握的机会创造条件。

三要努力让别人认识自己。我们生活的时代已经不是伯乐寻找千里马的时代，而是千里马寻找伯乐的时代。在这样的时代，如果一个人仍然死守“酒好不怕巷子深”的观念，不仅会失去很多机会，而且很快就会被同行打败。怎样更好地让别人了解自己，这是科学，也是艺术，需要专门研究和仔细琢磨。

四要抓住机会不放松。在竞争日趋激烈的现代，每一个人都在努力争取机会，在其他条件相同的情况下，最后成功者常常是那些不屈不挠的意志坚强者。在这方面，我们应有这样的功夫：到了黄河，心不死。

五要珍惜机会，最大限度地利用机会。不少人争取机会很下功夫，一旦赢得了机会就万事大吉，敷衍了事。这种“一锤子买卖”的态度，最严重的后果在于，信誉从此没有了，也许与幸运再也无缘。

幸运是重要的，但以上所述一切表明：只有自己才是自己幸运的真正主人。这也许正是富兰克林的“自助者，天助之”这一至理名言之真谛！

成就人生卓越

在现实生活中，人们总是通过争当先进使自己有所作为的。一个人只有不断地争当先进，才能获得成功和幸福，才能成就人生的卓越。人作为的过程在一定意义上就是争当先进的过程。

什么是先进？先进就是在社会生活的各种有意义的竞争关系中取得优胜，走在前列。一个人某方面先进不仅意味着这个人在某方面的价值得到了很好的实现，而且这种价值的实现对他人、社会有贡献、有意义。

人为什么要争先进？是因为争先进对于人的自我实现或自我价值实现具有极其重要的意义。按照美国著名人本主义心理学家马斯洛的看法，人的需要分为两大基本层次，即基本需要（包括生理、安全、爱和归属、尊重的需要）和自我实现的需要。争先进就是人们不满足于基本需要的满足，而追求自我实现的需要的满足，使人生达到更高的境界。

人生的过程就是不断满足需要的过程。但是，我们的需要满足不是只靠我们单个人就能实现的，而必须在群体中、在社会中才能实现。每一个人都要满足自己的需要，这样就在人与人之间形成了一种竞相满足自己需要的竞争关系。这种竞争关系非常重要，只有在这种竞争关系中，我们才能意识到我们自己的需要，才能更好地满足自己的需要和实现自我价值，才能在实现自我价值的同时给他人和社会作出贡献，成为对他人、社会、人类有意义的人。

争先进，实质上就是人在争取自己需要满足的过程中走在前列，并且使获得这种满足的过程给他人、社会带来益处。争先进，就是争取自己更好地通过为社会作贡献来实现自我的价值，争取达到自我实现与服务社会的良性互动。

在任何社会，人都可以划分为三大类：一是他助者；二是自助者；三是助他者。争先进就是不仅要使自己成为自助者，而且要努力成为助他者。在助他者中又有不同的层次，从助亲属，到助单位、社区、国家，乃至人类。当我们成为了有助于人类、为人类作贡献的人的时候，我们就是人类中最先进的人，像孔子、马克思、爱因斯坦等先贤伟人一样。

我们只有通过竞争才能当上先进。这种竞争主要体现在三个方面：品质、实力、健康。我们只有在所有这三个方面或其中的某一方面有竞争力、出类拔萃，才能当上先进。当然，在所有这三个方面都先进的人就是综合素质高、全面发展的人，这也是今天教育致力于培育的人。

品质是一个人是什么样的人或者说是区别好人还是坏人、平庸的人还是优秀的人的基本标志。一般认为，人的道德品质是人最重要的品质，优良的道德品质就是德性或美德。有德性的人或德性之人就是好人、是优秀的人。

德性是实力和健康的前提，是良好人际关系或人脉的保障，是人生幸福的前提和保障。

德性包括诸多方面。一般来说，有五种最基本的德性是每一个人都应该具备的，尤其是先进人士必须具备的。这就是：善良、诚实、正直、勤奋、负责。

德性形成有一个从自发到自觉的过程。其前提在于意识和反思；其路径在于毅力和功夫。我们要当上先进，必须注重培养德性品质，使自己成为德性之人、高尚之人。

实力直接关系着人可能达到的职业层次和职业水平，关系着人的社会地位，也关系着人实现幸福的广度和深度。实力是人自我实现程度的标志，也是衡量先进的主要维度。先进者无疑应该是强者，而强者之强主要在于实力。

实力有强有弱，其强弱可以从三个方面衡量：一是观念是否正确；二是知识是否丰富；三是能力是否卓越。知识和能力常常是直接关联的，涉及三个方面：一般知识和一般能力（智商与情商）；专业知识和专业能力；职业技能及其相关知识。

增强实力要处理好几个关系：一是知与行（学习、训练与践行）的关系；二是博与专的关系；三是精（炉火纯青）与新（开拓创新）的关系。根据本人自己的经验，有八个字、四个词、两个方面对于实力的增加特别值得重视：即用功、用心、效率、效益。

健康是人生存和幸福的基本前提，没有健康的身体，人的一切无从谈起。先进者应该是健康之人，身患严重疾病的人是难以持续保持先进的。追求健康不仅是对自己负责，也是对家庭、社会负责，切忌将健康问题仅看作只是涉及个人的小事。

健康是指人的生理、心理处于正常的状态。它是针对疾病而言的，主要包括两个方面：生理健康、心理健康。生理健康包括：无重大疾病；强壮、健美。心理健康不仅指心理正常，无任何心理疾病，而且指在遇到挫折、失败（失意）、痛苦时能自我解脱，经受得住考验，还指能正确对待权力、金钱、名誉、地位和美色。在现代社会，心理健康的问题更为突出。

除极少数人有先天性疾病外，健康是人自己保持的结果，一个人是否健康主要取决于他自己。从生理健康看，保持健康要注意饮食、营养、保健、锻炼和休闲。从心理健康看，要保持三种心态：平常心态，积极心态和超然心态。这里超然心态必须以积极心态为前提。没有积极心态的超然心态就是消极心态，消极和懒惰是人生的两大敌人。此外，保持健康还要注意身心的协调和谐。

人生是一个漫长的过程，当上一次先进不容易，要总是使自己先进就更不容易。今天我们有许多同学获得了先进，这是很难得的，但是如果我们能始终保持先进那将更难得。

当上了先进后，最重要的是调整心态，不能把当上先进当成了包袱，而是要看作进一步争取先进的起点。我们要终生追求先进。只有终生追求先进，我们才会获得真正的成功，才会成为真正意义的社会先进人士。这里有几点是值得注意的：

第一，要始终有先进的意识。就是说，我们做任何事都要追求先进，追求优秀，追求卓越。这就是先进的意识。我们只有有了这种意识，我们才会先进、更先进，永不满足现状，总是走在前列。

第二，先进并不只在于获得奖励，更在于他人特别是自己的认肯。今天的社会建立了越来越丰富的激励机制，先进的人通常会受到表彰。但是，也并不是所有先进的人和事都会受到表彰。我们对先进的追求不能因为没有获得应得的奖赏而停止脚步。追求先进不是为了获奖，而是为了人更好地实现自我价值。因此，无论我们是否得到奖励我们都要不断求上进，特别是当我们获得过奖励之后，更不应该把获奖看得太重。奖励是对先进给予肯定的重要方式，但不是唯一方式，对先进给予肯定的最重要的是个人自己的自我认同感和成就感。

第三，正确面对失败、挫折、失意。先进人士一般来说是成功人士，但人生并不总是成功的，也并非总是先进的，更不是在每一个方面成功或先进。先进人士也会有失败、挫折、失意。对此，我们要有思想准备，同时要正确对待。怎样正确对待？第一，从容面对；第二，即使在这样的时候也不能放弃对先进的追求；第三，总结和吸取教训。真正的成功者和先进者是最能正确对待和善于处理失败、挫折和失意的。只有正确对待和善于处理失败、挫折和失意的人才会成为坚强的、持久的先进者、成功者。

第四章　权利与义务

一、人的社会角色

人生的目的在于追求价值和幸福，但这种追求不单纯是个人的事情，而是在人与人之间的社会关系中进行的。人在世界中生活，与他人、社会发生种种关系，这是人的社会性之所在。这种社会性是人的先在性和根本规定性。人是以一定角色与他人和社会发生关系的，人的社会角色是人的社会规定性的体现，也是人的社会性的体现。人的社会角色是多重的，也是变动的。这种多重、变动的角色构成了人的权利和义务存在及其变化的基础。人的社会角色的基础在于人的社会性，人是因为要结成社会，才有社会角色问题，而人之所以要结成社会，之所以要承当一定的社会角色，是因为这样人类会生活得更好。

人的社会性

18 世纪法国哲学家霍尔巴赫有一句名言："为了使自己幸福，就必须为自己的幸福所需要的别人的幸福而工作；因为在所有的东西中间，人最需要的东西乃是人。"[①]这句富有哲理的名言深刻揭示了个人与他人、个人与社会的相互关联性，揭示了个人幸福与他人幸福的内在一致性。

众所周知，人类是社会性的动物，人的生活离不开社会，离不开他人，社会性是人的先在规定性。许多科学事实已经证明，离开了他人，人成不了人，即使成了人，也很难生存下去，更谈不上幸福。正因为如此，德国现代著名哲学家海德格尔把"在世"（或译为"在世界中生活"）作为人生存的最基本状态。这里所谓的"世界"并不只是使用工具与物打交道的"周围世界"，而且也是与人打交道的"共同世界"。

在传统社会，自然经济的封闭性和狭隘性使人们尚可以家庭为单位自给自足，在某些特殊的情形下甚至单个人也可能孤独地生存下去。生产力水平的低下，生产方式的落后，生产活动范围的狭小，虽然导致了社会经济发展缓慢和人们生活贫困，却锻炼了单个人的求生存能力。但是，即使在传统社会，人们最终也离不开他人，只是单个人还能自给自足，在低层次上养家糊口。进入近代以来，随着商品经济和科学技术的发展，随着社会生活的现代化，人类控制自然和社会的能

---

① ［法］霍尔巴赫：《社会体系》，北京大学外国哲学史教研室编译：《十八世纪法国哲学》，商务印书馆 1963 年版，第 649 页。

力极大地增强，人们的生活水平也得到了极大的提高。可以说，现代人类正在获得人类有史以来未曾有过的巨大自由和幸福。

但是，在人类获得今天这样的幸福和自由的同时，个人与他人、个人与社会也在日益一体化，个人越来越严重地依赖他人和社会。在今天这样的现代化社会里，每一个人与社会和他人联系得如此紧密，以至于离开了他人和社会，个人马上就会衣着无落、寸步难行，根本无法生存下去。正如英国著名哲学家罗素早在20世纪40年代就已指出的："技术给了人一种能力感：感觉人类远不像在从前的时代那么任凭环境摆布了。但是技术给予的能力是社会性的能力，不是个人的能力；一个平常人乘船遇险漂落在荒岛上，假若是在17世纪，他会比现在能够多有所作为。"[①] 的确，《鲁滨逊漂流记》中描写的那位冒险英雄鲁滨逊，在乘船遇险漂落到一座荒岛后能利用船上的一些麦粒，年复一年地种植，到最后他能吃穿不愁地生存下去，这样的故事只可能发生在那种尚未现代化的冒险时代。只有前现代化时代的人，他才有可能知道什么时候播种麦子，怎样管理、怎样收割、甚至怎样加工麦子。我们不难设想，如果鲁滨逊生活在现代，而不是生活在当时，情形又会怎样。即使他是一位农民，也不一定会耕耘，甚至有再多的麦子也不一定会加工，使之成为能充饥的食品。

从现代文明曙光初露开始，就有学者对现代文明持异议。16-19世纪的空想共产主义者的控诉、18世纪法国启蒙思想家卢梭的批判，可以说是这种异议的典型表达。"不平等在自然状态中几乎是人们感觉不到的，它的影响也几乎等于零。文明的进化不仅逐渐产生了认为的不平等，而且也使自然的不平等因人为的不平等而加深。"[②] 特别是自19世纪中叶之后，对现代文明的责难之声更是不绝于耳，汇成了一股声势浩大的非理性主义的洪流。控诉归控诉，责难归责难，现代文明的事实并没有因此而改变，而且也不可能改变。事实上，那些对现代文明持异议的学者和思想家过多地强调了现代文明的弊端，而忽视了现代文明给人类带来的巨大福祉。个人与他人、社会联系紧密固然使单个人独立生存的能力减弱，但个人与他人、社会的一体化却能给个人提供单个人绝对不可能创造的幸福条件、绝对不可能开辟的幸福道路。以分工和合作为主要内容的社会一体化，其最重要的积极效果不仅在于能够不断越来越好地满足人的现有的需要，而且能够通过不断地开发人的需要，改变人的需要结构，使人的需要向纵深发展，并通过这种不断丰富的需要得到越来越好的满足而使人有可能越来越幸福地生活。

在现代社会一体化的条件下，现代人类的个体已经不仅需要作为单个人的他

① ［英］罗素著：《西方哲学史》下卷，马元德译，商务印书馆1976年版，第6页。

② ［法］卢梭：《论人类不平等的起源和基础》，李常山译，东林校，商务印书馆1962年版，第109页。

人，更需要作为整体人的社会；已经不仅是在谋求生存的意义上需要他人和社会、需要人，更是在获得幸福的意义上需要人。前面我们已经说过，个人幸福的基础在于个人的生存需要（或者用马斯洛的话说，基本需要）和发展需要得到满足，这些需要及其满足又必须以外部环境为其条件。我们不妨从这些方面具体看看为什么现代人在获得幸福的意义上需要人（单个的人和整体的人）。

从生存需要看，现代人的满足几乎完全要由他人和社会来提供。现代生活是一种社会化的生活，一切生活用品、一切生活设施和条件都是由社会化的生产创造的。离开了社会，鲁滨逊式的个人根本无法生存。现代文明的进步，已经把个人的生活水平提高到了前所未有的高度，使个人的生活质量发生了革命性的飞跃。构成这种生活水平和生活质量的各种因素是不可能靠单个人的力量提供的。例如，一个生活在城市的人，外出活动必须有汽车。显然无论什么样的汽车，都不是个人所能生产出来的。以车代步，这不是什么奢侈，而是现代人最基本的活动条件。又如，在现代社会生活的每一个人都存在着生命和财产安全问题。不言而喻，个人的生命和财产安全是自己所不能解决的问题。再如，现代人都感到缺乏归属感，而这种归属感的产生更直接地依赖于好的家庭、好的单位、好的团体、好的社会。

诚然，社会也好，他人也好，对于个人来说都不是纯粹外在的，每一个人都是社会中的一分子，每一个人对于他人来说也都是他人。然而，只有这样地由无数个人构成的社会和合力，而不是每一个单个的个人，才是每一个人生存需要得到满足的源泉。这尽管看起来是再简单不过的事实，但一些人常常忽略或忘记了这一基本事实，他们不是以建设性的态度，而是以破坏性的态度去参与社会生活。其结果是，也许个人得到某种暂时的好处，但最终使生存需要得以满足的源泉遭到破坏。这正是现代社会许多问题的症结之所在。

从发展需要看，现代人的满足同样需要他人和社会。发展需要的满足就是自我实现，自我实现就是要把人性的潜能充分释放或发挥出来。潜能的充分发挥不能没有他人和社会，他人是一个人自我实现的对象，社会是一个人自我实现的场所。一个自我实现的人，必须有伟大的仁爱精神。这种仁爱的对象只能是他的同类。可以想象，如果一个人是像生活在荒岛上的鲁滨逊那样的孤独个体，根本不可能萌发伟大的仁爱精神。一个自我实现的人，必须有强烈的正义感，这种正义感只可能在社会中存在。如果一个人是离群索居的，或者生活在自给自足的封闭家庭中，也就无从产生强烈的正义感。无论是事实还是逻辑都表明，伟人、名人、圣人、完人都只可能产生在社会中，必须以大量的常人、凡人作铺垫。

从社会环境看，现代人的所有需要和所有满足都直接取决于由他人构成的社会。先哲们早已说过，人是环境的产物。长期以来，人们为此争论不休：是环境决定人，还是人决定环境？事实上，这种对立是似是而非的，只要对这里的“人”加以区分，这种对立就消解了：环境是由群体的人决定的，而个体的人则是由环境决定的。当然，这种决定也不是绝对的，个体的人也总在不同程度地作用环境，而群体的人也并不总能决定环境。不过，无论是从环境决定人的意义上看，还是从人决定环境的意义上看，人都离不开社会环境。由于当代社会日益一体化，整体的力量大大增强，应该承认，社会环境对个人的规定和制约作用越来越大。反过来看，个人的需要及其满足也越来越社会化，越来越受制于社会环境。社会环境对个人的作用如此之大，以至于美国著名思想家马尔库塞认为现代发达社会是“极权主义”的，“极权主义笼罩着后期工业文明，生产被统治利益所支配，因而其潜能也被抑制和转移。”① 社会不仅控制了人们需要的满足，而且控制了人们的需要本身。

我们还可以从现代人的困扰进一步看为什么现代人在获得幸福的意义上需要人。在现代文明发达的国家，人们从物质和文化的满足来看应该说是很幸福了，但是现代人常常感到并不幸福。为什么？重要的原因之一，就是现代文明的缺陷和弊端导致了人们的情感需要得不到相应的满足。20 世纪初以来，现代文明的缺陷和弊端日益暴露出来。从与个人生存和幸福最直接的关系角度看，现代文明的问题表现为由三大危机引起的个人精神困扰。这三大危机是：表现为人与人之间隔膜、人对人冷漠的人际关系危机，表现为感到孤独和焦虑的心理危机，以及表现为理想和信念缺失的精神危机。这三大危机及其所引起的精神困扰问题又导致了两大社会问题：一是心理疾病（如精神病、变态等）频繁出现；二是反社会行为（如性乱、吸毒、邪教等）频繁发生。

所有这些危机和问题之所以存在和产生，其重要的根源在于现代人没有安全感、归属感和认同感，即现代人缺乏传统人所具有的家园感。他们的情感需要严重地得不到满足，他们既没有成为爱的对象，也没有可以爱的对象。情感需要作为人的基本需要，是十分强烈的，必须得到满足。在长期得不到满足的情况下，即使有优越的物质文明条件，也会感到痛苦，感到精神困扰，并且会出现心理障碍，甚至会由求宣泄而发生越轨行为。由此我们不难看到他人和社会对个人幸福的重要性和根本意义。

个人对他人和社会的需要不只是直接的需要（如患重病需要别人照顾，工作需要别人合作，生命受到坏人的威胁需要法律的保护），更多的是间接的需要，这种需要常常不为人们所注意，也常常容易使人把他人和社会仅仅当作实现自己目的的手段。这里我们要说明的是，个人对他人和社会的需要虽然常常被人们所忽视，特别是由于个人常常受到他人和社会的伤害而常常为人们所不愿意承认，但这却是一个客观事实。个人对他人和社会的需要是全方位、多层次、宽领域的，或者说是根本性和总体性的。也许正是在这种意义上，哲人霍尔巴赫才说人最需要的是人。

---

① ［德］马尔库塞：《爱欲与文明——对弗洛伊德思想的哲学批判》，黄勇、薛明译，上海译文出版社 1987 年版，第 66 页。

人最需要的是人，人最害怕的也是人。自古以来，人生活在世界上，生命、财产和幸福并不总是能得到保障的，许多时候人都面临着威胁，甚至受到伤害。这种威胁和伤害多种多样，而来自他人和社会的威胁和伤害是最经常、最严重的。有学者断言，人类生存的最大威胁来自人类自身，没有什么比战争和犯罪对人类的伤害和困扰更严重的了。情况确实如此，而且在现代社会这种情况更突出、更明显。但是，这种事实并不会改变人最需要的是人这一事实。对于每一个人来说，他人和社会，或者说人，就像一把双刃剑，它可能是对人最有利的东西，也可能是对人最有害的东西。正因为如此，我们才必须研究怎样才能使由个人构成的社会最大限度地满足每一个人的需要，最小限度地伤害每一个人；必须研究每一个人为什么必须和怎样才能最好地为他人幸福而工作。

复杂的社会角色结构

个人离不开他人和社会，每一个人在世界中生活都要与他人和社会（包括各种不同的社会共同体）打交道。然而，每一个人在与他人和社会打交道的时候身份并不是完全相同的，而是不完全相同的。这种个人在与不同的人和不同的社会共同体打交道时的不同身份，就是个人的社会角色。

社会角色作为人在社会中的身份，是人在与他人和不同社会共同体发生关系的过程中形成的。人在一生中，要与他人和不同社会共同体发生无数的关系，因而人的社会角色是很多的，而且随着年龄、职业等各种因素的变化而变化的。如果把人的一生看作是一种角色结构的话，那么人的角色结构是动态的、变化的，而且随着年龄的增长，这种结构越来越复杂。不过，这种角色结构是可以加以分类把握的。人与他人和共同体的关系是在活动中结成的，因而我们可以根据人活动的领域对人可能具有的角色作一个大致的划分。如果我们把人的活动领域划分为家庭生活、学习生活、职业生活、社团生活、休闲生活和隐私生活这些领域的话，那么一个人必定承当和可能承当相应的社会角色：性别角色、家庭角色、学习角色、职业角色、社团角色、休闲角色、隐私角色。由于人的所有活动都是在一定的社会共同体中进行的，因而人还承当公民角色和在不同的场合承当临时角色。

就性别角色而言，每个人生下来都有一个性别，或者是男或者是女。即使孩子生下来性别不明确，家庭也都是把这个孩子或者作为男孩或者作为女孩对待。性别角色不只是生理意义上的，而且是社会意义上的。法国存在主义者波伏娃在《第二性：女人》中曾提出过一个著名的观点，认为女人之所以是女人，并不是生来就是女人，而是自己把自己塑造成为女人，所以女人不是第一性征，而是第二性征。她的看法也许不全对，但有一点是可以肯定的，那就是：是社会文化才真正使人们具有男性或女性的性别角色的。

就家庭角色而言，一个人必定是儿子（女儿）、孙子（女）及下推的角色（曾孙等）；他或她可能是父（母）亲、祖父（母）及上推的角色；也可能是兄、弟或姐、妹。这是就家庭直系关系而言必定或可能具有的角色。除此之外，还可能具有就家庭旁系关系而言的角色，如叔伯、堂兄弟、岳父母、公婆，等等。

就学习角色而言，一个人必定是学生，但学生这种角色外延很广，包括学校正规教育的学生，如小学生、中学生、大学生、研究生等；也包括非正规教育的学生，如短期教育和单科教育的学生等；也包括非学校的学生，如学徒。由于学生是个集合概念，一个人一般只可能具备其中的几种角色。

就职业角色而言，由于从事一种职业就具有一个或多个角色，而现代职业成千上万，因而一个人不可能具有所有这些角色，而只能同时或先后具有一个或多个角色，如工人、农民、军人、教师、干部等，其中又有很多不同层次的划分。

就社团角色而言，一个人可能同时或先后具有一个或多个角色，如政党的党员、各种团体的成员、各种宗教组织的成员等。

就休闲角色而言，一个人一般必定是朋友，但可能同时或先后具有一个或多个朋友角色，如棋友、球友、酒友，以及各种发烧友等。

就隐私角色而言，一个人可能同时或先后具有一个或多个角色，如情人、性伙伴、密友等。

就公民角色而言，几乎每一个人都是国民、省民、市民或相应的社会身份，都是人类的成员，都是某种族、某民族的成员。人们经常把这些不同的角色分别称为市民、省民、国民、人类成员等，但为了方便起见，这里统称为公民。

就临时角色而言，在现代社会，每个人在活动的各个场合不断地承当不同的临时角色，如顾客、路人、读者、听众、观众、旅行伙伴，等等。

从上述所有这些人可能具有的社会角色可以看出，人的社会角色存在着十分复杂的情形。

第一，社会角色有些是先在的，有些是后定的。在人的角色结构中，有些角色是人一来到这世界上就具备的，人对这些角色一般没有选择余地。作为性别角色的男人女人，作为家庭角色的儿子（女儿）、孙子（女），作为公民角色的人类成员、民族成员、种族成员就是这类角色。有些角色虽然可能改换，但不能完全放弃。作为国民、省民、市民的角色一般就是如此。例如，一个人可能改变国籍，但一般不能不成为某一国家的成员。在人的角色结构中，大多数角色则是人来到世界上后来在生活中自己选定的。当然其中有些可能个人的自主作用更大些（如休闲角色），有些更小些（如小学生的角色）。

第二，社会角色有些是不可改变的，有些是可改变的。在人的角色结构中，有些角色一旦形成，就不可改变。家庭角色中的父母子女角色，学习角色中的师生角色、同学角色，军队生活中的战友角色，公民角色中的人类成员、民族成员、种族成员等角色就是如此。师生角色、同学角色、战友角色本来是可以改变的，但由于这些角色所形成的关系一般情感比较深厚，而且没有多少利害关系，所以人们在这类角色关系不存在的时候，仍然珍视这种关系角色，并常常愿意或不得不扮演这些角色。除了以上这些角色以外的角色，一般都是可以改变的。

第三，社会角色有些是相对固定的，有些是不固定的。在人的角色结构中，有许多角色结构是比较固定的，一旦结成，一般不会轻易改变的，以上所述的大多数角色类型都是如此。但是，在人的角色结构中也存在着一些不固定的角色，这些角色大多产生于职业领域、共同体领域和隐私领域。在职业领域，如果一个人是服务人员，那么他或她与顾客的关系一般就属于这种不固定的角色关系。在社会共同体生活中，人们更经常扮演这种临时性的社会角色。在隐私领域，也有这种情况，如性伙伴。这类不固定的社会角色一般没有什么或没有多少明确的社会规定性，特别是在从传统的熟人社会走向现代的生人社会后，人们每天都接触大量的陌生人，他们彼此不知名知姓，因而人们所扮演的这类不固定的、临时性的角色常常为人们所忽视。然而，如果人们不能扮演好这类角色，那么他们所生活的社会就是有问题的。

第四，社会角色有些是受法制制约的，有些是不受法制制约的。一个社会为了维护社会的秩序和稳定，总是使一些重要的社会角色法制化。这种法制化的情形因国家、地区、时代不同而不同。一般而言，随着社会生活日益法制化，人的社会角色越来越多地被法制化。到今天，除了休闲角色、隐私角色、部分学习角色、部分社会角色之外，其余的角色大多已经法制化。法制化包括两种形式：法律的形式和非法律的形式。非法律的形式如制度、规章、法规、政策等。角色法制化的主要方式是规定和保护一定角色的身份、地位及相应的权利，规定和命令一定角色的义务。这种权利和义务可能是一致的，也可能是不一致的。

第五，社会角色有些是明显的，有些是隐含的。在人的社会角色结构中，大多数角色是明显的，但也有些角色是隐含的。这其中又有不同的情形，有的是不那么明确的，如社会共同体生活中的路人角色就是如此；有的本来是显而易见的，却常常为人们所忘记或忽视。例如，每一个人都是人类的成员。每一个人的这一角色是再明显不过的，但许多人却并未经常意识到这一点。

第六，人们的社会角色总体上是人各不同的，但也有一些是几乎所有人都共同的。以上所列举的是所有人可能具有的各种社会角色，对于某一个人而言，他或她一般具有所有这几大类的社会角色，但不可能具备所有这些类型中包含的所有可能的社会角色。每一个人都是一个社会角色的集合，但都是要素不尽相同、结构更不相同的集合，从这个意义上看，每一个人的角色结构是各不相同的。不过，在人们的角色结构中也有一些共同的角色。例如，公民角色、性别角色、儿女角色等就是几乎所有人共有的，至少是一定社会范围内共有的。这些人人承当的共同角色是社会成员承担共同义务和享有共同权利的基础。

社会角色并不只是人的社会身份的标志，更重要的是，它意味着人的各种社会规定性，是人的社会规定性的根据。人有一些自然规定性，比如人有人化的四肢，有人化的五官，有人化的大脑，有人化的生理机制和心理机制。这些自然规定性可以有某种欠缺，但不能都欠缺，甚至不能大部分欠缺，否则人就不是人。人也有一些社会规定性，人的社会角色像人的自然规定性一样，也可以有某种欠缺，但不能都欠缺，甚至不能大部分欠缺，否则人更不是人。就是说，人即使有了自然规定性，而不具备必要的社会规定性，人还是成不了人。人的自然规定性是人之为人的必要条件，而人的社会规定性是人之为人的充分条件。人的社会规定性就是通过人的社会角色体现出来的。人有什么样的社会角色就有什么样的社会规定性，社会角色不同，社会规定性也不同。例如，一个终身未婚的人，他或她就不具有丈夫或妻子的角色，他或她也就不会有丈夫或妻子的社会规定性。

社会角色的意蕴

人在世界上生活必定要承当一定的社会角色，而且承当的社会角色越多，人的社会规定性也就越多。这样看起来，社会角色似乎是一种负担、是一种限制，承当的社会角色越多，人活得越累，活得越不自由。其实不尽然。承当的社会角色越多，生活会越紧张，限制会越多，责任会越大，这是事实。但是，承当社会角色对于人并不是消极的，并不是人不得已而必须接受的，而是有价值的。社会角色隐含着深刻的价值意蕴，承当一定的社会角色对于人的生存、发展和享受是必要和重要的，而且一般来说，承当的社会角色越多越有利于人的生存、发展和享受，越有助于人的幸福的实现。

社会角色是人的社会规定性的根据，人的社会规定性的集中体现就是人的权利和义务。因此，社会角色是人的权利和义务的基础。人在社会中扮演什么角色就有什么权利和义务，有什么权利和义务同时又标志着人在社会中扮演什么角色。显然，一个人承当的社会角色越多，他或她的权利或义务也相应地就越多。人的权利越多，人的自由度就越大，人实现自己的利益和价值的机会就越多。生活在世界中，人们总是希望获得更多的权利，这是不言而喻的。这种不言而喻的事实所隐含的正是权利的价值意蕴。对于这一点，人们是不会有多少异议的。问题在于义务是不是意味着付出和代价，是不是意味着自我牺牲。

义务在一定的意义上可以说是付出、代价或牺牲，但是正如后面我们将会看到的，义务有两种价值指向：其一，通过义务一个人可以获得权利或价值。如果说义务是付出、代价或牺牲，那么这对于获得更多的权利而言是必要的，而且是值得的。其二，义务是人的价值（即个人对于他人和社会的价值）的标志，一个人的义务越多，他或她越有可能实现他或她作为人的价值。这种人的价值虽然是对于他人和社会的价值，但却是一个人自我实现的重要内容。因为在世界上只有那些强者才不仅追求对于自己的价值，而且也追求对于他人和社会的价值，即他或她自己的价值；而只有这些强者才能获得更大的发展和享受需要的满足。

因此，无论从权利来看，还是从义务来看，人的角色越多，越有可能实现自我，越能更好地生存、发展和享受。

人的角色不仅有量的规定性，而且有质的规定性。一般说来，人承当的角色越多，人的权利和义务越多，但人的社会角色是有层次的，一个人所承当的社会角色的层次越高，他或她具有的义务和权利就越大。这尤其表现在学习角色、职业角色和社团角色方面。就学习角色而言，例如，一个研究生的社会角色与一个中学生的社会角色显然对于人生的意义是很不相同的。就职业角色而言，例如，一个总统的社会角色与一个清洁工人的社会角色也显然是相去甚远的。就社团角色而言，人们是什么社团的角色以及在不同社团中处于什么地位，其权利和义务也是有很大区别的。社会角色的质的规定性，规定着一个人的人生及其幸福的可能深度。

人的社会角色的质和量的区别，实际上也就是人的社会角色结构不同。这种不同不仅规定着人生及其幸福的广度和深度，而且也意味着人生的阅历、人生的感受和人生的体验不同。人生的阅历、感受和体验也是自我实现和人生幸福的指标。具有丰富的人生阅历、人生感受和人生体验，才会有丰满而深刻的人生。一个人社会角色结构的内容越多、含量越大，就意味着他或她的人生阅历、感受和体验越丰富。反之，一个人社会角色的内容越少、含量越小，就意味着他或她的人生阅历、感受和体验越贫乏。

当然，以上所说的只是就人的社会角色的可能价值意蕴而言的。一个人的社会角色结构越是内容多、含量大，他或她越有可能自我实现，越有可能获得更大的幸福。但是，要真正使这种可能变为现实，一个具有良好角色结构的人还必须承当好自己的角色，最大限度地履行自己的义务，最大限度地享有自己的权利。

二、权　　利

人在社会中的地位和角色允许人享有一定的权利，同时也要求人履行一定的义务或责任。这些权利和义务构成了人的社会规定性。这种社会规定性是人作为人的先在规定性，也是人实现自我、追求价值和幸福的前提。权利和义务是人在世界中、在社会中生活的基础。人不可能完全放弃权利，也不可能完全逃避义务，而只能在享有权利和履行义务的过程中生存、发展和享受。享有了权利、履行了义务不一定就会幸福，但不享有权利、不履行义务则是不可能获得幸福的。人一来到世界上就事实上承当了一定的社会角色，如人类的成员、国家的准公民、儿子或孙子等，与此同时他或她也就开始享有了一定的权利，尽管这时他或她完全不能履行任何义务。因此，对于个体的人来说，一般权利是在先的，而义务是在后的。在这里，我们先讨论权利问题。

实质、基础和意义

什么是权利？政治学家、法学家以及政治哲学家和法哲学家从不同的角度对这个问题提供过种种不同的答案。西方自由主义思想家非常推崇个人权利，把个人的权利看作是高于一切的。诺齐克就明确指出："个人拥有权利。有些事情是任何他人或团体都不能对他们做的，做了就要侵犯他们的权利。"[①] 那么，从哲学的意义上看，或者说从伦理学的意义上看（由于在哲学中权利问题作为人生问题属于伦理学研究的范围，因而权利的哲学意义也就是权利的伦理学意义），应该怎样理解权利？如果把权利纳入人类价值体系的总体框架，我们就可以发现，权利实质上就是一定社会角色所具有的、与义务相匹配的可行使的权力和可享受的利益，是人们能够获得价值、实现自我的机会。具体说来，我们可以从以下方面把握权利的实质、基础和意义。

第一，权利是属于社会角色的。人类生活中的任何一种权利并不是人类中的任何一个成员都具有的。只有当一个人承当了一定的社会角色，他才具有了某些相应的权利。权利是有主体的、有载体的，它的主体和载体并不是一般的人，而是承当一定社会角色的人，或者不如说就是社会角色。例如，你是中国的公民，你就具有中国公民的权利，这种权利是非中国公民所不能具有的。权利可能发生与角色相脱离的情况，但权利的基础和前提是社会角色。承当一定的角色才能享有相应的权利。这也就是通常所说的"各司其职，各负其责"。明确这一点是十分重要的。如果一个社会普遍存在权利与角色相分离的情况，这个社会就不可能是一个有秩序的社会。柏拉图曾经把社会成员的各司其职看作是社会正义的根本要求，并把这种正义的要求看作是立国之本，这是很有道理的。

第二，权利是被赋予的。权利是以角色为基础和前提的，不承当一定的角色，就不应该享有与之相应的权利。那么，一定的社会角色为什么具有相应的权利？权利并不是角色本身具有的，而是被赋予的。例如，总统这个角色具有统治一个国家的权力并可享受相应的利益。这种利益并不是总统这个角色本身具有的，而是这个国家的国民通过一定的途径赋予总统这一角色的。赋予权利的主体在通常的情况下是社会，包括法制、道德、习惯、风俗，等等，但也可能是承当角色的人自己，如独裁统治者。角色具有的权利是被赋予的，而且一旦被赋予就具有相对的稳定性。例如，一个国家的公民权利一旦以宪法的形式确定下来就比较稳定。本来是被赋予的权利由于具有相对稳定性，因而看起来权利似乎是角色本身具有

① ［美］诺齐克：《无政府、国家与乌托邦》，何怀宏等译，中国社会科学出版社1991年版，第1页。

的。然而，权利的源泉并不在于角色本身，而在于赋予者。

既然权利总是与角色的承当相关联，那么事实上就不存在超社会角色的所谓“自然权利”或“天赋人权”。人的一切权利都是被赋予的。在人类实际生活中，常常出现承当一定的角色而不能享有相应权利的情况，也存在超出角色的范围享有权利的情况。例如，在独裁统治下公民的权利无端地被剥夺就是如此。在这种统治下，公民因享有的权利被剥夺而事实上成为奴隶，统治者则由于超出角色范围享有权利而成为独裁者。这种情况的存在并不能说明权利不是以社会角色为基础和社会角色应具有的，而只能说明在没有必要的保障机制的条件下，权利可能与角色相分离。

第三，权利是与义务相匹配的。我们前面说角色的权利是被赋予的，那么，赋予者为什么要赋予一定角色以权利？为什么要赋予承当一定角色的人以权利？原因就在于一定的角色可以承担一定的义务，承当角色的人可以履行这种义务。权利事实上是与角色应尽的义务相匹配的，或者说是以角色应履行相应的义务为前提的。一个角色之所以被赋予一定的权利，其最终的根据就在于该角色承担一定的义务。可以这样说，权利是被赋予的，而权利之所以被赋予，其根据则在于义务。义务是权利的根据和筹码。我们说权利是以角色为基础和前提的，实际上就等于说权利是以义务为基础和前提的。当然义务也是以权利为基础和前提的。两者相互匹配、互为条件。如果一个人承当了一定的角色，但他不履行该角色应尽的义务，他就不应享有赋予该角色的权利。在实际生活中我们常常见到享有了权利而不履行相应义务和履行了义务而不能享有相应权利的情形。这种情形的存在并不是说明这种情形是合理的，而只能说明社会尚未建立起能使权利与义务相匹配的社会保障机制。从理论上看，权利应该以义务为根据，两者应该相匹配，否则所享有的权利就是没有根据的，因而也是不合理的。

第四，权利是可享有性的。权利是指可行使的权力和可享受的利益，因而它实际上是一种能力和机会，并不等于实际行使权力和实际享受利益。享有权利的主体是可享有权利的人自己，他可以享有它也可以不享有它或放弃它，是否享有它完全取决于权利主体自己，而不取决于外在的制约。例如，一对年迈的父母，他们享有接受子女赡养的权利，但他们却出于某种考虑而放弃了这种权利。对于这种情况，一般没有什么外在的制约机制迫使他们一定要享有这种权利。这种情形显然与义务的情形形成了鲜明的对照：权利可以放弃，义务则不可放弃；不享有权利一般不会受到社会制约机制的制约，而不履行义务则一般会受到社会制约机制的制约。这种情况表明，社会角色的权利尽管可以受到保护，但即使如此，人们仍然可能会由于种种原因不享有甚至放弃自己可享有的权利。

放弃自己的权利，这看起来是个人的事，但实际上是一个社会问题。人们可以享有权利而不实际去享有权利，如果这种情况普遍存在，就会给一些玩弄权术的野心家提供攫取权利的机会。例如，公民的选举权就是如此。不难设想，在一个公民都不想行使选举权的社会，这个社会将会是怎样的。

第五，权利是获取价值和实现自我的机会。在现实生活中，尽管存在着放弃权利的情况，但总体上看，每一个人在绝大多数情况下都是追求权利的。这种情况如此普遍和突出，以至于有的人把人间看作是争权夺利的战场。人们在有些时候不运用或放弃权利，并不是意味着权利本身不重要。人们不运用权利或放弃权利无非有三种原因：一是不知道或没有意识到自己享有的权利；二是错误地认为某种权利与己无关或对于自己的生活和幸福不是重要的；三是由于某些原因经过权衡后放弃了某些权利。显然，无论是无知、错误，还是为了更大的权利，都不能说明人们否认权利的重要性。

事实上，只要关注一下社会现实，我们就能轻易地发现，人们不仅十分重视权利，而且十分珍视权利、拼命追求权利。其所以如此，原因就在于权利对于人的生活和幸福具有极其重要的意义。这种重要意义至少体现在以下方面：其一，权利是获取价值的机会。权利意味着能够行使权力和享受利益。在一般情况下，只要权利主体愿意去享有，这种权利就会成为现实的权力和利益。其二，权利是实现自我的机会。权利在很多情况下并不是可以获得实际利益的机会，而是可以实现自我的机会。例如，一位哲学家，就他的才智而言，他去经商可能要获得远比当哲学家多得多的实际利益，然而他明知如此却仍然选择了从事哲学的生涯。他可能失去了赚更多钱的机会，却因此而获得了自我实现的机会。其三，享有权利可以使人获得精神上的满足。权利并不是人人都享有的，因而当别人不享有而自己享有的时候，在别人享有的权利比自己小或少时，人们往往会因此而获得精神上的满足。这就是许多人终生都追求出人头地的重要原因。

由此看来，权利不仅是机会，而且是价值本身。一个人享有的权利越多越大，他所拥有的价值也就会越多，他的人生价值也可能越大。

两种类型

权利的类型可以从不同的角度划分。如果从社会角色的角度看，权利可以划分为两大类：一是承当角色所具有的权利，亦可简称为角色权利；二是角色在日常活动中通过承担一定的义务所寻求和获得的权利，亦可称为日常权利。

角色权利是人承当一定的角色所具有的权利，或者说是被赋予角色的权利。一般来说，在一定的社会范围，承当相同的角色就具有相同的权利。例如，在当代中国，成年社会成员都具有相同的公民权利。每一个小学生具有作为小学生的相同权利。当然，这是就一般情况而言。在有些情况下，角色的权利不仅受到社会主流文化、占主导地位的价值体系的影响，还受到民族、宗教信仰、地域、习俗的影响。例如，同样是作为当代中国社会中的妇女角色，在不同民族中所实际享有的权利是不尽相同的。

由于角色权利不是以人为转移的，而是以角色为转移的，承当某一角色就具有相应的角色权利，不承当某一角色就不具有相应的角色权利，因而角色权利是一种平等权利。它的平等性在于，无论是什么人，只要承当了某一角色，他或她就同样地享有该角色所具有的权利。例如，不管一个人的出身如何，文化程度怎样，信仰什么，只要他是中国的公民，他就具有中国公民应享有的公民权利。

这里值得注意的是，角色权利是一种平等权利，但这不是完全意义上的权利平等。因为权利的平等不仅意味着人们在享有角色权利方面的平等，而且还体现在承当角色的机会方面。就是说，如果人们不能平等地承当社会角色，即使在享受角色权利方面平等也不能真正实现在权利面前人人平等。假如总统这一角色的权利对于任何人是平等的，就是说，不管谁当总统，他或她都能享有同样的总统权利，但是，如果公民没有平等的竞选总统的机会，这就意味着并无真正意义上的公民权利平等。不过，即使如此，认识并且保证角色权利的平等性本身仍然是有重要意义的，因为使角色权利真正成为平等的权利，特别是使社会重要角色的权利不因角色承当者的改变而改变，这是现代社会法制化的基础。

在所有的角色权利中，有些角色权利对所有人或大多数人，至少是相当多的人是共同的。由于人的社会角色中有一些是所有人、至少相当多的人都同样承当的，因而承当这些角色的人也有同样的角色权利。例如，通常所说的生命权、生存权、发展权、自由权、平等权、财产权、人格权、女权、儿童和老人的权利等，大致上可以说属于这种权利。

不过，值得注意的是，通常所说的这些共同的（有时也叫基本的）权利，都是针对这些权利被忽视或被践踏而被凸显出来的，在理论上，特别是在哲学上论证并不充分。例如，在近代西方，人们意识到自己受宗教神学和封建专制统治而没有自由时，人们就提出了自由权的问题。又如，当妇女意识到自己长期被排除在社会政治生活领域之外而且受男性的支配时，她们就提出了女权问题。这种由于现实权利问题严重而凸显出来的权利并不一定就是人类共同的或基本的角色权利。

人类的角色权利中只有两种角色权利是真正意义上的共同角色权利：一是在全人类范围内作为人类成员这一角色的权利，可简称为人类权利；二是在国家范围内作为社会成员（在现代意义上就是公民或准公民）这一角色的权利，可简称为公民权利。

长期以来，由于整个人类没有形成统一的生活共同体，因而在近现代以前不仅不存在人类权利，甚至根本没有人类权利的观念，以至于不同区域、不同共同体的人群之间在大多数情况下是敌对关系。伴随着全球一体化的到来，人类共同体的观念逐渐深入人心，人类权利的观念和准则也随之形成，并正在得到人类的普遍认同。1945 年签订的《联合国宪章》、1948 年联合国大会通过的《世界人权宣言》、1966 年开始开放签订的《经济、社会、文化权利国际公约》和《公民及政治权利国际盟约》、1968 年德黑兰世界人权大会通过的《德黑兰宣言》、1993 年维也纳世界人权大会通过的《维也纳宣言和行动纲领》和 2001 年德班反对种族主义世界大会通过的《德班宣言和行动纲领》，还有《消除一切形式种族歧视国际公约》、《消除对妇女一切形式歧视公约》、《儿童权利国际公约》、《禁止酷刑和其他残忍、不人道或有辱人格的待遇和处罚公约》、《保护所有移徙工人及其家属成员权利国际公约》等国际人权文件就是其显著的标志。

公民权利不是自古以来就有的，而是伴着人类的现代化过程出现的。不过，到目前为止，公民权利在更大的程度上得到了认同并在各国得到了法律上的肯定。在人类权利观念形成并得到普遍认同的过程中，各个国家的公民权利受到人类权利观念的影响而出现了趋同的态势，人类权利正在成为各国公民权利的基础和基本内容，成为公民权利的准则。从目前情况和发展趋势看，如果说人类权利和公民权利都是共同角色权利，那么可以说人类权利正在成为更普遍、更基本的角色权利。严格说来，只有这种人类权利才是真正意义的普遍权利。

人类权利是人作为人类一员所享有的权利，因而这种权利是人所固有，不可剥夺的，不可转让的。一个人如果不享有这种权利，那么他或她就不具有做人的资格，就不是人。人类的权利内容很多，而且随着时代的变化而不断地丰富。不过，也有一些被认为是人类权利母体、并得到世界普遍公认的权利，即所谓基本人权。其中最重要的是生存权、平等权、自由权。

生存权是人类权利体系中的第一人权或首要人权。没有生存，人就不可能进行活动，因而没有生存权就不会有人权。生存权的原初的、也是最基本的涵义是“生”（生命）和“存”（安全）这两方面。但是，随着人类生存质量的提高和生存受到越来越多的威胁，生存权的内涵日益丰富。今天，免受饥饿和贫困的权利、发展权、防卫非法暴力权、社会救济权、特殊主体的生存权（如残废人生活和工作的保障，对战俘的人道主义待遇等）、和平权、环境权、人道主义援助权等都被列入生存权的范围。

人不是孤立地生存的，而是在世界中生存的。那么，如何生存？这涉及很多内容，其中有一项最根本的内容，这就是基本生存方式问题：是等级地、奴役地生存，还是平等地、自由地生存？一个奴隶也可以在世界上生存，但他是不平等、不自由地生存。因此，问题主要不在于能否在世界上生存，而在于如何在世界上生存。这是基本人权的关键之所在，也是世界各国在人权问题上分歧的实质之所在。

近代以来，在反对封建主义的等级制和专制制的过程中，人是生而平等自由的观念普遍深入人心，平等和自由因而被看作是与生存权直接相关的另外两项最重要的基本人权。平等权是指人们在政治、经济、文化、社会各方面的平等权利，主要包括在法律面前人人平等、民族和种族平等、男女平等。自由权主要包括人身自由权、人格尊严权、住宅不受侵犯权和通信自由权，也包括政治自由，如言论自由、出版自由、集会自由、结社自由、游行自由和示威自由，还包括信仰自由。这两项基本人权虽然得到了越来越多的国家承认，但在不少的国家并没能真正得到保证。争取和保证平等权和自由权仍然是当今人类争取人权的重要内容。

与角色权利相比较，日常权利不是人承当一定角色相应具有的，不是赋予角色的，而是权利主体为了自身的利益、以一定的角色在日常活动中通过承担一定的义务所寻求和获得的。这里存在着两种情况：

一是原来不存在权利关系，权利关系完全是重新确立的。例如，一位商人为了扩大经营规模需要向某银行借一笔钱，并承诺在一定时期内归还本息。在这里，这位借钱者借到了钱，他就获得了使用这笔钱的权利。这种权利是以一定的义务为前提的，这位借钱者就其角色本身而言，并不一定具有向银行借钱的权利。借钱人的这种权利就是他自寻的。在现实生活中，人的许多权利都属于这种权利。更为重要的是，人们的角色权利往往是从获得这种权利开始的。上面的例子就可能是这样。假如通过这次借钱，双方相互信任，他们就有可能成为合作的伙伴，形成比较固定的角色关系，各自都可以获得角色权利。

二是对已有角色权利的利用和发挥问题。角色权利并不是现实的权利，而是可享有的权利。在这里就存在着在日常活动中是不是去享有这种权利、如何去享有这种权利的问题。不言而喻，一个完全不使用角色权利的人与一个把角色权利发挥得淋漓尽致的人之间，日常的权利是很不相同的，他们所获得的价值也是很不相同的。

这两种情况表明，愿意不愿意追求日常权利、会不会获得日常权利，关系到一个人获得价值和机会的多少。这就是为什么两个承当相同角色的人在人生幸福和自我实现方面会存在巨大差异的重要原因。

争取及其维护

权利一般不会自然而然地获得，而需要争取和维护。这与义务很不相同。一个人不履行义务，社会有许多制约机制来制约，迫使他去履行，无论他自己是否愿意。权利则没有这种制约机制。在现代社会，人的许多权利得到了法制的承认和保障或道德的认可，但是法制和道德都不迫使人们去享有权利。就是说，在法制和道德的范围内，一个人可以享有某些权利，并且可以保证不让他人或社会侵犯这些权利，但是否实际去享有，那完全是自己的事情。从这个意义上可以说，义务的履行是强制性的，权利的享有则是自愿性的。更为重要的是，人的许多权利不一定得到法制保障，即使得到了法制的保障还有可能受到侵犯和践踏。因此，人的权利需要争取和维护。

另一方面，正如前面所说的，权利是获得价值和实现自我的机会，甚至可以说是获得价值和实现自我的必由之路。放弃这种机会，获得价值、实现自我何从谈起？这种机会不同程度地遭到破坏，就会阻碍或妨害获得价值和实现自我。不仅如此，一个人应当享有的权利就是一个人做人的权利，代表着一个人的尊严。如果一个人应当享有的权利得不到应有的尊重甚至遭到侵犯和践踏，那实际上就是不尊重他的做人权利，就是损害他的尊严。因此，人的权利不仅需要争取和维护，而且必须争取和维护。

争取和维护的权利应当是正当的权利。人享有的权利可能是正当的，也可能是不正当的。一个人享有的权利是否正当，从权利存在的根据看，与权利的两种基本类型相应有两种不同的情况。就角色权利而言，它是否正当，首先看它是不是属于角色的，或者说是不是赋予角色的。不是被赋予角色的就可能是不正当的。例如，一位行政干部以权谋私，这种谋私的权利就不是他所承当的角色所具有的，不是赋予他所承当的角色的。其次看所享有的权利是不是与所履行的义务或责任相匹配的。一个人承当了一定的角色，并不表明当然地享有角色权利。角色享有权利应当与角色履行义务相应。一个人不充分履行角色义务，就不应当享有角色权利，否则所享有的权利就是不正当的。就日常权利而言，它是否正当，首先要看在当事人双方约定时对方是否赋予某种权利，被对方赋予的权利是正当的。例如，一个人从银行借一笔钱，银行借给了他，那么他对这笔钱就享有正当的支配权。其次要看享有权利的人是否履行自己所承诺的义务。履行承诺就是正当的，否则就是不正当的。例如，上面的例子中，借钱者如果在借钱时承诺这笔钱用于扩大生产规模，但结果他将这笔钱用于走私，那么他所享有的权利就是不正当的。

争取和维护正当权利主要包括三方面的内容。

首先，争取应享有的权利。人承当一定的角色，按惯例应享有一定的权利，但在实际生活中这种权利并不一定赋予角色。在这种情况下，承当角色的人就应该争取自己应享有的权利。一定的角色在日常生活中通过承诺和履行义务，也相应地应享有一定的权利。这种权利有时也不一定能兑现，在这种情况下，也需要争取。

其次，追求可享有的权利。对于一个人来说，权利并不是既定的、一成不变的，而是可扩大、可维持现状、可缩小的。例如，一个人可以通过承当更多、更高层次的角色获得更多、更大的角色权利，也可以通过尽更多的义务获得更多的日常权利。一个人权利的多少，可以说完全取决于自己的追求，取决于自己的作为。

最后，维护已享有的权利。一个人承当一定的角色，在日常生活中尽一定的义务，他就应享有一定的权利。这些权利在大多数情况下是得到了社会或他人认可的。就是说，他已经享有了一定的权利。但是，已享有的权利由于种种原因仍然会受干扰和侵犯。例如，一个公民有通信自由，这是得到法律的保护的。可是有某人（例如他的妻子）出于某种目的，经常偷拆他的信件，偷听他的电话。这个人的通信自由权就受到了侵犯。在这种情况下，他就应该勇敢地站出来通过适当的途径来维护自己的权利。

争取和维护正当权利是正当的，争取和维护的方式也应当正当。争取和维护正当权利的方式是否正当可以从以下几个方面来看。第一，通过谋求角色来谋求角色权利，通过对他人的承诺来谋求日常权利就是正当的。人的权利只能来自承当角色和得到允诺，不能来自别的途径，否则就是不正当的。第二，在享有权利的同时履行应尽的义务是正当的。一般来说权利并不一定是在履行了义务之后才能享有，而是在履行义务之前或履行义务的过程中就可以享有。因此，在享有权利的过程中应当尽自己的最大努力履行所承诺的义务。第三，合法、合德、合理地争取和维护正当权利是正当的。无论是争取还是维护权利，其方式应当合法。在法制也不正当的情况下，应当合德。在道德也不正当的情况下，应当合理。那种铤而走险、走极端的方式是不正当的。在争取和维护权利方面，社会应该建立合理的机制，使人们能够有序地争取正当权利，能够以合法的方式维护正当权利。

三、义　务

人在世界中是以一定的角色存在的。一般说来，承当一定的角色就必须履行一定的义务。义务对于个人原本不是外在的东西，而是承当一定社会角色的基本要求，也是社会角色的内在规定性。它原本也不是与价值和幸福对立的，而是实现价值和幸福的特殊方式。但是，在历史上和在现实生活中，由于种种原因，义务常常发生异化，异化成为与个人幸福相对立的东西，甚至成为扼杀个性的刽子手。因此，我们特别关注和重视义务这种复杂的价值现象，正本清源，从哲学的高度把义务问题置于人类价值体系的总体框架内来探讨义务的实质、结构及其履行的机制，揭示义务与价值的相关性，特别是义务对价值实现的意义。

实质、基础和意义

“义务”一词是与“责任”一词相互关联、经常混用的，我们需要对这两个词的关系作必要的辨析。“义务”在汉语中既指“公民或法人按法律规定应尽的责任，也指道德上应尽的责任”；“责任”在汉语中的意思是“分内应做的事”。显然，在汉语中，“责任”涵盖“义务”，义务是一种应尽的责任。在英语中，与汉语的“责任”相对应的词有两个：一是 duty，在汉译的时候，这个词有时译为“责任”，有时译为“义务”；二是 responsibility，在汉译时，这个词一般译为“责任”。与“义务”对应的词除上述的 duty，还有一个词，即 obligation。在这三个词中，“duty”相当于汉语中的“责任”，大致上是指主体（个人或组织）就其承当的社会角色而言应当做的事。例如，一个人作为人应当履行作人的责任；一个人作为公民应当履行公民的责任；一个人作为工人应当履行工人的责任。因此，这个词以译为“责任”为好。“responsibility”指主体应负的责任，通常指主体对他人、社会必须承担的责任；而且含有如果不承担这种责任就要受到谴责的意思，因而更侧重于考虑行为的后果。人们经常讲的必须对自己的行为负道德责任，今天人们广泛谈论的企业必须对自己的行为负社会责任，就是这种意义上的责任。显然，这个词也应汉译为“责任”，而且可看作是对他人、社会必须承担的责任。“obligation”指人们在法律或道德上应履行的责任，通常译为义务。由此看来，“responsibility”与“obligation”涵盖的范围相当，只是后者更侧重于事先的规定，而前者则侧重于事后的评价，但它们两者都属于“duty”的范畴。①

什么是义务？在伦理学史上有种种不同的回答。基督教伦理学把义务归结为上帝的命令，自然主义者认为义务就是产生最大善（或好）的行为，实用主义者在处境所要求的与有义务的之间划上等号，如此等等，各说其是。在这诸多观点中，美国伦理学家A. 塞森斯格在《价值与义务：经验主义伦理学理论的基础》中所阐述的观点也许比较令人信服。他认为，义务是从有效的要求提出的，而且与有效的要求相互关联。那么，是什么使一个要求成为有效的呢？是承诺者的承诺。“某人只在使要求有效的某种形式的承诺存在时才有义务，这一点能够被真正地断定。”②承诺者的承诺就是对承诺者的有效要求，这种有效要求导致义务，它约束承诺者履行某行为以实现该要求。任何一个承诺者都是一定的社会角色，他或她所作出的承诺总是以一定的社会角色作出的承诺，因而承诺者的承诺就是社会角色的承诺。

作出承诺并不等于义务，但是承诺一旦生效，承诺就转变成为义务，承诺者就被置于义务之下。在这种情况下，就不能仅仅由于作出承诺和有义务的人决定他不再受它的约束而取消或废除它。要废除义务，只能通过下列一些方法：提出要求者通过明确表示撤回他对承诺者的要求从而取消义务；提出要求者由于死亡或其他原因引起的变动也会取消义务，除非另外指定了替代的提出要求者；也可能因为某种例外的条件出现而取消义务。

义务是一种强制的力量，即使我们没有任何这样做的愿望，我们也必须履行我们的义务。但是，义务的强制不是外在强加的，而毋宁说它导源于我们自己的意志，因为承诺的作出通常是一个意志行为。例如，我们取得一个共同体的成员的资格就是一个意志行为：结婚组成家庭，参加一个社团或党派，移居到一个新的国家，或者继续留在现在所在的地方，等等。一旦作出了这些意志决定，我们

① 参见江畅：《社会主义核心价值理念研究》，北京师范大学出版社2012年版，第259～260页。

② ［美］A. 塞森斯格：《价值与义务：经验主义伦理学理论的基础》，中国人民大学出版社1992年版，第108页。

也就作出了按照共同体对其成员的要求行动的承诺，并且必须受这种承诺的约束。

由于义务是履行义务者自己的意志行为，因而义务本质上不同于命令。命令是说话者把自己的意志强加于行为者，而义务则是说话者力图通过行为者意识到他自己在承诺中表达的自己的意志来履行一个行为，或者说，就是说话者要求承诺者兑现他自己的诺言。尽管承诺作出后承诺者不得不履行承诺，承诺者这时是被动的，没有选择的余地，但是他在承诺作出之前是主动的，有可能自主选择和决定，不一定非要作出某种承诺不可。

如果说义务导源于人们的承诺，而承诺通常是人们的意志行为，那么我们就要进一步分析人们为什么要作出约束自己的承诺。

承诺作为一种意志行为，包含了人们的目的和意图，而这种目的和意图的根源又在于人的需要和愿望或欲望。但是，义务通常又不是直接满足人的需要或欲望的，而是为了满足某种需要或欲望。义务不是一种目的性的价值，而是实现目的性价值的条件。承诺作为实现目的价值的条件，毫无疑问是有价值的，否则人们就不会作出承诺。

例如，一个商店作出明确承诺："本商店无假货。"不言而喻，该商店作此承诺的目的不是不卖假货本身，而是为了使人们相信他们的货物，使货物能销售得更多，从而实现更多的销售额和利润。

又如，一个人借了别人的东西，他就必须归还，而且必须以原样归还。这种隐含的承诺也是有明确的目的性价值指向的，即为以后可能产生的需要的满足作铺垫：如果再有需要，还可以再借。如果不是以原样归还，他下次再需要借时，就有可能遇到麻烦。这即是所谓："有借有还，再借不难。"

还如，一个人加入一个党派，他就作出了必须遵守该党派的章程的承诺，但是他参加该党派的目的通常不是为了作出和履行这种承诺，不是为了去尽义务，而是为了获得或享有一定的权利，尽义务不过是实现这种权利的必要条件。

由此看来，承诺及其所导致的义务的基础不是什么别的东西，而是价值。而且它们本身也不是什么别的东西，而是目的性价值实现的条件，或者说，是一种工具性价值。义务和价值本质上是相关的、一致的，而不是矛盾的、对立的。只有当我们把价值仅仅理解为目的性价值的时候，价值与义务才会像在传统哲学中那样并列起来，甚至对立起来。正因为如此，所以传统哲学经常讨论价值与义务、利益与义务的关系问题。但是，如果我们广义地理解价值，即把工具性的价值纳入价值的范畴，那么义务就属于价值的一部分。作这样的理解，就不会把义务与价值并列起来，而只会把义务作为价值的一种特定类型来讨论义务与其他类型的价值的关系。

由于义务本来就是价值的实现条件、本来就是一种价值，因而必须改变传统哲学把义务与价值并列起来的做法，改变由传统哲学所导致的把义务看作是外在于行为主体、把义务与价值或利益对立起来的日常观念，把义务纳入价值的宏观视野，恢复义务的价值性实质。

义务虽然也是一种工具性价值，但与其他的工具性价值有很大的不同，它是价值实现的特殊方式。义务的特殊性也正是它的复杂性之所在。这种特殊性至少表现在以下一些方面：

首先，义务不是价值实现的一般背景条件或工具，而是一种特殊条件，即一种交换条件、一种筹码。一个人为了获得或实现价值，于是作出承诺，这就是一种交换关系、一种契约关系。这种关系在一开始时双方是平等的，可以再选择，在很多情况下还可以讨价还价。例如，在你准备加入某个党派之前，你还可以改变主意；在你订立契约的时候你可以讨价还价。你的承诺就是建立这种交换关系、契约关系的交换条件和筹码，而你的义务就是维持这种关系的前提条件和保障。

其次，承诺一旦转变成为义务，就会成为一种异己的力量。以承诺作筹码的交换关系一旦建立，承诺就转变成了义务，兑现承诺也就转变成了必须履行的义务。在一般情况下，除了履行义务外，承诺者没有别的选择。如果不履行义务，不只是承诺者不能进一步获得价值，而是要遭到道义上的谴责，甚至会受到法律上的制裁。承诺还不一定具有强制性，但承诺作为交换条件成立，它就具有了强制性，成了具有约束力量的义务。这不像在其他的情况下使用工具，工具不合适可以随便换一种，没有合适的工具，还可以考虑放弃这件事情本身。在这种意义上，义务是一种身不由己的强制性要求。

再次，在一些情况下人们并没有作出选择的余地，没有作出承诺，但是还不得不履行义务。一个最常见的例子就是国籍的选择。在人类历史上很长一段时期人们没有选择国籍的自由，即便在今天很多国家的情况仍然如此。人们可以自己选择和决定是否加入某党派、某团体，可以自己选择和决定进入什么单位工作和组成什么样的家庭，但是没有改变国籍的机会。这既涉及所在国家放行不放行的问题，也涉及希望加入其国籍的国家接受不接受的问题。在这种不得不生活在某一国家的情形下，人们事实上没有作出任何承诺，但是他仍然不得不接受很多作为国民或公民应尽的义务。

应该承认，人们作为国民或公民不完全是自己的意志行为，但是也应该看到，人们在承担义务的同时总是或多或少地享有一定的权利。即使在最不民主的国家，人们也需要国家提供安全保障，需要社会提供一定的公共生活条件。当然，在义务与权利的关系上，民主国家与专制国家有着本质上的区别。在专制国家，只讲义务不讲权利，义务不是以权利为前提的，而且也与权利不相称。这种没有权利的义务，与其说是义务，不如说是国家的命令。民主国家则不同，在这里义务和权利是大体一致的，而且人们在较大的程度上享有选择国籍的机会。

这种复杂的情况表明，一方面，在人们没有选择余地的情况下，义务仍然是价值实现的条件，问题只在于价值实现的程度，在于权利享有的程度。另一方面，要使义务与权利相一致、相匹配，就必须争取民主权利，必须加速国家的民主化进程。

义务在一定意义上是一种付出，甚至可以说是某种牺牲，但是这种付出或牺牲并不是无偿的，更不是无谓的，而是必要的、有偿的。从价值论的角度看，义务是一种投入，是一种代价，这种投入和代价对于价值的获得和实现具有极其重要的意义。

我们知道，人的需要、欲望是多种多样的，满足这多种多样的需要、欲望的价值也必须是多种多样的，至于形成和创造这多种多样价值的方式更是多种多样的。任何一个个体或较小的群体都不可能仅仅靠自身的力量来形成和创造这无限多样的价值，每一个个体和群体只有与其他个体和群体形成交换关系才能使自身的需要或欲望得到满足。义务就是这样一种交换的、补偿的关系得以进行和维持的保障条件。如果没有义务这样一种制约性的力量，很难设想社会的价值交换关系能够正常进行，很难设想人们会过上幸福圆满的生活。而且，一般说来，一个人可能尽的义务越多，说明他获得和实现价值的机会越多，他的生活质量和完善程度越高，他的人性越是得到圆满的实现。例如，一位爷爷与一位未婚的单身老汉相比，一辈子尽的义务要多得多，如他对妻子、子辈、孙辈都尽过义务。正因为这位爷爷尽过这许多义务，他的生活质量要比未婚的单身老汉高，用中国人的眼光来看，他至少可以享受天伦之乐，而这是终身未婚的老汉无论如何都无法获得的。

人要幸福生活，不能没有义务，也不能不尽义务，但是，义务最容易发生异化。义务本来是实现价值、实现人生幸福的条件，可是实际生活中一些人在不正确的理论观念和舆论导向的影响下，把义务当作目的本身，为尽义务而尽义务，忘记了义务的价值指向性。这样一来，个人就失去了存在的价值和意义，他只是在为他人或为社会活着。当然，如果某一个人或某一个群体作出这种牺牲真的给社会的大多数人带来幸福那也是值得的，然而在大多数情况下情形并非如此。在有的时候，这种为义务而义务的人甚至还成了别有用心的野心家和阴谋家的走卒和工具。这种可怕的事实在人类历史上决不是罕见的。也正是鉴于这种历史的教训，今天要特别强调从哲学的高度考察义务的实质，并把义务置于它本来应有的位置。

义务是由承诺产生的，因此未经认真分析和细致考虑的承诺必然会使承诺者承担不应尽的义务。义务是一种投入，合理的投入是有价值的，一旦投入大于产出，这种投入就是有问题的。不仅在经济领域，而且在其他生活领域，对待承诺和义务都必须慎重，必须有投入产出意识，否则，投入就不只是一般的代价，而可能是沉重的代价，甚至是血的代价。

类型及其表达式

人的义务各种各样，历史上有不少思想家从不同的角度对义务进行过分类。如果我们把义务看作是由社会角色的承诺生效所提出的有效要求，那么，我们可以根据社会角色的承诺来对义务进行划分。一般地说，社会角色的承诺有两种主要形式：一是承当角色意味的承诺，可简称为角色承诺；二是角色日常作出的承诺，可简称为日常承诺。与这两种承诺相应，角色的义务也可以划为承当角色赋予的义务（可相应地简称为角色义务）和角色日常自承的义务（可相应地简称为日常义务）。

承当角色意味的承诺，是一个人承当一定社会角色时所作出的明确承诺或被认为已作出的隐含承诺。明确的角色承诺通常有明确的表达，或者是书面的或者是口头的。例如，一个人成为一个工作单位的职工与单位签订的用工合同、加入社团时写的申请书或志愿书等，就包含了这种明确的角色承诺。隐含的角色承诺通常没有明确的表达，但只要承当了一定角色就被视为作出了承诺。例如，一个人作为父亲或母亲、公民或朋友等，尽管他或她没有表达什么承诺，但只要他或她成为了这一角色，就被认为是承诺了该角色的要求。一般说来，每一种角色都包含着一定的角色要求，只要成为这一角色，无论是否明确作出承诺，都意味着实际上已经作出了承诺。由于承当一定的社会角色意味着作出了一定的角色承诺，因而承当了一定的社会角色就被赋予了相应的义务。角色义务是以角色承诺为基础的，一旦承当了一定的角色就意味着作出了角色承诺，因而也就被赋予了角色义务。

大致上说，角色义务具有以下特点：第一，角色义务具有职责或责任的性质。角色义务是角色本身所要求的，只要一个人承当了某一角色，他或她就是具有了相应的义务，这种义务被看作是该角色应履行的职责和承担的责任，具有某种“当然”和“必须”的性质。第二，角色义务往往是社会约定俗成的。每一社会角色在长期的社会生活中都被赋予了一组义务，这些义务一般是既定的。只要是承当了某一角色，承担相应的角色义务就被看作是当然的，不言而喻的。第三，角色义务具有多元性。这主要是指每一角色所要求的义务都不是单一的，而是成组的。就是说，在一定的社会中，每一种角色都被赋予了一组义务。例如，在中国传统社会，儿子的角色就被赋予了赡养父母、孝敬父母等义务。第四，角色义务具有层级性。就所有的角色义务而言，有些是所有人应当履行的，如儿女的义务等；有些是社会大多数人应当履行的，如妇女的义务、男人的义务、公民的义务等；还有些范围更小的不同层级义务，如职业义务、社团义务等。第五，角色义务一般是比较确定的。角色义务一般来说是社会公认的，对每一个社会成员都同样有效。不管是谁，只要是承当了某一角色，他或她就被赋予了与别的相同角色相同的义务。

角色承诺和角色义务是角色本身的要求，而角色本身的要求则是一定社会赋予角色的。角色不仅仅是一个单纯的个体，而是在一个共同体中具有某种角色的个体，这种角色包含着责任和权利。角色承诺和角色义务是与权利相互关联的，对共同体某种权利的享有意味着必须对这个共同体承担某种责任，因为一个享有权利的共同体成员需要其他成员承担某种义务，他或她因而也对共同体的其他成员承担了类似的义务。由于不同社会对社会角色要求不同，因而不同社会的角色承诺和角色义务也是不尽相同的。

角色日常作出的承诺是人们在作为角色活动时明确作出的或隐含作出的承诺。明确的日常承诺是口头或书面表达的承诺以及以非语言形式表达的承诺。例如，一个父亲答应给儿子买一个生日礼物，这就是角色作出的明确承诺。这种承诺是最容易识别和证实的，并且最容易得到承认。它通常有特定的语言形式，如我答应……，我同意……，我愿意……，我发誓……，我保证……，等等。有时也采用非语言形式，如握手，意味深长地点头，等等。在契约或协议上签字也是常见的形式。隐含的日常承诺是从角色所作出的明确承诺推演的承诺和隐含在角色对他人提出的要求中的承诺。例如，我借了一本书，我也就承诺了自己以借时的原样归还它。这就是从我作出的明确承诺推演的承诺。当我要求别人讲真话时，我就承诺了我自己也要讲真话。这则是隐含在我对他人提出的要求中的承诺。一旦角色在日常生活中作出了承诺，角色也就自承了由他或她作出的承诺中派生的义务。

日常义务具有与角色义务不同的特点：

第一，日常义务更具有自主性。角色义务也具有自主性，但受制约的外在因素很多。例如，一个人来到世界时，就不可能选择自己的国籍。一个人成了父亲，他很难想象到他的孩子是体弱多病的，他不得不承担由此引出的更多的义务。日常义务则不同，它是以自己作出的承诺为基础的，角色在是否作出承诺方面是自由的，一个人完全可以不作出承诺。只要他或她不作出这一承诺，他或她也就不必承担由此而派生的义务。日常义务完全是角色自主选择的结果，因而更要为这种结果负责。

第二，日常义务通常是角色约定和承诺的。角色义务是社会约定俗成的，而日常义务则是角色与同角色发生关系的对象双方约定而自己赋予自己的。正是在这种意义上，我们把日常义务称作是自承的义务。

第三，日常义务具有一事性。角色义务是成组的，每一个角色都被赋予了一组义务。例如，谈到父亲的义务，就不是指某一件事或某一方面的义务，而是一系列义务。日常义务则不同，它是相对于角色在某件事上所作的承诺而言的，只承担兑现该承诺的义务，而不承担别的义务。例如，一个人承诺借钱给处于困境中的某人，他就有了兑现这一承诺的义务，但不具有帮助这个人完全摆脱困境的义务。

第四，日常义务具有偶发性。角色义务一般是社会预先规定好了的。社会总对一定的角色有一定的角色期待，这种期待对于承当某一角色的人就是义务。与角色义务不同，日常义务总是不确定的，往往是遇事许诺而具有义务的。不用说一个人不知道自己一生会作多少承诺，甚至也不知道某一天会作多少承诺。承诺的这种偶发性决定了所派生的义务的偶发性。

日常承诺和日常义务不完全是角色本身的要求，而主要是出于角色个人利益的需要。人们在日常生活中为什么要作出各种承诺，并自承由此派生的种种义务？人们在日常生活中之所以要作出种种承诺，是因为作出各种承诺对自己有利，可以获得物质利益或精神满足。人们之所以一般都要信守自己的承诺并努力承担由承诺派生的义务，是因为只有这样，一个人才被看作是守信用的、讲信誉的。守信用、讲信誉不仅可以使一个人获得精神性的满足，而且有利于长远利益的实现。

角色义务和日常义务都包含一般义务和具体义务。一般义务就是人们的义务观念。例如，“应当保卫祖国”、“应当守信”、“应当履行义务”，就是一般义务。具有义务观念才会有义务感和责任感，因而具有义务观念对于具体义务的履行具有重要意义。一个人只有具有义务观念，才会自觉地履行各种具体义务。具体义务则是由角色承诺和日常承诺所派生的各种义务。例如，你是中华人民共和国公民，你就有保卫祖国的义务。你答应借钱给我，你就不应当反悔。具体义务纷纭复杂，但都是以一般义务为根据和标准的。一个人不一定要知道所有的具体义务，但应该知道一般义务，具有义务观念，只有这样才能在任何情况下都能想到自己的义务。

无论是哪一类型的义务都具有两种性质：法制性的，道义性的。这两种性质的义务有不同的表达方式。法制性的义务具有强制性，通常它的表达式是以“必须”（肯定）或“不得”（否定）为联结词的。例如，“乘车必须买票”，“上班不得迟到早退”。道义性的义务一般不具有强制性，通常它的表达式是以“应当或应该”（肯定）或“不应当或不应该”（否定）为联结词。例如，“应当团结友爱”，“不应该说脏话”。一般说来，道义性的义务涵盖法制性的义务，因而所有的义务都可以用“应当或应该”或“不应当或不应该”联结词来表达。在这个意义上，可以把以“必须”、“不得”为联结词的表达式看作是义务的强调形式。但是，这决不只是表达的方式不同。法制性的义务更具有规范意义，更具有约束力，事关社会的秩序和稳定；而道义性的义务则更具有导向的意义，更具有劝导性，所关涉的是社会的风气和美好。尽管后者比前者的层次高，但特别是在现代社会，后者必须以前者为基础。

义务表达式也就是义务判断。义务判断最突出、最显著的特征在于规范性，义务判断也可说就是规范判断。它一般说来是无条件的，因而包含着命令的意味。但是，它不等同于命令。这主要表现在两方面：第一，义务判断是可以普遍化的。义务判断一般所体现的是社会对不同角色的要求，在一定的社会范围内，义务判断对承当相同角色的人一般是同样有效的；而命令则完全是个别化的，所体现的是命令者的意志。第二，义务判断之间存在着逻辑关系。这主要体现在一般义务判断与具体义务判断之间可以进行推理。这种推理被认为是实践推理。其一般形式是：大前提是一个一般的义务判断，小前提是一个事实判断，结论是一个具体的价值判断。例如，从大前提“中国公民都应当孝敬父母”和小前提“张三是中国公民”，可以推出结论“张三应当孝敬父母”。

同时，义务判断作为规范判断又不同于价值判断。价值判断是判断某事物对于谁有价值。它一般有导向性，但不具有规范性。例如，“这朵花真美！”这个价值判断可以对别人的价值判断和选择起导向作用，但不包含要别人也认为这朵花美的意味。与价值判断不同，义务判断不仅具有导向性，更具有规范性，而且它的导向性是通过它的规范性实现的。人们一般把事实表达式、价值表达式、义务表达式都叫做判断，但严格说来，事实表达式不是判断而是陈述，义务表达式也不是判断而是规范，只有价值表达式才是判断。

制约机制

义务具有规范性质，具有一定的约束力，要求人们应当怎样或不应当怎样。为了保证人们应当怎样或不应当怎样，就必须有一定的制约机制。只有建立了一定的制约机制，才能保证人们正常地履行义务，否则义务对人们的活动或行为就不具有约束力。

为了保证义务的履行，人们形成了正当的观念。正当（right）或不正当（wrong）是评价人们是否履行义务的一般标准，正如善或恶是评价事物是否具有价值的一般标准一样。一般说来，履行义务被看作是正当的，而不履行义务被看作是不正当的。义务有些是属于应当的要求，如应当孝敬父母，也有些属于不应当的要求，如不应当偷盗。因此，履行义务，无论是履行应当的义务，还是履行不应当的义务，都是正当的。而不履行义务，无论是不履行应当的义务，还是不履行不应当的义务，都是不正当的。从这个意义上看，我们不能简单地说应当的就是正当的，不应当的就是不正当的，而应该说履行义务是正当的，不履行义务是不正当的。

值得指出的是，履行义务并不等于符合义务要求。康德曾经深刻地洞察到这一点。他认为，一个人完全可能因为爱好而做了符合义务要求的事情，这并不是在履行义务，这样的行为不能说是正当的，尽管不是坏的。正当的行为应该是那种出于义务要求的行为。“义务就是出自对法则的敬重的一个行为的必然性”[①]，也就是说，无论一个人是否对义务的要求有兴趣，也无论履行义务是否对他有利，他都履行该义务，这样的行为才是正当的。

康德的这种看法至少可以给我们有以下三点启示：一是履行义务不能取决于个人的意愿，具有某种强制性和约束力；二是正当的行为至少从直接的意义上看不一定是对自己有利的行为，有时是对自己不利甚至有害的行为；三是由于履行

① ［德］康德：《道德形而上学的奠基》，李秋零主编：《康德著作全集》第 4 卷，中国人民大学出版社 2005 年版，第 407 页。

义务不是出于个人的意愿，有时对自己不利甚至有害，因而要保证义务履行必须有某种制约机制，否则义务就不能得到普遍的履行。

保证义务得以普遍履行的制约机制主要有两种：法制和道德。一般说来，法制对义务履行的制约具有强制性，是一种硬约束；而道德对义务的履行不具有强制性，是一种软约束。法制的制约一般涉及的是与社会稳定和秩序相关的角色领域，如家庭角色、学习角色、职业角色、社团角色、公民角色等活动领域；而道德的制约则几乎涉及一个人的所有角色领域，包括以上角色领域和休闲角色、隐私角色、临时角色领域。这两种制约是相互补充、相互凭借、相互促进的。不过，随着现代社会日益法制化，法制的制约也日益普遍化，义务的制约问题越来越成为法制问题，道德逐渐被排除出义务的领域。由于义务在社会生活中被法制化和道德化，因而一般说来合法制的、合道德的也就是正当的。合法制性和合道德性也就成为正当性的现实标准。

虽然义务的制约机制总的来说只有法制和道德两种，但义务制约的方式则是很多的，而且呈现出增长的趋势。从法制的角度看，制约义务履行的形式至少可列举以下数种大的类型：法律，法规，制度，规章，政策，等等。这每一种类型又包含有很多小的类型。从道德的角度看，制约义务的形式更多，如风俗、习惯、公众舆论、大众传媒，等等。每一种形式又可以采取不同的赞扬和惩罚措施，特别是杀头、坐牢、罚款、谴责、开除、断交等惩罚措施以其特有的威慑力对义务的履行具有极其重要的保证作用。义务一般说来具有外在的强制性，这种外在的强制性来自外在的制约。

以上所列举的主要是义务的外在制约机制。毫无疑问，对于义务的履行来说这些外在的制约机制是最重要的，但这并不意味着否认社会角色的内在制约机制的重要性。个人履行义务的内在制约机制主要是良心，特别是其中的义务感、责任感。一个有义务感、责任感的人不需要外在的制约就能自觉地履行义务，相反一个缺乏义务感、责任感的人即使有再强有力的、再严密的外在制约机制，都仍然拼命逃避义务。因此，社会在努力健全义务履行的外在制约机制的同时，如何普遍地增强社会成员的义务感和责任感是十分重要的。在这方面最重要的是要使人们认识到义务的价值意蕴，认识到履行义务对于自己价值实现的意义，使履行义务与实现价值统一起来，从而从根本上提高人们履行义务的自觉性。

权利与义务

权利原本应该是与角色相应、与义务相配的，就是说承担什么样的义务就应有什么样的权利，享有什么样的权利就应承担什么样的义务，但在自古以来的人类历史上，两者常常发生不相匹配甚至严重扭曲的情形。这种情形主要有两种表现：一是享有权利的人并不一定尽相应的义务；尽义务的人并不一定享有相应的权利。也就是说，一部分人承担了另一部分人的义务；而这另一部分人则占有了承担他们义务的那一部分人的权利。二是社会或群体占有了个体的权利。一般说来，社会或群体有强调个体对社会的义务的自发倾向，而个体则有强调个体享有权利的倾向。在没有建立权利与义务相匹配的制约机制的条件下，由于社会或群体的力量远远大于个人，其结果往往是个体的权利被社会或群体的义务所湮没，成为了社会义务的牺牲品。

这种权利与义务不相匹配的情况是人与人之间不平等，个体与整体或群体之间关系颠倒的最重要表现。人与人之间平等最重要的就是在权利与义务相匹配方面的平等。就是说，个人也好，群体也好，无论是谁，不履行义务就不应该享有相应的权利，享有了权利就应当履行相应的义务。如果在这方面不平等，根本就不可能有社会的平等可言。另一方面，个体组成社会和群体是为了使个体获得更多的权利，如果社会和群体成为了少数人攫取大多数个体权利的工具，那么个体与社会或群体之间本来的关系就被颠倒了。权利和义务不相匹配的必然后果是，大多数社会成员追求权利的积极性丧失，履行义务的积极性也会因为追求权利的积极性丧失而丧失。因此，如何使社会的权利与义务相匹配是一个关系到社会是否公正的根本性社会问题。

权利与义务相匹配，从理论上看是本来如此的，也是应该如此的，因而应该成为一条社会原则。但是权利与义务由于各种原因很容易发生分离。其中一个根本性的原因就是权利与义务不是一一对应的。权利与义务的关系实质上就是一种交换关系。义务是一种付出、投入，权利则是一种获得、产出。一般来说它们应是质上不完全相同的东西，这样它们之间的交换关系才能成立。义务和权利之间的这种关系就像市场上的交换一样，如果用相同的物品交换相同的物品，这种交换就是没有意义的。但是，这种交换关系与市场经济中的交换关系是不同的。

其一，这种交换关系不是一次性的，而是一个过程，有的过程可能长达人的一辈子。例如，人作为人类一员的角色义务与角色权利之间的交换关系就是如此。这样就很难衡量权利与义务之间究竟是否匹配，甚至根本没有人想去进行这种衡量。这种情况就为有些人进行权利欺骗提供了可能。

其二，这种交换关系不是精确等价的，而是大致上的，甚至投入和产出相去甚远。权利与义务都不可能量化，它们之间交换的根据只能是习俗、经验和约定，有很大的随意性。这种情况就使得有些人进行权利投机成为了可能。

其三，这种交换关系不是单一的，而是多种多样的、混杂的、交叉的。一个人在世界上承当各种各样、彼此重叠交叉的角色，而且这些角色又是在不断变化的，因而人实际上是一个复杂的立体角色结构网络。各种各样的权利与各种各样的义务混杂在一起，很难理清哪些义务是与哪些权利相匹配、相对应的。这种情况就为一些人逃避义务、滥占权利提供了可能。

权利与义务作为交换关系的复杂性表明权利与义务关系的复杂性和发生问题的极大可能性。那么，怎样才能使权利与义务尽可能相匹配呢？无论从理论上看还是从实际上看，使所有的权利与所有的义务完全精确地相匹配实际上不可能；不过，使一些基本的权利和义务关系尽可能相匹配则是可能的。这至少可以做以下几方面的工作。

第一，明确一些基本的社会角色的权利和义务。这些基本角色包括人类成员角色、国家公民角色、职业角色、家庭角色等。对这些角色的基本权利和基本义务应在系统研究的基础上根据不同的社会条件作出较明确的规定，使这些权利和义务成为可衡量和可评价的。

第二，确立一些日常权利与义务关系形成的规则，使日常的权利与义务关系建立和维持成为规范的、可评判的。其中最重要的是要使日常义务契约化，使契约规范化。

第三，将基本的角色权利以及相应的角色义务、日常权利与义务关系的基本规则纳入法制的轨道，使之受到法制的保护，以防止或减少逃避义务和滥占权利的发生。

在这三项工作中，最重要的是使权利和义务法制化，真正建立起健全的权利与义务相匹配的社会调控机制，力求使权利与义务相匹配，将两者之间的分离控制在尽可能合理的范围内。

第五章　社会与国家

一、国家的目的和使命

人们通常所说的社会在现代看来主要是指国家。国家为什么而建立，建立国家干什么，这就是国家的目的和使命问题。关于这个问题理论上有种种不同的说法。其中有两种说法最具有代表性。一种是社会契约论的说法。这种说法认为，国家是人们为了生存而转让一部分自己的权利通过大家订立契约而产生的，其目的是维护和平，保护和扩大其成员的自由和权利。另一种是统治工具论的说法。这种说法认为，国家是在阶级出现之后，统治阶级为了实现自身的利益而建立的压迫被统治阶级的暴力机器或工具。前一种说法没有考虑到从起源上看国家最初的目的和使命在于统治被统治阶级的事实；后一种说法则把国家最初的目的和使命当作国家的一般目的和使命，忽视了国家目的的人为约定性。因此，我们有必要对国家及其与社会的关系进行历史考察，以弄清国家曾经有过的和可能具有的目的和使命，探讨好的国家应有的目的和使命。

社会的国家化

社会是一个十分含混的概念，人们通常是从不同的角度、不同的层次、不同的意义上使用“社会”一词的。例如，“原始社会”、“奴隶社会”等术语中的“社会”不仅有空间的含义，而且有时间的含义。这种“社会”的含义又与当前流行的诸如“传统社会”和“现代社会”、“农业文明社会”和“工业文明社会”等说法中的“社会”不同。这些含义与我们通常说的“社会生活”、“上流社会”中的“社会”相去甚远。不过，不管人们怎样理解社会，其中有一种基本的含义是不能被否认的，那就是人群生活共同体的含义。这才是社会的本来含义，而社会的所有其他含义都是由此派生或引申的。

就社会的这种基本含义而言，它至少有以下基本规定性：

其一，社会的细胞或元素是个人。无论什么样的社会，都是由个人组成的，没有个人就不会有社会。社会在任何时候都是由个人组成的社会。

其二，社会是群体性的。社会是由个人组成，但不是个人性的，而是群体性的。离群索居的孤独个人不叫社会。例如，鲁滨逊在荒岛上的生活，尽管内容比较丰富，但不是社会生活。

其三，社会是生活共同体。有众多人生活在一起，但彼此不发生任何关系，也不叫社会。例如，老子所描述的那种“鸡犬之声相闻，民至老死不相往来”的状况也不能说是社会。社会中的人群一般彼此有多种关联，这种关联涉及各成员的利害关系，就是说成员之间存在共同利益。而且社会的范围越小，成员之间的利害关系越密切、越直接。

其四，社会一般只涉及公共生活。例如，家庭是一种生活共同体，但一般不认为家庭是社会。

这四种规定性是缺一不可的，否则就不是社会。

社会众多而又有范围、层次、维度的不同。小至一个村庄，大至整个人类，以及其中各种大大小小的公共生活体（例如，乡镇、县市、省、国家、民族、企业、单位，等等），都是不同范围的社会。所有这些社会并不是在同一层次、同一维度上的，而是在不同层次、不同维度上的。例如，作为社会的村庄与作为社会的人类整体显然层次不相同。所有这些不同范围、不同层次的社会相互重叠，相互关联，构成了人类社会的复杂景观。但是，人类社会的这种复杂景观并不是从来都有的，而是逐渐演化和扩展而来的。人类最初的社会也许只有一种形式，那就是以血缘关系为纽带的氏族。氏族之间的战争使社会的范围扩大，形成不同的部落。部落之间的战争使社会的范围进一步扩大，形成不同的民族、国家。从部落到民族、国家形成的过程在全人类的范围内并不是同步的。在亚洲、欧洲的一些地方，这一过程在几千年前就已经完成，而在非洲、美洲等地区则是在近两三百年甚至直到20世纪才完成。我们可以把这一从氏族部落到民族国家的社会演进过程称作是社会的国家化过程。到今天，人类社会的范围进一步超出国家，正在形成国际社会和世界社会。也就是说，人类社会在国家化的过程中逐渐在世界化。在人类社会的范围不断扩大的同时，又逐渐出现了范围不同、层次不同、维度不同的社会，它们构成了不断扩大着范围的社会的组成部分或结构要素。

如果仔细分析人类社会的演进过程，我们可以得出以下三个结论：

第一，人类社会范围不断扩大和结构不断复杂的根本原因在于人生存、发展、享受的需要或者说利益的需要。人们对利益的追求，使社会的范围不断扩大、结构不断复杂。氏族的形成，直接的原因是自然血缘关系，但深层的原因则是共同的安全需要和生存需要迫使人们不得不生活在一起。部落、民族、国家形成的原因更复杂得多，在很大程度上是不以个人或某些社会群体的意志为转移的，但同样可以肯定的是，人们为了更多地获得利益而进行和平交往和战争征服促使了这些社会的形成。人们之所以在不同时期认同于这各种不同的社会，也正在于不同的社会总能程度不同地实现单靠个人所不能实现的利益，至少在安全和最低限度的生活保障方面是如此。尽管人类社会演进的历史是血与火的历史，但从总体上看，人类社会范围不断扩大和结构不断复杂是有利于人类更好地生存、发展和享受的。

第二，在人类历史发展的不同时期总有某种社会形式作为人类的最基本的社会形式。人类先后出现过的氏族、部落、国家就是这种最基本形式。这些最基本的形式的一个共同特点在于，它们都是其成员安全的保卫者。人在世界上生存面临的最基本问题是生命安全问题，因而哪一种社会形式能保证其成员生命安全，哪一种社会形式就会成为最基本的社会形式。以往氏族、部落是其成员的保护者，它们就成为了最基本的社会形式。今天，国家是其成员的保护者，国家就成为了今天人类的最基本社会形式。人类社会的最基本形式总的趋势是朝着扩大的方向发展，由此推断，也许将来有一天世界会成为全人类的保护者，到了那一天，世界也就会成为人类的最基本社会形式。

第三，人类社会现在已经基本完成了国家化的过程。人类社会自进入文明社会以来，就开始了国家化的进程，但一直到20世纪末这一过程才基本完成。这一过程完成的显著标志就是今天的人类个体几乎无不属于一定的国家，国家成为了人类生存的最基本共同体，国家成为了最典型、最完全意义上的社会，国家几乎成为了社会的代名词。

推动社会普遍国家化的直接动力是近代以来开始的民族解放和国家独立运动。在近代以前，人类基本上是分离的，人类分别在很不相同的社会形式中生活着。在几千年的历史里，从整个人类来看，同时存在着氏族、部落、国家等不同的基本社会形式。这种状况是从近代欧洲发生的各民族国家要求从罗马天主教会一统天下解放出来开始改变的。欧洲的民族主义运动以及与之相伴随的个人主义运动，孕育了近代欧洲的殖民扩张主义。殖民扩张主义者在强大的经济实力的支持下，很快使欧洲以外的几乎所有地区成为了欧洲列强的殖民地或半殖民地。殖民主义的压迫以及欧洲个体主义（包括民族主义和个人主义）的影响，自19世纪开始在世界各殖民地掀起了民族解放运动。经过了大约一个世纪的努力，不仅殖民地普遍解放，而且在这一解放的过程中，使所有的人类社会国家化。当然，人类社会普遍国家化的完成最终还是依赖于人类社会的经济发展和科学技术发展。没有经济和科学技术的发展本身就不会有近代的民族解放和国家独立运动，更不可能有今天这样的普遍国家化的世界。

如果说社会国家化从外延上看就是人类的所有成员都成了不同国家的公民，那么社会国家化从内涵上看就是国家成为了人类生存的基本单位，个人的一切都离不开国家。这体现在诸多显而易见的方面，如个人的安全离不开国家，个人基本生活需要的满足离不开国家，个人事业的发展离不开国家，个人的享受同样离不开国家，个人必须遵守国家的法律制度，个人生活于其中的其他所有社会共同体都受国家的管理或控制，如此等等。今天，全人类所有成员的命运都与国家紧密地联系在一起。在这种情况下，一个国家的状况如何，直接关系到作为个人生存环境和条件的整个社会的状况，直接关系到其中每一个成员的自由、幸福是否可能。

起源、演变和实质

国家是怎样产生的，这是一个十分复杂的问题，历来的研究者从不同的角度对这个问题作出过不同的回答。如果从历史事实的角度看，国家最初起源于对被征服者实行统治的需要。

在原始社会末期，氏族部落之间的战争使一些氏族部落成为胜利者，而另外一些氏族部落则被打败。胜利者就成为了失败者的统治者。氏族内部也存在着管理问题，但这种管理是以血缘为基础的，管理的权力主要来自长者的威信和氏族部落长期沿袭下来的习俗和戒律，氏族部落成员由于血缘关系而天然地认同这种权力，因而不需要暴力作为维护管理权力的基础。但是，当管理的权力扩大到氏族部落之外以后，过去的权力就再也不足以维护社会内部的秩序和进行有效的管理。特别是那些被征服者是被迫成为管理和统治对象的，他们随时都有反抗的可能，为了使这些被征服者服从统治和管理，就需要强制，需要武力作为权力的基础和保障。氏族部落本来存在着半军事化的组织。这种组织只是在战争期间才发挥作用，也就是对外才需要，而在平时对于氏族内部并不需要这种武装力量。但是，随着对外征服范围的扩大以及与之伴随的反抗者增加，军队逐渐职业化，成为维护统治权力的基础。军队职业化并成为统治的基础，也许可以说就是国家产生的标志。国家最突出的特点并不在于拥有统治权力，而在于以某种强力作为统治权力的基础和保障。

国家产生之后，在世界各地经历了很不相同的演进过程。例如，按亚里士多德的观点，古代希腊出现过君主制、贵族制、共和制、民主制、寡头制、僭主制这六种类型的国家（城邦制国家）[①]，而在中国自古代直到辛亥革命，几乎一直都是家国一体的国家。从人类国家走过的历程来看，国家演进有以下几大总的趋向：

国家的疆域扩大。国家最初形成之时，其疆域范围，充其量不过是几个部落，辖区范围很小。例如，中国的夏、商、周时代，古希腊的城邦国家。经历几千年的演进，国家的疆域总体上看是大大扩大了。当然，这种扩大往往是以有些地区还没有形成国家为前提的。一旦所有的地区都为不同的国家所属，国家疆域的扩大只能靠战争和国家之间的交易了。

国家的职能增加。国家最初的普遍管理职能主要是对外保护本国居民的生命财产安全，对内维护社会秩序以实现各阶级的不同利益。这基本上可以说是国家的政治管理职能。后来随着经济社会的发展，国家逐渐增加了经济管理和社会管理的职能。

国家的管理方式改变。最初的国家的管理方式基本上都是以个人专制为基础的人治，这种管理方式在不同的国度都长短不一地存在过，在中国曾存在过几千年。到了今天，这种方式已基本上改变成为以公民民主为基础的法治。

---

① 参见［古希腊］亚里士多德：《政治学》，颜一、秦典华译，苗力田主编：《亚里士多德全集》第九卷，中国人民大学出版社 1994 年版，第 86 ～ 89 页。

国家的权力主体改变。国家权力的主体长期都是统治者，而统治者总是占人口的少数，因此统治者为了维护统治和防止侵略不得不建立军队，这不仅是对外的需要，更是对内的需要。随着国家民主化的完成，国家权力主体不再是统治者而是全体社会成员，因而军队越来越只是防止侵略的工具，而国内维护秩序的职能由警察来行使。维护国内的秩序也不是要压迫被压迫者，而主要是防止违规和打击犯罪。军队和警察也不再只是对统治者负责，而是对为之提供给养的“纳税人”即公民负责。

从以上的简要分析可以看出，国家的实质在于它是通过以强力为基础和保障的机构维护社会安全和进行社会管理的享有主权的政治社会。具体说来，国家具有以下基本规定性：

其一，国家是享有主权的实体性政治社会。国家与任何其他社会组织不同，它是一种通过具有完全独立性和自主性的机构进行管理的政治社会，因而它是完全意义的社会实体。就到目前为止的人类而言，这样的社会实体只有国家。在一个国家内，也有不少的组织或机构被称为实体，但它们都程度不同地会受到国家的制约，因而都是不完全意义上的实体。在当今世界范围内，也有不少国际性的组织机构被看作实体，但都不具有独立的主权，不能完全贯彻自己的意志，因而也不是完全意义上的实体。国家则不同，它具有完全独立的主权，完全可以不依赖国家以外的组织生存，可以自主地按自己的意愿活动，是一个独立完整的社会自组织系统。由于国家是独立自主的社会实体，因而一个国家以什么为自己的目的和目标、怎样实现自己的目的和目标，完全取决于自己，其好坏、强弱完全取决于自己。国家必须对自己的命运和前途负完全责任。

其二，国家是通过自己的机构维护自身安全和进行自身管理的。国家作为一个社会自组织系统，它的存在和发展完全依赖于自己所选定的组织机构。国家的组织机构有两项基本职能：一是国家安全，二是国家管理。虽然所有的国家都是通过自己的机构维护安全和进行管理的，但如何保障国家安全，怎样管理国家事务，以及如何处理这两者之间的关系，各个国家的做法却是很不相同的。例如，有的国家为了维护国家的安全，甚至只是为了维护现行的统治，不惜一切代价，不管国家的经济社会发展，不管国民的死活。其结果国家安全得不到保障，经济社会发展落后，国民贫穷。因此，对于上述问题的处理方式不同关系到国家的兴衰成败、生死存亡。

这种处理方式的不同又根源于国家机构的设置及其运作方式，根源于国家的制度。例如，一个实行专制制度的国家，就必定把国家的安全、现行统治者的利益看作是至高无上的，国家的一切活动都以此为轴心。而国家制度、国家机构及其运作方式如何，归根到底又取决于这个国家的国民。因为国家不是自然生成、不可改变的，而是人为建构的，是可以改变的。

其三，国家机构的权力来自于国家的强制力量或“暴力机器”。国家机构之所以有能力维护国家安全，之所以有权力进行社会管理，是因为有军队、警察这些强制力量作后盾。国家的权力实际上就来自国家的强制力量。没有这种强制力量，国家一天都无法存在。到目前为止的所有国家，都是以强制力量作后盾的强力国家。而且可以预料，即使人类真正实现了“大同”，国家对外不需要军队，警察也仍然是需要的。这种强制力量之所以需要倒不是因为对被统治阶级实行统治，而是要对付犯罪。人类有可能消灭战争，但不可能消灭犯罪。因为，我们可以设想，在一个国家范围内可以消灭战争，在全人类范围内同样也可以消灭战争，但到目前为止，在任何较大的范围内还没有消灭犯罪的先例。犯罪不可能完全消灭的根源在于人性的那种利己倾向。

国家机构的权力来自于强制力量，这应该是显而易见的，否则无法说明一些国家为什么经常发生武装政变。问题在于这种强制力量来自何处。一般说来，这种强制力量来自谁，它就对谁负责。这种力量来自国民，它就对国民负责，这种力量来自某一阶级或集团，它就对某一阶级或集团负责。一个国家要成为全体国民的国家，即民主的国家，只有军队、警察等国家强制力量真正来自作为“纳税人”的全体国民才能如此，否则就是空话。

应有的目的和使命

国家是一种人为事物，人之所以要建构它，是因为它有价值。然而，当国家出现之后，人们才发现它并不是一种绝对好的东西。历史事实已经证明并将继续证明，国家可能是好的，也可能是坏的；可能是对所有成员是好的（如民主国家），可能是对一部分成员是好的（专制国家），也可能是对所有成员都是坏的（暴政国家）。一般说来，真正好的国家只有一种，即对所有成员都是好的国家，坏的国家则至少有两种，即对一部分成员是坏的国家和对所有成员都是坏的国家。不过可以肯定的是，国家像许多人为事物（如科学技术）一样，有了它，就可能有它可能产生的坏结果，但没有它，也就肯定没有它可能产生的好结果。因此，问题不在于要不要国家这种人为事物，而在于怎样使它成为对所有成员都是好的，防止使它成为对一部分成员是坏的，更要防止使它成为对所有成员都是坏的。为了解决这个问题，首先必须研究为国家规定什么样的目的和使命它才会成为对所有成员都是好的，才会成为真正好的，也就是要弄清楚国家应有的目的和使命是什么。

任何国家都是有目的的，并为实现目的而肩负着一定的使命，而国家的目的和使命是人为确定的。从理论上看，为国家规定的目的和使命有三种可能的情况：一是对全体国民都是好的；二是对一部分国民是好的，对一部分国民是坏的；三是对所有的国民都是坏的。

我们首先来看第三种情况。从历史事实看，属于这种情况的至少有三种情形：

情形一：以最高统治者（如皇帝、国王）的好恶为国家的目的和使命，以最高统治者的意志为国家的意志。特别是当最高统治者是个庸君、昏君、暴君时，整个国家就会成为“一台发了疯的机器”。

情形二：以少数统治者的私利的实现为国家的唯一目的，横征暴敛、鱼肉百姓、杀鸡取卵、竭泽而渔，国家成为统治者满足私欲的天堂，百姓成为统治者任意宰割的羔羊。

情形三：以某种根本不可能实现的尽善尽美的理想天国作为国家的目的和使命，泯灭人的天性，扼杀人的个性，牺牲人的现世幸福，其结果是绝大多数国民成为被愚弄的小丑和别有用心的野心家的走卒。

这三种可能的情形看起来是对少数人或个人是好的，但实际上对他们也不是好的，因为为所欲为、鱼肉百姓、愚弄国民的人的下场都是可悲的，中国的秦始皇、欧洲中世纪的天主教会就是例证。

再次我们来看第二种情况。从历史和现实看，属于这种情况的有两种情形：

情形一：以少数国民利益的实现为国家的基本目的和使命。在这种情形下，少数国民一般是社会的统治阶级，是国家权力的基础，而统治者是它们的代表。由于大多数的利益实现是这少数人利益实现的基础和前提，因而在这种情形下，国家一般都兼顾其他大多数国民的利益。但是，在这种国家范围内，少数国民占有了社会大多数财富、资源和权力，他们是富裕、自由、幸福的，而其他国民则不能如此，甚至还是贫穷的、受压迫的、痛苦的，因而是不公平的。在这种不公平的社会，少数统治者不得不消耗大量的财力和精力维护社会的稳定，国家的浪费大、精力分散，而且既得利益者总是感到不安全，活得并不自由、自在，因而这种国家即使是对这少数国民也不是最好的。

情形二：以大多数国民的利益的实现为国家的基本目的和使命，兼顾少数国民的利益。当今的市场经济社会大致上属于这种情形。这种情形无疑比前面几种情形都好，但是也存在问题。这些少数人一般都是社会的弱者，如伤残人、老年人、未成年人、妇女。他们或她们得依赖他人或社会，而且所得少得可怜，不用说与社会上的那些强者比，即使与普通的正常人比也相去甚远。他们感到国家对他们是不公平的，因为尽管他们对国家的贡献少，但这不是他们的意愿所能决定的。这种国家显然对这些人是不好的，由于他们获益与大多数人获益的相对差距增大，他们甚至更讨厌这种国家，而留恋那种被美化了的昔日社会。事实上，这种国家对于大多数人也并不是真正好的，因为人难免生老病死，每一个人几乎不可能完全不进入弱者的行列，只是个时间早晚问题。因此，在这种国家中生活，人们的心灵上总会笼罩着阴影，总会潜伏着忧虑。

最后我们来看第一种情况。这种情况只有一种情形，那就是以全体国民幸福的普遍实现为国家的根本目的和根本使命。与前两种目的和使命相比较，这种目的和使命有两个鲜明的特点：

一是它以全体国民（包括公民和准公民）而不是以部分国民更不是以某一个特殊的人物的幸福的普遍实现为根本目的和根本使命，尽管各个国民的幸福可能在深度和广度上存在着差别；

二是它以全体国民的幸福而不只是某方面、某层次的利益的实现为根本目的和根本使命，就是说，它追求全体国民的根本的总体的需要的满足，追求全体国民普遍更好地生存、发展和享受。

以全体国民幸福的普遍实现为国家的根本目的和根本使命还过于抽象，还必须进一步以这一根本目的和根本使命为轴心和根据为国家确立一些基本的目的和使命。它们包括以下三个方面：其一，确认并保障全体国民在国家中的主体地位；其二，建立国民自由地追求幸福，平等地享有权利和履行义务，公正地获取所得的完善机制；其三，为整个社会的和谐提供有效的保障。

为国家确立这样的目的和使命，国家才可能真正成为自由、平等、公正、幸福、开放、多元、有序、人道的社会，成为真正个体自主而又整体和谐的社会，成为各尽所能、各得其所、各有所乐的社会。只有这样的社会才是对于全体国民都好的，只有以这样的社会的实现作为国家的目的和使命才是真正对于全体国民真正好的。由于只有追求全体国民幸福的普遍实现对于全体国民都是好的，因而只有追求全体国民幸福的普遍实现才是国家的正确目的和使命，也是国家应有的目的和使命。

国家的目的和使命问题不仅涉及为国家确定什么样的目的和使命问题，而且涉及与之密切相关的两个问题：谁为国家确定目的和使命？怎样为国家确定目的和使命？这两个问题从根本上规定着国家确定什么样的目的问题。因此，我们不仅要弄清楚国家应有什么样的目的和使命才是对全体国民都好的，还必须研究由谁确定和怎样确定这样的目的和使命。

确定国家的目的和使命的主体，从历史事实来看有两种类型：一是全体国民；二是统治者（可能是统治阶级，也可能是君主一人）。确定国家的目的和使命的主体是谁，国家的目的和使命就会体现谁的意愿。由全体国民来确定，国家的目的和使命就会体现全体国民的意愿；由统治者来确定，国家的目的和使命所体现的就是统治者的意愿。

一般说来，由全体国民所确定的目的和使命才有可能对全体国民都是好的，而由统治者所确定的国家目的和使命则不大可能对全体国民都是好的。任何统治者都有自身的利益，如果国家的目的和使命纯粹由统治者确定，那就很难避免统治者的利益偏见。在最好的情况下，即在统治者英明的情况下，统治者会在首先考虑自身利益的情况下兼顾其他国民的利益；而在最糟的情况下，即在统治者昏庸或残暴的情况下，统治者则会不顾、甚至牺牲其他国民的利益保全自身的利益。在人类历史上，大多数国家都是由统治者为国家确定其目的和使命的，因而历史上的大多数国家的目的和使命对于所属全体成员并不都是好的。有不少统治者打着为全体国民谋福利的旗号，其实际结果并非如此。国家的目的和使命只有由全体国民来确定，国家的目的和使命才能真正体现他们的意愿和利益，因而才可能是好的。

但是，值得注意的是，国家目的和使命由全体国民来确定才可能是好的，但并不必然是好的。这就涉及国家的目的和使命怎样确定的问题。这个问题又涉及两方面的问题：一是确定的根据问题；二是确定的方式问题。

历史事实表明，确定国家的目的和使命的根据问题有两种情况：一种情况是根据人们的经验来确定；另一种情况则是根据理论来确定。由于经验一般是偏狭的、短视的、零散的，因而以经验为根据确定国家的目的和使命，即使其主体是全体国民，仍然不可能是真正好的，相反可能是很不好的。例如，古代雅典城邦民主制国家的目的和使命基本上就是国民（自由民）根据经验确定的，其结果不仅处死了著名哲学家苏格拉底这一民主制的产儿，而且使这一国家本身很快走向灭亡。相反，理论一般是理性化的，正确的理论会兼顾个体与整体、局部与全局、眼前与未来的利益，因而以正确的理论为根据，为国家确定目的和使命才会是真正好的。现代民主国家的目的和使命一般都是根据正确理论确定的，因而能真正体现全体国民根本的整体的利益，比较合理。

确定国家目的和使命的方式问题也存在着两种情况：一种情况是由全体国民直接确定；另一种情况是由国民的代表来确定。由全体国民来直接确定，是最能体现全体国民的意愿的，但由于国家的范围比较大，这种方式除了在小国寡民的雅典城邦之外，一般都难以采用。因此，由国民的代表来确定国家的目的和使命通常是必然的选择。那么，怎样保证国民的代表真正代表全体国民的意愿就成为一个重要的问题。人类为此所采取的方式是民主制。这种代议制的民主制度虽然不是尽善尽美的，但到目前为止仍然是人类的最好选择。

以上分析表明，只有由全体国民通过民主的途径以正确的理论为根据才能确立对全体国民都是好的国家目的和使命。那种寄希望于英明的统治者来为国家确立对全体国民都是好的目的和使命、使国家成为真正和谐的社会的做法，可能是危险的。

二、国家的结构

为了实现国家的目的和使命，国家必须有一定的结构。国家结构是国家行使其职能、发挥其作用，从而实现其目的和使命的组织形式。国家的结构也是人为设立的。一般说来，国家的结构应当是与实现国家目的和使命的要求完全一致的，但由于国家结构是人为设立的，受人的认识的局限和传统的影响，可能会出现两种问题：一是国家结构过于复杂。过于复杂的结构不一定有利于国家目的和使命的实现，即使能实现国家目的和使命，也会因结构过于复杂而成本过高。二是国家结构过于简单。过于简单的结构虽然可以节省成本，但难以实现国家的目的和使命，同样会得不偿失。因此，如何建立合理的国家结构就是值得重视的问题。

与社会结构的关系

前面我们讲过，国家是一种社会形式，在国家的社会范围内还有很多不同层次、不同维度的社会，如民族、省、市、团体、企业等。所有这些社会共同体都在国家的范围内，而且一般都受国家的保护和管理，因而这些共同体之间的结构以及它们内在的结构在一定意义上可以说是国家的结构。但是，不能简单地把所有这些共同体都看作是国家的一部分，否则在一个国家的范围内就只有一种社会、一种共同体，这样，国家就会成为一统、专制的社会，而不是多元、自由的社会。这样的国家在人类历史上并非没有出现过，中国传统社会的家天下，即所谓“家是国的缩小，国是家的扩大”，就是这样的国家。历史证明，这并不是一种好的社会结构。

人类社会现代化的重要表现之一是国家与社会的分离。关于这一点，哈贝马斯作了深刻的论述。在他看来，国家与“市民社会”或社会伴随着市场经济和民主社会的到来发生了分离。这种分离首先表现在国家从经济领域脱身出来，只负责行政管理与税收，将生产交给市场。“现代国家同时也是管理国家、税收国家，这就意味着，国家的主要任务是行政管理。国家把一直在政治统治领域内进行的生产使命转让给了与国家分离开来的市场经济。”[①]国家与社会的分离还表现在私法与公法的区分上。这一分离主要体现在保障个人私人领域自治的权利，于是私人占据了主体自由的核心领域。“随着封建主主权向人民主权的转变，臣民的这些权利转变为人权和公民权，即公民的政治自由权利。从理想型的角度来说，这些权利除了保障私人自律之外，还保障政治自律，而且原则上是针对每一个人的。民主法治国家就其理念而言，是根据民众自己的意愿和自由意志确立合法化秩序。根据卢梭和康德的观点，权利的拥有者，同时也应当是权利的授予者。”[②]

如果我们把一个国家范围内的所有社会形式看作是社会复合体的话，那么国家只是其中的一种社会或社会形式，它与所有生存于这个社会复合体之中的其他社会形式一起构成这种社会复合体。近代以来整个人类社会都已经国家化，但这并不意味着国家结构包含、更不意味着国家结构等同于整个社会结构。国家也是一定层面或一定维度的社会形式，而不是所有社会形式的总和，更不是可以代替所有其他的社会形式。

---

① ［德］哈贝马斯：《包容他者》，曹卫东译，上海人民出版社 2002 年版，第 128 页。
② ［德］哈贝马斯：《包容他者》，曹卫东译，上海人民出版社 2002 年版，第 132 页。

社会复合体的结构十分复杂。大致上说，社会复合体结构，或者简单地说社会结构，可以划分为三大层次：文化结构，政治结构，经济社会结构。它们分别构成了人类社会及其生活的三大领域：文化生活，政治生活，经济社会生活。国家就是社会结构中的政治社会，是社会生活中的政治生活，国家结构就是社会的政治生活结构。因此，国家不是与社会同构的，而是社会结构中的一种结构；国家不等于社会，它像其他社会形式一样，只是社会中的一种社会形式。它与其他社会形式不同的地方在于：第一，它是政治生活这一特殊层面和特殊维度的社会；第二，它肩负着包括它自身在内的社会复合体的安全和管理责任。正是在这种意义上，国家是社会复合体中的一种特殊形式，也可以说是一种基本形式，它在整个社会结构中占有特殊的重要地位。

国家作为社会，它的特殊性首先在于，它是人们以公民角色活动的社会。一方面，它是公民以公民角色活动的场所和条件。另一方面，它又是公民以公民角色活动的产物和结果。不管历史上曾经有过的国家是怎样的，其实质都是通过以强力为基础和保障的机构维护社会安全和进行社会管理的社会实体，而它应有的根本目的和根本使命就是要运用政治力量为国民的幸福提供保障。因此，国家作为社会的特殊层面在于，它是根本性的总体性的宏观社会，它应从根本上和总体上反映、维护和促进国民的幸福，使国民生活得更好；它的特殊维度则在于它是一种政治社会，它应以政治权力保障公民的角色活动，实现公民权利和义务相匹配。

国家作为社会的另一特殊性在于，它负责社会复合体中的管理，包括不同社会共同体的设置、撤销，对它们进行规范和监督，等等。这对于社会复合体来说是完全必要的，否则，社会复合体就不是有序的，而是混乱的。但是，必须意识到国家以外的社会共同体的存在是必要而又重要的，它们是满足人的不同需要的场所和条件，因而国家对它们的管理不是要消灭它们，而是要使它们在不违背国家的根本目的和使命的前提下更繁荣昌盛，更充满生机活力，更有助于不同角色的人群实现自身的幸福。国家对它们进行管理的原则和方式就是通过法制使它们有助于而不是有害于其成员的幸福。就这种特殊性而言，国家应定位于适度管理的层面，即以其他社会形式有助于而不是有害于其成员的幸福为限度；它应以法制为维度，只通过法制进行管理，以法律为根据使管理规范化、程序化、制度化。

国家就应定位于以上的层面和维度，同时国家的结构也应该围绕这一定位来构建。如果国家不是定位于此，不是以此定位来构建，国家很可能会越俎代庖，出现不该管的管了许多，该管的管不好的局面。其结果，国家不仅不能实现应有的目的和使命，相反会陷入混乱之中。由于国家拥有社会管理和控制权，如何使国家有一个正确的定位并以一定的机制保证国家不越位，这是一个极其重要的理论和实践问题。人类为解决这个问题作出了不懈努力，但至今仍然不能说已经解决好了这个问题。

内在结构

国家作为政治社会，其结构就是政治社会结构。政治社会结构所涉及的主要是国家机构与公民的关系，其次是国家机构与其他社会组织的关系。后一种关系是由前一种关系派生的，因此社会政治结构的基础是国家机构与公民的关系。从这种关系的角度看，国家的内在结构可能是两种：一种是自上而下的单向结构；另一种是由上行结构、横向结构和下行结构构成的复式结构。这里着重分析后一种结构，并在讨论后一种结构与前一种结构的差异的同时阐释前一种结构。

国家的上行结构是公民赋予国家机构以权力并对这种权力实行监督的结构，同时也是公民表达自己的意愿并使之成为国家的法制、政策的结构。它包括选举结构和立法结构。这种结构在人类历史上的很多时代和很多地方基本上是不存在的。例如，在中国传统社会，在欧洲的中世纪就是如此。一般说来，这种结构只有在公民成为国家的主人、具有政治权力才会存在。假如国家产生于暴力、继承或其他途径，就不会有这种结构。一个国家如果要成为以追求公民幸福普遍实现为其目的和使命的国家，成为公民自己的国家，就必须有完善的上行结构。

从目前人类所建立的这种国家结构来看，一般都实行代议制，如议会制、代表大会制。就是说，公民通过定期选举自己的代表来表达自己的意志和愿望，通过自己的代表来选择国家主要官员并对其实行监督。由代表所构成的各级机构就是各级议会，包括中央议会和地方议会。而且各级议会都是独立的，它们只对自己的选民负责，而不对上级议会负责。但是，各国的上行结构存在着很大的差异。其中最大的差异在于：有些国家不只是实行议会代议制，而且有行政首长直接选举制作为补充，而有些国家则只实行代议制，行政首长由公民代表会议即议会产生。在前一种情况下，不同层次的行政首长由不同范围的公民选举。例如，总统由全国公民选举，州长由全州的公民直接选举。这样产生的行政首长不仅要对议会负责，而且必须对他的选民负责。在后一种情况下，行政首长是由议会产生的，只需对议会负责。很显然，前一种方式一般地说更能体现公民的意志和愿望。

代议制政治是一种民主政治形式，要比靠武力夺取政权、实行专制统治的政治好得多。这是必须肯定的，但是从目前人类的政治实践来看，代议制政治也存在着明显的缺陷。首先，无论代表的比例多么大，代表毕竟是代表，他们很难体现全体公民的意愿。其次，难以确定代表占选民的多大比例才能最好地代表选民的意愿。第三，不能排除代表在一定程度上利用代表的资格谋求私利。最后，代表比全体选民更有可能被操纵。例如，对所有公民行贿是不大可能的，但对选民的代表行贿则是完全可能的。因此，意识到代议制的缺陷并不断使之完善，同时致力于寻求更能体现全体公民意愿的上行国家结构，是当今人类面临的重要课题。

国家的横向结构是一个国家的不同层次的政治结构。广义上它一般包括公民政治生活结构、地方权力机构和中央权力机构三个层次。狭义上它只包括行使国家权力的机构。这里我们只从狭义上考虑国家的横向结构。国家的横向结构或者是通过民主的方式产生的，或者是通过其他方式产生的。通过民主的方式产生的国家机构，其权力一般来说是相对的，它必须受产生它的议会或选民的制约；而通过其他方式产生的国家机构，其权力则有可能是绝对的。由于人类已经认识到绝对的权力必定导致绝对的腐败，因而这后一种方式正在为整个人类所否定。这里我们只考察通过民主的方式产生的国家机构。

通过民主产生的国家权力机构，一般都包括由公民代表组成的立法机构即议会，由议会产生的行政机构和司法机构（法院、检察院）三部分。立法机构根据公民的意愿和意志立法，并监督其施行；行政机构根据法律并在法律的范围内对国家实行管理；司法机构依法对违法行为进行惩治、对法律纠纷进行裁决。从理论上看，行政机构和司法机构由立法机构产生、对立法机构负责并接受立法机构的监督，而立法机构所体现的是公民的意愿和意志，那就可以保证整个国家机构体现公民的意愿和意志，就可以保证国家机构正常运行而不受干扰。但是，实际的情形则复杂得多。例如，从立法机构来看，尽管它产生于公民，但一旦独立就有可能由于种种原因而不完全受公民制约，甚至不完全受公民的代表制约，就有可能发生腐败。另一方面，立法机构所表达的意愿和意志有可能是不符合实际、缺乏可行性的。

为了解决这类问题，人类在政治实践中不仅强调国家的权力最终源于公民，受公民的监督，同时又强调国家的三种权力机构分立，并相互制衡。有的国家（例如美国）更是让各级行政首长直接由全体公民产生而不由议会产生，从而使行政权与立法权完全分离，形成平衡制约机制。从人类的政治实践来看，国家权力机构分立并建立相互制衡的机制是一种较好的横向国家结构形式。

国家的下行结构是国家机构行使权力的结构。这种结构是国家对社会实行管理的机构，严格说来，它只包括行政机构和司法机构。这种结构是任何国家都存在的，但一般有四种不同的基本类型：

类型一：上级国家机构授权下级国家机构，上下级存在着隶属关系，下级只对授予其权力的上级机构负责，最高权力机构的权力则是不受制约的；

类型二：国家行政机构和司法机构的权力来自于同一级的议会，因而也对同一级立法机构负责；

类型三：国家机构，主要是行政机构的权利直接来源于选民，它们直接对选民负责；

类型四：第二种类型和第三种类型的结合，行政机构既对选民负责也对议会负责，而司法机构则只对议会负责。

前一种类型属于集权制、专制结构，这种结构由于弊端很多而正逐渐为人类所摒弃；后三种基本上都属于分权制、民主制结构，不同国家由于种种原因分别采取了这些结构形式以及这些结构形式的变种。从理论上看，第三种类型的结构是一种最好的结构，因为这种类型国家机构的权力直接来自选民，直接对选民负责，它是否能真正对选民负责，选民便于识别，便于监督，对于不负责的官员便于更换。不过，从实际的情况看，这种形式对于人口特别众多的国家来说，实行起来比较困难。

从以上分析可见，在国家的三种结构中，立法机构属于上行机构，司法机构属于下行机构，行政机构则可能是下行机构，也可能既是下行机构同时又是上行机构。国家的这三种结构是相互关联、各有分工、相互制衡的，它们彼此之间、它们与公民之间存在着错综复杂的关系。不过，在一个国家的结构中，这三者各自的地位、作用越明确，它们之间的关系越明晰，它们各自越能独立地行使权力而又越能得到及时有效的制约，这种国家的结构就越好。

两种基本类型

在讨论国家的内在结构的过程中，我们事实上已经涉及到国家的两种基本类型，这里再对这两种不同的国家类型进行一些专门讨论。

从总体结构来看，国家有两种基本的类型：集权制和分权制。当然也存在着这两种类型之间的过渡类型和这两种类型的变种。这两种类型与专制和民主制有一定的关联，但又不完全等同。

集权制是自古以来最常见的一种国家类型，几乎世界各地都出现过这种国家，直到今天仍然有一些属于这种类型的国家。这种国家有以下一些共同特点：

国家机构（从中央到基层）的权力不是直接来源于选民，甚至也不是来源于由选民代表组成的议会，而是来源于其他地方，如来自武力征服、战争胜利、政变、世袭，等等，甚至有的国家宣称“君权神授”。

国家的最高权力一般是至高无上的、不受制约的绝对权力，而且集中在一个国家机构甚至一个人手中，尽管可能存在不同类型的国家最高权力机构，但它们都不是彼此独立的，而是从属于具有绝对权力的机构或个人，并对它们负责。

地方及基层各级权力机构的主要官员都是上级机构委派的，主要对上级国家机构负责。国家主要官员乃至一般官员实行终身制。

国家主要实行人治，法制只是统治者意志的体现，其作用主要是用于对付被统治者。由于实行人治，因而国家的管理并没有定规，在大多数情况下，国家什么都管，从人的衣着打扮到灵魂深处无不可以纳入管理的范围。

地方不具有任何独立性，不实行区域自治。国家与公民的关系不是服务与被服务的关系，而是领导与被领导、指挥与服从的关系。整个国家只有一个实体，那就是国家，个体在国家中不是主体，而是国家这个整体中的部件。

这种类型的国家有其优点，例如，可以保证国家的高度统一，可以把国家的财力集中起来办一些大事，特别有利于抵御外来侵略。但是，这种国家也有诸多致命的弊端。首先，国家机构不一定能代表全体公民的意愿和意志，在很多情况下国家机构是与公民处于对立的两极。其次，由于公民并不把国家看作是自己的国家，因而会严重地抑制公民作为国家主人的积极性、能动性、创造精神和对国家的责任感。第三，这种国家的兴衰取决于最高领导人，最高领导人是英明的，国家就可能治理得好，相反如果国家最高领导人是昏庸或残暴的，整个国家就会陷入混乱或灾难。

集权制可以是专制性的，也可以是开明性的，从一定意义上可以说专制是集权制的一种极端类型。集权制是开明性的还是专制性的，主要取决于国家最高统治者是开明的还是专制的。不过，从总的倾向来看，由于集权制的权力容易集中到一个人或少数几个人手中，因而自然容易走向专制，即使是开明的国家领导人，由于实行终身制，当他到了晚年也容易从开明走向专制。这也正是专制的重要弊端之一。

分权制在古代就已经有了。如中世纪欧洲的领主分封制可以说是一种分权制。但是，现代的分权制是近代才开始出现的一种国家类型。这种分权制一般是以民主制为基础的或者说是民主制的结果。今天这种类型的国家结构正在为越来越多的国家所采用。分权制的国家也有一些共同特点：

国家机构的权力或者直接来自选民，或者来自由选民代表组成的立法机构，一般都坚持国家主权在民的原则。

从中央到基层的各级权力机构都是分立的，不存在权力中心，各权力机构各司其职又相互制衡。

各级国家机构的主要官员是由选民或选民代表选举产生的，他们只对产生它们或赋予他们以权力的选民或选民会议负责，而一般不对上级国家机构负责。国家各级主要官员都实行任期制。

国家实行法治，法律是公民意志的体现，在法律面前人人平等，法制主要不是对付被统治者的手段，而是管理整个社会的方式。国家只管理应该管理的，并且依法管理，在法制之外社会成员有广阔的自由空间，即所谓“小政府大社会”。

地方具有高度的自主权，地方与中央在不同范围分层面对国家进行管理。国家与公民的关系是服务与被服务的关系。整个国家的主体多元化，国家是主体，公民个人、企业、团体等也是主体，省或州等也是主体，国家承认、尊重并保护不同主体的合法地位和合法权利。

分权制是针对集权制的弊端采用的一种国家整体结构形式，基本上可以克服集权制存在的各种弊端。这种类型的国家最大的优点在于：一是公民真正成为独立自主的主体，真正成为社会的主人，国家不再是终极目的，而是保护和扩大公民自由、实现和促进公民幸福的有效手段；二是国家的一切管理都纳入法制化的轨道，法制是公民意志的体现，法制为整个社会的稳定提供保障。这样的国家可以达到个体充分自主与整体高度和谐的统一。

不过，从目前的人类政治实践来看，实行分权制的国家也存在着一些问题有待解决。其中最大的问题之一就是社会公正问题。在公民充分自由的国家，所有的公民都可以自由地追求幸福，但由于种种原因（如年龄、性别、不幸），追求的结果却是很不相同的，而且差异十分巨大，这即是所谓两极分化问题。尽管国家可以通过一些干预措施保护弱者，但这会影响强者的积极性，也会给弱者某种心理阴影。这一问题的存在在一定程度上影响了使全体公民普遍幸福这一国家的根本目的和根本使命的实现，因此需要人类进行再探索，寻求使这一问题得以解决的办法。

三、国家的职能和作用

国家的目的和使命需要通过其结构行使职能和发挥作用来实现。国家行使什么样的职能、发挥什么样的作用、职能行使得怎样、作用发挥得怎样，直接关系到国家目的和使命的实现。因此，作为人生幸福所需要的和谐社会，国家不仅应有正确的目的和使命，也应有合理的国家结构，还必须使合理的国家结构有效行使其职能、充分发挥其作用。另一方面，对国家职能的规定和控制又往往以为国家确定的目的和使命为前提，国家的职能和作用也必须由国家结构特别是国家机构来行使和发挥。国家行使什么样的职能、发挥什么样的作用、职能行使得怎样、作用发挥得怎样，又与为国家规定什么样的目的和使命、构建什么样的国家结构直接相关，也与整个社会生活状况特别是经济状况相关。在前面分别讨论了国家的目的和使命之后，这里再进一步讨论国家的职能和作用问题，并对政府、政党在国家中的特殊作用做些分析。

两类国家的不同职能

各个国家的职能、各种类型国家的职能都是不尽相同的。一般说来，国家都有三大职能，即立法、行政、司法。无论什么国家，其职能都无外乎这三大基本方面。但是，对于不同的国家来说，这三大职能的目的、内容、行使方式是很不相同的。从总体上看，国家的职能经历了一个从传统到现代的转换，或者说经历了从集权制国家职能到分权制国家职能的转换。

传统国家一般都是集权制国家，传统国家的职能可以说就是集权制国家的职能。从内容上看，集权制国家主要有以下三大基本职能：一是维护国家安全，包括抵御外敌侵略，防止国内反抗和维护社会秩序；二是实现统治集团利益，包括维护、增进、调节统治集团内部的各阶层各方面的利益；三是控制社会生活，包括通过法律、道德、政策等各种手段对整个社会的生活起导向和调节作用。集权制国家的职能有以下一些特点：

第一，国家的所有职能都是以维护和增进统治者的利益为轴心的，对于其他国民的利益只是兼顾，在不能兼顾的情况下会毫不犹豫地牺牲其他国民的利益来保护统治者的利益。例如，抵御外敌的侵略看起来是为了全体国民，其实不然。当国内的反抗更有可能威胁统治者的利益时，统治者就会不惜牺牲整个国家和民族的利益与外敌妥协甚至勾结来对付威胁更大的国内反抗。这一点已经为许多历史事实所证明。

第二，国家的所有职能基本上都是由单一的国家机构来行使的。集权制国家一般地说也具有立法、行政、司法这三大职能，但通常都不实行分权制，这三大职能都集中地由同一国家机构行使，国家的职能成了同一国家机构不同职能部门的职能。不同职能部门及其职能之间不存在制衡关系，这样难免出现职能滥用、职能僭越、职能不到位的问题。

第三，国家对社会生活作用的范围窄、强度大。集权制国家所要解决的主要问题是实现统治者的利益以及为保护统治者利益的军队的经费，而不是国民的利益和幸福，国家所关心的是怎样使财富集中，怎样掠夺财富，而不是关心如何更多地创造财富和在国民中公平地分配财富。因此，国家的职能单一，不能行使诸如规划社会生活，促进经济发展和社会全面进步等应有的职能。另一方面，为了维护统治的需要，对那些本不该管的事务又管得太死、太严，不仅规范人们的社会行为，而且规范人的所有行为乃至人的思想观念。

第四，国家职能的行使主要靠强制力量支持。集权制国家的一切统治或管理职能基本上都是建立在对被统治者实行统治的基础之上的，而被统治者不会心甘情愿地接受这种统治性的管理。要使国家有效地行使职能，就必须靠强制力量作为坚强的后盾，否则统治就不能维持下去，国家的职能也就不能有效履行。

集权制国家职能的这些特点也是集权制国家职能的局限和缺点。导致这些局限和缺点产生的原因是复杂的，其中最重要的是三个方面：

一是国家的目的和使命的偏狭。传统国家目的和使命不是全体国民的幸福，而是统治者的利益。这种偏狭的目的和使命使国家不可能根据全体国民的幸福来规定行使国家的职能；

二是国家结构特别是机构构建的缺陷。集权制国家的集权结构是适应集权制国家偏狭的目的和使命构建的，这种结构只适合于实现偏狭的目的，不可能全面地行使国家应有的职能；

三是社会生活特别是经济生活的分散性。传统社会的经济基础以及与之相应的社会生活基本上是自然的、隔离的、封闭的，这种互不关联的经济社会生活与集权政治相互补充，构成了集权制国家政治生活的基调。

这三方面的原因是互为因果、彼此支撑的。分散的经济社会生活必定会产生以强权为基础的集权政治机构，这种政治机构必定会以追求统治者的利益为国家的目的和使命，确定这种目的和使命的国家必定会维护现有的经济社会基础，根本不可能改变现存的经济社会生活方式而去追求整个国家的经济快速增长和社会全面进步。

然而，随着经济社会生活的发展变化，这种以强权为基础、以一部分人统治另一部分人为前提的国家及其职能日益暴露其狭隘性和不合理性。当与传统的自然经济完全不同的市场经济开始壮大的时候，全体国民的主体意识随之普遍增强，同时所有国民利益和幸福的相互关联性也普遍增强。在这种情况下，人们开始重新思考和确定国家应有的目的和使命，重新思考和构建国家应有的结构，重新思考和规定国家应有的职责。于是就出现了国家职能从传统的集权制向现代的分权制转换。

这个转换也经历了一个曲折的过程。近代西方自由主义针对传统国家出于维护统治者利益的需要而对经济社会所进行的强制性干预和限制，主张使国家职能降低到最低的限度，认为国家不过是“守夜人”、“裁判员”。随着市场经济和社会生活的高度现代化，人们才逐渐意识到国家机构介入经济社会生活的必要性，国家发挥必要职能的重要性。于是，对国家应有职能有了全新的认识。

分权制国家职能是在为国家确立以全体国民的幸福为根本目的和使命、构建以民主为基础的分权制的国家结构前提下和过程中逐渐明确起来的，尽管还有待于进一步明确和完善。大致说来，现代分权制国家主要有以下六大职能：其一，保护公民的合法权益。这是国家的最基本职能。国家必须有力地保护所有公民的合法权益，使之不受任何个人和组织的侵犯；其二，维护国家安全。这与传统国家职能基本相同，只是防止国内反抗的职能正在消失，防止犯罪的职能增强；其三，管理经济社会生活。这种职能传统国家已经具备，但现代国家大大强化；其四，促进经济增长和社会进步。这是一种全新的国家职能，而且正在得到进一步强化；其五，兴办公共事业和公益事业。这也是一项全新的国家职能；其六，开展国际政治、经济、技术、文化的交流和合作。这也几乎是一种全新的国家职能。从所有这些职能看，分权制国家的职能无论是在广度上还是在深度上都大大增加了。现代的分权制国家的职能有以下特点：

第一，国家的一切职能都旨在保护和普遍增进国民的幸福。现代国家也有强制，也需要规范和管理，但这一切的出发点和目的都是为了全体国民更好地生活。

第二，国家的职能是由分立的国家机构行使的。现代国家的结构一般都是三权分立、相互制衡的，立法、行政、司法这三大基本职能由不同的机构行使，这既可以防止职能的滥用，也可以防止职能僭越和职能不到位，为职能合理而又充分地行使提供了保障。

第三，国家职能对社会作用的范围宽、限度明。现代国家的职能涉及到社会生活和个人生活的各个方面，但这种作用是有明确限度的。它不干涉相反保护个人的自由和个人的生活，在法律的范围内它引导而不干预人们的选择和追求。

第四，国家的职能主要通过法制的途径，依据程序进行，除了抵御外来侵略，国家一般不诉诸暴力。

政府的特殊地位

政府一般就是国家的行政机构。无论是对于集权制国家还是对于分权制国家，政府都在行使国家职能方面具有特殊的地位和作用。从前面对两种类型国家职能的分析中就可以看出，一个国家可以没有独立的立法机构，也可以没有独立的司法机构，但一个国家不能没有独立的行政机构，即政府。有没有政府，是一个国家是不是真正的国家的最显著标志。

政府在国家行使职能乃至国家存在方面之所以具有特别重要的意义在于，国家的目的和使命主要由政府来实现。这一点对于集权制国家来说是不言而喻的，因为集权制国家的一切职能都是由政府来行使的。对于分权制国家来说，这一点也是明显的。

分权制国家的立法机构的主要职能是立法，立法的意义主要在于为行政机构、司法机构规定目的、任务，制定各种规范和活动程序，而这些目的和任务需要通过行政机构和司法机构根据各种规范和程序来实行。行政和司法机构都是执行机构，但两者的作用是不同的。司法机构主要的任务是解决违法犯罪和法律纠纷问题的，可以说它的主要作用是维护社会秩序的。这种作用毫无疑问是必要的，但这对于一个好的社会来说只是必要条件而不是充分条件。一个国家的秩序好并不意味着这个国家的国民幸福，特别是一个国家的秩序好坏最终不是取决于司法机构的作用大小和好坏，而是取决于这个国家的经济社会发展。只有国家行政机构的作用对于实现国家的目的和使命才是至关重要的。

行政机构也对社会进行管理，它所管理的对象是社会中的绝大多数人，包括各种社会组织、团体，等等；而司法机构所管理的总是社会的少数人。更重要的是，行政机构的作用是积极的，即如何推进经济社会的发展和国民的普遍幸福；而司法机构的作用是消极的，即如何防止经济社会秩序遭到破坏。所以，可以说司法机构对国家存在和发展起保障作用，而行政机构对国家的存在和发展起促进作用。

具体说来，政府在行使国家职能方面的特殊地位和作用表现在以下几方面：

第一，政府在立法机构所制定的法律范围内具有极大的能动性。政府与司法机构不同，它不是完全按照法律条文办事，捍卫法律的尊严，而是在法律的范围内对国家进行管理、推进国家经济社会发展。只要不与法律相冲突，政府可以独立地行使行政权力。因此，政府行政权力行使得好坏、作用发挥得好坏，关系到一个国家整体状况的好坏。

第二，政府为了有效地管理国家并促进其发展可以在法律的范围内制定政策和法规。这些政策和法规对社会生活具有直接的干预作用。它们是否正确、合理、适当，不仅关系到国家的目的和使命能否得以实现，而且直接关系到国民当前的生活。

第三，政府可以根据行政实践过程发现的法律的不正确性和不适宜性问题提出法律修正案。一些法律条文从理论上、情理上是正确合理的，但在实行方面可能存在着可行性问题，还有些法律条文本身就不尽正确合理，政府在行政实践中最容易发现这些问题，而且可以根据实际情况对法律提出修正意见，以促进法律的完善。

第四，政府是一个国家的标志和象征，代表国家与其他国家和国际组织发生关系。

政府在国家中的特殊地位和作用不仅表明政府的好坏直接关系到国家的好坏，而且也表明政府容易发生与立法机构、与社会、与国民的分离和异化，由立法的执行机构变成独裁机构、由国家的管理机构变成专制机构、由国民的服务机构变成国民的老爷机构。因此，怎样使政府既充分地行使其职能、发挥其作用，又防止它异化，这是一个重大的理论和实践问题。

从理论上看，要解决好这一问题，必须坚持以下几条基本原则：① 在宪法和法律范围内活动的原则。就是说，宪法必须对政府的职能和责任有明确的规定，政府的一切活动都必须置于宪法规定的范围，而不能超越，即所谓“法无授权不可为”，否则政府的活动就是不合法的。② 政府首脑直接民选的原则。由于政府首脑可能作用立法机构，从立法机构产生政府首脑可能受操纵。因此，要防止政府的蜕变，必须使各级政府首脑直接由选民产生。由选民直接选举的政府首脑才可能真正对选民负责。③ 议会可以弹劾政府原则。政府必须定期向议会报告工作，议会有权对政府工作提出批评，重要的政策法规需要由议会通过才能生效，对于违反宪法和法律、效率低下、政绩平庸的政府及其首脑，议会可以进行弹劾。

政党政治的意义和问题

从集权制国家走向分权制国家的过程中，出现了一种特殊的政治现象：政党政治。政党实质上就是一定的利益集团在政治上的代表。只有在一个国家的范围内出现了多种不同的利益集团时才可能出现代表其利益的政治代表。因此，政党政治的出现是与社会利益主体多元化直接相关的。一个国家如果只有统治者和被统治者这种对立的两大利益集团，一般就不会出现政党政治这种情形。在这种情况下，统治集团控制着整个国家的经济和政治权力，被统治者在经济实力和社会地位上不足以与统治阶级抗衡，特别是在集权制的国家根本就不可能有对立的政治势力存在的余地。

社会利益多元化的出现是与市场经济的兴起和发展直接联系的。市场经济是一种竞争性经济，它不仅要求有不同的多元的利益主体，而且不承认绝对的经济实力并否认政治上的绝对权力。在这种情况下就会形成不同的利益集团。这些不同的利益集团形成一定的规模时，就要求有法律、政策的保护和支持，就会要求政治上的权力。近代开始出现的政党以及政党政治就是这样应运而生的。

从政党政治的产生和实质来看，政党政治是党派利益与全民利益兼顾的多党竞争政治。政党政治是以存在着不同的政党为前提条件的。如果一个国家只有一个政党并且由这个政党执掌政权，严格说来，这还不是政党政治。只有存在着不同的政党，并且都要求按照自己的意愿和纲领执掌政权、制定政策、管理国家，才会有政党政治。因此，政党政治又是一种竞争性政治。不同政党依靠所代表的经济实力和所提出的政治主张竞选议员和政府首脑来实现对国家机构的控制权。政党政治与集权政治不同，任何政党要想执掌政权，就不能像集权统治者那样只考虑统治者的利益，而必须考虑全体国民的利益，否则就不可能赢得大多数选民的支持。从这个意义上看，政党政治又是统治集团利益与全体国民利益兼顾的政治。那种只顾本党派利益而不管全民利益的政党是无法维持其统治的。

政党政治对于打破集权制政治、建立分权制政治、对于国家的全民化具有十分重要的意义。集权政治靠单个的国民以及松散的国民社团是无法打破的。只有具有一定经济实力的利益集团既代表本集团的利益和愿望，也代表全民的利益和愿望，才有可能打破集权统治的一统天下。近代以来的历史事实表明，传统的集权制就是这样被打破的。另一方面，不同政党竞争的结果，必定会使政治权利发生分化，国家机构实行分立，国民利益置于首位（至少在名义上如此）。正因为如此，才有了近代以来出现的以国民的幸福为根本目的和使命、实行三权分立的分权制国家。政党政治的第三个重要意义在于，它能使国家机构始终保持生机和活力。一个政党一旦上台执政，它不仅被置于选民的监督之下，更重要的是被置于各对立的政党的监督之下。这些在野党的领导人都是一些职业政治家，他们的利益要求和他们的职业角色使他们比普通国民更急于发现、更善于发现执政者存在的缺陷和问题。在这种严厉的监督之下更有助于国家机构有效地实现国家的目的和使命。

无论从理论上看还是从实际上看，政党政治也存在着一些难以克服的问题。

第一，政党总是为某一或某些利益集团所支持的，得到支持的政党执政就不能不考虑所代表的利益集团的特殊利益，尽管它们总是打着国家利益的旗号，但只要有机会就会首先考虑集团利益，而事实上这种机会在国家的政治活动中是很多的。这样，政党政治很可能发生偏私，对广大的国民和其他利益集团不公平。

第二，对立党派过于严厉的挑剔和对执政者问题的过分渲染可能导致政局不稳，甚至会导致政治危机。

第三，政党政治常常会成为少数大的利益集团的政治。一些大的利益集团一旦形成就相当稳定，作为它们代表的政党总是具有更强的实力，那些代表中小集团利益的政党常常不能与之抗衡。这样政党政治容易沦为少数大的利益集团操纵国家的工具。

第四，政党政治使国家浪费很多的财力。政党政治使一个国家存在着一大批并非从事执政活动的政治家队伍，特别是不同党派的政治家参加各种不同类型的竞选需要大量的花费。所有这些费用不一定是由政府负担，而是由不同的利益集团负担，但所耗费的是社会的财富。

所有这些问题表明，政党政治作为特定历史条件下的产物，作为民主政治的一种实现形式，有其合理性和优越性，但不是公民参与社会管理的最佳形式。在政党政治条件下，公民参与社会管理变成了政党参与社会管理，而不同的政党并不能真正代表全民的意愿和意志。

四、社会价值体系及其制度化

国家不是一旦建立起来就一成不变的，而是经常变化的。其中最显著的变化一般有两种：一是革命，这即是过去常说的“砸烂旧的国家机器”；二是改良，这即是现在常说的“改革”。无论哪一种方式，都可以说是国家的构建，只是构建的方式和构建的主体不同。国家的构建实际上就是社会价值体系的构建，每一次社会革命，每一次改朝换代，乃至每一次全面的社会改革，都是一次社会价值体系的重构。只有当一种新的价值体系构建起来，一个新的国家、一种新的制度才真正诞生。

前面我们已经分析过，今天的人类社会都是以国家为单位的。国家的结构是复杂的，事实上社会的结构更为复杂。国家的结构是人为构建起来的，社会的结构也同样是人为构建起来的。社会结构和现象纷纭复杂，但是如果透过复杂的社会现象，我们就可以发现，在整个社会现象的背后存在着一种规定着整个社会结构和现象的价值体系。价值体系是一个社会的深层结构。一个国家的复杂的社会现象归根到底都是社会价值体系的表现。国家和社会的结构总是根据一定的价值体系构建起来的，价值体系决定着一个国家、一个社会的命运，决定着一个国家国民的生存、发展和享受状况。因此，一个国家选择什么样的价值体系，怎样从理论上和实际上构建合理的价值体系，不仅对于国家的构建和完善具有根本性意义，而且事关全体社会成员个人的人生幸福。

含义和意义

人的活动都是追求价值的，但是人的价值追求并不是盲目的，不是随意的，而是有根据的。这种根据就是原则。这些原则包括目的原则，其中最重要的是我们的一切追求究竟为了什么，还包括手段原则，即怎样达到目的的原则。这些原则就构成了人的价值体系。价值体系是人的一切活动的深层结构。

价值体系，最简单地说，就是作为追求什么价值和怎样追求价值根据的内在价值原则系统。这些原则一般都是以观念的形态存在的，尽管有时以一定的形式表达出来，使之明确化、成文化，但并不总是如此，而且明确化、成文化的价值原则仍然是以观念为基础的。从这种意义上说，价值原则实质上就是价值观念，价值体系实质上就是价值观念体系。另一方面，价值原则又是人们活动的根据，人们总是以一定的价值原则为根据，并在一定的价值原则的指导下进行活动的，因而价值原则客观上对人的活动具有一定的规范性、约束性。从这种意义上说，价值原则又不只是价值观念，同时又是活动规范，价值体系又是活动规范体系。

总的看来，价值原则同时具有观念性和规范性，是价值观念和活动规范的统一，而价值体系则是价值观念体系和活动规范体系的统一。价值体系是由价值原则构成的，但显然价值原则并不等于价值体系。价值体系是由一系列价值原则构成的，是这一系列价值原则的协调化、系统化。价值体系的这种特点决定了价值体系的形成和变化较之某种价值观念或价值原则的形成和变化更缓慢、更艰难。

人在世界中生活一般都有自己的价值体系，但是，作为个体的人的价值体系与作为整体的人的价值体系并不是完全相同的。从作为个体的人的角度看，价值体系包括目的原则和怎样实现目的的原则，但在怎样实现目的的原则中除了包含手段原则（通过什么手段实现目的）外，不一定包含规则原则和制约原则，至少不一定包含一定国家或社会所期望的规则原则或制约原则。然而，从作为整体的人，特别是国家的角度看，价值体系不仅会包含目的原则和手段原则，而且必须包含规则原则和制约原则。作为特定人群的国家像任何一个人一样必定会通过一定的手段达到一定的目的，因而必定会有目的原则和手段原则，这是显而易见的。

那么，国家的价值体系为什么必须有规则原则和制约原则呢？这是因为国家是相当数量的人群的集合，国家的活动是通过不同的单个个体的自主活动实现的。不同的单个人在自主活动的过程中，必定会发生相互妨碍甚至相互伤害。为了避免这种情况的发生，就需要一些适当规范人们活动的规则。这些规则总是根据一定的原则确定的。确定这些规则的原则，就是规则原则。有了规范活动的规则还不够，因为有些人可能不在意这些规则，更有些人为了自身利益故意违犯这些规则，因而必须对这种故意违犯规则的行为有惩治措施。这种惩治也不是任意的，而应当是恰如其分的，这样就必须有一定的原则。这种原则就是制约原则。

价值体系作为人们活动的根据，从根本上规定着人们的价值判断和选择、价值取向和追求，对于个人成为什么样的人、社会成为什么样的社会具有决定性的作用。

在世界上，每一个人都有其独特性，这种独特性使人与人之间显现出差异性、多样性。这种独特性的根源在于什么？自古以来，思想家为寻求这个问题的回答煞费苦心。如果忽略生理结构这一方面，那么我们可以说人的独特性的根源就在于心理结构。与其他动物的心理结构不同，人的心理结构总是以某种信念作为范型和定势的，因而是一种观念化的结构。因此，人的独特性的根源在于人的观念体系，在于作为观念体系核心和主体的价值体系。

人的生活就是一个追求目的的过程。这一过程包括两个方面：有什么样的目的，怎样达到目的。价值体系规定着这两个方面，价值体系的不同决定着这两个方面的差异。有什么样的目的的根据在于价值体系的目的系统。这个系统中有哪些目的观念和原则，哪一种是根本的，总体的目的是什么，规定着人的生活目的的确定。每一个人的目的观念和原则不尽相同，他们所确立的生活目的也各不相同。怎样达到目的的根据则在于价值体系的手段系统、规则系统和制约系统。这些系统中有哪些原则，哪一些是主要的，规定着实现生活目的的道路和方式。每一个人在所有这些原则方面的差异比在目的原则方面的差异还要大得多，因而他们所确立的生活道路和生活方式更是差异巨大。由于人的独特性的根源在于价值体系，因而一个人要成为什么样的人，关键在于要构建什么样的价值体系。

在世界上，每一个社会都有其独特性。这种独特性的根源在于什么？当代比较流行的看法认为这种根源在于文化。这种看法当然是对的，但我们还必须进一步探求文化差异的根源。文化差异的根源又在于什么？我们认为，文化差异的根源就在于作为文化深层结构的价值体系和作为价值体系内在灵魂的价值观念。无论是否自觉意识到，每一个社会都有一种占统治地位的价值体系，正是这种体系，规定着整个社会的运作的内容和方式、运作的目标和方向，规定着整个社会的性质和面貌。例如，从人类历史和现实看，价值目的观念不同，规定着一个社会是民主社会还是专制社会、是自由社会还是极权社会；价值手段的原则不同，规定着一个社会是市场经济社会还是自然经济或产品经济社会、是竞争社会还是保守社会、是开放社会还是封闭社会；价值规则原则和制约原则不同，规定着一个社会是法治社会还是人治或德治社会。

如果说价值体系对于个人成为什么样的人、社会成为什么样的社会具有决定性的作用，而价值体系无论就个人而言还是就社会而言、无论就历史而言还是就现实而言都存在着差异，那么存在还是不存在判断价值体系好坏、优劣的标准？随着文明的进步，人类的价值体系日趋多元化，似乎每一种价值体系都有其存在的根据。而且历史上存在过的每一种价值体系在今天都有人为其存在的意义辩护。例如，中国传统的以道德为轴心的价值体系、西方古希腊以美德为轴心的价值体系和中世纪以上帝为轴心的价值体系至今至少在学术界仍有市场。然而，我们认为，尽管在历史上和现实中存在的每一种价值体系都有其存在的根据，甚至都有其比较优势，但是仍然可以而且应该进行价值体系好坏、优劣的比较，仍然存在着判断价值体系好坏、优劣的最终标准或根据。这种标准或根据就是价值主体（国家、群体、个人等）生存发展的根本的、总体的需要。

价值主体的需要多种多样，有根本的，有派生的；有局部的，有总体的。随着人类的进化，价值主体在需要的基础上又在生长着无限多的想要。分别以这些不同的需要和想要为轴心构建起来的价值观念对于价值主体生存发展的意义显然是不一样的。只有基于价值主体的根本的总体的需要，而且能更好地满足这种需要的价值观念，才是好的和优的，否则就是坏的和劣的。

既然价值体系存在着好坏、优劣，那么价值主体在构建价值体系时就存在着要理性地判断和选择的问题，在价值体系构建起来后就存在着要自觉地调整和更新的问题。这种判断、选择、调整、更新的最终根据就是价值主体对自身根本的总体的需要及其更好地满足这种需要的方式的认识。长期以来，人类虽然在其他认识方面取得了重大成就，但这方面的认识却存在着局限和偏差。这种认识上的局限和偏差导致了历史上存在过的价值体系（无论以道德为轴心的价值体系还是以美德、上帝为轴心的价值体系）的根本不正确性。尽管这些传统的价值体系都有其历史的合理性，而且各自之中包含着至今仍可借鉴的有意义的内容，但它们都是建立在错误的认识前提之上的，没有真正反映、更不能真正适应人类生存发展的根本和总体的需要。

近代以来，随着人类自我认识的拓展和深化，正在逐渐构建一种更适合人类根本和总体需要的现代价值观体系，但这一构建过程远未完成，甚至并未得到各国的普遍认同。由于价值体系自身的惰性和传统价值观念的历史惯性，即使人类对自身有了更清楚的认识，要构建起现代价值体系，也还需要一个艰难甚至痛苦的过程。在这一过程中，需要我们理性地判断和选择，需要我们自觉地调整和更新。

结构要素

价值体系是一种十分复杂的系统，存在着不同维度、不同层次的子系统和要素，而且它们之间存在着错综复杂的相互作用机制。正因为如此，人们可以从不同的角度对价值体系进行考察和分析。价值体系作为人的活动及其结果背后的根据，是人适应活动的需要构建起来的，它的结构与人的活动的逻辑结构具有一致性，因而最好是从人的活动的逻辑结构来考察和分析价值体系结构。从这个角度看，价值体系大体上可以划分为四个子系统，它们分别是目的或目标系统，手段系统，规则系统，制约系统。

目的系统主要是由关于目的的原则构成的系统。目的原则根源于并且通常对应于人的需要，是直接基于对能满足人的需要的事物的认识而形成的。随着人类文明的进步，人的需要及满足需要的事物日益朝着多层次、多维度的方向发展，呈现出复杂的结构。这一事实决定了当代人类关于目的的原则也日益呈现出多层次、多维度、向未来开放的复杂结构。不过，无论这一结构怎样复杂，其中总包含着基于人的根本的、总体的需要所形成的关于人的根本的目的和总体的目的的观念和原则。前者总是原初的，而后者则总是抽象的，但它们分别从纵向和横向两个角度规定着所有其他的目的原则乃至所有其他的价值原则，成为人们所有价值判断的终极标准和所有价值追求的终极目标。

由于不同人的需要总是不尽相同，更由于人们对什么是人的根本的和总体的需要的理解总是千差万别，因而无论从历史看还是从现实看人们关于终极目标的观念总是迥然不同的，并由此规定着人们价值原则的基本取向及其整个体系也各不相同。这也就是不同历史时期、不同民族或国家、不同个体的价值体系为什么不同的根本原因之一。

手段系统主要是由关于实现目的的手段的原则构成的系统。手段原则根源于并通常对应于实现目的的需要，是直接基于对有可能达到目的的事物的认识而形成的。手段一般都是相对的，因而几乎所有的手段同时又是另一种手段的目的；同样，除了直接对应于人的需要的目的之外，几乎所有其他的目的同时又是实现另一种目的的手段。随着人类文明的进步，手段与目的的这种因果关系不断地朝着纵深的方向发展，手段的层次不断增加。人的目的是多维度的，不言而喻，手段也是多维度的。与目的原则相比，手段原则由于与人的实践活动更接近而更易于改变、更新、转换，始终处于动态的变化过程之中，这类原则常常是价值体系更新的突破口和主要内容。

这样看来，手段系统不仅像目的系统一样，是一种多层次、多维度，朝未来开放的复杂结构，而且比目的系统还要复杂得多，内容还要丰富得多。从因果关联的角度看，甚至可以说除了关于人的直接目的的原则以外，所有其他的价值原则，包括规则原则和制约原则，都属于手段系统。尽管如此，在任何一种手段系统中至少有一种作为实现终极目标的基本手段观念，它规定和制约着所有其他手段观念。由于不同个体和群体的终极目标及整个目的系统不同，它们的手段系统也很不相同。

规则系统主要是由关于在运用手段实现目的的过程中（包括选择手段和确立目的本身）应遵循的规则的原则构成的体系。规则原则根源于并对应于社会秩序的需要，从社会的角度看，是直接基于对有利于社会秩序正常的要求的认识而形成的；从个体的角度看，则是直接基于对社会现存的各种规则自愿或不自愿的认同而形成的。在现代社会，规则十分复杂。从生活的不同领域看，有公共生活规则、职业生活规则、社交生活规则、家庭生活规则，等等。从作用的不同方式看，有法律规则、道德规则、习俗规则，等等。所有这些规则并不是分工明确的，而常常是相互交叉的。因此，在现代社会，人们的规则原则也十分复杂。在规则原则中，也有某种主要的或一般性的原则，如遵纪守法的原则。由于规则原则并不总是而且也不可能总是与现实的规则一一对应的，因而那种一般性规则原则是否明确，就直接规定着人们对待各种具体规则的态度。因此，确立一般性规则的原则对于现代人来说就是十分重要的了。

制约系统主要是由关于保证规则有效遵循的制约机制的原则构成的体系。制约原则也根源于并对应于社会秩序的需要，是直接基于对规则遵循的必要性和有效性的认识而形成的。从人类历史看，制约机制多种多样，如法律、道德、政治、权威、舆论、习俗、良心，等等。与此相应的制约原则也是多种多样的。但是，在不同的历史时期、不同的民族国家，占主导地位的制约原则是很不相同的。在传统社会，道德、习俗通常是主导原则，而在现代社会，法律、舆论则成为主导原则。制约原则的不同因而往往成为衡量一个社会是否现代化的标志之一。

所有这四个子系统各自有一定的相对独立性，其中某一子系统的某一要素发生变化并不一定就会引起整个价值体系结构的变化，但整个结构有鲜明的目的性，这就是怎样使价值目的有效地实现。正是这种目的性，使整个结构成为一个有机的整体。以上这种结构性分析，有助于我们了解哪些是人的目的性原则，哪些是实现目的的手段性原则，从而避免人类历史上过去常常出现的把手段性原则当作目的性原则的偏差。

构建与制度化

人有价值体系作为人活动的根据，这是人不同于宇宙万物的重要标志之一。人之所以有价值体系，最根本在于人有理性。价值体系归根到底是人在长期的生活经验中反复经验和权衡所总结出来并逐渐达到彼此协调的，被认为是最有利于自己生存发展的整套原则。因此，可以把价值体系看作是人为构建的结果，尽管这种构建可能是自觉的，也可能是不自觉的，所构建的价值体系可能是更完整一致的，也可能不那么完整一致的，可能是正确的，也可能是不正确的。不同价值体系构建的方式是不同的，这里我们着重讨论社会价值体系构建和个人价值体系构建以及两者之间的关系。

从人类历史来看，有以下三种不同的构建社会价值体系的基本方式。

第一种构建的方式是经验方式。在人类历史上，社会价值体系的构建在相当长的时期内是根据人们的社会生活经验和价值认识，特别是统治者的生活经验和价值认识。这样构建起来的价值体系一般都是经验性的。这种经验性的价值体系存在着诸多缺点，其中特别明显的有以下三方面：一是短视性，即考虑眼前的、近期的价值，忽视未来的、长远的价值；二是局部性，即只考虑生活的某些方面的价值，如财富、权力等，而忽视生活的整体价值以及各种价值之间的平衡、协调；三是偏狭性，即只考虑统治者的利益，而不考虑全体社会成员的利益，把两者看作是完全对立的、不可调和的，而不是把它们看作是可以兼顾的、相互促进的。这样构建起来的社会价值体系所产生的后果是社会矛盾、对立、冲突，乃至战争普遍存在。

第二种构建的方式是集权的独尊方式。这是集权制国家构建社会价值体系的方式。以这种方式构建社会价值体系不是完全根据经验，而是根据理论，但这种理论必须是与统治者的利益和需要相一致的。统治者可能以两种不同的途径来构建所需要的社会价值体系。一种途径是从已有的各种不同的理论价值体系中选择那种符合统治者利益需要的理论价值体系作为根据来构建社会价值体系。例如，中国汉代以后选择儒学作为社会的价值体系就是采取这种途径。另一种途径是统治者培植一批御用文人来根据统治者的利益和愿望构建理论价值体系，然后根据这种理论来构建社会的价值体系。

这种集权的独尊的构建方式，虽然克服了原始经验构建方式的一些局限，但仍然存在着三个致命的缺陷：

偏狭性。这种构建方式的出发点、目的和轴心都是统治者的利益，而不是全体国民的幸福，没有也不可能找到两者共同实现的契合点；

独尊性。这种构建方式排除了其他的理论，排除了批判，也就排除了创新，因而所构建的价值体系很可能是干瘪的、单调的，缺乏生机和活力；

欺骗性。通过这种方式构建起来的社会价值体系有理论上的根据，特别是统治者为使之为全社会接受，为了证明自己所构建的价值体系的合理性，就培植一些御用文人为自己的价值原则作论证、注释、宣传和辩护，这样就使它披上了合理化的外衣，很容易欺骗大众、欺骗舆论，使人们难以识别其真相。这样构建起来的价值体系虽然可能一时能得到国民的认可，但最终会为大多数国民所反对、否弃。

第三种构建的方式是多元的方式。这是以民主为基础的分权制国家构建社会价值体系的方式。这种构建价值体系方式的前提是容许提出各种不同的理论价值体系，在各种理论价值体系中主要通过立法的途径选择能最好地反映全体国民需要和愿望的理论价值体系作为社会价值体系。构建所根据的理论价值体系可能是同一种理论价值体系，也可能是多种理论价值体系的整合。作出选择的机构一般是代表民意的立法机构，以及对立法机构和国民负责的政府。当社会价值体系构建起来后，不是排除所有其他的理论价值体系，不是拼命为既定的社会价值体系进行论证，而是允许不同的理论价值体系同时存在，允许不同的思想家提出异议和批评，并能适时地根据合理的理论观点对已经建立起来的社会价值体系进行必要的调整。因此，这样构建的社会价值体系是一种开放的、动态的价值体系。它始终保持生机和活力，并且由于经常不断地进行着调整，因而一般不需要作大的改革。显然，这样一种构建社会价值体系的方式是最合理的方式，也是最佳的方式。

社会价值体系确立的最显著标志是使社会价值体系制度化和意识形态化。社会价值体系之所以要制度化，是因为只有制度化才能使社会价值体系中的一些基本原则正式确定下来，使之成为具有一定约束力的法律制度，成为国家、各种社会组织以及全体国民活动的依据。社会价值体系之所以要意识形态化，就是要通过各种意识形态表明国家的价值态度、价值取向和价值选择，表明国家赞成什么、反对什么，并通过各种意识形态的途径使全体国民认同社会价值体系，使社会的价值体系转化为各种组织和全体国民的价值体系。从这种意义上看，社会制度和意识形态既是社会价值体系的体现，又是社会价值体系的保障。

除了专制独裁的政治统治之外，任何国家的社会价值体系都会制度化，都会意识形态化。但是，在不同类型的国家，社会价值体系制度化和意识形态化的情形是不同的。

在集权制国家里，作为社会价值体系体现和保障的社会制度是刚性的，是不允许批评的。作为社会价值体系的体现和保障的意识形态是唯我独尊的，也是不允许批评的。

与此相反，在分权制的国家，社会制度是弹性的，不仅可以批评，而且欢迎批评。意识形态是开放的、宽容的，允许各种与意识形态所倡导的一切不同的思想观点存在，可以与各种不同的思想理论观点共存共荣。它愿意接受来自各方面的批评，而且要求通过批评来完善。它是靠自身的合理性而存在的，而不是靠强制力而存在的。

与社会价值体系的构建不同，个体价值体系的构建更为复杂。对个人价值体系构建影响最大的是社会价值体系。社会价值体系通过社会制度和意识形态既以强制性也以非强制性的方式对个人价值体系的构建发生影响。但是，对个人价值体系构建产生影响的决不只是社会价值体系，还有其他因素，如自古以来人类有过的各种理论价值体系和各种社会价值体系、风俗、习惯、父母的影响、个性，等等。这种情况在开放的社会尤其明显。一般说来，任何国家的管理机构都希望全体国民接受社会倡导的价值体系，但并不是任何社会都能做到这一点。

要真正使全体国民都接受社会倡导的价值体系，必须有两个条件：其一，国家所倡导的价值体系是合理的，而且是最适宜的。就是说没有任何其他的社会价值体系比国家所倡导的价值体系更能体现全体国民的需要和愿望。其二，国家所倡导的价值体系是一定层面上的，而不是无所不包的。就是说，国家的价值体系只反映和保障全体国民的根本的总体的需要，而不是对国民的一切需要、一切活动都作出详尽无遗的规定，国民在构建自己的价值体系方面有一定的自己的空间。国家的价值体系只能成为个人价值体系的一部分，决不能成为个人价值体系的全部。如果一个国家的全体国民的价值体系都是同一的，即使都是国家倡导的，也是可怕的，因为在这样的国家，国民不会有自己的个性，没有自己特殊的追求和独特的生活。事实上，这种绝对清一色的国家也不可能存在，即使在最专制的社会，全体国民的价值体系也不可能是与社会价值体系完全一致的。

调整及更新

价值体系的调整，主要是指在现有的价值体系范围内对价值体系结构进行调整，以使其结构更优化。调整的内容主要是对价值体系中不同原则进行重新定位。之所以要对价值体系的结构进行调整，可能是因为过去是正确、合理的结构由于社会生活的变化而变得不再正确、合理了；也可能是因为过去的结构本来就不正确、不合理，只是过去没有认识到而现在认识到了。价值原则的重新定位不只是会引起价值体系量的变化，也可能引起价值体系质的变化。例如，在一种既具有道德系统又具有法制系统而以道德作为主要社会制约机制的社会的价值体系中，如果将其结构调整为以法制为主要的社会制约机制，整个价值体系和社会可能会发生根本性的变化，即从德治走向法治。

价值体系的更新，主要是指对现有的价值体系进行全面的或部分的改换，以使其内容更合理。更新的内容从根本上说是那些不适应甚至妨碍价值体系的主体更好地生存、发展和享受的那些价值原则。这些需要更新的价值原则可能是过时的，就是说它曾是正确、合理的，但随着社会生活的变化，变得不再正确、合理了；也可能本来就是不正确、不合理的，由于人认识的局限过去没有认识到而现在认识到了。价值体系的调整与更新并不是完全分离的，在很多情况下是结合在一起的，调整可能引起更新，更新也可能引起调整。广义地说，价值体系的调整也属于价值体系更新的范围。

价值体系的调整和更新是十分艰难的。价值体系是根据价值观念构建的，因此价值体系的调整和更新首先是价值观念的调整和更新。我们知道，价值观念是内化于人的心灵深处的定势和信念，要改变这种深层的心理结构，人的心理会本能地反对，因而很不容易。

另一方面，社会的价值体系一般都被制度化和意识形态化。社会制度和意识形态从一定意义上说就是它们所体现的价值体系的保护机制。因此，要调整和改变价值体系，会受到社会制度的限制，也会遭到意识形态的阻挠和反对。

更重要的是，一种价值体系、一种社会制度、一种意识形态，甚至是一条价值原则，即使对社会的大多数人不利，但仍然可能对少数人有利。要变动或改变它们就会遭到那些既得利益者的阻挠和反对。他们会利用现有的制度和意识形态，理由很充分地指责、反对变革。历史上许多事实充分证明了这一点。人类历史上最著名的社会价值体系的转换当数西方从传统社会走向现代社会。这一过程是从1300年发生的商业革命开始的，一直到第二次世界大战结束才基本完成，前后经历了六百多年“血与火”的痛苦历程，而且经历了文艺复兴、宗教改革、启蒙运动、政治革命、产业革命、哲学革命、科学革命、技术革命等一系列自觉的观念更新运动和艰难的斗争。中国历史上的商鞅变法、王安石变法的悲惨下场更表明了价值体系的调整和更新的极度艰难性。

价值体系的调整和更新是艰难的，但却是不可避免的，更是必要的。因此，问题不在于价值体系要不要调整和更新，而在于怎样调整和更新，怎样使调整和更新更少地付出“血与火”的代价。对此，有以下几个问题是值得注意的：

首先，必须增强对不断调整和更新价值观念必要性的意识。不断调整和更新价值体系的不可避免性和必要性植根于人追求生活得更好的本性之中，植根于由人的这种本性所必然导致的不断变化的社会生活事实之中。增强对不断调整和更新价值体系必要性的意识，就可以使人们在调整和更新价值观念过程中从被动走向主动，从自发走向自觉，不仅适应这一过程，而且主宰这一过程。

其次，必须增强反思和批判现行价值体系的意识。人类所构建的任何价值体系都不会是十全十美的，否则就不存在调整和更新价值体系的问题，如果人们特别是思想家和政治家能经常反思并以批判的态度对待已经构建起来的价值体系，就能够及时地发现其中的问题并及时予以解决，这样就能避免社会发生大的动荡，使人类为价值体系的调整和更新少付代价。在这方面，尤其重要的是一个社会、一个国家应当对不同的思想理论持开放、开明的态度。只有在思想自由的社会，人们才会有批判意识。

第三，必须增强适时通过适当途径调整和更新价值体系的意识。价值体系的调整和更新是一个复杂的过程，涉及深层的观念，也涉及表层的制度和意识形态，更直接涉及一些既得利益者，因而必须十分慎重，否则就会引起社会的矛盾和冲突，引起社会的混乱和动荡。要选择适当的时机，通过人们普遍可能接受的方式进行调整和更新，使之法制化、程序化。

五、社会和谐秩序与图景

到目前为止，国家是个人幸福最重要的社会环境。国家有其目的和使命，为实现其目的和使命，国家要通过自身复杂的结构履行其职能，发挥其作用。国家是人为构建起来的，怎样构建国家，为国家确立什么样的目的，为国家规定什么样的使命，如何保证国家的目的和使命有效地得以实现，实际上取决于国家的全体成员。深刻反思国家这种社会现象，就会发现，国家像人类社会中的许多事物一样，是一把双刃剑。好的国家是为其全体成员的幸福而构建起来的和谐社会，它的唯一使命就是要通过民主的方式保证和增进其全体成员的幸福。坏的国家则是为统治和压迫其中大多数成员构建起来的暴力机器，其使命则是要通过强权的方式确保其中一部分人的利益而不顾甚至牺牲社会大多数成员的利益。

两种不同的秩序

何谓社会秩序？对于这一问题，在人类历史上的很长一段时期都认为，社会的秩序就是社会的统一。这种统一包括社会生活的各个方面，如思想的统一、观念的统一、理想的统一、信仰的统一、舆论的统一、行为的统一，等等。这种看法的主要根据在于，社会生活各方面统一了，全体社会成员的各个方面就会整齐一致，这种整齐一致就是秩序，这种整齐一致的秩序可以产生巨大的效益，即所谓“人心齐，泰山移”、“步调一致才能得胜利”。

这是关于社会秩序的一种传统看法。基于这种看法，社会的统治者在社会政治管理的导向和政策上特别强调社会生活的统一，以社会的统一作为社会秩序的追求，以社会是否统一作为社会是否有秩序和秩序好坏的标准。由于社会的统一只能由统治者运用政治、经济、道德、法律、舆论等各方面的力量控制人们生活的各个方面来实现，于是社会就必然变成统治者的一统天下。因此，社会统一的另一面就是社会一统，即由统治者（有时是国王一个人）以他（们）认定的一种标准来规范全体社会成员的一切。

毫无疑问，整齐一致是一种秩序。但是，这是一种静态的、僵化的秩序。这种秩序在有些时候是必要和重要的，如军队的队列训练、学生上课的课堂就需要这种秩序。但是，对于复杂的社会生活，追求这种秩序是有问题的。

任何一种社会都很难建立起完全整齐一致的社会生活。这一点是容易证明的。在追求整齐一致的传统社会，无论东方还是西方，什么时候真正达到过整齐一致？哪一个社会没有异端思想，哪一个时期没有越轨行为？

正因为整齐一致的秩序事实上很难建立起来，所以统治者不断地强化一统。而统治者越是担心秩序混乱，越是采取更严厉的措施防止、打击异端思想和越轨行为。当然，这并不能真正解决问题，但却大量地消耗了统治者的精力和社会的财力，而且导致了人们对统治者的反感和不满。

通过强制措施建立的静态秩序，即使能够维持，也是十分短命的。中国封建社会所建立的就是这样的静态秩序，这种静态秩序多则几十年，少则七八年就要发生一次震动。每换一位皇帝就要对秩序进行一次改组，每发生一次农民起义，就要将秩序砸乱一次。中国封建社会几千年，也可以说就是这样一个秩序不断建立、不断打破的恶性循环的历史。其所以如此，重要的原因之一就在于这种静态的一统秩序缺乏张力和弹性，因而十分脆弱。整个社会就像一台大机器，每一个人都是其中的一个零件，一旦某个零件出毛病，机器的正常秩序就会打破，机器甚至会因此而陷入瘫痪。

对这种一统秩序的追求，必然导致两个社会后果：一是政治上的专制，二是经济社会发展的低速度和低效率。社会的一统是与人的本性相违背的，因为人不是机器零件，人有自主性、能动性，而且这种自主性和能动性总是要表现出来，总是要求得到发挥。要维护社会的一统，就必须扼制人的自主性和能动性。这一方面必然要求政治上实行专制，否则就不能使具有自主性和能动性的人成为机器零件或工具；另一方面由于扼杀了个体的自主性和能动性，社会缺乏生机和活力，因而生产力低下，科技文化无从发展，必然导致经济社会发展缓慢。

近代以来，市场经济的兴起和发展，客观上要求个体必须具有独立自主性，过去那种一统的秩序再也不能适应经济发展的客观要求。在经济发展的客观要求面前，过去的一统秩序被打破，而且再也无法恢复，于是人类不得不在承认个体的独立自主性的前提下寻求社会的秩序。在这种寻求的过程中，人们逐渐发现可以建立一种不同于传统秩序的现代秩序。这种现代秩序就是动态的和谐秩序。

与传统的静态整齐的秩序相比较，现代的动态的和谐秩序不像军队操练的整齐秩序，倒有些像乐队的演奏秩序：所有成员都按自己的乐谱演奏，而演奏的结果却是美妙动听的。其最显著的特征不是清一色的整齐，而是多样性的和谐。具体说来，这种多样性的动态和谐秩序有以下五个特点：

其一，这种秩序是以肯定个体的自由和独立自主性为前提的。现代秩序是适应市场经济的客观要求建立的，除非社会不选择市场经济作为社会的经济形式，否则所建立的社会秩序就不能不承认作为市场经济存在和发展基础的个体的主体性。

其二，这种秩序是以多样性为基础的。由于个体具有独立自主性，因而所有的个体都不会是清一色的，相反从思想观念到行为活动、从动机到效果、从目标到追求，所有的个体都是各不相同的，呈现出千差万别、丰富多彩的面貌。现代秩序不仅不扼杀这种多样性，相反是以多样性为基础建立的，以促进多样性为目的的。

其三，这种秩序是和谐的。由于现代秩序是以多样性为基础和目的的，因而这种秩序不是清一色的整齐，而是多样性的和谐。

其四，这种秩序是动态的。由于自主的个体是活动的，由不同的自主活动的个体所构成的社会不可能是凝固的、僵化的，而是变动的、发展的。基于这种发展变化的个体所建立的现代秩序只能是动态的，是一种动态的和谐。

其五，这种秩序是以法制为保障机制的。现代秩序之所以能容许多样性，之所以能与全体社会成员的独立自主共存，一个重要原因就是以法制作为社会秩序的唯一调节器，而法制的最大特点在于只控制人们的社会行为，而给人们的个人生活保留了很大的空间。这样，以法制为社会秩序的唯一调节器，实际上就否定了传统社会强加在人们身上的种种枷锁。

建立以个体自主为前提的动态和谐秩序要比建立传统的静态整齐秩序困难得多。这是因为传统秩序的建立，只要有强有力的政治力量就行了，甚至有一支强大的军队就可以解决问题。而现代秩序的建立则完全不同，它需要多种因素的综合作用：首先必须把个体从传统的整体主义中解放出来，并真正成为主体，而事实证明这是一个十分艰难的过程；其次必须建立健全的法制体系，而事实证明这也是一个十分艰难的过程。

然而，历史事实已经无可辩驳地证明，这种秩序不仅特别有利于社会稳定和发展，特别有利于个体能动性、创造性的发挥，特别有利于个人的自由、幸福，而且一旦建立起来就具有巨大的张力，因而十分稳定，也不会轻易地发生传统社会中常见的那种几十年一大次、几年一小次的社会震荡。

总体图景

社会和谐的直接表征是社会成员和睦相处。社会成员要真正和睦相处，必须在全社会普遍实现和谐。这种普遍和谐包括：个人身心和谐，人际关系和谐，个人与组织和谐、组织与组织和谐、人与自然和谐。这种普遍和谐的社会是个人自由幸福与整体协调有序有机统一的社会。从总体上看，社会和谐有以下八大基本特征：

（1）普遍幸福。和谐社会是追求使每一个社会成员都感到幸福的社会。普遍幸福是和谐社会的终极目的和终极原则。社会为其成员追求幸福、享受幸福营造了良好的环境、条件，创造了众多的机遇，并建立了必要的幸福保障制度。人们可能按照自己的意愿自由地、平等地追求自我实现和个性发展。人们各得其所，自得其乐，心安理得，无怨无悔。

（2）个体自由。和谐社会是每一个个体都自由的社会。社会鼓励他们在社会总的价值导向下构建自己的价值体系，尊重他们的价值选择和追求。因此，和谐社会是价值主体多元化、整体价值导向一元与个体价值取向多元有机结合、相互补充的多样性社会；是个体的能动性、积极性和创造性得到充分发挥，聪明才智得到自由运用的充满生机和活力的社会；是社会成员的人格和个性得到自由、健康而又全面发展的丰富多彩的社会。

（3）社会平等。和谐社会是所有社会成员在人格上、权利上和机会上平等的社会。所有的社会成员都是独立的人格，在政治上、经济上、文化教育上享受同样的权利和机会。社会成员之间的差别不是人格上的，不是权利和机会上的，而是生理、心理素质上的和周围环境上的，以及由这一切引起的对权利的运用和机会的把握上的。所有社会成员的社会平等不仅得到社会的承认和尊重，而且得到法制的保护。

（4）民主充分。和谐社会是全体社会成员的社会。社会成员是社会的真正主人，社会的管理体现社会成员的意愿和意志，社会成员享有充分的自由，有自由表达自己意见、参政议政的权利，其自由和权利得到有力保障。建立了完善的权力制约、监督和控制机制，使权力滥用的可能降低到最小的限度，而且一旦发生就能得到及时的制止。

（5）法制健全。和谐社会是法制健全、依法治国的社会。法制是社会的主要调控机制和制约机制，法制条文是社会生活的唯一准则，整个社会生活都被纳入法制的轨道。任何个人、任何组织和机构都在法制范围内活动，没有任何权力可以超越和游离于法制之外。法制真正体现绝大多数社会成员的意志，立法民主化，司法程序化。整个社会建立了完善的有法可依、有法必依、违法必究的法治机制。

（6）生活殷实。和谐社会是经济发达、个人生活殷实的社会。市场机制和市场体系健全，生产力和科学技术发达。国家运用法律法规和有效的监控手段，维护市场经济的顺畅运行，避免和克服市场经济的负面效应。科学技术渗透于经济发展和社会生活的各个领域，成为第一生产力，成为提高劳动生产率的最有效手段和发展社会生产力的主要力量。经济、政治、文化、环境全面、协调、可持续发展。人们生活宽绰从容，社会保障和社会服务完善。

（7）道德高尚。和谐社会是德化的社会。社会风尚宽松、积极、健康、祥和。弱者能得到尊重和帮助，强者能得到鼓励和称慕。人与人之间相互尊重、彼此友善、互助合作。人们的心理健康、人格健全，有正确的价值观念和积极的人生态度，形成了有效的自我制约机制，道德品行端正。

（8）公正立国。和谐社会是公平、正义的公正社会。全体社会成员普遍树立了社会公正观念。社会公正原则被作为立国原则并被制度化。社会建立了公正原则得以贯彻的保障机制，既保证公正原则能成为国家一切活动的准则，国家活动一旦违背这种准则就能得到及时纠正；又保证公正原则能成为每一个公民一切活动的准则，公民活动一旦违背了这种准则也能得到及时的纠正。

总体上看，和谐社会是一种以人为本，社会成员各尽所能、各得其所，经济、社会、文化、环境全面、协调、可持续发展的绿色和谐社会，是以幸福、自由、平等、民主、法制、殷实、道德、公正等为其基本规定性的“共建共享”社会。

第六章　公民的主体地位

一、公民主体地位的确立

好的国家是以分权制为其结构、以追求和实现全体公民的幸福为根本目的和使命的国家，这种国家只有以公民为其主体和主人才能真正建立。好的国家不是国家机构的国家，而是全体公民的国家。公民是国家的主人，是社会的主体，这是好国家和和谐社会的基础、保障和根本规定性。国家以追求和实现全体公民的幸福为目的和使命，这决不意味着国家机构或国家领导人作为救世主为公民谋幸福，而从根本上说是公民以国家这种形式为自己谋幸福。公民是自己幸福的主人，国家机构说到底不过是人类到目前为止所发现的公民追求和实现幸福的方式和手段。这是国家、社会与其成员之间一种应有的根本关系。然而，公民在国家中的主人、主体地位，并不是自古以来就有的，而是经过一代又一代的人长期争取的。一直到今天，公民仍然在不少的国家并未真正成为国家的主人。因此，提高对公民主体地位的重要性的认识，弄清公民主体地位的含义，研究如何争取和保障公民在国家中的主体地位，不仅在理论上是必要的，而且具有十分重要的现实意义。

含义和意义

“公民（citizen）”最初出现于古代罗马。在古代希腊有“自由民（freeman）”的概念，但没有公民的概念。不过，这两个概念的含义是大致相当的，最初是指自由的、具有政治权利的城市（城邦）居民或国家成员。奴隶、妇女、儿童、外邦人或外国人不被看作是自由民或公民。因此，“公民”最初就是一个政治概念，意指国家的成员，具有国家的主人的意味。欧洲的中世纪是天主教会一统天下，无所谓政治意义的国家，几乎所有的欧洲人乃至全人类都被看作是上帝的子民。近代西方不仅承继了古代罗马的“公民”概念的基本含义，而且强化了公民是国家主人的含义。因为国家被看作是其成员为了更好地实现其自由和权利而通过契约建立起来的，公民是主人，是委托人；国家是仆人，是受托人。与罗马不同的只是“公民”概念的外延后来被逐渐扩大到了国家的所有居民，包括妇女和儿童。

在中国历史上，一直到20世纪之前没有公民的概念，只有“臣民”的概念。“臣”是指国王或皇帝之下的官员，而“民”是指百姓。无论是“臣”还是“民”都不是国家的主人，而是国王或皇帝的属下。“公民”这个概念是辛亥革命建立共和制后才从西方借用过来的，尽管它并不一定具有西方原有的那种国家主人的含义。

“公民”这个概念意指国家的成员、国家的主人，而不是国家的属下、国家的奴仆。就是说，只有在国家中居于主体地位的个人才能称为公民。那么，公民的主体地位意味着什么呢？公民的主体地位一般地说就是公民在国家中是独立自主的主体。这种独立自主的主体地位具体体现在两个方面：

其一，它是自己的主人。就是说，它是自由的，可以按照自己的意愿行事，包括自己确立自己的人生目的，自己选择自己的价值追求，自己决定自己的生活方式，自己创造自己的理想人生。简言之，就是自己的一切由自己负责，自己塑造自己成为什么样的人。

其二，它是国家和社会的主人。就是说，它作为国家和社会的主人之一，它作为自己主人的权利应该得到尊重和保护，它应该与所有其他公民享有平等的权利和机会，它应是国家机构确立、国家官员选择、国家制度建立、国家法律制定的参与者，它有表达它自己思想的自由、言论的自由。另一方面，它作为国家的主人，对国家的现状、前途和命运负有责任，它必须为国家和社会作出力所能及的贡献。

这两个方面，概括起来，就是要能自由地追求幸福，平等地享有权利和履行义务，尽力地作出贡献和分担责任。

公民在国家中应是独立自主的主体，应处于社会主体的地位，这并不只是一种道义上的要求，而是整个人类更好地生存、人类社会更好地发展的客观需要。国家都是由人构建起来的，都是由人控制的，也就是说都是有其主体的。但是，正如我们前面已经考察分析过的，这种作为构建者和控制者的人，可能是某一个人，也可能是少数人，也可能是绝大多数人或所有的人。在那种只有一个人或少数人是构建者和控制者的国家，其他所有成员都不仅不是主体或主人，相反是被统治者、被压迫者；不仅不是国家的目的，相反是统治者实现其私利的工具。这样的国家显然是不公正的、不平等的。在这种不公正的条件下，大多数社会成员不服、反抗是必然的。统治者利用强力和欺骗可能暂时压制和蒙蔽被统治者，但被统治者迟早会觉醒。其结果必然是：

第一，处于社会底层的大多数人经济上受剥削、政治上受压迫，他们生活在痛苦和不幸之中。这种生活境况又会严重地挫伤和抑制大多数人的积极性和创造性，他们不愿意为这种异己的国家卖命。

第二，统治者虽然处于统治地位，但日子也并不比其他人好过多少。他们是大多数人憎恶、反对的对象，他们时刻都担心被统治者的反抗，就像成天生活在火山口一样，随时都有可能葬送于可能爆发的火山。尽管他们聚积了大量的财富，但由于整个社会贫穷落后，他们的生活也不可能真正地好，更不可能越来越好。

第三，由于社会上的大多数人缺乏把社会和国家建设得更好的热情和积极性，因而社会发展是停滞的。由于统治者与被统治者的对立，整个社会处于敌对、冲突、紧张，甚至战争的状态。统治者为了维护统治和稳定，必然会不断强化统一、扼杀个性和自由，整个社会就会是死气沉沉的，缺乏生机和活力。

长期以来的人类历史反复证明，只有个别人或少数人是社会主人，而大多数人不是主人反而是仆人的社会和国家，只会是所有成员和整个社会都不幸的社会和国家。这种社会的极端状况就是霍布斯所描述的“人对人是狼”的自然状态：“在这种状况下，产业是无法存在的，因为其成果不稳定。这样一来，举凡土地的栽培、航海、外洋进口商品的运用、舒适的建筑、移动与卸除须费巨大力量的物体的工具、地貌的知识、时间的记载、文艺、文学、社会等等都将不存在。最糟糕的是人们不断处于暴力死亡的恐惧和危险中，人的生活孤独、贫困、卑污、残忍而短寿。”①

要走出这种人人自危、普遍敌对、贫穷落后的不幸社会，使社会从恶性循环走向良性循环，必须使大多数社会成员从少数人的统治下解放出来，使所有的社会成员都成为平等的国家主人。只有这样才可能有全体公民普遍的幸福，也只有这样才可能有整个社会普遍的和谐。所有公民都是自己的主人，他们就可以按自己的意愿行事，自由地追求幸福，成为自己想成为的人。既然如此，他们也就能充分发挥自己的能动性、积极性、创造性和聪明才智。他们是自己的主人，他们就会对自己的人生负责，再也不会怨天尤人。所有社会成员都是自由的、有个性的，整个社会就会既富有多样性，充满了生机活力，又具有统一性，实现了和谐有序。他们是平等的社会主人，国家就是他们自己的国家，他们更愿意为国家尽责任和义务，更愿意充分发挥自己的聪明才智，社会就会更快地发展和进步。这样的社会才可能真正是公正的社会、个体自主的社会、整体和谐的社会，才可能真正是个体自主与整体和谐有机统一的公正社会。

一般地说，个体自主与整体和谐是互为前提、相辅相成的，但其中个体的自主更具有基础的意义。因为尽管有了个体的自主，不一定就会有整体的和谐。但是可以肯定地说，没有个体的自主，就不会有社会的多样性，也就根本不会有整体的和谐。而且个体越自主，社会就越具有多样性，也就越有利于整体的和谐。

争取及其制度化

公民在国家中处于主体地位，最有利于社会成员个人的幸福，也最有利于整个社会的和谐。这是一种理论上的应然，并不等于现实中的事实。从古今中外的人类历史看，公民成为国家的主体，这种情形严格说来是近代以来才开始出现的，而至今并未在所有的国家都真正实现。今天，许多国家在法律上肯定了公民在国家中的主体地位，但并未真正落实，也还有不少国家这一点甚至在法律上都还没有得到肯定。

导致这种状况的原因主要有以下三个方面：

---

① ［英］霍布斯：《利维坦》，黎思复、黎廷弼译，杨昌裕校，商务印书馆 1985 年版，第 94 ～ 95 页。

（1）历史的原因。到目前为止，人类的国家大多数是通过武力或暴力产生的，拥有武力的人建立国家、夺取政权的目的是为了实现自身的利益，他们不希望他们的流血奋斗所可能获得的利益与所有社会成员分享，相反更倾向于利用武力迫使大多数社会成员成为实现自己利益的手段。在他们的眼中，天下是自己打下来的，当然只有自己才是国家的主人，因而他们不仅不会让其他社会成员成为主人，相反利用种种措施来防止他们成为主人。

（2）认识的原因。长期以来，人类几乎一直都没有认识到，所有的社会成员成为社会的主人无论对社会成员还是对整个社会都更有利，每一个个人才会有真正的幸福；相反认为一个人拥有财富和权力才是幸福，而在传统社会（即在全体社会成员没有真正成为国家主人的社会）财富和权力是有限的，别人拥有自己就不会拥有。因此，人们就会不择手段地去聚敛财富和攫取权力，最后那些"强者"就成为了拥有者。

（3）制度的原因。近代以来随着现代文明的到来，迫于国内反抗和国外舆论的压力，不少国家在法律上肯定了公民在国家中的主人地位，但是没有建立相应的配套和保障制度。其结果是统治者成为事实上的主人、名义上的仆人，而普通公民则成为名义上的主人、实际上的仆人。由此看来，公民应当成为国家的主体这一应然的原则只有公民自己争取才能实现，只有制度化才能得以保证。

人类历史上有两个时期出现过公民成为国家的主体的社会：一是古代希腊的雅典；二是近代以来的人类社会。这两个时期的历史事实表明，公民成为国家的主体，不仅要争取，而且争取的斗争十分艰难。古代雅典出现过一段自由民真正成为城邦主体的民主制时期。这一短暂时期的到来，就是工商奴隶主（自由民）与贵族奴隶主（自由民）反复斗争的结果。工商奴隶主凭借自身的经济实力最终打破了贵族奴隶主对城邦权力的垄断，使城邦所有的自由民都成为城邦的主人。近代从西方一些国家开始的后来逐渐波及整个人类社会的争取公民成为国家主体的现代化运动，更是艰难曲折，波澜壮阔。仅从西方国家来看，先后经历了文艺复兴、宗教改革、政治革命等一次又一次的与封建专制和宗教教会的反复较量，最后才逐渐在西方各主要国家确立了公民在国家中的主体地位。今天，要使公民成为国家的主体在世界各国都变成现实，还需要各国公民和全人类共同争取。

公民的主体地位一般来说不能靠统治者来给予，而要靠公民自己争取。在历史上的确出现过国王或皇帝"维新"或"改革"使农奴或臣民成为公民的事例，但这也一般是在国内外的压力下实行的。公民要争取自己在国家中的主体地位，首先要有主体意识，要意识到自己应该是自己的主人，自己应该是国家的主人，自己应该是世界的主人。有了这种意识，才会有争取主体地位的要求，而且这种意识越强烈，争取主体地位的要求也就越强烈。有了这种要求，还需要把这种要求变成行动。

从历史经验来看，争取主体地位有两种基本方式：一是改良的方式；二是革命的方式。在统治者比较开明的情况下，统治者有可能顺从民意，顺应潮流，实行民主改革。这种不流血的改良道路是争取公民主体地位的最佳方式。在统治者专横残暴的情况下，公民的民主情绪和运动可能遭到扼制，甚至遭到镇压，因而可能爆发暴力革命。这种流血的斗争是一种不得已而为之的形式，一般应尽可能避免。

争取公民主体地位的斗争取得胜利，这还是确立公民在国家中主体地位的第一步，还有更为重要的一步，这就是要使公民的主体地位得到制度的保证。只有在制度上得到了有力的保证，公民在国家中的主体地位才算真正确立了。制度上的保证，并不是只将这种要求写进宪法并体现在各种法律中，而是要在制度上建立起保障机制，不至于因国家领导人的好恶或更换而兴废。从历史经验来看，这种制度上的保障机制目前人类只发现了一种，这就是以民主制为基础的分权制。

公民的国家与国家的公民

确立公民在国家中的主体地位，就是要使国家成为公民的国家。但是，国家成为公民的国家，并不是成为每一个公民自己私属的东西，而是要成为全体公民共同拥有的社会。这就是说，公民的国家并不是每一个公民意志的产物，而是大家公共意志的产物。它是基于每一个公民的意志构建起来的，但它并不等于每一个公民意志的简单相加。这样，国家的意志与每一个公民的意志之间就存在着差异甚至冲突。这种差异甚至冲突是不可避免的。在国家构建起来之后，国家的意志就会对个人的意志发生作用，甚至要把国家的意志强加于个人的意志。由于国家具有强制作用，在国家意志与个人意志发生冲突的时候，公民个人作为国家的公民常常不得不服从国家的意志。这里就发生了公民在国家中的主体地位与公民服从国家的意志的矛盾问题。

关于这个问题，卢梭曾提出了一种著名的解释。他认为，在通过社会契约建立的民主国家中，公民是国家的主人，国家的法律是公共意志的体现。公民服从法律实际上是服从自己制定的法律，公民既是立法者又是守法者。“我们每个人都以其自身及其全部的力量共同置于公意的最高指导之下，并且我们在共同体中接纳每一个成员作为全体之不可分割的一部分。”①卢梭的这种解释一般说是对的，但忽视了国家意志与公民个人意志之间的差异这一重要事实，而这是人们常常把国家，即使是最民主的国家，看作是异己物的重要原因。这种差异和冲突是客观存在的，而且是永远消灭不了的。但是，这种差异和冲突的存在与公民在国家中的主体地位并不是矛盾的。这里的关键是要正确理解公民的主体地位和公民的服从地位是在什么意义上说的。

---

① ［法］卢梭：《社会契约论》，何兆武译，商务印书馆 1982 年版，第 24 ～ 25 页。

公民的主体地位并不是指每一个公民都可以主宰国家，而是指国家由全体公民共同来主宰，其方式只能是根据多数原则，其结果必须是公正的。公民的服从地位并不是指每一个公民的一切都服从国家，而是指每一个公民都必须服从法制，这种法制是根据全体公民意志、有利于个人的长远利益和大多数人的整体利益所制定的。

这里就提出了国家意志的合理性问题。这种合理性包括三方面：

一是它产生的合理性：国家意志要是合理的，它只能通过多数原则产生于全体公民的共同意志；

二是它作用目的的合理性：国家意志要是合理的，它必须有利于公民个人的长远利益和大多数公民的整体利益；

三是它作用程度的合理性：国家意志要是合理的，它必须通过法制作用于公民个人的社会活动，而不干涉公民个人的全部生活。在这种合理的限度之内，公民个人应该服从国家的意志。这种服从是与公民的主体地位相一致的、不相冲突的，并有利于公民的主体地位实现的。

二、自由追求幸福

公民在国家中主体地位的首要体现和首要标志是国家的每一个公民都能自由地生存、发展和享受，也就是自由地追求幸福。因此，自由是公民主体地位的根本规定性。自古以来，自由就一直都是人类向往和追求的美好理想，但一直到近代这一理想才开始逐渐变为现实。其标志就是人开始成为社会的主体。毫无疑问，只有当人成为社会的主体时，自由才有可能。然而，人要成为社会的主体，又必须以自由为前提。从逻辑上看，自由是在先的，它是个体自主、个体成为社会主体的先决条件，具有极端的重要性。

含义和意义

对于自由，历来有两种迥异的态度。在一些人眼里，“自由”像“真理”、“价值”、“正义”、“爱情”、“幸福”等等一样，是一个十分美好的字眼。自古以来，历来都有人把自由看作是人类向往和追求的理想，甚至被赋予了最崇高的价值。匈牙利著名诗人裴多菲的脍炙人口的诗句，“生命诚可贵，爱情价更高，若为自由故，二者皆可抛”，再典型不过地表达了这种对自由的赞美和渴求之情。美国著名作家 E. B. 怀特的下面这句话也充分体现了这种心情：“我的最初和最热烈的恋情发生在自己与我们所称的自由之间，它是魅力无限的美女，危险、美丽、崇高，她给予我们所有的人生机和活力。”①

① ［美］E. B. 怀特：“自由”，［美］戴安娜·拉维奇：《美国读本：感动过一个国家的文字》，生活·读书·新知三联书店 1995 年版，第 649 页。

但是，也有另外一种相反的态度。这种态度把自由看作是秩序的腐蚀剂、社会动荡不安的根源。于是，“自由”就与“散漫”、“放任”联系了起来，自由成了“随心所欲”、“目无法纪”的代名词。有人甚至认为，自由是个幻想，一旦抛弃这个幻想，人类就能够消除正在折磨着人类的所有问题。

孰是孰非？这里且不论。不过可以肯定的是，自由被看作是人的本性、本质或存在状态，被看作是一种值得追求的特殊价值和美好事物，这一点自近代以来越来越为人类所认同，已经不再是资本主义的特有价值理念。“当代社会主义不仅不否定自由，相反要高举自由的旗帜，追求公民自由的普遍实现。”①如果以此共识为前提，我们在这里还可以从三个层面来展开讨论：一是人在什么意义上享有自由和为什么能享有自由；二是人在什么意义上追求自由和为什么要追求自由；三是自由对于人有什么意义和为什么会有这些意义。

法国著名哲学家萨特有一个著名的命题：“人就是自由。”“你是自由的，所以你选择吧——这就是说，去发明吧。没有任何普遍的道德准则能指点你应当怎样做：世界上没有任何的天降标志。”②这个命题曾引起颇多非议。这个命题并非完全不对，它无非是要强调人生来就要选择，不选择也是一种选择。选择是以自由为前提的。既然人生来就要选择，而且不得不选择，那么说人就是选择，人就是自由，也未尝不可。不过，说人就是自由，的确有以偏概全之嫌。如果换一种说法，即人生来就享有自由，无疑更合适、更容易为人们接受。当然，这仅仅是一种说法不同而已，而所言之事实是相同的，即人生来就会选择，人生来就要选择，人生来就不得不选择。正是在这种意义上，我们说人享有自由。人享有的这种自由实际上是一种选择能力，因而可称之为“选择自由”。

这种选择性的自由，是人的“先天自由”。就是说，它是人与生俱来的。人天生就具有这种潜力，这种潜力在正常的生存环境（即社会环境）中就自然而然地成为了一种现实的能力，可以说是不学而知、不习而能的。当然，由于个体禀赋的差异，也由于环境不同，这种能力肯定是人各有别的，但每一个正常人都享有这种能力、都不得不运用这种能力却是毋庸置疑的。这种能力会受到环境的制约，但这种能力是不可剥夺的，即便是奴隶和囚徒，也是如此，除非生命终止。因此，这种先天的自由可以说是人的本性，是人的规定性，是人的存在状态。

由于人具有选择的自由，因而人就可以不完全为环境（包括社会和他人）所左右，具有相对于周围环境的相对独立性和自主性，即通常所谓的主体性。如果说选择自由是人先天具有的，那么完全有理由说，主体性也是先天具有的，不可剥夺的。不过，具有这种主体性并不意味着就是主体。要真正成为主体，首先要

① 江畅：《社会主义核心价值理念研究》，北京师范大学出版社 2012 年版，第 223 页。
② ［法］萨特：《存在主义是一种人道主义》，周煦良、汤永宽译，上海译文出版社 1988 年版，第 16 页。

意识到自己的主体性，然后要努力发挥主体的作用，力求成为事实上的主体，力求在更大的范围成为主体。

选择自由并不是人所特有的，而是人与所有生物、特别是动物共同具有的，只是程度有所不同而已。在其他生物那里，这种选择自由是自发的，是在本能的驱使下进行的。除了本能的欲望外，生物没有什么愿望，更没有把这种愿望变成行动的意志。与一般生物不同，在人这里，这种选择自由是自觉的，是在理性参与下进行的。人的需要被转化为动机、愿望、目的等有意识的心理倾向，这些心理倾向经过理性的判断和选择之后，通过意志付诸行动。因此，选择自由在生物那里是欲望与本能的结合，表现为自发性，而在人类这里是理性与意志的结合，表现为“理性自由”和“意志自由”。人类选择自由的这种性质，使人类的自由在广度和深度上大大地超出了其他生物。当然，我们也不应该否认人和生物都先天地享有这种选择自由，因为它们都具有一定的自主性，不完全为环境所左右。

选择自由作为一种能力是自然进化的结果，是具有自组织系统的生物在物竞天择过程中适应环境的产物。到了人类这里，这种选择能力还经过了文化的濡化，是文化积淀的结果。每一个人都天生就具有选择能力，但这种能力的大小，在很大的程度上取决于教育。教育是提高人的选择能力和自由程度的最有效途径。为什么进入文明社会以来，特别是近代以来，人类的选择能力和自由程度得到加速的发展，其重要原因之一，就是教育特别是学校教育的大发展。

教育在选择能力提高方面至少具有以下两个重要作用：一是教育能使人意识到这种选择能力或自由，即能培养人的自由意识。是否意识到自己的自由本性，这对于人的自由，对于人的选择能力的运用至关重要。黑格尔曾经把是否具有这种自由意识看作一个人是否具有自由的唯一标志。他认为，每一个人具有的自由本性还是抽象的、主观的自由，只有意识到这种自由的本性，一个人才真正成为自由的。二是教育能大大发掘、扩展、增强、优化人的选择能力或自由。这种作用是众所周知、不言而喻的。

由于现代社会中的每一个人都直接地或间接地接受了教育，因而人的先天自由都打上了教育的烙印。从这个意义上可以说，现代人的选择自由虽是先天地潜在享有的，但却是后天地现实获得的。不过，无论是先天地享有的，还是后天地获得的，这种选择自由无疑是人内在地具有的，因而亦可称之为“内在自由”。

这种内在自由，实际上还只是一种选择能力，这种能力仍然可以说只是一种潜在的、抽象的自由。能不能让这种能力顺利地运用，在多大的广度和深度上让这种能力运用，这就涉及到现实的环境问题。任何真正的自由，历史和现实中人们所追求的自由，并不是那种作为选择能力的内在自由，而是能使这种能力得到运用的现实的、具体的自由。这种现实的、具体的自由是相对于人自身之外的环境的自由而言的，因而可称之为“环境自由”或“外在自由”。

内在自由、选择自由是人人都享有的，外在自由、环境自由则不一定是人人都享有的，至少不是人人充分享有的。一个囚徒就不享有这种自由。生活在专制制度下的大多数人就不能充分享有这种自由。因此，个人相对于环境就会发生享有不享有自由的问题。

外在自由或环境自由广义地说，应该包括三个层次：一是相对于自然环境（包括生产力和科学技术环境）的自由，可称之为“自然自由”；二是相对于社会环境的自由，可称之为“社会自由”；三是相对生活处境的自由，可称之为“处境自由”。对于个人来说，这三方面的自由都可能发生问题。

就自然自由而言，虽然人类整体的自由度随着生产力和科学技术的发展而越来越大，但人类个体的自由度却相对缩小。今天的个人甚至比五百年前的个人在自然环境，特别是在科学技术面前更无能为力，更感到无能为力。对自然和技术的无能感已经成为当代的一个突出人类问题，这一问题是心理疾病的重要根源之一。不过，这个问题的解决看来主要不是要改变环境，而是要提高个人的心理适应能力。个人的自我调适是可能的，而且是有效的。西方国家这一问题最突出的时期是20世纪初，其重要原因是当时科技发展太迅猛，人们的心理一时严重地不适应。经过了半个世纪之后，人们就开始逐渐适应了。

就处境自由而言，人们有时会感到处境有一种压迫感，周围的人都与他作对。这实际上就是处境自由问题。这种自由问题的解决，主要取决于社会的大环境，整个社会越自由，个人处境的压力就越小。而且在一个自由的社会，当个人感到处境有压力时，可以很方便地改换处境。另一方面处境自由问题的解决还取决于个人自身，一个人的处境需要自己营造。一个善于营造周围环境的人，是不会感到处境不自由的。当别人都没有处境自由问题而惟独自己有这种问题时，就需要反思、检讨自己的言行。

人的活动无外部限制，从环境的角度看，人能够按照自己的意愿行事，这是消极意义上的自由，即所谓消极自由；而人不仅活动无外部限制，而且能自主决定和行动，就是说从主体的角度看，人能按照自己的意愿行事，这是积极意义上的自由，即所谓积极自由。消极自由强调不受制约，而积极自由强调自主活动。

人类面临的最大自由问题过去是、现在是、将来仍然是社会自由问题。社会自由可以从主体自身和生活领域两方面看：从主体自身看，社会自由包括人身自由、言论自由、思想自由、信仰自由、创作自由、结社自由等等；从生活领域看，包括经济自由、政治自由、文化自由、宗教自由等等。所有这些方面都可能发生问题，特别是在所有这些自由方面人们享有的程度不平等时，问题就会现实地发生。著名自由主义思想家以撒•伯林把自由区分为消极自由和积极自由而强调消极自由，就是因为他清楚地意识到自由问题实质上是社会自由问题。关于消极自由，他说：“我们一般说，就没有人或人的群体干涉我的活动而言，我是自由的。

在这个意义上，政治自由简单地说，就是一个人能够不被别人阻碍地行动的领域。如果别人阻止我做我本来能够做的事，那么我就不是自由的；如果我的不被干涉地行动的领域被别人挤压至某种最小的程度，我便可以说是被强制的，或者说，是处于被奴役状态的。”①关于积极自由，他说：“‘自由’这个词的‘积极’含义源于个体成为他自己的主人的愿望。我希望我的生活与决定取决于我自己，而不是取决于随便哪种外在的强制力。我希望成为我自己的而不是他人的意志活动的工具。我希望成为一个主体，而不是一个客体；希望被理性、有意识的目的推动，而不是被外在的、影响我的原因推动。我希望是个人物，而不希望什么也不是；希望是一个行为者，也就是说是决定的而不是被决定的，是自我导向的，而不是如一个事物、一个动物、一个无力起到人的作用的奴隶那样，只受外在自然或他人的作用，也就是说，我是能够领会我自己的目标与策略且能够实现它们的人。”②伯林对两种自由作出区别的目的就是为了肯定消极自由，而否定积极自由。他认为积极自由不应该成为人们追求的目标，一个社会要确保人们的自由，保护的内容就是消极自由而非积极自由。

历史和现实的情况是：在全人类，有的国家（如民主的国家）的人民更多地享有这种自由，而有的国家则不是这样；在同一个国家内部，有的人享有这种自由，而有的人不享有这种自由；特别是在专制的国家内部，只有少数人，甚至只有一个人享有这种自由，而大多数人不享有这种自由。少数人享有自由而大多数人不享有自由，使自由成为一种特权。这种享有自由的不平等状况，导致了自由问题，导致了不自由的人对自由权利的追求，导致了他们为自由和自由权利而斗争。人对自由的追求，在很大程度上就是对外在自由或环境自由的追求，就是对平等地享有自由权利的追求。

那么，人为什么要追求自由，特别是要追求社会自由？这是因为自由是人生活得更好或者说获得幸福的根本条件。人生活得更好的基本前提是人的生存、发展和享受需要不断地得到更好地满足。这些需要不断地得到更好地满足的途径只有一条，这就是人的本性和人的潜能得到尽可能充分的实现。自由的意义正在于此！自由说到底就是人能够自主地实现自己的本性和潜能。人们之所以要追求自由，就是人还不能自主地追求自己本性和潜能的实现，还不能自主地追求生存、发展和享受需要的满足，还不能自主地追求幸福。本性和潜能的实现也好，生存、发展和享受需要的满足也好，幸福也好，所有这一切都不能靠他人恩赐，而只能靠个人自主地追求。

在所有妨碍个人自主追求的环境因素中，社会环境的作用力最强。人对幸福的追求只能在社会中并通过社会进行。社会对于个人追求的作用可能呈两极趋向：

① ［英］以赛亚·伯林：《自由论》，胡传胜译，译林出版社 2011 年版，第 170 页。
② ［英］以赛亚·伯林：《自由论》，胡传胜译，译林出版社 2011 年版，第 179～180 页。

一极是为个人的追求开辟广阔的天地，提供优越的环境；另一极则是完全扼制个人的追求，使个人成为国家机器上的没有自己追求的螺丝钉。

由于社会环境有可能置自由于死地，因而人们特别重视社会自由就是自然而然的了。尤其是在那种专制的社会环境中，并不是所有的人都是国家机器上的螺丝钉，总有那么一个人或几个人不是螺丝钉，而是机器的操纵者。这种地位的不平等更常常激发了人们对平等享有自由权的强烈要求。事实往往就是如此：追求自由的人不自由，不自由的人追求自由！

从以上分析我们可以看出，选择自由、内在自由与环境自由、外在自由是自由的两个不可分割的方面。它们可以说是自由的选择方面或内在方面和环境方面或外在方面。只不过由于在人类历史和现实中自由的环境方面问题更突出，因而自由的这个方面常常成为引人注目的焦点。这种对社会自由的过分关注，是可以理解的，但确实有偏差，因为这往往导致对自由的其他方面的忽视。实际上，自由的内在方面和外在方面一起才构成完整的自由，也只有这种完整的自由才真正是人获得幸福的根本条件。因此，追求自由不能只追求环境自由，还必须同时追求选择自由，不断提高自己的选择能力，不断增强自己的自主性。

与规范的关系

一些人之所以对自由持异议，甚至把自由看成是邪恶的根源，一个重要的原因就是把自由理解为随心所欲，无法无天，把自由看作是与法律、规章、制度、道德、纪律等规范对立的东西。他们在对自由作这样理解的基础上再进一步推论：如果所有的人都自由了，那天下岂不是要大乱了？于是就得出结论：自由要不得！如果自由真的像他们理解的那样，一个小孩子也会认为自由不是个好东西。

现在的问题是，自由是不是随心所欲、无法无天，是不是与规范对立的东西。我们可以从两个方面来讨论这一问题：一是看看主张自由的思想家们是怎样理解自由的；二是在此基础上进一步考察自由与规范的关系，看看两者是不是完全水火不相容的。

在人类思想史上的确有人主张把随心所欲、无拘无束当作理想来追求。文艺复兴时期法国著名文学家、《巨人传》一书的作者拉伯雷就是一个例子。在《巨人传》中，作者描绘了他所理想的社会——特来美修道院。这个修道院进出自由，不受拘束。院内没有任何章程、条例，一切都取决于个人的意愿。如果说还有一条规则的话，那就是“随心所欲，各行其是”。中国道家的著名代表人物庄子更是明确地把无拘无束地逍遥自在作为人生追求的理想境界。“若夫乘天地之正，而御六气之辩，以游无穷者，彼且鸣呼待哉？”[①]如果我们认为他们所追求的理想境界

---

① 《庄子·逍遥游》。

就是自由，那也可以说有人主张自由是随心所欲，无法无天。但是，人类思想史上绝大多数主张自由的思想家并非都如此。

自由是近代西方人的最高追求，几乎所有的思想家都主张自由，都要求确立自由原则。尽管他们对自由提供了种种不同的解释，但有一点是共同的，这就是他们把自由看作是有规则的，看作是理性的自由。

大致说来，近代西方思想家对自由的理解有三种主要观点。

第一种观点是笛卡儿、康德、黑格尔等人主张的。他们把自由看作是无原因的原因，即不受自然法则制约的意志自由。但这决不意味着自由是不受限制的。他们认为，自由是有法则的，只不过这种法则是不同于自然法则的理性法则。用康德的话说，“自由必须不被认为无法则的，自由不过是不服从自然的定律罢了”。按照黑格尔的说法，不受理性制约的自由不是真正的自由，而是一种主观任性。

第二种观点是霍布斯、斯宾诺莎等人主张的。他们把自由理解为对必然的认识和遵从，而理性被认为是人的必然性。因此，“自由的人，亦即纯依理性的指导而生活的人”。[①]

第三种观点是以莱布尼茨为典型的。他也主张自由是人的本质，但强调自由不只是自发性，而是“自发性加上理智”。

所有这些观点表明，近代西方思想家都是以理性为基础和依据来理解自由的。理性不仅不是自由的障碍，相反是自由的体现，一个人越有理性，他就越自由。然而，理性是有自己的独特法则的，以理性为基础和依据的自由必须以理性的法则为规则。理性法则在社会生活中的体现就是法律，因而在实际的社会生活中，自由必须遵从法律，自由是法律范围内的自由，而不是随心所欲，无法无天。正如启蒙思想家孟德斯鸠所指出的：“自由的主要意义就是，一个人不被强迫做法律所没有规定要做的事情，一个人只有受民法的支配才有自由。因此，我们自由，是因为我们生活在民法之下。”[②]

现代西方一些思想家甚至比近代西方思想家更强调人的自由。近代西方思想家把自由看作是人的本质，现代西方思想家则进一步把自由看作存在，看作人本身。但是，他们反对近代西方思想家把自由置于理性之上，认为理性非但没有使人自由，相反使人更深地陷入了技术和整体的力量控制之中。因此他们把自由置于某种非理性的东西（如情感、意志、生命、存在）之上。即便如此，他们也并不认为自由是随心所欲，无法无天。

法国著名的存在主义代表人物萨特就是以研究人的自由问题著称于世的。就是这位自由思想大师把自由与人的存在等同起来，认为人的自由先于人的本质，

---

① ［荷］斯宾诺莎：《伦理学》，贺麟译，商务印书馆 1928 年版，第 206 页。

② ［法］孟德斯鸠：《论法的精神》下册，张雁深译，商务印书馆 1963 年版，第 194 页。

是使人的本质成为可能的东西。但是，这位似乎有些极端的自由思想家，也并不认为自由是随心所欲，各行其是。在他看来，自由必须与两样东西相联系：一是处境，二是责任。

他认为，要使自由成为有意义的，成为真正的自由，就必须介入到某种处境中去，把选择的自由变为选择的行动。人越是介入到处境中去，越是行动，人就越是自由。处境促使人去自由选择，但同时又限定了自由，使选择的内容和结果各不相同。我们说奴隶与主人同样是自由的，但这并不意味着他们的自由是没有规定的：带锁链的奴隶有砸碎锁链的自由，但他却不能获得主人的财产。

人是自由的，他就是有责任的。一旦进行了自由选择的行动，就要承担行动的结果，不应有任何的推辞和后悔，因为我们自己是行为的作者。而且由于人的行动是与外界紧密相关的，人的选择是介入处境的，因而人的责任就绝不仅仅是对个人行动而言的，而且是对外部事件而言的。每个人都要对自己介入的社会上的事件负责。

不仅自由是与处境、责任相联系的，而且个人的自由是与他人的自由相联系的。个人在要求自由的同时，也要尊重和要求他人的自由，否则个人的自由就无法实现。他写道，我们要求的是以自由为目的的自由，是在各种特殊环境下均享有的自由。但是，在我们要求自由的时候就会发现：我们的自由完全依赖于他人的自由，而他人的自由，又依赖于我们的自由。虽然自由作为人的规定是不依赖于他人的，但只要牵涉存在，我们就不得不在要求我们自己自由的时候，同时也要求他人有自由。我们能把自由作为我们的目标，然而这只有在把他人的自由也作为一个目标的条件下才是可能的。

以上考察表明，在最推崇自由的西方，除了文艺复兴时期个别人文主义者外，大多数主张自由的思想家并不认为自由是随心所欲，无法无天，恰恰相反，他们认为真正的自由是有规则、有限制的。显然，如果我们因为把自由理解为随心所欲、无法无天而反对自由，那么这种反对是成问题的，因为我们所反对的不是真正的自由，而是我们所误解的自由。把自己误解的自由当作真正的自由加以反对，特别是把自己误解的自由强加在别人的头上加以反对，这是我们许多人在自由问题上犯错误的一个主要原因。

把自由理解为随心所欲、无法无天，就必然会认为自由是与规范水火不容的。这里我们可以进一步具体讨论一下自由与规范究竟是不是完全对立的。

从历史和现实的情况看，规范有两大类：道德性的规范，法律性的规范。通常认为前者主要是软约束（即所谓非强制性约束），后者主要是硬约束（即所谓强制性约束）。但是，不管是哪一种约束，实际上都可以达到置人于死地的程度，因而可以不考虑哪一种规范更有约束力。当然，从人类历史来看，在传统社会，道德性的规范发挥着主导作用，而在现代社会，法律性的规范发挥着主导作用。规范作为一种约束力，毫无疑问会对自由有一定的限制作用。但是，这种限制作用并不等于扼杀作用。规范可以完全扼杀自由，但并不必然扼杀自由。

自由是人在环境中的自主选择和活动，而规范则是对人的自主选择和活动的外在约束。这里的约束有两种类型：一种是专制性的约束；另一种是民主性的约束。这两种类型的约束与自由的关系是完全不同的。

专制性的约束是使人完全不能自主选择和活动的极端约束。这种约束有三个主要特点：第一，它以扼杀个人的自主性为目的；第二，它不仅约束人的所有行为，而且约束人的各个方面（包括思想、观念、言行举止，乃至衣着打扮、兴趣爱好，等等）；第三，它不仅规定人们不应该做什么，而且规定人们应该做什么，对人的一切进行全方位的限制。因此，在这种约束之下，个人没有任何选择。

民主性的约束是在最大限度地保证人自主选择和活动的前提下的适度约束。这里“适度”的标准就是不妨碍和伤害他人。这种约束也有三个特点：第一，它以个人的自主性得到更好地发挥为目的；第二，它只规定行为，而不规定个人的全部生活；三是它在最低的限度上限制行为，即只限制行为妨碍和伤害他人。因此，在这种约束下，人能够充分自主地选择和活动。

不难看出，专制性的规范是与自由对立的，而民主性的规范则不仅与自由相容，而且是自由的保证。

争取与维护

自由是人自主地选择和活动，其核心是自主性。尽管人生来就具有先天自由或选择自由，但这种自由还只是潜在的，而不是现实的。要使这种潜在的自由变成现实的，还必须获得环境自由。获得了环境自由，一个人才能获得真正的自由，才能成为真正的主体。然而，这种从潜在自由向现实自由的转变，不是自然而然的，而是人为的，需要人的奋斗，需要人的抗争：与环境抗争，与命运抗争，与自我抗争。没有抗争的意识，没有抗争的勇气，没有抗争的技能，没有抗争的实践，一个人就不会获得自由，就不会成为环境的主人，就不会成为命运的主人，就不会成为自己的主人。

我们反对决定论，特别是反对宿命论，但是我们也应该看到，人从一出生开始，就无处而不在被限制、被规定、被约束之中，也可以说无处而不在被“决定”之中，尽管这种决定不是决定论者所说的那种绝对地被决定。自由正好就是改变这种各方面被决定的状况，并通过改变取得自主地位。当然，决定的力量作为一种生理的、习惯的、权威的、经济的、甚至政治的力量，常常是十分强大的，绝非一个人想改变就能改变的。例如，一位残疾人，他生理上的缺陷对他的制约力量就是很大的。然而，如果一个人完全屈从环境，顺从命运，他怎么可能获得自由？

我们说改变个人自身各方面被决定的状况，并不是说一定要完全、彻底地改变，这事实上是不可能的。自由的大小与改变个人的被决定状况是正相关的。由于这种改变永远也不会完全、彻底，因而人的自由永远也不会达到绝对。而且这里所说的改变，就环境而言，并不意味着一定要完全否定环境。一种对他的自由无碍甚至有利的环境，他没有必要去改变，更没有必要去否定。但是，他应该经过自己的判断和选择认同这种环境，并逐渐控制环境，使之更有利于自身的生存、发展和享受，而不能完全为它所左右。

个人被决定的状况是复杂的，但从总体上看有两种基本情形：一是被奴役，这是绝对被决定的状况，在这种状况下，个人只是工具或物件，没有任何自由；二是被规定，这是一种相对被决定的状况，在这种状况下，个人有一定的自由，但不同个人的自由度是不同的。在致力于改变个人被决定状况的过程中，对这两种情形应加以区别对待。

对于被奴役，要通过抗争砸碎锁链，求得解放，因为奴役是与自由完全对立的，有自由就没有奴役，有奴役就没有自由。奴役可能来自多方面，如政治上的压迫，经济上的剥削，人格上的蔑视，还有种族歧视，性别歧视，等等。但是，对人的奴役主要来自人。奴役总是社会上一部分人对另一部分人的奴役。在人类历史上，人对人的奴役曾经长期存在，人类为此付出了沉重的代价。随着文明的进步，特别是经过人类长期不懈的反奴役、要自由的斗争，人类中的大多数人普遍受奴役的状况已经成为历史，奴役已经被看作是罪恶现象遭到普遍的唾弃。然而，到目前为止，奴役这种自由的天敌并没有完全绝迹，尤其是在法制不健全的地方，奴役还时有发生。因此，即使在现代社会，每一位公民还需警惕自己被奴役的情况发生。在被奴役的情况下，就应拿起法律的武器捍卫自己的自由权利。

对于被规定，则要区别对待。被规定并不是完全与自由对立的，相反为了社会成为普遍自由的，有必要对人们适当加以规定。而且事实上，没有任何一个生活在社会中的人没有被规定。例如，与每一个人的社会角色相联系的义务就是对每一个人的规定。因此，不能笼统地与被规定抗争。在现代社会，对公民唯一合理的规定就是法制。一般说来，在法制之外的所有规定都可置于被审查乃至被否弃之列。另一方面，每一种规定都应当以个人的承诺为前提。这种承诺既包括明显的，也包括隐含的。例如，如果一个人接受一家公司的一份工作，那么这家公司的有关规定对于这个人就是有效的，因为这个人在同意接受这份工作的同时已经隐含地作出了服从这份工作的规定的承诺。

人自身内在和外在的条件决定了人终身都不可能完全摆脱被规定的命运。这种命运告诉我们：

任何时候都不能说我们已经完全自由了，而只能说我们在某方面得到了自由或某些方面得到了一定程度的自由。就是说，我们在其他方面还没有获得较充分的自由，始终都面临着继续争取的任务。

自由不只是一个事实，更是一个过程。我们现在获得了自由，并不意味着从此以后就是自由的。就是说，自由不是一劳永逸的，它作为一种主体地位，需要维护，需要不断地再确认。

由于自由没有终点，因而只能不断扩展自由，而不能指望到达自由的彼岸，也因为如此，我们始终都有与环境、与命运、与自我抗争的余地。就是说，争取自由的过程不会因为龄长、权重而可以终止，任何人都应不断追求，至死方休。

自由是与被决定状况的改变成正比的，只有不断地努力改变被决定的状况，不断地与环境、与命运、与自我抗争，才能不断地、越来越多地获得自由。然而，我们也应该清醒地认识到，我们不仅不能一劳永逸地、完全彻底地获得自由，而且由于人自身及其环境的种种局限，我们所能获得的自由是有限度的。

比如，一个人出生时，他的先天素质（如身体素质、智能素质）就已经被给定，一般很难突破他的先天禀赋；他生长的家庭环境（如父母的状况、家庭的条件等）也是既定的，改变的可能性很小。在他成长的过程中，社会环境更是他无力改变的。在所有这些方面，个人几乎都没有什么选择余地。

又如，一个人出生在古代，就不可能到全世界自由旅行，不可能与远方的朋友电讯联系，如此等等。对于个人来说，这种时代的局限可以说是完全无法突破的。

再如，一个人生长在中国，就不可能养成生长在美国的人们的那样无拘无束、开朗幽默的自由个性。这种文化的印记也是人们常常不能磨灭的。

所有这一切，还有许多其他方面，其中有些是可以改变的，有些甚至是不可改变的。即使是一些可以改变的方面，对个人来说也往往是有极限的。人的这些不可克服的局限和难以超越的极限毫无疑问是自由的障碍，它们常常使人感到不自由。

在对自由障碍导致的不自由感面前，人们通常表现出以下三种不同的态度：

一是消极的态度。这种态度是对自由的障碍感到无可奈何，甚至感到悲凉、不安、痛苦、哀叹，从而放弃对任何自由的追求，听天由命，苟且偷安。人都有一种向往和追求自由的天性，即使在专制时代亦如此。那么，为什么许多人最后完全顺从环境，屈从于命运呢？一个重要原因就是在追求自由的过程中，在遇到障碍和阻力的时候，特别是在一再遇到障碍和阻力的时候，放弃了对自由的追求。这种消极的态度是不正确的。因为一旦放弃了对自由的追求，人们就会失去自由，至少自由就从此再也不会扩大。

二是莽撞的态度。这种态度是在遇到自由的障碍的时候，不顾一切地冲破阻力，克服障碍，将人生幸福乃至生死置之度外。这即是所谓“不自由，毋宁死”。这种崇尚和追求自由的勇气和精神是可嘉的，但却是不值得倡导的。因为这种态度忽视了自由的相对性、有限性，忽视了人的生命和幸福的价值比自由的价值更根本这样一个事实。如果一个人以个人的生命和幸福为代价去克服自由的障碍，获得了自由又有什么意义？而且，生命和幸福都没有了，也就没有了自由的主体，怎么会有自由呢？

三是应变的态度。这种态度是在坚持不懈地追求自由的过程中，适当妥协，顺应那些根本无法克服或暂时无法克服的自由的障碍，而在那些有可能获得自由的领域多作努力。这是一种把与环境、与命运、与自我抗争同顺应不可改变的客观事实和变化相结合的态度。这种态度是正确的。因为这种态度既没有放弃对自由的追求，也清醒意识到了自由的限度，在可能的限度内下功夫，而不是轻举妄动。

不难看出，在以上三种态度中，一个人只有持第三种态度才能真正获得自由，才能真正获得幸福，才能真正把对自由的追求和对幸福的追求有机结合起来。因此，我们应该提倡和树立这种正确态度。当然，树立这种态度并不是容易的，需要较高的人生境界和生活艺术。但是，只要我们意识到这一点，并坚持这样做下去，我们就能达到这种境界，掌握这门艺术。

三、平等享有权利和履行义务

公民在国家中主体地位的第二个重要体现和标志是国家的每一个公民都能平等地承当各种社会角色，平等地享有权利和履行义务，从而平等地生存、发展和享受，平等地追求幸福。所有公民都能平等地承当各种社会角色是公民主体地位的基本要求。平等像自由一样，也是人类自古以来向往和追求的美好理想，但平等是一个比自由更为复杂的问题，不仅涉及如何理解平等的问题，而且涉及更为复杂的平等与自由、公正的关系问题。特别是在公民的自由权利得到了基本保证之后，平等问题就会日益突出出来，今天的人类仍然为平等的问题所困扰。对于这个问题还需要更为深入的理论和实践探索。

含义和意义

平等自古以来就是一个社会问题，平等问题自古以来一直为人们所普遍关注。但是，古代的平等观念与近代以来的平等观念是不尽相同的。这种不同主要表现在两个方面。

第一，古代平等观念一般是平民的朴素观念，而不是思想家的观念。古代社会一般都是等级制社会，这种等级制被看作是天经地义的，作为统治者辩护人的思想家一般都为这种等级制辩护，而不是否认这种等级制，因而他们很少研究平等问题。平等问题为被压迫的、处于社会底层的平民所关注，并通常在民谣等民间文艺作品中（如中国的《诗经》）或在奴隶、农民起义的口号中得到表达。与古代不同，近代开始，平等为社会各阶层的人士所普遍关注，即使是统治者，在巨大的平等浪潮的冲击下他们也不能不关注平等问题。而且由于平等问题成为普遍关注的严重社会问题，因而思想家也都十分重视对这个问题的研究。可以说，人类关于平等问题的理论观念主要是近代提出的。

第二，古代的平等观念侧重于作为结果的条件平等问题，近代以来的平等观念更关注作为起点的机会平等问题。古代与近代以来关于平等的理解不同，是我们理解平等的含义和意义时首先必须了解的。

关于平等，通常从两种意义上理解：一是从人类本身来理解，二是从人类生活的外部环境来理解。前者被称为人类的平等或不平等，或个人的平等或不平等；后者可称为环境的平等或不平等。个人的平等或不平等又被进一步分为两个方面：一是天资方面的，这是由人生来就具有的生理条件形成的；二是造诣（或才能）方面的，这是受家庭出身、受教育的程度、个人的作为等因素影响而形成的。环境的平等和不平等也被分为两种类型：一是条件方面的，二是机会方面的。[①]这两者之间的区别就如同百米赛跑一样：每一个运动员都站在同一起跑线上同时起跑，但其结果总有“第一”和“最后”之分。这里的机会平等就是进入比赛的资格方面的平等，而“第一”和“最后”的结果代表了一种享受待遇方面的不平等。根据这种对平等或不平等的理解，条件的平等，可以是个人社会地位的平等和他们享受待遇的平等，也可以是个人对于社会财富拥有方面的平等。

上述这种对平等含义的理解是有问题的。

所谓个人的平等是不存在的。任何人都承认，每一个人的天资是生来不平等的，每一个人的造诣也是事实上不平等的。既然如此，就在这两方面不能要求平等，也不可能实现平等。在事实上不平等而且也不可能实现平等的方面谈平等，是没有什么实际意义的。

就环境的平等而言，其中的条件平等也是不可能实现的。因为人生活的条件不仅是由社会环境决定的，而且也是由个人的天资、作为以及其他多种因素（如时间、地点、条件）决定的。所有这些因素综合作用的结果，必定会使人生活的条件不平等。因此，我们也不能要求作为结果平等的条件平等，事实上任何社会也都不可能实现这种平等。要求条件平等，只会导致“不患寡，患不均”的平均主义。在以上所说的两大类平等中的四小类平等中，只有机会问题才谈得上平等。机会平等是人类真正能要求的平等。因为尽管人们在天资上、作为上、条件上事实上不可能平等，而且不管人类怎样努力，都不可能实现这些方面的平等，但能够在机会上实现平等。从社会的角度看机会就是获得权利的机会，因此，机会平

---

① 参见［美］摩狄曼·J. 阿德勒：《六大观念：真、善、美、自由、平等、正义》，陈珠泉、杨建国译，团结出版社 1989 年版，第二十一章。

等实质上就是权利的平等。

上述观点忽视了人可能而且必须平等的一个重要方面，即义务平等。人不仅能够也应该在享有机会或权利方面，而且能够也应该在履行义务方面平等。我们通常说的“法律面前人人平等”就是说的这种平等。这是要求所有人都要平等地承担遵守法律的义务。

因此，人类所能获得的而且应该追求的平等只有两类：权利的平等和义务的平等。权利和义务都是与角色相关联的。从与角色的关系看，权利的平等包括两个方面：一是获得角色机会的平等，即每一个公民都应该平等地获得各种社会角色；二是享有角色权利的平等，即无论是谁，只要他获得了一定的角色，他就应该享有相应的角色权利。从与角色的关系看，义务的平等是指无论是什么人只要他承当了某一角色，他就应该履行相应的角色义务。在权利上人人平等，在义务上人人平等，只要求每一个社会成员平等地享有权利和履行义务，但并不保证他们都能在相同的程度上实际享有权利和履行义务，更不能保证他们都获得相同的结果。

那么，公民为什么应该平等地享有权利和履行义务呢？这既是人性的要求，也是公民这一角色本身的要求。

公民虽然在生理上、理智上、才能上，以及由此产生的结果上不平等，但公民都是人，都具有相同的人性。在人性上，没有一个人比另一个人多或少。一个人作为人所具有的尊严不同于事物的属性，它在程度上是没有差异的，全人类都平等地具有做人的尊严。这种尊严构成了人应该享有人能享有的一切权利、履行人能履行的一切义务的基础。《独立宣言》中宣称，人人生而平等，造物主赋予他们若干不可转让的权利。事实上应该补充一句，造物主同时也赋予了他们若干不可推卸的义务。

这里的人人生而平等是可以得到确确实实证明的。也就是说，作为人，公民都具有人类这个物种的性质，尤其是那些属于人所具有的特殊性质，因而它们是平等的。人人生而平等，所指的就是人类都被赋予了某些不可转让或不可剥夺的权利和某些不可推卸的义务。这些权利之所以不可被剥夺，这些义务之所以不可被推卸，是因为它们天生地存在于人的特殊本性之中，而不只是由法律规定而给予人的。法律只能对这些权利提供保障，对这些义务实行监督，而不能决定这些权利的不可剥夺性，也不能决定这些义务的不可推卸性。

从公民这一角色本身来看，公民也应该平等地享有权利和履行义务。公民是一种特殊的角色，意味着它是国家的主体或主人。既然所有的公民都是国家的主人，那么他们就应该有承当所有能承当的社会角色的平等机会，应该能平等地享有和履行与角色相应的权利和义务。如果有一些人被指定只能承当一些角色而不能承当另一角色，或者被指定享有权利而不用履行相应的义务，而另一些人则相反，那么就有可能出现有一些人是国家的主人，而另一些人则不是国家的主人的情况，而这是与公民这一角色本身的要求相矛盾的。

公民应该平等地享有权利和履行义务不仅是人性和公民这一角色本身的要求，而且对于社会普遍公正以及公民普遍幸福具有根本性的意义。公正有部分人之间的局部公正，也有全社会成员之间的普遍公正。社会普遍公正不是要使所有社会成员在生活条件、占有状况和幸福水平都一样，因为这是不可能的。如果这样理解公正，人类社会就不会有普遍社会公正。普遍社会公正是要使所有人都有机会成为他可能成为的角色，每一个人都同样地享有和履行与角色相一致的权利和义务。因此，所有公民平等地享有权利和履行义务是社会普遍公正的要求。有公民平等才有社会普遍公正。

幸福是需要社会条件的。公民的普遍幸福只有在普遍公正的社会才有可能。因为只有在普遍公正的社会，每一个公民才能都有相同的获得幸福的机会。既然社会平等是社会普遍公正的要求，那么也是公民普遍幸福的要求。另一方面，公民只有平等地享有权利，才能获得自己所能获得的幸福。同时，公民平等地履行义务，使公民所获得的幸福与他们对其他公民幸福的贡献相匹配，这必定有助于整体幸福的实现和增进。尽管这样一来公民之间的幸福有质和量的区别，但这种区别对于不同的公民是公平的，那些只获得较低质或较少量幸福的公民也是无怨无悔的。

与自由的关系

在近代西方，自由和平等就像一对孪生兄弟，总是被联系在一起，但是它们各自的含义和侧重点是不相同的，而且随着西方社会的发展，这两者之间日益显露出相互冲突的一面。

在西方资产阶级革命兴起时，“自由”与“平等”可以作为一个统一的要求而成为资产阶级革命的口号，因为当时自由和平等主要是针对专制和等级制，以求得个人自由和平等的政治参与权和决策权。专制和等级制在中世纪后期是政治制度相互关联的两个方面，反对其一，必须反对其二，因此自由和平等就成为了统一的斗争武器。随着资产阶级革命的胜利和巩固，随着普选权的争得和言论、信仰、人身自由权，特别是各种经济自由权的扩大，财富分配方面的不平等状况便日益引人注目，自由与平等的矛盾也就日渐显露。自由被理解为要求人们按照自己的意愿尽量少受限制地去创造财富和追求利益，平等则被理解为要求缩小贫富差距，达到财富和利益的平等分配。

那么，究竟是不惜牺牲某些人的个人自由权利以达到较大的社会经济平等，还是宁可让某些不平等现象存在也要捍卫每个人的自由权利？这一自由与平等的矛盾，被认为是构成19世纪中叶以来西方社会公正问题的主题。

自由、平等、公正的关系问题我们下面再专门讨论，这里首先讨论一下平等与自由的关系问题。根据我们上面对自由与平等的理解，尽管社会成员自由地追求幸福和平等地享有权利可能导致社会成员生活条件的不平等乃至社会的两极分化问题，但平等与自由本身并不存在矛盾。前面我们分析过，自由问题作为社会问题主要是环境自由问题，其中最突出的问题是社会自由问题，即个人能否在社会环境中按自己的意愿行事。从社会的角度看，自由就是能按照自己的意愿行事。如果把人行事的目的理解为幸福的话，那么自由也就是能按照自己的意愿追求幸福，即自由地追求幸福。另一方面，作为一个人类可能解决的社会问题，平等不是个人的平等或不平等问题，也不是作为结果的个人生活条件的平等或不平等问题，而只能是享有权利和履行义务的平等问题。显然，这两者虽然不等同，但两者之间并不存在矛盾和冲突。不仅如此，两者还是相互依托、相互凭借、相互补充的。

平等与自由是相互依托的。从理论上看，有社会自由才可能有社会平等，反之亦然。每一个社会成员只有都能按自己的意愿行事，他们才都有可能平等地去成为他们可能成为和他们想要成为的社会角色。相反，如果他们没有自由，他们就既不能同样地去成为他们可能成为的角色，也不能同样地去成为它们想要成为的角色，而只会是有些人能如此，而有些人则不能如此。反过来，如果大家都能平等地成为他自己能成为和想要成为的角色，那就意味着他是自由的。从历史事实来看，自由和平等也是相伴而生、结伴而行的。我们不能设想一个人对人奴役的社会是平等的，也不能设想一个人对人专制的社会是自由的。

平等与自由是相互凭借的。人要自由，要能按照自己的意愿行事，他就必须能成为他想成为的人，而人是不同社会角色的集合。只有当所有人都有同样的机会成为他自己想成为的角色，社会才是自由的。这就是说，如果大家不平等，自由根本无从谈起。自由的实现需要借助平等的实现。反过来也是一样，大家要能有同样的机会成为他自己想成为的角色，他们必须是自由的。如果他们不是自由的，他们就不能同样地成为他们自己想成为的角色。近代自由和平等的到来，就是同时以两者为旗帜，使两者相互支持、并肩战斗的结果。

平等与自由是相互补充的。这一点更为明显。社会自由强调的是人人能按照自己的意愿行事，社会平等则强调人人都有相同的机会按自己的意愿行事。它们一起才构成了人们普遍幸福的基本社会条件。可以设想，如果人人都能按自己的意愿行事，但大家所得到的机会是不同的，这种社会即使看起来是自由的，也不可能使幸福得以普遍实现；同样，即使人人都有相同的机会，但大家并不都是自由的，其结果机会只对一部分人有意义，而另一些人则会与机会无缘。这样的社会即使是平等的，也是形式上的，在这样的社会同样不会有全体社会成员的普遍幸福。

从自由与平等的相互关联可以看出，这两者之间并不存在矛盾和冲突。西方思想家之所以把两者看作是冲突的，是因为他们对平等的理解是不对的。其症结在于混淆了平等问题与公平问题，把本来是属于社会公正范围的问题作为平等问题加以解决，把本来不相矛盾的平等与自由看成是对立的，致使自由和平等成为不可两全的“二律背反”。

实现方式

平等的实现与自由的实现虽然往往是相伴随的，但实际上并不相同。自由所要解决的问题主要是个人能按自己的意愿行事。这其中既包含环境，特别是社会环境是否允许个人按自己的意愿行事，也包含在社会环境允许个人按自己的意愿行事的情况下，个人能否按自己的意愿行事。这也就是说，自由的实现取决于两方面的因素：社会的因素和个人的因素。社会环境自由了，个人并不一定就能自由。平等则不同，它所要解决的问题主要是个人是否有权利像其他人一样承当某种社会角色。这其中当然涉及个人能不能承当、想不想承当这一角色的问题，但这并不是平等所关心的问题。通俗地说，平等所关心的问题是别人有权利做的事，我也应该有权利去做，至于我想不想去做、有没有能力去做、是否做得好是另一个问题。例如，别人作为公民有权利竞选总统，我作为公民同样应该有权利去竞选总统，尽管我没有想过要去竞选。因此，平等问题纯粹是一个社会问题，平等的实现只能取决于社会的因素：社会或国家应该给予每一个公民像其他公民一样的机会或权利。

平等问题纯粹是一个社会问题，这并不意味着这个问题的解决与公民个人无关。平等问题的解决或平等的实现看起来是国家给予每一个公民同样的机会或权利，但国家怎样才会如此呢？从历史事实看，古今中外许多国家并不是给予每一个公民同样的机会和权利的，相反是等级森严、不可逾越的。

历史告诉我们，由于历史上国家大多起源和产生于强权，以这种强权为基础的国家是必定实行以最高统治者为核心的等级制的国家。平等是等级制的掘墓人，因而是等级制的死敌。因此，等级制的国家不仅不会给予每一个社会成员同样的机会和权利，相反要极力维护等级制。这就是说，尽管平等的实现是国家给予每一个公民以同样的机会或权利，但这并不是任何国家会给予的。要使国家赋予每一个人以平等的权利，必须改变传统的国家，打破国家的等级制，使每一个公民成为国家的平等的主人。只有每一个公民平等地成为其主人的国家，才会给予每一个公民以平等的权利。

显然，每一个公民都成为其主人的国家是不会自己建立起来的，它的建立完全依赖于想平等地成为国家主人的公民自己。没有公民为争取平等而斗争的自觉努力，国家也许永远也不一定自动地给予每一个公民同样的机会或权利。从这种意义上看，平等问题的解决决不是与公民个人无关的，相反是关系极为密切的。

平等的实现并不只是个争取的问题，还包括更为艰难的保障和完善问题。打破等级制也许只需要一场革命甚至改革就能实现，但是，怎样使每一个公民都能真正平等地享有承当社会角色的权利，怎样使他们的这种权利得到有效的保障，怎样解决形式上平等而事实上不平等的矛盾，则是要复杂得多的问题。这里需要解决好三方面的问题：一是建立尽可能完善的平等权利的保障机制；二是使这种机制法制化；三是建立与平等相匹配的社会公正机制。

四、尽力作出贡献和分担责任

公民在国家中主体地位的第四个重要体现和标志是国家的每一个公民都能尽力地为国家作出贡献和分担责任。国家是公民生存、发展和享受的最重要环境、条件、场所，国家的好坏直接关系到每一个公民的切身利益。国家对于每一个公民又不是外在的，而是公民自己构建的，国家的好坏、国家发展的状况如何取决于作为其主体的公民对国家的作为和贡献，每一个公民对所在国家的状况都负有责任。这一看起来似乎十分浅显的道理，直到今天并不是每一个公民都已经深刻理解了。把国家看作是异己物而有意无意地破坏它、拔一毛以利天下而不为，却千方百计地想从社会巧取豪夺，就是有力的证明。因此，怎样使每一个公民都尽力地为国家作出贡献和分担责任，怎样使每一个公民自觉地把自己的幸福与国家的美好紧密地结合起来，仍然是需要人类努力加以解决的重大问题。

含义和意义

通常把贡献理解为拿出自己的东西献给国家或公众，或者理解为直接为国家或公众做有益的事。按照这种理解，贡献就成了道德上善行的代名词。这种理解显然是片面的、狭隘的。如果这样来理解贡献，那就只有那些直接为国家和公众做事的人，如官员，才在作贡献，而大多数追求自身利益而事实上有利于国家和公众的人并没有作贡献。这样一来，贡献就只是少数人的专利，而与那些没有什么东西可以献给国家或公众的人，那些没有直接为公众做有益的事的人无缘。这就是我国为什么长期以来总是把英雄模范做好事以及官员、教师等公职人员的工作看作是对国家的贡献，而不把纳税人特别是私营业主的经营看作是贡献的重要原因。

贡献实质上不只是一个道德概念，而是一个比道德概念广泛的价值概念，或者可以说就是价值的另外一种不同的说法而已。它所指的就是一物对另一物的有用性。公民对国家的贡献就是公民对国家的有用性，或者说得更具体一点，就是公民的作为对国家或社会的不断改善所产生的积极作用。这种积极作用可以是无偿的，也可以是有偿的；可以是直接的，也可以是间接的；可以是物质性的，也可以是精神性的；可以是有形的，也可以是无形的。贡献包含有符合对方（接受贡献者）需要的含义。只有符合对方需要而且对方愿意接受的东西，才能说是贡献。因此，贡献是一种价值关系，这种关系只有提供者与接受者达成一致才能形成。贡献一般是有意识作出的，具有自愿的性质，因而那种歪打正着的行为严格说来不能说是贡献。例如，一个公司经营的直接目的是求利，但它在求利的过程中，考虑到要通过最好地满足用户的需要来赚钱。这种行为就是对国家的贡献。

这样来理解贡献，贡献就不是少数人的专属品，而是全体社会成员的公共品。任何一个公民都能为国家作出贡献，尽管方式不同、形式不同、大小不同。一个政府官员的工作可以为国家作贡献，一个私营业主的经营活动也可以为国家作贡献；一个国家总统可以为国家作贡献，一个清洁工人也可以为国家作贡献。问题的关键不在于人们做什么，而在于人的活动及其作为能否促进国家的改善和完美。

贡献与人们通常所说的奉献不同。奉献是无偿地给予，而贡献是建设性地促进。奉献不一定是贡献，因为奉献可能产生积极效应，也可能产生消极效应。例如，一位父亲无偿地给子女一大笔遗产，这无疑是奉献，这种奉献并不一定就有助于子女的幸福，因为这笔遗产可能导致子女从此不思进取。又如，一位青年男子把他的爱情奉献给一位并不爱他的姑娘，这位男子的奉献对于这位姑娘显然也不是贡献。奉献强调的是无偿，而不强调接受者是否真正需要；贡献强调的则是对接受者有益，而不是有偿还是无偿。不弄清这一点，在实践中就会走入误区。在我国现实生活中就有这样难以理喻的情形：高度地评价一个利用业余时间为别人修理物品的工人，而对每年为国家提供数百万元税收、为数十人提供就业机会的私营业主不屑一顾，就是因为这位工人的行为是无私奉献，而这位业主的行为是谋求利润。今天我国仍然笼统地高扬奉献精神，而不怎么注重奉献是否会对国家有贡献，说明对奉献与贡献加以明确区分的必要性和重要性。

公民的贡献对于国家的构建、发展、完善的重要性是显而易见的。国家是人为事物，它不是自然产生的，特别是公民的国家更是作为其成员的公民贡献的产物。国家的好坏、强弱完全取决于公民贡献的大小和贡献质量的高低。一般说来，所有根据社会需要劳动的公民都在为国家作贡献。或者不如说，每一个工作着的公民都是国家的贡献者，只是有的贡献较大，有的贡献较小；有的只贡献不破坏，有的在贡献的同时也在破坏。因此，问题主要不在于要求公民作贡献，而是要求公民尽力地作贡献，作出尽可能大的贡献，要求公民只作贡献而不破坏。

尽力贡献与公正获取

由前面的分析可以看出，贡献的真义不在于它是否得到回报，而在于所提供的东西是否符合国家或社会的需要。因此，为社会作贡献与从社会获取并不构成矛盾。人们一般认为有成就的科学家对社会的贡献是巨大的。但是，任何一位科学家的贡献都不会是完全无偿的，他总要或多或少地从社会获取，否则他就无法生存，也就无法从事科学研究。我们不能因为他从社会获取了，就否认他的工作对社会作出了贡献。这种情况对于企业家以及所有从事其他职业的人也是一样的。

贡献与获取不仅不矛盾，而且给予与贡献相匹配的报偿还可以刺激人们作贡献的动机。这不仅是因为得到报偿可以改善贡献者的生存和工作条件，从而能更多地作出贡献，而且还因为得到报偿意味着贡献得到了社会的承认和肯定，意味着社会需要这种贡献，从而强化作出更多此类贡献的努力。因此，作出了贡献应该给予回报，作出了贡献应该获取，这是不言而喻的。那种要别人作出贡献，而不愿意给别人以报偿，相反指责别人要求获取的作法，显然是没有道理的。

事实告诉我们，问题不在于贡献应该获取，而在于如何尽可能地使贡献与获取相匹配，使获取成为公正的。

在现实生活中，人们的贡献与获取往往是不匹配的，甚至很不匹配。这存在着以下几种情形：

其一，作出了贡献而得不到社会的承认。例如，尼采所写的书几乎都是自费出版的，而且几乎没有读者，但他死后，他的书却成了世界性的畅销书。

其二，作出了巨大的贡献而所得到的报偿是很少的。例如，可称为世界乐圣的贝多芬写了许多的给人类带来欢乐的不朽音乐作品，但他的一生几乎是穷困潦倒。

其三，几乎没有作出什么贡献而获得了巨额的回报。传统社会中的那些荒淫无度的皇帝是最典型的例子。

其四，愿意而且有能力作出贡献，但没有机会。没有贡献就不应该有获取，但这里的不贡献不是不愿意或没有能力贡献，而只是没有机会，社会不能接受。而且问题更在于，社会不是完全不能接受，而是接受一些人的，而不能接受另一些人的。例如，现代社会中普遍存在的失业问题就是如此。

一般说来，在任何社会都不可能使以上问题得到彻底的解决，而只可能达到尽可能好的解决。尽可能好的解决需要贡献方和接受贡献方或回报方的共同努力。

从接受贡献方来看，关键是要建立公正的社会报偿机制。除此之外，还需要开放、开明，给公民以更多的自由让他们自己寻求机会。对于那些社会暂时不能接受的贡献不要轻易否定。

从贡献方（包括公民个人、企业等）来看，不能完全着眼于报偿。只要社会需要，就尽自己的能力为社会作出贡献。社会不仅接受能力有限，而且认识能力也有限。有些东西社会看起来不需要，但并不是真的不需要；有些东西社会暂时不需要，并不意味着永远不需要。作为国家的公民，国家是自己的国家，社会是自己的社会，需要一点不计较个人得失的精神。更何况不能直接得到回报，还可能得到间接回报。以上尼采的例子就说明了这一点。如果尼采因为没有得到社会的承认就终止他的研究，不仅对人类是一个重大损失，也不会产生这位哲学巨匠本人。至于那种没有机会的情况更容易解决。没有机会可以寻找机会，不能找到机会，可以改变自己，使自己能做社会所需要的事情。即使在失业的情况下也能为社会做很多有益的事情。这里的关键在于是不是把自己真正作为国家的主人。

作为主体的责任

作为国家的主人，公民不仅应该享有主人的权利，同时也应该承担主人的责任。“责任渗透于人的生活的方方面面，每个人无时无刻不在面临着责任的考验和挑战。责任是人之为人的根本，是人为人处世的神圣使命，一个人承担和履行责任的多少大小与一个人的人生价值的高低成正比。”[①]分担国家的责任，不只是道义上的要求，也不只是法律上的要求，更是公民个人在社会中更好地生活的要求。贡献具有自愿的性质，责任具有强制的性质。无论一个公民愿意与否，他客观上应该承担对社会的责任。

公民对国家的责任与公民作为社会角色的义务不尽相同。角色义务具有相对性，就是说，义务总是相对权利而言的；社会责任则具有绝对性，就是说无论是否享有权利、无论所享有的权利是大还是小，每个公民都对社会或国家的状况负有责任。“天下兴亡，匹夫有责”讲的就是这个道理。这种责任在任何情况下都是不可推卸的。例如，一个国家各个方面都很糟，看起来是国家领导人的责任，与普通公民无关，其实不然。无论这种状况是领导人的无能造成的，还是领导人腐败造成的，每一个公民都有责任。因为领导人是公民自己选择的。

强调公民对社会责任的绝对性，有助于增强公民对社会的责任心和责任感，这对于国家的不断改善是绝对必要的。大多数公民都把自己置于对国家的责任之外，这样国家不仅不能繁荣，还可能使国家成为少数野心家实现其野心的工具。

公民对国家的责任涉及方方面面，概括起来即是关心国家，热爱国家，保卫国家，改善国家。

关心国家是前提。一个对国家的状况漠不关心的人，谈不上对国家的责任。

热爱国家是动力。热爱国家才能以建设性的态度，而不是以破坏性的态度对待国家。

保卫国家是基础。保卫国家既包括防止外敌的侵略，也包括防止内部的专制。

改善国家是关键。改善国家主要是通过对国家的贡献实现的。但是，改善国家与关心国家和热爱国家不同，公民各自的情况千差万别，不可能对国家都作相同的贡献。

作为对国家的责任，每一个公民都应该以主人的态度和身份尽力地为国家作出贡献，通过对国家的贡献使国家有所改善。当然，我们不能要求所有的公民把整个国家乃至全人类的责任都担在自己的肩上。这既不可能也没有必要。事实表明，笼统地要求所有人都要为社会和他人作奉献，其结果只能是大多数人解决不

① 江畅：《社会主义核心价值理念研究》，北京师范大学出版社 2012 年版，第 254 页。

好自己的问题，而他们自己的问题又需要别人或社会来解决。

那么，应该怎样理解这里所说的“尽力地为国家作出贡献”呢？

就公民的能力而言，大致上可以划分为三大类型：

他助型，即其生存不能仅靠自己，而需要他人或社会帮助，如儿童、上年纪的老人、严重的残疾人；

自助型，即能靠自己就可以解决好自己的生存和发展问题；

助他型，即不仅能解决好自己的生存，而且能帮助解决其他人的生存和发展问题。

助他型又有不同的层次。最低层次是能帮助解决自己家庭的生存发展问题，大多数公民属于这种层次；第二层次是能帮助解决一个单位的生存发展问题，一个单位的负责人如经理、厂长属于这一层次；第三层次能帮助解决一个地区的生存发展问题，市长、省长大致属于这一层次；第四层次能帮助解决一个国家的生存发展问题，国家领导人属于这个层次；最高层次能帮助解决人类的生存发展问题，思想家、科学家、艺术家、宗教家大致属于这一层次。

根据这种划分，“尽力地为国家作出贡献”就是要求人们首先要解决好自己及其家庭的生存发展问题，这是对社会的基本贡献。显然，如果一个国家的大多数人都能解决好自己及其家庭的问题，这个国家的负担就不重了。在解决好自己及其家庭生存发展问题的基础上，再鼓励公民量力而行，渐次地为更大范围人群更好地生活作出更大的贡献。

第七章　和谐社会的保障

一、社 会 公 正

公正是构建和谐社会的基础和根本保证。没有社会公正，就不会有和谐社会。公正像自由、平等一样，也是人类历来向往和追求的美好理想。与自由、平等不同的是，公正不仅为被统治者所向往，也经常为统治者所追求。在不少思想家那里，公正被看作是人类社会秩序的基础，是立国的原则和追求的价值目标。柏拉图说："当我们建立这个城邦时，从一开始我们就已经确定了一条普遍的原则，我想，这条原则，或这条原则的某种形式，就是正义。"①罗尔斯则将公正看作是社会制度的最重要价值："正义是社会制度的首要价值，正像真理是思想体系的首要价值一样。"②在我们看来，公正是社会既个体自主又整体和谐的基础，是健康社会秩序的标志。当自由和平等在人类社会由理想变为现实时，公正问题便成为人们普遍关注的焦点。如果说专制等级的传统社会的公正问题靠强权来解决，即所谓"强权即公正"，那么在自由平等的现代社会应该如何解决公正问题，使人们真正生活在公正的社会里，公正地获取所得，这仍然是一个有待进一步探索的重大理论问题和实践问题。"到今天，社会公正问题虽没有得到较好解决，但越来越为各国所普遍重视。作为基本价值理念的社会公正，被看作是社会管理的根本原则，也被看作是社会制度的首要美德或德性，已经成为当代好社会的主要标志。追求社会成员普遍幸福的社会主义社会，不言而喻必须是真正公正的社会。"③

含义和意义

"公正"的英文对应词是justice。对于这个英文词，有的学者译为"正义"，有的学者译为"公正"。实际上，在汉语中，"正义"与"公正"含义是不完全相同的。前者侧重于道义，主要是与不义、邪恶相对立的；后者侧重于公平，主要是与不公、偏私相对立的。英文词justice大致上同时包含了这两种意义，但更偏重于"公正"，因而以译为"公正"为好。

人们对公正的理解是很不一样的。例如，柏拉图把公正理解为社会不同等级

---

① ［古希腊］柏拉图：《国家篇》，《柏拉图全集》第2卷，王晓朝译，人民出版社2003年版，第408页。

② ［美］约翰·罗尔斯：《正义论》，何怀宏、何包钢、廖申白译，中国社会科学出版社1988年版，第1页。

③ 江畅：《社会主义核心价值理念研究》，北京师范大学出版社2012年版，第111～112页。

的人各守本位，各司其职，和谐一致，“如果商人、辅助者和卫士在国家中都做他自己的事，发挥其特定的功能，那么这就是正义，就能使整个城邦正义”[①]；亚里士多德则认为公正寓于某种平等之中，它要求按照均衡平等的原则将这个世界的万事万物公平地分配给社会全体成员。那么，究竟应该怎样理解公正呢？所谓社会公正，最简单地说，就是在一定社会范围内通过对社会角色的公平合理分配使每一个成员得其所应得或各得其所。“应得”（deserve）是公正的核心概念。

具体说来，公正包含以下几层含义：

第一，公正是一个关系概念。它不是就单个人而言的，而是就人与人之间的关系而言的，在一个社会内部，是就其所有成员而言的。

第二，公正具有分配性质。公正问题总是在人与人之间分配什么东西（如财富、权利、机会等）引起的。

第三，公正所涉及的内容是社会资源，其中主要是社会角色及其权利和义务。公正是与分配相联系的，因而人类生活处处都存在公正问题。例如，一个父亲存在着对子女是否公正的问题，一个单位的领导也存在着对职工是否公正的问题。但是，就一个社会而言，公正所要解决的问题主要是公民能否自由地承当社会角色的问题，能否平等地享有权利和平等地履行义务的问题。

第四，公正是一种价值要求，要求分配公平、合理。其一般尺度就是使相关人员得其所应得，或者说大家各得其所。

第五，公正要求在必要的情况下适度调节分配。在一定社会范围内每一个成员得其所应得，这是公正的根本要求。但是，由于种种原因，人们的应得可能是差异巨大的，以至于有的人的应得可能是零（如某些严重的病患者），而有的人的应得可能远远超出社会成员平均所得的水平。在这种情况下，对人们的所得作适当的调整就是必要的，这也是公正的要求。

第六，社会公正要求对害人者予以惩罚，对受害者的损失予以赔偿。

在以上六层含义中，第四、五、六层含义都是公正的要求，其中第四层含义是公正的根本要求，反映了公正的实质，第五、六两层含义都是由第四层含义派生出来的。如果公正的实质就在于要求分配公平、合理。那么，应该怎样理解公正所要求的分配公平、合理呢？这就涉及对公正的根据和目的的看法。

人们对公正的理解之所以不一致，在于他们对公正的根据和目的的看法不一致。所谓公正的根据，就是我们根据什么来谈公正。所谓公正的目的，就是人们要求公正干什么。人们总是以不同的根据、为不同的目的来谈公正的。例如，以上所说的柏拉图就是以等级制为根据来谈什么是公正的，他对公正所作的规定也是为了保证等级制秩序的；亚里士多德则是以自由民的平等为根据强调公正就是

---

① ［古希腊］柏拉图：《国家篇》，《柏拉图全集》第2卷，王晓朝译，人民出版社2003年版，第411页。

要在所有社会成员中均衡平等地分配世界上的万事万物。公正有种种不同的类型，但就目前人类而言，其中最重要的是以国家为其范围的社会公正。

那么，社会公正的根据和目的究竟在于什么？社会公正是人为规定的，因而问题也可以这样地被提出来：究竟应该根据什么、为了什么来规定社会公正？

人们规定社会公正的根据和目的是与国家的类型和目的相一致的。人类的国家有两种类型，即为实现少数人的利益的集权制国家和为实现全体公民幸福的分权制国家，因而人们可以基于这两种不同类型、也是不同性质的国家来规定公正。

在集权制国家，社会公正的根据和目的就是要实现和维护少数统治者的利益。以此为根据和目的的社会公正显然只是对少数统治者是公正的，而对大多数社会成员则是不公正的，因为这种社会在社会角色及其权利和义务的分配方面总是对少数统治者有利的，对大多数被统治者则是不利的，因而从根本上说是不公平、不合理的。如果我们认为只有对于所有社会成员都公正的社会公正才是真正的社会公正，那么，在这样的集权制国家，真正的社会公正是不存在的。真正的社会公正应该是在社会角色及其权利和义务的分配方面对全体社会成员都有利，而且公平、合理。其前提是社会平等。就是说只有平等地分配社会角色及其权利和义务，只有每一个社会成员都能平等地承当社会角色并平等地享有权利和履行义务，才有真正意义上的公平、合理，才有真正意义上的社会公正。集权制国家之所以没有真正的社会公正，就是在于这样的国家没有真正的社会平等。

与集权制国家不同，分权制国家是以全体社会成员都幸福为目的和使命的，以全体公民的幸福为根本目的和使命的国家必须是一种自由平等的国家。只有它的全体公民都能自由地承当各种社会角色，平等地享有角色权利和履行角色义务，这个国家的全体公民才有可能都幸福，这样的国家才真正具备了实现社会公正的基础。真正的社会公正应该以此为基础，也应该根据这种国家的根本目的和根本使命来规定社会公正。

那么，在以全体社会成员的幸福为目的和使命的自由平等国家为什么需要社会公正呢？这是因为自由平等对于全体社会成员的普遍幸福是必需的，但在一个国家内，要使每一个公民都自由平等，就会出现这样两个问题：一些人的自由可能妨碍其他人的自由，这样就可能出现一些人自由而另一些人不自由的问题；每一个人都有平等地成为社会角色的权利，但人们天资、作为、条件等方面的不平等必然导致享有这种权利的不平等，这样就会出现形式上平等而事实上不平等的问题。这两个问题不能得到妥善解决，不仅人们不能真正自由平等从而普遍地获得幸福，相反会使社会陷入混乱乃至人的生存都受到威胁。社会公正的基础和目的正在于此：着眼于全体公民的普遍幸福，对人们的自由作出适当的限定，对人们由享有平等权利所引起的事实上的不平等作适当的调整，并以一定的制约机制使这种限定和调整得以有效施行，从而保证所有公民的自由和平等权利在总体上得到最大限度的实现，使每一个公民得其所应得，不得其所不应得。

由此可以看出，社会公正具有以下必要性和重要性：第一，必须通过社会公正来保证每一个公民都能自由地追求幸福，防止自由成为一部分人的特权；第二，必须通过社会公正来保证每一个公民平等地享有权利和履行义务，防止权利与义务的不匹配；第三，必须通过公正来调整由自由和平等引起的事实上的社会不平等，防止社会发生严重的两极分化；第四，必须通过公正来惩治妨碍和伤害他人自由和平等的行为，即所谓伸张正义，防止社会秩序遭到破坏。[①]

与自由、平等

以上的分析表明，只有在自由平等的社会才会有真正的社会公正，因为只有在自由平等的社会才会提出社会公正问题，也只有在自由平等的社会才有可能实现社会公正；另一方面，只有实现了社会公正，社会才可能是自由平等的，因为只有社会公正才能为普遍的自由平等提供保证。这实际上已经阐明了公正与自由、平等的一般关系。这里我们再对公正与自由、公正与平等的关系作一些具体的分析。

首先来看公正与自由的关系。这种关系从根本上说就是：社会公正是在肯定每一个公民都应该是自由的前提下对公民的自由作适当限制来实现公民的普遍自由的。

社会公正是以一定社会范围内每一个公民都是自由的为前提的，也就是说公正是以自由为前提的。人们生活在一个国家中，尽管由于生理的、心理的、社会的、环境的等方面的原因而不是完全自由的，但他们都是人，都是一个国家的公民，都是社会的主人，因而从社会的角度看他们都应该是自由的，都应该能按照自己的意愿追求幸福，都应该能成为自己想成为的社会角色。这种自由是每一个人作为公民，特别是作为国家主人的最基本的权利。它不应该被侵犯，更不应该被剥夺，除非一个人侵犯了其他人同样的权利。社会公正就是要肯定这种自由，保护这种自由，更要通过一定的方式使这种自由得以更好地实现。每一个公民都应该自由，这是社会公正的基本前提和出发点。公民不自由就谈不上社会公正，公民不自由就是最大的社会不公正。

每一个社会公民都应该是自由的，但是，从历史的角度看，人类社会是从一部分人自由而另一部分人受奴役走过来的，直到今天，人类社会仍然未完全走出这种阴影。而且从理论的角度看，人类社会出现这种一部分人奴役另一部分人的情形甚至比社会成员普遍享有自由的情形更有可能。社会公正正是针对这种现实的和可能的情形提出来的，其首要的目的就是要使社会所有的成员都同样地享有自由。它谴责并要求改变一部分人奴役另一部分人的情形，要求所有的社会成员

① 关于公正的深入阐述，请参见拙作《社会主义核心价值理念研究》（北京师范大学出版社 2012 年版）第三章（公正：社会管理的首要美德）。

都自由。同时，在实现了普遍自由的社会，由于种种原因，这种公民的普遍自由可能遭到破坏，社会公正又要防止人们为了自己的自由而妨碍和伤害他人的自由，维护社会的普遍自由。

要实现公民的普遍自由，就必须对人们的自由作出适当的限制。其所以要如此，是因为如果不对人们的自由作出适当的限制，人们为所欲为、各行其是，必定会导致人与人之间的相互伤害，其结果必然是人们不仅不能普遍地获得自由，相反会出现弱肉强食、人对人是狼的战争状态。社会公正正是通过对人们的自由作出适当的限制来实现公民的普遍自由的。社会公正实质上就是要通过对人们的自由作适当的限制来实现人们的普遍自由。这种限制不是无限度的，而是最低限度的。这种限度就是每一个人的自由不得妨碍和伤害他人的自由。从这个意义上看，社会公正是一种力图使人们的自由纳入到一定秩序范围的根本性的社会规范原则。这种原则在道德上的根本要求就是己所不欲，勿施于人，即推己及人，时时处处事事想到别人像自己一样也是人，也在追求幸福和自由，也有与自己一样的权利，这一切都应该受到尊重。它在法律上的根本要求就是保证每一个社会成员都有追求自由、平等的权利，使这种权利成为神圣不可侵犯的。

由此看来，社会公正不是对自由的否定，而是对把自由作为某些人的特权的否定，对为了自己自由而妨碍和伤害他人自由的做法的否定，它要求自由对所有社会成员开放，要求所有的社会成员都能平等地自由承当各种社会角色。不追求普遍自由，就没有社会公正；不追求社会公正，就没有普遍自由。这可以说就是自由与公正的内在关联。由于社会公正把普遍自由作为它的基本目的和追求，因而当人们把它作为一种价值原则和社会规范时，它就成为了人们争取和捍卫自由的武器。

其次我们来看公正与平等的关系。社会公正是在肯定每一位公民都应该平等地享有权利和履行义务的前提下对事实上的不平等作适当限制来实现公民的人人平等的。

社会公正又是以每一个公民都应该平等地承当社会角色、平等地享有权利和平等地履行义务为前提的。也就是说，公正是以平等为前提的。人们生活在一个国家中，尽管天资、作为乃至条件等诸多方面是不平等的，但他们都是人，都是一个国家的公民，都是社会的主人，因而从社会的角度看他们都应该是平等的，都应该承当各种社会角色，都应该享有与社会角色相应的权利。这种平等像自由一样，也是每一个人作为公民，特别是作为国家主人的最基本的权利。它不应该被侵犯，更不应该被剥夺，除非一个人侵犯了其他人同样的权利。另一方面，每一个公民也都应该同样地履行与社会角色相应的义务。这种义务的平等应该是与权利的平等相匹配的，任何人都不应该被免除，除非他不享有权利。社会公正就是要肯定这种平等，保护这种平等，更要通过一定的方式使这种平等得以更好地实现。每一个公民都应该在权利和义务上平等，这是社会公正的基本前提和出发点。公民在权利和义务上不平等就谈不上社会公正，公民在权利和义务上不平等就是最大的社会不公正。

公民在权利和义务上不平等的社会肯定是不平等的社会，然而，公民在权利和义务上平等的社会也不一定就是平等的社会。尽管社会可以通过一定的方式保证每一个公民在承当社会角色以及享有与社会角色相应的权利和履行与社会角色相应的义务方面平等，但由于每一个公民的天资、作为、条件、环境、机遇等方面客观上不相同，因而公民无论在权利和义务上多么平等，也仍然会出现三方面事实上的不平等：

一是人们平等地享受权利和履行义务而结果不平等，如大家都可以成为商人，但有的人可能成为大商人，有的人可能成为小商人，有的商人赚钱，有的商人亏本；二是虽然人们都有平等地享有权利和履行义务的资格，但有的人没有能力去享有其中的一种或多种权利和义务，如老人、儿童、残疾人常常就是如此；三是人们不仅有平等地享受权利和履行义务的资格，而且能享有权利和履行义务，但由于竞争、机遇等因素的影响而未能承当某种角色，如每一个公民都有被选举权，但并不是每一个公民都能成为政府官员。

在社会没有实现权利和义务方面的平等的时候，实现这种平等就是社会公正所要解决的主要问题，但在这一问题解决之后，这三方面的事实上的不平等就成为了社会公正面临的主要问题。

这种事实上的不平等问题较之权利和义务方面的平等问题更难以解决。可以说是社会公正面临的最大难题。其所以如此，是因为公民在权利和义务方面的平等问题只要使国家真正成为民主的国家就能解决，而事实上不平等的问题则不只是个制度问题，而是一个对于人类来说两难的问题：如果强制地消除事实上的不平等，追求绝对的平等，必然会挫伤强者的积极性，客观上起到了保护弱者的作用，其结果必定会导致社会缺乏生机和活力，导致社会发展的低速度；如果任由事实上的不平等发展，社会虽然可能更富有生机和活力，但社会由两极分化导致的矛盾和对立会日益加深，最终会影响社会的稳定。这种两难我们也可以简称为社会公正的两难。

怎样解决这一两难难题，各国目前所采取的对策是很不相同的。大致上有三种不同的取向：一是宁可低速度，也不允许出现两极分化；二是允许在事实上不平等的前提下保护弱者；三是允许在事实上不平等的前提下既保护弱者，也适当限制强者。从理论上来看，为了使社会保持一定的活力，允许在平等的前提下存在事实上的不平等是必要的，但这种不平等必须有一定的限度。这种限度只有一条标准，这就是社会的大多数成员可以接受。因为既然大多数社会成员可以接受，就不至于影响社会的稳定和秩序。从实际上看，西方一些国家对由平等引出的不平等（即所谓正当的不平等）所作的限制值得借鉴。它们对不平等作了两方面的限制：一是所有的人在经济基础线上无论如何必须是平等的，这个经济基础线是由足够满足人类经济需要所要求的最低限度的财富决定的，每个人都有自然权利要求这么多财富；二是由于可用于分配的财富的数量是有限的，因而一个人不应该获得这么多的财富，以至于剩下部分不够分配给所有其他的人或家庭来使他们能够维持在经济足够的基础线上。这两种限制对于政治平等也是适用的。这两种限制之间的范围就是公正的范围。一个社会只能在公正要求的范围内争取最大限度的平等，平等不能超出这个限度，否则就会变成不公正的。

从公正与自由、平等的关系来看，社会可能存在着三种基本情形：一是自由而不公正的社会；二是平等而不公正的社会；三是既自由、平等，又公正的社会。第一种情形的结果只会使社会最终陷入混乱，导致弱肉强食的局面。这种情形事实上并不是真正的公正。第二种情形会使社会最终陷入严重的两极分化局面。这种情形也不是真正的公正。只有第三种情形才是真正美好的社会，才有真正的公正。在这种社会里，大家才能真正自由地追求幸福，平等地享有权利和履行义务，公平地获取所得。

原则及其实现

从前面的分析我们可以看出，公正是一种综合性的价值要求，它不仅包含了对自由和平等的要求，而且包含了对自由和平等可能导致的社会问题给予适当解决的要求。正因为如此，有的哲学家把公正看作是社会的最高原则和最重要美德。

作为一种综合性的价值要求，社会公正包含了以下几条相互联系、不可或缺的原则：

（1）普遍自由原则，即每一个公民都应该是自由的，除非妨碍和伤害了他人的自由。这条原则反对在任何时候、任何情况下把人划分为主人和奴隶。

（2）人人平等原则，即每一个公民在承当社会角色以及享有角色权利和履行角色义务方面都应该是平等的。这条原则反对在任何时候、任何情况下把某些角色作为某些人的特权，否定只享有权利不履行义务的特殊公民的合法性。

（3）所得限制原则，即在同一社会内部，一个人不应该拥有这么多的资源，以至于剩下的部分不够分配给所有其他的人或家庭来使他们能维持在生存的基础线上。这条原则防止社会财富个人垄断。

（4）最低保障原则，即在同一社会内部，没有人拥有的比他足够达到正常生活所需要的还少。这条原则防止社会出现无法生存的穷人。

所得限制与最低保障这两种限度之间的范围就是公正的范围。这两条原则既适用于经济，也适用于政治。就经济而言，社会的最弱者必须得到基本的生活保障，在这一点上每一个公民是绝对平等的；社会的最强者所拥有的财富不能多至使社会剩余的财富不足以给最弱者提供基本的生活保障。通俗地说，所得限制原则在经济上的要求就是：富者可以更富，穷者不应太穷。就政治而言，社会的最弱者必须享有基本人权，即生存权、自由权、平等权，最强者所拥有的权利不能大至足以剥夺甚至威胁最弱者的基本人权。通俗地说，所得限制原则在政治上的要求就是：最强者可以是国家的总统，最弱者必须是自己的主人。

（5）侵害补偿原则，即任何一个公民，只要他有意侵犯了他人的权利，他就必须对被伤害人或社会作出必要的补偿。

这五条原则是任何一个公正的社会必须同时遵循的基本原则，其中任何一条原则都是必要的。作为公正社会立国的根本原则，它们也是衡量一个社会或国家是不是公正的、是不是好的基本标准。一个社会要成为公正的，就必须依据这五条原则来构建，就必须始终坚持贯彻这五条原则。这种构建和坚持的过程也就是公正原则实现的过程。从人类的历史经验来看，社会公正原则的实现必须解决好以下三个基本问题：

首先，必须普遍树立社会公正原则的观念。不仅人类个体，而且人类整体，其活动都是在观念指导下进行的。要使社会公正原则在一个社会得以实现，首先这个社会必须认识和确认社会公正原则，其次必须使全体社会成员普遍树立社会公正观念，特别是树立对社会公正原则的信念。从人类历史的情况看，在树立社会公正观念方面存在着两种问题：一是根本就没有社会公正观念，至少没有完整的社会公正观念；二是虽然有社会公正观念，但社会公正观念并不正确。这两方面的问题是人类社会长期以来不能成为公正社会的根本原因。普遍树立社会公正原则的观念，既是构建公正社会制度的前提，也是人们成为公正的人的前提。

其次，必须以公正原则立国。社会普遍形成了正确的社会公正观念还不够，还必须以正确的社会公正原则作为构建国家的根据和国家活动的根据。国家制度的建立、国家机构的设立以及国家的一切活动都必须以公正原则作为依据并体现公正原则的要求。这是公正原则实现的基本途径。公正原则要得以实现，首先必须使公正原则制度化。制度化是公正原则得以持之以衡地贯彻的根本保证。有了制度的保证，公正原则就不会因为国家领导人的变更而受到影响或遭到破坏。国家的活动是通过国家机构来实现的，因而国家机构的设立只有体现公正原则的要求，才可能使国家的活动体现公正原则的要求。在有了制度和机构的保证之后，还必须使公正原则成为国家一切活动的基本准则。使公正原则制度化，这给公正原则的实现提供了根本保证。但仅此还不够，因为在制度的范围内，国家机构还有大量的自主活动。只有使公正原则成为国家一切活动的准则，公正原则才能得以全面地贯彻实行。社会公正主要是通过国家制度、国家机构及其活动实现的，而不是通过公民个人实现的。

最后，必须建立公正原则得以贯彻的保障机制。为了使公正原则得以全面地实现，必须建立一定的保障机制。这种机制包括两个方面：一是保证公正原则能成为国家一切活动的准则，国家活动一旦违背这种准则就能得到及时纠正；二是保证公正原则能成为每一个公民一切活动的准则，公民活动一旦违背了这种准则也能得到及时的纠正。从现代社会来看，这种保障机制主要有三种形式：法制、道德和大众传媒。它们以公正原则为依据对国家机构和全体公民的活动进行规范和褒贬，从而使公正原则得以有效地贯彻实行。

二、现代法制

法制与民主不同，它不是和谐社会特有的，而是与国家相伴随的。作为国家赖以存在的保障机制，有国家就有法制。以公正为基础的和谐社会也必须以法制作为其基本保障机制，但这种法制无论在形式上还是在性质和内容上都是具有独特的规定性的，是一种与传统意义的法制不同的现代意义的法制。因此，我们不仅要了解一般法制的规定性，更要了解现代法制与传统法制之间的区别，了解现代法制的基本精神和主要原则，了解现代法制建立和完善的条件。

与传统法制的区别

法制比法律的含义更为宽泛，它是法律制度及其运行秩序的统称。由于社会制度常常被法律化，因而广义上的法律是与法制大致同义的。法制一般地说是国家机关制定、认可和解释的，通过国家强制力保证实施的，以合法和违法为基本范畴调整行为关系、治理社会秩序的规范体系。任何法制都不是国家目的本身，而是实现国家目的和使命的手段或工具。因此，法制可以为不同性质的国家所使用。但是，法制特别是法律在不同性质的国家有不同的地位。

自人类进入文明社会以来，几乎所有的社会都有法律，都运用法律统治，即“rule by law”，但只是到了近代以后才有了法律统治，即“rule of law”，法律才具有了至上性。法治的完整概念是“法律的统治”（rule of law），它不同于“运用法律统治”（rule by law）。前者的意思是法律就是统治者，法律在社会治理中具有至上性；后者的意思则是运用法律统治，法律仅仅是用来进行社会治理的手段。前者可以涵盖后者，但后者不能涵盖前者。这两个英文概念不只是存在字面上的区别，而是存在着本质性的根本区别。两者之间的差异在于：“就法律的统治而言，法律是杰出的，并且能发挥检查权力滥用的作用。就用法律统治而言，法律纯粹是政府的工具，政府可以以合法的方式实行镇压。”①因此，我们不能简单地将“法

① Brian Tamanaha，*On the Rule of Law*，Cambridge University Press，2004，p.3.

治”理解为“用法统治”、“依法统治”，而应将它理解为“法律治理”，或者更准确一点说，“在法律之下治理”。我们所谓的法治，意指的就是在法律之下治理。由于在自古以来社会通常是就一个国家而言的，因而法治的实际意思就是在法律之下治理国家。①

国家可以划分为专制国家和民主国家两种基本类型，法制也就有了专制的法制（传统法制）和民主的法制（现代法制）这两大模式。法制这种工具像道德一样，与一般的机器等工具不同，它不是对任何使用者都一样的。这种工具是使用者根据自己的目的并且努力地使之最有利于自己目的的实现而创制的，使用者的目的不同，这种工具的性能、效用也不相同。

那么，现代法制与传统法制之间有什么不同呢？概括说来，这两种法制存在着以下基本区别：

（1）从法制的作用和地位来看，传统法制只是国家治理的辅助手段，而现代法制则是国家治理的主要手段。在传统社会，法制也是被用来治理国家的，但常常并不是作为国家的主要治理方式，而是作为德治（依靠道德治理）、人治（依靠执政者个人贤明治理）、政治（依靠政策调控治理）的一种辅助方式。在现代社会，法制则被看作是国家治理和社会控制的主要方式，以法治国、依法治国被规定为治国方略。其他一切治理方式被置于法制之下，或者需要通过法制的途径发挥其作用。由于法制在现代国家和社会生活中的作用大大增强，因而现代国家被称作是法治国家，现代社会被称作是法治社会，而与之形成对照的传统国家或社会则被对应地称之为人治或德治国家或社会。

法治还是人治或德治，这不只是一种纯粹的国家治理方式不同，而是涉及政治权力与法制的关系问题。在人治的条件下，政治权力可以凌驾于法制之上，这就为滥用权力提供了可能。相反在法治的条件下，社会的一切事务均应由法制管治，法制具有最高的权威，高于政府及其领导人，这无疑有助于防止政治权力的滥用。

现代社会之所以如此重视法制建设，用法制来规范人们的行为，是因为人们认识到法制具有有效地控制社会行为、维护社会秩序的作用。

法制是防止作恶的有力武器，具有制恶的价值。法制是人类理性的体现，所反映的是公意和公正，既具有意志的普遍性，又具有对象的普遍性。法制的这种性质使它具有两方面的控制社会成员作恶的作用：一是控制统治者滥用权力作恶。统治者滥用权力是破坏社会秩序的万恶之首，要有效地防止他们滥用权力对公民实行专制，公民只有求助于法制，制定体现人民意志的法制，规定统治者的权利和义务，根据法制来监督和控制统治者，使他们依据法律来进行统治。二是控制

① 参见拙作《社会主义核心价值理念研究》（北京师范大学出版社2012年版）第四章（法治：国家治理的基本方式）。

个人的作恶倾向，使之不损害别人。利己是人性的自然倾向，为了使利己不损人，为了避免因人们追求个人利益而彼此伤害，必须用法制这种强制手段来规范人们的行为，扼制人们作恶的倾向和行为。

法制是制约行为的基本方式，具有规范的价值。社会的秩序需要依据一定的规则来建立和维持。要使行为遵守秩序所要求的规则，必须明确规定这种规则，并通过有效的制约措施使之为人们普遍遵循。法制正是建立社会秩序的最基本规范和使行为纳入这种基本规范的制约机制。注重法制建设，就是谋求通过立法来制定具体规范，并通过司法和行政来使之付诸实施，以正行为。行为的规范是多方面的，但法制规范是最重要的，最有效的。

法制是调节冲突的有效手段，具有协调的价值。在社会生活中，各种冲突在所难免，特别是在利益多元化的现代市场经济条件下，普遍存在的竞争更经常地导致冲突。冲突是破坏社会稳定和伦理秩序的重要根源。要避免和调解冲突，必须有公正而有效的社会裁决调节机制。法制就是这种避免无序竞争，调节各种矛盾和冲突的制约机制。用庞德的话说就是："在一现代民社中人民需要法律，而且需要极多法律。所以生在如此众庶世界内，个人的活动与众人的活动随时可以发生冲突，避免之法，只有极力调和，故在一方面，人类行为的可能性尽量扩大；复在他方面，具有行为能力的个人数目日增。其结果：社会只得以法律限制个人，然后他人的自由行为可以保障。"①

（2）从法制的基础和目的来看，传统法制是专制性法制，现代法制则是民主性法制。现代法制是以民主为基础并以为民主提供保障为目的的，而传统法制是以专制为基础并以为专制提供保障为目的的。民主与专制的根本区别在于，专制肯定和确保少数统治者的独立自主和社会主人地位，而民主肯定和确保全体社会公民的独立自主和社会主人地位。现代的民主性法制的根本目的就是要通过制度并通过法律保障制度的方式保护民主而不是保护专制，从而肯定和确保全体社会公民而不只是少数统治者的独立自主和社会主人地位，杜绝社会上一些公民统治或奴役另一些公民的可能性。

现代法制主要从三个方面为民主性的现代社会提供保证：一是它确认个体特别是公民平等享有独立自主和社会主人的主体地位，保证公民的主体权利不受侵犯；二是它规定作为民主社会基础的每一个自主公民都必须同样遵守的规则，保证把一切社会活动都纳入秩序范围；三是它以有效的制约机制调节社会生活，保证实现个体自主化和社会秩序化的有机统一。

在这里，公民自主是现代民主和法制的基础，也是现代民主和法制建设的首要目标。现代意义的民主法制社会，首先是公民自主的社会。没有公民自主，就

---

① ［美］庞德：《法学肄言》，商务印书馆 1934 年版，第 5 页。

不可能有现代民主和法制。我们经常谈到，在我们国家，人民（从现代法制的意义上看实即公民）是社会的主人。但我们经常忽视了作为社会主人的公民首先必须是自己的主人，必须是能够按照自己意愿行事的独立自主主体。如果连按自己的意愿行事都不能够，谈什么成为社会的主人？只有首先成为独立自主的主体，然后才有可能成为社会的主人。社会民主是以公民自主为前提的。我们过去总在谈人民是社会的主人，但实际上我国的民主仍然很不发达，其根本的原因就在于忽视了公民自主这一基础性问题，没有首先确认和确保公民的自主。完全可以想象，不能自主的公民怎么能够成为社会的主人？

公民自主的首要规定性在于公民自由，只有自由才能自主。所谓公民自由，简单地说，就是公民能按自己的意愿行事。公民能否按自己的意愿行事，主要不在于公民是否愿意按自己的意愿行事，而在于社会环境是否允许公民按自己的意愿行事。因此，公民自由问题说到底是社会自由问题。只有在自由的社会，亦即只有在允许和保证公民按自己意愿行事的社会，才会有公民自由。现代法制的意义首先就在于要从制度上并通过法律保证所有公民都能按自己的意愿行事，把自由作为全体公民平等享有的不可侵犯的最基本权利，使我们的社会成为公民真正自由的社会。公民自由是现代民主的基础，没有公民自由根本谈不上现代民主。现代法制要保障社会民主，首先就必须保障公民自由，确保全体公民平等享有的自由权利神圣不可侵犯。从这个意义上看，以公民自由为基础并为公民自由提供保障，是现代法制的根本规定性，也是现代法制不同于传统法制的本质特征。公民自由与现代法制的这种内在相关性表明，今天的法制建设切忌不可忽略公民自由这一根本性问题。

（3）从法制的实质和内容来看，传统法制是统治者意志的体现，而现代法制是公民意志的体现。法律都具有意志性和利益性，而其意志性归根到底又取决于它的利益性。传统法制是统治者为了实现统治者利益而使其意志上升为国家意志，并通过国家的强制力把这种意志强加给全体社会成员而制定和实施的。因此，传统的法制实质上是统治者为实现其利益所使用的阶级统治工具。现代法制则不同，它是全体国家公民为了自由、平等和公正地实现自身的利益和幸福而将全体公民的意志上升为国家意志，并通过国家的强制力将全体公民对利益的追求纳入到秩序的范围，从而实现每一个公民的利益和幸福与所有其他公民的利益和幸福共进而以主人身份参与制定的，所体现的是全体公民的意志和愿望。因此，现代法制实质上是全体公民为了更好地实现彼此利益和幸福共进所采取的社会管理手段。现代法制是真正的“善法”，这种善法是现代法治的前提。

五项基本原则

现代法制要真正能保护和扩大公民的自由和权利，为以公正为基础的和谐社会提供有力保障，就必须适应现代民主社会的要求，遵循一些能使法制更好地发挥其作用的原则。现代法制原则是现代人类政治实践经验和政治理论探索的共同结晶，是现代法制精神的集中体现。现代法制精神是什么？现代法制的根本精神就是保护公民的自由和权利，使公民的自由和权利得以普遍实现。它包含了两方面的基本含义：一是规定每一个人生而平等，具有生命、自由、追求幸福等不可转让的权利；二是每一个人的自由和权利不能妨碍和损害他人的自由和权利。这两方面是相互联系的。只有每个社会成员都不妨碍和损害他人的自由和权利，才可能实现全体社会成员的自由和权利。因此，如何使公民在实现自己的自由和权利的过程中不相互妨碍和伤害，构成了现代法制的核心内容。根据现代法制精神，可以把现代法制原则概括为以下五个主要方面：

第一，法律双向性原则。从内容上看，现代法律主要是通过对权利和义务的双向设定和运行来实现对人们的行为进行调整的。现代法律从根本上说是要保护所有公民的自由、平等和利益等权利，而要保护所有公民的权利都得以平等地实现，就必须对公民的权利有所限定，为此现代法律在授予公民一定的权利的同时必须为公民行使权利设定一条界线。如果放任公民行使权利而不设定界线，那就会损害其他公民的权利。现代法律为权利主体行使权利设定的界线就是法律义务。对于现代法制来说，权利对于义务具有前提性和主导性，义务只有依赖于权利才能发挥其应有的作用，但义务决不是可有可无的，它是权利实现的保障，没有义务的履行决不会有权利的普遍实现。因此，现代法律一方面要保护和扩大公民的自由和权利，另一方面为达到此目的又必须通过强制措施要求和确保公民履行相应的义务。

权利和义务的双向规定明确地告诉人们应该怎样行为，不应该怎样行为以及必须怎样行为，人们可以根据法律来预先估计自己与他人之间应该怎样行为，并预见到行为的后果以及法律的态度。这种双向规定的确定性和可预测性使现代法律具有利导性。现代法律可以通过权利和义务的双向规定来分配权利，影响人们的动机和行为，进而使所有公民都能自由、平等、公正地享有权利。

第二，法律至上性原则。现代法律在国家生活中具有至高无上的权威，国家的一切权力都必须置于法律之下，国家机关只能在法律的范围内并依据法律活动。法律的至上性是由公民在现代国家中的主体地位和主人地位决定的。现代法律是公共意志的体现，所反映和代表的是公民的利益和愿望。所以，肯定和维护法律的至上性，实质上是肯定和维护公民在国家中的地位的至上性和公民意志的至上性。

第三，法律平等性原则。为了保证法治公正有效地实现，现代法律特别强调在法律面前人人平等，把在法律面前人人平等看作是法治的一条根本原则。这条原则要求，法律对于全体公民一律统一适用。不分民族、种族、性别，不论职业、出身、信仰，不管社会地位、受教育程度、财产状况，所有公民都一律平等对待。法律平等原则还要求所有公民都平等享有权利、平等承担义务，任何公民的权利都受到平等的保护，任何公民违法都受到平等的追究。现代法律不承认任何可以凌驾于法律之上、游离于法律之外，不受法律约束或享有法律以外特权的特殊公民和特权。为了保证在法律面前人人平等原则的实行，必须建立相应的权力制约机制，其中最重要的就是三权分立，以权力制约权力。在一个社会里，最有可能不受法律制约、逃避法律制裁的是统治者。为了使统治者严格守法，应该建立立法权、行政权和司法权分立和相互制衡的政治制度。事实证明，只有这种以权力制约权力的社会政治制约机制才有可能使任何人都不得凌驾于法律之上。

第四，法律程序性原则。为了保证法治公正有效地实现，现代法律还要求法律活动和方式必须程序化。程序被认为是克服专权、维护公正、保持法律纯洁性的手段，法律也因此而被区分为实体法和程序法，程序法是实体法制定和实施的保证。根据法律程序原则的要求，法律的制定必须通过民主、公开的程序进行，必须反映全体公民的意志；非经法定程序不得因个别情况而改变法律的普遍性，即使它的目标符合公正；法律的执行必须有严格的制度和程序，行政权力必须接受制约和程序的控制，滥用权力应受到追究。现代法律的程序性原则不仅要求法律活动和方式必须程序化，而且要求程序公正。程序公正包括与偏私对立的公正，与秘密对立的公开，与擅断对立的控权，与浪费对立的效率，与愚昧对立的科学，与野蛮对立的文明等方面的内容。为了保证法律程序公正，保持法律的统一性和权威性，法律程序原则还要求司法独立。司法机关必须依法独立行使职权，不受任何其他机关非法干涉。

第五，制度法律化原则。使国家的一切制度法律化，是现代法律的重要特征，也是现代法律的根本要求。为了从根本上改变传统社会那种“朕即国家”的专制制度，使国家制度成为全体公民意志和愿望的体现，并以国家的强制力保证国家的民主性质，防止政治野心家窃国，现代法制从产生开始就致力于将国家制度法律化。

国家制度法律化的最重要的体现和标志就是宪法的诞生。宪法被认为是一个国家的根本大法，它以法律的形式规定一个国家的社会制度和国家制度，如国家的性质、政治制度、经济制度、国家机关的组织和活动的基本原则，以及公民在国家中的地位、公民的基本权利和义务等国家生活的带根本性的问题。宪法不仅具有最高的法律效力，是国家一切立法活动的基础和依据，而且它的制定和修改需要经过比其他法律更严格的程度，任何个人包括国家最高领导人都不能违背宪法，更不能改变宪法。“将体现全体成员意愿和意志的法律，特别是宪法，确立为国家的最高权威，使一切公共权力都在法律之下运行，这是破解当前我国社会不公问题的钥匙。”[①]宪法的诞生才使国家真正开始从统治者的阶级统治工具变成公民的社会管理机构，也才使国家真正开始从专制走向民主，从人治走向法治。

制度法律化原则不仅要求国家的根本制度必须法律化，而且也要求国家的各种具体制度和政策都法律化，都必须符合和依据法律，并通过合法的途径制定和

① 江畅：《论价值观与价值文化》，科学出版社 2014 年版，第 285 页。

实施。制度在法律化的过程中，法律也在制度化。正因为如此，在现代社会法律和制度总是被联系在一起。制度法律化，法律制度化，两者相辅相成，它们一起构成了现代法制的主旋律。

构建和完善

从历史事实看，现代法制的建立不是一个自然而然的过程，而是一个人为的自觉争取的过程。现代法制是与现代民主相伴而生的，没有现代民主就没有现代法制，没有现代法制也就没有现代民主。因此，现代民主产生的前提和条件同样适用于现代法制。

从人类的历史经验来看，现代法制与现代民主几乎总是同时产生的。现代法制产生的过程也就是现代民主产生的过程。现代民主与现代法制之所以事实上总是相伴而生，并不是因为偶合，而是因为这两者之间有着内在必然联系：现代法制必须以现代民主为前提，现代民主必须以现代法制为保障。没有现代民主就没有现代法制，没有现代法制也就不会有现代民主，两者相辅相成，缺一不可。不过，无论从历史事实看，还是从理论逻辑看，现代民主的产生是在先的，现代法制必须以现代民主出现为前提，尽管从最终结果看两者必须共同完成才能共同存在。

从历史事实看，现代法制和现代民主的产生有两条基本途径。一条途径是政治革命。被统治者通过政治革命打破专制国家机器，使个人从专制统治下解放出来并成为社会的主人。成为社会主人的个人即公民在打破专制制度的同时建立民主制度并使之法律化，随之逐渐建立起较为完善的法律体系。较早建立现代民主和现代法制的国家大多都是通过这条途径。另外一条途径是政治改良。这条途径一般是较为开明的统治者由于种种原因（通常是迫于被统治者的压力）主动地实行政治改革。他们以较早实行现代民主制度和建立现代法律的国家为借鉴，以原有的国家强制力量作为保证逐步地改变原有的专制制度，建立现代民主制度和现代法律。这种改良的途径虽然可能不那么彻底，但事实证明也可以走向成功，而且这条途径不流血，代价小，可以适当兼顾民族文化传统特色。正因为如此，许多国家选择了这条途径。这两条途径尽管有所不同，但都首先必须打破专制制度，建立民主制度，否则就不会有进一步的现代法制产生。

从理论逻辑看，现代法制作为民主性法制必须以现代民主为基础和前提。现代法制的实质在于它是全体公民意志的体现，是以保护和扩大公民的自由和权利为唯一目的的公民自治性的社会管理方式。这种法制是与专制制度水火不容的，是专制的死敌，它不仅不可能在专制统治之下产生，相反只有推翻专制统治才有可能。现代法制本来并不是现成的东西，而是公民成为社会的主人之后适应自主地管理国家事务的需要而创造的。没有这种需要，没有公民自主管理的实践，根本就不可能形成现代法制的观念、精神、原则乃至整个体系。这种理论的逻辑表明，要建立和完善现代法制，必须加快现代民主建设的进程，那种想在专制制度的框架内建立起现代法制的想法不过是一种幻想。

现代法制的建立和完善必须以现代民主为前提，这是毫无疑问的，但是另一方面，现代民主也还需要现代法制作为保障。现代法制要真正能成为现代民主的有力保障，要真正能发挥保护和扩大民主的应有作用，它本身必须不断完善和健全。在这方面有许多工作可做，也还有许多工作要做，其中有三方面是值得特别注意的。

第一，建立健全的法制体系。完善的法制体系包括完备的法制创制体系、完备的法制执行体系、完备的法制监督体系。完备的法制体系必须根据现代民主的要求、以实现社会和谐为目的构建。

第二，提高公民的法制水平。全体公民是现代法制的创制者和信守者，公民的法制水平如何直接关系到整个社会的法制水平。公民的法制水平包括法制观念和意识、法制知识和技能、立法的积极性和守法的自觉性，等等。现代法制的完善最终取决于公民普遍的法制水平。

第三，加强法制的理论研究。现代法制基本上是一个只有两三百年历史的新生事物，它在实践上还很不完善。要改变这种状况，重要的任务之一是加强法制的理论研究。没有深入系统的现代法制理论研究，就不可能有科学合理的理论作为法制实践的指导，也就不可能有科学合理的现代法制实践。

三、现代道德

道德像法制一样不是和谐社会所特有的，而是自古以来就有的，尽管人类社会早期的道德并不完备。道德一直都是维系社会秩序的基本手段，在传统社会其社会地位和作用甚至比法制更重要。以公正为基础的和谐社会也必须以道德作为其基本保障机制，但这种道德不能是生长于和服务于传统社会那种自然经济和专制政治的传统道德，而只能是生长于和服务于现代社会的市场经济和民主政治的现代道德。这种道德是什么样的道德？它与传统道德有哪些基本区别？它的基本精神和主要原则是什么？人们对于这些问题远没有形成共识。不少人甚至研究者都还认为传统道德是一种崇高的、淳朴的道德，现代社会不是要改变传统道德，而是要弘扬传统道德。导致这种情况出现的主要原因在于，道德与法制不同，法制与政治是紧密相联的，而道德却相对远离政治，因此，当人们推翻专制政治时，必然会要求更新它的法制观念和法制体系，但并不必然会要求更新它的道德观念和道德体系。特别是当人们看到现代社会的道德状况不尽如人意时，就会更多地把眼光停留在传统道德的美好的方面，力图诉诸旧道德来解决新问题。这种想法尽管也许是可以理解和同情的，但并不是正确的，因为道理很简单：一种生来就是只为专制社会服务、只为少数统治者服务的道德怎么可能为民主社会、为全体公民服务呢？

他律与自律

人要获得自由，要在世界上幸福地生活，必须社会化。社会化是人之所以为人的一个基本规定性。人社会化了不一定有自由，不一定幸福，但人不能社会化肯定不会有自由和幸福。

按照社会学家的观点，社会化的目的是要使社会或某个群体的成员彼此间达成某种一致，也就是要使他们按照同样的规范，在所追求的目标和达到目标的手段上取得一致。社会化的任务有二：一是使个体知道社会或群体对他有哪些期待，规定了哪些行为规范；二是使个体逐步具备实现这些期待的条件，自觉地以社会或群体的行为规范来指导和约束自己的行为。由此看来，社会化实质上要把社会的期待变成个人追求的目的，把社会的规范变成个人行为的准则。无论是期待还是规范，在它们没有完全“内化”之前，即在社会期待变成个人追求的目的、社会规范变成个人行为的准则之前，它们对于个人来说都是外在的约束，都是他律性的东西。

人就其本性而言有一种反社会化的自然倾向，希望少一点外在约束，多一点自由自主，希望能更多地按自己的意愿行事。这种自然倾向并不是完全消极的，更不是邪恶的。它是人叛逆心理的原始表现，是人开拓精神的最初萌芽。可以这样说，没有这种反社会化的自然倾向，就决不会有任何偏离社会约束的行为，而没有这种偏离，很难想象社会能够发展变化。

自然倾向并不等于实际选择。绝大多数人由于两种心理作用而能顺应社会化的要求。这两种作用是理性和恐惧。理性使人觉悟，使人意识到约束对于社会乃至自己是有益无害的，即使在某些时候个人可能要为此付出某种代价。恐惧是害怕受到社会的惩罚或他人的谴责，从而不得不顺应社会化的要求。在恐惧的作用下社会化的人，虽是出于无奈，但也能完成基本的社会化过程。当然，这两种社会化的作用不是截然分离的，在很多情况下是交织在一起的。

毫无疑问，个人顺应社会的社会化要求，扼制本性的反社会化倾向，无论是对社会的稳定和发展，还是对个人的自由和幸福都是必不可少的。

从社会的角度看，个人的社会化，不仅是社会使其成员在追求的目标及其实现的手段上达成一致的途径，而且从更基础的方面看，是维持社会生活秩序的客观要求。如果说在通过个人社会化使其成员在所追求的目标及其实现的手段上达成一致方面，社会的要求有可能与社会成员个人的幸福追求相背离，但可以肯定的是，通过个人社会化维护社会生活正常秩序，是实现个人自由和幸福的基本前提。没有正常的社会生活秩序，个人的生命安全都会受到威胁，谈何自由和幸福。而没有社会成员个人的适当约束和限制，也就根本谈不上社会秩序。自由以约束为前提，幸福以限制为基础。这是矛盾，但却是事实。

从个人的角度看，个人的社会化，首先是个人对社会的适应。人社会化的过程就是适应社会的过程。人最需要的是人。如果一个人不能适应社会，就不能为社会和他人所接受。个人的社会化，其次还是个人对文化的认同。人社会化的过程也是人学习、接受、继承文化的过程。文化虽然使人的成熟延缓，但却使人的内涵丰富，使人的层次提高。当然，个人之间在文化认同方面的差异性较之在社会适应方面的差异性要大得多，然而正是这种更大的差异性决定了人与人之间自由和幸福的层次性。毋庸置疑，文化也常常成为人们自由和幸福的包袱，但是，没有文化，人生是单薄的，背离文化，为社会所不容。只有站在文化的前沿而又不为文化完全捆住自己手脚的人，他才会有更丰富的人生，才会有更多层次的自由和幸福。

个人的社会化，从更根本上说是个人的人化，或者说是人从潜在的人变成现实的人、从抽象的人变成具体的人、从苍白的人变成丰富的人的转化。从这个意义上看，人社会化的过程，就是人成长的过程，就是人成熟的过程。一个长不大的人，一个人格发育不正常的人，不是完全意义上的人，更谈不上真正感受人生、领会人生、创造人生、享受人生。人生的真谛要到人社会化之后才能领悟，许多人生的乐趣要到人成熟之后才能领略。

然而，个人的社会化对于社会和个人都必不可少、都具有重要意义，这个浅显的道理并不是每个人都十分明白的。使个人社会化，对个人进行约束，在不少人看来是对个人自由的限制，是个人快乐和幸福的障碍。从前面的分析可以看出，这种看法的错误是明显的，这种看法首先忽视了人的自由总是有限度的，这种限度就是一定社会的基本规范；其次忽视了幸福总是以人的社会化为基础和前提的。这里问题的关键在于，不能把人社会化或个人与社会的同化看作是个人生活的全部。

在实际的社会生活中，的确有人把自己与社会的同化看作自己人生的全部，甚至当作是自己人生的追求目标。自古以来，特别是在传统的一统社会，那些为社会极力歌颂和推崇的楷模型人物，大多就是这样的人。这些人虽然为社会所赞美，但一般说来由于过分社会化而没有多少个人的自由、个性、人格、幸福。也正因为如此，一些追求个性自由、个人幸福的人，不愿意成为这样的楷模。但是，在每一种社会都还有另外一些人，这些人社会化正常，为社会所认可和接受，但他们在社会化的过程中，特别是在社会化之后，并不完全为社会所同化，在可能的限度内保持自己的独立和追求。其中的一些人更是在对社会目标和规范认同的过程中，力图有所超越。

的确，没有规矩不成方圆，不服从一定的社会约束就不可能有个人的自由和幸福。但是，这只是问题的一方面。问题的另一方面是，只是墨守社会的规矩，也不一定会有自由和幸福。关于这一点，我们可以分别从传统社会和现代社会进行分析。

传统社会整体说来是一种整体主义的社会，社会整体利益不仅是最高的，甚至是唯一的。所有个体都没有独立的价值和意义，都不过是国家这个整体中的一个部件，不具有独立性、自主性。个体存在的最高价值就在于能在整体中出色地发挥自己的应有的功能和作用。为了保证社会整体的稳定和发展，社会要求个体的一切活动都必须纳入整个社会机体运行的轨道，而要做到这一点，社会对个体的一切都进行规定：从思想观念到行为活动，从目的到手段，从动机到结果。在这种社会条件下，一个人越是墨守社会的规矩，越是自觉自愿地把自己融于社会整体之中，他就越能生活下去，甚至能生活得很优越，但是还必须这样说，他就越是没有自由，越是没有幸福。当然，在传统社会，人们也不大可能超越严密的社会规范，更没有可能摆脱严厉的外在约束。

与传统社会不同，现代社会是一种个体化、多元化、法制化的社会。在这种社会，社会整体利益即使是最高的，也决不是唯一的。社会允许个体有自己的目标和追求，尊重个体的自由和权利，鼓励个体追求自己的利益和幸福。社会对人们的约束是最低限度的，即防止人们之间的相互妨碍和伤害，保证社会的正常秩序，而且这种约束被法制化。这种法制化不仅使个体有服从规范的义务，而且有享受保护的权利。在这种社会条件下，尽管社会要求个人更严格地遵循法律和规章，个体也不得不如此，但是，个体不能仅仅如此。生活在这种开放、多元社会的人们，他们不能仅仅靠墨守社会的规范生活。现代社会的规范不是全方位的，而是基础性的。一个人不能没有自己在这种规范的基础上构建的价值体系，不能没有自己的目标和追求。可以这样说，如果一个人在现代社会还想像在传统社会那样，仅仅局限于社会的规范和约束，不用说自由和幸福，连生存都会面临困难。

当今人类已经走向或者正在走向现代文明，已经过上或正在过上现代生活。因此，生活在这种时代的我们每一个人都必须伴随着时代的步伐，从传统社会的消极的自我走向主动的自我。所谓从消极的自我走向主动的自我，就是要从传统社会的那种对社会的全方位的规范和约束无条件服从，走向现代社会的这种在对社会的基础性规范和约束有条件服从的基础上构建自己的价值体系，成为真正的价值主体。

走向主动的自我，首先必须明确，这种主动的自我是以被动的自我为前提的。这里所谓的被动的自我，是指在现代社会条件下个体对法制的服从。这种服从不仅对社会是必要的，因为社会越是开放，越是多元，越是自由，就越是需要法制，越是需要全体社会成员对法制的遵循；而且是走向主动自我的基础或准备，因为没有这种服从，一个人就会在生活中处处受阻，根本没有可能进一步按自己的意愿行事。

走向主动的自我，关键是要成为价值的主体。人生活在世界上所追求的一切，无论是目的还是手段，都是价值。对于个人来说，价值的判断、选择、追求、创造和实现都有两种方式：一种方式以社会为主体，这种方式是个人完全从属和依赖社会，这是传统社会的方式，已经不适应现代社会；另一种方式是以自我为主体，这种方式是个人的一切事情都依靠自己，自己对自己负责，这是现代社会的方式。走向主动的自我，就是要在价值的判断、选择、追求、创造和实现等所有方面从依赖社会转向依赖自己，从社会对自己负责转向自己对自己负责，真正成为价值主体。

成为价值主体的首要标志是有自己的价值体系。这种价值体系当然不是社会价值体系的内化，而是自己独特的构造。任何社会的个人客观上都有自己的价值体系，只是这种价值体系在多大程度上是个人自己的。当然个体的价值体系不可能完全与社会的价值体系相吻合，但如果个体努力去追求这种吻合，他的价值体系就不可能是自己的。真正个人的价值体系也不是一定要排斥社会的价值体系，在现代社会条件下，这两者之间应当一致和协调。问题只在于个体的价值体系必须适合自己生存、发展和享受的需要，必须有自己的个性和特色。

与传统道德的区别

道德是一种比法制更为复杂的社会现象。一般地说，道德与法制一样是一种社会控制手段，其目的一般都是调整行为关系，治理社会秩序。但是，道德与法制存在着以下三方面的主要差别：其一，它不一定是国家创制的，但却是国家或社会倡导的；其二，它通常不是以国家强制力保证实施的，而是通过社会舆论、个人良心等非强制性力量发生作用的；其三，它不是以合法和犯法为基本范畴，而是以善恶、正当不正当为基本范畴的；它不只是一种制约行为的行为规范，而且是一种影响选择的价值导向，它的一些要求也是以“应当”为联系词的命令句，但不一定是“非得如此”的规范，而更具有劝导的意味。因此，我们可以对道德作出如下一般界定：道德是社会或国家认可和倡导的，主要通过社会舆论、个人良心等非强制性力量发生作用的，以善和恶、正当和不正当为基本范畴调整行为关系、治理社会秩序的价值导向体系。

尽管在人类历史上有些时期、有些国家把道德看作是国家活动的终极目标，但实际上道德和法制一样不是国家的目的本身，而是实现国家目的的手段或工具。道德的这种工具性质决定了它在不同国家的地位和作用、基础和目的、实质和内容很不相同。与法制一样，道德也可划分为专制性的道德（传统道德）和民主性的道德（现代道德）这两种基本社会形态。这是两种性质根本不同的道德，对于以公正为基础的和谐社会来说，必须以现代道德作为它的社会导向机制。要建立这种导向机制，必须批判旧道德，肃清旧道德的影响。为此，首先必须弄清楚旧道德与新道德之间的区别，确立新的道德原则和体系。

传统道德与现代道德存在着以下主要区别：

从道德的地位和作用看，传统道德是国家的主要控制手段，而现代道德是国家的辅助控制手段。道德和法制是社会的两种基本制约机制。在人类文明社会中，每一种社会形态都有这两种制约机制发生作用。但是从历史发展的角度看，传统社会中道德比法制的作用更大，道德是社会控制的主要手段，法制则是社会控制的辅助手段，道德既是惩恶制恶的社会制约机制，也是怎样更好、怎样最好的社会导向机制，所以传统社会通常被看作是德治社会；而在现代社会中法制的作用则日益突出，成为社会控制的主要手段，道德在社会控制方面的地位和作用大大下降，法制与道德的分工进一步明确，法律是惩恶制恶的社会制约机制，道德则是怎样更好、怎样最好的社会导向机制，所以现代社会通常被看作是法制社会。导致这种转变的原因在于经济和社会生活本身。

在市场经济和民主政治的条件下，维持正常的社会生活秩序主要靠法制，以法制作为主要的社会制约机制，具有必然性和重要性。市场经济和民主政治既要保护个体自由地追求自身的利益，同时又要使个体不致因为自由而相互伤害。不言而喻，只有法制才能有效地做到这一点，因为法制可以以强制的手段保护个人利益，同时又规定他们权益的范围以及他们应尽的相应义务。另一方面，市场经济、民主政治和现代社会生活客观上要求个体独立自主地发挥自己的聪明才智，尽可能少地受制约和限制。在这方面法制的制约机制同样比道德制约机制更适合，因为法制可以把对人们活动的限制降低到最小限度，即不会破坏社会秩序的程度，这样在法制范围内人们有广泛的活动自由。法制不仅不限制这种自由，相反要保护这种自由不受侵犯。总之，法制的性质使它能保证个体在法制范围内享有广泛的自由和权利，充分按照自己的意愿实现自身的利益，追求个人的幸福生活；同时又以比道德更强有力的手段保证社会和经济生活的正常秩序，防止个体与个体、个体与整体之间的彼此伤害。与法制不同，道德是一种软约束，它要作为社会的主要控制机制发生作用，就必须借助其他的力量。在传统社会，所借助的主要是统治者的政治力量。当它与这种没有法制制约的政治力量结合时，它就可能成为对人实行从行为到观念全面控制乃至奴役的工具。

市场经济是一种法制经济，民主政治是一种法制政治，法制对于市场经济和民主政治来说是生死攸关的。没有法制的保障，市场经济、民主政治就会变形，就会遭到破坏，个人的自由和权利就会被践踏，极端利己主义就会盛行。在现代社会条件下，法制应成为社会的主要制约机制，这是不容置疑的，但这并不意味道德再也没有价值。

历史和现实都表明，道德在社会生活中具有法律所不可替代的独特地位和作用。首先道德可以成为人们的内在约束力。有道德的人可以自觉地按照社会统一的行为规范约束自己的行为，把自己的行为纳入社会秩序范围。其次道德可以成为人们的内在信念或精神支柱。道德的要求具有某种理想性和崇高性，人们只有不断努力和磨炼才能逐步达到更高的境界，因而有道德的人不可能精神空虚，寻求刺激，相反总有强大的内在驱动力。不难看出，道德的这两方面作用对于社会秩序的和谐和人与人之间关系的融洽，对于人们更充实地、更有意义地生活具有重要意义。这在现代社会尤其突出。

现代社会对行为的直接规范要求是合法。在合法的限度内，人们有广泛的自由，只要不违犯法律，这种自由就要受到尊重和保护。但是，在这广泛的自由范围内，人们的价值追求有好坏问题，人们的价值选择有合理不合理的问题，人们的行为方式有正当不正当的问题。这些问题是法制所不能解决的，而道德观念和价值观念在这方面发挥着决定性作用。市场经济要求经济活动主体不断地追求个人利益，以求在竞争中立于不败之地，这在客观上就有可能导致人们为经济而经济，把赚钱作为终极追求，使人成为经济动物，使社会发生异化。就这方面而言，道德能起到某种法制所不能起的作用。

道德能使人看到，人除了物质生活之外还有精神生活，除了竞争之外还有互助，除了自我之外还有他人。概言之，它能使人适当摆脱金钱和私利的束缚，成为真正自由的主人。当然，我们这里所说的道德并不是某种过时的旧道德。在现代社会，传统的旧道德不仅不能发挥上述作用，相反会对现代社会生活产生破坏作用。我们所说的道德应当是与现代社会生活相适应的现代道德。它一方面能促进现代社会生活的健康发展，另一方面又能适当调节现代社会生活发展中可能出现的某些问题。

从道德的基础和目的看，传统道德是专制性道德，现代道德是民主性道德。传统道德是适应专制制度的要求建构的，其基础是自然经济和专制政治，其目的是为专制统治的稳定和统治者利益的实现服务。这种道德是绝对整体主义的道德。它以整体为本位、为唯一主体。整体被看作始点、核心和目的，整体利益不仅高于一切，而且就是一切；个体没有任何地位，个体不是作为个体而存在，而是作为整体的部分而存在。这里的整体就是国家，而专制的国家就是统治者，即所谓“朕即国家”。这种绝对整体主义的道德要求个人无条件服从整体，为整体不惜牺牲自己的一切，要求个体完全奉献在整体之中。个人不得有个性、独立人格，更谈不上个人的独立、自由、权利、价值和尊严。

与传统道德不同，现代道德是适应民主政治的要求建构的，其基础是市场经济和民主政治，其目的是为了建立以公正为基础的和谐社会服务，为全体公民的幸福服务。这种道德是和谐主义的道德。它以普遍自由、人人平等等公正原则为前提和依据，以诉诸道德自觉的方式劝导人们在合法的范围内怎样生活更好、怎样生活最好，从而为自主而又和谐的社会提供保障。如果说传统道德是实现少数统治者利益的手段，那么可以说现代道德是实现全体公民幸福、实现社会既自主又和谐的工具。

从道德的实质和内容看，传统道德是一元、绝对、严厉、两值、他律的道德，而现代道德是多元、相对、宽容、多值、自律的道德。传统道德的唯一主体是社会，社会是道德的立法者，道德所反映的是社会整体的利益和要求。对于现代道德而言，不仅社会（国家）是道德主体，群体（如民族、单位、团体、家庭等）、个人也成为道德主体。它们有不同的善恶标准，不同的价值取向。传统道德评价总是相对于单一主体和统一标准而言的，具有绝对性，而根据现代道德，人们可以对于不同的道德主体和道德标准作出不同的评价，道德评价具有相对性。传统道德是一种极其严厉的道德，按照传统道德的要求，必须用统一的标准衡量所有人的一切行为，稍有不同就要受到舆论的谴责。现代道德则是一种宽容的道德，它容许人们对某一道德行为有不同的态度和评价。传统道德是一种二值价值观，对人们的行为作出要么是善的要么是恶的两极评价；现代道德则是一种多极道德价值观，不仅注重善恶本身程度上的差异，而且也注意到善恶之间存在着不那么善不那么恶的情形以及无所谓善恶的情形。传统道德的约束力来自社会和他人，而现代道德统一的标准对人们行为的约束力减弱，道德的约束作用主要不是来自外部，而是依赖于道德主体自身，良心和德性起着决定性的作用。总之，现代道德是以多元、相对、宽容、多值、自律为其基本特征的，其核心是道德主体的多元和道德性质的自律。

道德体系的结构

与传统社会的道德相比较，现代社会的道德结构要复杂得多。这种复杂的结构至少表现在两个方面：一是道德主体增多，这就涉及社会倡导的道德体系与不同社会个体道德体系的关系；二是道德领域增多，这就涉及社会的一般道德要求与不同领域的具体道德要求的关系。这种复杂情形的直接后果就是价值冲突增加，只有正确认识和处理这种复杂的道德结构关系，才能使各种不同的道德并存不悖而又相得益彰，共同发挥社会导向机制的作用。

首先是不同社会主体的道德体系之间的关系。在传统社会，一个国家范围只允许一种道德体系存在，这种道德体系就是国家所认可和倡导的道德体系，即占统治地位的道德，其他一切道德都被视为异端。在现代社会，一个国家范围内则有数量众多的道德体系存在。每一个社会主体都可以有一种道德体系，如每一个成熟的个人都有一个道德体系，每一个成熟的企业都有一个道德体系，一个民族、一个团体也都是如此。这种状况并不是一种理论上的假设或推论，而是不能回避的活生生的社会现实。忽视这种道德多元化、价值多元化的事实，就不能有效地实现社会控制。

首先必须肯定的是，道德从传统的一元走向多元不仅是社会民主化的必然结果，也是社会民主化的必然要求。现代市场经济存在和发展的基本前提是利益主体的多元化，现代民主政治存在和发展的前提是社会主体的多元化。有不同的利益主体和社会主体，就会有不同的价值取向、选择和追求，就会形成不同的价值体系包括道德体系。有自己特有的价值体系是主体成熟的表现和标志。利益主体和社会主体成熟才会有成熟的市场经济，才会有成熟的民主政治。可以设想，如果每一个企业、每一个公民都依赖国家，怎么会有完善的市场经济和民主政治呢？因此，道德多元不是一种坏事，而是一种社会进步。

但是，道德多元化也使社会控制复杂化，如果不能妥善对待和处理，就有可能陷入混乱和不可调和的冲突。在这方面应该把握三条原则。

一是允许多元。民主国家应该允许、保护乃至鼓励价值和道德多元化，允许多种价值存在，尊重人们不同的价值选择和追求。国家不应通过强制的手段把某种价值或价值观、价值观念、价值标准强加给个体，而只能通过舆论和政策引导来影响人们的价值观和价值观念。个体也不应该把自己的价值体系强加给社会和其他个体。无论是国家还是个体都应该在法制和人类共同生活准则范围内，允许不同价值和道德存在，允许人们有不同的理想和信念，有不同的价值选择和追求。

二是加强导向。在各种不同的价值体系和道德体系中，社会的价值体系和道德体系应该发挥主导作用，通过各种途径和措施有效地影响其他各种不同的价值体系和道德体系，使之不违背并遵循社会倡导的价值原则和道德原则，努力使个体的价值取向与社会的价值导向相一致。

三是要求抽象。国家倡导的价值道德原则要有效地发生作用，同时又不取代各种不同的价值道德体系，这些原则就不能太具体，不能包罗万象，而应该比较抽象，比较一般，能给各种不同的价值道德体系的存在保留空间。社会的价值道德体系应该是框架性的，在这个框架内，不同的个体能够构建适应和促进自己生存、发展的有自己特色的价值体系。只有这样，才可以既保持国家价值体系的统一性，又允许个体价值体系的多样性，实现这两者的有机统一。

其次是不同领域的道德体系之间的关系。传统社会也有不同的社会生活领域，但传统社会的生活领域比较少而且不完全，而在现代社会生活领域日渐增多，而且每一个领域越来越具有自己的独特性质和明确范围，如政治、法律、军事、经济、科技、教育、新闻、宗教、家庭、公共生活等等。因此，传统社会的价值道德体系很难划分出子系统，而现代社会的价值道德体系则呈现出不同的维度层次结构，整个社会的价值道德体系不仅包括社会的一般价值道德体系，而且包括各种不同领域的价值道德体系，这各种不同的价值道德体系构成了错综复杂的社会价值道德体系总体。这样就出现了社会一般价值道德体系与各个领域的具体价值道德体系之间的关系问题。这种关系处理不好就可能使社会成员生活在价值矛盾和冲突之中，感到无所适从。

毫无疑问，一个现代社会或国家既需要一般价值道德体系，又需要各个领域的具体价值道德体系。一般价值道德体系至少有三方面的意义：其一，它是一个社会构建和运作的总体框架和一般依据，具有蓝图的意义；其二，它的原则是一个社会或国家的理想和信念，具有旗帜的意义；其三，它是各种具体社会生活领域活动的根据和标准，具有尺度的意义。但是，一般价值道德体系是框架性的，它的原则要通过更具体的原则作为中介才能运用于不同的社会生活领域。不同领域的具体价值道德体系就是这种中介。问题在于怎样处理好这两者之间的关系。

一般说来，处理这种关系应该把握三条原则：一是一般价值体系的可应用性。一般价值体系本身应该是内在一致的，它的原则虽然是抽象的、一般的、框架性的，但它却是可填充的、可具体化的，可延伸于、应用于社会生活的每一个不同领域而不会发生矛盾。二是具体价值体系的被应用性。每一社会生活领域的价值道德体系都应该是一般价值道德原则的体现和展开。它们的内容具体而丰富，但它却不能违背社会一般价值道德原则，而应该是社会一般价值道德原则在具体领域的应用和运用。一般价值道德原则是不同领域的价值道德原则的终极依据和尺度。三是各种具体价值道德体系之间的可兼容性。构建各种具体的价值道德体系不仅应根据一般价值道德原则，也要根据不同领域的需要和实际，这样尽管它们都是根据一般原则构建的，彼此之间仍然可能发生矛盾和冲突，因此，社会在构建各种不同领域的价值道德体系时应充分考虑它们之间的可兼容性问题，避免和调整它们之间的冲突。

三项一般原则

对于不同的国家或社会来说，现代价值道德体系是不尽相同的，但是它们也应该有一些共同的基本原则。这些原则是现代价值和道德精神的体现，不同国家可以有不同的表述，但所体现的基本精神应该是一致的。现代道德的基本精神就是要以人追求生活得更好的本性为根据，顺应人性利己的自然倾向，既保护和刺激每一个社会成员对个人幸福的追求，又劝导和鼓励他们在追求自己幸福的过程中实现自己的幸福与他人的幸福共进。因此，如何使公民在追求自己的幸福的过程中实现自己的幸福与他人的幸福共进，构成了现代道德的核心内容。根据现代道德精神，可以把现代道德原则概括为以下三个主要方面。

1）无损于人原则

人最需要的是人，人最害怕的也是人。那么，怎样才能使人成为最需要的人而不成为最可怕的人？应该说现代社会在这方面已经有很多的制约机制，如法律、制度等等。所有这些制约机制的最基本目的就是要使每一个社会成员只能合理地利己，而不能极端地利己。能够使每一个社会成员都合理地利己，虽然不能使人成为人所最需要的人，但能使人不成为人所最可怕的人。使人不成为最可怕的人，社会秩序就有了基本的保证。但是，由于人是有意识的，是在观念的支配下行动的，因而只有外在的制约机制是不够的，还需要价值和道德意识、观念的配套作用。能使人们合理地而不是极端地利己的最基本事实证明也是人们最能接受、因而也最有效验的观念，就是中外思想家一致推崇的“己所不欲，勿施于人”，我们把它简称为无损于人原则或“推己及人”原则。

“己所不欲，勿施于人”是孔子最初提出的。孔子从他的仁者“爱人”的道德原则出发提出了著名的“忠恕之道”。所谓“忠”，就是“己欲立而立人，己欲达而达人”。意思是，自己要站得住，同时也要使别人站得住；自己要事事行得通，同时也要使别人事事行得通。所谓“恕”，就是“己所不欲，勿施于人”。意思是，自己所不想要的任何事物，也不要强加给别人。“忠”是“爱人”的积极意义，强调成己成人，尽己之心力以助人；“恕”是爱人的消极意义，强调推己及人，不以己之所恶施于人。在孔子看来，“忠”是一种较高的道德境界，未必每一个人都有条件来施行；而“恕”是一种起码的道德要求，谁都可以这样做。由此看来，孔子的“忠恕之道”是一种推己之心以爱人的精神：有诚恳为人之心，无丝毫害人之意。这两方面的结合就是他所倡导和追求的“仁”。

孔子的“忠恕之道”，特别是其中的“恕”具有一般的普遍的意义，是个人在处理与他人关系时能够而且应该遵循的基本准则。正因为如此，近代西方多位思想家（他们主要是英国哲学家霍布斯、法国哲学家拉美特利、德国哲学家费尔巴哈）力倡这一道德古训，用以作为现代生活中人们应遵循的基本行为准则。他们的出发点、目的和论述方式当然与孔子不同，但所赋予的一般意义是一致的。

“己所不欲，勿施于人”是一种劝诫，而不是一种规范。能否接受这种劝诫，完全取决于个人意志，而不取决于外在制约。它所诉诸的是人的自我意识、主体意识、同类意识，换言之，它所诉诸的是人的道德自觉。它以对自我存在以及自我有可能伤害他人的意识为前提，启发自我主宰和控制自己，以自己不希望他人对待自己的方式对待他人或同类，从而实现社会秩序的正常化。这一劝诫是道德性的，具有典型的道德意义。这主要表现在，它以启发人的自主、自律的方式来避免社会秩序的混乱和人际关系的紧张。

“己所不欲，勿施于人”是一种抽象的、形式化的道德自我立法原则，类似于德国哲学家康德的道德形式立法原理。它们都主张确立道德法则的主体是个人自己而不是社会或他人；都诉诸个人理性的权衡、选择作用和意志的自我规定、控制作用；都抽掉了实质内容而强调一般形式，并因而都具有超越时间空间的可普遍化的意义；都体现了道德的“外得于人，内得于己”的本来精神。当然，这两者之间至少就内容而言是有差异的：“己所不欲，勿施于人”主要侧重消极的（即“不应该”的）意义，而康德的“形式立法原理”则不仅包含了消极意义，而且也包含了积极意义，包含有“应该”的意义，有些类似于孔子的“忠恕之道”。但是，两者都强调一般形式，都强调自我立法，都强调推己及人，有异曲同工之妙。

“己所不欲，勿施于人”这种一般的形式立法原理，对于人的道德生活具有那些具体的个别的道德要求所不能替代的意义、所不能达到的层次。人的生活极为复杂，道德规则再多也不能覆盖生活的所有方面，因而即使一个人知道很多的具体规则，而没有一般性规则的意识，也很难避免在道德上犯错误，很难避免在道德上陷入不知所措的境地。相反，在道德上有了一般性规则的概念和观念，一个人就会在任何情况下都知道应该怎样或不应该怎样。这种一般性的道德规则概念就是真正的道德知识。正是在这种意义上，古希腊哲学家苏格拉底强调“美德即知识”，强调“诸德为一”，强调“作恶是由于无知”。人们都承认，道德与法律最大的不同就在于道德主要是自律的，而法律则主要是他律的。

从个体来讲，一个人怎样才能成为道德上自律的呢？一个人知道并且始终自觉遵循各种道德规则，他并不就是自律的。自律并不只是意味着自我约束。用康德的话说，自律就是自己为自己立法并遵循自己所立定的法则，或者简单地说，就是遵循自己为自己所立定的法则。“要这样行动，使得你的意志的准则在任何时候都能同时被视为一种普遍的立法的原则。”[①]在这里，自律者既是立法者，又是守法者。由此看来，自律说到底就是使自己成为自己的主人，成为道德的主人，而不使自己成为他人的奴隶，成为道德的奴隶。成为自己的主人和成为道德的主人，其关键在于能够自我道德立法。

自我道德立法，既非生而即能的，亦非人人都能的。每一个人生来就处于道德规则的约束之中，在很长一段时期内，人在道德上只是他律的，只是服从者。只有当一个人对道德进行反思（这种反思通常是受思想家的思想影响才发生），他才能超越对各种具体规则的服从，转而自己为自己立定法则，才能超越这各种具体规则，转而抽象出或认同某种一般的法则。这种反思并不是在每个人的一生中都必定出现的，不少人（在传统社会则是绝大多数人）由于没有接受良好的道德哲学训练而终生都没有达到上述超越的境界，他们始终未能成为自己的主人，未能成为道德的主人。

自古以来，道德就被看作是个人的事，似乎除了在个人那里之外就不存在什么道德问题。现在看来，这种观念是不合适的，需要改变。特别是在现代社会，道德主体日益多元化，不仅个人存在道德自律的问题，家庭、单位、团体、国家、人类都存在道德自律的问题。在道德上，个人与个人之间、个人与群体之间、群体与群体之间是平等的，过去那种社会只有规范的权利、个人只有服从的义务的格局正在改变，而且必将彻底改变。因此，“己所不欲，勿施于人”这一道德自我立法原则，不仅适用于社会成员个人，而且适用于所有的道德主体。完全可以设想，如果国家与国家之间有一点这种精神，国际争端就会少了许多；如果国家与公民之间多一点这种精神，一个社会就会太平得多。

“己所不欲，勿施于人”作为一条可普遍化的基本道德原则，是全人类相互理解、和平共处的基本前提，因而也是全人类所有的个体和群体获得自由和幸福的根本保证。从这种意义上看，这条原则的意义是任何法律条文所无法比拟的。培养和确立“己所不欲，勿施于人”的意识和观念，是人类道德建设的共同的根本性的任务，在当代竞争愈演愈烈的条件下，这一点显得尤为重要和迫切。

2）有益于人原则

“己所不欲，勿施于人”的意义在于能使人们之间相互理解、和平共处，使人最小限度地伤害人，但是仅此还不够，还必须使人成为人最需要的东西，使人最

① ［德］康德：《实践理性批判》，中国人民大学出版社 2007 年版，第 33 页。

大限度地有益于人。只有这样，社会才是其成员不仅和谐共处而且幸福共进的美好社会。

孔子提出的“忠恕之道”中的“忠”，即“己欲立而立人，己欲达而达人”，所强调的就是怎样地使人最大限度地有益于人。如果人们能够像孔子所期望的那样，世界无疑会十分美好。然而，历史事实证明，孔老夫子的理想不过是一种空想，即使是在现代人与人之间联系日趋紧密的条件下也很难实现。其所以如此，原因就在于这种理想虽然很美好，但由于没有顺应人总是首先追求自身利益的自然倾向而缺乏实现的根基。它没有令人信服地回答这样一个问题：人们何以要如此地“忠”？或者说，人们这样地“忠”何以可能？相比较而言，近代以来西方流行的功利主义的“最大多数人的最大幸福”原则，也许更有说服力和可行性，值得我们借鉴和改造。

就结论而言，功利主义的“最大幸福原则”与孔子的“忠恕之道”并无多大差异，它们都要求人们不仅要无损于人，而且要有益于人。所谓“最大多数人的最大幸福原则”，最简单地说就是行为者要使自己的行为给行为所及的最大多数人带来最大的幸福。也可以像功利主义者自己那样说，“功利主义所认为行为上是非标准的幸福，并不是行为者一己的幸福，乃是一切与这行为有关的人的幸福”。功利主义的集大成者约翰·密尔就曾声称，功利主义伦理学的全部精神、完备理想全部体现在耶稣的黄金箴言中：待人像你期待人待你一样，爱你的邻人像爱你自己一样。显然，这种基督精神是与孔子精神相一致的。但是，与孔子的学说以社会的道德为基础和指向不同，功利主义则是以个人的幸福为基础和指向。

在功利主义者看来，趋乐避苦是人的天性。自然把人类置于两个至上的主人即“苦”和“乐”的统治之下，只有它们才能够指示我们应该做什么并决定我们怎样做。正是苦乐构成了功利的基础。所谓功利，就是事物导致当事者求福避祸的那种特性。一个对象、行为，凡是具有功利的特性，能够增加当事者的幸福，减少当事者的痛苦，便是善的、应当的和正当的；如果能给对象或行为所及的最大多数人最大数量地带来幸福，最大程度地减少痛苦，便是至善。功利原则就是这样一种以“最大多数人的最大幸福”为行为的唯一准则、评价的唯一标准、生活的唯一目的的原则。

功利主义者的功利原则与孔子的“忠”的原则至少有以下两点重大差别：

其一，“忠”的原则出发点是他人，成己是为了成人，而功利原则的出发点则是自己，利他是为了利己。功利主义与利己主义的不同就在于，它不仅要求人们无损于人，而且要求人们有益于人。但是，这种有益于人决不是孔子意义上的爱人，相反在本质上是利己的。人们之所以会有利他行为，是因为利他行为可以产生快乐。功利主义者分析说，本来我做一件利他的事，只不过是为了从中得到某种好处，而且实际上我也得到了某种好处，同样的情形发生多次之后，依照因果律和频度律，利他的行为与快乐就在我们的观念中形成相继联想，这种联想会导致我们把行为本身当作目的，而忘记了它原来的实际目的。在他们看来，人的这种联想的自然基础在于人的社会性，是社会感情模糊了我、你、他的界线，由此产生了利他的行为。而社会感情的根源归根到底在于人们的社会联系、相互需要和共同利益。功利主义就是这样以利己天性为基础把这种天性与利他行为统一了起来：我追求公共利益，我也能从中得到快乐，而我要得到自己的利益，我也必须到公共利益中去寻找。正是在这种意义上，功利主义主张要尽可能地保证个人利益与社会利益的和谐一致。

其二，“忠”的原则强调成己成人，以爱人（对孔子来说，这就是最高的德性）本身为终极目的；而功利原则则强调求福避祸，以幸福而不是德性或美德作为行为的最终目的。功利主义者认为，人们在社会中生活，彼此间有着广泛的联系，由此产生了一些需要加以保护的共同利益，道德就是用以保护这些共同利益的。在社会中生活，一个人对别人总有所求，需要互相帮助，建立友谊，订立契约，道德的目的就是要确保这种关系。道德之所以成为必需，其次还在于它能以最佳的方式获得利益和快乐。快乐和功利有大小之分，有纯洁度的不同，而且达到同一目的的方式多种多样。比较和发现哪一种方式带来的功利最大、害处最小，这就需要权衡。经验使我们知道应该追求什么，理性则使我们知道应该怎样追求。通过以经验为依据的理性权衡，我们就能知道获得功利的最佳方式，而这个最佳方式就是道德方式。道德归根到底是对最好的行为方式的规定，其目的只是为了有效地实现功利。

相比较而言，功利主义的功利原则或最大幸福原则远没有孔子的“忠”的原则纯洁和崇高。但是，这种原则承认人的自然本性，顺应人的自然倾向，并在此基础上引导人们把个人的利己倾向同社会的利他要求有机地结合起来，以有效地实现自己的功利和幸福。因此，功利原则具有亲近性、可行性，容易为普通大众所认同和信守。这也就是功利原则的优势之所在。相反，孔子的“忠”的原则只注重人的社会本性，而忽视了人的自然本性，甚至力图通过社会本性的实现来压抑自然本性的实现。按照心理学家马斯洛和哲学家尼古拉·哈特曼等人的观点，人实现自然本性要求的强度要比实现社会本性要求的强度大得多。在实现自然本性的要求被压抑、被剥夺的情况下，通常不可能正常地实现社会本性的要求。因此，“忠”的原则具有隔离性、空想性，难以为普通大众甚至社会的精英阶层所实际奉行。这也就是为什么在中国传统社会虽然历来推崇孔孟之道，社会的道德要求历来很高、很严，而人们（特别是官员）的道德水平较低、道德素质较差的重要原因之一。

最大幸福原则就其实质而言就是强调有益于。这一原则之所以具有说服力和可行性，除了它以人的自然本性为基础、顺应了人性的自然倾向之外，更重要的是它适应了以市场经济为基础的现代社会生活的客观要求。

现代社会是一种自由的、民主的、竞争的、多元的、开放的公民社会，社会的范围不但扩大，不但超出了家族、自然社区，甚至超出了民族、国家。在这样的社会条件下，人们的许多行为已经不仅仅是个人的事，也不仅仅是家庭、自然社区的事，而是国家、社会乃至人类的事。伴随着人们生活日益社会化，人们的行为也日益社会化。行为本身及其后果对社会生活和社会秩序的影响，无论在广度上还是在深度上都远远超出了过去，达到了前所未有的程度。公民行为与社会秩序的这种直接关联性，一方面要求现代社会必须健全法制，用法制规范人们的行为，把人们的行为纳入到社会秩序要求的范围之内；另一方面则要求全体公民必须养成道德习惯，树立对社会和他人的责任观念，时刻考虑到自己行为现实的和可能的后果和影响。最大幸福原则正是适应这种要求所提出的一种较高道德要求。坚持这一原则，使这一原则成为我们每一个公民的行为准则，我们的社会就会成为幸福共进的美好社会。

3）服务他人原则

20 世纪以来，特别是第二次世界大战以后，适应现代文明的进步，又出现了一种新的道德要求。这种新的道德要求不仅要求人们在追求自身利益的时候无损于人、有益于人，而且要求通过给他人提供满意服务来利己。就目前所掌握的资料来看，这种要求主要体现于 20 世纪 50 年代企业界开始出现的市场营销观念。

市场营销观念（包括市场营销观念和社会营销观念）的主要内容可以概括为以下四个方面：第一，以消费者为中心。市场营销观念高度重视消费者，把消费者的需求作为企业经营管理活动的轴心。消费者需要什么，企业就生产什么；消费者有什么要求，企业要千方百计地满足。第二，通过消费者需要的满足谋求长远利益。市场营销观念要求企业不能只顾眼前的利益，相反要开发和满足消费者的潜在需求，不仅要使消费者得到满足，而且要使消费者满意。为此，企业不仅要提供优质产品，而且要提供优质服务。第三，以满足消费者需求为轴心，实现企业所有功能一体化。市场营销观念要求企业的所有部门及其功能围绕满足消费者的需求这一轴心相互配合、彼此协调。第四，必须重视整个社会的利益和长远利益（包括确保消费者身心健康和安全，节约社会资源，防止环境污染和保护生态平衡，等等），担负社会责任（包括当今的社会责任和未来的社会责任）。

营销观念体现了高度发达和完善的市场经济、日益丰富和多样的现代生活的新的客观要求，是适应现代经济和社会发展的最新价值观念。其中所隐含的必须通过给他人提供优质的或不如说满意的服务来实现自身利益的要求，真正实现了个人利益与他人利益和社会利益的有机结合，从而使人类的道德水平达到了新的高度。

从伦理学的意义上概括，通过利他利己的原则或服务他人原则包含了以下四方面的基本要求：

第一，着眼于他人和社会的利益。这是要求人们的社会行为要以他人利益和社会整体利益的增进为轴心，自觉地为他人和社会服务，坚决反对惟利是图，自私自利，损人利己，损公肥私。

第二，为他人和社会提供优质服务。这是要求人们不仅要有为社会和他人服务的精神，而且要不断地丰富和充实自己，努力提高自己的综合素质和专业技能，为他人和社会提供更多更好的服务，要努力克服满足现状、得过且过、不思进取的懒汉观念。

第三，对他人和社会负责。这是要求人们在为社会和他人提供优质服务的过程中，要对他人和社会的长远利益和整体利益负责，时刻考虑到自己行为可能引起的不良后果，特别是隐性的不良后果，切忌为贪图眼前的局部的微小利益而牺牲他人和社会长远的全局的重大利益。

第四，以他人和整体利益为重。这是要求人们在自身利益与他人利益、整体利益发生冲突时，要以他人和整体利益为重，必要时要勇于牺牲自身利益，严禁为了个人利益而不惜牺牲整体利益的行为。

服务他人原则看起来是一种很高的道德要求，但值得我们注意的是，服务他人原则并不是对前面所述的推己及人原则、最大幸福原则的否定，相反是以它们为基础和前提的，其中包含了推己及人原则和最大幸福原则的全部要求。例如，服务他人原则中的以他人和社会整体利益为重的要求，看起来似乎是与人的利己的自然倾向相冲突的，但实际上不然。因为这种要求是对所有社会成员而言的，而不只是对某一部分社会成员而言的，每一个个人和单位不仅有可能成为这一要求的付出者，也有可能成为这一要求的受惠者。当战争爆发或某种灾难发生的时候常常有这样的情形：每一个人都既可能是付出代价者，也可能是被保护者或被拯救者。因此，这种要求归根到底是为了社会成员个体的利益，不是仅仅为了某一个特殊的个体。

无损于人、有益于人、服务他人这三条道德原则构成了现代道德的三种不同层次和不同境界。其中无损于人原则是起码的道德要求，是每一个现代公民必须践行的，否则就是不道德的或恶的。有益于人原则是基本的道德要求，是每一个现代公民应该达到的，否则就不是道德的或善的。服务他人原则是最高的道德要求，是每一个现代公民应该努力追求的，否则就不是道德高尚的。①

由前面的阐述我们不难看出，这三条原则都不是与个人幸福相背离的，相反是与个人的幸福相辅相成的，它们不是要求人们为了道德而牺牲幸福，相反是要求人们通过道德而更好地实现幸福。这种道德的整体出发点和全部实质，是在肯定个人追求幸福和利益是合理的前提下，告诉人们怎样才能更好地实现个人幸福和利益，劝告人们在实现个人幸福和利益的同时实现他人幸福和利益的共进，引导人们通过他人幸福和利益的增进来实现自身幸福和利益的增进。这种道德不是

---

① 笔者在后来论及构建当代中国道德体系时谈到，当代中国道德体系的基本价值取向是和谐主义，而其基本原则是共赢、公正和负责（参见江畅、范蓉：《论当代中国道德体系的构建》，《湖北大学学报》2015 年第 1 期）。那里所谈的是我们应当构建的当代中国道德体系的价值取向和基本原则，而这里所说的道德原则是已经得到当代人类普遍公认的基本道德原则，两者之间不存在冲突。

幸福的障碍、敌人，而是通往幸福的道路、实现幸福的工具。正是这种道德才是符合人性并有利于人性实现的道德，才是人道化的道德，才是本真意义上的道德，也才是现代人所需要的道德。

四、大 众 传 媒

大众传媒作为现代文明的产物，原本是人们表达和传递信息的工具，但由于自身的特殊性而成为日益重要的社会控制手段。在现代社会，大众传媒与法制、道德存在着交互作用的关系，它们一起构成了现代社会和谐的保障机制。与法制、道德一样，大众传媒也具有工具的性质，既可以用来作为对人们进行思想和行为实行控制和统治从而实现社会秩序一统的工具，也可以用来作为公民参与社会管理、保护公民的自由平等权利、维护社会公正从而实现社会秩序和谐的中介。因此，我们必须研究大众传媒对社会和谐可能具有的作用，以及怎样才能使大众传媒成为社会和谐的手段。

功能和意义

"大众传媒"是"大众传播媒体（mass media of communication）"的简称。这一术语是于20世纪20年代伴随着广播电台的诞生而开始出现的。大众传媒是相对于个人传媒而言的。个人传媒用于人际传播，如对话、通信、体语等；大众传媒则用于公众传播。传统的大众传媒主要是印刷传媒，如报纸、杂志和书籍等，自广播问世之后，出现了电子媒体这种新的大众传媒形式，主要包括广播、电视、电影以及互联网等。今天，各种传媒形式相互竞争又相互补充，共同构成了对公众和社会具有深刻影响的生存环境和生活内容。

通常认为，大众传媒具有文化传播、环境监视、决策参与、社会调适和娱乐消遣这五大基本功能。

（1）文化传播。大众传媒具有社会文化的传递功能，既可以把人类已经积累的文化传递给下一代，使文化得以传承，也可以把一部分人首先创造的文化迅速传递给其他人，使文化得以扩散。大众传媒的这种功能也就是它的教育功能。在现代社会，大众传媒的教育作用越来越重要。它使教育得到极大的普及，不仅使更多的人接受教育成为现实，而且使个人接受终身教育成为可能。同时它也使教育日常化，可以通过多渠道、多形式办学及开辟知识性栏目给人们提供不断接受教育、深造、提高的机会，而且把教育寓于日常生活之中，使人们在潜移默化中接受教育。

（2）环境监督。大众传媒具有把社会内部及外部的重大事态、变化传达给公众的功能。在纷纭复杂、瞬息万变、信息爆炸的现代社会，大众传媒就像雷达一样不断地监督环境，不断地搜集社会的各种信息，同时又像过滤器和放大镜一样，将每天成千上万的信息加以过滤，选择公众需要知道的信息予以放大，以引起人们的注意。大众传媒的这种功能不仅能造成影响人们思考和行动的舆论环境，而且可以构成社会舆论的中心议题，起到所谓“设置议题”的作用。大众传媒越是强调或突出某议题、某事件，就越能影响公众关注的焦点。当某种可能危害社会的征兆刚刚出现时，或某有关方面提出了对某种危险的合理推测时，大众传媒还能向全社会发出警告，具有信息预警性功能。

（3）决策参与。大众传媒还具有决策参与或社会管理的功能，它可以为公众报告决策机构的运行状况及决策过程，为公众提供发表自己意见和建议的论辩讲坛和机会，并对决策的执行实行公开监督，同时它也可以成为不同社会阶层、不同利益群体以及国家机关与民众之间协商对话的重要渠道。

（4）社会调适。大众传媒对社会有机体有着重要的“社会排气阀”功能。当人们出现某种不满时，大众传媒可以将这种不满随时表现出来，从而宣泄人们的不满情绪。同时它可以通过对新闻等各种信息的选择、解释和评论转移人们的视线，使人们的注意力集中到当前环境的最为重要的事情或事件上去。

（5）娱乐消遣。娱乐是大众传媒的最为显见的功能。据社会学家分析，人的时间大致由制约时间、必需时间和休闲时间三个部分组成。制约时间是人们用于完成工作任务的时间，必需时间是人们用于生活起居的时间，休闲时间则是指工作和生活起居之余的时间。大众传媒就是人们休闲时间的主要占有者。人们在休闲时间接触的大众传媒大多是为了娱乐消遣。

由于大众传媒具有以上特殊功能，因而它对于现代社会和谐具有十分重要的意义。它是法制、道德构建和发挥作用的重要途径，它与现代法制、现代道德一起构成现代社会和谐的保障机制。具体说来，大众传媒对于社会和谐具有以下重要作用：

第一，舆论导向。大众传媒是现代社会舆论的主要形式，对作为社会成员的个人和群体确立什么样的价值观和价值观念、选择和追求什么、以什么方式追求都具有极为重要的导向作用。如果大众传媒以个体自主而又整体和谐为总的价值导向，大力宣传公民应自由地追求幸福、平等地享有权利和履行义务、公正地获取所得、尽力地为社会作出贡献和分担责任，大力宣传现代法制和道德的观念和原则，就可以形成一种有利于社会和谐的舆论氛围，可以使全体社会成员在潜移默化中受到熏陶，普遍形成和谐社会所需要的价值观念和行为方式。

第二，民主参与。大众传媒是公民参与国家和社会管理的重要途径。公民可以通过各种媒体表达自己的意愿，发表对于国家、社区建设和发展的意见，参与国家和社会事务和问题的讨论。同时，国家机关和各种社会组织也可以通过媒体发表各种主张、政策，让公民了解其意向和内容，供公民讨论和批评。大众传媒的这种作用在代议制的民主社会尤其重要。广大公民对国家事务管理的意见主要通过大众传媒表达。国家机关的政策也主要通过大众传媒来宣传。因此，大众传媒是国家机关、公民代表与广大公民这三者之间沟通的桥梁。

第三，政治监督。在民主社会，大众传媒是政治监督的主要途径和重要方式。一方面可以通过它对国家机关的政策和运作进行监督，防止和及时制止国家机关异化，另一方面更可以对国家官员进行监督，防止和杜绝国家官员的腐败。与其他监督方式相比较，大众传媒的监督更直接、更及时、更具有影响力，因而是防止和制止权力滥用的有力武器。

第四，维护权利。个体（包括公民、企业及其他各种团体、组织等）的独立自主权利是和谐社会的基础，这种权利容易受到各方面的侵犯，如个体之间的侵犯、整体的侵犯等。大众传媒不仅可以通过舆论的力量及时制止侵权行为，维护个体的合法权利，而且也可以通过宣传舆论引导人们尊重个体的合法权利，预防侵权行为的发生。

第五，声张正义。即使在民主社会也存在着邪恶和犯罪，也会存在诸多不公正的现象。这些问题是社会和谐的威胁和障碍。大众传媒在维护社会公正、声张社会正义方面能发挥巨大作用。它可以通过及时、有效的社会舆论谴责邪恶，震慑犯罪，抨击偏私，批评不公，从而形成良好的社会风尚和公正的社会环境。

与社会舆论的关系

一般地说，社会舆论是在一定社会范围内大多数人关于某种普遍关注的社会事件形成的共有意见。社会舆论通常是在某种普遍关注的事件发生后众人对该事件的社会价值进行评论而形成的。社会舆论一旦形成就会产生影响事件发展的巨大社会力量，形成社会压力，迫使事件朝着舆论的方向发展变化。因此，社会舆论是社会制约机制特别是道德发生作用的途径。

社会舆论无论对个体，还是对社会都有着巨大的影响和作用。社会可以通过控制和引导社会舆论使社会成员强化社会倡导的价值观念和行为准则，增强其影响力，从而把社会成员的行为乃至思想观念纳入社会所期望的轨道。个人可以在社会舆论中接受社会的共同价值观念和行为准则，增强或减弱某些态度，明确行为的模式和方向，从而进一步社会化。同时，社会也可以通过社会舆论了解民情民意，适当调整社会的价值导向和政策措施，从而顺应民意，争取民心。因此，社会舆论是个体和社会互动的过程，它既影响个体，也影响社会。

在大众传媒出现以前，就已经存在着社会舆论，但有了大众传媒之后，在大众传媒的作用下，社会舆论的范围大大扩大，其作用也大大加强。各种传播媒体要赢得更多的公众，引起公众的关注，扩大影响，就必然要关注公众所普遍关注的事件及他们对事件的态度和意见，因而就必然要传播社会舆论，并围绕社会舆论开展各种形式的传播活动。大众传媒以其立体的辐射形式使得社会舆论超越时空界限流向四面八方，这就会使社会舆论产生更广泛的影响，形成更强大的社会力量。

同时，大众传媒又不只是传播社会舆论，它在传播社会舆论的同时总包含有某种价值导向，从而对社会舆论发生影响。大众传媒必须报道事实，而报道事实本身就是对舆论的引导。因为大众传媒所报道的事实都是经过选择的，选择本身就包含着价值取向。它报道什么、怎样报道都会影响公众的视线和判断，以至形成新的社会舆论。而且，各种媒体在报道事实的同时往往还要加以分析和评论，这更会影响公众的态度和判断，对公众起直接的导向作用。因此，大众传媒可以控制和操纵社会舆论，可以形成社会舆论。一般说来，大众传媒与社会舆论之间是一种交互作用的关系，但在大众传媒日益发达以至于对人们生活无孔不入的现代社会，大众传媒已经成为了社会舆论本身，它的社会作用也主要是通过形成社会舆论实现的。从这个意义上可以说，社会舆论是大众传媒发挥作用的主要作用机制。

自由及其控制

大众传媒本身是中性的，可以用于不同的目的。与法制和道德相比，大众传媒更具有工具的性质。它既可以成为维护专制的工具，也可以成为社会和谐的保障机制。一般说来，大众传媒发挥什么性质的作用取决于国家的性质，或者说取决于社会制度。只有在民主国家，大众传媒才可能发挥维护公民主体地位、保障公民自由平等权利、维护社会公正，从而实现普遍幸福和社会和谐的作用，成为全体社会公民的喉舌。之所以在民主社会才能发挥这种作用，是因为只有在民主社会，大众传媒才是自由的。大众传媒的自由，也就是通常所说的“新闻自由”。新闻自由是现代民主社会的产物，同时又是现代民主社会的保障机制。因此，新闻自由被看作是现代民主社会的重要特征。

新闻自由的重要性已经越来越得到全世界的公认。它被看作是人人都应该享有的基本权利的基本组成部分，被看作是衡量一个社会民主能力的准绳，被看作是社会发展的前提，被看作是作为明智的政府工作的基础。联合国人权高级委员玛丽·鲁滨逊指出：“新闻自由是人权的顶梁柱，是其他自由的保证。它要求透明度和公正的政策。它的作用不仅是要一个法治的社会，而且也要让社会确实享受到法制国家制度的优越性。”①玛丽的这段话简明扼要地阐明了新闻自由对于现代社会的极其重要的意义。

言论是新闻的内容，因而新闻自由首先是指言论的自由或发表言论的自由。言论的前提是思想，要有言论自由必须有思想自由，包括创作自由。言论自由不仅涉及讲话的自由，还涉及可以自由选择地方发表言论，其中特别重要的是有发表言论的地方可选。这又涉及出版的自由，包括创办媒体的自由。新闻自由不仅包括公民的言论自由、出版自由，也包括出版者的自由，其中包括各种媒体自主选择言论发表的自由。此外，新闻自由还包括人们选择和接受信息的自由，包括

① 《Deutschland》（德国），2000年第1期，第47页。

不受国界限制使用各种通讯工具去搜寻、接收、传播信息和观点的自由。

从历史和现实看，新闻自由并不是自然而然地获得的，而是与国家的民主化进程相伴随的，需要通过斗争才能获得。正如联合国秘书长安南所指出的："言论自由是只有通过斗争才能取得的权利，而不是祈求而来的恩赐。"① 新闻自由在今天的世界虽然得到了公认，但远未普遍获得。据统计，目前全世界约有 700 位记者、作家和出版商只因为坚持自己的权利、写出自己的思想而被关在狱中②。另一方面，新闻自由需要法制的保障。只有法制才能确认新闻自由是公民的基本权利，才能对公民的新闻自由权采取相应的保障措施，防止公民的新闻自由权受到来自任何方面的侵犯。

新闻自由像所有其他的自由一样，决不意味着人们想怎么说就怎么说，想怎么干就怎么干。如果是这样的话，那就决不会有真正的新闻自由，而且大众传媒也不可能发挥它应有的作用。大众传媒的自由不是无限制的，而是有限制的。这种限制从社会管理的角度看就是大众传媒的社会控制问题。大众传媒的社会控制的前提是保护而不是扼制大众传媒的自由，从而使大众传媒真正成为社会和谐的保障机制。

大众传媒的社会控制从方式上看是多种多样的，但从能保护大众传媒自由并能使其充分发挥应有作用的角度看，主要应该采取两种方式：一是法制控制的方式，就是说要把大众传媒纳入法制的轨道，一方面保护其应有的权利，另一方面防止其被滥用，防止其负面影响对社会和公众造成危害；二是公众控制的方式，就是说要把大众传媒纳入公众、特别是同行的监督之下，通过公众和同行的褒贬来实现对传媒的社会控制。在这两种方式中，法制是基本的控制方式，公众是补充的控制方式。把对大众传媒的控制完全纳入法制的轨道，这是防止大众传媒被操纵、被滥用的唯一有效方式。

从控制的内容看，必须通过法制使大众传媒遵循四条基本原则：① 法制性原则，即一切传播活动都必须遵循法律制度，使其在法制的范围内活动；② 道德性原则，即一切传播活动都必须遵循道德原则；③ 真实性原则，即媒体传播的一切信息都必须真实可靠；④ 责任性原则，即一切媒体都必须发挥其应有的社会作用，注重自身现实的和可能的影响，对公众和社会负责。所有这些原则都可以法制化。因此，对大众传媒的控制说到底就是法制的控制。除了这种控制之外的其他一切控制都可能是危险的。

---

① 《Deutschland》(德国)，2000 年第 1 期，第 46 页。

② 《Deutschland》(德国)，2000 年第 1 期，第 39 页。

第八章 世界、国际与人类

一、作为人类共同体的世界

今日的世界正在成为一个统一的整体，成为“地球村”，当代和未来的人类幸福问题已经不再只是个人问题和社会问题，而且正在成为世界问题。世界的一体化进程已经改变了整个人类生存的环境和空间，不仅个人，而且国家再也不能与世界隔绝，再也不能孤立封闭地存在，世界已经成为事关每一个人人生是否幸福、每一个国家是否和谐的基础、环境和条件。人类已经成为了命运共同体。“这个世界，各国相互联系、相互依存的程度空前加深，人类生活在同一个地球村里，生活在历史和现实交汇的同一个时空里，越来越成为你中有我、我中有你的命运共同体。”[①]因此，世界的状况如何越来越深刻地影响着整个世界成员（包括个人和国家）的命运和前途，有好的世界才可能有其成员普遍更好地生存和发展，坏的世界则是其大多数成员不幸和祸患的根源。好的世界就是以各个国家为主体，以人类和平、世界公正和国际合作为标志的和谐世界，只有这种和谐世界才是人生幸福、国家和谐所需要的世界。

从分散人群走向一体世界

人类生活在地球上，地球是世界的地理条件和环境，但地球并不是世界。世界是在地球上出现了人类以后才逐渐形成的，直到今天世界尚处于生成之中。人们通常所说的世界既指宇宙、所有的创造物、一切事物，也指地球、地球上的国家及其居民，但更多地是指后者。在这里，我们就是在后一种意义上使用世界，以区别于宇宙。

尽管世界自古以来就存在，但作为一个整体的世界是近代开始才逐渐形成的，在世界生成的过程中，人类自觉参与和干预的作用越来越大。从这个意义上看，世界像国家一样，也是人为构建的。人们通常所说的国际既指国家与国家之间，也指世界各国之间。指国家与国家之间的国际，在人类有了国家之后就已经有了，但指世界各国之间的国际，是有了世界之后才有的。因此，我们可以说国际是世界中的一种基本关系，即世界中的国家与国家的关系。今天，这种关系是决定世界面貌和命运的极其重要的因素。人类是属于世界的，同时世界是属于人类的。

---

① 《习近平在莫斯科国际关系学院的演讲》，新华网，2013 年 3 月 24 日，http://news.xinhuanet.com/2013-03/24/c_124495576.htm。

人类是世界的主人，各个国家是世界的主人，世界的状况如何完全取决于生活于其中的人类及其国家。

历史学和人类学的研究表明，人类最初像动物一样分散地居住在地球各地，后来逐渐形成不同的生活共同体，如氏族、部落、民族、国家，从近代的“地理大发现”开始才逐渐联系成为一个整体。人类真正的世界史是从近代开始的，但在此前人类已经为走向这一步准备了条件，否则不能说明为什么动物不能走向全球一体化，而人类能够如此。从这个意义上看，到今天为止的整个人类的历史就是从分散的人群走向一体的世界的历史，就是人类世界化的过程。这一过程是通过三个特别有意义的步骤实现的。这三个步骤是：国家的形成，西方国家的殖民扩张，殖民地国家的独立。

在人类世界化的过程中，国家的形成具有基础性的意义。在国家出现以前，人类已经有了生活共同体，甚至可以说人类一诞生就是群体性的。但是，这种共同体一般都是以血缘关系为纽带维系的，因而它的范围总是十分有限的，不可能扩大到较大的地域，而且这种生活共同体在很大程度上是天然的，而不是人为的。国家则不同，它不是以血缘关系为纽带维系的，而是靠强制力量维系的，因而它不受血缘的限制，可以扩大到十分广大的地域，而且它是人为的，人可以设计、调整和改变它。国家的出现是人类真正一体化的起点，而且这种一体化与整个人类的一体化性质是相同的，世界一体化不过是国家一体化的扩大。尽管国家的一体化还是局部的，但它为世界的一体化作了准备。这种准备突出地表现在以下方面：一是使人类开始习惯于与血缘关系不同的人类生活在一起，或者说使人类从“熟人社会”走进“生人社会”；二是使人类意识到更大范围的人群生活在一起更有利于自身的生存和发展，不仅可以资源互补，而且可以经验、智慧互补；三是使人类积累了管理“生人社会”的经验和手段；四是国家可以设立专门机构从事和管理对外交往事务，使人类在更大范围内乃至在全球范围内的交往成为可能。

人类从国家化走向世界化具有不可避免性，但是自 14 世纪开始的近代西方社会革命以及与之伴随的西方国家的殖民扩张大大加快了这一进程，而且对今天人类世界化进程产生了深刻的影响。不仅今天世界的一体化是这一事件的直接后果，人类以现在这种方式走向世界化也是由这一事件所造成的。西方的社会革命及殖民扩张对于世界化进程的影响是深刻而又多方面的。

首先，它使西方人乃至全人类开始形成世界的概念和观念。此前人类有国家观念也有国与国的观念，但没有明确的全球、人类和世界的概念和观念。世界概念和世界观念是通过地理大发现才开始逐渐形成的，从此人类开始有了全球意识和眼光，有了世界意识和眼光。这种意识和眼光是世界化进程的前提。

其次，它使各国之间的世界性交往开始出现。此前虽然有不同人群或国家之间的交往，但一般都是近交性的，区域性的，殖民扩张使人类的交往从区域走向全球、从国际走向世界。这种交往虽然最初主要是贸易，但为人类的世界性的全面交往奠定了基础，准备了条件。

最后，它大大加快了全人类的国家化进程。此前，世界一些地区已经有了国家，但这些国家不仅不是近现代意义的国家，而且有些国家还是不完全的国家，如西欧的一些国家正在从罗马天主教皇的控制下摆脱出来，还未完全成为独立的国家。西方的社会革命和殖民扩张一方面大大加速了罗马教廷控制力的衰落和西欧国家化的进程，另一方面也大大促进了殖民地国家意识的觉醒和独立国家的形成，与此同时也在促使各个国家先后步入国家现代化的轨道，实现从传统国家向现代国家的转换。国家是世界的主体，全人类国家化是全人类世界化的真正基础。

殖民扩张对殖民地的经济掠夺和政治控制，导致了殖民地国家意识的觉醒和国家独立的要求，引发了殖民地的普遍反抗和争取国家独立的斗争运动。这种反抗和斗争最有意义的结果就是使民族国家逐渐获得独立。殖民地国家的独立使国际交往中的殖民主义方式受到遏制，西方国家不得不尊重这些殖民地国家的独立、主权和尊严，不得不以平等的身份与这些国家打交道，这为世界各国建立新型的平等关系，为世界各国共同处理世界事务提供了可能。殖民地国家的独立对于世界化的根本性意义在于，它使全人类的国家化最终完成，改变了强权即公理的国际交往方式。如果说国家的出现是国家化的起点，这一起点也是世界化的真正肇始，那么，殖民地国家的独立则是国家化的终点，这一终点也是世界化的根本标志。

人类世界化的整个过程是一个人类从小群体逐渐走向更大群体直至走向一体化的过程，而推动这一过程的内在动力在于，人类追求生活得更好的本性以及这种本性本身所包含的实现这种本性的根本手段即理性。

无论是人类的国家化还是人类的世界化，都不是人类为了国家化而国家化，为了世界化而世界化，而是有更深层、更隐秘的动因。这种动因一般地说就是人类追求生活得更好的本性。这种一般性的本性在历史现实中表现为利己的倾向和追求，开始是极端的利己，后来是合理的利己。最初的国家是一部分处于有利地位的强者为了获得更多的利益而凭借强制力量构建起来的。国家最初的构建就是极端利己的结果。殖民扩张也是一部分处于有利地位的强者为了获得更多的利益而凭借强制力量进行的。人类以现在这种方式走向世界化也是极端利己的结果。今天，各国民主正在变成现实，整个世界和平、公正、合作的呼声越来越高，这表明人类正在改变过去的极端利己方式而采取合理利己方式追求人类利益的普遍实现。两种利己的方式不同，但都根源于人类追求生活得更好的共同本性。正是这种本性推动着人类从分散的人群走向越来越大的整体，从敌对、战乱走向友好、合作，从极端利己走向合理利己。

在实现人性利己的倾向和追求的过程中，理性发挥了决定性的作用。

理性的出现改变了人性的结构，或者说理性的出现才使人性成为人性。正是因为有了理性，人类才不仅要求生存下去，而且要求生存得好，要求生存得更好；也正是有了理性，动物本能的求生欲望才变成了人类自觉的利己追求。

国家的出现和殖民扩张是理性用于极端利己的结果。理性本身是工具，它可以用于不同的目的。这种工具是特别有力、特别有效的工具。当把它用于极端利己时，它可以达到人类以外的任何其他动物所不能达到的损人利己的程度。国家的最初出现、殖民扩张都是理性用于利己从而使利己变成极端利己的典型事例。

国家和世界的和谐则是理性权衡利弊作出的选择。极端利己可以使一部分人实现自己的利益，但是这一部分人的利益是通过其他人利益的损害实现的。这种实现利益的方式必然引起被损害者的反抗和斗争，必然导致人人自危的战争状态。特别是在这种状态下，不用说被损害者不能获得幸福，获利者也因为被害者的反抗和不满而感到不安，因为获利者由于被害者的积极性和创造性受到损伤而不能更好地实现其利益，他们也不可能真正获得幸福。在这种情况下，特别是在反抗和斗争愈演愈烈的情况下，理性经过权衡利弊告诉人们，只有在不相互伤害的情况下利己才能普遍地实现，只有通过利他的方式实现利己才能使大家都更好地生存。人类之所以能从分散的人群走向越来越大的整体，从敌对、战乱走向友好、合作，从极端利己走向合理利己，就是因为有理性，是理性被迫作出的更明智的选择。

一体化与多极化

虽然全球一体化远未完成，但自20世纪以来，特别是自第二次世界大战以来，全球一体化的进程在加速度地发展着。到今天，全球一体化已经显示出其雏形，其主要标志是世界各国在贸易、经济、科技、环境、政治、法律、军事、文化、信息乃至生活方式等人类生活的各个方面相互联系、相互依赖、相互渗透日益明显，整个人类的生存和命运越来越不可分割地紧密联系在一起；世界性组织、国际性组织、区域性组织不断增多，而且对各国事务和人类生活的干预作用不断增强；世界性会议、国际性会议、区域性会议不断增多，而且对各国政府的决策和人类生活的影响不断增强。

这种一体化的趋势不是外在地强加于各国的，而是各国自愿作用和参与促成的。各个国家都逐渐感到，本国的问题仅靠自己无法得到较好的解决，而需要借助他国的思想、文化、经验、技术，需要着眼于国际、着眼于全球、着眼于人类，需要把自己国家的发展纳入到世界文明的轨道；本国的许多问题本来就是地区乃至全人类共同面临的，这些问题的解决，需要各国在一起共同协商，需要国际性、区域性乃至世界性合作；本国的发展需要有世界和平和公正，需要有良好的国际环境，而这一切都是一个国家甚至几个国家所无法解决的。基于这些考虑，今天的世界各国无一例外地都愿意并且积极地参与国际合作，都愿意承担一定的国际义务，都愿意接受并服从一定的国际关系准则。正因为如此，我们可以预料，全球一体化尽管今天还是初步的，但将会进一步加速度地发展，整个世界成为一个整体、整个人类成为一个家庭是不可避免的，而且是指日可待的。这不是预言家的预言，而是各国和整个人类利益的必然要求，也是各国和整个人类理性的必然选择。

全球的一体化或世界的一体化并不意味着世界会成为一个世界性集权国家，就像传统的集权国家一样，整个世界是一台大机器，除了少数机器操纵者外，其他所有个体都不过是这个国家中的一个部件。世界一体化决不应该是集权式的、专制式的，历史经验已经表明，集权式、专制式的社会管理模式压制个性发展、阻碍社会进步，正因为如此，这种模式已经逐渐为人类所摈弃。而且整个人类的情况极其复杂，各个地区千差万别，一个包揽一切的集权式、专制式机构是根本无法运行的。因此，世界的一体化只能是分权式的、民主式的，就像一个民主国家一样，一体的世界是多元主体的，这种主体当然不可能直接就是每一个个人，而只能是每一个国家，尽管不能否认个人是世界的终极主体。

与个人作为国家的主体相比较，国家作为世界的主体具有更独立的地位，具有更大的自主性。这是因为，任何一个人都不可能完全独立自主地处理自己的一切事务，无论多么独立自主的人都不能不依赖他人和社会。例如，一个人不能主宰自己的生死，年少时得依赖父母，成年时得依赖社会。与个人不同，一个国家即使在各个方面都与世界接轨，它仍然能够而且应该有自己的价值体系，有自己的独特生活方式，有自己的民族特色，仍然能够而且应该独立自主地处理自己的一切事务，即，它必须有自己的主权。因此，国家作为主体具有更大的独立性、自主性和完整性。人们把作为世界主体的国家比作一体世界中的“极”，这是十分恰当的。多元主体的世界就是一种多极的世界。

全球一体化可能与世界多极化相矛盾、相冲突，但决非必然如此。当霸权主义统治世界时，有可能将某一个国家的价值观念和意志强加于其他国家，否认各国的独立、主权和尊严，使整个世界成为某一强权国家的独霸天下。然而，这种霸权主义今天为世界各国所普遍反对，已经成为世界各国所否弃的世界一体模式。今天，尊重各国的独立和主权，国家不分大小、强弱，都应该和平共处，都应该平等地对话和参与国际事务，这已经成为全人类和各国政治家的普遍共识。今天世界发展的总态势是，在世界一体化加强的同时，世界的多极化也在加强。

事实证明，世界的一体化不仅可以不与世界多极化相矛盾、相冲突，相反可以相互补充、相互促进。只有世界多极化，才会有世界的多样化，而且世界越是多极化，各国就越是要形成独自的特色，越是要追求独特的价值，世界也就越是多样化。世界越是多样化，各国越是有特色，世界的交流和合作就越是必要、越是有意义，各国的相互需要也会增强，各国的联系也会越紧密，世界也就越会结合成为一个整体。更何况，一个丰富多彩的世界比一个一统的世界更美好，更能满足人类幸福的需要。全球一体化与世界多极化的关系实质上是与国家一体化与社会多元化的关系一样的。既然能在一个国家范围内实现一体化与多元化的互补，那么在世界的范围内也必定能如此。

全球一体与世界和谐

由以上的分析可以看出，世界一体就像国家一体一样也有两种情形：一种情形是一统式的，另一种是和谐式的。

一统式的世界一体是以一国强权为基础，一国为了独占全世界的利益而靠武力强制地使世界联系成为一个整体的，我们可以称之为霸权主义的世界。这种霸权主义的世界有以下特征：第一，各个国家的关系不是平等的，而是不平等的，是主人与仆从的关系、统治与被统治的关系、剥削与被剥削的关系；第二，世界不是各国及其公民共同控制和管理的世界，而是某个国家甚至是某个人主宰的世界；第三，世界秩序是以强权（实即武力）为基础并靠武力维持的。这种霸权主义的世界是不公正的强权世界，国家之间没有真正的合作，只有掠夺、剥削和压迫，由于不公正，必然会遭到大多数国家的反对，因而这种世界经常会陷入战乱。强权、侵略和战乱是霸权主义世界的主要标志。

和谐式的世界一体则是以各国自主为基础，各国为了实现各自的利益而通过交流、竞争和合作自愿地使世界联系成为一个整体的，我们可以称之为和谐主义的世界。这种和谐主义的世界有以下规定性：第一，世界各国的独立、主权必须得到尊重，它们必须都是自主的主体，可以自由地构建自己的价值体系，选择自己的生活方式和发展道路；第二，国家不分大小、强弱一律平等，它们必须能以平等的身份参与国际竞争和国际合作；第三，世界的事务必须由各国通过民主的方式共同管理；第四，世界的秩序必须主要是由各国公认的世界性法制维持的。

和谐主义的世界由于各国的独立、主权得到尊重，而且世界事务是由各国以民主的方式共同处理的，因而是公正的。各国为了更好地发展以平等的身份参与国际竞争和合作，通过公平的国际竞争和合作，实现各国优势互补，使世界的资源得到最佳配置。既然各国都是世界的主人，世界不是某一个国家或某一个人的世界，而且世界事务由各国平等协商处理，那么这个世界就能告别战乱，实现和平。总之，和谐主义的世界是公正、合作、和平的世界。

由以上分析可以看出，和谐的世界必定是一体的世界，但一体的世界未必是和谐的世界。弄清这两种情形之间的不同，对于正在走向一体化的今日世界作出正确选择是十分必要的。今天的人类应该追求世界一体化，但这种一体化应该是和谐主义的，而不应该是霸权主义的。如果世界成为霸权主义的一统世界，整个人类就会陷入巨大的苦难之中。建立霸权主义一统世界的主张虽然今天为人类所普遍否弃，但决不是从此以后就会绝迹。从历史上来看，试图称霸世界的国家和君主几乎到今天都未曾间断过。其所以如此，是因为追求世界霸权是国家利己本性的自然倾向，每一个国家像每一个人一样都存在着这种利己的自然倾向。只要一个国家足够强大，而且没有强有力的制约机制，这种自然倾向就有可能变成自觉行动。对此整个人类和各国都必须有清醒认识并保持高度警惕。

二、世界和谐的必然性

世界走向和谐像国家走向和谐一样，具有不可避免的必然性。这是世界各国利益的需要，也是人类整体生存、发展的需要。人类文明发展到今天，也为世界走向和谐提供了可能。在世界已经联系成为一个整体的现时代，人类要实现更好地生存和发展，避免自相残害和自我毁灭，构建和谐的世界是唯一的选择。

走向和谐的前提

世界和谐的问题之所以在当代提出，而不可能在古代提出，甚至也没有在近代提出，是因为世界走向和谐必须具备一些前提条件。这些前提条件在古代和近代都不具备，而在当代已经具备。我们认为，世界走向和谐已经具备了两个基本前提，这两个前提是：全球的一体化和世界的国家化。

全球的一体化是世界必然走向和谐的基本前提。如果人类仍然像几百年前一样，是分散在全球各地的彼此孤立或交往很少的人群，就不会提出世界的和谐问题。世界的和谐问题是在人类已经联系成为一个整体的情况下必然提出的。在人类已经联系成为一个整体的情况下，怎样处理全人类的关系，特别是人类不同人群生活的社会（国家）之间的关系，关系到整个人类的生存和发展。和谐的人群生活在一起大家就会和睦共处、幸福共进，从而有利于整个人类的生存发展，相反不和谐的人群生活在一起就会弱肉强食、相互伤害，从而危及整个人类的生存发展。全球的一体化既为整个人类更好地生存提供了机会，同时也使人类走向共同毁灭提供了可能。

世界的国家化是世界必然走向和谐的另一基本前提。如果说在 15、16 世纪有广大的地区还未形成国家，因而某些强国还有可能实行殖民扩张政策的话，那么今天整个人类都已经国家化，每一个国家的独立和主权几乎都得到尊重和认同。虽然国家有大有小、有强有弱，但任何国家都不愿意屈服于别的国家。如果屈服于别的国家，不仅会遭到本国人民的反对，也会遭到世界舆论的谴责。在这种世界已经形成多元主体，已经多极化的情况下，如果不能建立一种相互尊重、相互合作、相互服务、相互促进的国际关系，世界就有可能陷入群雄争霸、彼此争斗的无休止的战争状态。在这种状态下，不用说弱小国家，即便是强大国家也不可能很好地生存和发展。全球的国家化也使世界各国的关系问题成为一个紧迫的问题摆在了人类的面前。

全球的一体化和世界的国家化使世界走向和谐成为既是必要又是可能的，而世界走向和谐对于人类更好地生存、更幸福地生活具有极其重要的意义。

必要性

在世界同时走向一体化和国家化的情况下，世界和谐问题，特别是人类和平、世界公正和国际合作这三大世界和谐的基本问题，就成为必须研究解决的人类重大问题。这里我们主要从三个方面来具体讨论世界和谐的必要性问题。

人类和平是人类生存和发展的基本前提，没有和平的国际环境，不用说人类的普遍幸福，即便是人类的生存都会面临严重的威胁。战争的威胁是现时代最尖锐的问题之一。在世界一体化的情况下，任何战争都已经不只是交战国双方的问题，而是世界问题，会对整个世界产生消极影响。

20 世纪发生过两次世界大战。这两次大战给世界人民带来了深重的灾难，至今人们想起这两次战争就不寒而栗。二次大战以来，世界上的战争从来就没有停止过，当今人类仍然面临着战争的严重威胁。随着科学技术的发展，出现了许多现代化的军事武器，特别是核武器。据报道，现在世界拥有的核弹总量足以毁灭人类 50 次[①]。自 20 世纪 50 年代出现大规模的杀伤武器以来，随着核技术的发展，现在又出现了或正在研制适应作战使用不同要求的具有特定功能的核武器。20 世纪 70 年代中期以来，随着微电子、定向能、新材料、传感技术等新科技成果在军事领域的广泛运用，常规武器的发展正在出现一场新的革命，其来势之猛、影响之深远，很可能使武器装备发生自核武器出现以来的又一次新的飞跃。由于新科学技术的应用和大批新型杀伤武器的出现，未来战争的破坏将会空前扩大，对人员的杀伤，对设施的破坏，对环境的污染，对财力的消耗均将达到空前巨大的程度；未来战争的战场范围也将空前扩大，不仅涉及到交战国的领土、领海和领空，而且将扩展到极地、海底乃至包括月球在内的外层空间；不仅如此，未来战争的突发性也将比以往更大。

所有这些并非危言耸听，而是活生生的现实。在这种情况下，不仅人的自由，而且人的生存，不仅个人的生存，而且人类的生存，不仅人类的生存，而且地球上生物的生存都面临着严重的威胁，因而这是人类最担忧和最悲观的问题。习近平指出：“世界各国人民都希望生活在祥和的氛围之中，期盼战争、暴力远离人类。世界各国人民也都希望生活在安康的环境之中，期盼饥饿、贫困远离人类。然而，现实世界并不像人们希望的那么美好，局部战争依然此起彼伏，贫困饥饿依然广泛发生，连绵战火、极度贫困依然在威胁着众多人们的生命和生存，特别

① 《青年参考》，1986 年 2 月 14 日第 1 版。

是许多妇女儿童依然在战争和贫困的阴影下苦苦挣扎。”①事实表明，人类和平对于当代人类生存不仅是必要的，而且是十分紧迫的。

在世界一体化和各国交往日益频繁的情况下，世界公正的问题也日益突出出来。近代以来的世界一体化过程是与世界不公正相伴随的，甚至可以说是以世界不公正为代价的。西方列强的殖民扩张，虽然促进了世界一体化的进程，但却是极端不公正的。对殖民地和落后国家的公开侵略、掠夺和抢劫，对土著居民的剿灭，黑奴贸易，就是这种极端不公正的表现。20 世纪以来，殖民地国家纷纷从殖民统治之下独立出来，获得国家主权，那种赤裸裸的侵略、掠夺和抢劫已经不多见了，但是发达国家与发展中国家之间、强国与弱国之间的不平等并没有从根本上得到改变，只是从公开变成隐秘，从表层进入深层。发达国家对发展中国家经济上的剥削、政治上的控制、军事上的干涉、文化上的渗透，是现时代世界不公正的突出表现。

这种不公正不仅影响了国际分工和合作，影响了世界各国相互促进和共同发展，而且还造成了发展中国家与发达国家之间的对立、矛盾和冲突。在世界普遍国家化的情况下，各国都有自己的利益和尊严，当利益和尊严得不到尊重的情况下，一些国家就有可能采取极端的手段对抗。当今世界许多局部战争和一些恐怖活动不能说与此没有关系。在局部战争此起彼伏，恐怖活动频繁发生的国际环境中，不仅发展中国家的生存和发展受到威胁，发达国家的生存和发展也受到严重影响。

世界的一体化，特别是世界经济、科技和信息的一体化，要求世界各国不能彼此封锁、彼此隔离，更不能彼此对抗，而只能相互开放、相互交流、相互分工、相互竞争、相互合作，从而实现合作共赢、相得益彰。世界正在形成一个有机的整体，国家之间任何方面的任何冲突都会使这个有机整体的正常运行受到干扰和阻碍。

每一个国家都要最大限度地实现自身的利益，但存在着极端利己和合理利己这两种实现方式。唯利是图、不择手段的极端利己方式已经证明虽然可能使某些国家暂时得到一些利益，但最终只会导致相互伤害，只会使世界陷入战争状态。推己及人、互利合作的合理利己方式则可以实现各国利益的相互促进和共同增进。国际合作不仅可以克服各国之间的相互伤害问题，而且可以促进国际分工，促进人类共同拥有的资源得到最佳配置和利用，从而提高整个人类的效益。

问题更在于，世界的一体化和现代文明给现代人类提出了许多前所未有的全球性的人类问题，如环境问题、资源问题、人口问题、犯罪问题等。所有这些问题决不是一个国家或少数国家所能解决的。如果没有世界各国的配合和合作，这些问题不仅不能解决好，相反会更为严重。当代人类共同面临的一些重大全球性

---

① 《习近平在纪念孔子诞辰 2565 周年国际学术研讨会暨国际儒学联合会第五届会员大会开幕会上的讲话》，《人民日报》，2014 年 9 月 25 日第 2 版。

问题已经将国际合作的要求更紧迫地提到了各国面前。合作才是出路，合作才有可能集中全人类的智慧和努力来解决人类已经面临和可能面临的诸多难题，合作才能共赢。“合作共赢，就是要倡导人类命运共同体意识，在追求本国利益时兼顾他国合理关切，在谋求本国发展中促进各国共同发展，建立更加平等均衡的新型全球发展伙伴关系，同舟共济，权责共担，增进人类共同利益。”①

可能的条件

在世界同时走向一体化和国家化的前提下，实现世界和谐不仅是必要的，而且是可能的。这种可能性至少体现在以下三个方面：

第一，人类已经意识到世界和谐的重要性。自从人类进入文明社会以后，不同的人群之间、后来的不同国家之间，虽然有过交流和合作，但总体上看是处于敌对的、甚至战争的状态。这种敌对和战争状态不仅给人类带来了巨大的灾难、痛苦和牺牲，而且造成了人类人力、物力和资源的巨大浪费。特别是20世纪的两次世界大战更深刻地教训了人类。今天的人类已经开始意识到人类普遍和平和各国共同发展要比各国敌对更有利于人类的生存和发展，更有利于实现各国的利益。尽管今天各国都还处于敌对状态，把他国设想为自己的敌人，都将数额巨大的费用用于军队和国防，但人们已经普遍意识到和平比对抗好，并努力寻求持久和平和全面合作的途径，试图用和平取代战争，用合作取代敌对，用对话取代对抗。

人类共同生存和发展的需要已经使全人类更为有理智，更加理性化。人类尚未找到实现世界和谐的道路，尚未构建出世界和谐的框架，但人类已经意识到世界和谐的重要性这一点则是完全可以肯定的。我们相信，有了这种意识，人类终究会找到实现世界和谐的道路，构建起真正和谐的世界。

第二，人类已经进行了构建和谐世界的尝试并积累了一些经验。由于人类意识到构建世界和谐的重要性，因而也已经在这方面进行了许多有益的探索和尝试，特别是在第二次世界大战之后，人类大大加快了这种探索和尝试的步伐。例如，国家之间建立长期战略伙伴关系，区域之间建立各种经济、贸易、政治、军事、文化等多方面的合作组织，建立各种世界性的组织，举行各种世界性会议和世界性赛事，等等。

其中尤其重要的是世界性的组织、会议和赛事，不仅直接融洽了各国的关系，促进了各国的交流，养成了各国对话和协商的习惯，在一定程度上缓解了各国之间的对立，促进了各国的合作，从而正推进着世界和谐的进程，而且为世界和谐准备了条件，积累了经验。例如，可以从联合国、世界贸易组织、联合国维和部队等世界性机构或组织看出未来世界政治、经济、军事机构的运作方式，看出未

① 胡锦涛：《坚定不移走中国特色社会主义道路 夺取中国特色社会主义新胜利》，《人民日报》2012年11月18日第1版。

来世界政府的雏形。所有这些组织几乎都与传统社会的专制性国家机构不同，它们都是以尊重各国的独立和主权为前提来对世界事务进行协调、规范和管理的机构。它们的作用还是有限的，但它们在世界中的地位在不断地上升，作用在不断地增强，而且它们的运作方式是与世界和谐的总要求相一致的。

除此之外，人类自20世纪以来达成了许多共识并形成了许多国际关系准则，这些共识和准则既尊重各国的自主，又能在使整个世界纳入到秩序范围方面发挥作用，从而为世界进一步走向和谐作了准备。

第三，各国的独立自主为世界走向和谐奠定了基础。和谐的世界秩序只能以各国的独立自主为基础和前提。和谐是以多样性为前提的，最丰富最充分的多样化则是以主体的多元化为前提的。没有世界主体的多元化，没有世界的多极化，即使有世界的一体化，也不会有世界的和谐。世界的国家化，也就是世界主体的多元化，世界的多极化，这是世界有可能走向和谐的最根本条件。

世界多极化对于世界和谐至少具有以下五方面的意义：其一，多极化有助于形成世界平衡和各国相互制约关系，这种关系有利于世界和平；其二，多极化意味着各国都是世界的主人，这样可以提高各国改善世界的积极性，可以增强各国对世界的责任；其三，多极化就是主体多元化，世界主体多元化是世界民主的基础，一统的世界不可能有世界民主；其四，多极化意味着自由化，自由化的世界会更开放、开明和宽容；其五，多极化必然伴随多样化，多样化的世界会更美好。当然，世界的多极化并不必然走向世界和谐，但可以肯定没有世界多极化就决不会有世界和谐。

世界和谐与人类幸福

在世界同时一体化和国家化的情况下，人类的幸福不再只是以国家为环境和条件，而是以世界为环境和条件，世界的状况如何直接关系到全人类每一个成员能否获得幸福。一个充满战乱、极端利己、弱肉强食的混乱世界是人间战场，在这种环境下生存，不用说全人类，即使是人类的少数人也不得安宁，更谈不上真正的幸福；相反一个和平、公正、合作的和谐世界则是人间乐园，在这种环境下生存，不仅能使整个人类安居乐业，而且会比在一个单独的封闭的国家范围内生活得更好。

世界和谐对于人类幸福具有种种重要意义，这里主要列举以下几个方面。

首先，世界和谐可以使全人类彻底告别战乱和消灭贫困。如果世界真正成为和平、公正、合作的和谐世界，那么国家与国家之间的战争就会减少到最低限度，甚至可以彻底消灭战争这一人间最大的罪恶。和谐的世界至少可以消灭世界性大战，因为在各国都成为世界的主人而且共同管理世界事务的情况下，世界性的战争这种世界性的灾难必然会遭到普遍的反对。今天的世界大多数地区事实上已经实现了和平，经常出现战乱的地区越来越少，我们相信，彻底消灭人类战争这一人间最大罪恶是不会太远的。

如果整个世界像一个国家一样可以通过强有力的世界民主机构、世界维和部队和世界公众舆论来维护自己的和平的话，那么，各个国家就不一定需要庞大的军队，也不一定需要自己完整的国防体系。全世界只需要一支统一的军队和一个统一的世界安全防御体系就能维护世界的安全和和平。这在今天看起来似乎是可笑的幻想，但完全可能成为将来的现实。我们有理由相信，这种统一的防御体系既然能在一个国家建立，甚至能在若干个国家的区域内建立（如北大西洋公约组织就具有这种防御体系的性质），那么也能在更大的范围内建立，能在世界范围内建立。如果真的能这样，人类不知道要节省多少国防开支。今天的人类为至今还不能消灭饥饿而犯愁，我们完全可以设想，如果每一个国家都把庞大的国防开支用于消灭贫困，人类彻底告别贫困应该不是很大的问题，更何况，裁减军队还可以把大量的人力资源用于经济发展。因此，实现世界和谐才是人类最终消灭贫困的出路。

其次，世界和谐可以为个人的生存和发展提供更好的环境、创造更多的机会。天下太平、世界和谐可以消除人类的生存威胁，使人类的每一个成员都有安全感。这种安全感不仅是人生活的基本需要，而且是其他需要产生和满足的前提。例如，当人们普遍感到安全，没有生存威胁时，他们就能更好地规划未来，更好地把握自己，就更愿意把自己的时间和精力用于谋求自己的长远和整体发展，就能真正成为自己的主人。如果一个人感到世界的末日明天就可能降临，他就不会谋求长远的整体的发展，生活在这种朝不保夕的环境中，他就会得过且过，降低自己生活的要求，只追求保命，而不会追求生活得更好。和谐的世界不仅是和平安全的，而且是公正合作的。在这种环境下生活，人们不仅不会有安全的压力，而且会感到自由、宽松、愉快。

在和谐的世界中，世界成为了人们活动的空间，人们可以进行广泛的国际交流和合作，可以在国内谋求发展，也可以在国外谋求发展。例如，一个企业家可以到国外办公司，一个科学家可以去探索世界性难题。这样，世界和谐就可以为人们事业上的发展提供更多的机会。而且一旦人们有了世界眼光，可以利用全人类的知识和技能，借鉴全人类的经验，他们更有可能取得事业上的成功，他们的成功会影响更广、效益更大，从而更可以增强他们追求成功的信心和成功后的成就感。

最后，世界和谐可以使个人得到更多更好的享受。世界和谐不仅可以使人们获得生命财产安全，可以获得生活的平静和心灵的安宁，而且会极大地开发人们享受的需要，并给这种需要以越来越好的满足。在和谐的世界里，全球对每一个人都是开放的，人们可以欣赏到世界各地的自然景观、风土人情，可以享用世界各国提供的产品和整个人类文明的成果。国际分工、竞争和合作，必定极大地促进生产力和科学技术的发展，必定会使产品极大地丰富而且日新月异，人的每一种健康的需要和欲望都可能得到满足，而且人们新的需要和欲望会伴随着产品的开发而不断产生和变化。

和谐的世界是一个人间乐园，人们可以在其中得到尽情的享受。这是一个封闭的国家所绝对不能提供的。当然，和谐世界可以给人们提供无穷无尽的享受，但一个人能不能享受它还取决于自己的素质、作为，取决于所在国家发达的程度。在和谐世界里，每一个人的生活都应该能得到最低限度的保障，但要生活得好则得靠每一个人自己的努力。

三、世界和谐之路

世界和谐正在向人类走来，而且必然会到来，但远未真正实现。实现世界和谐比实现国家和谐更复杂，会面临更多难以解决的难题和难以克服的障碍。为了使和谐世界早日到来，整个人类和各个国家还需要作很多努力。

增强人类整体意识

今天全球正在走向一体化，但这种一体化趋势的出现并不是人类自觉构建的，而是各国追求自身利益的结果。例如，全球经济一体化就是国家和企业为了获得更多的经济利益在国外谋求发展引起的，而不是为了构建一种世界经济体系而有意识活动的结果。今天的全球一体化走向基本上还是自发的、自在的。这种自在的自发走向至少存在三方面的问题：一是缺乏规划性，容易出现混乱，也就是通常所说的无政府状态；二是缺乏导向性，容易走弯路，从而会延缓实现世界和谐的进程；三是缺乏协调性，容易产生冲突，可能给人类整体利益带来损害。因此，全球一体化进程必须从自发转向自觉、从自在转向自为。这种转向的前提就是要增强整个人类和各个国家的人类整体意识。

近半个世纪以来，人类的人类整体意识伴随着全球一体化趋势的出现开始觉醒并日益增强，但是远未普遍深入人心，更没有转变为自觉的追求和行动。与人类所具有的国家意识相比较，人类所具有的世界意识还是十分微弱的。今天的人类，几乎每一个公民都具有爱国主义观念，都愿意效忠国家、报效国家，但却只有极少数人，通常是哲学家、宗教家，才意识到要爱世界、爱人类，才有博爱主义或世界主义观念，愿意为全人类的解放、自由和幸福而工作。每一个人都知道自己是国家的公民，但没有多少人同时知道自己是世界的公民。我们经常说人类中心主义是过去奉行的观念，实际上人类过去长期奉行的并不真正是人类中心主义，而依次是家族中心主义、氏族中心主义、部落中心主义、民族中心主义、国家中心主义。只有当全人类都从国家中心主义走向了世界中心主义时，才会有真正意义上的人类中心主义。所有这些非世界中心主义观念的一个共同问题在于，它们都只是把人类中的一部分作为自己的同胞，而把这一部分之外的所有人都看作是自己的敌人，至少不看作是自己的同胞。这种狭隘的观念不转变，世界的和谐是不可能最终形成的。

增强人类整体意识，就是要全人类从国家中心主义、民族中心主义、爱国主义走向世界中心主义、人类中心主义、博爱主义。这种走向不是否定，而是超越。就是说，我们人类中每一成员不仅要爱祖国、爱民族，也要爱世界、爱人类。这两者之间并不存在矛盾和冲突，这就如同我们每一个人都要爱自己、爱家人，而这并不排斥我们每一个人都可以同时爱祖国、爱民族一样。这里所谓的博爱主义并不只是宗教意义上的对所有人的关爱，而是道德意义上的对所有人的尊重。这里所说的尊重，就是尊重所有人都具有的做人权利，也就是把所有的人都看作像自己一样也是人，他们都是自己的同类和同胞，他们都可能成为自己的竞争对手和合作伙伴。

有了这种博爱主义的观念，我们就不再只是把自己的国家看作是自己的家园，而是同时也把世界看作是自己的家园，不再只是把本国的国民看作是自己的同胞，而是同时也把别国的国民看作是自己的同胞，不再把自己看作是国家的公民，而是同时也把自己看作是世界的公民。有了博爱主义的观念，我们每一个人就会有全球眼光、世界眼光、人类眼光，就会着眼于整个地球、整个世界、整个人类观察问题、思考问题和处理问题。

强化世界组织的作用

人类是需要组织的。人几乎总是在一定的多元的组织中生存的，人的社会化在一定意义上可以说就是组织化。人的社会角色就是通过成为不同组织中的成员所获得的。组织是人类整体化的保障。国家整体的形成，就是通过各种国家组织实现的，没有国家组织，就不可能使人类国家化，人类就不能构成国家整体。同样，世界整体的形成，需要通过各种世界组织来实现，没有世界组织，不可能使人类世界化，人类也就不可能构成世界整体。人类要构建和谐的世界整体，不仅要有人类整体意识，而且需要世界组织保证。只有在组织中并通过组织的作用，人类普遍的人类整体意识才能最终形成。

第二次世界大战以后，出现了许多范围和作用大小不一的各种类型的世界组织，包括世界性组织、国际性组织和区域性组织。所有这些世界组织虽然还没有一种组织能像国家机关那样通过强制性的力量使整个人类成为一个有序的整体，但我们不能不承认所有这些组织在推进世界一体化、人类一体化方面发挥着巨大的作用。

概括起来，这些作用包括：

第一，将人类整体的范围从一国推向多国。各种世界组织从不同方面使人类过去最大范围的整体即国家扩展开来，这为人类进一步走向一体化作了准备。例如，世界贸易组织就从贸易方面使人类的整体范围扩大到所有的成员国；欧洲共同体就把市场的范围从一国扩展到欧洲；北约则把军事防御的范围从一国扩展到其成员国的范围。

第二，建立了一些国际性甚至世界性的活动规范。所有的世界组织为了实现其共同利益，都制定了一些共同遵守的活动规则和处理成员之间关系的准则，而且这些组织都在不同程度上拥有一定的权力和权威，可以通过一定的措施保证这些规范发生作用。许多这样的规则虽然最初只适用于组织内成员的范围，但后来得到了世界大多数国家乃至各国的公认，成为国际关系的普遍准则。例如，联合国的《公民及政治权利国际盟约》就是如此。

第三，开始从事世界事务管理和处理世界问题。建立各种世界组织就是为了从事各种国际性和世界性事务管理，处理和协调国际关系问题以及一些全球性问题，这些组织在这方面发挥着越来越重要的作用。例如，联合国、安理会、世贸组织、世界银行、世界货币基金组织、国际刑警组织，等等，都已经成为管理世界事务，处理世界问题，维护世界秩序不可或缺的力量。

可以设想，如果没有众多的世界组织活动在世界舞台上，世界可能不会有今天的秩序和和平。所有这些组织对于世界和谐的实现已经发挥并将继续发挥巨大的作用。

当然，到目前为止已经建立的世界组织还不能使世界完全实现和谐，它们还是彼此隔离的，没有形成权力中心，因而还不具有使世界成为像国家一样的实体的强制力量。但是，它们在如何将世界有机地组织起来方面奠定了基础，积累了经验。只要各国政府和各种世界组织共同努力，进一步加强世界组织特别是具有世界机关性质的世界政治、经济、军事组织的作用，并且使各种世界组织的作用协调起来，使之进一步正规化、规范化，世界和谐的实现就有了组织上的保证。

事实表明，世界组织形成的方式与国家组织形成的方式是不同的。各种国家组织通常是国家权力机关建立之后建立起来的，并纳入国家机关管理的范围，而世界组织则不是在建立了世界权力机关之后建立的，而是先建立各种世界组织然后再建立世界权力机关。显然，这种方式更具有民主性，更有利于防止霸权独裁。但是，这种方式会增加建立世界权力机关的难度，增加把世界各种组织纳入规范管理的难度。这两大组织上的难题也是世界走向和谐面临的最大难题。这两大难题得到妥善解决，世界和谐就能实现。

扩大国际合作

国际合作是走向世界和谐的桥梁。国际合作可以是两国之间的，也可以是多国之间的，也可以是全世界性的。合作的范围或领域可以是全方位的，从政治、军事、经济、贸易、科技、教育、体育、艺术到国家之间的双方问题、多边问题以及世界性的问题，甚至到思想、观念、学术领域。国际合作对于世界和谐的意义在于，国际合作使各个国家之间相互联系、相互依赖、相互渗透，使世界各国在利益上你中有我，我中有你，因而国与国之间不愿意敌对、冲突，而愿意和平共处、互惠互利。

显然，参与国际合作的国家越多，合作的领域越宽广、程度越深入，越有利于世界和谐的实现。另一方面，国际合作是以参与合作的各国可以实现自身的利益为前提的，有关各方是有利可图的。因此，国际合作不是外部强加的，而是有内部动力的，是自愿的。正因为如此，国际合作对于全球一体、世界和谐是根本性的。如果说世界组织是世界走向和谐的组织保障，那么可以说国际合作是世界和谐的内在纽带。

国际合作是以国际交往为前提和基础的。国际交往古已有之，而国际合作是伴随世界一体化的进程出现的，第二次世界大战之后呈加速度发展的态势。今天的世界，参与国际合作的国家越来越多，几乎所有的国家都程度不同地参与了国际合作，即使少数最封闭的国家，也不能不在某些方面参与国际合作；合作的领域也越来越广泛和深入，不仅表现在政治、经济、军事、科技、医疗、体育等社会生活的各个领域，而且扩展和深入到了思想、文化、教育等关键领域，可以说已经形成全方位、多层次的立体合作格局。

但是，我们也应该看到，人类的国际合作还仅仅是开始。从世界的总体上看，国际合作已经形成了全方位、多层次的立体格局，但从一个国家来看则远未达到这样的程度。许多国家在许多方面还是封闭的，不愿意对外开放，不愿意参与国际合作。特别是在思想、文化方面，许多国家更是慎之又慎。它们担心别国的渗透，担心别国通过合作以非武力的方式入侵，担心由此会引起政权颠覆和社会动荡不安。一般说来，越是落后的国家、越是集权制的国家，越是如此。实际上，越是落后的国家越要参与国际合作，只有这样才能更好地利用人类文明已有的成果，抓住机遇，尽快发展。如果一个国家的政府经受不了国际合作的冲击，说明这样的政府不是真正民主的，只有不民主的国家才不适应现代世界的一体化进程。从当前世界的整体情况来看，世界和谐面临的根本性问题还是国际合作的广度和深度远远不够。因此，促进和扩大国际合作是世界和谐早日实现的根本途径。

促进和扩大国际合作必须清除国际合作方面存在的障碍。国际合作的广度和深度不够与国际合作方面所存在的这些障碍直接相关。国际合作并不是无条件的，而是以国际分工为基础、以国际竞争为前提的。国际合作的主要障碍就在于由历史原因所造成的国际分工不合理和国际竞争不公正。国际分工不合理、国际竞争不公正尤其表现在经济领域，表现在发达国家与发展中国家之间。发展中国家生产力落后，经济技术不发达，它们的产品由于科技含量低而价格低廉，缺乏竞争力，不仅难以占领国际市场，而且难以占领日益开放的国内市场。它们只能靠廉价的劳动力和天然的原材料参与国际分工和国际竞争。其结果是它们成为了发达国家的原材料基地和商品销售市场。这种状况是历史原因造成的，我们很难简单地说这是发达国家对发展中国家的经济掠夺，但这种国际分工和国际竞争不是在同一层次和水平上的，存在着不合理、不公平是事实。

在经济技术等表层领域是如此，在思想文化等深层领域也是如此。发展中国家不仅经济技术落后，实际上思想文化也同样落后，因而发达国家思想文化的单向流入也是不可避免的。这种单向的渗透在情感上甚至比经济技术的渗透更难以为发展中国家所接受。这种现实不仅妨碍了平等的国际合作，甚至还会影响到民族感情和国家尊严，导致发展中国家与发达国家的对立。因此，怎样在尊重历史和现实的前提下使国际分工尽可能合理、国际竞争尽可能公平、国际合作尽可能平等，是世界走向和谐面临的最难解决的问题。为了妥善解决这一问题，需要建立具有权力和权威的世界管理和协调机构。

第九章　国家的主体地位

一、国家主体地位的确立

从国际法上看，国家是由定居的居民、确定的领土、政权组织和主权四要素组成。但是，具备了这四要素并不等于国家就确立了主体地位，国家主体地位的确立并不只是意味着建立了国家。建立国家只是国家主体地位确立的前提，国家要真正成为主体，必须具有独立性和主权，同时还必须足够强大，能够肩负起对本国公民和对世界的责任。一个国家即使它是独立自主的，如果不能肩负它所应该肩负的责任，它就不是真正的主体，就没有存在的根据。这样的国家需要改革或重构。在这里，我们具体讨论国家主体地位究竟意味着什么，现代国家主体地位是如何确立的，以及国家在世界中的主体地位与公民在国家中的主体地位的关系或公民、国家、世界的关系。

含义和意义

一个国家要获得主体地位，必须成为主体，成为了主体，它也就获得了主体地位。国家作为主体，从根本上说就是要能自我生存、自我发展、自我控制。这既涉及自身，也涉及环境。因此，国家的主体地位就像公民的主体地位一样，既是相对于自身而言的，也是相对于它的环境而言的。相对于国家自身而言，国家的主体地位意味着它是自己的主人。就是说它是自由的、自主的，有自己的意志和国格，可以按照自己的意愿行事。作为自己的主人，它必须对自己的一切负责。相对于国家的环境而言，国家的主体地位意味着它是世界的主人。就是说，它作为世界的主人之一，它作为自己主人的权利应该得到尊重和保护，它应该与其他国家享有平等的权利，它应是世界事务管理的参与者。作为世界的主人之一，它对世界的现状、前途和命运负有责任。

这两个方面综合起来看，国家的主体地位有以下三方面的规定性：第一，必须具有独立自主性，即必须具有通常所谓的国家独立和主权；第二，必须拥有足够的综合实力，必须强盛；第三，必须承担对本国公民和世界的责任。以上三个规定性是相互联系、不可或缺的，具有独立自主性是必要条件，但不是充分条件。只有当一个国家是独立自主的，同时又是有实力的，并承担起对本国公民和世界的义务和责任，这个国家才真正成为了主体，获得了主体地位。

从这三个规定性的要求看，专制性的国家不可能获得主体地位，成为自己的主人和世界的主人。这是因为专制的国家虽然也可能看起来具有独立性和主权，但是它不可能真正具有综合实力，充其量只具有军事实力；因而它不可能承担对本国公民的义务和责任，也不可能承担对世界的义务和责任，只能对少数统治者负责。历史事实表明，专制性国家不可能解决好自己国家的问题，不能真正成为自己的主人，这种不能成为自己主人的国家更不可能成为世界的主人。问题更在于，专制性国家的本性就是对内压迫、对外扩张。如果这样的国家主宰世界，那将是世界的灾难。真正能获得主体地位的国家只能是民主国家。只有民主国家才能真正按照作为其主体的公民的意愿行事。在民主的国家，每一个公民都能自由、平等、公正地追求自身的利益，其结果是社会的综合实力大大增强。综合实力的增强又为国家承担对本国公民和世界的责任提供了可能条件，而为了更好地实现自己的利益，国家也愿意承担应尽的义务和责任。

国家在世界中应是独立自主的主体，应处于世界主体的地位，像公民在国家中应是独立自主的主体，应处于社会主体的地位一样，也不只是道义上的要求，而是整个人类更好地生存、人类社会更好地发展的客观需要。

前面我们已经讲过，国家的主体地位意味着国家成为自己国家的主人，同时也意味着成为自己世界的主人。成为自己国家的主人，就要求国家对自己的国家负责，对自己的国民负责。对自己国家和国民的责任归根到底就是要使所有的国民生活得越来越好，普遍获得幸福。我们可以设想，如果世界上所有的国家都能真正作为自己的主人，解决好自己国家的问题，使所有的国民都能过上幸福生活，那么全人类的幸福就有了基本保证。从这个意义上看，使每个国家成为独立自主的主体就是把使全人类都幸福的责任分摊到每个国家，使每个国家的国民自己解决好自己的问题，不要怨天尤人。可以这样说，使每个国家成为自己的主人，这是人类解决全人类幸福问题的唯一选择，除此之外，也许找不到另外一种更好的途径。当一个国家或少数几个国家不能解决自己的问题，其他国家也许还能帮助解决，但是如果多数国家更不用说所有的国家不能解决自己的问题，少数国家就无能为力了。因此，强调每个国家都应该成为自己国家的主人，对于人类而言是必然的价值要求和价值选择。

成为自己世界的主人，就要求对自己生活于其中的世界负责，而对自己生活于其中的世界负责，归根到底是对自己的国家和国民负责。一个国家在世界中生活，只有当这个世界是和平、公正、合作的世界时，它和它的国民才能生活得好。而要使这个世界成为和平、公正、合作的世界，只有当每个国家把自己作为这个世界的主人时才有可能。只有每个国家意识到自己是世界的主人时，只有当每一个国家都成为世界的主人时，才会感到世界就像自己的家园，自己对它的好坏负有责任，它们才会关心它、爱护它、建设它、改善它，而不会憎恨它，更不会损害它、破坏它。这样，这个世界才会美好。我们可以设想，如果不承认、不强调每个国家都是世界的主人，每个国家都只顾自己不管世界，把国外的世界看作是掠夺的对象、扩张的空间、弃物的场所，这个世界还有可能成为和平、公正、合作的和谐世界吗？

当然，在那种战乱、强权、侵略的世界，仍然有少数国家和少数人可能从中渔利。但是，在大多数人类、大多数国家生活在贫穷苦难之中的世界里，少数人、少数国家也只能生活在敌对、不安之中，是不可能真正幸福的。因此，强调每一个国家都应该成为自己世界的主人，对于人类而言也是必然的价值要求和价值选择。

确立的艰难历程

有国家才谈得上国家的主体地位的问题，但国家的主体地位并不是国家本身具有的，而是确立的，这正如公民的主体地位只能是属于公民的，但并不是具有了公民资格就会成为主体一样。国家成为主体一般说来有三个逻辑上的步骤：一是建立国家；二是成为自己的主人；三是成为世界的主人。建立国家是国家主体地位确立的前提，国家建立的标志一般说来就是国家具有了独立和主权，成为独立的实体。成为自己的主人是国家主体地位确立的关键，它是通过国内的民主化进程实现的。成为世界的主人则是国家主体地位确立的标志，它是在成为自己主人的基础上通过世界的民主化进程实现的。

现代世界各国基本上都是经历以上逻辑步骤获得或正在获得主体地位的。从历史事实看，现代世界各国主体地位的确立可以划分为三个阶段：西方国家独立自主的阶段；其他国家独立自主的阶段；世界各国成为世界主体的阶段。

现代世界国家主体地位确立的过程是从西方开始的。罗马帝国灭亡之后，欧洲逐渐成为基督教的一统天下，罗马教廷统治着整个欧洲，欧洲基本上没有典型意义上的国家。自文艺复兴开始，欧洲兴起了反对基督教神学和天主教教会统治的个体主义运动。经过长达几百年的一次又一次的斗争，欧洲人推翻了天主教教会的统治，把个体从天主教教会的统治中解放了出来。正是在这场个体主义运动中，西欧的个人获得了自由，国家获得了独立自主。鉴于历史上社会权力异化的教训，也借鉴古代希腊罗马的经验，西欧人在构建国家时不仅肯定了个人的自由权利神圣不可侵犯和公民在国家中的主体地位，而且建立了能确保公民在国家中主体地位的原则和法制，因而使所构建的国家成为了民主性的国家。这种国家建立之后很快就显示出了巨大的优越性和生命力。它们不仅获得了国家的独立和主权，而且使生产力和科学技术获得了快速发展，国力大大增强。西欧国家独立自主阶段大致上从17世纪一直持续到了19世纪中叶。

在西欧个人解放和国家独立的过程中，西欧人出于原始积累和掠夺财富的目的对海外进行了大规模的殖民扩张，建立了许多殖民地。殖民扩张大大地促进了殖民地人民的民族意识和国家意识的觉醒，殖民地地区纷纷要求民族解放、国家独立，于是出现了规模巨大的殖民地地区的民族解放运动。在民族解放运动中，殖民地不同程度地借鉴了西欧的近代文明而先后走上了构建现代国家的道路。这其中又有两种情形：一种情形是殖民地的移民要求独立，如美国和拉美的一些国家；另一种情形是殖民地的本地居民要求独立，如亚洲和非洲的一些国家。由于殖民地的移民本来是西欧人及其后裔，因而他们更早觉醒，更早要求独立，美国就是如此。在西欧近代文明和民族解放运动的影响下，世界上其他一些地区，如亚洲的日本、东欧和北欧的一些国家，也先后走上了构建现代国家的道路。西欧以外国家独立自主阶段大致上从 18 世纪一直到 20 世纪中叶。

在世界各国纷纷独立，成为独立自主的主体的情况下，各国的关系问题、世界的和平和安宁问题逐渐提上了议事日程。特别是 20 世纪爆发的两次世界大战，更是使国际关系问题、世界和平问题作为事关人类生死存亡的重大问题严峻地摆在了全人类和各国的面前。于是，一些国家开始协商研究出路和对策。最初的成果就是联合国的成立，此后一系列地区性、国际性、世界性组织先后诞生。所关注的问题也不只是世界的和平和安宁，而是扩展和深入到世界公正和国际合作等更广泛和更深层的领域。这些组织的大量出现表明，人类已经意识到世界和平、公正和合作对于整个人类生存、发展、享受，对于全人类的幸福，对于各国的发展的极端重要性，意识到各国对世界和平、公正和合作的责任，世界各国的世界主体意识因此而普遍增强，各国正在成为今日世界的主体。于是，世界各国开始从仅仅作为自己国家的主体同时作为自己世界的主体，进入到现代世界各国主体地位确立的第三阶段，即世界各国成为世界主体的阶段。

然而，到今天为止，这个阶段还只是开始，远未完成。从目前的情况看，世界各国虽然意识到世界和平、公正和合作的重要性，并都希望从中得到更多的益处，但它们都不愿意为之尽义务和责任。在这方面它们讨价还价，想方设法逃避义务，推卸责任。一些世界组织在这方面已经有了一些防范措施和制约措施，但力度远远不够。国家成为主体的标志不只在于享有作为主体的权利，同时也在于履行作为主体的义务。国家利己的本性表明，国家自发地倾向于追求享有权利，逃避履行义务。因此，为了使世界各国真正成为既享有权利又不得不履行义务的世界主体，必须建立强有力的世界制约机制。这已经成为现代世界各国主体地位最后确立所必须解决的紧迫问题。

公民、国家与世界

谈到国家在世界中的主体地位问题，就必然涉及与公民在国家中主体地位的关系问题。这个问题说到底就是公民、国家、世界这三者之间的关系问题。这个问题前面已经分别有所论及，这里再作些集中的讨论。

一般地说，公民、国家、世界都应该是独立自主的实体，而且表面看起来，世界作为主体高于作为主体的国家，国家高于作为主体的公民。但是从实质上看，只有公民才应该是世界的终极主体和实体，国家和世界是派生主体和实体。公民之所以应该是世界的终极主体和实体，有两方面的原因：

第一，公民成为主体是国家和世界成为主体的终极基础。国家之所以能成为主体，是因为公民能成为主体。前面已经谈到过，只有民主国家才能成为独立自主的主体，而只有公民成为独立自主的主体，国家才会是民主的。世界之所以能成为主体，是因为国家能成为主体。只有世界各国都成为独立自主的主体，世界才能成为独立自主的主体。显然，如果公民不能成为主体，国家和世界也就不能成为主体。

第二，公民成为主体是国家和世界成为主体的终极目的。国家之所以要成为主体，归根到底不是为了国家本身，而是为了国家所属的公民成为自由、平等、公正地追求幸福的自主主体。只有国家成为了独立自主的主体才能给公民的主体地位提供保障，才能使全体公民生活得更好。世界之所以要成为主体，归根到底也不是为了世界本身，而是为了世界各国和平共处、公平竞争、互利合作，最终是为了整个人类和平、幸福地生活。因此，从总体上看，国家的主体地位是相对于世界而言的，世界的主体地位是相对于宇宙而言的，它们相对于公民的主体地位而言，则都是相对的、从属的，是工具性的、服务性的。

公民、国家、世界三者之间的这种关系性质决定了人类在对待这三者之间关系上的根本价值取向、根本价值原则和根本价值标准，就是公民至上。作为根本价值取向，公民至上要求国家和世界的一切活动都要以所属公民能自由、平等、公正地追求幸福为出发点、目的和轴心。作为根本价值原则，公民至上要求国家和世界要以使所属公民自由、平等、公正地追求幸福作为国家一切活动的根本准则，要以全人类所有公民都能自由、平等、公正地追求幸福作为整个人类生活的根本准则。作为根本价值标准，公民至上要求以能否使公民自由、平等、公正地追求幸福作为一切国家和世界活动是否正确、其价值大小的终极尺度，作为衡量现存国家和现存世界是否合理的最后根据。

确立公民至上这一根本价值要求，对于人类幸福是至关重要的。无论是从理论上来看还是从事实上来看，国家和世界一旦成为独立自主的主体，就有可能发生异化，由相对主体变成绝对主体，由手段变成目的。一旦发生异化，公民就会从主体变成附属，不但不能获得自由和幸福，相反可能受奴役，陷入苦难的深渊。确立公民至上这一价值要求，一方面可以据此建立相应的保障机制，防止这种异化的发生；另一方面，当这种异化发生时，全人类都可以以此作为依据和武器与异化作斗争，使异化复归。

在现实生活中有这样的情形，有的国家实行专制，国民不是真正的主体，相反是专制国家机器上的螺丝钉。由于专制力量过于强大，国民暂时无力与之抗衡。在这种情况下，国际公正力量对这个国家进行谴责和制裁，迫使这个国家进行民主改革，而这个国家却认为这是干涉它的主权。这实际上就是把国家的主权看作是高于公民的主体地位的。如果不确立公民至上这一原则，国际社会就没有理由对这种国家进行谴责和干预。在这种情况下，国家主权就会成为国家统治者实行专制的庇护所。如果公民至上成为世界公认的基本原则，那么，不仅专制国家的国民可以反对这个国家的专制，其他国家和国际社会也可以以这条原则为依据对这个国家的专制进行干预和打击。

从理论上看，在作为人类个体的个人与作为人类整体的世界之间，并不一定非得只有国家这个层次的主体不可，完全可以有更多不同层次的主体，如同在一些联邦制国家，在国家之外还有具有一定独立自主性的州、县等一样。而且国家也不一定要像现在这样分布，其地域的大小完全可以更均衡些。在今天的世界上，国家具有这种特殊地位是历史原因造成的，而不是人类理性选择、自觉作为的结果。可以预见，如果世界的独立自主性增强，世界真正成为和谐的实体，国家目前这种主权过大、地位过于特殊的状况将会改变。这种状况的改变将会使人类淡化国家观念，使人类主体的层次由目前的三级向多级发展。

二、国家独立与主权

国家的独立、主权是国家作为世界主体的基本标志，也是国家作为世界主体的基本权利。具有独立、主权，国家才成为实体，才成为相对于世界这个整体的具有完全意义的个体。只有这种个体才能真正享有自由和权利，对自己国家和对整个世界承担责任和义务，因而只有这种个体才能成为世界和谐的基础。

含义和意义

国家的独立就是国家的独立性，是指国家可以作为不依赖它之外的其他事物而存在。当然，这里的独立性是相对的。任何一个国家都不可能离开它自身之外的环境而存在，特别是在当代，一个国家几乎不可能是完全封闭的，它必须与其他国家打交道。因此，国家的独立并不是指国家在所有方面都独立，而只是指在决策和管理方面是独立的。国家的主权则是以国家独立为前提的自主权利。没有独立性，当然就没有主权。但是，有了独立性并不等于就有了主权。有了独立性，还必须有自主性，也就是说能自主。不能自主的国家不可能有主权。主权的前提是独立性，而其内容则是自主性。但是，具有了独立自主性，也并不等于就有了主权。只有当把国家的独立自主性看作是国家的基本权利时，这种独立自主性才是国家的主权。国家的主权，简单地说，就是国家独立自主地处理内外事务的权利。“主权对内是国家推行法律秩序的前提，对外能使国家在国际间‘无序’的力量角逐中捍卫自己。”[①]由于国家主权不从属于任何外来的意志，因而在国内是最高的，在国际是独立的。在国际交往中，国家主权体现为国家的基本权利，它们主要包括独立权、平等权、自保权、管辖权和国家司法豁免权等。

① ［德］哈贝马斯：《包容他者》，曹卫东译，上海人民出版社2002年版，第128页。

这里涉及由谁来把国家的独立自主性看作是国家的基本权利的问题。当然，一个国家自己可以赋予自己这种权利。但是，这种权利如果得不到其他国家承认和尊重，就会发生问题。在世界历史上有不少这样的事例。一个国家宣布成立以后，如果长期得不到其他国家的承认，就难以在世界上生存。因此，国家的主权，是一个国际关系概念，它总是相对于其他国家而言的，当世界成为一个整体时，它也是相对于国家生存于其中的世界而言的，这就如同公民作为主体总是相对于其他公民和国家而言的一样。

无论是对国家自身而言，还是对世界而言，国家要成为主体或主人，它首先必须是独立的、自主的，是一个实体。国家作为一个实体有多重规定性，其中最根本的是能够按自己的意愿行事。按照自己的意愿行事既包括能确定自己的追求目标，能构建自己的价值体系，能选择自己的生活方式和发展道路，也包括能营造使自己意愿变成现实的国内环境和国际环境。因此，国家的独立自主性，既要有自己的国家特色，又要能与世界文明接轨，能得到国际社会的认同和尊重。那种妄自尊大，我行我素，逆历史潮流而动，不怕国际制裁，不管世界舆论的国家，并不是真正独立自主的。例如，在当代，一个专制性的国家可能看起来是独立自主的，但这种独立自主并不是真正意义上的独立自主，因为这个国家是与现代文明相背离的，得不到国际社会的认同和尊重。一个国家真正具有了独立自主性，它就具有了主权，这种主权应该能得到各国的尊重，应该能得到世界权力机构的保护。

尊重和保护国家的主权，这是世界和谐的基本前提和基本原则。国家主权是历史地形成的，是各国公民意志和尊严的象征，是一个国家作为世界主体应该享有的基本权利。一个国家的这种基本权利不应该被侵犯、被剥夺，除非这个国家侵犯了别的国家同样的权利。尊重和保护国家的主权是世界和平的基本要求。如果世界上每一个国家的主权都能得到普遍尊重和有效保护，就不会发生国家之间的战争，即使发生一些局部冲突，也不会爆发危及国家主权的战争，更不会爆发世界性的战争。

尊重和保护国家主权也是世界公正的基本要求。世界公正涉及许多方面的内容，最基本的内容就在于国家的主权方面，不尊重国家主权，或者尊重和保护一些国家的主权而无视或侵犯另一些国家的主权，不仅不会有其他方面的公正，而且这本身就是最大的不公正。尊重和保护国家主权还是世界合作的必然要求。世界合作是一种自愿的合作，各国必须以平等的身份参与这种合作。这种平等的身份就在于大家都是独立自主的主体，都拥有国家主权。尊重国家主权，可以保护竞争和合作的平等性，增强国家对世界合作的责任感。如果这种合作以牺牲国家主权为代价，必将使世界合作成为不平等的，甚至成为屈辱性的，从而破坏世界合作的基础。

独立自主与世界一体化

国家的独立自主与世界的一体化不应该是矛盾的、冲突的，而应该是一致的、相容的。这种一致性和相容性主要体现在以下两个方面：

其一，作为各国独立自主作用结果的世界一体化并不排斥各国的独立自主性。世界的一体化，简单地说，就是世界各国在贸易、经济、科技、环境、政治、法律、军事、文化、信息乃至生活方式等人类生活的各个方面相互联系、相互依赖、相互渗透。它体现于人类生活的不同领域，并且构成人类生活的环境。这种一体化并不是外在地强加的，而是各国和整个人类利益的必然要求，也是各国和整个人类理性的必然选择，也就是说是在各国自愿作用和参与下促成的，是各国在为了更好地实现自己利益的驱动下彼此合作的结果。在世界一体化的条件下，各国可以根据自身利益的需要，根据自身利益最大化的要求对在哪些方面、在多大程度上、以什么方式进行国际合作作出自己的选择，进行必要的调整。

世界一体化作为各国自主活动的结果，必须承认各国的自主地位，不能否定各国的自主本身，否则不仅不利于各国利益更好地实现，相反会导致各国之间的矛盾和冲突，破坏世界的和谐。因此，在国家独立自主与世界一体化的关系上，在任何时候和任何情况下都不能以世界的一体化损害国家的独立自主，任何国家和组织都不应该把自己的意志强加给某一个特定的国家。这是世界和谐的基本要求，也是世界关系的基本原则。

其二，各国的独立自主性由于是有规则的因而不会破坏世界一体化。各国的独立自主性并不是各国无法无天、恣意妄为，而应该是有规则的。这种规则包括各国国内的法制和世界法制。这两种法制是国家成为独立自主的主体的前提，没有这两种法制，国家就既没有内在的、也没有外在的控制和约束，而没有这两种控制和约束，国家就会陷入混乱，世界更会陷入混乱。国家要成为自己国家的主体，就必须有健全的国内法制体系。国家要成为自己世界的主体，也应该有健全的世界法制体系。如果各国真正建立了健全的国内法制体系，世界真正建立了健全的世界法制体系，各国之间的合作乃至它们之间的竞争就是有序的。有序的合作和竞争只会促进而不会破坏世界一体化。

主权的确认和维护

既然国家主权是国家成为世界主体的首要条件，也是世界和谐的前提，那么就应该维护国家主权这种国家作为主体的基本权利。

维护国家主权首先有一个国家主权的确认问题。前面我们已经提及，并非只要是一个国家就应该享有主权。一个国家是否应该享有主权，应该进行确认。只有那种被确认为合法的国家，才应该承认其主权。在现代世界，享有合法主权的国家也就是作为世界主体的国家。作为世界主体的国家应该是具有独立自主性的国家，也就是能对自己的国家和世界承担责任的国家。这种国家只能是民主的国家、和谐的社会，而不能是专制的国家、一统的社会。在现代世界，任何专制性的国家不应该享有主权，更谈不上要维护其主权。在这方面，国际社会应形成共识并应建立相应的制约机制。

维护国家主权必须有根据和措施。这种根据和措施就是人们据以维护国家主权的理由和武器。由于国家主权是一个国际关系概念，因而维护国家主权的根据和措施不能是一国性的法制，而只能是世界性的法制。要维护各国的主权，必须有相应的世界法制。这种法制一方面要确立国家主权必须得到尊重的原则，另一方面还必须有对侵犯国家主权的行为的惩罚机制。只有确立了国家主权必须得到尊重的原则，人们才能以此作为根据维护国家的主权。只有建立了惩罚侵犯国家主权的有效机制，国家主权才会成为神圣不可侵犯的，人们也才有与侵犯国家主权行为作斗争的武器。由此看来，建立世界性的保护国家主权的法制对于国家主权的维护是极为重要的。今天世界各国的主权一般都能得到尊重，一般都没有受到侵犯，但值得注意的是，这并不是因为有世界性的法制，而主要是因为各国都有自己的国防力量。如何使维护国家的主权从诉诸武力转向诉诸世界法制，这是当代人类面临的一个亟待研究和解决的重大问题。

维护国家主权是世界公正的基本要求，因而是全人类的共同责任。

国家的主权首先需要所在国家自己维护。国家的主权是国家作为主体的基本权利，作为这种权利主体的国家当然承担着维护自己权利的首要责任。这一点看起来是不言而喻的，而且似乎不用强调各国也会这样去做，但实际上并非如此。这里的关键问题在于作为这种权利主体的国家是否有足够的实力维护自己的权利。各国都要求维护自己的主权，但并非各国都有能力维护自己的主权。可以设想，如果世界各国都有能力维护自己的主权，世界上就不会存在国家主权问题。

国家的主权也需要各国共同维护。这同样是十分重要的。如果世界各国不仅要求维护自己国家的权利，同时也要求尊重和维护其他各国的权利，世界上就不会发生侵犯国家主权的问题。就这方面而言，那些强国和大国尤其值得注意。强国、大国往往更容易侵犯弱国、小国的主权。国家的主权更需要世界权力机构的维护。世界各国主权的有效维护最主要的还是要靠制定和实施世界法制的权力机构。只有这种权力机构才能建立起维护国家主权、扼制侵犯国家主权的制约机制，从而使国家主权得到有效的保护。这种机构不能建立起来，国家的主权就只能靠各国自己维护，而各国实力相差巨大，那些弱小国家的主权就会面临威胁，世界各国主权的维护就没有可靠的保障。

三、国家的强盛

国家的独立自主性说到底就是能够独立地按照自己的意愿行事，而要做到这一点，关键是国家的强盛。世界的现实状况是国家之间强弱悬殊巨大，这是当前世界各国独立自主和世界普遍和谐的重大障碍。因此，如何使各国普遍强盛，这是当代人类面临的重大问题。

含义和意义

国家强盛在不同的时代有不同的含义和标志。在古代，国家强盛一般是指经济繁荣、科技发达、国民富裕、军事强大，简言之，就是国家繁荣昌盛。经过近现代文明的洗礼，国家强盛不仅指国家的繁荣昌盛，更是指国家的实力。国家的繁荣昌盛是一种结果。它可能是某种特殊原因（如特殊的地理位置，特殊的自然资源）带来的，也可能是实力的表现。真正意义上的国家强盛应该以实力作基础，是实力的表现；或者说，应该以实力作为标志。作为国家强盛标志的实力是综合实力，包括经济实力、科技实力、国防实力、文化实力等多方面。从作为世界主体的角度看，经济实力、科技实力和文化实力是国家实力的主要方面，它们构成了国家实力相互关联的三维结构。

在国家实力的这三维结构中，一般地说，经济实力是国家实力的基础和最重要表现。经济实力的最重要指标是生产力发展的水平。生产力越发达，经济实力越强。但是，随着科学技术的发展对经济和社会生活的渗透，特别是随着知识经济时代到来，科技实力越来越决定着生产力的水平，决定着经济的实力，决定着整个国家的面貌，因而正在成为衡量国家实力的最重要的标准。从当代各国的现实情况看，科技越发达，科技在经济中的含量越高，国家的经济就越发展，整个国家的实力就越强。

科技实力的最重要指标是科技创新能力和科技应用能力。科技实力是否强盛与经济实力直接相关。一般地说，经济实力越强越有利于发展科学技术，没有一定的经济实力，科技发展就会面临重重困难。但是，经济实力只是科技实力的必要条件，而不是充分条件。经济实力强的国家并不必然科技实力强。科技实力强弱的充分条件是文化实力。随着现代文明的发展，文化实力越来越成为国家的根本性实力，它不仅直接决定着科技实力，而且也对生产力和经济实力产生直接影响。

文化实力的最重要指标是整个国民的综合素质，其中特别重要的是价值观念、思维方式、道德品质、文化程度、专业技能、身心状况。

国家实力的意义是显而易见的。有实力，才能使本国强盛，才能使本国公民幸福，才能解决好自己的问题。有实力，才可以不依赖别人、不屈服别人，才不会受别国的压迫、侵略和奴役，才能自立于世界国家之林，才能得到别人的尊重。有实力，才有竞争力，才能平等地参与国际竞争和合作，才能真正作为主人参与世界事务的管理。一个国家实力衰弱，不可能真正独立自主，它只能靠武力维护其主权，对内不能赢得民心，对外得不到尊重。由于它自顾不暇，因而即使赋予它以参与管理国际事务的权利，也不能很好地行使这种权利。

三条基本途径

世界各国的情况很不相同，如何使国家强盛起来，如何使国家实力增强，并没有一个统一的模式，但也有一些共同的基本要求。从现代世界发达国家的经验看，可以把这些共同的基本要求概括为三个方面：一是国家的现代化，二是人力资源的开发，三是外国文明的借鉴。

现代化是国家走向强盛和增强实力的根本道路。现代化是一个过程，这个过程与国家强盛和实力增强的过程是同一的。事实已经证明，一个国家实现了现代化，这个国家也就会强盛起来。在近代以前的人类历史上虽然也有过强盛的国家，但在今天看来，这些所谓强盛的国家并不是真正强盛的，因为它们既不是真正繁荣昌盛的，也不是真正实力强大的。真正强盛的国家是近代才开始出现的，而它们的出现就是现代化的结果。现代化之所以能使国家强盛，根本的原因在于，现代化能建立一种能使每一个社会成员自愿地充分发挥自己聪明才智的社会机制。

国家的现代化有种种规定性，其中有六大基本规定性，即自由、平等、民主、法制、市场、科技。在这六大规定性中，自由是根本。自由，最简单地说，就是个体能按照自己的意愿行事。使社会成员个体能按自己的意愿行事，这是整个现代化运动的初衷和目的，也是人现代化的基本标志和根本要求。现代化运动的历史进程表明，现代化的初衷和目的不是要实现社会的现代化，而是要使个体从各种非人道的束缚、统治或奴役中解放出来，使人成为按照自己意愿行事的自由主体，使人能够自由地追求自己的幸福和实现自己的价值，而这也就是要使人现代化，使人从传统的人转变为现代的人。社会的现代化不过是人现代化的结果，不过是个体在追求自由的过程中和获得自由之后自由地创造性地发挥自己的才能和潜力的结果。国家的现代化包括各个不同的方面，如经济的现代化、科技的现代化、政治的现代化、法制的现代化、观念的现代化、人的现代化等等。在所有这些方面中，人的现代化是根本。国家是人为构建的，人的状况决定着国家的状况，只有实现了人的现代化，才能实现整个国家的现代化。尽管人的现代化与国家其他方面的现代化是不可分离的，但人的现代化是国家现代化的根本，也是国家现代化的突破口。人的现代化包括两个不可或缺的基本方面：一是人的自由，二是人的现代素质。只有具有现代素质的自由人才是现代化的人。

现代化是国家走向强盛的根本途径，实现了现代化，国家就可以强盛起来，这是毫无疑问的。但是，在同样实现了现代化的国家中，有的国家实力更强，更充满生机和活力。这一事实表明，除了现代化之外，还有其他因素影响国家的强盛。在这些因素中，政府的作用是一个最重要的因素。政府可以通过政策导向对整个社会的发展产生重要影响，其中最重要的是如何对待国内的人力资源和国外的智力资源（包括国外的知识、技能和经验等）。一个国家有种种资源，其中人力资源不仅是最重要而且也是最关键的资源。在现代文明条件下，人力资源利用和开发得好，国家的强盛就有了根本的保障。因此，政府的政策越是有利于人力资源的利用和开发，就会越有利于促进国家的强盛。

另一方面，一个国家的人力资源是有限的，其智力资源也是有限的，而整个世界的智力资源则是一个巨大的宝库。一个国家善于学习和借鉴国外的智力资源，可以为它的发展插上翅膀。习近平指出："人类已经有了几千年的文明史，任何一个国家、一个民族都是在承先启后、继往开来中走到今天的，世界是在人类各种文明交流交融中成为今天这个样子的。推进人类各种文明交流交融、互学互鉴，是让世界变得更加美丽、各国人民生活得更加美好的必由之路。"①因此，一个国家的政策越是有利于对外交流和合作，越是有利于提高国民学习、借鉴国外文明的热情和积极性，就会越有利于增强国家的实力，越有利于社会成员生活的幸福美好。

普遍强盛的障碍及出路

世界各国是通过不同的道路走到今天的，其结果是今天的世界只有少数国家成为拥有实力的强盛国家，即所谓发达国家，而大多数国家则是缺乏实力的落后国家，即所谓发展中国家。世界各国强弱呈两极分化，而且这种两极分化有日渐增大的趋势。这种两极分化的格局，隐含着贫富国之间的矛盾、对立和冲突，隐含着世界的不公正，隐含着国际竞争和合作的不平等，因而不仅会影响发达国家的可持续发展，而且会影响世界的和谐，影响整个人类的普遍幸福。因此，如何缩小发达国家与发展中国家在实力之间的差距，使各国普遍强盛起来，这是当代世界各国而不只是发展中国家面临的重大难题。

为了解决这一重大的世界性难题，首先必须弄清楚导致两极分化的原因。发展中国家一般认为，导致发达国家发达和发展中国家落后的主要原因在于发达国家对发展中国家的侵略、掠夺。应该说这是原因之一，但不是主要的原因。在目前落后的国家中，有不少国家曾经是文明古国，曾经有过辉煌，只是到了近代以后，这些国家才开始落后。深入地考察这其中的原因，可以发现，原因就在于这些国家在近代没有经过以自由、平等、民主、法制、市场、科技为核心内容的现代文明的洗礼，没有建立现代民主制度，没有使国家现代化。从当今世界的现实来看，几乎所有的发达国家都是经过现代文明洗礼从而走向现代化的国家，而所有的发展中国家或落后国家都是没有经过现代文明洗礼或这一洗礼过程尚未完成因而没有实现现代化的国家。

不可否认，一些发达国家曾经有过侵略和掠夺别国的历史，但这不是发达国

① 《习近平在纪念孔子诞辰2565周年国际学术研讨会暨国际儒学联合会第五届会员大会开幕会上的讲话》，《人民日报》，2014年9月25日第2版。

家之所以发达的根本原因，不然就无法解释一些曾经是殖民地的国家（如美国）和地区（如香港）为什么会成为强盛的国家和地区这一事实。因此，我们认为，影响发展中国家强盛的根本原因和主要原因就是这些国家没有经过或没有完成现代文明的洗礼，没有真正建立民主制度。

如果以上分析能够成立的话，可以进一步得出结论，发展中国家强盛的主要障碍在于国家没有实现民主化和现代化，而扫除这一障碍的根本出路也就在于如何使这些国家加快国家民主化和现代化的进程，早日实现国家的民主化和现代化。

当然，由于发展中国家与发达国家之间已经存在着巨大的差距，即使发展中国家普遍进行民主变革，两者之间的差距在短期内也难以缩小，更何况有不少国家根本就不愿意进行民主改革而拼命维护落后的社会制度，这种差距就不仅不会缩小，反而会加大。对此，人类可以采取以下对策：其一是对正在进行民主改革的发展中国家进行扶持，使它们的民主化进程顺利进行；其二是对那些无意进行民主改革的国家采取一定的制裁和惩罚措施，迫使它们进行民主化改革；其三是通过世界性的宏观调控，促进发展中国家的经济快速增长和社会全面进步，特别是可以通过各种措施普遍提高发展中国家国民的现代素质。这些对策目前可以通过各种世界性的组织和机构实施，如果能建立强有力的世界权力机构，这些对策则更便于实施，也能更有效地实施。

四、国家的双重责任

国家作为主体，肩负着对本国国民和对整个世界的双重责任。这双重的责任是国家作为世界主体这一角色的必然要求和内在规定性，也可以说是国家对其国民和世界应尽的义务。承担这双重责任，对于世界和谐极其重要。像公民的权利和义务应该相匹配一样，国家的权利和责任也应该相匹配。如果各国都只强调自己的权利应该得到尊重和保护，而不愿意对世界担负应负的责任，那么世界就不会成为和谐的，相反会成为混乱的。

根据和重要性

国家双重责任的根据在于国家权利的双重来源。国家一旦具有了独立自主性，就会成为一个主体或实体，或者说是一个实体性的主体，而不是一个国家国民的总和。国家成为实体性主体的标志就是国家机构可以独立地行使权利，国家有其并不同于各个公民和其他社会个体利益的整体利益。但是，国家机关的权力是公民赋予国家的公共权力，国家的整体利益则是来源于公民、服务于公民的公共利益。因此，国家的权利（包括国家的公共权力和公共利益）归根到底是公民赋予的。公民之所以赋予国家以各种权利，是为了以国家机关为代表的作为整体的国家为全体公民服务，使全体公民更好地实现其利益，这也就是国家对全体公民的责任。我们说国家作为主体是自己的主人，这并不是指它是本国公民的主人，而是指它能按照自己的意愿行事。国家既然是按自己意愿自主活动的主体，就要对自己的活动及其一切后果负责。国家的意愿应该是本国公民的意愿，因而国家按自己的意愿行事就应该是按本国公民的意愿行事。在按公民意愿行事的国家中，不仅国家机关，而且全体公民也承担着对自己及其国家的责任。从这个意义上看，国家的责任也可以说是公民的责任。

国家的独立自主权利首先来源于本国公民，因而国家首先必须对本国公民负责。但是，在世界日益一体化的今天，每一个国家的独立自主权利即主权需要得到别国的认可和尊重。因此，每一个国家也必须尊重别的国家同样的权利。这是国家对世界的根本义务和责任。每一个国家要使本国公民幸福，需要参与国际竞争和国际合作，这也是国家作为世界主体的权利。为了使国际竞争和合作正常进行，必须遵循一定的规则。每一个国家必须遵循这些规则，这是国家对世界的义务和责任。由于每一个国家都要作为主体在世界中与其他国家共同生存，要享受作为主体的权利，因而它们也必须作为主体履行义务，作为主体对世界共同负责任。

要求国家应该在享有权利的同时承担责任，当然是对国家权利的一种限制和约束，这看起来似乎是消极的，其实不然。对国家的权利所作的这种限制和约束实质上是为了国家更好地享有权利。

从国家对自己国家的责任来看，公民之所以要有国家，之所以要转让一部分自己的权利给国家，就是要国家为自己解决一些单靠个人所不能解决的问题，对自己担负一部分单靠个人所不能担负的责任。如果一个国家被其公民赋予公共权力并由此形成整体利益之后，它并不能运用这种公共权力和整体利益承当起对全体公民应负的这种责任，相反成为压迫、剥削公民的工具和力量，这样的国家就失去了存在的根据，迟早会为公民所推翻。因此，对公民的责任不仅是国家权利的根据，而且是国家存在的根据。

从国家对自己世界的责任来看，一国尊重别国的主权，是为了别国尊重自己的主权；一国遵循国际关系准则，是为了各国包括自己在竞争和合作中更好地实现自己的利益。如果世界上各个国家都不尊重别国的主权，动辄诉诸武力，那么世界上除了少数霸主之外，没有国家有自己的主权；如果世界上各国都不遵循国际关系准则，就不会有公平的竞争和合作。由以上分析我们得出这样的结论，国家的责任和义务像公民的义务和责任一样，的确是一种代价，是一种付出，但却是必要的、有价值的、有积极意义的代价和付出。

对本国公民的责任

作为世界和谐主体的国家就是现代意义的民主国家，它对本国公民的责任是与它的目的和职能相一致的。现代国家要以全体公民的幸福普遍实现为根本目的，达到这一目的就是国家对公民的总体责任。国家对公民的责任，说到底就是要保证和增进公民幸福的普遍实现，或者说就是要为民谋福。责任的主体是国家，以国家机关及其官员为其代表。责任的对象是整个国家及其全体公民，而不是部分公民更不是某一个特殊人物。责任的内容是全体国民的幸福而不只是某方面、某层次的利益的实现。就是说，它追求全体公民的根本的总体的需要的满足，追求全体公民普遍更好地生存、发展和享受。从国家对公民的这种总体责任可以引申出国家对公民的一些基本责任。

第一，保护公民生命、财产安全。这是国家对公民的最基本责任。公民的生命财产安全得不到保障，其他的一切都无从谈起。公民的生命财产可能受到三方面的威胁：一是国内犯罪的威胁，二是外敌入侵的威胁，三是意外灾难的威胁。国家有责任有效地打击犯罪，特别是那些对公民生命财产安全有直接危害的犯罪。国家也有责任有效地防止外敌的入侵，为了减少对公民生命财产的损害，国家应尽量避免战争。国家还有在公民遇到各种危难时进行救助的责任。

第二，确保公民的权利不受侵犯。公民作为国家的主人，享有各种权利，包括各种角色权利和各种日常权利。其中最基本的是生存权、平等权和自由权。国家有责任使所有这些权利在法律上得到有效的保障，使任何个人、任何组织、任何机构都不得以任何理由侵犯这些权利，一旦被侵犯就应该给予有效的制止和惩罚并给予受害者相应的补偿。

第三，为公民自由、平等、公正地追求幸福营造环境、创造机会、提供保障。公民在国家中不仅要生存，而且要发展，不仅要生活下去，而且要生活得好，生活得越来越好。能否生活得越来越好主要是社会成员个人的责任，任何国家都不可能保证所有成员都生活得越来越好，但是国家有责任为公民自由、平等、公正地追求幸福提供保障，营造环境，创造机会。这里的关键是要建立起每个公民都能自由、平等、公正地追求幸福的机制，在这种机制中，每个公民都能够按照自己的意愿行事，都有平等的机会，都能各得其所应得。同时，国家还要为公民的利益追求和自我实现提供有利条件、营造优良环境、开辟广阔天地。此外，国家还有责任给公民的追求以必要的规范和导向，使公民的追求更合理、更健康、更有效、更能相互促进。

第四，促进经济快速增长和社会全面进步。国家的经济快速增长和社会全面进步是公民越来越好地生活的基础和前提。为了使公民生活得越来越好，国家要通过各种政策和措施发展经济，促进经济快速增长，同时注重发展各项社会事业，促进社会全面进步，实现经济效益与社会效益相互促进，当前效益与长远效益同时兼顾。

第五，兴办公共事业和公益事业。公共事业和公益事业是为公民的生存、发展和享受提供条件和营造环境的事业，国家有责任大力发展这些事业，努力提高全民的综合素质，建设和改进公民的生活环境。其中特别重要的是教育文化、医疗卫生、基础设施、社会保障等事业，它们关系到国民的身心健康、思想品德、知识技能、兴趣爱好、个性发展等各个方面，国家应采取各种有效措施努力兴办和大力发展。

第六，为弱者和失业者提供必要的社会保障。由于种种原因，一个国家内总是存在着相当数量的弱者，如残疾人、儿童、老人等，国家不仅要保护这些弱者的合法权益，而且要给他们基本的生活保障，使他们至少能生活下去，努力使他们的生活尽可能地好。现代社会是一种竞争激烈的社会，在激烈的竞争中，总有一些因竞争失败而破产和失业的失败者，国家有责任帮助这些失败者，使失败者失败后有必要的生活保障，有东山再起的机会，能得到必要的支持。

以上所有这些责任也是国家机关活动的原则，任何国家机关都要遵循这些原则并从不同方面、不同层次贯彻这些原则。

对世界的责任

国家对世界的责任与它对公民的责任不同，而与公民对国家的义务和责任类似。国家对世界的责任是与世界的和谐要求相一致的。世界和谐就是要使世界成为和平、公正、合作的世界，因而国家的责任从根本上说就是要使世界变成和平、公正、合作的世界。责任的主体是国家，不只是指作为其代表的国家机关及其官员，而是指作为一个整体的国家，包括全体公民。责任的对象是整个世界及其国家，包括自己。责任的内容是世界的和平、公正和合作，也就是世界的和谐。国家作为世界的主体对于世界的责任可以分为两种，一种是义务性的责任，一种是非义务性的责任。义务性责任是从法制上、政策上看的责任，这种责任是与权利相应的，是权利主体必须履行的。非义务性的责任是从道义上、情理上看的责任，这种责任是作为一个整体中的成员应该尽力履行的。

国家对世界的义务性的责任可以概括为六个主要方面。

第一，爱护人类生存的环境。地球及其周围的环境是人类共有的家园，任何国家都不得破坏它。不仅不得破坏各国共享的环境，如空气、海洋、大气层等，而且不得破坏自己国家管辖的环境。

第二，尊重别国的主权。一旦某一国家获得独立自主的主权，这种主权就必须得到其他所有国家的尊重，除非这个国家侵犯别国的主权，否则它的主权神圣不可侵犯。尊重别国主权，就是在别国的主权确认后，不得干涉它的内政，更不得侵犯它，而且要在国格上给予它与其他国家一样的待遇。

第三，遵守国际法原则和各种世界活动规范。这是国家参与国际交流、竞争和合作的基本要求，任何国家不得以任何理由不遵守世界权力机关制定的各种国际活动规范和国际关系准则。

第四，参加世界组织活动并承担相应的义务。任何国家作为世界的主体，必须参加世界性组织特别是世界权力组织的活动，并履行作为其成员应履行的各种义务。

第五，救灾抢险和灾后援建。由于种种原因，特别是由于不可抗拒的自然的原因，世界上经常发生各种灾难和危险，这些灾险会严重威胁人类的生命财产安全。它们可能发生在任何一个国家，而且会给受害国家带来极大的困难。在这种情况下，任何一个国家都有救灾抢险并在灾后给予各方面支援的义务。

第六，建设好自己的国家。建设自己的国家不仅是一国自己的事情，也是一国对世界应尽的义务。国家建设不好，不仅会给其他国家增加压力和负担，而且会影响整个世界的形象和发展。对于建设不好自己国家、解决不好自己问题的国家，世界权力机关应有相应的制约措施。

国家对世界的非义务性责任，主要有关心世界、爱护世界、改善世界等几方面。

每一个国家都应关心世界的动态和变化，并作出相应的对策，以使自己的国家适应变化的条件，调整对外关系策略和对待世界事变的态度。关心世界是作为世界一员的国家应有的责任，应该反对那种闭关自守的态度。

世界，包括地球、大气层、人类、人类已有的文明，都是全人类共有的，每一个国家都应该爱护地球、爱护环境、爱护生命、爱护人类、爱护文明，爱护世界就是爱护自己的国家和公民。

每一个国家的每一项活动、每一项决策都应该着眼于使我们生存于其中的世界更美好，而不能损害和破坏它。改善世界也要求那些发展较快的国家给那些发展较慢的国家以必要的支持，使各国尽可能地共同进步。

责任的履行

明确国家的责任是重要的，更重要的是要使国家努力履行自己的责任。要使国家努力履行责任，一方面要努力增强国家的责任观念，另一方面要建立使国家履行责任的完善机制。国家的责任是双重的，因而我们可以分别从这两种责任考虑如何使国家努力履行自己的责任。

要使国家努力履行对自己国家的责任，首先要使国家树立并不断增强对公民负责的责任观念，其中最重要的是要树立和不断增强为民谋福这一根本性的责任观念。国家对公民、对国家的种种责任，归根到底就是要为全体公民谋求幸福。国家对公民的责任观念要通过国家的制度、政策来体现，更要通过国家官员的政治和行政活动来体现。树立并不断增强对公民的责任观念，国家特别是国家官员就不仅会把为民谋福作为自己的使命和义务，而且会把为民谋福作为自己的动力和追求。

要使国家努力履行对自己国家的责任，其次要建立使国家履行这种责任的制约机制，使国家不得不尽职尽责。这种制约机制主要是政治民主制度以及与之相应的法制、道德、传媒等，其中民主性的政治制度是根本性的制约机制。例如，实行行政首长直接民选制和任期制显然有助于加强行政首长对选民的责任感。

要使国家努力履行对自己世界的责任，首先要树立和不断增强对世界负责的责任观念，其中最重要的是要树立和不断增强使世界成为和平、公正和合作的和谐世界这一根本性的责任观念。国家对世界的责任观念，不仅要求国家的官员，而且要求国家的全体公民都要树立和不断增强。公民缺乏这种观念，就容易产生盲目的民族主义情绪和爱国主义情绪。在民主国家，这种情绪会对国家的政策产生直接影响。树立和不断增强对世界的责任观念，国家就不仅能自觉履行义务性责任，而且会尽其所能地履行非义务性的责任。

要使国家努力履行对自己世界的责任，也需要建立使国家履行这种责任的制约机制，使国家不得不履行这种责任。对于国家对世界的义务性责任，主要要通过法制、道德的力量来强迫性地迫使国家必须履行。对于国家对世界的非义务性责任则主要要通过舆论、道德的力量鼓励各国尽力履行，同时也要通过教育培养人们这方面的意识和观念，使之成为人类普遍的信念和习惯。

要使国家努力履行对自己的世界的责任，从根本上说，是要树立人类命运共同体的观念。伴随着全球一体化进程的加速，人类已经成为了命运共同体，只是人类对此尚未形成普遍意识。当我们有了这种“一损俱损、一荣俱荣”的命运共同体的意识时，世界各国才会平等相等而不是居高临下，相互欣赏而不是相互贬损，彼此包容而不是相互排斥，也才会把履行对世界的责任、为世界作贡献看作是自己的“本份”和“天职”。“诚然，当今世界仍然存在着不同国家利益、不同宗教信仰、不同意识形态、不同社会制度的分歧甚至对立，但无论怎样，我们是共同的人类，人民才是历史活动的主体。不同信仰、制度和民族国家可以和平共处、有序竞争，让共同利益压倒分歧对立，让人类理性选择世界的未来。”①

---

① 国纪平：《为世界许诺一个更好的未来——论迈向人类命运共同体》，《人民日报》，2015年5月18日第1版。

第十章　世界和谐的保障

一、现行机制及其问题

各国成为独立自主的主体是世界和谐的基础和前提，但仅此还不够，还必须建立世界和谐的保障机制，使世界各国独立自主而又使世界整体和谐有序。第一次世界大战后，特别是第二次世界大战后，人类越来越感到战争尤其是世界性战争对人类生存的严重威胁，感到世界和平对人类幸福的极端重要性，开始积极寻求防止世界战争、维护世界和平、促进国际交流和合作的途径，为此建立了众多的国际组织，订立了一些国际法原则和国际关系准则。人类的这些努力为维护世界和平、促进世界合作起到了重要作用，但到目前为止人类尚未建立起确保世界和平、公正和合作的有效机制。

国际组织

现行国际组织有广义与狭义之分。狭义的国际组织仅指数国为达到特定目的，依条约建立，并有专门机关履行其职能的团体，如联合国等。广义的国际组织则还包括由若干国家的民间团体或个人组成的团体，如国际红十字会、国际奥林匹克委员会等。目前国际组织数以千计，可以按照不同的标准划分为不同的种类。例如，按其职能划分为政治性和非政治性组织；按其是否向其他国家开放划分为开放式或封闭式组织；按其地域特点划分为世界性与区域性组织，等等。

国际组织是自 19 世纪后期开始适应国际交往的需要产生的，先后经历了政府间的国际会议、非政府组织和行政组织以及现代国际组织几个发展阶段。第一次世界大战后，建立了第一个普遍的一般性的国际组织，即国际联盟。第二次世界大战后，国际组织发展进入了一个全新阶段，不仅建立了几乎包括世界上一切国家的普遍性一般性国际组织——联合国，而且相继建立了一大批普遍性专门性国际组织，其中大多数与联合国发生联系，成为联合国的专门机构。同时，还涌现了许多兼有政治性和非政治性职能的区域性国际组织。今天，国际组织的活动范围包罗万象，涉及国际社会各个领域，而且国际组织间的协调亦日益加强。

国际组织的宗旨、组织结构、活动程序各不相同，但由于它们共同受现代国际关系的影响以及它们彼此之间的影响，因而它们之间也存在着大量相同的方面，形成了一些有关国际组织的法律制度。国际组织的成员主要是国家，也有一些是政府的某个部门。国际组织的成员在国际组织中一般都具有代表权、发言权和表决权以及章程赋予的权利，根据组织活动的需要，国际组织一般都设立最高机关、执行机关和行政机关，它们享有不同的权力，行使不同的职能。国际组织一般都通过全体一致或多数表决的方式，或者通过不投票表决的协调一致的方式，采取决定、命令、建议、宣言、规则、标准等不同的形式对有关事项作出决议或决定。因此，现代国际组织一般都是民主性的，其成员平等地享有较充分的自由和民主权利。

现代国际组织，特别是世界性的国际组织，在维护世界和平和安全、促进国际公正和合作、保护其成员的利益方面发挥着巨大作用。这种作用具体表现在以下五个主要方面：

（1）沟通作用。国际组织是其成员国表达自己意愿和相互交流的地方，通过相互交流，彼此间可以达成理解、谅解、共识，了解合作意向，寻求合作的途径。

（2）维权作用。国际组织的一个重要作用是维护其成员的权益，一方面对内维护组织内各成员之间的平等权益，另一方面对外维护组织内成员的权益，防止其权益受到其他国家或组织的侵犯。

（3）互助作用。成立国际组织的一个重要目的是使其成员组织起来，相互关照、相互支持、相互帮助，形成整体力量，增强竞争实力，防止外来的侵犯。

（4）规范作用。国际组织都有一些具有约束力的原则和准则，这些原则和准则能通过一定的机关对其成员的活动起到规范作用，使其纳入组织所要求的秩序。

（5）协调作用。国际组织都具有协调作用，它们对成员之间以及组织内部与外界之间的关系进行协调，以解决争端，避免冲突，促进合作。

现代国际组织的上述作用从不同方面、在不同范围增强了国际联系，维护了国际和平，促进了国际公正，加强了国际合作。由于现代国际组织在世界舞台上发挥着以上重要作用，因而它们已经成为今天世界和平、公正和合作的重要保障。

国际法

现行国际法是当代国际关系的主要制约机制。现行国际法主要是指国家之间的法律。它的主体是国家，调整的关系是国家之间的关系，其效用波及整个国际社会，对一切国际法主体均具有法律效力。与国内法不同，现行国际法不是由立法机关依一定的程序制定的，而是由主权国家之间或主权国家和其他国际法主体之间在平等的基础上，以协议的方式即以缔结条约的方式制订的。它也采取不同于国内法的特殊的强制实施的方式。它不是依靠有组织的国家强制机关加以维护并保证其实施，而主要依靠国际法主体本身单独或集体的力量强制实施。尽管国际上有联合国的国际法院，但它并无强制管辖权，不具有强制实施国际法的作用。由于国际法调整的对象是国家之间的关系，而国家间的关系是“公”的关系，因而国际法也被称为国际公法。它也因此而与以不同国籍的自然人和法人为主体、调整涉外民事法律关系的国际私法不同。

国际法是随着国际关系的形成和发展而产生和发展的。国际关系在古代就开始形成和发展，因而在古代就已经有了国际法萌芽。但是，现代国际法则是根源于近代西方，与独立主权国家的兴起直接相关。一般认为威斯特伐亚公会（1643～1648年）是现代国际法产生的标志，而此前荷兰法学家格劳秀斯（Hugo Grotius，1583～1645年）于1625年出版的《战争与和平法》则为现代国际法的建立奠定了理论基础。第二次世界大战后，随着独立国家的兴起和国际组织的大量涌现，适应国家对经济社会生活干预作用的加强、新独立国家要求改变旧的国际秩序和建立新的国际秩序，以及现代科学技术的迅速发展的新形势和新要求，国际法获得了巨大发展。这主要表现在：

国际法调整的对象和范围扩大，其主体已由过去的国家扩展到正在争取独立并已组成类似国家的民族组织和国际组织，其调整对象也由国家之间的关系扩展到国家与其他国际法主体之间、其他国际法主体之间的关系。

国际法的内容有了许多更新，改革了一些旧原则和旧制度，确立了一些新原则和新制度，特别是确认了一系列指导现代国际关系的新的国际法基本原则，如民族自决原则、国际合作原则、和平共处五项基本原则等。

国际法开始系统化和法典化，联合国成立了联合国国际法委员会，全面展开国际法的编纂工作，使国际法律制度进一步走向完善。

国际法产生了许多新的分支，如海洋法、外层空间法和空气空间法、国际组织法、国际环境法、国际人权法、国际刑法、国际经济法等。到今天，国际法几乎已经覆盖了国际社会生活的各个领域。

现行国际法种类繁多，包括调整国际法主体之间的法律关系的各种原则、规则和规章、制度。在这许许多多的法律规范中，有一些被各国公认、适用于国际法的一切领域、构成国际法基础、具有强行性的基本原则，这些原则就是国际法的基本原则。国际法基本原则是在国际关系的发展中产生、发展和确立起来的，在不同的历史时期，其内容不尽相同。现行的国际法基本原则是在《联合国宪章》中首次被系统概括、后来联合国通过的一系列国际文件进一步充实和丰富起来的。它们包括：①互相尊重主权和领土完整原则；②互不侵犯原则；③互不干涉内政原则；④平等互利原则；⑤国际合作原则；⑥民族自决原则；⑦忠实履行国际义务原则；⑧和平解决国际争端原则[①]。国际法有关文件强调，各项国际法基本原则在解释和实施上是相互联系的，它们是一个密不可分的原则体系。

现行国际法，特别是其中的基本原则是各个国家和各个国际组织从事国际活动的准则，是调整日益复杂的国际关系的根据。尽管它们不一定具有完全的法律效力和充分的强制力量，但对国际社会生活具有规范、调节、控制、指导、评价、仲裁等诸多重要作用。它规范各国和国际组织的国际活动，使之秩序化。它调节

① 参见王献枢主编：《国际法》，中国政法大学出版社1994年版，第二章。

各种国际争端和冲突，维护世界和平。它控制国际局势，防止国际社会突发严重事态，特别是战争。它对各国的国际活动并由此对各国的国内活动具有指引和导向作用，这有助于各国把自己的活动纳入国际秩序和现代世界文明轨道。它还是各国国际活动正当与否评价和仲裁的根据和标准。

所有这些作用表明，国际法是当今世界秩序的基础，是世界和平、公正和合作的最重要保障机制。在一定意义上可以说，国际组织也是根据和通过国际法对国际社会发生作用和影响的。国际法和国际组织一起构成了保证当今世界秩序的基本保障。尽管今天的国际局势并不太平，世界秩序并不和谐，但是可以设想，如果没有大量的国际组织活跃在国际舞台，没有国际法作为现代世界的控制机制，不用说今天的全球一体化，恐怕世界也早已成为人间战场。

现行机制的问题

第一次世界大战后，特别是第二次世界大战后，伴随着世界一体化的进程，世界正在形成保障世界和平、公正和合作的制约机制。应该肯定，在不到一个世纪的时间内，人类在这方面的进步是十分巨大的。但是，我们也应该看到，世界和谐的保障机制还远未形成，特别是现行的保障机制存在着一些问题，其中最主要的问题在于没有真正形成世界民主以及与之相关的世界法制。

到目前为止，已经建立了许多世界性组织，这些组织一般都是自愿组成的，具有民主的性质，而且从不同方面发挥着管理世界事务的作用。但是，世界民主形成的最重要标志是要在世界民主的基础上建立世界权力机关，包括立法机关、行政机关和司法机关。目前已经有了联合国。联合国主要由联合国大会、安全理事会和专门机构组成。它看起来是世界权力机关，但实际上并没有真正成为世界权力机关，没有真正作为世界权力机关发挥作用。这主要表现在：

（1）联合国大会没有真正成为世界的立法机构。它虽然也制定和通过一些国际法文件，但这些文件并不对世界各国具有普遍约束力，它必须得到国家的认可才能对国家生效，而国家完全可以不承认它。

（2）实际上作为联合国执行机关的安全理事会虽然由联合国大会产生，但并不对大会负责。这样，由5个常任理事国和10个非常任理事国组成的安理会实际上成为不受约束的权力机构。而且安理会只对维持世界和平和安全负责任，而不处理其他世界事务。从这个意义上看，安理会是联合国的安全部而不是真正的世界执行机关。这样一来，联合国实际上就没有首脑执行机关来管理和协调联合国各专门机构的关系，处理世界的重大事务，联合国各专门机构对世界事务的管理基本上是各自为政、缺乏政府权威性的。

（3）联合国没有完善的司法机关。联合国有自己的司法机关，这主要是国际法院。但是，国际法院并不是真正的世界法院。首先，国际法院规模很小，只有15名法官，因而它不可能审理范围如此之大的各国之间的各种案件。其次，管辖的范围小，主要受理国际争端案件，而不受理其他案件，不涉及各国国内的问题，如不审理一国的独裁问题、一国的人权问题。第三，强制力十分有限。国际法院的判决虽然有法律约束力，但法院本身没有强制执行判决的能力。联合国的司法机构还存在一个明显的缺陷，就是没有独立的检察机关，因而它不能主动地对违反国际法的行为进行起诉。

就目前的世界法制而言，不仅没有完善的世界司法机关，而且也存在着不少其他问题。

首先，没有建立和谐世界的世界制度。虽然已经有了《联合国宪章》，但它并没有明确整个世界需不需要类似国家那样的制度，更没有对此作出规定。所以，到目前为止，人类对需不需要世界制度，需要什么样的世界制度还未形成共识。

其次，国际法的一些基本原则存在着严重的缺陷。例如，尊重国家主权是国际法的最基本原则，但对怎样的国家才具有主权并没有作出法律上的规定。这样客观上就为一些实行专制、独裁的国家提供了保护，它们可以在尊重国家主权和不得干涉内政的国际法原则的保护下而在国内肆无忌惮地实行不民主、不人道的统治。

最后，国际法的权威性缺乏根据。被认为是国际法文件的已经有许多，但并不都是民主的产物，不少国际法文件只是一些缔约国缔结的条约。这样的文件能不能成为处理国际关系的普遍准则是成问题的。另一方面联合国大会通过的决议又往往缺乏权威性。一些决议通过后并不能直接对其成员国起到约束作用，因为需要成员国政府批准，一些国家可以不批准，也不执行。

国际法制还存在一些其他问题，以上所说的这些问题只是其中的几个主要问题。

总体上看，今天的世界已经初步建立了世界和平、公正和合作的保障机制，但远没有达到完善的程度。这些机制不仅是零散的，而且缺乏应有的制约力。仅凭现有的这种保障机制是不可能真正保障世界和谐的。要使世界成为真正和谐的世界，需要重新探讨世界和谐究竟需要什么样的保障机制以及怎样建立起这种机制。

二、保障机制的重构

现行的世界保障机制不足以保障世界和谐，需要进行根本性的改造，需要重构。这是一个极其复杂的问题，在这里我们只提出一些粗略的构想。一般说来，世界和谐的保障机制像国家和谐的保障机制一样，也无非是由民主、法制、道德和舆论构成的，但世界和谐的保障机制有其特殊性。这就是我们这里所要着重讨论的内容。

世界民主

世界的终极主体是公民，因而真正的世界民主应该是世界所有公民以主人身份参与世界管理，即公民自主和自治。世界民主在本质上应该是与国家民主相一致的，只是范围比国家大。实现这种民主的前提条件就是国家目前所拥有的过于强大的主权要减弱，使之成为一个只拥有相对权力的相对主体，而不是一个拥有绝对权力的绝对主体。就像有些联邦国家的州那样，有自主权，但不是完全独立的。也就是说，只有当国家成为世界整体结构中的一个层级，就像省市是国家的一个层级，而每一个层级所拥有的独立自主性比目前省市大，而比目前的国家小时，公民才真正能成为世界的主人，世界才真正能实现民主。这种真正的世界民主终究有一天会实现。

就目前的情况而言，世界民主只能以国家为主体，由国家代表所在国家的公民。以国家为世界民主的主体，有三方面难以克服的问题：一是并不是所有的国家都是真正民主的国家，那些不民主的国家并不能真正代表所在国家的公民；二是各国在人口方面差异非常大，无论国家大小都享有相同的表决权，对大国是不公平的，因为它代表数量大得多的人口；三是国家之间强弱的差别远比公民之间的差别大，以至于有的国家可以凭借其实力控制世界权力，这对弱国是不公平的。但是，由于目前各国都拥有以军事实力为后盾的主权，因而不可能在短期内完全改变这种现状，只能在承认国家作为主体的前提下构建有限的世界民主，通过有限的世界民主逐渐走向世界的完全民主，并在世界走向完全民主的过程中逐渐克服以上问题。

世界民主与国内民主一样，一般说来，也应该包括民主政治、市场经济和和谐主义。不过，在民主观念和民主实践已经遍及全世界、在市场经济已经成为世界不可改变的经济现实的现代条件下，作为世界和谐保障的世界民主所要解决的主要问题是世界政治民主问题。其中最主要的问题包括：如何普遍保障各国的独立自主地位即主权问题；如何根据各国的意愿和人类的意愿制定实现各国利益最大化、实现人类幸福普遍化的政策措施问题；以及如何通过法制的途径保障世界民主，亦即如何使世界民主制度化、法制化的问题。

与世界的人口相比，世界上的国家在数量上是很少的，到目前为止还不到两百个国家，因而以国家为主体的世界民主完全可以采取直接民主的方式。可以由各个国家的代表组成世界议会。通过世界议会直接选举世界政府首脑，由世界政府首脑组阁建立世界政府。通过世界议会直接选举世界法院的院长和世界检察院的院长，由他们主持世界法院检察院的工作。世界政府首脑、世界法院院长、世界检察院院长从各国推荐的人选中产生，实行任期制，并对世界议会负责并报告工作。世界议会是世界的立法机关，世界政府是世界的行政机关，世界法院和世界检察院是世界的司法机关。不过，它们不可能形成像国家权力机关那样的相互制衡。由于世界行政首长是世界议会选举产生的，而不是民选的，只对世界议会负责，不用直接对选民负责，因而在三种世界权力机关中，立法机关具有最高的权力。为了保证世界权力机关拥有应有的权力和权威，必须建立世界常设军队。这种世界权力机构可以通过改造联合国建立。

世界民主是相对于世界专制而言的。在人类历史上尚未出现过世界专制，但这并不意味着不可能出现。为了实现世界永久民主、防止世界发生专制，不仅要使世界民主成为全人类的普遍信念和普遍原则，而且必须使民主制度化和法律化。

世界法制

世界法制是世界法律制度的总称。尽管目前世界只有国际法，而没有世界制度，但只要通过民主的途径建立起世界权力机关，就会存在世界的法律制度问题。世界法制一般地说应该是世界机关制定、认可和解释的，通过世界强制力保证实施的，以合法和违法为基本范畴调整国际关系、规范国际行为、治理国际秩序的规范体系。世界法制是与国内法制不同的，这主要表现在：① 它是由世界机关制定、认可和解释的，这里的世界机关包括世界的立法机关、行政机关和司法机关；② 它是通过世界强制力保证实施的，这种强制力就是世界机关的权力，而这种权力在目前世界的条件下必须有世界军队作后盾才能真正形成；③ 它的目的是通过调整国际关系、规范国际行为达到治理国际秩序的目的；④ 它的主体主要是国家，也包括争取独立的国家和世界组织，它们是立法的主体，也是守法的主体。

世界法制应该以世界民主为基础，同时又应该成为世界民主和世界和谐的保障。世界法制应该是由世界权力机关制定和实施的，而世界权力机关的合法基础只能是世界民主，在目前的情况下，只能是作为世界主体的各个国家。世界法制应该体现各个国家的意愿和意志。另一方面，世界法制应该成为保障各国主权、维护各国在世界中的主体地位的武器，同时也应该成为普遍保障和增进世界各国利益和全人类共同利益、确保和促进世界和谐和人类幸福的武器。它要努力使保障国家主权与实现人类幸福结合起来，以实现人类幸福作为它的终极目的和最高原则。

一般说来，世界法制也要遵循法律双向性、法律至上性、法律平等性、法律程序性和制度法律化等法制的一般原则，但有其特殊性。各个国家作为世界法制的主体享有相应的基本权利，同时又必须承担尊重他国基本权利的义务。一国享有的基本权利也就是他国相应承担的基本义务，反之亦然。世界法制不应容许只享有权利而不承担义务的国家，也不容许有只承担义务而不享有权利的国家。世界法制与各国法制应该成为一个法制体系中的两个不同层次，因为它们归根到底都是要保护公民的权利，实现公民的幸福，区别只是范围上的、对象上的。国内法可以与世界法不同，但不能与之相悖。如果容许各国的国内法可以与世界法相悖，世界法就失去了应有的普遍约束力。因此，国际法的效力应高于国内法。当然，各国都是世界法的主体，在参与制订世界法时，可以适当考虑国内法的规定。

为了保证世界法公正、有效地实现，同样必须强调作为世界法律主体的各国不分大小，在世界法律面前一律平等。任何国家、任何组织包括世界权力机关都不能凌驾于法律之上。世界权力机关也必须在世界法律的范围内根据世界法律活动，而且一切活动，包括法律活动都应根据法定程序进行。要努力改变目前联合国的那种以大会决议代替立法的做法，使世界立法、行政和司法纳入程序化的轨道。使世界权力机关的活动程序化，并防止权力滥用，一个重要的前提是建立世界民主制度，并使之法律化。

世界法制的建立必须以世界民主为基础，同时也必须以世界权力机关的存在为前提。没有这样的机关，是不可能有真正的世界法制存在的。目前通行的国际法存在的主要问题就在这里。单就世界法制的内容而言，目前通行的国际法已经为世界法制特别是世界法律奠定了良好的基础，国际法中的基本原则，只要加以适当的限定就可以作为世界法制的基本原则。

世界道德

世界作为一个整体，作为一个主体，要保证它的秩序和和谐，不仅应该有法制作为它的基本保障机制，也需要道德作为它的辅助保障机制。现代人类社会是主体多元化的社会，不同的主体有不同的道德体系，世界道德是人类多元道德结构中的一个层次，或者说是人类道德中的一种特殊类型。一般地说，世界道德是世界倡导的、主要通过世界舆论、各国的道德自觉等非强制性力量发生作用的，以善和恶、正当和不正当为基本范畴调整国际关系、治理世界秩序的价值导向体系。与国家道德以及其他类型的道德的不同之处主要在于：① 它是由世界倡导的，用以调整国际关系和治理世界秩序的；② 它的主体是世界各国，世界各国是道德的“立法者”也是道德的“守法者”。③ 它是基于世界各国的共同利益并促进这种利益共进的。总之，世界道德是世界倡导的劝导世界各国怎样更好、怎样最好的价值导向体系。

在人类历史上，有各种不同的道德体系，但从来没有世界道德体系。今天的世界已经有了国际法，国际法可以说是世界法制的尚不成熟的形式，然而到目前为止，虽然有学者提出要构建全球伦理的问题，但并未形成共识，更没有建立起世界道德体系。在 20 世纪以前，作为整体的世界还没有形成，人类最大的整体是国家，因而那时不可能形成世界道德。但是，近代以来，特别是第二次世界大战以来，随着世界一体化的形成，人类日益被联系成一个有着共同利害关系的有机整体。整个人类之间、世界各国之间，既可以通过合理利己的方式实现利益的相互促进，也可以通过极端利己的方式造成利益的相互伤害。在这种情况下，为了实现整个人类和世界各国利益相互促进而不相互伤害，不仅需要世界法制来规范作为世界主体的各国的行为，也需要世界道德来劝导各国怎样通过各国利益共进来更好地实现其自身的利益。世界道德就是要用道德的方式来劝导世界各国从而实现世界和谐。

世界道德作为一种价值导向，作为一种理性自觉可以增强世界各国的自我意识和主体意识，使各国从更深层次上认识到世界各国利益的关联性，认识到世界秩序和和谐对于自身利益的重要意义，从而增强自我约束的意识。从这个意义上看，世界道德的构建也有利于世界法制的构建。在世界一体化已经成为现实的今天，从理论上和实际上构建世界道德已经成为时代的迫切课题。

世界道德在基本精神和基本内容上是与国家倡导的道德一致的，这就是我们在第七章所讲的无损于人原则、有益于人原则和服务他人原则。世界道德也不是要否认世界上各个国家自身的利益，也不是要否认各国追求自身利益的合理性和正当性，而是要求各个国家通过合理的、正当的途径去更好地实现自身的利益。这种合理的、正当的途径就是通过无害于并且有利于他国利益的方式、最好是以最好地实现他国利益的方式去实现自身利益。以这种道德的方式实现自身利益，不仅能使自己获得更大的利益，而且在自己获得利益的同时增进了他国的利益和人类整体的利益。如果世界各国都这样去做，世界就会是和谐的世界、美好的世界。

这种道德要求并不难理解，但要使之成为各个国家自觉的行为准则却不是一件容易的事情。人类的先哲很早就阐述过这个道理，但在人类历史上国家之间、民族之间，却长期以来几乎总是相互敌对、以邻为壑。这里的原因是复杂的，其中有三方面值得重视：

一是人性短视的弱点。人性有一种更重视眼前的、局部的利益的倾向。这种倾向同样会表现在国家和民族身上。如果没有理性的思考和外在的制约，人们就会顺从这种本性的自然倾向行动。

二是缺乏道德的自觉。虽然人类已经有了这方面的精神财富，但这种财富并没有转化为社会的道德资源，没有转化为人们的道德观念。

三是缺乏法制的制约。事实证明，任何道德要求要得到普遍有效的实现，需要有某种强制力特别是与道德精神相一致的法制作保障。今天人类要使世界道德真正成为各国的自觉行动，必须记取历史的教训，通过提高各国的道德意识、加强世界法制来克服人性的弱点，克服各国的极端国家主义和极端民族主义倾向。

世界舆论

伴随着世界一体化的进程，舆论已经从一国的范围走向国际，并正在走向世界。今天世界性的舆论正在形成，对国际社会生活，特别是对促进世界和平、公正、合作发挥着越来越重要的作用，正在成为世界和谐的重要保障机制之一。但是，到目前为止，人们对世界舆论对于世界和谐可能具有的作用、世界舆论的作用机制、世界舆论的形成，以及目前世界舆论的现状、走向和存在的问题尚缺乏系统的研究。与世界法制、世界道德相比较，世界舆论目前基本上还处于一种自发的状态。

世界舆论虽然由于会受到国内舆论的影响，因而它的作用力可能要小于国内的社会舆论，但对世界和谐仍然具有重要的促进和保障作用。具体体现在以下几方面：

第一，可以加强人类之间的交流、理解和相互促进。世界舆论在世界范围内传播各种信息，这种传播可以使全人类相互交流，通过这种交流又可以使人类相互理解、相互促进，消除人类彼此之间的隔阂、减少对立和冲突。

第二，可以促进人类个体（包括个人、国家以及各种群体）的世界化。世界舆论可以传播人类的共同价值观念和行为准则，并造成相应的舆论氛围，使人类个体自觉不自觉地在这种氛围中增强世界意识和对世界的责任，接受人类共同的价值观念，按照人类共同的行为准则行事，从而促进人类个体普遍世界化的进程。

第三，可以推进世界民主、世界法制、世界道德建设。世界舆论不仅能宣传世界民主、世界法制和世界道德，而且可以通过舆论的褒扬、贬抑或谴责的力量推进世界民主化、法制化、道德化的进程，扼制世界霸权主义、极端民族主义，反对世界战争，谴责世界不公。

第四，可以促进国际合作。世界舆论可以为世界各国以及整个人类之间的各种合作提供信息、架设桥梁、开辟园地。总的看来，世界舆论可以为世界和平、公正和合作营造环境和氛围，提供条件和机会，是世界和谐的重要保障力量。

从目前情况看，世界舆论形成和发生作用主要有两种途径：一是大众传媒，二是世界会议。大众传媒是一种每日都能发生作用的世界舆论方式，是世界各国和整个人类了解世界的窗口，但由于语言、空间及国家的控制，它的作用力较为有限。各种地区性、国际性、世界性的会议是世界舆论的一种重要形式，它可以通过形成决议、宣言等方式形成巨大的舆论压力，使事件朝着舆论所期待的方向发展。其缺点在于这种方式不是经常性的。因此，如何使两者相互补充，是使世界舆论更好地发挥作用所需要重视的问题。

世界舆论形成和发生作用的机制与国内舆论有很大的不同。由于空间和语言的障碍，世界舆论形成较为困难，公民难以普遍参与，影响力有限。世界舆论通常要通过各国的舆论作为中介影响国内公民，因而国家的立场、政策会影响世界舆论，使各国公民不容易了解世界舆论的真相。世界舆论通常又是通过各国舆论形成的，国家舆论的过滤作用可能使各国公民的真实意见得不到充分的、准确的表达，因而世界舆论可能并不一定真正能体现世界各国公民的态度。也由于世界舆论主要是通过各国舆论形成的，而世界目前尚未有权力机构，因而世界舆论基本上是不受控制的，各国都可以自由地表达自己的意愿和态度。

世界舆论更自由、更不受限制的情形有助于各国充分表达自己的意见，使世界舆论不容易受操纵，但也容易形成对立的舆论，使人们无所适从，同时还可能导致不负责的消极后果。从总体上看，国际舆论目前基本上还是一个完全自由的论坛，这有利也有弊，但利大于弊。舆论只有真正自由，世界才会有不同的声音，有不同的声音世界才会有和谐。与舆论一律相比，舆论自由能更好地发挥监督作用，能为世界和谐提供更有效的保障。问题只在于如何防止某些世界性舆论可能导致的消极后果。这需要制定世界性的新闻舆论方面的法制，而这又依赖于世界法制的完善。

三、世界政府的必然性

世界需要管理。管理世界就需要管理世界的机构。早在 20 世纪 40、50 年代，有识之士鉴于世界大战的教训提出建立世界政府的设想，今天也仍然有人持这种主张。例如，针对目前世界的政治无组织问题，马里旦主张建一个世界政治社会，建立世界政府。他对建立世界政府的必要性以及世界政府如何构建的问题提供了论证的方案。[①] 如果说在 20 世纪 40、50 年代提出建立世界政府为时尚早，那么今天再提出这个问题则是值得全人类共同思考的。我们这里所说的世界政府是就广义而言的，包括世界的立法机关、行政机关和司法机关，实际上就是世界的权力机关。考虑到人们已经使用了世界政府这个概念，我们暂且沿用这个概念。这是一个重大的人类问题，需要专门的研究，这里只是提出一些初步的设想。

必要性和可能性

建立世界政府不是人们的突发奇想，而是有着充分根据和充足理由的。

建立世界政府是人类文明发展的历史必然。人类文明经过几千年的发展，特别是经过近几百年的发展，已经使整个世界在经济上、政治上、文化上成为一个整体。这个整体的形成已经使整个人类的命运紧密地联系在一起。今天，任何一个个人、任何一个国家都不可能离开人类和世界而获得真正的幸福。另一方面，在世界联系成为一个整体的同时，世界的结构变得越来越复杂，全球性的问题变得越来越多，国家之间的矛盾和冲突越来越容易产生。在这种情况下，为了使世界结构有序化，为了使地球的资源得到合理的利用，为了保护作为人类共同家园的地球，为了使全球性问题得到妥善而有效的解决，为了使各国之间的矛盾和冲突得到及时地调解，总之，不仅为了世界能作为一个有机整体长期存在下去而不至于因人类自身的争斗和破坏遭到毁灭，而且为了人类的世界更和谐、更美好，必须有一个世界权力机构对世界进行统一管理。

哈贝马斯针对民族国家行为能力弱化的趋势主张民族国家联合成为一个更强大的政治统一体，建立一种超国家的政治机制。“面对世界市场的颠覆力量和绝对

---

① ［法］马里旦：《人和国家》，沈宗灵译，中国法制出版社 2011 年版，第七章（世界政府问题）。

命令，面对交往在世界范围内的不断紧密，国家的外部主权，不管如何论证，在今天都已经过时了。全球性的危险与日俱增，它们悄悄地迫使世界上各个民族不由自主地组成一个风险共同体；从这个角度来看，的确有必要在跨民族层面上建立起具有政治行为能力的机构。”①这个机构就是世界范围内的政治共同体。这是不同于联合国那样的一个单纯由国家组成的国家共同体，它既包括国家，也包括各种世界组织，也不会排斥任何一个人，“因为它不允许在内部和外部存在着社会界限”②。这种世界共同体具有三方面的特征：其一，它是跨民族的，将一切世界公民都凝聚在一起，并通过立宪来保障所有世界公民的基本权利。其二，它通过对话与商谈的模式，协调不同利益集团甚至每个个体的利益关系，从而形成世界范围的公共领域。其三，设立处理全球事务但又没有垄断权力的行政权力机构，其权力被限制在维护基本秩序方面，包括消灭战争、内战、国家犯罪，以及防止灾难和世界范围内的风险。③哈贝马斯特别强调这种对权力限制的重要性，因为有了这种限制，这种共同体就不会成为类似国家的世界政府。“有了这样一种对基本秩序过程的限制，对现有机构的改革不管多么雄心勃勃，都不会形成世界政府。”④正是在这种意义上，哈贝马斯将他所倡导建立的世界共同体称为“没有世界政府的世界内政”（Weltinnenpolitik ohne Weltregierung）。

因此，建立世界政府来统一管理世界事务，是人类文明发展到今天的必然要求。建立世界政府就像历史上建立国家一样，是不可避免的，在今天看来是势在必行的。这只是个时间早晚的问题，但是可以肯定的是，人类越早建立起世界政府，就会越少付出因为没有世界政府而必然会付出的代价。人类也许没有意识到今天的人类正在为没有世界政府而付出多么巨大的代价！

建立世界政府是现代世界和谐的现实要求。建立世界政府不仅是人类文明发展的必然要求，而且人类的幸福乃至人类的生存的需要已经使这种要求十分紧迫地提到了整个人类和世界各国的面前。这一点可以从很多方面得到论证，这里只列举人们有目共睹的几个方面略加说明。

其一，人类生存的环境已经面临严重的危机。如果没有世界政府来协调和管理，而只靠各国自己解决，或靠一些没有权力的国际组织，恐怕是不能从根本上解决问题的。

其二，地球上的资源，特别是有限的不可再生资源普遍存在着滥用和浪费。如果世界没有权力机构对资源进行有效的管理和必要的配置，那些不可再生的资源也许不用多少年就会枯竭。这种“吃子孙饭、断后代路”的问题恐怕也是不能

① ［德］哈贝马斯：《包容他者》，曹卫东译，上海人民出版社 2002 年版，第 172-173 页。
② ［德］哈贝马斯：《后民族结构》，曹卫东译，上海人民出版社 2002 年版，第 120 页。
③ 张翠：《民主理论的批判与重建——哈贝马斯政治哲学思想研究》，人民出版社 2011 年版，第 163 页。
④ ［德］哈贝马斯：《后民族结构》，曹卫东译，上海人民出版社 2002 年版，第 119 页。

靠某一国能解决的。

其三，世界不少地区战火连绵，此伏彼起，加上恐怖不断，使得这些地区的居民以至全世界都鸡犬不宁，人心惶惶。这两个问题更是单个国家或几个国家联手所无法得到彻底解决的。

其四，世界各国庞大的国防开支和数量蔚为可观的职业军队，浪费了很多人类的物质财富和人力资源。这个人类的痼疾没有别的办法医治，只有建立世界政府，建立统一的世界军队才能最终得到解决。

人类已经具备了建立世界政府的可能条件。今天，建立世界政府并不是纸上谈兵，而是具有现实可能性的。这种现实可能性主要在于：

第一，人类已经有了建立世界和谐秩序的强烈愿望和要求。今天的人类现实已经使整个人类，包括政治家，越来越清醒地意识到个人、国家的命运与世界的命运的紧密相关性。建立和谐的世界已经成为全人类和各国的共同心声。显然，世界和谐只能通过世界政府来实现。因此可以说，人类对世界和谐的关切心是建立世界政府的心理基础。

第二，人类已经具备了管理整个世界的知识、能力和经验。经过几千年特别是近几百年人类文明的发展，人类自我主宰、自我管理的能力大大增强。今天，人类不仅积累了管理好一个国家的知识、能力和经验，而且已经具备了管理好整个世界的知识、能力和经验。联合国就是有力的证明。

第三，人类已经具备了管理好世界的物质技术条件。这突出地体现在人类已经有了先进的通讯工具。在现代人类的眼里，地球不再是广阔无垠的，而不过是一个大村落而已。这为世界性的管理提供了极大的便利。在物质技术设施方面，今天管理世界肯定比一个世纪前管理一个国家要方便得多。汤因比指出："在科学技术可能而且已经能够对于交通运输提供许多便利的程度而方，世界政府已经是一个很实际的建议。"①

第四，人类已经有了建立世界政府的基础。这就是人类已经建立起来的各种世界性组织，特别是联合国。联合国大会、安理会、国际法院，以及各专门机构，可以说就是世界政府的雏形。只要对它们进行一些改造，就可以成为世界政府。

从以上所列的一些条件来看，对于当代人类来说，建立世界政府是完全可能的。

目的、职能和结构

与构建国家政府相比较，构建世界政府更是人为的。因此，在构建世界政府之前必须明确规定世界政府的根本目的和基本职能，并使之原则化、法制化，以防止世界政府发生国家曾经出现过的异化。

---

① ［英］汤因比：《历史研究》下，曹未风等译，上海人民出版社 1964 年版，第 400 页。

世界政府的根本目的与国家应有的根本目的实质上是一致的，差别只是范围上的。国家应有的根本目的应是全体国民幸福的普遍实现，世界政府的根本目的则相应地应是全人类幸福的普遍实现。但是，全人类的普遍幸福并不是世界政府所能完全实现的，还需要各国政府，需要各个个人自己的努力。对于全人类的幸福，个人、国家、世界各自承担着不同的责任。世界政府的主要责任在于为全人类的幸福营造和谐的世界环境，从而有利于全人类幸福的普遍实现。从这种意义上看，可以把世界政府的根本目的更具体地规定为为人类幸福的普遍实现营造和谐的世界环境，也就是要使世界和谐。世界和谐的基本标志就是人类和平、世界公正和国际合作，因此，世界政府的根本目的和根本使命就是要致力于彻底地消灭战乱、强权和侵略的罪恶现象，永久地建立和平、公正和合作的美好世界。

为了实现世界政府的上述根本目的，它必须履行以下六种基本职能：其一，维护世界安全。这是世界政府的最基本职能。它主要包括三个方面：一是预防和制止任何战争，无论是国际性战争还是国内战争，使一切冲突和争端都无条件地通过协商解决；二是世界经济技术安全；三是预防和打击国际犯罪。其二，协调国际争端。通过各种途径对争端作出合理的评判和裁决，使争端缓和以至解决。其三，保护基本人权和各国主权。世界政府必须保护全人类所有个人的基本人权，使其不受任何个人和组织（包括国家）的侵犯。在此前提下，世界政府维护各国的主权和尊严，使其得到必要的尊重。其四，管理世界经济社会生活。世界政府要从更宏观的层次上适度干预世界经济，规范各国的经济活动，保护自然环境，使科学技术得到和平的利用。其五，兴办世界性的公共事业和公益事业。为了促进地区发展的平衡，帮助某些国家无力帮助的弱者和受难者，世界政府应该兴办诸如教育、福利、救助之类的世界性的公共事业和公益事业。其六，促进国际交流和合作。世界政府要为国际性的政治、经济、技术、文化的交流、竞争和合作营造环境，制定规则，维护公平，促进世界经济增长和社会进步。

为了实现其目的、履行其职能，必须建立精简、高效、负责的世界政府机构。世界政府可以按照三权分立、相互制衡的原则设立，包括立法机构、行政机构和司法机构。它们通过民主途径产生，对世界各国负责。

面临的难题

建立世界政府虽然条件业已成熟，但面临着一些难题。其中有两个最大也是最难解决的难题：一是世界议会代表的组成问题；二是建立世界军队的问题。

建立世界政府的关键在于建立世界立法机构，有了合理的、能为世界各国接受的世界立法机构，世界行政机关和司法机关就比较容易产生了，因为它们都可以在立法机构的基础上或者通过立法机构产生。问题是世界立法机构如何产生。按照目前联合国大会的组成方式，每一个成员国作为一个议席，享有相同的投票权，这在理论上是合理的，因为这肯定了世界上每一个主权国家都是世界的一个平等的个体成员。但是，目前的联合国大会往往只是作决议，而且对世界的事务管理的范围有限，因而各国特别是大国还是可以接受的。如果联合国真正变成了具有对世界所有事务和命运具有决策权的机构，大国可能会不那么愿意同小国享有同样的权力。更重要的是，在目前的联合国结构的设置中，还有一个拥有巨大权力的安理会，在这个机构中，五个大国享有常任理事国的特权，因而大国还能在联合国大会中与小国平等相处。如果没有了安理会这个特殊的机构，世界行政机构完全由世界立法机构民主产生，大国没有任何特权，大国可能就不那么乐意了。事实上完全以主权国家为单位作为世界立法机构的成员显然是不合理的。从一些民主国家的情况来看，它们为了解决类似的矛盾，设立两个议会，一个根据地域，一个根据人口。这是比较合理的。世界立法机构采取什么方式建立才能使大国小国、强国弱国都能接受，这需要理论和实践的探索。

要使世界政府真正成为有权力的立法、执行和司法机关，而不只是一个议事机构，必须以一定的强制力为基础。在当前各国都拥有武装力量的情况下，这种强制力的基础只能也是常设的武装力量，主要是军队，否则世界政府就只可能是目前联合国的这种状况。而且建立一支能保卫世界和平的军队，就可以削减以至消灭各国的军队。如果没有各国的军队，维护整个世界的和平也许只需要目前一个大国的那么多军队就足够了。这样可以从整体上大大减轻各国和整个人类的沉重负担。然而，如果要组建这种世界常设的武装力量，一系列问题就会随之产生。

首先是这支军队怎样组成的问题。如果每一个主权国家出同样数量的兵力，承担同样的军费开支，那么就有一些国家难以负担；如果根据国家大小、强弱来规定出兵的数量和承担军费开支的数量，且不谈大国、强国是否愿意的问题，更重要的是，大国、强国可能因此操纵军队并从而操纵世界政府。

其次是世界军队与国家军队关系的问题。世界军队要真正作为世界政府的后盾，必须在世界各地布防。这样，就涉及世界军队与国家军队的关系怎么处理的问题。

第三是能否真正地减轻人类负担的问题。建立世界军队的目的之一，就是要在总量上大大削减各国的军队，从而减轻人类在国防开支方面的沉重负担。如果国家的军队不大幅度削减，却又建立一支世界军队，反而增加了人类的负担。因此，可以肯定，世界军队的建立必须以各国的军队大幅度削减、以至最后消灭国家军队为前提。这样的世界会到来，但怎样才能到来，以什么方式到来，也还需要人类理论和实践的探索。

正因为建立世界政府面临着诸多难题，哈贝马斯才主张建立“没有世界政府的世界内政”。不过，笔者认为，处理全球事务的机构名称叫“世界政府”抑或“世界内政”，机构采取什么形式，都可以进一步协商讨论，但重要的是：世界需要治理，治理需要机构，这已经成为了人类的普遍共识。

第十一章　宇宙、自然界与人类

一、宇宙和自然界

在人们的日常观念中，宇宙和自然界是大体上相当的概念，都是指可以独立于人而存在的、由所有存在过、存在着和将存在的事物构成的有序整体。当然，这两个概念在语义上还是有差异的。宇宙似乎更强调地球以外的外层空间，而自然界更侧重于与人类生存相关的地球及其周围环境。但是，科学和哲学越来越充分地证明，宇宙和自然界的观念和概念属于人的认识范畴，宇宙和自然界就是人从自己生存的立场和所处的位置出发、用宇宙和自然界的范畴去观察人类生存的环境所构想和构建起来的东西。如果存在着原生的独立自存的宇宙和自然界，其本来面目也决不会是人所想象、所描述的那样。这里我们具体讨论一下人类所构想和构建的宇宙和自然界是怎样的，以及宇宙和自然界是怎样被人类构想和构建的。

人类构建的宇宙

宇宙是什么？最一般地说，宇宙就是一切存在着的东西，或者说是由一切存在着的东西构成的整体。这里所说的“一切存在着的东西”总是人类所能见到的东西。当然，人类也可以设想包括那些人类没有见到的东西，但那些人类没有见过的东西，人类无论怎样设想，都无法说清楚它们是什么，而且不同的人对它们是什么有不同的看法。例如，有的人认为上帝存在，而有的人则认为上帝不存在。那么，究竟上帝存在不存在？正如康德所证明的，这无法断定。因此，我们可以说，宇宙总是人的宇宙，或者更准确地说，宇宙是人构想的宇宙。在人这里宇宙实际上是与宇宙观同一的。人们所说的宇宙就是他们的宇宙观，人们的宇宙观也就是他们所说的宇宙。自古以来，人们一般都断定有一个独立自存的宇宙存在，有不少人还对它作出了种种描述，并认为这就是那独立自存的宇宙。康德已经证明，人们所描述的种种独立自存的宇宙只不过是人们的一种独断，实际上完全无法说清楚它是什么，过去无法说清，现在无法说清，将来永远都无法说清。

由于宇宙实际上总是人眼中的宇宙，因而不同人所看到的宇宙是不同的。我们至少可以从以下四个方面说明这一点。

常识和科学对宇宙的看法是不同的。在人们的日常经验中，宇宙就是日月星辰围绕着地球运转、四季交替变化等现象构成的天穹，地球居于中心。与常识不同，现代科学证明宇宙是由无数星系构成的庞大天体系统。我们所居住的地球不过是其中的银河系中的太阳系的一个普通成员，而不是宇宙的中心。从科学的角度看，常识关于宇宙的许多看法是不对的，但人类却根据这些看法生活了几十万年，也许更久。而且，人类在更多的情况下是根据经验生活的，经验能使人适应环境生存下去。

科学本身对宇宙的看法也是不同的。一般地说，科学对宇宙的看法比常识理应更正确，但是科学本身对宇宙的看法也是不同的。不用说自古以来的科学有“地心说”和“日心说”的重大分歧，即使在科学高度发达的今天，科学家也没有对宇宙究竟是什么形成统一的看法，他们对宇宙的形成、演化、结构、元素构成等存在着众多分歧。而且不同的学科眼中的宇宙图景是很不一样的，所谓微观、宏观、宇观的说法就是证明。可以肯定，不管科学如何发展、如何先进，永远也无法完全说清楚宇宙究竟是什么，充其量只能把人类所能见到的宇宙说得更清楚一点。更值得注意的是，不仅今天科学家眼中的宇宙与过去科学家眼中的宇宙完全不同，而且未来科学家眼中的宇宙肯定也会与今天科学家眼中的宇宙完全不同。

不同的哲学家对宇宙的看法是不同的。无论是常识还是科学都无法证明宇宙是独立自存的，更无法说清楚宇宙究竟是什么，而且它们所断定的总是所看到的有限宇宙，还有更说不清楚的未见的宇宙可供人们想象。于是，试图超越科学和常识回答宇宙本原的哲学家就大有作为的天地。自古以来的哲学家给想象插上思辨的翅膀，“看到了”种种构造精美的宇宙。他们都理由充足地论证宇宙是物质的，宇宙是精神的，宇宙是一元的，宇宙是多元的，宇宙是本来就有的，宇宙是上帝创造的，但是谁也说服不了谁，以至于后来休谟认为是否存在一个独立自存的宇宙是不可知的，康德认为人所认识的宇宙是人自己构造的。

不同的宗教对于宇宙有不同的看法。每一种宗教几乎都有一种自己关于宇宙的看法。基督教认为宇宙是上帝为人创造的，上帝创造的宇宙本来是完美和谐的，只是人类始祖亚当和夏娃违背上帝的意志偷吃了善恶树上的果子之后世界才变成了罪恶的世界。在佛教的教理中，宇宙是由几十个“天”构成的，所有这些天构成两界：欲界和梵界。欲界同经验世界及其居住者的生活欲望和渴求相联，为有情所住；梵界同经验世界隔绝，为无情所住。伊斯兰教则认为宇宙是安拉（真主）创造的。他用了两天的时间展开大地，并在大地上安置许多山岳和河流，然后用了更多的时间创造了七重天，其中最低的天他以“众星点缀并加以保护”。

今天，越来越多的人相信科学关于宇宙的看法更正确。但是，这并不意味着人类的宇宙观可以统一起来。一个有说服力的证明就是，在科学如此昌明的今天，不仅还有许多人相信宗教宇宙观和哲学宇宙观，而且同一个人可能同时持有科学、宗教、哲学的宇宙观。其所以如此，根本原因在于宇宙不是独立自存的，而是人根据自己的需要设定的。有不同的需要，就有不同的宇宙和宇宙观。我们不能排斥有某种独立于人之外的“自在之物”存在，但这种“自在之物”一旦进入人的视野和大脑，就变成与本来面目不相同的东西。不同的人有不同的需要，同一个人有不同的需要，不同的人（特别是思想家）根据人的不同需要从宏观上去构建和设定那种进入我们视野和大脑的东西，就有了种种不同的宇宙观，也就有了种种不同的宇宙。同一个人也可能根据自己不同的需要相信不同的宇宙观，于是就有了同一个人同时持有不同宇宙观的情况。

人们之所以要构想和设定不同的宇宙，是因为构想和设定它们是对人有意义的，可以满足人的需要。这种意义主要体现在两个方面：一是认识的意义。不设定宇宙，人们只追求片面的、局部的、表层的认识，只有设定了宇宙，人们才会使认识拓宽和深化，追求统一的、总体的、深刻的认识。二是信念的意义。人是个别的、短暂的、有限的，设定了宇宙，人就有了某种普遍的、永恒的、终极的东西。有了这种东西作为基础，人的存在才有了支柱，人的生活才有了根基，人的追求才有了目标。一般地说，人们所设定的宇宙都同时具有这两种意义，不过有的更侧重信念意义，如宗教的、哲学的宇宙，有的更侧重认识的意义，如日常的、科学的宇宙。宇宙对于人的意义，就是宇宙的意义，而宇宙的意义正是人在构想、设定它的过程中赋予的。从这个意义上看，不仅宇宙的存在是人设定的，而且宇宙的意义也是人赋予的。

以上这两个方面的分析也可以说明为什么现代社会越来越多的人相信科学的宇宙观这一现象。其所以如此，是因为现代人类更倾向于追求感性的、物质的享受，而科学的宇宙观更有利于人对宇宙的认识和改造，更有助于人所追求的世俗幸福的实现。

自然人化与人化自然

如果我们把自然界理解为与人类生存相关的地球及其周围的环境，那么自然界就包含在宇宙之中，是宇宙的一部分。但是实际上，对于人类来说，宇宙和自然界的意义是不尽相同的。谈到自然界，人们会感到它是与人类直接相关的，是人类生存的环境，而谈到宇宙，情形则并非如此，宇宙似乎离人类更远，与人类的生存关系不那么直接。从学理上看，两者之间的意义也不是相同的。宇宙是人所看见的加上人所想象的一起构想出来的，宇宙是人所构想的宇宙，自然界则不同，它是人所看见的，但并不只是人所想象的，而是实际感受的，是直接参与其过程的。人类不仅可以构想自然界，而且在一定程度上可以按照自己的意愿构建自然界。由于宇宙也是人构想的，因而也可以说宇宙是人化的，但这种人化有更大的臆想成分，而自然界则是通过人的活动构建起来的，因而它的人化是真实的、可感的。当然，如果说自然界是宇宙的一部分，而自然界是人为构建的，那么也就可以说宇宙是人为构建的。

今天的科学可以说明地球及其环境太阳系在几亿年前甚至在几十亿年前是什

么样子，但是，它不能说明如果没有人类，今天的地球以及太阳系会是什么样子。科学只能发现，而没有存在过的东西是不可能发现的。科学可以发现今天的自然界怎样并对它作出说明，但今天的自然界已经不是本来的自然界，而是人化了的自然界。这种人化了的自然界实际上也就是今天的自然界。

人化的自然界是自然界人化的结果。所谓的自然界人化或者说自然人化，实际上就是人把自己的意愿和意志强加给自然界，使自然界成为人希望它成为的那个样子。因此，自然人化的过程，也就是人构建自然的过程。不言而喻，这个过程并不是一有人类出现就有的，而是在有了人类之后才发生的，而且是人所特有的。动物也有它们的自然界，但这种自然界是它们所感觉的自然界，人最初也像动物一样只有自己所感觉的自然界，但随着人类理性及其所派生的各种能力的出现，人不仅有了所感觉的自然界，而且有了所构想的自然界，后来又有了所构建的自然界。尽管人类一直到今天所构想和所构建的自然界并不是完全的、系统的，而是一个事物一个事物地进行的，但所构想和构建的事物却是打上了人类意志的印记的，与所单纯感觉的自然有了性质的不同。而且人类自古以来一直都在一点一点地改变着、构建着自然界。这种逐渐的构想和构建改变了自然界的面貌，作用了自然过程，创造了许多非自然的事物。至少经过几千年文明社会的日积月累，自然界已经不再是自然的了，而是人为或人化的了。尽管自然的人化或人对自然的构建，并不像一项土木工程一样在一定的期限可以一次完成，但不能否认这种未有穷期的构建也是构建。

人类构建自然的过程，并不是无中生有的过程，而是将自己所感觉的自然事物进行观念的重构并使之对象化。人是自然界的产物，作为自然界产物的人又不断改变着自然界，因而至少自从有了人类之后，一直到今天的自然界，不是外在于人的独立自存的自然界，而是人与自然交融的自然界，因而也可以说今天的自然界是人的产物。这就是今天作为人类自然环境的自然的本来面目。

认识到自然界是人化的自然界，而且自然界还在人化着这一点是极其重要的，因为如果不是这样，自然界是完全独立于人类的，与人类的活动和构建没有关系，那么也就不存在对自然环境的破坏问题，也不存在保护自然环境的问题。今天讨论自然环境已经遭到破坏，说明自然已经人化过，今天讨论要保护自然环境，则说明自然还可以人化。

另一方面，认识到到目前为止人类构建自然、自然人化的方式是局部有计划而全局无计划这一点，也是极其重要的。正因为人类过去对自然的构建仅仅就个别而言是自觉的而整体上是自发的，所以人类长期以来所构建的自然从个别上看是和谐的、美丽的，而从整体上看却是混乱的、丑恶的。尽管从人类本身来看，也许具有某种不可避免性，但不能否认这是一个错误，而且这个错误严重到了这样的程度：人类可能因为自己所人化的自然而毁灭。因此，今天的人类不能不反思自己的过去，改变自己构建自然的方式。

二、自然界与人类

自然界是人类生存的最基本的环境和条件，没有自然界就不会有人类，没有好的自然界就不会有人类的幸福，人类对自然界具有高度的依赖性。人类的自然环境是人类逐渐构建起来的，人可以利用它、改造它、重构它，并且在一定的程度上可以控制它、征服它、主宰它，但人类永远也不能完全控制、征服和主宰它。自然界与国家、世界不同，国家、世界完全是人为的，人类可以完全控制它们，使它们完全按自己的意愿构建和运作，而自然界则不完全是人为的，只是部分地是人为的，它不能完全按照人类的意愿构建和运作。自然本来就存在着破坏和损害人类的可能性，如果人类不善待自然，不爱护自然，这种可能性就会更大。“自20世纪开始，世界人口的快速增长，市场经济和科学技术迅猛发展，各国政府为促进和刺激经济增长而鼓励消费和享乐，国家有政府而整个世界无政府，加上征服自然、控制自然、主宰自然的人类中心主义观念大大强化，这一切导致了当代人类生存的自然环境遭到破坏。在环境被污染、生态平衡被严重破坏这一环境问题面前，自然和谐的问题、人与自然重建友好关系的问题显得突出和迫切。”[①] 因此，人类必须清醒地认识到自然对于人类的价值的双重性质，努力构建与自然的和谐，从而让它造福于人类而减少它对人类的危害。

对于人类的意义

弄清自然界对于人类的意义，这是人类以什么态度对待自然的前提。自然对于人类的生存、发展和享受具有根本性的意义，这似乎是不言而喻的。然而，并不是所有的人类的个体和群体总是对此有清醒的意识。因此，从理论上阐明自然界对于人类的意义，使整个人类都对此形成共识是十分必要的。

自然界对于人类的意义不仅是根本性的，而且是多方面的。罗尔斯通在其名著《环境伦理学》一书中列举的大自然所承载的价值共有13种，它们是：生命支撑价值（生态价值），消遣价值，科学价值，审美价值，使基因多样化的价值，历史价值，文化象征的价值，塑造性格的价值，多样性与统一性的价值，稳定性和自发性的价值，辩证的价值，生命价值，宗教价值。[②]这里我们选择一些主要的方面作些阐述。

自然界是人类生存的必要环境和条件，其价值具有最大的强度。人类出生于

---

① 江畅：《论价值观与价值文化》，科学出版社2014年版，第274页。

② ［美］霍尔姆斯·罗尔斯通：《环境伦理学》，杨通进译，许广明校，中国社会科学出版社2000年版，第4～35页。

自然界，生长于自然界，活动于自然界，与自然界血肉相联，须臾不能离开自然界。人们常常把自然界比作人类的家园，但人可以离开家园，而人类却完全不能离开自然界。人类可以没有幸福、没有快乐而生存，但不能没有自然环境而生存。“人们不可能对生命大加赞叹而对生命的创造母体却不屑一顾，大自然是生命的源泉，这整个源泉——而非只有诞生于其中的生命——都是有价值的，大自然是万物的真正创造者。”①自然环境对于人类的价值也许是人类所需要的价值中的最低层次，正因为如此，自然的价值往往不会成为人们所刻意追求的价值。比如，在现实生活中，有谁去追求空气的价值呢？然而，正如尼古拉·哈特曼所指出的，价值的层次越低，价值的强度越大。自然界对于人类的价值就是这种层次最低、强度最大的价值。从这个意义上看，自然界对于人类具有根本性的意义，人类可以什么都不要，但不能不要自然界；人类可以什么都不保护，但不能不保护自然界。

自然界是人类物质、能量和信息的终极源泉，其价值具有最大的广度。无论是人类个体的生存、发展和享受，还是人类社会的存在和进步，还是人类文明的进化和繁荣，说到底都不过是种种不同的物质、能量、信息的转换，而所有这些物质、能量、信息都最终来自于自然界，人类所能做的不过是利用它们、转换它们、重构它们，使它们对人类有利。人类认识、追求、创造、实现、消费种种不同价值，但所有这些价值都起源于自然界的物质、能量和信息，任何一种其他事物的价值都不能不以它作为最原始的材料，都不能超出它的范围。从这个意义上看，自然界的价值不仅是根本性的，而且具有最大的广度，是其他一切价值的母体。这种母体的质量如何，从根本上规定着所有其他一切价值的质量。因此，人类要最好地获取价值，就不能不保护自然界价值的纯洁性和优质性。

自然界是人类幸福的重要条件和内容，其价值具有最大的高度。自然界不仅对于人类个体、人类社会和人类文明具有基础性意义，而且对于人类幸福具有十分直接的意义。这主要表现在以下方面：其一，对自然的探索、改造和重构是人类成就事业的天地。我们知道，事业成功是人生幸福深度的标志，而人类的大多数事业都是与自然界相关的。在人类历史上，自然界成就了多少英雄伟人的事业，实现了多少专家学者的梦想！其二，自然界本身具有审美价值。自然界中许多的自然景观使人赏心悦目，心旷神怡。这些给人类增添了多少乐趣、多少快感！这样的自然景观是人类所无法建造的。其三，环境质量已经成为生活质量的重要指标。对于今天的人类来说，好的自然环境不仅是幸福的必要条件，而且本身就是幸福的重要内容之一。其四，回归自然越来越成为人们的一种幸福取向。人们有种种不同的幸福观，其中有不少为文明所累的人向往回归自然，与自然一体。这

---

① ［美］霍尔姆斯·罗尔斯通：《环境伦理学》，杨通进译，许广明校，中国社会科学出版社 2000 年版，第 268 ～ 269 页。

是一种新的幸福观，反映了追求更高层次幸福的愿望。以上所有方面都表明，自然界对于人类的价值可以达到人所追求的价值的最大高度。

当然，自然界的价值一般来说是中性的，可以利用它，也可以放弃它，可以使它更美好，也可以使它遭破坏。就看人类怎样对待它。

对人类的威胁

自然界对于人类具有任何其他事物所不可能具有的极其重要的价值，但自然决非绝对好的事物，它还存在着危害人类的一面，这种危害性不同程度地威胁着人类的存在。这种威胁始终存在，是人类所不能完全排除的，具有不可避免性。对自然的这种危害性和威胁性有清醒的意识，也是人类对自然采取正确态度的重要前提之一。

自然界对人类的威胁来自于自然界的危害。如果不考虑可能发生的地质变异和天体变异对人类的危害，自然界对人类的危害大致上可以划分为两种主要类型：

一是自然灾害。这即是通常所说的天灾，如地震、火山、干旱、洪涝、冻害、雹灾、滑坡、台风、海啸、泥石流、森林火灾、农林病虫害，等等。自然灾害往往具有突发性，灾难的过程一般是数小时至数日的时间尺度，自然灾害几乎每年都或多或少、或大或小地要降临到人类的头上。这些灾害虽然不断发生，但对人类的危害总体上看是局部的，一般不会对整个人类造成威胁，而且人类可以对这些灾害采取一些预防措施和补救措施。随着人类文明的发展，人类抗御这种灾害的能力会不断增强。

二是环境灾害。这是一种缓变性的灾害，需要经过数年至百年以上的时间尺度演化过程，如水土流失、土地荒漠化和盐渍化、“温室效应”与全球变暖、气候的长周期演变、地面沉降、海面上升、海水入侵、淡水趋势性减少，等等。与自然灾害相比较，这种灾害的发生缓慢，但对人类造成的危害在范围上要大得多、在程度上要深得多，而且一旦发生就难以补救。由于人为因素的影响，这种灾害日益严重，已经成为当代人类生存的主要威胁。环境灾害也是自然界产生的灾害，因而可以从广义上把它看作自然灾害。

自从人类进入文明社会，自然界的灾害就不再是单纯由自然界本身产生的，人类的作为逐渐成为这种灾害产生的越来越重要的原因。

从自然界本身来看，自然灾害的产生与地球的演化和运动有关。人类所居住的地球从 47 亿年前诞生以来，一直都在不断地演化。那些翻天覆地的变化造就了地球现在的总体面貌，而至今还在不断地发生着的较小变化就构成了地球的自然变异。这些自然变异对自然界而言，只是地球自身演化过程中的一些微调，但对于人类来说，这些微调却往往成为自然界对人类的灾害，它们对人类的生存和发展造成了严重威胁。一般说来，以上所列的各种自然灾害大多是由于地球自身的演化引起的，具有某种不可避免性。

从地球的历史来看，自然环境一直都在不断变化和自我演化，但自工业革命以后，现代经济增长成为现代环境变迁的主要因素。现代经济增长的重要特征之一是人口和经济同时高速增长。人口和经济同时高速增长使自然资源的人均消耗量成倍增加，人均污染物排放量也成倍增长，其代价就是生态破坏和环境污染，就是环境恶化。环境恶化不仅直接导致了更具有广泛性和灾难性的恶果，即以上所列的种种缓变性的环境灾害，而且直接增强了自然灾害的成灾频率和强度，使环境对自然灾害的承受能力降低。环境破坏同人类文明一道很早就存在，但其严重化则开始于近代。不过，到 19 世纪为止，环境破坏还仅限于局部范围，全球规模的环境破坏是从 20 世纪开始的。“20 世纪是环境破坏的世纪。”① 环境恶化是环境破坏的结果。今天人类面临的来自自然界的灾害——例如现今越来越严重的雾霾等环境问题——实际上主要是人为造成的，是人类妄为的必然后果，或者说是自然对人类妄为的惩罚。

人类应有的态度

自然界对人类既具有其他任何事物所不可替代的价值，同时又具有危害。两者相比较，自然界的价值比它的危害对人类的意义大得多，而且它对人类的危害，也正说明它对人类性命攸关，而且自然界对人类的危害多半是人为造成的。自然界对人类有某种不适从性，但自然界不是完全独立于人类的，它可以在人的作用下变得更好或变得更坏。通过努力，人类可以使自然界本身产生的自然灾害减少到最低的限度，可以完全杜绝由人类对自然滥用和破坏所造成的环境灾害。更重要的是，通过努力，人类可以使自然界变得更好，使它更适合人类的需要，使它更具有价值。这里的关键在于人类如何对待自然界。既然自然界的状况关系到人类的生存、发展和享受，关系到人类的命运和前途，而人对自然界又能有所作为，那么，我们人类就需要研究和确立我们对待自然界应有的正确态度，使自然界更好地造福于人类而更少地危害人类。

根据自然界本身的特性及其与人类的关系，根据人类生存、发展和享受的需要，人类对自然界应有的正确态度大致上可以概括为以下依次递进的六个方面：

（1）热爱自然。自然界是人类的根基，是人类的雨露阳光。虽然它常常对人类造成伤害，但却永远是人类不可离开的家园，是人类不得不依赖的母亲。因此，人类必须永远热爱它而不能憎恨它。热爱自然，这是人类对自然应有的最基本态度。只有热爱它，才能保护它，才能以建设性的态度对待它，也才能使它更加美好。

（2）保护自然。自然界是人类最珍贵的东西，对于人类来说，任何其他东西都可以损害和破坏，唯独自然界不能损害和破坏。保护自然就是要防止自然界遭到损害和破坏，而且当它遭到损害和破坏时要尽全力抢救和修补。对自然界的损害和破

① ［日］岩佐茂：《环境的思想》，韩立新、张桂权、刘荣华译，中央编译出版社 1997 年版，第 1 页。

坏不仅可能来自人类，也可能来自自然本身。保护自然要求完全杜绝对自然的人为损害和破坏，也要求在自然界遭到自然界本身的损害和破坏时人类应尽力救护。

（3）顺从自然。自然界的力量从总体上看远远大于人类的力量，人类永远也不可能完全战胜自然，更不可能真正主宰自然。顺从自然不仅要遵守自然规律，而且必须从整个自然系统着眼考虑人类的作为。也就是既要遵循个别、局部的规律，更要遵循整体、全局的规律。顺从自然，是人类适应、利用和重构自然的前提。

（4）适应自然。自然界不是像《圣经》中所说的那样，完全是上帝适合人的需要而创造的，恰恰相反，人类是适应自然而生成的。自然界不会顾及人的生存、发展和享受，即使人类努力使自然成为适合于人的，这一点也不会从根本上改变。但是，自然也不是完全不能适应人类的。不过，要使自然界适应人类，人类首先必须主动适应自然。适应自然与顺从自然不同，它包含了主动性，要求人类要根据自然界的结构、运动及其规律适当改变自己，调整自己生存、发展的取向和策略。适者生存，这是自然界的普遍法则，人类也不可能违背这条法则而生存。

（5）利用自然。人类不仅要生存下去，而且要生存得好。要生存得好，就不能像动物那样只是顺从自然、适应自然，还必须在此基础上充分地利用自然。利用自然，一般地说，就是要利用自然界已有的各种资源，但并不只是意味着简单地利用那些自然存在的东西，还包括开发、加工这些自然的东西，制造那些并非自然存在的东西。利用自然必须以热爱、保护、顺从和适应自然为前提。忽略了这些前提，利用自然就会成为损害和破坏自然。

（6）重构自然。人类不仅要生存得好，而且要求生存得更好。另一方面，人类的人口不断增长，而自然资源却不断变少。这样，要满足人类总量不断增长的需要，要使人类生存得越来越好，就不能满足于自然界的现状，必须在较大的范围和程度上改造自然、重构自然，使自然界在一定程度上按照人类的意愿构成和运动。重构自然就是要以人类为主体、以人类幸福为目的构建自然本身，构建人类与自然的关系。重构自然的前提是必须热爱、保护、顺从、适应自然，而不能损害和破坏自然，它的目的是使自然更美好、更和谐、更适合人类的生存、发展和享受的需要。重构自然是人性和人类发展的必然要求，是人类与自然之间关系可能达到的最高境界。但是，重构自然又是很危险的。如果人类没有正确的观念作指导，没有对自然界和人类自身负责的精神，重构自然很容易导致生态平衡的破坏。

三、宇宙和谐图景

既然作为人类自然环境的宇宙（包括自然界）是属人的，在一定意义是人类根据自身的需要构想和构建的，那么就需要进一步研究，在人类可能的限度内，构想和构建什么样的宇宙最能满足人类更好地生存、发展和享受的需要。一般地说，最能满足人类需要的宇宙，只能是以人类为宇宙的主体、以人类生活得更好为指向，所构建起来的人类与万物和睦共处、互惠互利的和谐宇宙。有不少学者认为，那种独立自存的宇宙本身就是和谐的，人类要生存得好就要去保护或保全这种和谐。这种看法是值得商榷的。因为人类永远无法证明宇宙本身是和谐的，我们所说的宇宙和谐只能说是我们所构想和构建的宇宙的和谐，而且即使存在着那种本来的和谐也不一定是能满足人类需要的。真正和谐的宇宙应该是适合人类需要的宇宙。人类要构建这样的宇宙，就会涉及三方面相互关联的问题：一是宇宙和自然界本身的可塑性；二是人类的能力；三是人的需要。这三者的有机结合才能构成人类所能构建的、现实的和谐宇宙或最佳自然环境。我们可以把这种和谐宇宙的图景概括为生态平衡、风调雨顺这两个基本方面。

生态平衡

人类生活在生态系统之中，生态系统只有符合一定的要求才适合于人类的生存和幸福。这种要求现在人们通常称之为生态平衡。显然，这里所说的生态平衡并不是自然本身意义上的平衡，而是相对于人类而言的平衡。生态系统是否平衡不仅关系到人类的幸福，也关系到人类的生存。

生态平衡是相对于人类而言的生态系统的平衡。相对于人类而言的生态系统或者称之为人类生态系统，是以人类为主体的生命系统与环境系统在特定空间的组合，是不断同外界进行着物质、能量、信息交换，通过涨落、自组织而实现系统在时间、空间和功能上的有序和稳定的耗散结构。地球上最大的超级生态系统是生物圈，按其环境特征可将其分为陆地生态系统和水域生态系统。陆地生态系统又分为森林生态系统、草原生态系统、人工生态系统（农田生态系统、城市生态系统）等。水域生态系统又分为湖泊生态系统、海洋生态系统、河流生态系统、沼泽生态系统等。按照其物质组合的特点和功能，可以把生态系统的成分分成两大类：

一类是无机物质，即无机环境。可以划分为基质，包括构成植物生长和活动的空间土壤、岩石、砂砾和水等；物质代谢材料，包括太阳能、水、二氧化碳、氧、氮和无机盐；生物体的代谢媒介，包括水、空气和土壤。

二类是有生命物质，即生命群落。可以划分为三大类群：① 自然型绿色植物。它们有叶绿素，能通过光合作用固定太阳能，把吸收的水、二氧化碳和无机盐制造成碳水化合物，并进一步合成脂肪和蛋白质，用以建造植物自身。植物及其固定的能量是地球上包括人类在内的一切生物的食物来源和生命动力，因而植物是生态系统中的生产者，也是生态系统的核心。② 异养型动物，包括草食动物、肉食动物、草肉兼食的杂食动物。它们以植物生产的有机物为营养，以维持自己的生命活动。它们是生态系统的消费者。③ 异养微生物。它们靠分解植物和动物尸体为生，在分解的过程中获取尸体的剩余能量，并将无机养分从有机养分中释放出来，归还给环境。它们是生态系统中的分解者和转化者。整个地球生物圈就是靠这些微生物把大量植物、动物尸体清除掉，使物质得以循环，能量得以转换，生命得以延续①。

所谓生态平衡，就是人类生态系统的结构和功能处于协调状态，其物质和能量的输入与输出接近相等，在外来干扰下，能通过自我调节或人为控制恢复到原初的协调状态或建立新的协调状态。生态平衡不是静态的、绝对的，而是动态的、相对的，需要不断地调节。这种调节可以是自然系统的自我调节，也可以是人为的控制。自然系统的自我调节可以在自然系统遭到破坏的情况下使其恢复到原初的平衡，人为的控制则可以在自然系统遭到破坏的情况下建立新的平衡，而且还可以根据人类的需要建立更合理的生态结构，达到更高的生态效能，获得更高的生态效益。

生态平衡是相对生态失调或生态平衡破坏而言的。外来的干扰超过生态系统的自我调节能力而不能恢复到原初状态时，或对自然系统的人为控制能力不能建立新的协调状态时，谓之生态失调或生态平衡破坏。

导致生态平衡失调和破坏的因素很多，概括起来无非自然因素和人为因素两大类。破坏生态平衡的自然因素，如地震、海啸、山洪、泥石流、火山爆发等，通常有一定的局限性和特定性，而且发生率也不高，因而不是生态平衡的主要威胁。

对生态平衡的主要威胁来自人类。人类活动和行为的不当是生态平衡失调和破坏的经常、大量和反复作用的因素。例如，排放多种污染物质到生态系统中参与其物质交换和循环，毒化了整个系统，使其结构和功能遭到破坏；破坏地表的植被，使太阳能进入生态系统的入口收缩，降低生态系统的开放程度，使系统的消散结构退化；肆意捕杀野生动物和破坏各种自然生态系统，使越来越多的物种濒危或灭绝，弱化了物种的多样性而走向生态简化格局，使系统内的食物链、网中断或破损，使能流、物流淤塞不畅，使生态系统的自我调节能力削弱，等等。因此，要使生态平衡，首先必须杜绝对自然生态系统的人为破坏，其次才是通过人为控制的方式建立适合人类需要的新的生态平衡。如果生态系统由于人为的破坏，而无论是通过自然系统的自我调节还是通过人为控制，都不能达到平衡，也就不会有自然系统的生态平衡了。

风调雨顺

生态平衡主要是相对于地球本身，特别是地球表面的生态系统或生物圈而言的。毫无疑问，对于人类来说，生态平衡是宇宙和谐的最基本标志和最基本要求。没有生态平衡，不用说人与宇宙的和谐，人的生存都会受到威胁。特别是当代人

---

① 参见陈敏豪《生态文化与文明前景》（武汉出版社 1995 年版）中的“生态系统及其能量流、物质流和信息流”部分。

类面临的最大的威胁是生态平衡破坏，因而特别强调生态平衡既是必要的，也是自然的。但是，人类不仅生活在生态系统之中，同时也生活在天体系统之中，而且生态系统也同时存在于天体系统之中。人类与宇宙的和谐绝不只是涉及人类与地球上的生态系统的关系，而且还涉及人类与地表以外的大气层以及其他天体的关系。人类与宇宙的和谐应该包含人类与这种环境的关系的和谐。由于人类目前只能控制地球的大气层，而不能控制其他天体和外层空间，因而我们把这种和谐的范围限定在大气层范围内。这种大气层范围内的和谐状态可以借用通常的说法称之为风调雨顺。

大气层范围内的和谐所涉及的不只是大气层本身，而是两个相互作用的基本过程，即物理的气候系统、生物地球化学循环，以及它们之间的相互作用和对人类活动的影响。

物理气候系统包括控制着地面温度和降水分布的大气和海洋过程，也包括因太阳加热不同而产生的运动以及冰雪覆盖的变化等。生物地球化学循环则是指诸如碳、氮、硫、磷等十几种与生命相关的元素在地球系统中的输移、对生命物质的影响，以及后者的反馈影响。

地球上存在的生命即地球生物圈是由全球生物地球化学循环支撑和维持的，而生物地球化学循环又以不同的方式与物理气候系统发生联系。例如，物理气候系统通过平流层臭氧、温度、降水、云、海洋环流等影响生物地球化学循环，生物地球化学循环则通过植被、二氧化碳等影响物理气候系统。

在物理气候系统与生物地球化学循环之间相互作用的过程中，人类的活动具有特殊的作用。人类的活动不仅可以影响生物地球化学循环，而且可以影响物理气候系统。所谓风调雨顺就是指人类活动与生物地球化学循环、物理气候系统处于良性的相互作用之中，整个地球系统都有利于人类的生存、发展和享受。

要使整个地球系统特别是物理气候系统风调雨顺，人类不仅要保护和不断重建生态平衡，同时首先必须保护大气层，如果可能，还要作用大气层，使之朝着有利于人类生存、发展和享受的方向演化。人类的活动已经对大气层造成了严重的污染，如工业粉尘污染、汽车尾气污染、臭氧层破坏，等等。这些污染在短时间内引起了全球自然系统的变化。这种情况一方面应该引起人类对大气保护的重视，另一方面也表明人类对于大气层并不是完全无所作为的。在科学技术进一步发展的情况下，使物理气候系统并由之使生物地球化学循环朝着更有利于人类和地球生物圈的方向变化是可能的。

第十二章　人类的主体地位

一、人类中心主义信念

生活在世界中的人类以自己为宇宙的中心，这是人类本性的自然倾向，这种自然倾向是无可指责、更无法改变的。在此基础上形成的人类中心主义信念，则是人类自觉选择的结果。传统的人类中心主义信念产生了不少积极效应，但也导致了很多消极后果。现在许多人因为人类中心主义信念导致的消极后果而完全否定这种信念。那么，我们应该怎样看待这种观点呢？

自我中心倾向

“物竞天择”是自然界中生物物种生存的普遍法则，任何物种只有适应环境并在生存竞争中取胜才能生存下去，因而任何物种都必须利己。社会生物学认为，自私是生命的本性之一。在人们的眼中，自私是一个评价性术语，具有贬义，因而说利己是生命的本性也许更具有描述性意义，更中肯。人类作为一种物种也最终不可能超越“物竞天择”这一自然法则。它必须利己才能适应自然，才能在激烈的竞争中生存下去。不仅人类个体是如此，人类整体也如此。人类与其他生物不同，它的生存是种群性的，而且随着人类文明的进化，人类的种群的范围不断扩大，以至到今天整个物种已经成为一个有机的整体。

人类的这种特殊的种群性决定了人类的利己本性与其他物种有很大的不同。首先，人类的利己本性不仅体现于人类个体以及亲族，而且体现于人类组成的各种不同范围的群体，还体现于整个人类。其次，对于人类来说，不仅同类个体之间存在着生存竞争，每一个个体相对于其他同类、相对于其他物种都是利己的，而且人类可以为了实现彼此的利益组织起来，共同对付环境和其他物种，表现为整个物种的整体利己倾向。

无论人类个体还是人类整体的利己本性，都具有鲜明的以自我为中心的倾向。一般地说，每一个生物物种、每一个生物个体的利己本性都具有自我中心的倾向，但是，在人类这里由于理性的作用这种倾向更鲜明得多，更具有影响力得多。人类本性的这种自我中心倾向体现在人类生活的各个方面：

体现之一，总是以自己的需要为尺度去衡量一切。无论是人类的个体，还是人类的群体或是人类的整体都始终以自己的需要、以与自己的利害关系作为尺度去看待它们周围的一切，评价和衡量周围一切事物的价值。不仅对于其他物种如此，对于自己的同类亦如此。例如，一个国家只会以自己的需要作为尺度去评价它的成员，而在本性上不会完全出于它的成员的需要考虑和处理问题。

体现之二，总是以满足自己的需要为指向去利用和开发周围环境，去对待和征服其他物种，去设计和建设更适合自己生存的世界。人类在任何时候、任何情况下都不会为了环境本身更好而生存，相反会为了满足自己的需要去利用、开发环境，甚至去破坏环境；同样，也不会为了动物更好地生存而生存，相反只要自己需要就会残酷地杀戮。就本性而言，人类在任何时候都只会以自己为目的，而把其他一切都作为实现自己目的的手段。

人类自我中心倾向作为人类本性的表现，是自然而然的。只要人类存在，人类就会以自我为中心。任何个体、群体和整体，只要不利己，不以自我为中心，它就无法生活在世界上。同时，人类自我中心倾向作为人类的本性是人类之所以是人类的根本规定性，因而是无法改变的。由于人类自我中心倾向是自然的、甚至是无法改变的，因而它也是中性的，无所谓善恶，也无可指责。尽管出于这种自然倾向人类犯了许多错误，以至于危及人类自身的生存，但这并不是这种本性本身的问题，而是利用这种本性的问题。人类的自我中心倾向不仅不应该受到指责，相反必须给予肯定。它对于人类不是可有可无的东西，而是人类须臾不可离开的。人类的自我中心倾向是人类生存的原动力和终极尺度，是控制人类一切活动的一只“看不见的手”。

信念的确立

人类以自我为中心是人类本性的自然倾向。这种倾向是任何时候都存在的，只是程度不同而已。但是，人有理性，特别是自我意识，因而人类可以反思自己的这种本性的倾向及其引出的实践效果，并使这种倾向成为自己的观念和信念，进而成为理论化的东西，这就是人类中心主义。人类中心主义实质上就是人类对自己本性的自我中心倾向的确信。这里我们具体考察一下人类的自我中心倾向怎样成为人类中心主义信念的。

人类的自我中心倾向最初是自发的，无意识的。当人类有了意识，特别是在自我意识产生的时候，人类的能力已经发展到了这样的程度：它能够在一定程度上利用和控制自然界，对于自然环境具有一定的独立性和自主性。这就是说，当人类能够将自身之外的自然物作为认识和改造的对象、意识到自身与自然界的区别时，它就初步注意到自己可以作为环境的主人。于是就在一定程度上有了对自我中心的确信，尽管这时人类并不一定有了对自己本性的自我中心倾向的自觉意识。因此，人类的自我意识从一开始产生就孕育着“自我中心主义”的萌芽，包含着“人类中心主义”的观念基础。这在远古时期各民族出现的神话、传说和史诗中可以得到印证。各种古代神话的一个共同特征，就是立足于人类已经取得的对自然界的一定的独立自主地位，歌颂那些为人类取得这种地位的英雄。

人类自我意识形成的最显著的标志是古代哲学的产生，因而早期人类自我意识中包含的“自我中心主义”和人类中心观念，在古代哲学中第一次获得了理论的表达，被上升为哲学的观念。古希腊的著名哲学家几乎都直接或间接地强调人在宇宙中的中心地位，表现出人类乐观主义精神。著名的普罗泰戈拉命题“人是万物的尺度，是存在的事物存在的尺度，也是不存在的事物不存在的尺度”①，就是突出人在自然界中的中心地位的最典型表达。德谟克利特的原子论虽然认为人和自然界的万物一样是由原子构成的，但仍然肯定构成人的灵魂的原子不同于其他的原子，它是圆形的、光滑精致的，运动最快，因此最生动活跃。柏拉图主张只有理念世界才是唯一真实的世界，在理念世界的等级中，善是至高无上的理念，它是其他理念所追求的目标，是宇宙的最高目的。这同样也是突出人特别是道德的意义。古希腊哲学的集大成者亚里士多德不仅提出过地球中心说，而且他的基本哲学观点也具有鲜明的人类中心主义倾向。他断言，宇宙中存在着一个最高的形式，即原始动因，这种动因就是神，即善。而“善”或“神”就是自我思维的理性，是“纯粹的思想”。这样，人的理性、思想就成了整个世界万物的最后动因。

在中国古代，大多数思想家也都认为人有卓越的位置。最初表述这种观点的是老子，他说：“故道大、天大、地大、王（人——引者注）亦大。域中有四大，而王居其一焉。人法地，地法天，天法道，道法自然。”②张岱年先生解释说，老子认为人为宇宙中四大（即道、天、地、人）之一，而非与物同等，实高于物之上③。先秦集大成思想家荀子明确地指出：与宇宙万物相比，“人有气有生有知亦且有义，故最为天下贵也”④。即人有其余万物所没有的优点，所以在宇宙中占有高贵的地位。

古代的哲学是建立在朴素的经验和直观的思辨猜测基础之上的，与此相应，哲学中的人类中心主义也是建立在同样的基础之上的，并没有充分的科学根据。在其现实基础上，古代哲学与古代自然科学具有同一性，也就是说，不能简单地把古代哲学看作是当时自然科学的总结和概括，而应该看到它们都是以经验直观为基础的，只是各自的对象、范围不同而已。因此可以说，古代的哲学人类中心主义与当时的自然科学理论并没有直接的关系。但是，当时占统治地位的自然科学理论，主要是天文学，得出了与哲学相同的人类中心主义的结论。

我国古代最有影响的宇宙结构理论是“浑天说”。它认为“天地之体，状如鸟

---

① ［古希腊］普罗泰戈拉：《著作残篇》，北京大学外国哲学史教研室编：《古希腊罗马哲学》，商务印书馆 1961 年版，第 138 页。

② 《老子》第二十五章。

③ 参见张岱年：《中国哲学大纲》，中国社会科学出版社 1982 年版，第 168 页。

④ 《荀子·王制》。

卵，天包于地外，犹卵之裹黄”，把天和地比做蛋壳和蛋黄的关系，日月星辰附着于蛋壳上绕地运动。很显然，这种天体理论是一种地心说，把地球看成是宇宙的中心。这种天文学理论与古代哲学一样是建立在经验的直观和想象的基础之上的。与中国古代的浑天说相比，古希腊亚历山大里亚派的托勒密（约公元90～168年）提出的地心说更具有科学性和典型性。托勒密的地球中心说有观测的基础，符合人们的感觉印象。根据这种学说所作的推算，能相当精确地同事后的天文观测结果相符，用它预言太阳、月球及其他星球的位置可以得到观测证实。因此，“地心说”成了当时西方很有影响的天文学理论体系。

我们看到，古代的宇宙结构理论，特别是托勒密的理论，虽然并没有成为古代哲学人类中心主义的依据，但在西方后来却为中世纪基督教神学的人类中心主义提供了支持，为人类中心主义的最终形成奠定了基础。

在基督教的早期教义中就已经提出了“上帝造人说”。到了中世纪，经院哲学为了给这一神学教义提供论证，把托勒密体系改造成披着自然科学外衣的神学人类中心主义体系，歪曲地利用托勒密的地球中心说，宣扬地球就是上帝特意安排人类居住的宇宙中心，认为上帝创造了人并把人安放在宇宙的中心——地球上。地球上不仅有人类而且有其他事物。于是他们进一步论证说，地球上虽有万物，但五谷、果实、药草、鸟兽等都是上帝为了人类的使用和舒适而设计的。上帝为了供人驱使而创造了马匹，又让大地生长稻草来养马，再让天空的雨水给稻草浇水，如此等等。虽然经院哲学对人类中心主义的论证具有明显的牵强附会、神秘主义和目的论的色彩，但它却利用自身的强有力影响使人类中心主义作为一种信条固定下来，迫使人们不得不接受它。与此同时，经院哲学还利用亚里士多德的形式高于质料、目的论的观点把世界描绘成一个由下而上、层层对上依属的等级体系，而上帝是“一切形式的形式”，是宇宙的“第一原因”、“终极目的”。教会和经院哲学之所以要极力宣扬和论证上帝存在并且“全知、全善、全能”，就是要证明，既然上帝存在，上帝万能，那么上帝造人，把人置于地球上作为世界的中心当然就能成立。因此，利用亚里士多德的哲学证明上帝存在，可以看作是对人类中心主义的一种哲学论证。

然而，利用上帝的存在来给人类中心主义提供证明，导致了人和上帝的矛盾。既然人和万物一样都是上帝创造的，那么，尽管人是万物之灵长，人所生活的地球是一切可能世界中最好的世界，人还是必须服从上帝，人的世界必须服从上帝的绝对统治。这样，所谓人类中心主义，就成了上帝至上论。

基督教神学过分地强调上帝的地位，湮没了人，扼杀了人性，这与中世纪末期日益发展的生产力和商品经济发生了尖锐的矛盾。于是，新兴资产阶级展开了以反对宗教神学、争取人的价值和地位为中心的文艺复兴运动和启蒙运动。人文主义者和启蒙思想家反对基督教神学的主旨是要削减或否认上帝的地位，抬高人的地位。因此，在强调人对自然万物的优越性和人在宇宙中的中心地位方面，近代思想家与经院哲学家具有一致性，其不同在于，经院哲学家强调人作为宇宙的中心是以上帝的存在为前提的，而近代思想家则否定了上帝这个前提，代之以理性。人文主义剧作家莎士比亚借其作品的主人公哈姆雷特之口表达的对人类优越性的无比赞颂，就是一个证明。

在近代，由于启蒙运动的巨大影响，理性在人们思想观念中占有至高无上的地位。理性被看作是人的本质，是人区别于动物的根本所在，甚至认为理性是宇宙的“普照之光”。这种人类及其理性的乐观主义，在哲学上的反映就是理性万能论（理性主义），“存在就是被感知”（经验主义），人是世界的终极目的（康德），绝对精神创造世界（黑格尔）。这样，对上帝的信仰变成了对理性的推崇，中世纪的“上帝至上论”为“理性万能论”所代替，理性万能成了新的毋庸置疑的信条。

近代科学技术的兴起和发展，特别是从哥白尼开始的天文学理论，虽然彻底否定了托勒密的地心说及以之为基础的上帝造人说，但是它并没有从根本上动摇人类对自身在自然界中优越地位的信念。相反，近代科学技术和生产力的高速发展，人类征服和改造自然界的能力大大增强，人的主体地位日益突出，似乎表明人的理性力量可以控制一切。于是，人们更加坚信人类在自然界中的统治地位，人类是宇宙的主人的意识和观念、人类乐观主义大大高涨。如果说古代人类中心主义还主要是一种思辨的猜测，那么到近代，科学技术和生产力发展的现实则使人们看到或感受到人在自然界中的主人地位和人的优越性，人类中心主义因而成为一种普遍的自觉观念和确定信念。

正负双重效应

人类中心主义实质上是对人类在宇宙中的主体地位的确信，就是要求人类成为环境的主人，要求以人类的需要为中心看待一切、对待一切、处理一切、取舍一切。由于人是观念性的动物，人的一切活动都是在观念的支配下进行的，因而当人类形成和不断强化这种人类中心主义的观念和信念的过程中，就会以这种观念和信念支配自己的活动。可以这样说，自从人类有了人类中心主义的萌芽之后，人类的一切活动都是在这种观念的支配下、在这种信念的驱使下进行的。从人类的实践后果来看，人类中心主义的观念和信念对于人类既产生了积极效应，也产生了消极效应。

人类中心主义的积极效应不胜枚举，可以说人类的整个文明都是在人类中心主义观念和信念的支配下构建起来的。没有人类中心主义的确信，人类就不可能最终从自然界中分离出来并不断地在社会中完善自己，更不会有由此发展起来的辉煌灿烂的人类文明。具体说来，人类中心主义积极效应可以粗略地概括为以下三个基本方面：

第一，人类中心主义使人类确信自己是自然的主人，从而使人类从自然的奴役和束缚中解放出来，成为自然的控制者。人类中心主义使人类相信只有自己才是并且应该是自然界的主人，自然界中的其他一切事物包括物种都应该从属于自己，都应该为我所用，都应该为自己服务。正是在这种观念的指导下，人类自古以来不断努力地摆脱自然界对人类的各种奴役和限制。经过长期不懈的努力，人类不仅成功地消除了野兽对人类的威胁，消除了空间对人类的限制，消除了自然存在物满足人类需要的限制，而且人类已经能在较大的程度上控制自然界的结构和过程。我们说今天的自然是人化的自然，自然之所以能人化，从根本上说就是因为人类有了人类中心主义的信念。我们完全可以设想，如果人不相信自己是宇宙的中心，不相信自己是自然的主人，不相信自己应该成为宇宙的中心和自然的主人，怎么可能会努力地从各种来自自然界的奴役和束缚中逐渐解放出来，使自然在人类的控制之下？

第二，人类中心主义使人类确信自己是社会的主人，从而使人类从社会的奴役和束缚中解放出来，成为社会的控制者。人类中心主义在使人努力从自然的奴役和束缚之中解放出来的同时，使人类结成群体，建立社会。人类对于自然的中心地位实际上就是人类社会对于自然的中心地位，单纯的个人是不可能成为自然的主人的。没有人类中心主义的信念，人类不会追求从自然中的解放，也就不会有社会的出现。如果这样，今天的人类很可能像其他某种动物一样充其量不过是分散的动物群体，而不会有社会这种特有的形式。人类在组建社会的过程中也曾发生过严重的异化情况，使人类在还没有从自然中解放出来的时候就又套上了社会的枷锁。在这种情况下，还是人类中心主义信念使人类相信社会不过是自己为了能战胜自然、更好地生活而建立起来的，自己实际上就是社会的主人。虽然人类社会中存在着一部分人奴役另一部分人的情况，但既然人类自己就是社会的主人，那么完全可以通过人类自己的力量使社会更美好。因此，人类中心主义也是人类不断努力控制和改进社会、使自己成为社会主人的动力。

第三，人类中心主义使人类确信自己是自己的主人，从而使人类从自身的奴役和束缚中解放出来，成为自己的控制者。人类中心主义使人在努力从自然和社会的各种奴役和束缚中解放出来的同时也在努力地改变和改造自己，使自己从自己的各种局限中解放出来。这些局限包括生理性的，也包括心理性的，包括行为方面的，也包括观念方面的。它们虽然不是外部强加的，但对于人来说也是一种奴役性和约束性力量。在相当长的时期里，人并不是为了从自身中解放自己，而是在从自然和社会中解放自己的过程中解放了自己，但随着人类自我意识的增强，人类开始越来越自觉地改变自己、超越自己，努力使自己成为强者。在这全部的过程中，人类中心主义始终都是一种激励力量，激励人类不断改变和超越自己以使自己真正成为主人。如果人类没有坚定的、强烈的人类中心主义信念驱使，不仅不会要求成为自然和社会的主人，也不会要求成为自己的主人，也就不会不断改变和超越自己。

人类中心主义是到目前为止人类进化的心理动因和精神力量，它对于人类的意义之重大是人们很难述说的。正是在人类中心主义信念的激励下人类才从自然、社会和自身的各种奴役和限制中获得了今天的空前解放，才获得了今天空前的自由，才获得了人类的聪明才智和发挥聪明才智的机会和条件，并因而才获得了今天高度发达的文明。不过，从人类的历史和现实看，人类中心主义在产生积极效应的同时，也过分膨胀了人类的占有欲和统治欲，由此导致了一些消极效应。这些消极效应也可以概括为与以上积极效应相对应的三个基本方面：

第一，人类中心主义强调以人类为中心，在人类与自然的关系上表现为过分强调对自然的统治和对自然的索取，而忽视了对自然的依赖和对自然的培育，导致了自然资源迅速枯竭和自然承载力迅速衰退。人类中心主义是以自然作为十分强大的敌手和取之不尽的宝库为前提的。在这种观念的指导下，人类不断地发展自己的力量，不顾一切地发掘自然和与自然作斗争。其实，自然既不是宝库，也不强大，相反自然的资源是十分有限的，自然的力量是十分脆弱的，经不起日益强大的人类过分猛烈的发掘和斗争。过分猛烈的发掘和斗争已经使自然系统遭到难以恢复的破坏。由于人类对于自然存在着不可改变的依赖性，因而这种破坏会威胁人类的存在，这才是人类真正难以解决的难题。今天，人类不是因为不能统治自然而受制于自然，而是因为过分统治自然而受制于自然。人类陷入今天的窘境，不能不说是人类中心主义信念导致的。

第二，人类中心主义强调以人类为中心，在人类个体和群体之间的关系上表现为过分强调对其他个体和群体的统治，而忽视了社会中个人与个人、个人与国家、国家与国家之间的和谐，导致了自古以来人类社会中过分残酷的争权夺利的斗争。人类中心主义过分强调人成为主体和中心，表现在社会生活中就会使人类的个体和群体都注重对其他个体和群体的控制和统治，其结果不仅使社会处于无休止的争斗之中，而且由于争斗总有成败因而社会常常成为一部分人对另一部分人实行统治的不公正社会。

第三，人类中心主义强调以人类为中心，在个人与自己的关系上表现为过分强调理性，而忽视了人的非理性的方面，不仅导致了人们以短视的态度对待自然，过分热衷于争权夺利，而且导致了人过分理性化，使人的心理失去平衡，诱发多种普遍流行的心理性疾病。人需要通过理性才能实现对自然的统治、实现对社会的统治，人类中心主义高扬和强调作自然和社会的主人，必然引导人们培养、开发和使用理性，从而使人的理性能力大大增强。在理性大大加强的同时，人心理结构中的非理性因素相应萎缩，加上人为地高扬理性，贬抑非理性，人的非理性方面不仅萎缩，而且由于被看作是邪恶的，其结果是人生活必需的非理性方面由于受到不正当的对待而得不到应有的发展，人的心理逐渐失去平衡，导致心理疾病的普遍发生。

是非评说

从前面的考察可以看出，人类中心主义是一种根源于人类本性、自古以来就存在而近代以来越来越强化的观念和信念。由于工业革命以来，这种观念和信念导致了许多负面效应，特别是由于过分强调人对自然的征服和统治导致的环境污染和生态平衡破坏，因而自20世纪上半叶，思想家们就开始反思这种古老的观念和信念。其中一些思想家认为导致当代人类严重环境问题的根源就在于人类中心主义观念和信念，进而对人类中心主义持完全否定的态度，认为这种观念之所以会导致严重的环境问题，是因为这种观念和信念本身是完全错误的。例如，有的学者认为："自我中心是一种理智的错误，因为没有一种生物真是宇宙的中心；自我中心又是一种道德错误，因为没有一种生物有权利以宇宙的中心自居。它没有权利把它的同胞、宇宙、上帝和实在视为仅仅是为了满足一种自我中心的生物需求才存在。"①有的学者据此提出要确立非人类中心主义的观念，甚至主张必须赋予自然与人类相同的权利和内在价值。那么，人类中心主义与非人类中心主义这两种对立的观点，孰是孰非？

我们认为，人类中心主义的确导致了不少消极后果，使当代人类的生存面临着严重威胁。但是，它的问题的症结究竟在哪里？这些问题是否足以证明人类中心主义的观念是完全错误的、有害的？我们能否完全改变人类的这种观念和信念？人类是否真的可以成为宇宙的中心？这些问题还值得我们仔细研究。

毋庸讳言，人类中心主义导致了不少消极后果，这足以证明这种观念和信念本身存在着问题。那么，问题的要害在哪里？不少学者认为人类中心主义的要害在于以人类为宇宙的中心。正是因为以人类为宇宙的中心，所以在这种信念支配下的人类必然会要去征服自然、统治自然，其结果必然是导致自然环境的不可恢复的破坏。这就是一些学者之所以坚决否定人类中心主义的根据之所在。我们认为，人类以自己为宇宙的中心，或者不如更准确地说，人类以自己为宇宙的主体，并不必然导致对自然的破坏，正如在人类社会中，人们要求成为社会的主人，并不必然导致社会秩序的破坏一样。

人类以自己为宇宙的中心与随意地对待自然之间没有任何必然的联系，这是十分明显的。即使是主人对待奴隶，主人也不必要置奴隶于死地，更何况谁都知道自己离不开自然、自然的毁灭就意味着人类的毁灭，以自己为中心怎么就必然置自然于死地呢？我们认为，人类中心主义之所以导致人类严重环境问题，并不在于以人类为中心，而在于把以人类为主体或中心理解为人类对自然可以随心所欲。人类作为主体、作为中心，并不意味着人类可以成为暴君。如果把人类成为主体理解为成为随心所欲的暴君，人类就会随心所欲地对待自然。人类过去的问题正是发生在这里。事实上，过去人类中心主义的这一问题不只是发生在对自然的关系上，同样也

① ［美］大卫·格里芬：《后现代科学：科学魅力的再现》，马季方译，中央编译出版社1995年版，第86页。

发生在对社会的关系和对自身的关系上，导致了前面所说的那些消极效应。

过去的人类中心主义虽然导致了不少问题，但这决不意味着它是完全错误的，更不能证明它是有害无利的。从前面所论述的人类中心主义的积极效应可以看出，如果没有人类中心主义这种信念，人类今天也许还是动物，而不能成为人类，更不可能有今天人类的自由、幸福和文明。这种积极效应表明人类中心主义对人类形成、生存和发展具有极其重要的意义。与积极效应相比较，人类中心主义的消极效应是次要的，是可以克服的。它的消极效应表明它本身的确存在着问题，但这种问题并不在于以人类为中心，而在于如何以人类为中心。中心总是相对于其他事物而言的，中心决不意味着消灭周围的一切，否则就无所谓中心。只有让周围的一切（我们称之为环境）共同发展，中心才能更好地发展。过去的人类中心主义的问题症结就在于，它忽视了环境对中心的重要意义。因此，我们说过去的人类中心主义是有偏颇的。

尤其值得注意的是，人类中心主义的偏颇在很大程度上不是人类有意所为，而是人类的无知造成的。过去的人类中心主义之所以把人类的主体地位理解为人类可以随心所欲地对待自然，一个重要的原因在于，人类长期以来一直把自然看作是取之不尽、用之不竭的巨大宝库。人类长期分散居住，加上科学技术落后，根本不知道天有多高，地有多大。对于眼界十分有限的人类来说，自然是广阔无垠的，因而他们根本没有想到自然资源和承载力的有限性。当人类成为社会的主体的时候，一旦随心所欲，很快就会遭到其他主体的反对，而自然是不能说话的，更不是主体，因而人类对自然随心所欲得不到自然的反抗，其后果也不能及时反映出来。这样一来，人类的恣意妄行就得不到及时的制止，人类自己也难以警醒，以致问题逐渐积重难返，最后深重到今天的局面。从这个角度看，人类的环境问题，以及过去人类中心主义的“暴君”倾向，在一定意义上也可以说是过去人类的狭隘和无知导致的。当人类意识到自然的有限性，特别是当自然问题凸显出来之后，人类就不会再像过去那样随心所欲地对待自然，人类中心主义的“暴君”倾向也会随之改变。

更为重要的是，人类以自己为中心来看待和对待宇宙的一切，正如前面已经阐述的，是人类的本性使然，也是人类在宇宙中存在的必然要求，是不可改变的，也是不应该改变的。有人主张人类应该以自然为中心。果真如此，就必然要得出这样的结论，应该消灭人类，因为很显然，如果没有人类，自然界会存在得更好、更自然。也有人说，否认人类中心并不是要以其他物种为中心，而是使万物无中心，使万物具有同样的价值和权利。这种观点同样是荒谬的。果真如此，那么人类有什么权利食用任何食物，无论是草本食物，还是肉本食物，有什么权利使用自然界的一草一木？从这种意义上看，否认人类中心主义，实质上是用从自然立场出发的道义观点谴责人类、否定人类。

至于人类是否可以成为宇宙的中心的问题，关键在于我们如何理解宇宙。如果把宇宙理解为与人类无关的独立自存的宇宙，那么显然人类不会是宇宙的中心。

从这种意义上看，宇宙究竟是什么样子，宇宙是否有中心，中心是什么，这一切都是人类所完全无法断定的。但是，如果把宇宙理解为人构想和设定的宇宙，那么我们完全有理由说人类是宇宙的中心。因为人类的宇宙是人类以自己为中心构想和设定的，人完全可以存在于人为自己构想和设定的宇宙之中，完全可以成为自己构想和设定的宇宙的中心。那种把人类以自我为中心看作是人类理智和道德错误的观点，完全不了解人类的宇宙实质上是人根据自己的需要而自己构想和设定的，站在朴素的自然本体论立场上，他们指责人类中心主义就是自然而然的了。

不可否认，过去的人类中心主义完全忽视环境是不对的，但是，我们也不能因为过去完全不顾环境而一下转向环境就是一切。那种从一个极端走向另一个极端的做法，在理论上是错误的，在实践上是有害的。对待人类中心主义我们应该有一种冷静、理智的态度。过去的人类中心主义的确存在着一些偏颇，而且这些偏颇在实践上导致了严重的后果。但是，我们也应该看到，人类中心主义是人本性的自然倾向，是人类形成、生存、发展的根本动力，当它成为一种信念之后，对人类的发展产生了重大的推动作用。总的看来，人类中心主义是人类的精神支柱和内在动力，是不可简单地加以否定的。我们所要做的工作不是要简单地指责、否定和抛弃人类中心主义，而是要反思、批判和超越传统的人类中心主义，实现人类中心主义从传统到现代的转变，使人类中心主义更合理、更完善。

二、重新认识人类主体地位

在人类中心主义的信念支配下，人类经过长期的不懈奋斗不仅使自身从分散的人群走向有机的整体，而且使人类的整体力量大大增强。今天的人类已经对自然拥有了巨大的控制力，正在成为地球的真正主人，成为宇宙的真正主人。这是人类文明的巨大成就，是人类应该引以为自豪的。应该肯定，这种文明的成就为人类自主地构建与宇宙的和谐奠定了坚实的基础。但是，我们也应该看到，人类在取得对自然的控制力、取得在宇宙中的主体地位的同时，在对待自然和宇宙的态度上的确存在着不少偏差，导致了诸多严重的后果。这种严峻的事实表明，人类在取得对自然的控制权的同时付出了沉重的代价。如果人类不吸取教训，可能会付出更惨重的代价。人类控制自然、成为宇宙的主人并不是目的本身，而是为了人类更好地生存。人类必须为了自己生存得更好来控制自然和争取自己在宇宙中的主体地位。如果人类为了控制自然而损害自然，使自然成为对人类生存不利的东西，那么人类控制了自然不仅是没有意义的，相反是有害的。因此，今天的人类需要研究人类与宇宙关系究竟怎样才最有利于人类的生存、发展和享受。

人类主体的特殊性

过去我们虽然大量地谈论过人类是宇宙的中心，但是却并没有真正深入研究这个问题，实际上到目前为止人类对这个问题尚缺乏清醒的正确认识。如果把人类在宇宙的中心地位理解为就是人类在宇宙中的主体地位的话，那么，人类在宇宙中的主体地位究竟意味着什么？我们要对人类在宇宙中的主体地位进行重新认识，首先必须弄清楚这个问题。

人类在宇宙中的主体地位，简单地说，就是人类在宇宙中具有独立性、自主性，能够按照自己的意愿行事。人类的独立性和自主性是相对于人类之外的其他事物而言的，意指人类可以不受其他事物的限制而能够自主地活动。这种自主的活动并不是盲目的活动，而是有目的、旨在实现其意愿的活动。要实现目的或意愿，就涉及环境问题。如果把人类之外所有其他事物都看作是人类的环境，那么，人类的主体地位就取决于人类对环境的控制力。只有当人类对环境的控制力达到了这样的程度，即能顺利地实现其意愿，人类才取得了在宇宙中的主体地位。人类要顺利地实现自己的意愿，就必须使环境有利于、服务于自己目的的实现，而不能让环境妨碍、伤害和奴役自己。因此，如何使世界上的万事万物有利于、服务于人类的目的或意愿的实现，是人类在宇宙中的主体地位问题的关键之所在。

由此看来，人类的主体地位并不是人类生来具有的，而是人类通过自己的努力获得的。尽管人类自古以来都是以自己为中心来对待万事万物，但人类在宇宙中的主体地位是在人类成为一个整体并因而能使万事万物有利于、服务于自己的时候才真正获得的。从历史的角度看，这个时候的起点就是产业革命。产业革命的意义不仅在于增强了人类对于环境的控制力，而且在于使人类越来越成为一个有机的整体。这两个方面彼此作用、相互促进，最终确定了人类在宇宙中的主体地位。人类的主体地位也不是一旦获得就一劳永逸的，而是处于不断地获得的过程之中。如果人类在获得主体地位之后，丧失了对环境的控制力，环境成为一种妨碍、伤害和奴役人类的东西，人类就会重新丧失自己在宇宙中的主体地位。

人类在宇宙万物中的主体地位与公民在国家中的主体地位、国家在世界中的主体地位相比较，既有一致性，也有特殊性。就一致性而言，人类的主体地位与公民的主体地位、国家的主体地位一样，都是相对于他物的独立性和自主性，都是指按照自己的意愿行事，都是指既能成为环境的主人，也能成为自己的主人。就特殊性而言，最重要的在于，公民主体和国家主体都是多元的，而人类主体是一元的。公民主体和国家主体是多元的，因而就必然涉及同类主体之间的关系问题。为了处理好这种关系，不仅要赋予这种主体以权利，同时必须赋予它们以义务。这种义务说到底就是尊重其他同类主体同样的权利。从这种意义上看，公民主体和国家主体及其权利都是有限制的、相对的，公民和国家的活动可以受到具有相同权利的同类主体的制约。这种相互制约是社会和谐和世界和谐的基础。人类主体是一元的，因而就不涉及同类主体之间的关系问题，也就不存在要尊重其他同类主体以同样的权利和义务的问题。从这种意义上看，人类主体及其权利是无限制的、绝对的，人类的活动不会受到具有相同权利的同类主体的制约。如果没有很强的自我意识和有效的自我约束机制，人类的利己本性就难以受到必要的遏制，其结果是为了眼前的、局部的、微小的利益而牺牲了长远的、全局的、重大的利益。这就是当代环境问题发生的真正根源。

强调人类主体的意义

人类长期以来都是以主体身份来处理与自然、宇宙的关系的，经过长期努力，今天的人类的确取得了对自然的主体地位。在这个过程中，人类发生过、甚至现在还存在着虐待自然、滥用自然、破坏自然的问题，并导致了众所周知的许多环境问题。那么，在这种情况下人类是否要放弃自己对自然的控制力，放弃人类所取得的在宇宙中的主体地位，而完全返回自然、与自然融为一体、与万物分享平等的权利呢？我们认为这是不行的。人类应该确保在宇宙中的主体地位，只可使这种主体地位得到加强，而不可使之发生动摇。

人类自从有了自我意识之后就开始努力追求自己的独立性和自主性，就不断努力争取能按自己的意愿行动，或者说，就开始不断努力地与自然作斗争，争取自身的自由。人类之所以要如此，并不是因为人类从一开始就具有占有欲、权力欲，而是因为人类获得自由对于人类的生存、发展和享受具有极其重要的价值，人类的自由越大，就越有利于人类的生存、发展和享受。

人类获得自由意味着人类对自然的自主，从自在的存在转变为自为的存在。最初的人类，就像其他动物一样，一切依赖于自然，一切听命于自然，人类不过是自然系统中的一个要素、一个环节。在这种情况下，人类只能随波逐流地生存，根本谈不上生存得好，谈不上幸福。而人类一旦获得自由，这种情况就发生了根本性的改变，人类就可以开始不完全按自然法则行事，而在越来越大的程度上按自己的意愿行事。这种转变对于人类来说是根本性的。没有这种转变，人类也许今天仍然像其他动物一样被动地生活在弱肉强食的自然界，今天人类的一切都无从谈起。

人类获得自由还意味着人类对自然的控制，从环境的奴隶成为环境的主人。人类的自由并不只是意味着人对自然的独立性，而且还意味着人对自然的控制。正如前面所指出的，人类对环境的关系与公民对公民的关系、国家对国家的关系不同，这种关系不可能是一种平等的关系，而只能是一种控制与被控制的关系，要么环境控制人类，要么人类控制环境。当人类逐渐摆脱自然对自己的控制的同时，人类就开始了对自然的控制，并最终取得了对整个环境的控制权，从环境的奴隶变成环境的主人。只有当人类能控制自然，人类才能按自己的意愿行事，才能使自然有利于、服务于自己，从而使自己生存得更好。

人类获得自由也意味着人类对自然的超越，从环境的控制者成为环境的营造者。人类的自由还包含人类的自由构想，以及使这种构想变为现实的能力。在人类争取对自然的自主性和控制性的同时，人类在追求生存得更好的本性以及理性的共同作用下，不满足于直接从自然所获取的价值，努力创造自然中并不现实存在的价值，不满足于环境的自然状态，努力使环境达到理想状态。没有这种对自然的超越，人类不可能使自然人化，不可能像今天这样越来越好地生存。

正是因为人类获得自由、成为环境的主人对于人类生存、发展和享受具有如此重要的意义，所以自古以来人类不懈地追求对自然的自由，追求成为环境的主人。也正是因为人类有这种不懈的追求，人类才获得了今天的自由。人类今天能真正成为宇宙的主人，是人类与自然斗争取得的巨大胜利，是人类应该引以为自豪的巨大成就。人类要生存得更好，不但不应该动摇人类已经取得的主体地位，相反要努力确保这种地位，要不断加强这种地位。我们可以设想，如果人类放弃自己在宇宙中的主体地位，不仅不能更好地生存，甚至根本不能作为人类生存下去。

人类不仅不应该放弃自己的主体地位，实际上也不可能放弃自己的主体地位。任何人都不可能相信，人类会放弃自己在宇宙中的主体、主人地位而回归到从前的从属、奴隶地位，人类会放弃目前自由幸福的人类生活而回归到从前茹毛饮血的动物生活。人类的本性在于追求生存得更好，只要人类的这种本性不改变，人类就不会放弃自己独立自主的追求，就不会放弃对控制自然的追求，就不会放弃对重构自然的追求。

两种可能的方式

人类的本性决定了人类不会放弃对自己在宇宙中主体地位的追求，人类会努力确保自己已经取得的主体地位并会努力地扩大自己对自然的自由。但是从理论上看，人类确保主体地位和扩大自由有两种可能的基本方式：一是掠夺性、破坏性的极端利己的方式；二是互惠性、建设性的合理利己的方式。

首先必须肯定，人类对待宇宙中其他万事万物的态度从根本上说只能是利己的，不可能是利他的。人类只能以满足自己生存、发展和享受需要为轴心看待和处理一切，而不可能为了其他物种生存得更好而完全牺牲自己。人类之所以要努力地争取在宇宙中的主体地位，之所以要努力地扩大自己的自由，完全是出于利己的动机。要改变这种动机不仅是不可能的，而且是有害的。人类出于利己的动机去处理与宇宙万物的关系，这并不可怕，并不必然导致对人类生存的威胁，这正如公民出于利己的动机去处理与其他公民的关系、国家出于利己的动机去处理与其他国家的关系一样，并不可怕、并不必然导致社会和世界的混乱。人类的利己本性是不可改变的，也是不可超越的，而且也是不应该改变和超越的。问题在于如何实现人类的这种利己本性：是极端的，还是合理的？

人类对环境的极端利己方式，就是人类为了自己眼前的、局部的、微小的利益而不择手段地利用、改造、征服宇宙中其他一切事物。其最显著的特征就是掠夺性和破坏性。所谓掠夺性，就是只利用不培育，只获取不付出。所谓破坏性，就是一味地利用、改造、征服，而不顾可能由此引起的不良后果。一般说来，人类不会有意地去破坏自然环境，但人类不考虑后果的行为必然引起破坏性的后果。

极端利己的方式是人类获得其主体地位的一种错误方式。这种方式也可能使人类获得主体地位，但由于其掠夺性和破坏性而最终使自然系统遭到破坏，使宇宙中其他事物遭到毁灭，从而使人类成为孤零零的主体。这种孤零零的主体最终不仅不能成为主体，相反会由于其赖以生存的环境被破坏而走向毁灭。因此，极端利己的方式实际上不是使人类成为宇宙主体的道路，而是使人类走向毁灭的道路。

人类对环境的合理利己方式，则是人类为了自己的根本的整体的利益或者说是为了自己更好生存而在顺应自然的前提下利用、改造和征服自然的同时，努力地根据自身的需要并根据环境的可能，构建人类与宇宙万物的和谐。合理利己方式与极端利己方式的根本目的相同，即都是为了人类自身生存得更好，而且这两种方式都强调对自然的利用、改造和征服，但它们之间存在着三点重大的不同：

一是极端利己的方式只注重眼前的、局部的、微小的利益，而合理利己的方式则同时兼顾长远的、全局的、重大的利益，也就是说，合理利己的方式注重人类的根本的整体的利益；

二是极端利己的方式只注重利用、改造和征服，而合理利己的方式则在注重利用、改造和征服的同时构建人类与环境的和谐，这种和谐不是本来意义上的和谐，而是以更有利于满足人类需要为指向构建起来的和谐，不是破坏万事万物的，而是与万事万物共生共荣的；

三是极端利己的方式不择手段地利用、改造和征服自然，不考虑行为的后果，而合理利己的方式则是在顺应自然的前提下利用、改造和征服自然，不仅要考虑行为的后果，而且要考虑自然本身的规律、潜力和承载力。

这里特别值得指出的是，合理利己的方式并不排斥对自然的利用、改造和征服，不排斥与自然的斗争。这是人类确立主体地位的前提，也是建立以人类生活得更好为指向的宇宙和谐的前提。没有与自然的斗争，没有对自然的利用、改造和征服，人类首先不能从自然的奴役下解放出来，即使人类获得了解放，也不可能使宇宙成为最适合人类生存、发展和享受的环境。

合理利己是人类获得主体地位的正确方式。其所以如此，首先是因为只有这种方式才能使人类真正获得在宇宙中的主体地位。根据这种方式，虽然人类也要利用、改造和征服自然，但这种利用、改造和征服是顺应自然的，是适度的，而且注重建立与宇宙万物的和谐，因而就可以实现人类的可持续生存发展，可以确保人类在宇宙中主体地位的持久性。其次是因为只有这种方式才能既确立人类在宇宙中的主体地位，同时又能构建宇宙的和谐。这种方式是着眼于人类的根本的整体的利益，着眼于宇宙的和谐来确立人类在宇宙中的主体地位的，因而通过这种方式就能实现人类主体地位和宇宙普遍和谐的有机统一。最后还因为这种方式是实现人类更好地在宇宙中生存这一人类根本目的的唯一方式。人类争取在宇宙中的主体地位并不是目的本身，而是为了自己能在宇宙中更好地生存。合理利己的方式不满足于自然既有的事物，追求创造自然不具有的事物，而且又注重不因此而导致对自身环境的破坏并努力改善环境，构建更适合人类生存的环境，因而能使人类在更好的环境中生存得更好。

人类本性一般更倾向于眼前的、局部的、微小的利益。人类本性的这种自然倾向决定了人类更容易倾向于极端利己的方式，而不那么自然地倾向于合理利己的方式，因为采取合理利己的方式需要人类理性的权衡和选择，需要人类的意志力，需要有自我制约机制，而采取极端利己的方式则不需要这一切，只需要顺从人类的本性自然倾向行事。因此，在没有理性的作用下，在没有自我制约机制的情况下，人类的行为更倾向于采取极端利己的方式。特别是在把宇宙看作是取之不尽的宝库和无边无际的空间的观念的支配下，人类会更无所顾忌。这就是长期以来人类不注重环境，使环境遭到严重破坏的根本性原因。当然，在人类尚未形成整体、尚未形成人类整体的自我意识的情况下，顺从本性的自然倾向行事是难以避免的。但是，在人类已经成为整体，人类的自我意识由于环境的破坏而迅速觉醒的现代，人类如果再完全顺应本性的自然倾向行事就是不可原谅的。

人类的伟大与渺小

人类成为宇宙的主人，并不意味着人类可以战胜宇宙、战胜自然。人类过去、现在、将来永远都不可能完全战胜自然。中国古代思想家相信“人定胜天”，这只是在对宇宙自然缺乏了解的情况下的一种盲目自信。我们说人类可以成为宇宙的主体，只是就人类可见的宇宙而言的，是就人类所能影响的自然界而言的。而且，即使在这样有限的空间内，人类也不可能完全战胜自然，而只能通过自己的努力，更好地利用自然，在尽可能大的程度上重构自然，使自己能够在环境所许可的范围内按自己的意愿行事。正像在一个国家内，作为社会主体的任何一个个人都不可能完全左右这个国家，更不能战胜这个国家一样，人类作为宇宙的主体，也不能完全左右整个宇宙，更不能完全战胜宇宙。

这里涉及对主体地位理解的问题。主体地位主要强调的是人（包括个人、群体、人类）能按照自己的意愿行事。在涉及与环境的关系上，就是要使环境有利于、服务于自己，而不是要战胜环境、统治环境。即使一个主体战胜了环境、统治了环境，环境也并不一定就有利于、服务于它。这两者不是等同的关系。在人类与世界的关系上，这一点更为明显。人类只能使宇宙万物有利于、服务于自己，而不可能战胜宇宙万物、统治宇宙万物。

即使是在使宇宙万物有利于、服务于自己方面，人类的控制力也是十分有限的。尽管人类应该有自己能成为宇宙的主体的自信，应该为自己已经取得的巨大成就而自豪，但也应该清楚地意识到自己生命的脆弱性、力量的有限性。人类是伟大的，也是渺小的。

人类的伟大体现在许多方面，我们可以举出许多事例说明人类的伟大。但是，从根本上说，人类的伟大主要体现为人类具有能动性和创造性，而能动性和创造性的源泉又在于人有理性。“人是有理性的动物”，这句话深刻地揭示了人类的根本特性。人类有了理性，才有了能动性和创造性，才有了人类认识和利用宇宙万物的能力，构想和创造自己所需要事物的能力，才不仅能求生存，而且能求享受，不仅能求享受，而且能求完善，才创造出了光辉灿烂的人类文明。在人类到目前可见的宇宙范围内，人类是当之无愧的自然之杰作、万物之灵长。人类应该充分认识到这一点，应该对此充满自信，应该充分发挥和发展自己的优势。

人类的伟大性可以不断地改变自己，但是却不能彻底改变人类的渺小性。人类的渺小也体现在许多方面，但从根本上说，体现在人类生命的脆弱性和力量的有限性。

人类生命的脆弱性和力量的有限性既体现于人类个体也体现于人类整体。仅就人类整体而言，人类的生命不得不依赖于地球以及宇宙的环境，人类现在乃至将来都永远无法完全控制这种环境。当这种环境发生微小的变化时，就有可能导致人类的毁灭。即使在这种大环境稳定的情况下，人类也无法完全消除、甚至无法完全避开地球上发生的重大自然灾害。在重大的灾害面前，人类才真正感受到了自己的渺小和脆弱。

人类的力量也是十分有限的，人类可以创造许多人间奇迹，可以创造许多宇宙中不曾有过的东西，但人类不可能创造一切，而且人类的创造本身只能顺应宇宙和自然，而不能反抗宇宙和自然。人类虽然可以减少自然对人类的伤害（不仅包括自然灾害，也包括恶性疾病），却永远不能消灭这些经常危害整个人类的灾难，人类永远也不可能获得对自然的完全自由。人类也应该充分认识到自己的渺小性，这样可以使人类始终对自己的命运和前途保持警醒，可以使人类更珍惜今天的生活。

人类是伟大的，也是渺小的，这是事实。从这一事实，我们可以引出这样的价值论原则：作为理智的个人，作为理智的人类，不应该因为自己的伟大而自我陶醉，盲目自大，也不应该因为自己的渺小而妄自菲薄，悲观失望，而应该努力地使自己成为能按自己的意愿行事的主体，使自己的生活在可能的范围内越来越好。罗尔斯通说得好：“人在大自然中所占据的并不是最重要的位置；大自然启示给人类的最重要的教训就是：只有适应地球，才能分享地球上的一切。只有最适应地球的人，才能其乐融融地生存于其环境中。但这不是以不自然或不近人情的方式屈服于自然；它实际上是为了获得爱和自由——对自己的栖息环境的爱以及存在于这个环境中的自由——所作的冒险。从终极的意义上说，这就是生命的进化史诗词所包含的、现在又被环境伦理学高度概括了的主题：生命就是一种冒险——为实现对生命的爱并获得更多的自由；这种爱和自由都与生物共同体密不可分。这样一个世界，或许就是所有各种可能的世界中最好的世界。”①

---

① ［美］霍尔姆斯·罗尔斯通：《环境伦理学》，杨通进译，许广明校，中国社会科学出版社 2000 年版，第 484 页。

第十三章　重构宇宙和谐

一、必要性和重要性

人们通常认为宇宙本来是和谐的，人类出现后很长一段时期宇宙也是和谐的，只是随着人类文明的进化，特别是近代工业文明的兴起，宇宙的和谐，特别是自然界的和谐遭到了破坏。尽管我们无法证明宇宙是否本来是和谐的，但可以肯定的是今天的宇宙、自然界不那么和谐，人类的环境遭到了严重的破坏。这里我们姑且肯定宇宙曾经是和谐的，那么今天在宇宙不那么和谐的情况下构建宇宙的和谐就是重构宇宙的和谐。实际上即使宇宙本来是和谐的，而且这种和谐没有遭到破坏，人类也需要重构宇宙的和谐，因为那种自然的宇宙和谐对于人类来说并不一定是真正的和谐，它并不一定真正适合人类更好地生存的需要。重构宇宙和谐是人类面临的永恒课题，是不可能一次解决的。重构宇宙和谐的必要性可以从两个层面来讨论：一是从当代人类环境严重恶化的角度来看重构宇宙和谐对于人类的生存和发展、对于人类的前途和命运的极端重要性和紧迫性；二是从人类追求生存得更好的本性的角度来看重构宇宙和谐对于人类幸福的必要性和重要性。

环境问题的严重性

今天的人类虽然取得了主体地位，但并没有建立起相应的宇宙和谐，相反在宇宙秩序方面出现了许多新的问题，这种情形就像近现代的国家取得了主权而未建立起世界的和谐，相反在世界秩序方面出现了许多新的问题一样。人类在与自然长期斗争的过程中，取得了主体地位，但没有建立起宇宙和谐；取得了一定的自由，但破坏了环境。今天的人类不仅没有建立起适应人类更好地生存需要的宇宙和谐，相反打乱了宇宙原有的秩序，使作为人类生存环境的自然系统遭到严重的破坏。

自然系统遭到破坏引起了许多环境问题，其中最为突出的有以下四个方面，它们都是与人类性命攸关且难以恢复的环境要素：

第一，空气污染。生命须臾离不开空气，生命所需要的空气有其相对稳定的化学成分和结构。如果没有人类的影响，碳、氮、氧、氢、硫等主要元素会依据生态系统的自然机能不断循环，在大气、海洋、土壤中保持固有的浓度。然而，现代工业、交通和生活每天向大气中排放数千种化学物质，严重污染了大气，从而导致了一些对自然系统十分有害的现象。例如，由二氧化硫和氮氧化物等产生的酸雨，使环境酸性化。这影响了森林和其他植物群的正常发育，使湖泊酸化从而引起鱼群减少或消失，甚至对建筑物、文物和金属还有腐蚀作用。又如，二氧化碳、甲烷、氯氟化碳化合物等在大气中含量不断提高，产生了温室效应。这可能导致海平面因海水受热膨胀和冰山融化而升高，从而淹没沿海低洼地区的城市和耕地。再如，氯、氟、烃等气体向大气中排放，破坏了大气中对地球生命具有“保护伞”作用的臭氧层。

第二，水源污染。水是生命之源。随着人口的急剧增长，世界的淡水资源日益短缺，有100多个国家缺水，其中严重的有40多个。然而，人类本来就十分有限的淡水资源约有三分之一受到工业废水和生活污水的污染。海洋污染也日益严重。废物不断排入水中并在水中积累，改变了水的化学成分，正在使水变得对动植物和人类无用甚至有害。我国的渤海就是一个典型。1995年渤海沿岸就有200多个排污口不分昼夜地向渤海排放污水，排污总量达28万吨，渤海沿岸的一些水域，海底泥中重金属含量竟超过国家标准2000倍。现在，渤海的一些近岸海湾水域污染已经超过它的自净能力，达到临界点。如果不采取措施，十几年后这里将成为“死海”。

第三，水土流失。土地是养育万物之母。在自然力的作用下，地球表面平均每千年才生成约10厘米厚的土壤层。然而，据专家们估计，人类自开始耕作以来，因为砍伐森林、过度放牧和化肥农药的污染，全世界已经损失了3亿多公顷耕地，相当于损失了中国的生产用地的3倍。现在每年仍然流失土壤270亿吨。据推算，如果地球上土壤的平均厚度为1米的话，800年后全球的耕地就将消失殆尽。水土流失被认为是当今世界的头号环境问题。

第四，生态破坏。生态系统及其平衡直接关系到人类的持续生存和生活质量。但是，由于人口的过快增长、对资源的过分开采及污染等多方面的影响，自然生态系统的平衡正在遭到日益严重的破坏。近代以来，地球上已有许多物种灭绝，目前这种趋势正在加剧。据专家推算，地球上全部生物物种的四分之一可能在未来的二三十年内有消失的危险。物种密度最集中的热带雨林正以每年1% ~ 2%的速度被毁灭。如果50年至100年后热带森林从地球上消失，地球上的一半以上的物种将会消失。①

以上这些问题不只是存在着，而且还在呈现进一步恶化的趋势。更为令人担忧的是，还会有一些尚未显露出来的隐性的环境问题，以及一些可能发生的潜在的环境问题，随时可能发生。今天的这种环境状况及其趋势，加上日益沉重的人口压力，已经使人类陷入了严重的环境危机，构成了对人类生存的严重威胁，人们对自己的命运和前途充满了忧虑。这些问题不解决好，这种环境危机的态势不扼制，不仅会危及人类已经取得的主体地位，而且会危及人类的生存，导致整个人类的毁灭。

对于当代的人类环境危机不仅需要对策性的治理，而且更需要从根本上解决问题，只有这样人类才能走出“治理—破坏—再治理—再破坏”的恶性循环。从

① 参见刘大椿、[日]岩佐茂主编：《环境思想研究》，中国人民大学出版社1998年版，第143～145页。

根本上解决人类的环境问题，就要重新认识人类与自然的关系，重新构建人类与自然的和谐。

本性实现之必然

人类有一种共同的根本规定性，这就是不仅要求生存下去，而且谋求生存得好、生存得更好。生存得更好，不仅要满足人的基本生存需要，而且要满足不断丰富和深化的发展需要和享受需要。要实现人类的这种本性，离不开作为人类环境的宇宙和自然界。正如我们在前面所论述的，自然界是人类生存的必要环境和条件，其价值具有最大的强度；自然界是人类物质、能量和信息的终极源泉，其价值具有最大的广度；自然界是人类幸福的重要条件和内容，其价值具有最大的高度。只有在自然界中并通过自然界人类才能满足不断丰富和深化的需要。

然而，那种自在的自然界并不能完全满足人类日益增长的需要。从自然界本身来看，自然界既不是天然的乐园，也不是取之不尽的宝库。从人类的需要来看，人类在理性的作用下，需要日益欲望化，呈现无限增长的趋势。从人类的数量看，人口的总量不断增长，人类需求的总量日益扩大。这样，自然界的自然资源和条件与人类的需要之间不仅存在着缺口，而且这个缺口随着人类需要总量的不断增长而越来越大。正因为这样，人类在其本性的驱动下，不仅要适应、利用自然界，而且要改造、重构自然界，使自然界适应自身的生存和发展；不仅要从自然界中获取生存资料，而且要生产和创造自然界所不现成提供的生存资料，以使自己生存得更好。因此，对于人类来说，改变自然、改造自然、重构自然是生存之所必需，是完全不可避免的。

可是，一直到 20 世纪，人类基本上是各自为政的分散人群，没有形成统一的整体。这些分散的人群对自然界的改造和重构也是各自为政的、分散的，加上它们对自然界的有限性缺乏认识，它们对自然界的改造和重构不可能是有计划的、合理的，相反是破坏性的。它们根本没有意识到要在利用、改造和重构自然的同时构建自然的和谐。这样，在这些分散的人群通过利用、改造和重构自然而使自己不断增长的需要得到满足的同时却导致了环境危机。人类历史的教训告诉我们：人类由于其本性驱动而必定要持续不断地改造和重构自然，但是要防止由这种改造和重构所可能引起的消极后果，人类必须在改造和重构自然的同时不断地重构自然界的和谐，维护自然系统的平衡。

不断重构自然界的和谐，不只是防止由人类改造和重构自然所可能引起的消极后果的需要，而且是人类更幸福地生活的需要。和谐的自然界是美的自然界，是宜人的自然界，是赏心悦目的自然界，是面貌日新月异的自然界。显然，不断地构建这样的自然界可以为人类的生存提供更优美的环境和条件，可以为人类的幸福提供更丰富的内容和源泉。从这个意义上看，不断重构自然界的和谐也是实现人类本性的必然要求，对于人类的幸福是十分必要而又极其重要的。

二、可　能　性

重构宇宙和谐并不只是一种理想，而是完全可能的。特别是在人类已经一体化，现代文明高度发达的条件下，不断地重构宇宙的和谐更具有现实的可能性。重构宇宙和谐不是全宇宙性的，而只能在人类有可能涉足的有限的空间内进行，在人类可能涉足的范围内也不是整个范围一次性地完成的。重构宇宙和谐是不断进行的，并且只能在不同范围内、不同层次上进行。人类整体可以构建宇宙的和谐，一个国家也可以构建宇宙的和谐，一个人也可以构建宇宙的和谐。例如，一个人多栽一棵树、多种一盆花，他就在构建着宇宙的和谐。从这种意义上看，我们人类的每一个成员，无论是个体成员还是群体成员，都是宇宙和谐的重构者。问题的关键在于，我们每一个个人和群体是否有这种意识，是否愿意长期不懈地承当这样的角色。在这里，我们不可能全面地讨论这个问题，而只是从整个人类的角度，一般性地讨论人类已经具备的重构宇宙和谐的可能条件。

人类的整体意识

人类整体意识的形成和强化是人类自觉重构宇宙和谐的观念前提。

当代人类的环境问题的出现，人类在成为宇宙的主体的同时没有建立起必须的宇宙和谐，一个重要原因就是人类长期以来没有形成全人类性的整体意识。伴随着全球经济、政治和文化一体化的出现，伴随着人类共同面临的环境危机的发生，人类的整体意识也相应产生并不断地被强化。正是这种整体意识的增强，为人类重构宇宙和谐提供了首要的可能条件。

人类的整体意识，一般地说，就是人类对整个人类是一个利害相关的生存共同体的意识。它包含多重的意蕴：

第一，人类的所有成员（包括个体成员和群体成员）都是同一家族的成员，而不是势不两立的敌人，充其量只是竞争的对手；

第二，人类各成员之间程度不同地存在着利益相关性，对其中任何一个成员的伤害都有可能最终殃及自己，每一个成员实现自己利益的最佳途径是通过他人利益的最好实现来实现自己的利益；

第三，人类所有成员共同生活在同一地球上、同一天空下，环境不仅是全人类的共同资源，而且是全人类的共同根基，对环境的任何破坏，不只是对他人的损害，同时也是对自己的损害；

第四，地球和环境是有限的，人类的命运与有限的自然环境息息相关，人类要生存得好和更好，必须珍惜自然，保护自然，建设自然；

第五，全人类在生存观念方面越来越形成共识，自由、幸福地生活成为全人类的普遍要求，成为人类各种组织的共同追求。总之，人类的整体意识不只是人类作为一个整体的人类意识或全人类意识，还包括与此相关的一系列意识，如世界意识、全球意识、环境意识、同类意识，等等。

所有这些意识都不只是人类的对象意识，同时也是人类的自我意识，因而它们是反思性的，是人类对自身状况及其生存环境状况反思的结果。这种人类自我的反思性意识对于人类重构宇宙和谐具有重要意义。

人类的整体意识的形成与全球性人类问题的出现并日益严重是直接相关的，在一定意义上可以说是人类痛定思痛的结果。因此，这种意识的形成，本身就意味着人类对过去极端利己的生存方式的不满和否定，对合理利己的生存方式的认定，从而可以促使人类追求人类自身的和谐以及人类与自然的和谐。

人类整体意识的形成和增强使人类从总体上规划如何利用、改造和重建自然成为可能，使对自然的利用、改造和重建从过去的无政府、无计划走向法制化、科学化成为可能。

人类整体意识的形成使人类更清楚地意识到人类对自然的依赖性、自然系统的易破坏性及自然系统遭破坏会导致的严重后果、自然资源有限性与人类需求无限性的矛盾，从而不仅会增强人类珍惜、保护自然的自觉性，而且会增强人类在重构自然的过程中注重自然和谐的自觉性。

人类的能动性

人类活动的能动性增强是人类自觉重构宇宙和谐的现实基础。

人类活动的能动性随着人类文明的进化而不断增强，一直到今天，谁也无法说清楚人类活动的能动性究竟有多大的潜力。人类活动的能动性可能导致自然系统的破坏，历史事实已经证明了这一点。然而，这并不是事情的全部，人类活动的能动性也能够使自然系统更完善，更适合人类的生存。特别是当人类意识到更完善的自然系统才能使自己更好地生存，并通过一定的自我制约机制（如法制）来约束自己，只能使自然系统更好而不能使之遭到破坏的时候，人类的能动性就会被运用于重构自然和谐并有所作为。

人类对自身的改造、对社会的改造已经充分地证明了这一点。以社会为例。人类进入文明社会后，相当长一段时期内人类社会是非人道的专制社会，这不能不说是人类的能动性的后果，因为没有能动性，人类根本就不会进入社会。但是，当人类意识到这种社会的非人道性以及人类社会的可重构性时，人类同样通过自己的能动性重构了一种更为人道的民主社会。实际上，今天人类的能动性已经开始被引导到朝着有利于自然和谐的方面发挥，人类已经成功地构建起了不同层次和不同区域的和谐自然系统，如生态农业、生态城市等。如果人类在这方面达成共识，人类的能动性完全可以用于构建更大范围乃至整个地球自然系统的和谐。

人类活动的能动性涉及两个层面的问题：一是人类活动能力的大小问题，二是人类活动方向的选择问题。就是说，“能动”可以在不同程度上“动”，这就是能力的大小问题；可以朝不同方向“动”，这就是方向的选择问题。人类的活动可以从不同的角度划分为种种不同的类型，因而人类活动能力的大小问题也涉及种种不同类型能力的大小。从总体上看，经过漫长的历程，特别是近几百年来的加速度发展，人类活动的能力已经达到了足以控制整个地球生态系统的能力，而且在相当的程度上控制整个地球自然系统的能力。就这方面而言，人类活动的能动性已经为重构自然系统特别是自然生态系统的和谐提供了可能。另一方面，正在经历着由自己不良活动所导致的自然惩罚的人类，现在正在反思自己过去的活动方向，正在对自己的活动方向进行根本性的调整。今天的人类不再一味地强调对自然的征服和改造，而是正在走向在确立自己的主体地位的同时，构建自己与宇宙万物的和谐，使万物在人类的控制之下与人类共生共荣的道路。就这方面而言，人类活动的能动性也为人类重构自然系统的和谐奠定了基础。

对于人类重建自然和谐来说，在人类活动能动性的能力方面应该说已经不存在什么大的问题，而且人类活动的能力还可以不断增强，但在人类活动能动性的方向方面却仍然存在着不容乐观的问题。这主要表现在两个方面：

其一，虽然从总体上看，人类已经意识到过去人类活动取向方面存在的问题，正在努力调整活动的方向，但是调整到什么方向，人们的看法并不一致。例如，有的人完全否认现代文明，主张要回到传统文明，如主张用孔子的学说来拯救人类。更重要的是，不少个人和群体（如国家、企业）没有意识到过去生存方式的危害，或者意识到了也仍然一如既往地以过去那种极端利己的方式活动，为了目前的、局部的微小利益而损害、破坏自然环境。对于这种情况，人类由于没有世界权力机构而不能进行有效的惩治。

其二，由于过去那种极端利己的生存方式更符合人类本性的自然倾向，因而所有人类成员都更易于采取这种方式行动。他们可能更注重眼前的利益，而不考虑自己未来的利益和后代的利益，可能更注重自己和局部的利益而不考虑他人的更不会考虑人类整体的利益。这是人性的偏向和弱点，克服这种偏向和弱点的最有效的途径就是法制，然而到目前为止人类没有统一、有效的法制。因此，怎样保证人类的所有成员都不得以不合理的利己方式对待同类和自然，是人类在重建自然和谐方面面临的紧迫问题。

科学技术的力量

科学技术的高度发达是人类自觉重构宇宙和谐的有效手段。

科学技术的产生和发展是人类能动性最典型的体现，它是人类能动性发挥的结果，同时又大大地提高了人类能动性的程度。科学技术的发展导致了人类对自然系统的损害，这使许多人对科学技术的价值产生了怀疑，甚至出现了所谓的“技术悲观主义”。但是，我们必须看到，没有科学技术，人类不仅没有今天的幸福生活，也不可能走出由科学技术导致的人类目前所面临的困境，更不可能解决人类将会面临的各种问题。可以这样说，人类今天的科学技术已经达到了这样的程度，可以毁灭人类及其环境，也可以使人类及其环境走向更美好的明天。发展科学技术并利用科学技术的力量是人类重构宇宙和谐的唯一有效途径。

科学技术对于人类重建宇宙和谐至少具有以下三方面的重要作用：

第一，只有利用科学技术才能治理人类目前面临的环境问题，使人类走出目前陷入的环境危机。人类目前已经面临着空气污染、水源污染、水土流失、生态危机等严重的环境问题，这些问题得不到很好的解决，是不可能构建起人类所需要的宇宙和谐的。然而，这些问题不可能靠自然界的自我调节能力在短期内修复，只能靠人类运用科技手段来解决。

第二，只有利用科学技术才能解决人类需要的不断增长与自然资源有限性之间的矛盾。人口的过快增长和人类寿命的普遍延长，人口对自然的压力不断增大，而且人类的需要在不断地扩大和加深，人类需要的总量呈几何级数态势迅猛增长，有限的地球自然资源根本无法承载这么大的需求量。在这种情况下，如果不通过科学技术尽可能减少对自然资源的利用和消耗，不寻求替代性资源，不发明创造更多满足人类需要的物品，人类只会在短时期内迅速地消耗完自然的有限资源，根本谈不上人类与自然的和谐问题。

第三，只有利用科学技术才能不断重构自然和谐。人类不只要生存，而且要生存得好和更好，因而环境不仅要能满足人类的生存，而且要能满足人类生存得更好的要求。这种环境只能是与人类需要发展相一致的动态和谐环境。然而，环境是不会自动地与人类需要相一致的，更不会自然地随人类需要的发展而相应变化。要使环境与人类需要发展的方向相一致，只能靠人类作用于环境。人类作用于环境的唯一有效途径只能是通过科学技术。科学技术可以在遵循自然规律的基础上根据人类需要的变化不断地重新规划、重新构建环境，调节人类与自然的平衡和协调。

在当代，只有科学技术才能拯救人类，才能拯救自然，才能使人类的发展与自然的变化有机地协调起来。但是，要使科学技术真正发挥这方面的作用，人类还有许多工作要做。今天的科学技术还在不同程度地用于破坏自然环境，还在用于制造杀伤以至毁灭人类乃至生物的武器。这种状况不从根本上改变，科学技术非但不能拯救人类和自然，最终将与人类、自然一同走向毁灭。

三、重构之路

重构宇宙对于当代人类来说是十分必要和紧迫的，而且当代人类也具备了不断重构宇宙的可能条件，因而关键的问题是如何重构。这里涉及两个问题：一是怎样使人类走出目前的生态困境、建立与自然的和谐问题；二是怎样在解决当前困境的同时建立一种使人们不得不注重构建与自然和谐的有效机制，使人类对幸福的追求与自然系统的改善持续协调发展。这两方面的问题必须统筹考虑，一并解决，否则就有可能陷入边治理、边破坏的恶性循环。协同解决这两方面的问题涉及诸多因素，十分复杂，需要专门研究。这里我们只提供一些最基本的思路。

更新自然观念和活动方式

人类是观念性的动物，人类的一切活动都是在观念指导下进行的。人类面临的自然问题的发生，从根本上说就是人类过去的观念特别是自然观念存在着问题。今天人类要解决环境问题，重构自然和谐也首先必须转变自然观念，从过去自然观念的误区中走出来，树立正确的自然观念。20世纪以来，人类对自然的认识已经发生了很大的变化，形成了一些正确的认识，但到目前为止，这些正确的认识尚未成为全人类的普遍共识，更没有成为全人类的坚定信念。在更新自然观念方面，人类还需要作更多的努力。这个问题不解决好，重构自然和谐就会成为一句空话。

人类传统的自然观念需要全方位的重新审视和更新，其中的一些最基本的观念尤其需要如此。就目前人类的认识而言，人类的自然观念要实现以下三个基本的转换：

其一，从把自然看作是自在的存在转向把自然看作是人为的存在。人类长期以来都认为自然界是完全独立于人的意志而存在的，是完全按照它自身的规律运行的，即所谓“天行有常，不为尧存，不为桀亡”。既然自然界不会受到人类意志和活动的影响，人类也就可以完全不考虑自己意志和活动对自然界可能产生的任何后果。正是在这种观念的支配下，人类做了许多对自然系统运行带来消极后果的活动，导致了当代的环境问题。今天人类已经逐渐清醒地认识到，人类作为自然界的一部分，本来就会影响自然界，随着人类人口的急剧增长和文明的加速发展，这种影响会越来越大。今天，自然界已经被人化，自然界再也不是天然的自然界，而是人为的自然界；自然界再也不是独立于人的意志存在的，而是在人的意志作用下存在的。虽然人类不能完全控制自然界，但人类的控制力却越来越强。树立自然是人为的存在的观念，一方面可以使人类意识到人类的活动不仅会对社会产生影响，也会对自然产生影响，因而人类不仅要对自己的活动负社会责任，同时也要对自己的活动负自然责任；另一方面可以使人类意识到人类可以重构人类与自然的和谐，使自然对于人类更美好。

其二，从把自然看作是无限的、强大的转向把自然看作是有限的、脆弱的。人类长期以来一直都认为自然是无限的，不仅在空间上、时间上，而且在资源上、潜力上都是如此。正是在这种观念支配下，人类完全不考虑自然的有限性，世世代代程度不断加深地向自然开战，只顾索取，不加投入；完全不考虑自然的承载力，世世代代程度不断加深地向自然排污，自然成为了人类的免费垃圾场。而且人类长期以来都认为自然是十分强大的，在自然面前，人类既渺小又软弱，因而人类历来都以与自然作斗争为荣、为乐。当人类反思在这种观念支配下所导致的严重后果时，人类才发现原来自然既不无限，也不强大，而是十分有限和脆弱的。自然的资源是有限的。例如，地球藏水总量约 13.7 亿立方米，其中淡水只有 2.53%，而可利用的淡水又不足淡水总量的 1%。目前淡水消耗量已占人类可使用淡水的 54%。自然环境的生产也是有限的。人类所需要的资源都是环境生产的，而现在人类所依赖的自然环境主要是地球演化迄今所形成的环境，自然环境现在生产的速度、规模和范围则远远小于人类日益增长的消耗。自然的净化能力也是有限的。如果排放到环境中的废物超过了环境的自净能力，环境净化功能就会退化，引起自然环境的污染和生态平衡的破坏。自然的有限性决定了自然系统平衡的脆弱性。自然系统经不起人类过度地开发利用，也经不起人类过多的废物排放，否则它的平衡就会遭到破坏。树立自然是有限的脆弱的观念，可以使人类收敛对自然过分放肆的态度。

其三，从把自然资源看作是无主的、无价的、无偿的转向把自然资源看作是有主的、有价的、有偿的。人类长期以来一直都认为自然资源不是劳动产品，而是大自然的恩赐，是不计经济价值的，可以无偿使用。在这种观念支配下，人们毫不吝啬地消耗自然资源。这是人类使有限的自然资源迅速消耗的重要原因之一。今天看来，自然资源不是无主的，而是有主的，其主人就是整个人类。人类的自然资源是人类生存的基础，任何人对自然资源的滥用和浪费都是在侵犯整个人类，是在对全人类犯罪。自然资源也不是无价的，而是有价的。自然资源由于能为经济过程提供所需的投入而有价值，人类资源退化和环境破坏会带来经济损失，而且人类的许多自然资源本来是前人劳动的结果。这一切都表明自然资源是有价值的。今天的人类已经意识到即使是空气也是有价的。既然自然资源是有主的、有价的，那么使用自然资源就应该是有偿的。树立自然资源是有主的、有价的、有偿的观念，并建立相应的法制，可以使人们更节约自然资源，不断提高自然资源的利用率。

在转变自然观念的同时，人类还必须相应地转变自己的活动方式。人类活动方式的转换也包括诸多方面，其中最重要的有以下六个方面：一是变自然本身的自发调节为人类对自然的自觉调节；二是变高度消费为适度消费；三是变片面追求经济增长为追求经济、社会与环境协调和可持续发展；四是变片面追求经济效益为同时追求经济效益、社会效益和环境效益；五是变只注重现代人的利益为同时兼顾现代人和后代人的利益；六是变只注重国家和地区的利益为同时兼顾国家与人类的利益、地区与全球的利益。

如果全人类都既转变了自然观念，树立了以上所说的正确自然观念，也转变了活动方式，采取以上所说的正确活动方式，人类就不仅可以解决当前面临的环境问题，而且可以使人类与自然始终和睦相处、共生共荣。

健全环境法制

构建自然和谐如同构建社会和谐一样，必须借助法制的手段。即使人类整体上都树立了正确的自然观念，都采取了正确的活动方式，也仍然会有一些个人、群体会有意无意地做出一些损害甚至破坏自然环境的事情。在当前人类并没有普遍形成自觉保护环境、注重宇宙和谐的意识和信念的情况下，法制对于规范人们的行为更具有重要意义。建立和健全环境保护法制，不仅能用强制的方式防止和制止人们损害和破坏环境的行为，而且有助于人们尽快树立正确的自然观念和采取正确的活动方式。人类的本性都有只注重目前的、局部的、微小的利益的极端利己倾向，这种倾向更易于体现在人类与自然的关系上，因为自然是被动的，不具有反抗的能力，不能保护自己。建立环境保护法制，从根本上说，就是要扼制人类本性的这种极端利己倾向，惩罚由这种极端利己倾向所引起的损害和破坏自然环境的行为。

环境保护法制的直接目的不是要构建自然和谐，而是要防止和杜绝人类对自然的损害和破坏，使人类的行为纳入到基本的自然秩序的范围。因此，环境保护法制是环境的保障机制，这种保障机制是极其重要的。它是处理人类与自然关系的基本准则，只有在这种基本准则的基础上才可能构建自然的和谐。有了这种保护机制，自然不一定和谐，但没有这种机制自然只会陷入混乱。人类今天之所以面临着如此众多而又严重的环境问题，一个重要原因就是长期以来人类没有建立环境保护的法制。今天人类要解决已经出现的各种环境问题并防止今后类似的问题重复发生，首先就需要建立和健全人类对待自然关系方面的基本规则，规范人们的行为，使之在不损害和不破坏自然环境的限度内活动。

从形式上看，环境保护法制既包括环境保护的法律，也包括环境保护的制度。这两者都是重要的。不仅要有各种保护环境的法律体系，以通过惩治的方式防止损害和破坏环境的行为发生，而且要有各种保护环境的制度，以通过规范的方式引导人们的行为保护环境。这两者不应该是分离的，而应该是有机结合的，特别是要使制度法律化，以使环境保护制度更有效地发挥作用。从内容上看，环境保护法制最重要的是要规范人们对一切自然资源的合理利用和对废弃物的合理丢弃和处理，打击一切有意无意破坏自然环境的行为，引导和鼓励人们保护自然环境的行为。从层次上看，环境保护法制既包括国家的环境保护法制，也包括世界的环境保护法制，这两者不仅应该一致起来，而且要使国家的法制遵循世界法制的基本要求，国家的法制只能有助于世界法制的实现，而不能与之相违背。

从当代人类的实际情况来看，虽然在建立和健全环境法制方面进展很快，但远未尽如人意，还有不少艰苦的工作要做。其中有两点尤其值得重视：一是环境法制的健全问题，二是世界法制与国家法制的关系问题。今天世界各国、世界性组织已经制定了不少环境保护方面的法制，但并不健全。这种不健全体现在很多方面，如一个国家的环境保护法制不系统，国家之间的环境保护法制不平衡、不一致，世界的环境保护法制更不系统、更不具有约束力，特别是环境保护没有被普遍制度化。世界性的法制对各国的约束力十分有限，各国可以不顾世界性的环境保护法制而我行我素。世界环境保护法制与其说是法制，不如说是道义。因此，如何使整个世界的环境保护法制系统化，如何加强世界法制对各国法制以及人类成员的约束作用，是亟待解决的问题。

实施可持续发展战略

可持续发展战略是20世纪后半期，人类在总结人类发展的经验教训的基础上，提出的一种关于人类发展的社会控制导向。这个战略的提出标志着人类在对待人类与自然、发展与环境关系上的态度的根本性转变，为人类如何谋求发展指明了正确的道路，对于人类不断重构与自然的和谐具有战略性指导意义。

人类是通过谋求发展来谋求生存得更好的。但是，在应该怎样谋求发展的问题上，人类的认识经历了一个从片面到全面、从错误到正确的过程。在近代以前，人类对发展的谋求基本上是自发的，人们一般都追求财富的积累，但尚未形成自觉的发展概念。自启蒙运动开始，伴随着人类思想的解放和理性的张扬，人类对发展的谋求才从自发走向自觉。但一直到20世纪50年代以前，人类把发展主要理解为经济的增长和科技的进步，工业革命和科技革命大大促进了经济增长和技术进步，因而工业化和科技化成为这个时期发展的主旋律。然而，工业化和科技化及以之为基础的工业文明导致了许多社会问题和环境问题，因而在工业文明一开始出现时就引起了一些思想家对它的重新认识，特别是以现代工业和科技为手段的两次世界大战，更引起了人们对现代工业文明的反思和批判。第二次世界大战之后，人类的发展观念逐渐发生变化，不仅重视经济快速增长与社会全面进步的统一，而且强调经济增长、社会进步和环境保护的有机结合，强调可持续发展。

可持续发展的思想萌芽于1972年联合国斯德哥尔摩会议通过的《人类环境宣言》。1981年美国学者布朗在《建设一个可持续发展的社会》一书里首次使用“可持续发展（Sustainable Development）”的概念，并阐述其基本观点。1987年“世界环境与发展委员会”（WCED）发表《我们共同的未来》一书，其中广泛采用“可持续发展”的概念，系统阐述了可持续发展的思想。1992年6月在巴西里约热内卢召开的联合国环境与发展大会上通过和开放签署的《里约环境与发展宣言》、《21世纪议程》、《关于森林问题的原则声明》、《气候变化框架公约》、《生物多样性公约》等文件认可了可持续发展理论。《21世纪议程》要求各国制订和组织实施相应的可持续发展战略、计划和政策，迎接人类社会面临的共同挑战。这标志着世界可持续发展战略的确立。

2005年3月，联合国在伦敦、华盛顿、巴西利亚、东京、北京、新德里、开罗和内罗毕等8个城市又发布了《千年生态环境评估报告》，引起了各国舆论的强烈关注。该报告认为过去半个世纪以来，人类在最大限度地获得各种资源的同时，也以前所未有的速度和范围猛烈地改变了全球的生态环境，一些生态系统所遭受的破坏已经无法得到逆转，牺牲环境发展的恶果正在越来越明显地表现出来。

该报告指出，过去 40 年中人类对河流湖泊水资源的开采翻了一倍，1/4 的海洋鱼类遭过度捕捞，约 90% 的大型海洋食肉动物消失，25% 的哺乳动物、12% 的鸟类和 1/3 以上的两栖类动物面临灭绝的厄运。20 世纪最后几十年，世界煤炭资源损失了 20%，另外 20% 的煤炭资源正在退化。也是在同一时期，滥伐森林使热带雨林锐减，35% 的世界森林资源消失并导致干旱发生。人类活动，特别是现代农业的扩展，对自然世界带来了无法逆转的改变。1945 年以来开垦的农田比 18、19 两个世纪的总和还要多，农业过度用水增加了对水资源的压力，过度农耕造成土壤贫瘠。报告认为，如果目前的情况继续恶化下去的话，生态环境就有可能发生突然变化，将导致水资源质量发生突变，诱发并蔓延新的疾病，增加疟疾和霍乱传播的风险，造成海洋生物大量死亡，海洋中出现“无生命区”，地球气候出现异常变化。总之，全球生态环境恶化将危及人类健康和长久发展。①该报告虽然没有提出解决当前生态环境问题的办法，却提供了人类目前面临问题的最完整画面，这幅画面为实施可持续发展战略提供了最好的注脚。

2015 年 11 月 30 日至 12 月 11 日，《联合国气候变化框架公约》第二十一次缔约方会议在法国巴黎举行。大会的目的是促使 196 个缔约方（195 个国家 + 欧盟）形成统一意见，达成一项普遍适用的协议，并于 2020 年开始付诸实施。2015 年 12 月 12 日，《联合国气候变化框架公约》近 200 个缔约方一致同意通过《巴黎协定》，协定为 2020 年后全球应对气候变化行动作出了安排。本次会议的核心是抑制或控制碳排放，旨在完成 2009 年哥本哈根气候大会提出的目标——达成一项抑制全球气候变暖的协定，确保地球升温不超过工业革命前 2 摄氏度。来自 195 个国家以及欧盟的代表将出席此次大会，各方的代表团人数总计将达到 1 万人。全球近 2000 个非政府组织也参加了巴黎气候大会，非政府组织的代表人数达 1.4 万人。中国国家主席习近平出席了大会，并在大会开幕式上作了主题为“携手构建合作共赢、公平合理的气候变化治理机制”的演讲。他指出，《联合国气候变化框架公约》生效 20 多年来，在各方共同努力下，全球应对气候变化工作取得积极进展，但仍面临许多困难和挑战。巴黎大会正是为了加强公约实施，达成一个全面、均衡、有力度、有约束力的气候变化协议，提出公平、合理、有效的全球应对气候变化解决方案，探索人类可持续的发展路径和治理模式。“巴黎协议不是终点，而是新的起点。作为全球治理的一个重要领域，应对气候变化的全球努力是一面镜子，给我们思考和探索未来全球治理模式、推动建设人类命运共同体带来宝贵启示。”② 巴黎气候变化大会达成包括《巴黎协定》和相关决定的巴黎成果，在国

① 参见郭林：《谁来拯救我们的环境》，《光明日报》，2005 年 4 月 8 日第 9 版。

② 习近平：《携手构建合作共赢、公平合理的气候变化治理机制——在气候变化巴黎大会开幕式上的讲话》，人民网，2015 年 12 月 1 日，http://politics.people.com.cn/n/2015/1201/c1024-27873625.html。

际社会应对气候变化进程中又向前迈出了关键一步，标志着 2020 年后的全球气候治理将进入一个前所未有的新阶段，具有里程碑式的非凡意义。《巴黎协定》的达成是人类实施可持续发展战略取得的又一次重大历史胜利。

可持续发展，就是既满足当代人的需求，又不损害子孙后代满足其需求能力的发展，也就是说，不仅当代人能很好地生存和发展，而且后代人也能很好地生存和发展。其基本要求是发展不能造成破坏，发展不会产生负面影响。其基本目标是公平：一是当代人之间的公平，即要给世界当代人以公平的分配和公平的发展权，把消除贫困作为优先的问题加以考虑；二是代际间的公平，即当代人不能为自身的发展和需求而损害人类世世代代满足需求的条件，要给子孙后代公平利用自然资源和环境的能力和权利。从总体上看，可持续发展有四个基本特征：其一，从时间上看，它强调世世代代延续不绝的发展，反对短期行为，反对人类为今天的利益牺牲明天的利益，吃祖宗饭，断子孙路。其二，从空间上看，它强调人类整体和全球的发展，反对以局部利益牺牲人类整体利益，以区域利益牺牲全球利益。其三，从发展方式上看，它强调经济与人口、资源、环境协调和谐的发展，反对片面地、单向度地追求经济增长。其四，从发展类型上看，它强调内涵型、质量型的发展，反对资源的滥用和浪费。由此看来，可持续发展不只是就时间意义而言的发展观，而是一种全面的、系统的、协调的和谐发展观，是一种崭新的发展模式。它并不否认发展，而是反对以极端利己的方式谋求发展，主张以合理利己的方式谋求发展。

可持续发展战略作为人类发展的正确模式已经为世界各国所认同，正在成为各国制定本国法制和政策的基本依据和指导思想。但是，在具体理解和实施这一战略方面，各国仍然存在着很大的差异和分歧。例如，发达国家指责发展中国家为了发展而不顾环境，应该对环境问题负更大的责任，而发展中国家则认为环境问题主要是发达国家过度消耗自然资源和大量排放污染物造成的，因而应负更大的责任。因此，如何进一步普遍增强各国对环境的责任感，使各国自觉地、有效地通过各种途径实施可持续发展的战略，仍然是人类面临的重大课题。为此，2002 年 8 月又在南非的约翰内斯堡举行世界首脑峰会专门讨论世界可持续发展的问题。这次会议的重点是各国首脑对可持续发展的重要性形成进一步的共识，并在此前提下着重研究怎样才能把可持续发展的规划付诸实施。这次会议将进一步推动世界各国走可持续发展的道路。由此我们也可以看到人类走向优雅生存的希望。

实施可持续发展战略，发展中国家面临着更大的压力。按照美国著名经济学家罗斯托的看法，经济增长由三个阶段组成："建立起飞的前提条件的漫长时期（长至一个世纪或更多）；限定在二三十年里的起飞期；以及增长变得正常和相对自动化的长时期。"[①]这三个阶段我们可以简称为起飞前时期、起飞时期、起飞后时

① ［美］W. 罗斯托：《由起飞进入持续增长》，谢立中、孙立平主编：《二十世纪西方现代化理论文选》，上海三联书店 2002 年版，第 423 页。

期。一般说来，经济增长进入起飞后时期时，由于经济已经有了高的增长起点和有一个正常的长时期，因而更容易实施可持续发展战略，而那些处于起飞前时期和起飞时期的经济增长，为了经济迅速起飞，更有可能对社会和生态带来更大的负面影响。因此，如何处理好经济起飞与可持续发展的关系是发展中国家和当前人类面临的一个重大问题。不过，只要坚定地贯彻可持续发展战略，经济是可以实现适度增长的。

第十四章　走向优雅生存

一、必　然　性

尽管人类对自身生存发展的自主性越来越强，但到目前为止，人类并不能完全主宰自己。人类的文明演进和人类的生存方式都有某种不完全以人类意志为转移的必然性，这种必然性是植根于人类的本性及其展开的结果。从这种必然性来看，人类走向优雅生存已经显露端倪。21 世纪中国社会的价值选择必须注意这种走向。

四种文明形态

对于人类文明的演进过程经历了哪些阶段，人们的看法不尽相同，但大致都承认到目前为止经历了前农业文明、农业文明和工业文明这三个阶段。这种看法因为美国未来学家阿尔温·托夫勒《第三次浪潮》一书的出版而广泛得到认同。按照托夫勒的观点，人类文明已经经历过农业革命浪潮和工业革命浪潮两次革命浪潮。相应地，人类应该已经经历了农业文明和工业文明时代，以及实现农业革命以前的文明时代（可称为“采猎文明”时代）。

在采猎文明时代，人类大多生活在很小的部落中，以采集野果、捕鱼狩猎为生。在这种文明时代，人类处于一种完全依附自然、靠自然恩赐生存的自然状态。像其他动物一样，人类与自然混沌地融为一体，没有人类与自然的对立，人类甚至没有自我的意识。但是，在这种自然状态下，人类完全受制于自然，食不果腹，衣不遮体，生命随时受到野兽和自然灾害的威胁。为了能生存下去，人类必须改变这种被动生存的局面，这一改变经历了一个十分缓慢的过程。

农业的兴起是人类社会发展的头一个转折点。自农业革命开始，人们开垦土地，种植农作物，家养动物，逐渐过上定居生活，人类由此进入到农业文明。在农业文明条件下生活的人类，温饱问题在一定程度上有了保障，人们的生活一般是安定的、平静的。但是，这种文明下人们的生存状态决非今天有些人所想象的那样是田园诗式的、牧歌般的，而是贫穷的、愚昧的、落后的、节奏缓慢的。那种刀耕火种的生产方式，那种封闭的自给自足的自然经济，那种“把人不当人看”的专制政治，那种“以礼杀人”的意识形态，不仅不能给人以自由和幸福，相反使人束缚在各种枷锁之中。因此，尽管农业革命是人类文明演进中的一次进步浪潮，但这次革命并没有使人类从根本上走出生存困境，生活在农业文明中的人们仍然是悲惨的。

在农业革命的势头尚未消逝的时候，工业革命在欧洲爆发，并迅猛异常地遍及世界各地，激起了伟大的全球性变革。托夫勒对这次革命作了这样的描述：“三百年前，（允许有半个世纪的出入）一声爆炸震撼了世界，摧毁了古老的社会，创造了一个崭新的文明。这声爆炸就是工业革命。第二次浪潮在全世界所掀起的巨浪，以雷霆万钧之势，冲垮了一切旧有的制度，改变了千百万人民的生活方式。”①

工业革命的实质在于工业化。工业化不只是一种生产方式，而是一种以生产方式为基础的社会制度和生存方式，是一种完全不同于农业文明的崭新文明形态，即工业文明。工业文明是一种以化石燃料为能源基础，以机械化、专业化、标准化、集中化、市场化、功利化、世俗化、集权化、国家化、法制化等为其基本特征的文明。在这种文明中生活的人们，在利益最大化的驱动下，把自然作为无尽的宝库，无限制地向自然索取，并在此基础上大规模地生产；同时又在尽情享受的驱动下，把自然作为无限的空场，在拼命消费的同时“用完即扔”，恣意向自然丢弃。这是一种疯狂生产、疯狂消费的文明。

工业文明使人类文明、特别是生产力和科学技术在很短的时间内达到了空前的繁荣。几乎所有的现代人类都成为了现代文明的受惠者。人类在相当大的范围和相当大的程度告别了贫穷、落后、愚昧、苦难、奴役，走上了富裕、进步、开明、幸福、自由的大道。不仅人类祖祖辈辈的梦想得以实现，而且以前人类不可想象的奇迹也成为了现实。人类终于从自然的奴役中解放了出来，也从社会的奴役中解放了出来。人类成为了自然的主人，成为了社会的主人。现代文明以其巨大的优势和魅力吸引着那些现代文明不发达的国家和地区拼命追求现代化。直到今天，许多国家还在为没有实现现代化而发愁。现代文明对于人类的生活和追求影响如此重大，以至人们把现代化作为人类进步的尺度，并以此尺度为根据把今天的国家划分为发达的和欠发达的。

然而，正如人性是有缺陷的一样，作为人性实现后果的人类文明也都是有缺陷的。当人类沉浸在现代文明所带来的巨大喜悦之中时，现代文明的缺陷和弊端也日益充分地显露出来。在现代文明兴起和繁荣的同时，一些思想敏锐的思想家就已经意识到现代文明的问题。他们列举了诸多现代文明的缺陷和弊端，并提出了种种医治方略。到今天，人们越来越清楚地意识到现代文明是有问题的文明，说得更严重一些，是一种对人类生存有害的文明。在笔者看来，现代文明要对人类无害或少害，必须有两个前提：一是现代文明所需要的自然资源是无限的；二是人类的大量废弃物不会破坏环境。可是事实证明这两个前提对于人类来说是不具备的，因而必须改变现代文明，否则人类或者因为赖以生存的自然资源枯竭而无法生存，或者因为赖以生存的环境破坏而走向毁灭。问题的严重性和现实性使人类不得不调整生存战略和生存方式。

---

① ［美］阿尔温·托夫勒：《第三次浪潮》，朱志焱、潘琪、张焱译，生活·读书·新知三联书店 1984 年版，第 71 页。

这一调整大致上是从第二次世界大战后开始的。不仅托夫勒，还有许多学者都把这次调整看作是一次新的革命，认为人类文明正在经历着一次新的深刻的革命。托夫勒在《第三次浪潮》中对此作了这样的描述："这个新的文明是多么深刻的革命呵！它向我们固有的一切观念挑战：陈旧的思想方法，老一套的公式定律，过时的教条和观念形态。对于这些，无论你多么珍爱，运用起来多么得心应手，这都无补于事，它们已不再适合实际情况了。"①

对于这次革命及其所产生的新文明的实质和特性乃至称谓，人们存在着众多的分歧②，但人类文明正发生着革命性变革这已经成为不争的事实。只是因为当代人类文明及其发展态势较之过去的文明要复杂得多，有更多引人注目的特征，人们从不同的角度审视它，对它的看法才会有了很多的分歧。哲学与其他学科不同，它是从根本上和总体上审视和研究人类的生存状况。如果我们以哲学的眼光来看待这次革命及其后果，那么可以说其实质是要克服工业文明的弊端，解除工业文明给人类生存造成的威胁，从根本上解决自然资源匮乏和生存环境恶化的问题，建立一种更适合人类生存的生态环境。从这种意义上看，我们可以把这次革命及其后果称之为"生态革命"和"生态文明"。

从现代化到后现代化

现代文明是现代化的结果，而现代化最初并不是像今天国人通常所认为的那样是人们自觉建设的结果，而在一定意义上可以说是人类意外的收获，尽管今天许多欠发达国家正在进行着自觉的现代化建设。现代化运动起源于西方，然后从西方逐渐扩散或扩展到全球。如果我们追溯现代化在西方最初的起因，我们也许不仅能够发现现代化运动的真谛，也可以发现人类从前现代化走向现代化、从现代化走向后现代化的某种必然性。

西方的现代化运动大致上自文艺复兴开始（其标志是1300年前后发生的商业革命），至第二次世界大战后（1950年前后）结束。我们可以把文艺复兴以前的历史统称为前现代化时期，而把现代化运动时期（从整个人类来看，直到今天）看作是现代化时期。

文艺复兴以前，西方有文字记载以来的历史大致上可以划分为神话时代、古希腊罗马时代和基督教教会统治时代（中世纪）。在这不同的时代，欧洲各地区历经多变，情形差异很大。但是，除了雅典城邦这一狭小区域有过一段时期自由民享有自由、平等、民主之外，整个说来，欧洲都是处于专制政治的（包括世俗的

---

① ［美］阿尔温·托夫勒：《第三次浪潮》，朱志焱、潘琪、张焱译，生活·读书·新知三联书店1984年版，第46～47页。

② 如托夫勒称它为"超工业社会"，美国社会学家丹尼尔·贝尔（Daniel Bell）称它为"后工业社会"，我国学者韩青民称它为"新工业文明"。

和宗教的）统治之下，人们被奴役地、不平等地、被压迫地生存着，而且贫穷地、愚昧地、痛苦地生存着。

从历时的角度考察，文艺复兴以前的欧洲经历了这样的演进过程：最初的人类受缚于自然，经受野兽和自然灾害的威胁，生命安全和衣食都得不到保障。到古希腊罗马时期，西方人开始对自然有了一定的自由，但这却是以不平等为代价实现的，大多数人为了少数人的利益而活着。西方人对自然没有获得充分的自由，大多数人却走进了专制的牢笼。反对政治专制的失败使人们寄希望于上帝，而上帝却被教会所利用，教会以上帝为后盾对人们实行更全面的专制。这样，西方人非但没有获得对自然的自由，相反却牢牢地禁锢在政治、宗教、习俗的束缚之中，人们不仅没有政治、信仰、思想、言论的自由，甚至没有人身的自由。

正是在这样的历史背景下，为了使人从各种束缚中解放出来，西方先后爆发了文艺复兴、宗教改革、启蒙运动、资产阶级革命、哲学革命等一系列革命运动。在这些革命的作用下，并通过这些革命，西方随后又多次爆发了产业革命、科技革命。通过这一系列的革命，西方人在获得个人自由的同时，实现了社会的现代化和人的现代化。

现代化运动的历史进程表明，现代化的初衷和目的不是要实现社会的现代化，而是要使个体从各种非人道的束缚、统治或奴役中解放出来，使人成为按照自己意愿行事的自由主体，使人能够自由地追求自己的幸福和实现自己的价值。社会的现代化不过是个体在追求自由的过程中和获得自由之后自由地、创造性地发挥自己的才能和潜力的结果。由于整个现代化运动是以个体获得自由为初衷和目的的，因而整个现代化的社会结构是围绕这一轴心构建起来的。西方人之所以选择现代意义的市场经济、民主政治和社会生活，就是因为这一切都最有助于实现个体的自由和价值，最有助于个体自由地、创造性地追求和实现自己的幸福。而且这种现代社会结构，也只有以个体自由为指向和依归，才能真正建立起来，才能真正发挥其效能。如果抽掉这一现代社会结构的轴心，这种现代社会结构根本不可能建立起来。由此看来，现代化运动就其实质而言，是个体主义运动、自由主义运动，或者说，是个体自由运动。

通过个体主义运动，世界上已经有不少国家实现了现代化，但是，这些实现了现代化国家的人们是不是真正获得了自由，是不是真正成为了独立自主的个体？这正是问题的症结所在。

通过现代化运动，人类确实在相当大的程度上获得了自由。今天的人类能遨游太空，能深入极地，能主宰社会，能克隆自己。但是，我们也越来越清楚地看到，人类所获得的这种自由既付出了沉重的代价，又导致了严重的后果。今天的人类正在为这种自由的代价和后果所困扰、煎熬。正如日本著名哲学家柳田谦十郎所指出的，“像今天这样有惊人的高度劳动生产力的时代，人类对自然界就几乎不感到威胁了。无论海洋、河川、陆地、天空，所有这一切都处于主体的人的支配之下，由人自由驱使。……在这一点上，可以说自由现在正在加速度地发展着，在这个意义上，也可以说现代是人类获得有史以来未曾有过的最大限度的自由时代。”“然而，现代人却并不感受到自己享有那么多的自由。恰恰相反，占世界人口大部分的人甚至在日常生活中也都感受到无限的不安、痛苦和不幸。可以毫不夸大地说，像现代人这样对于自己的现在和未来感受到重大的不安、不幸和不自由的时代，是从来未曾有过的。”①

人类所获得的自由是整体性的而不是个体性的。在人类整体获得自由的同时，人类个体正在失去自由。这主要体现在两方面：一是科学技术对人的控制，二是“极权主义”对人的奴役。

科学技术对人的控制，使个人丧失主体性，这是当代人类问题中的突出现象。人类为了征服和控制自然，获得物质上的满足，摆脱自然对人的奴役，创造了科学技术并使之高速发展。科学技术确实给人类带来了巨大的福祉。但是，科学技术的高度发展使得它对于个人日益成为一种不可控制的异己力量，人不仅不能控制它，反而受它的控制。科学技术是一种控制自然的巨大力量，但这种力量是整体性的，而非个人性的，它导致了个人的无力感和依赖感。离开了科学技术，个人对于自然，甚至对于自己的生活都会无能为力。英国著名哲学家罗素指出：“技术给了人一种能力感，感觉到人类远不像在从前的时代那么任凭环境摆布了。但是技术给予的能力是社会性能力，不是个人的能力；一个平常人乘船遇险漂落在荒岛上，假若是在17世纪，他会比现在能够多有所作为。”②另一方面，科学技术的进步在使人类的物质需要得到满足的同时，造成了人的精神的压抑，技术吞并了一切，个性丧失，心理病蔓延。它对人的生物属性和心理属性已经产生或可能产生消极影响。科学技术对人的控制和影响，导致西方普遍的“技术悲观主义”。卡尔·维纳说：“在人类以技术取得成就引以为荣以后，现代人类正在技术的重压下辗转呻吟。”③

“极权主义”是著名西方马克思主义者马尔库塞提出的一个概念。他认为发达的资本主义社会都是“极权主义”的。所谓“极权主义”，是指在现代发达的工业社会，由于工人阶级生活水平普遍提高和工作条件改善，社会激进主义消失，出现政治协调和经济技术协调所形成的资本主义社会的整体力量，这种力量使工人阶级同化到现存的制度。“极权主义”是一种对人的奴役力量：首先，它使人整个身心都变成工具，人们积极地或消极地、在工作时间和自由时间为社会制度服务，人成为了资本主义过程的局部操作或功能。其次，极权主义的经济—技术协调驾驭着人的需要及其满足，把人变成管理对象。最后，极权主义的经济和政策还改

---

① ［日］柳田谦十郎：《自由的哲学》，生活·读书·新知三联书店1961年版，第97～98页。

② ［英］罗素：《西方哲学史》（下卷），马元德译，商务印书馆1976年版，第6页。

③ 转引自《关于马克思主义人道主义问题的论争》，生活·读书·新知三联书店1981年版，第59页。

造着人的生理需要和动机结构，造成压迫的生理机制，现代社会的反人道主义在人性中有其支柱，人的本性本身起来反对威胁现代资本主义社会的任何变化。

人类整体确实获得了自由，但人类整体在获得自由的同时却付出了沉重的代价。这不仅体现在人类在获得整体的自由的同时个体的自由越来越小，更体现在人类不断地把整体上所获得的越来越大的自由控制能力用来无所顾忌地改造自然，造成自然环境的破坏，并用来残酷无情地对待同胞，造成严重的战争威胁。自由的人类正在品尝着自己恣意妄为所酿成的苦果。

科学技术和生产力的高度发展大大增强了人类利用、征服、发掘自然的能力。但是对自然的不合理索取、开发导致了环境污染、生态平衡破坏和不可再生资源迅速消耗，导致了自然界重新控制人。人类在与自然长期斗争的过程中，取得了主体地位，但没有建立起宇宙和谐；取得了一定的自由，但破坏了环境。今天的人类不仅没有建立起适应人类更好地生存所需要的宇宙和谐，相反打乱了宇宙原有的秩序，使作为人类生存环境的自然系统遭到严重的破坏。

自然系统遭到破坏引起了许多环境问题，其中最为突出的有以下四个方面，它们都是与人类性命攸关且难以恢复的环境要素，如空气污染，水源污染，水土流失，生态破坏等。所有这些问题不只是存在着，而且还在呈现进一步恶化的趋势。这种环境危机的态势不扼制，不仅会危及人类已经取得的主体地位，而且会危及人类的生存，导致整个人类的毁灭。正如马尔库塞所指出的："在现存的社会中，尽管自然界本身越来越受到有力的控制，但它反过来变成了从另一方面控制人的力量，变成了社会伸出来的手臂和它的抗力。商品化的自然、被污染的自然、军事化了的自然界，不仅在生态学的意义上，而且在存在的意义上，缩小了人的生存环境。"①

战争的威胁是我们时代最尖锐的问题之一。在世界一体化的情况下，任何战争都已经不只是交战国双方的问题，而是世界问题，都会对整个世界产生消极影响。20世纪发生过两次世界大战。这两次大战给世界人民带来了深重的灾难，至今人们想起这两次战争就不寒而栗。二次大战以来，世界上的战争从来就没有停止过。朝鲜战争、越南战争、海湾战争、科索沃战争、阿富汗战争、伊拉克战争，如此等等，不一而足。当今人类仍然面临着战争的严重威胁。

随着科学技术的发展，出现了许多现代化的军事武器，特别是核武器。由于新科学技术的应用和大批新型杀伤武器的出现，未来战争的破坏将会空前扩大，对人员的杀伤，对设施的破坏，对环境的污染，对财力的消耗均将达到空前巨大的程度；未来战争的战场范围也将空前扩大，不仅涉及到交战国的领土、领海和领空，而且将扩展到极地、海底乃至包括月球在内的外层空间；不仅如此，未来

---

① ［德］马尔库塞：《自然与革命》，《西方学者论〈1844年经济学—哲学手稿〉》，复旦大学出版社1983年版，第145页。

战争的突然性也将比以往更大。所有这些并非危言耸听，而是活生生的现实。在这种情况下，不仅人的自由，而且人的生存；不仅个人的生存，而且人类的生存；不仅人类的生存，而且地球上生物的生存都面临着严重的威胁，因而这是人类最担忧和最悲观的问题。

现代化运动的初衷和目的是要把人解放出来，使人获得自由，然而以上所分析的事实表明，经过了几百年，今天的人类个体并没有真正获得自由，相反生活在污染的环境中，面临着日益枯竭的自然资源，饱受战争威胁的煎熬并笼罩着毁灭性武器的阴云，为极权主义所奴役。我们不能不令人悲观地得出结论，近代以来的个体主义、自由主义运动在相当大程度上走向了整体主义、极权主义，现代化在一定意义上成为了人类个体的一种异化物。现代化的这种结果是不会令人类满意的，人类追求生存得更好的本性和智慧，必然会反思和批判人类所走过的现代化道路，必然要超越现代化。事实上，人类已经意识到现代化的缺陷和消极后果，正在反思和批判现代化运动，正在寻求人类的未来之路。

这种反思和批判最早可以追溯到 19 世纪中期的德国哲学家叔本华和丹麦哲学家克尔凯郭尔，直到今天，这种反思和批判还在进行着。这些反思和批判不仅直接针对作为现代化理念的个体主义、世俗主义、实利主义、经济主义、竞争主义、多元主义，而且更深层地针对作为现代化及其价值理念根基的理性主义。自 19 世纪以来，有许多流派和思想家致力于反思和批判现代化及其价值理念。其中比较著名的有以叔本华、尼采、柏格森、海德格尔、萨特等人为代表的人本主义思潮，以弗洛伊德等人为代表的精神分析主义思潮，以霍克海默、哈贝马斯、贝尔等人为代表的社会批判主义思潮，以麦金太尔、桑德尔等人为代表的社群主义思潮，以德里达等人为代表的后现代主义思潮，还有在港台和美籍华人学者中较为流行的“新儒学”，等等。

所有这些思潮对现代化及其价值理念批判的角度不同，对人类未来走向的期待和设计也不同，但他们一般都注重从根本上批判作为现代化根基的理性主义，都主张人类不仅必须克服现代化的弊端，而且应该从现代化走出来。从理论上看，所有这些思潮都有某些偏颇，但他们对现代化及其价值理念的反思和批判一般是切中要害的，他们的主张在相当大程度上预示了人类从现代化走向后现代化的必然性。

四种生存方式

人类的不同文明形态规定着人类的不同生存方式，人类的不同生存方式又规定着人类的不同文明形态。我们可以根据人类主要的不同文明形态将人类的生存方式依次划分为自然生存的生存方式、奴役生存的生存方式、自由生存的生存方式和优雅生存的生存方式。正如人类不同文明形态的转换具有某种必然性一样，人类不同生存方式的转换也具有某种必然性。今天的人类正处于由自由生存的生存方式转向优雅生存的生存方式，认识到这种必然的走向有助于提高我们对这一走向的自觉性。

在进入农业文明以前的很长一段时期，人类的不同群体基本上都像动物一样在地球上自然生存着。很多思想家把这种生存状态称为“自然状态”。自然状态中的人类个体是出于生存的本能求食、繁衍、争斗，他们没有自我意识或自我意识很不发达，没有意愿和意志。那时的人类虽然是群居的，但不是社会性的。没有社会机构，没有社会制度，没有强制力量，是血缘把大家联系在一起，靠长辈的权威和习俗维系着共同体的秩序。也许由于血缘的关系或出于生存的需要，群体内部是团结的，但不同的群体之间是敌对的。不同群体居无定所，处于不断地游动迁徙之中，因而彼此敌对的不同群体之间经常发生争斗，处于“人对人是狼”的战争状态。在这种生存状态中的人们，不可能像卢梭所描述的那样是淳朴的、善良的，对同类具有天然的怜悯心，相反出于生存的本能，至少对与他们没有血缘关系的同类是无情的、凶狠的，甚至是残酷的。他们自发地遵从着“适者生存”的自然法则。

一些思想家把自然状态理想化，认为那是人类的“黄金时代”。确实自然生存的人们是自然界中的自然族类，与自然万物浑然一体。人类的能力还不足以破坏自然的生态平衡，人类与自然处于原始的和谐之中。在恶劣的自然环境中生存的个人，也许具有更强的个人生存能力。他们是困苦的，却由于意识的不发达而是无忧无虑的，由于生活欲望的简单而易于满足。自然状态下的生存不会面临社会状态下的生存面临的各种社会问题和文明病：没有贫富两极分化、环境恶化、人口过分膨胀，没有犯罪、腐败、失业、肥胖、吸毒、邪教，等等。人们还没有产生出人头地、野心、嫉妒、自私、贪婪等社会性情感。从这些方面看，自然状态似乎是美好的生存状态，自然生存似乎是美好的生存方式。

然而，事实并非如此。自然生存这种生存方式的问题是不言而喻的。这样生存的人与动物没有什么两样，完全受缚于自然，没有独立自主性，实际上是自然界的奴隶。这样生存的人不仅不能越来越好地生存，相反生存得不到基本的保障，他们只能满足于采集或狩猎得到的可怜的食品，生活是没有着落的。因此，自然生存的方式并不是一种最佳的生存方式，相反是一种受奴役的生存方式，是人类童年不得不接受的一种可怜的生存方式。这种生存方式与人类不断谋求生存得更好的本性是相违背的，因而必定为人类所抛弃。

人类走出自然状态的途径是组成社会。但是，人类进入社会状态并非像近代西方许多思想家所认为的那样是通过人们彼此订立契约，而是通过武力征服。在自然状态下，人类也在发展，尽管十分缓慢。到了自然状态的后期，以血缘为纽带的人群增多，逐步形成了氏族或部落。氏族部落是以血缘为基础的，内部成员虽然有等级之别，但主要是在年龄、辈份方面的。氏族部落内部存在着管理问题，但管理的权力主要来自长者的威信和氏族部落长期沿袭下来的习俗和戒律，氏族部落成员由于血缘关系而天然地认同这种权力，因而不需要暴力作为维护管理的权力的基础。

但是，当管理的权力扩大到氏族部落之外以后，过去的权力就再也不足以维护社会内部的秩序和进行有效的管理。氏族部落之间的战争使一些氏族部落成为胜利者，而另外一些氏族部落则被打败。胜利者就成为了失败者的统治者。那些失败者是被迫成为管理和统治对象的，他们随时都有反抗的可能。为了使这些被征服者服从统治和管理，就需要强制，需要武力作为权力的基础和保障。氏族部落本来存在着半军事化的组织。这种组织只是在战争期间才发挥作用，也就是对外才需要，而在平时对于氏族内部并不需要这种武装力量。但是，随着对外征服范围的扩大以及与之伴随的反抗者增加，军队逐渐职业化，成为维护统治权力的基础。

军队职业化并成为统治的基础，可以说就是国家产生的标志。国家的产生使人类真正从自然状态进入到社会状态。在最初的社会状态下，一小部分人靠武力统治社会大多数人，大多数人是在少数人的奴役之下生存的。因此，当人类进入到社会状态就进入到了不平等生存的状态，就是说，对于大多数人来说进入到了被强制性地接受统治和压迫的奴役生存的状态。

奴役生存的生存方式决不意味是自然生存的生存方式的堕落，对于人类的生存来说，奴役生存不仅具有必然性，而且具有某种价值，或者更确切地说，是人类为了更好地生存所必须付出的代价。正如卢梭所指出的，人类从自然状态进入社会状态，与其说是一种不幸，不如说是一种必然。在人类文明不发达的情况下，人类不可能普遍富裕，也不可能普遍自由，只可能一部分人先富起来，只可能一部分人先获得自由。更重要的是，这一部分人的富裕和自由具有重要的意义：首先，这为人类走出所有人普遍受自然奴役的自然状态打开了缺口，人类向富裕和自由迈进了关键性的一步，而且有一部分人自由要比所有人受奴役好；其次，这种部分人富裕自由的情形会成为受奴役的人追求的目标，受奴役的人从此不再满足受奴役的现状；第三，一部分富裕自由的人有时间和精力从事思想文化创造，而这种创造是人类文明进步的源泉。如果在人类文明早期没有这一部分富裕自由的人，就不会有当时的文明成果，也不可能有后来的文明发展。

但是，奴役生存这种生存方式的缺陷是显而易见的。如果说自然生存是一种可怜的生存方式，那么可以说奴役生存是一种罪恶的生存方式。它之所以是罪恶的，是因为这种生存方式是建立在人类不平等基础上的一种少数人奴役多数人的生存方式。这种奴役不是自然的，而是人为的；这种奴役不是单方面的，而是多方面的，甚至是全方位的，涉及经济、政治、宗教、道德、文化等各种可能的领域。更糟糕的是，不只是受奴役的人痛苦而且愤愤不平，那些富裕自由的人也如坐针毡，在被统治者愤怒和仇恨的目光中度日，这些表面看起来富裕自由的人实际上同样是受奴役的。“自以为是其他一切的主人的人，反而比其他一切更是奴隶。”① 奴役生存这种生存方式不可能是人类普遍自愿选择的，而是一部分人强加

① ［法］卢梭：《社会契约论》，何兆武译，商务印书馆 1982 年版，第 8 页。

给人类的。当人类意识到这种生存方式的罪恶性，并有可能改变这种方式的时候，这种生存方式被抛弃就不可避免。

取代奴役生存的是自由生存。这种生存方式与前两种生存方式不同，它是人类自觉选择和争取的，而不是自发形成的。由于这种生存方式是对少数人统治地位的否定，而这些少数人又凭借手中的强制力量和其他各种力量（如经济的、道德的、传统的、习俗的力量）拼命维护既得的利益，因而自由生存这种生存方式的普遍确立必然要经过一个漫长的“血与火”历程。事实也证明了这一点，西方人为了普遍自由生存，为了进入普遍自由状态，前后经历了六百多年的浴血奋斗。

自由生存这种生存方式最根本的规定性在于每一个人都能按照自己的意愿生存。这一根本规定性包含以下意蕴：

它意味着每一个人都应该顺应人性的要求行事，包括感性的要求和理性的要求；

它意味着每一个人都有平等的自由权利，人们不仅应该自由生存，而且应该平等地生存；

它意味着通过协商或订立契约的方式制订人们生存活动的规则，以防止人们相互妨碍和伤害，就是说，人们应该在法制的范围内按照自己的意愿生存；

它意味着必须有保证法制得以实施的具有强制力的机构（通常是国家），这种机构是以保护和扩大每一个人都按照自己意愿生存的自由为唯一目的和使命的；

它意味着每一个社会成员不仅应该是自己的主人，而且应该是社会的主人，他们对自己和社会的状况好坏负有责任，他们是自由的主体，也是责任的主体。

自由生存作为一种人类自觉选择和追求的生存方式无疑具有很大的合理性，也可以说是到目前为止人类最佳的生存方式。这种生存方式最大的优越性在于，它通过人性、个性的解放和张扬使人成为自己的主人，成为社会的主人，甚至成为自然的主人；使人的潜能充分地释放，创造出巨大的物质财富和精神财富；使人的欲望得到充分的满足，而且不断地开发欲望并花样翻新地满足不断被开发的欲望，使人能得到尽情的享受。但是，这种生存方式仍然是有缺陷的，最主要体现在两个方面：

其一，这种生存方式不只是顺应人性，而是放纵人性，并且不断地刺激人性，使人变得贪得无厌，纵欲无度。这种“贪”和“纵”使人类变得越来越疯狂：疯狂地想，疯狂地求，疯狂地干，疯狂地占，疯狂地玩。当个人的整个身心都疯狂起来时，当整个人类都疯狂起来时，人的心理受不了，人的环境受不了，人类的生存就会面临日益严重的威胁。

其二，尽管每一个人都有平等的自由权利，都能按照自己的意愿行事，但不同的人按照自己意愿行事的能力和环境是相差很大的，因而各人按照自己意愿行事的结果很不相同。这一形式上平等而事实上不平等的问题在市场经济条件下会充分地显示出来：有的人可能因为拥有这种自由权而占有很多社会资源，而有的人可能在平等地享有这种自由权的条件下一无所有。

几百年来市场经济的发展已经证明了这一点。在市场经济条件下，人们自由生存的结果就是强者、弱者两极分化和贫者、富者两极分化。那些天赋差的人，那些身体有残疾的人，那些处于不利条件的人，那些失败者，还有那些老人、妇女、儿童，他们尽管同样拥有自由权利，但仍然可能成为弱者或者本来就是弱者。这些弱者不仅很少占有社会资源，而且得不到社会和他人的尊重。他们处于社会的边缘，成为需要救助和令人同情的弱势人群。其结果是，这一大批弱者不认同社会，对强者和社会不满，甚至可能敌视或仇视强者和社会。

两极分化的可能性及其现实性使人们不得不不断地向内挖掘自己的潜能，努力地增强自己的竞争实力，身不由己地投入到争夺各种有限资源的争斗中去。在这种情况下，人们的潜能确实能得到充分的实现，但人也因此而感到活得很沉重、很累，生存压力很大。他们害怕衰老，害怕伤病，害怕失败，害怕成为弱者和穷人，害怕成为令人同情的对象。为了释放这种生存压力，人们又会求助于尽情享受、及时行乐，而这又会强化和刺激享乐主义的动机。

由此看来，目前普遍盛行的自由生存这种生存方式的最大问题是它的危险性：人的心理、社会、环境都可能因为这种生存方式的疯狂性而崩溃。这种危险性的后果可能比奴役生存的后果对人类生存的威胁更大。因此，当意识到这种危险性的时候，人类就必定会调整甚至改变这种生存方式。这就是当代人类面临的重大课题。

人类的生存方式从与人性关系的角度看有三种类型或模式：顺应人性而生存；压抑人性而生存；放纵人性而生存。人类现行的自由生存这种生存方式就属于放纵人性而生存这种类型。这种生存方式是对压抑人性而生存的生存方式的否定，有其历史的合理性，但它从一个极端走向了另一个极端。顺应人性而生存和放纵人性而生存都是自由生存，但前者不会对人产生伤害，而后者则会对人产生伤害。人类应该自由生存，而不能奴役生存，这是毫无疑义的，但人类也不能放纵人性而生存，而只能顺应人性而生存。顺应人性而生存就是要克服目前自由生存这种生存方式的放纵性以及由此派生的疯狂性，使之从放纵人性走向顺应人性，从疯狂生存走向优雅生存。这是人类更好生存的必由之路。

二、必 要 性

众所周知，当代人类各种社会问题（包括全球性问题）日益严重且难以解决，其总根源就在于当代人类的生存方式有问题。当代人类的生存方式不改变，各种社会问题不可能从根本上解决，人类会越来越为各种层出不穷的社会问题所困扰、纠缠而不能自拔。因此，走向优雅生存不仅具有某种必然性，而且对于人类的前途和命运、对于我国未来的建设和发展是必要而又重要的，甚至可以说是紧迫的。认清这种必要性和重要性，可以进一步增强我们实现生存方式转换的自觉性和责任感。

现代文明的弊端

在以人的解放和自由为目的的现代化运动中，逐渐形成了以人的自由为轴心的现代价值理念，以及以这些价值理念为轴心的现代价值体系。其中核心价值理念是自由、平等、民主、法制、市场、科技这六大理念。这些价值理念是现代化的内核，构成了现代价值体系的核心内容和现代文明的深层结构。人们关于当代人类核心价值理念的理解并不一致，但当代人类的核心价值理念具有个体性、世俗性、实利性、竞争性和多元性等基本特征，也许可以得到普遍认同①。整个现代化运动及其核心价值理念是个体主义的、世俗主义的、实利主义的、竞争主义的、多元主义的，而其根基则是理性主义。正如马克斯·韦伯等人明确指出的那样，“现代化”的基本精神就是“理性化”。

谢立中先生在《二十世纪西方现代化理论文选》的“编者前言”中对现代化与理性化的关系作了以下概述：“现代化的各个方面如以自然科学知识为基础的技术的普遍运用（技术现代化），以机器大生产为基础的工业化（经济现代化），一体化、法制化和集权化的国家体制的建立（政治现代化），科层制的普及（组织的现代化），以功能、绩效原则为基础的高度分化与流动的各种社会结构的形成（社会现代化），理性至上、个人至上、成就至上、效率至上的价值观的确立（文化现代化）等等，都不过是社会生活‘理性化’的不同方面。现代化社会的许多特点如专业化、标准化、同步化、集中化、规模化、系统化、控制化等都是社会生活全面‘理性化’的条件与结果。现代化说到底依赖于人类借助（工具）理性来实现的对自然界和人类社会生活本身的控制能力的增长。”②这一相当全面和准确的概括非常清晰地阐明了理性主义与现代化及其后果现代文明的关系。

现代化深刻改变了西方社会并通过西方社会深刻改变了整个人类社会，使人类社会从贫穷落后的传统文明走向繁荣昌盛的现代文明。毫无疑问，现代化有其旺盛的生命力和影响力，而这种生命力和影响力的源泉则在于它的巨大优越性。这种优越性主要表现在，现代化致力于把人从各种束缚中解放出来，努力扩大人的独立自主性，刺激和鼓励人向内挖掘潜能、向外征服世界，这不仅使人获得了自由，使我们的世界日益成为自由的世界、民主的世界，而且使人的能量最大限度地发挥了出来，使我们的世界日益成为富裕的世界、文明的世界。从总体上看，正是在现代化运动中并通过现代化运动，今天的人类真正成为了自己的主人、社会的主人、世界的主人。应该承认这种价值理念的巨大历史功绩，也应该承认其基本合理性。完全可以设想，没有现代化运动，没有作为现代化内核的现代价值

① 参见江畅：《论当代人类公认的价值理念》，《天津社会科学》，2001 年第 1 期。

② 谢立中、孙立平主编：《二十世纪西方现代化理论文选》，上海三联书店 2002 年版，第 12 页。

理念的确立，没有它的激励、指导和规范作用，今天的人类必定还生活在各种各样的束缚之中，还生活在人剥削人、人压迫人的落后专制社会，更谈不上自由、开放、民主、富裕的现代文明。

然而，我们也应该清醒地看到，发源于西方的现代化及其核心价值理念也存在着缺陷。这种缺陷突出体现在：过分刺激和鼓励对实利的自由追求，必然导致有限自然资源的迅速消耗乃至枯竭，必然导致由为占有更多资源而引发的各种争斗乃至战争，从而必然导致人类整体面临日益严重的生存危机和人类个体面临日益严重的生存压力。

既然当代人类核心价值理念是以个体为轴心，以刺激和鼓励个体自由追求实利为基本价值取向构建起来的价值理念体系，因而作为个体的个人、国家、人类也必然把自己的实利看作是至高无上的，那么，由于世界尚未真正成为可以维护自己权益的实体，特别是宇宙、自然界不可能成为维护自己权益的实体，因而人类整体和自然界的权益就无法得以保障。这样，一味地刺激和鼓励个体自由追求实利，就可能使人类整体和自然界成为无人保护的受害者。而且，实利的获得从根本上说就是资源的占有，而资源最终来源于并非其资源取之不尽的自然界，并且相对于人的欲望而言总是有限的。这样，对实利的自由追求（实即贪得无厌的无限追求），加上人口的迅速膨胀，必然导致有限的自然资源的迅速消耗乃至枯竭，必然导致由为占有更多资源而引发的各种争斗乃至战争，从而必然导致人类整体面临日益严重的生存危机和人类个体面临日益严重的生存压力。

现代文明及其核心价值理念的缺陷随着现代文明的发展日益显露出来，而且已经导致了许多不良后果。

从个人与自身的关系来看，由于过分刺激对实利的欲望和鼓励对实利的无限追求，人日益被欲望所主宰、所奴役。欲望得不到满足感到痛苦，得到了满足又感到空虚，而欲望又在不断地被刺激、被开发，事实上永远不可能得到充分的满足。这样一来，人的心灵始终躁动不安，不能得到片刻的安宁。

从个人与个人的关系来看，由于作为实利的社会资源总是相对有限的，而人又变得日益贪得无厌，因而人与人之间争权夺利的竞争愈演愈烈。生活在今日世界的人不仅普遍感到自己像是被推入快车道的车身不由己，活得很累，而且感到生活在自己周围的人都是自己的竞争对手，不得不处处设防。这样一来，人际关系日益紧张，人的情感需要得不到应有的满足，人感到孤独、苦闷，容易发生心理疾病，吸毒、性乱、邪教、自杀等反社会、反生理行为流行。另一方面，由于人与人之间在生理条件方面和环境条件方面存在着不可克服的不平等，因而即使人们在人格、权利、机会方面平等，也不可避免地会发生人与人之间事实上的不平等。在当代，这种不平等不仅突出地表现为贫富两极分化，而且更深层地表现为富人与穷人、强者与弱者的对立，而这是当代的公正理念所难以解决的，因为它是以维护个体自由和权利平等为目的的。

从国家与国家的关系来看，由于一些国家拼命扩张本国利益和力图占有更多有限资源，世界各国的竞争日益激烈，国际社会强弱悬殊，弱肉强食，战乱不已。伴随着整个人类的国家化，国家在人类生活中的地位和作用日益突出，已经成为非常特殊的利益实体。一些国家把自己国家的利益凌驾于人类利益之上，导致民族利己主义、国家至上主义普遍盛行。国家以维护本国公民的自由、权利和利益为由，建立强大的国防和庞大的军队，以他国为假想敌人。为了维护、扩展本国利益，不择手段，甚至诉诸武力。

从人类与自然的关系来看，人类为了满足贪得无厌的欲望，不断向自然开战，把自然看作是无主的、用之不完的宝库，只管收获，不问耕耘，野蛮地掠夺自然。在人类真正成为了自然的主人的同时，自然再也承受不了人类的蹂躏，环境污染，生态平衡破坏，人生赖以生存的自然系统已经走向崩溃的边缘。人类虽然已经普遍确立了环境保护的理念，但这种理念无法抵御人类日益张大的“胃口”。今天的人类自然环境仍然在响彻寰宇的“人类只有一个地球”的口号声中辗转呻吟。

事实已经再明显不过地表明，人类如果不努力克服现代文明及其价值理念的缺陷，人的心理受不了，人的环境受不了，人类将会在自己的辉煌中走向灭亡。在这种严重的生存危机和生存压力面前，人类必须反思和批判现代文明及其价值理念，必须从现代文明走向后现代文明，必须从现在的疯狂生存走向未来的优雅生存。

发展中国家的选择

欧阳康教授提出，在对待现代文明或现代化问题上，存在着一种“文化围城”现象：已经实现现代化的发达国家的人们因为感受到现代文明的缺陷和弊端而试图走出现代文明，而尚未实现现代化的发展中国家的人们则因为看到现代文明的优势和好处而努力走入现代文明。这一概括是非常准确的。“文化围城”现象一方面表明现代文明确实是一把有利有弊的“双刃剑”，另一方面也表明目前正在努力走入现代文明的发展中国家最终也要走出现代文明。

如果我们不考虑那些反对发展中国家实现现代化的意见，那么对于发展中国家来说，未来发展面临着这样一种选择：是走发达国家的老路，先走入现代化，然后再从现代化走出；还是吸取发达国家现代化的经验和教训，在实现现代化的过程中，努力避免和克服现代文明的缺陷和弊端，在实现现代化的同时超越传统的现代化？前一种选择可概括为“跟随式”发展战略，后一种选择可概括为“赶超式”发展战略。显然，后一种选择是理智的，而且是必要的，或者说，是必须如此的。

其所以后一种选择是必须如此的，可以分别从发展中国家自身的发展和整个人类文明的发展两方面来看。

从发展中国家自身的发展来看，后一种选择既可以尽快赶上甚至超过发达国家，又可以少付出代价。如果采取“跟随式”发展战略，发展中国家永远只会跟在发达国家的后面爬行，在科技迅速发展的今天，采取跟随战略的结果可能距离越拉越远。相反，采取“赶超式”发展战略，通过吸取发达国家现代化的经验教训，可以避免发达国家走过的弯路，抄近道赶上它们，与此同时还可以利用发展中国家的后发优势和文化优势超过它们，实现超越式发展。

发展中国家采取“赶超式”战略决不只是一种发展速度问题，更重要的是可以减轻甚至避免实现现代化的阵痛过程和消极后果。西方发达国家实现现代化经历了六百多年的历史，这六百多年不是和平的过程，而是“血与火”的过程，甚至像贩卖黑奴这种贩卖人类血肉的“活人贸易制度”这种世界历史上任何时期、任何野蛮愚昧和残忍无耻的暴行所无法比拟的罪恶都曾长期存在过。不仅如此，发达国家至今还在承受着由现代文明缺陷和弊端所导致的消极后果的煎熬。这些问题的发生，对于现代化的先行者也许是难以避免的，但对于现代化的后行者，则完全可以利用“前车之鉴”，避免“重蹈覆辙”。

事实上，有些今天已经成为发达国家的国家就是通过这种战略而实现赶超的。例如日本。日本的现代化运动是从明治维新（1862 年）开始的，它只用了 100 年时间，就走过了西方国家近 700 年走过的历程，到 20 世纪 70 年代就成为了世界上少数几个最发达的国家之一。日本成功的主要经验就是采取“赶超式”战略：主动地全方位地向西方学习（即所谓“西进运动”），特别是注重学习作为现代西方文化内核的现代西方价值观念，并不断吸收和融合一切外来文明，注重利用本民族和东方的文化资源，将不同的文明搅拌在一起，实现对不同文明的超越。有研究者说：“日本文明，是一种搅拌机式的文明。它并非是静态的文明混合物，而是动态的文明混合物，通过它自身内在的机制的选择、沉淀、创新，造就了一种灿烂的全新文明。”①

从整个人类文明的发展来看，世界各国不可能同时都走发达国家的现代化之路。这可以从许多方面来说明，其中最显著的有两方面：一是全人类不可能都像今日发达国家那样富裕；二是即使全人类能够像今日发达国家那么富裕，人类赖以生存的自然环境也无法支撑。

今日世界发达国家的现代化走的都是工业化之路，是通过工业化走上富裕之路的，而这种富裕被看作是现代化的主要标志之一。然而，世界各国的情况差异很大，从可以预见的未来来看，有的国家根本就不可能实现工业化，不可能通过工业化走上富裕之路。例如，非洲的许多国家、东南亚的一些国家和拉美的某些国家由于地理、资源等方面的原因几乎不大可能通过工业化的道路实现现代化。

今日世界发达国家的现代化都是建立在工业化的基础上的，而这种工业化又是以自然资源的大量消耗为前提的。其中有些资源是不可再生的，如煤、石油、

---

① 陆磊等：《日本富国之谜》，解放军文艺出版社 1994 年版，第 21 页。

天然气等，有些是可再生的，但再生的速度远远赶不上消耗速度，如淡水、树木等。可以设想，如果世界上所有国家都工业化了，地球有限的不可再生资源和缓慢再生的资源会迅速走向枯竭。

同时今日世界发达国家的现代化都是建立在市场化的基础上的，而这种市场化又是以刺激消费为前提的，消费越多越快越能刺激生产，越能多赚利润。市场化对消费的诉求和刺激必然导致消费主义，其结果不仅会迅速消耗自然资源，而且会急剧增加消费后的废弃物。

今日发达国家是世界国家的少数，今日发达国家的人口更是世界人口的少数。这少数国家和人民因现代化生活所消耗的资源量占全世界所消耗的资源总量的大部分，这少数国家和人民因现代化生活所废弃的垃圾量也占全世界所废弃的垃圾总量的大部分。在这种情况下，今天全世界的自然资源和生态平衡已经告急，试想，如果全世界60亿人口都过上发达国家人民那样富裕的日子，都以目前他们生活的那种方式生活，这个世界的自然资源和生态平衡将会怎样？这个世界的面貌将会怎样？人类的命运和前途将会怎样？今日发达国家通过工业化实现现代化的道路只能是少数国家、少数人的现代化之路，不可能成为世界所有国家、全人类共同的现代化之路。我们可以并非危言耸听地说，今日少数发达国家的现代化之路，不是全人类的现代化之路，而是全人类的死亡之路。

以上分析表明，无论从全人类的利益来看，还是从发展中国家自身的利益来看，发展中国家都必须认真总结发达国家现代化的经验，尤其是要认真汲取发达国家现代化的教训，决不能再走先通过工业化实现现代化，然后再从现代化走向后现代化的老路，而必须选择和实施“赶超式”战略，在实现现代化的过程中，努力避免和克服现代文明的缺陷和弊端，在实现现代化的同时超越传统的现代化。

发展中国家实施“赶超式”发展战略是完全可能的。发展中国家有发达国家的前车之鉴，更有自身的后发优势。许多学者都认为后发优势是实现赶超式发展的重要动力。“后来者居上”并非天方夜谭，从历史上看，美国、德国、日本等国都可以说是通过利用后发优势赶超英国、西班牙、葡萄牙等老牌发达国家的典型。今天发展中国家也完全有可能利用自己的后发优势实现赶超式发展。

所谓后发优势，是指在发达国家和地区与发展中国家和地区并存的情况下，发展中国家和地区所具有的内在的、客观的有利条件。学者们对发展中国家和地区具有哪些后发优势并无一致看法，如有的学者认为后发优势至少包括报酬递减方面的后发优势、科学技术方面的后发优势、制度和管理方面的后发优势以及结构转变方面的后发优势，等等[①]。我们认为，发展中国家和地区的最大后发优势在于，它们可以借鉴发达国家，利用本民族的文化资源（包括文化传统和生活习

① 参见：“后发优势：跨越式发展的重要动力”，《光明日报·理论周刊》2002年3月26日B第2版。

惯），根据本国的国情在实现现代化的同时超越现代化，通过形成自己独特的、不可替代的优雅生存方式而实现对今日发达国家的赶超。

今天对于发展中国家来说，不实现现代化不行，实现现代化又面临着种种难题，唯一的选择只能是通过利用和培育后发优势实现对现代化的超越，构建同时扬弃现代文明和本土文明的具有民族特色的后现代文明。

马克思的理想

现代文明是源于西方并以西方现代价值理念为其内核的。我们不可能全盘接受西方现代价值体系，也不可能重走西方现代化和后现代化之路，相反必须以马克思主义为指导，在借鉴西方现代文明的同时超越它，构建具有中国特色的社会主义后现代文明，实现马克思的共产主义理想。这是我国今天和今后意识形态的根本要求。

马克思的社会理想就是要把无产阶级从资产阶级的压迫之下解放出来，从而实现全人类的解放，建立“以每个人的全面而自由的发展为基本原则的社会形式”，即共产主义社会。

近代资产阶级为了发展资本主义，以“自由”、“平等”为旗帜，同天主教教会、宗教神学、封建专制制度进行了坚决的斗争，通过一系列卓有成效的思想革命、政治革命、经济革命（包括工业革命和科技革命），最终战胜了宗教教会和封建主义，使生产力和资本主义获得了极大的发展。“自由”、“平等”被公开地写到了资产阶级的旗帜上，成为资本主义社会的政治原则和社会生活原则。所以说，“资产阶级在历史上曾经起过非常革命的作用”①。

然而，资产阶级虽然消灭了封建所有制，但并没有否定私有制，相反在旧的私有制的基础上建立了新的私有制。资产阶级极大地发展了生产力，使社会财富大大丰富起来，但社会生产力和财富却集中在为数极少的资产者手中。资产阶级废除了封建专制的“轻视人，蔑视人，使人不成其为人”②的原则，但建立在私有制基础上的资本主义社会，“就它的不人道和残酷性来说并不亚于古代的奴隶制，它使人处于一种非人的状况里”③。资产阶级倡导的自由、平等等人权，对于连起码的生活都没有保障的广大劳动人民来说是空洞的、形式的。

马克思深刻揭露说：“劳动力的买和卖是在流通领域或商品交换领域的界限以内进行的，这个领域确实是天赋人权的真正伊甸园。那里占统治地位的只是自由、

① ［德］马克思、恩格斯：《共产党宣言》，中共中央编辑局编译：《马克思恩格斯文集》第2卷，人民出版社2009年版，第33页。

② ［德］马克思：《摘自〈德法年鉴〉的书信》（1843年9月），《马克思恩格斯全集》第1卷，人民出版社1995年版，第411页。

③ ［德］恩格斯：《政治经济学批判大纲》，《马克思恩格斯全集》第1卷，人民出版社1956年版，第598页。

平等、所有权和边沁。自由！因为商品例如劳动力的买者和卖者，只取决于自己的自由意志。他们是作为自由的、在法律上平等的人缔结契约的，契约是他们的意志借以得到共同的法律表现的最后结果。平等！因为他们彼此只是作为商品占有者发生关系，用等价物交换等价物。所有权！因为每一个人都只支配自己的东西。边沁！因为双方都只顾自己。使他们连在一起并发生关系的唯一力量，是他们的利己心，是他们的特殊利益，是他们的私人利益。正因为人人只顾自己，谁也不管别人，所以大家都是在事物的前定和谐下，或者说，在全能的神的保佑下，完成着互惠互利、共同有益、全体有利的事业。”①

总之，资产阶级对封建阶级的斗争和资本主义的高速发展，使资产阶级获得了相对的解放和自由，但是无产阶级却仍然处于被奴役和被压迫的境况之中。当时的无产阶级的状况和斗争，使马克思看到了资本主义的不合理性，看到了解放无产阶级从而解放全人类的社会发展的必然趋势。因此，马克思以人类的解放和全面而自由发展这种时代需要为己任，致力于理论探索，创立了马克思主义。

从马克思本人的论述来看，上述看法可以得到证明。

早在 1842 年马克思就认为，实现人类解放的共产主义是个大问题，而关键在于理论上的解决。

在《〈黑格尔法哲学批判〉导言》中，马克思又提出，“彻底的革命，普遍的人的解放，不是乌托邦式的梦想”②，认为理论研究的任务就是要解决消灭无产阶级，使人类都得到解放的问题。“哲学不消灭无产阶级，就不能成为现实；无产阶级不把哲学变成现实，就不可能消灭自身。”③

在《1844 年经济学—哲学手稿》中，马克思第一次以共产主义为出发点和目的，对人类解放问题进行了系统的研究，指出共产主义是对私有制的扬弃，从根本上来说，就是人的解放，共产主义是对人类自身历史的否定之否定的发展。

《共产党宣言》更明确地宣称：“共产党人可以把自己的理论概括为一句话：消灭私有制。”④ 消灭私有制，消灭阶级建立起来的社会，“将是这样一个联合体，在那里，每个人的自由发展是一切人的自由发展的条件”⑤。

---

① ［德］马克思：《资本论》第一卷，中共中央编辑局编译：《马克思恩格斯文集》第 5 卷，人民出版社 2009 年版，第 204 ～ 205 页。。

② ［德］马克思：《〈黑格尔法哲学批判〉导言》，中共中央编辑局编译：《马克思恩格斯文集》第 1 卷，人民出版社 2009 年版，第 14 页。

③ ［德］马克思：《〈黑格尔法哲学批判〉导言》，中共中央编辑局编译：《马克思恩格斯文集》第 1 卷，人民出版社 2009 年版，第 18 页。

④ ［德］马克思、恩格斯：《共产党宣言》，中共中央编辑局编译：《马克思恩格斯文集》第 2 卷，人民出版社 2009 年版，第 45 页。

⑤ ［德］马克思、恩格斯：《共产党宣言》，中共中央编辑局编译：《马克思恩格斯文集》第 2 卷，人民出版社 2009 年版，第 53 页。

在《资本论》中，马克思强调共产主义将“是以每个人的全面而自由发展为基本原则的社会形式”[①]。

无需更多的引证和分析就足以说明，马克思理论研究的出发点和目的始终没有变，就是人类的解放，人的全面而自由发展。人类的解放和人的全面而自由发展是通过共产主义运动和共产主义社会实现的，因而马克思的学说也就是关于共产主义的学说。不过，究其实质内容而言，共产主义仍然是人类解放和自由的条件。所以从根本上说，马克思的理想就是人类解放和自由的理想，马克思的学说就是关于人类解放和自由的学说。

从当代世界文明发展的走向看，人类社会越来越朝着马克思所设想的共产主义社会理想迈进。克服了现代文明缺陷和弊端的后现代文明，是人类优雅生存而不再疯狂生存的社会，这种社会也许就是马克思所设想的共产主义社会，尽管其中在某些方面存在着差异。我国建国以来一直以马克思的共产主义理想为追求，致力于共产主义事业，虽然中间发生过偏差，但大方向是对的。应该说，这也是我国作为发展中国家在现代化和后现代化过程中的一个重要的后发优势。我们要充分利用这一优势，使我国尽快通过赶超式发展进入后现代化社会。

国情的复杂状况

我国的国土面积大致与美国相当，但我国的人口差不多相当于美国人口的五倍，在自然环境和自然资源方面远远劣于美国。而且我国的国情要比美国复杂得多，特别是我国东南部与中西部之间在经济社会文化方面的差异之大，几乎可以说是不可能从根本上消除的。美国曾经进行过西部大开发，所开发的是自然资源丰富和土地肥沃的处女地，今天我国也进行西部大开发，但我国的西部大多是土地贫瘠、资源贫乏的被过分开垦的区域。仅从这些“硬件”来看，要使中国人特别是中国中西部人普遍达到美国人那种现代化的富裕生活几乎不可能，即使真有那么一天，也需要很长的一个历史时期。我国的这种国情决定了我国不能采取过去那种“跟随式”现代化战略，而必须采取“赶超式”后现代化战略，决定了我国应该摒弃过去所追求的那种“疯狂生存”的生存方式，而追求“优雅生存”的生存方式。

我国过去所采取的现代化战略主要是追求经济技术的发展，即所谓“四个现代化”（工业现代化、农业现代化、国防现代化、科学技术现代化），而不重视人们的生活乐趣、情感需求、个性发展、精神满足等非物质的方面，也就是不重视整体的生活质量。采取这种战略的结果，就是政府重视 GDP，企业重视利润，个人重视金钱。所谓“为官一任，为富一方”，就是实行这种战略的写照。在我国经济十分落后的情况下，把这种战略作为权宜之计是可以理解的，但是把它作为一

① ［德］马克思：《资本论》第一卷，中共中央编辑局编译：《马克思恩格斯文集》第 5 卷，人民出版社 2009 年版，第 683 页。

项基本国策就可能导致严重的后果。这种后果的直接体现就是社会财富分配的三个差距拉大：城乡收入差距，地区收入差距，阶层收入差距。有统计表明，1978年中国城乡居民实际人均收入的比率是2.36，1995年是2.79；1978年浙江人均GDP相当于全国平均值的水平是0.87，1997年是1.76，而同时间的西藏则分别为0.99和0.58；1978年农村和城镇居民收入的基尼系数1978年农村内部是0.212，城市内部是0.16，而到1995年则分别变成为0.340和0.28。①

以上情况表明，我国现行的现代化战略过分强调经济技术的发展，容易导致“富者更富，穷者更穷”的局面。这种局面靠政策调控（如加大西部开发的力度，实行社会保障制度等）是不可能从根本上改变的。这里我们仅以地区收入差距为例加以分析。

我国的地理格局具有两大特征：一是地势东低西高，自东向西呈三级台阶分布：东部平原为第一级台阶，云贵高原、黄土高原和内蒙古高原为第二级台阶，青藏高原为第三级台阶；二是东部平原濒临海洋，西部高原深入欧亚大陆腹地，构成了沿海—内陆的地理格局。与高原山地相比，平原既有利于农业活动，又有利于现代工业、市场和交通的发展，因而平原要比高原和山地更容易工业化、市场化和城市化得多。如果平原连接大洋，那么平原又获得了参与世界经济的相对优势。这种地理格局就产生了我国的“东西问题”。这一问题是根本性的，无论采取什么政策，只要实行现代市场经济制度，就不会使中西部地区获得东南部那样的经济发展，不可能使中西部人普遍像东南部人那样富裕。

例如，有人可能认为，可以通过建立社会保障体系、实行社会福利政策来解决地区收入差异问题。但无论是社会保障体系还是社会福利政策都只能解决占人口少数的那一部分人群，特别是弱势人群，而不可能解决广大中西部地区普遍贫穷的人民。而且，即使享受这种福利政策，也只能解决温饱问题，不可能达到富裕的程度。

又如，有人可能认为，可以通过人口自然流动来解决中国的地区收入差异问题。这种想法不过是一种幻想，道理很简单，如果中国中西部的人口，不用说全部，即使是一半流动到中国的东南部，中国社会将会形成什么局面是不难想象的。

仅从地区收入差异的状况就可以看出，仅仅通过工业化、市场化、城市化，仅仅通过经济技术的发展不可能真正解决中国人的普遍幸福的问题，甚至不可能解决中国社会日益贫富两极分化的问题。中国只能现代化和后现代化一起抓，着眼于后现代化建设现代化，不是以经济的发展或社会的富裕为主要目标，而是以人的全面而自由发展为主要目标来调整我国的社会结构、制度安排、政策导向。

---

① 详见路甬祥主编：《21世纪中国面临的12大挑战》，世界知识出版社2001年版，第九章：财富分配的挑战。

在中国，不可能每一个人都成为富豪，但每一个人都可能获得良好的发展，都可能心安理得地幸福生活。后现代社会的最基本特征就在于，它在肯定自由、平等、民主等现代价值理念的前提下，否定过分市场化、功利化、世俗化、城市化，强调个性化、情调化、多样化、田园化，把人们的目光从对实际利益的拼命追求转向谋求人的全面而自由发展。

三、可　能　性

人类以优雅的方式生存，并不只是一种理想，更不是一种空想。无论是在历史上还是在现实中都可以找到某些优雅生存的事例，包括个体性的和群体性的以及区域性的。以什么方式生存确实与经济社会条件相关，但也在很大程度上取决于人们的生存观念。在文明昌盛的今天，应该说人类优雅生存的经济社会条件和物质技术条件总体上已经具备，现在问题的关键在于思想观念。观念的基础是确信，而确信人类应该优雅生存的基础则在于以这种方式生存的可能性。

现代文明的成就

优雅生存不同于自然生存。自然生存是不讲求条件的，可以说是一种随遇而安，优雅生存则是必须以一定的文明程度为基础的，它的前提是文明。没有一定发达的文明程度，可以自然生存，但不能优雅生存。

“文明”是一个并不确定的概念，人们可以从不同的角度、不同的层面理解。一般地说，“文明”是与“自然”相对的，它是指一个社会（可小到一个氏族，可大至人类）脱离自然、进化开明的程度。如果把文明作为一种社会形态来理解，文明可以划分为不同的层面，其中最重要的是物质、精神、制度三个层面，文明因而也可以划分为物质文明、精神文明和制度文明三种主要形式。

文明是人类一定生存方式的结果，同时又是人类一定生存方式的基础。从后一种意义上看，是否文明以及文明程度如何规定着人类选择以何种方式生存的范围。当然，这种规定并不是绝对地被决定，而是统计地被规定。一般地说，文明的层次越低，人类选择的余地越小，文明的层次越高，人类选择的范围越大。在采猎文明的条件下，人们不可能选择自由的生存方式，更不可能选择优雅的生存方式。而在今天现代文明的条件下，人类不仅可以选择自由的生存方式，也可以选择优雅的生存方式。

尽管现代文明存在着缺陷和弊端，但它的成就已经为人类优雅生存提供了可能，这是毋庸置疑的。而且正如前面已经指出的，现代文明的缺陷和弊端也正需要改变现代人类的生存方式来加以克服。

现代物质文明为人类优雅生存提供了充足的物质保障和厚实的物质基础。现代物质文明是生产高度发达、科学技术迅猛发展和物质财富充分涌现的文明。如果人类不将自己所生产的物质财富用于武器制造和国防开支，不用于不必要的奢侈和浪费，人类目前的生产能力和产品（包括服务）足以使人类普遍过上富裕的生活。例如，美国2001财政年度国防预算的总经费达3099亿美元[①]，而同一年全球的饥民总数约8亿人。仅美国的国防开支就可以基本上解决全球的饥民问题。更重要的是，现代科学技术的迅猛发展不仅大幅度地提高了生产能力，从而为生产更多、更好的产品提供了可能，而且改变了拼资源、拼消耗的粗放型经济增长方式，使技术创新并形成产业化经营成为经济增长的源泉和动力。科学技术的发达和劳动生产率的提高既大大地减轻了人们的劳动强度又大大缩短了人们的劳动时间，今天人们有更多的时间和精力来发展个性和享受人生。

现代精神文明更为人类优雅生存提供了充分的条件。现代精神文明为人类优雅生存提供了基本的思想观念。现代精神文明像现代物质文明一样繁荣昌盛。现代精神文明的出发点和目的是为了把人从一切束缚中解放出来，使人获得充分的自由。以人的解放和自由为核心构建起来的现代精神文明把个人的自由、个性和权利置于至高无上的地位，强调个人按自己的意愿行事，这从根本上说是与人性相一致的，当然也是人优雅生存所必需的首要前提。没有自由，没有个性发展，没有个人权利的尊重和保护，根本谈不上优雅生存。现代精神文明确实存在着过分把人们的自由引向贪得无厌地追求实利，导致人的异化和社会异化的问题，但是它所确立的个体原则、自由原则、个性原则、人权原则都为人类优雅生存提供了基本理念和精神。

现代精神文明为人类优雅生存提供了丰富的精神食粮。现代科学技术和生产力的高度发展也为精神需求的满足和开发提供了广阔的天地。今天人类能用以精神消费的产品和服务多得不计其数，甚至可以说达到了令人眼花缭乱的程度。今天的精神产品的种类繁多，如体育的、娱乐的、文学的、艺术的（特别是影视的），等等；满足的途径花样翻新，如图书的、报纸的、剧院的、广播的、影视的、电脑的、网络的，等等；产品的层次不断细化，有用于满足所有人类的（如大型赛事），有用于满足不同民族或国家的，有用于满足某些人群的，有用于满足文盲的，有用于满足博士的，有用于满足普通百姓的，也有用于权贵显达的。可以这样说，今天人们再也没有什么精神需求不能得到满足的，令人遗憾的只是人们没有足够的时间和精力来享受，也有相当一些人没有足够的财力来享受。因此，我们没有任何理由断定现代社会是“精神的沙漠”、“文化的荒野”。

另一方面，特别是在市场机制的作用下，现代社会不只是停留在满足人们的精神需求，而是像不断地开发物质需求一样，也在不断地开发精神需求，人们的

① 参见《国防报》，2000年8月23日第2版。

精神需求的广度和深度空前地被拓展。我们并不否认，现代精神产品和服务存在着过分庸俗化、过分世俗化、过分市场化的问题，但不可否认的是，人类已经充分具备了满足人的全面而自由发展需要的能力。而且倡导优雅生存，正是为了在这种精神产品和服务极其丰富的条件下，克服所发生的偏差和缺陷，使之更好地服务于人类的幸福。

现代精神文明为人类优雅生存提供了应有的综合素质。优雅生存需要良好的综合素质。作为现代精神文明重要组成部分之一的现代学校教育的高度发展和普及，已经使人类普遍接受全面的素质教育成为现实。今天，不仅是初等教育和中等教育，即使是高等教育也已经从“精英教育”变成了“大众教育”。的确，目前有些国家的教育存在着偏差和缺陷，如我国的教育普遍存在着“应试教育”（以应付考试为导向）、“求高教育”（以追求高学历为导向）、“专才教育”（以培养高级专门人才为导向）的问题，但这并不意味着这些国家不具备进行普遍综合素质教育的条件，相反正说明必须努力克服教育中存在的偏向，使教育人性化、人道化、生活化。即使在这种有缺陷的教育条件下，由于教育本身的发展以及教育思想的不断更新，人们的综合素质，特别是知识技能素质也有了空前的提高，人类变得越来越开明，越来越有理智，人类普遍有智慧地幸福生存为期不会太远。

现代制度文明也为人类优雅生存作了某些准备。现代文明与传统文明的一个显著的区别，就是现代文明的制度方面日益发达：一方面，制度成为社会管理的主要手段，制度是人们行为的唯一规范或唯一限制，制度之外人们有广阔的空间，在这种空间人们有充分的自由；另一方面，制度日益民主化、规范化、程序化，不仅充分体现人们的意愿和意志，而且是明确的，决不是随意的，更不是恣意妄为的。现代制度文明毫无疑问是一种重大的进步，以民主化、规范化和程序化的社会制度管理社会远比以专制化、随意化和命令化的长官意志管理社会要进步得多。可以想象，人类优雅生存的社会必定是制度管理的法制社会，而决不会是长官意志管理的人治社会。从这方面看，现代制度文明为人类优雅生存作了制度上的准备。

但是，现代制度文明也存在着明显的缺陷和弊端，这主要体现在作为政治制度文明的民主政治和作为经济制度文明的市场经济。现代民主政治在许多方面是可取的，如公民自治、主权在民、依法治国、在法律面前人人平等，但也存在着诸多的问题，如由代议制所导致的庞大官僚阶层问题，由政党政治所导致的职业党棍问题，由竞选所导致的大量浪费和人们对于政治过分热衷问题，由多数裁定原则所导致的少数人利益的保护问题，等等。这些问题的根源在于现代文明过分刺激和鼓励人们对权力的追求。

现代市场经济同样也有许多优点，如可以使社会资源得到优化的配置，可以充分调动个体的积极性和能动性，充分发挥个体的聪明才智，从而可以使社会的生产力、科学技术迅速发展，使社会财富快速增长，等等，但也同样存在着不少问题。市场机制会使人们的贪欲伴随着经济技术和财富的增长而同步增长，人们贪得无厌永远得不到满足，不仅成为财富和金钱的奴隶，甚至还泯灭人性，导致异化。市场机制也会使人们之间的争权夺利的竞争日益激烈，人们为了在竞争中取胜，只要有机会，可能无所不用其极，人际关系因而就会湮没在毫无温情的利己主义的冰水之中。刺激和鼓励人类无限追求财富的市场机制还必定会导致人与自然之间关系的紧张，人们在利益的驱动下，不顾一切地向自然开战，不顾一切地向自然丢弃，只要这一切有利可图，而事实上这常常是有利可图的，因为目前自然资源和自然环境从总体上看还是无主的、无价的。

现代制度存在的以上这些缺陷和弊端可以说是人类优雅生存的最主要障碍，其中特别是现行的市场经济这种经济制度，可以说是与人类优雅生存格格不入的。但是，我们相信，人类不会为了自己所建立的制度来牺牲自己的幸福，相反会根据自己的幸福来改变现行的制度，建立与人类优雅生存相应的新的制度文明。

历史的启示

古希腊雅典城邦是西方文化的摇篮，也是人类优雅生存的一个先例。而且雅典辉煌灿烂的文化与雅典人优雅生存之间存在着人们并没有怎么注意到的联系：雅典的文化正是雅典人生存方式的结果。雅典人的生存方式有许多方面是值得现代人学习和汲取的，当讨论在我们这样的时代人们是否可能优雅生存的时候，回顾一下雅典人的生活，对于我们不无启示意义。

雅典城邦大约形成于公元前 8 世纪，到公元前 6 世纪通过梭伦改革开始走向繁荣，大约到公元前 4 世纪初走向衰落。其中鼎盛的时期差不多持续了 200 年。雅典城邦很小，其鼎盛时期的公民人口约 16 万，加上异邦人和奴隶，也不超过 40 万人。据记载，雅典人对物质财富较为轻视，过着简朴的生活。他们满足于有一小块农田，有合理的收入。尽管许多人是贫穷的，但十分富有的人却很少。几乎每一个人，无论公民，异邦人，还是奴隶，都吃同样的饭，穿同样的衣，并参加同样的娱乐，人与人之间在经济社会方面是十分平等的。雅典人的食物很简单，通常只有大麦饼、洋葱和鱼，穿着更为简朴，经常是一块长方形的布围着身体，肩部用别针系住，用带缠腰。就是说，雅典人不关注财富的占有和积累，在物质生活方面只求温饱。有没有舒适和豪华的用品，对于雅典公民是无足轻重的。但是，他们却十分关心有闲暇去从事谈论雄辩、文娱体育、哲学探讨、艺术创造、学术研究。从事所有这些活动都不是被迫的，也不是为了实用，更不是为了功利，而是出于自己的喜好和兴趣，为了快乐，为了显示个人的才智。雅典人的生活不是富裕的，但却是优雅的。

谈论雄辩是雅典人生活的重要组成部分之一。雅典城邦在梭伦政治改革之后开始实行民主政治，经过克利斯提尼改革之后，到伯利克里时代（前 461 ～前

429 年），雅典民主政治达到了全盛时期。在这种民主政治的环境中，雅典公民可以自由地讨论城邦的任何重大问题。为了参政议政，为了在参政议政中充分表达自己的意愿，他们必须具有良好的口头表达能力。这种需要促进了演说和雄辩十分流行，以至于教授演说和雄辩成为了一种职业，成为了一种成名的途径。在历史上影响很大的智者，都是这样一些收费授徒的演说和雄辩术老师。在这种民主自由的氛围中，公民可以在街头巷尾就广泛的问题发表自己的见解，进行讨论和争辩，于是谈论、辩论成为一种时尚。著名历史学家希罗多德就曾把自己的巨著《历史》在老少公民当中进行诵读。著名哲学家苏格拉底一生述而不作，到处找人谈话，进行辩论，自称是“精神助产师”，其使命就是要通过诘难引出人们关于美德的一般知识。

文娱体育活动是雅典人普遍参与的一种生存方式。在雅典修建了关于全希腊的建筑与雕刻艺术博物馆——雅典卫城。城中有帕特农神庙，还修建了雅典露天剧场、音乐厅、竞技场等娱乐场所。据统计，一年之中，雅典有大大小小的各种庆典和节日 60 多个，最大的庆典当属雅典娜节和狄奥尼索斯节（酒神节）。这些祭神的庆典和节日内容丰富多彩，有赛车、竞走、合唱、舞蹈、音乐比赛和诗朗诵比赛，实际上是一种世俗性的群众文化娱乐活动。雅典娜节每四年一大庆，狄奥尼索斯节要连续进行五天，其间雅典百工歇业，普天同乐。雅典露天剧场是雅典的文化娱乐中心，数以万计的人（约占城中人口一半）聚集在这里观看悲剧或喜剧表演。众多的戏剧家、演员、合唱队竞相表演自己的作品。雅典还有各种各样的竞技活动，其中最著名的是奥林匹克赛会。在竞技场上，公民运动员进行裸体竞赛，竞赛者的人体健美像其勇武精神一样给人留下了深刻的印象。米隆的《掷铁饼者》青铜像，就是刻画运动员在掷出铁饼前那一刹间的紧张姿势，它栩栩如生地再现了一位力与美和谐统一的健美青年的形象。

哲学兴趣是雅典人生命中的一部分。雅典的自由、民主和开放的气氛培育了雅典人的自由思想、怀疑精神和批判眼光。他们崇尚哲学，热爱智慧。有研究者形容说：“每一个激动今日世界的问题，无不曾在古希腊，尤其是雅典喧腾一时，而且言论自由而激烈，除了小孩，几乎整个希腊都为之骚动。哲学的‘丰饶趣味’深深地吸引了知识阶层的意向；有钱人竟敞开他们的宅第和‘沙龙’；哲学家们受到上宾的礼遇；机巧的辩论像奥林匹克运动会中的精彩技艺那样被人喝彩。”[①]这种热爱智慧、追求智慧的土壤孕育了一大批卓有成就的哲学家，如智者派、苏格拉底、柏拉图、亚里士多德、伊壁鸠鲁派、斯多亚派，等等。他们有如天穹璀璨的繁星，辉耀千古。

艺术研究和欣赏更是雅典人生活中不可或缺的内容。古希腊神话和史诗给雅典留下了丰富的精神财富和文艺资源。在自由的环境中，自由的雅典人进行自由

---

① 宋瑞芝主编：《外国文化史》，湖北教育出版社 1994 年版，第 183 页。

的创作，创造了许多文艺上的“规范和高不可及的范本”（马克思语）。在雅典，早在公元前6世纪就已经创作了最早的悲剧，之后有许多剧作家参加悲剧比赛，其中最著名的有埃斯库罗斯、索福克勒斯和欧里庇得斯。相传埃斯库罗斯写过70多部剧本，索福克勒斯写过113部，欧里庇得斯写过92部。其中著名的有《普罗米修斯》、《奥瑞斯忒斯》、《俄狄浦斯王》、《安提戈涅》、《美狄亚》等。雅典的喜剧也很有影响，产生了克剌提诺斯、欧波利斯、阿里斯托芬等喜剧大师。雅典人还创造了优美完整的建筑和至今都不可超越的雕刻，著名雕刻大师米隆、菲狄亚斯、波吕克利托斯的作品堪称力与美、感情与抑制、动与静、肉体与心灵，以及材料的豪华与技术的巧妙等诸多因素间和谐的典范。

学术研究也是雅典人生存的一种方式。虽然大多数雅典人的兴趣主要在于思辨哲学和艺术，不太关切物质的舒适和对物质世界的统治，但在雅典的那种自由、民主、开放的气氛中，还是有不少人把兴趣和目光放在对自然、历史和人类奥秘的探索上。对自然好奇并进而观察和研究自然、历史和人自身，这是不少雅典人生活的乐趣。雅典的许多哲学家就是自然科学家和社会科学家。例如，亚里士多德同时是政治学家、物理学家、天文学家、动物学家，是一位百科全书的大学者。在希腊化时期，在雅典思想文化与东方思想文化的交互作用下，更产生了许多科学巨子，如欧几里德、托勒密、阿基米德等。雅典人作为有智慧的人，注重反思自己的现实和历史，产生了一大批历史学家，其中最著名的有希罗多德、修昔底德、色诺芬。他们的著作《历史》、《伯罗奔尼撒战争史》、《远征记》都是世界文库中的历史要籍，特别是他们在史学理论和史学方法方面开创性的探索，为后世史学的发展奠定了坚实的基础。

对于雅典人的生存方式，美国的伯恩斯和拉尔夫在其《世界文明史》作了这样的概括：“希腊的文明，以其雅典形式为例，是建立在自由、乐观主义、世俗主义、理性主义的理想之上，尊重肉体也尊重心灵，对各个人的庄严和价值给以高度重视。”[①]在现代文明的缺陷、弊端及其严重后果日益暴露出来的情况下，重新审视和反思一下雅典人的这种生存方式，对于我们也许会有许多不可多得的启示。

在对人生存的目的的理解上，雅典人有一种全面的观点，就是人生幸福。在雅典人那里，人生在世的目的不是仅为了感官快乐，也不是仅为了占有财富，更不是仅为了攫取权力，而是为了获得幸福。幸福是一个总体性概念：意味着身体健美、心灵愉悦、个性发挥、自我实现，意味着自由自在、潇潇洒洒，意味着具有智慧、勇敢、节制、公正、友爱的美德。雅典人也许不能理解今天的人们为什么把金钱、权力、名誉、美色这些身外之物看得比心灵的安宁、个性的发展、事业的成功、家

① ［美］E. M. 伯恩斯、［美］P. L. 拉尔夫：《世界文明史》第1卷，罗经国等译，商务印书馆1987年版，第259页。

庭的和谐、生活的愉悦这些真正属于人自身的、体现人生价值的东西更重要，更难以想象今天的人们为什么会如此偏执地抓住一点，不及其余：为了金钱而泯灭良知，为了权力而践踏人格，为了名誉而不顾廉耻，为了情欲而亵渎心灵。

在对人生存的价值的理解上，雅典人有一种合理的观点，就是自我实现。对雅典人来说，人生在世的价值不是仅在于为城邦作贡献，不仅在于给后代留下更多的财富，更不仅是为了光宗耀祖、流芳百世，而是为了自我实现。自我实现就是要实现人的本性和潜能。这种自我实现，不仅实现的对象是自我，实现的主体是自我，而且实现的目的也在于自我。在雅典人看来，人生的价值就在于把自己的人性和潜能发挥出来。这种发挥不是为了别的任何目的，而是为了发挥本身，发挥本身就是目的，这种目的就是人生的价值目标，人生的价值就在于这种目的实现的程度。从这种意义上看，雅典不是为他人、家庭、社会活着，而是为自己活着，为了自我实现本身而活着。

自我实现的前提是自由，没有自由，自我就既不能成为自我实现的对象，也不能成为自我实现的主体和目的。所以雅典人推崇自由，赞美自由，追求自由。“没有其他民族曾对自由，至少是为其本身，有过如此炽热的热心，或对人类成就的高洁，有过如此坚定的信仰。古希腊人赞美说，人是宇宙中最了不起的创造物，他们不肯屈从祭司或暴君的指令，甚至拒绝在他们的神祇面前低声下气。他们的态度基本上是非宗教的和理性主义的；他们赞扬自由探究的精神，使知识高于信仰。”①

自由地实现自我，不仅使雅典人的生存自主化、个性化、多样化，而且使雅典人无论在哲学上、科学上，还在文学上、艺术上都创造出了不可替代的辉煌成就。这一事实也许可以证明，优雅生存不是与社会的进步和文明的繁荣相背离，相反可能是社会和文明发展的真正源泉。

在对人生存的方式的理解上，雅典人有一种正确的观点，这就是拥有智慧。人应该怎样地生存于世？雅典人无论在理论上，还是在实践上，都作出了回答：应该有智慧地生存于世界上。雅典人不仅推崇自由、追求幸福，而且热爱智慧，把智慧作为实现幸福的真正途径。在雅典人看来，没有智慧，不用说实现幸福，甚至连对幸福的理解都会发生偏差，智慧因而在雅典被推崇为第一美德。希腊人以热爱智慧、富有智慧著称于世。早在神话之中，就有最为希腊人尊敬的智慧女神雅典娜，后来智慧又被希腊社会推崇为四大美德的第一美德，因而智慧不仅仅是一种能力的标志，而且是德性的首要标志；不仅仅是实现幸福的手段，具有工具价值，而且就是幸福本身的重要内涵，具有目的价值。这种对智慧的热爱和推崇，使希腊人逐渐形成了好思考、勤探索、肯钻研的习惯和性格。也许正因为希

① ［美］E. M. 伯恩斯、［美］P. L. 拉尔夫：《世界文明史》第1卷，罗经国等译，商务印书馆1987年版，第208页。

腊人热爱智慧、追求智慧，他们才富有智慧，创造出了光辉灿烂的希腊文明成就。

智慧在雅典人那里被划分思辨（理论）智慧和实践智慧。前者追求的是知识，强调对一般的把握，在于获得理性知识，在于求真；后者追求的是德性，强调对准则的把握，在于作出价值判断，在于求善。智慧对人的要求，用亚里士多德的话说，就是“过理智的生活，做有德性的人”。有智慧的生存方式，在雅典人那里，就是哲学家的生存方式、艺术家的生存方式。雅典人并不都是哲学家、艺术家，但他们都以哲学家和艺术家的态度对待人生。今天，人们可以说以各种各样的方式对待人生，惟独缺少的就是雅典人那样的有智慧地对待人生。

法国与美国的比较

今日世界发达的国家也并非清一色的。有的国家的人们生存得更疯狂，而有的国家的人们则生存得更优雅，尽管这种优雅尚未达到本书所期望的程度。例如，美国人也许就属于前者，而法国人也许属于后者。一位美国教授的夫人曾亲口对作者谈起她对在美国生活的感受，她说，她原是法国人，与教授在伦敦认识并结婚后一直生活在美国，尽管已经生活近 40 年，但还不适应美国的生活。她把美国人的生存方式概括为“不停地艰苦干活（work hard and hard）”。从她的神情看，她对她过去的法国生活充满着深情的眷恋。这位教授夫人的感受告诉我们，尽管美国和法国都是西方发达国家（当然美国更发达得多），但两国人的生活方式却有很大的不同。我们对两国人的生存方式作些对比分析，也许有助于加深对人类走向优雅生存的可能性的理解，也许对我国未来的社会价值的选择起到某种借鉴作用。

今天的美国，大家都承认它是世界上的头号强国，应该说它是现代化最充分、最典型的国家，是现代文明最发达的国家。美国作为现代文明最发达的国家，现代文明的特征体现得最充分，现代文明的长处、优势与现代文明的缺陷、弊端也表现得最突出。美国人充分享受着现代文明繁荣带来的福祉，同时也逐渐体会到现代文明昌盛导致的困扰。

自由、平等、民主、法制、市场、科技是现代化或现代文明的基本规定性，也是现代文明的根本标志。这些现代文明的标志性、规定性在美国都得到了最充分的实现。

《独立宣言》宣称：“我们认为下述真理是不言而喻的：人人生而平等，造物主赋予他们若干不可让与的权利，其中包括生存权、自由权和追求幸福的权利。为了保障这些权利，人类才在他们中间建立政府，而政府的正当权力，则是经被统治者同意所授予的。”[①]这段文字表明，美国人在立国之初就旗帜鲜明地把自由、

① ［美］D. 拉维奇：《美国读本：感动过一个国家的文字》，林本春等译，许崇信校，生活•读书•新知三联书店 1995 年版，第 49 页。

平等和民主写在了即将建立的美利坚合众国的旗帜上。两百多年来，自由、平等和民主不仅是美国的立国之本，而且已经成为美国人的普遍共识和信仰。“走进任何一所学校的教室，你都能看见孩子们正接受独立宣言精神的教育，以使他们懂得：他们被造物主赋予某些不可出让的权利，其中包括生活、自由和追求幸福的权利，任何政府都没有理由剥夺这些权利——它们是在他们的宪法中对言论、集会和宗教信仰自由的保证。”①尽管人们可能说美国的自由、平等和民主是空洞的、抽象的，是对穷人的欺骗，但没有多少人会否定，美国在西方世界中是最自由、最平等、最民主的国度。

至于美国的法制、市场、科技的发达程度更不会有多少人否认。到今天为止，美国仍可堪称是法制最完善、市场最发达、科技最先进的国度。陈燕妮在她的《告诉你一个真美国》一书中对美国的法制作了这样的描述：“美国的法律制定严密，看起来事无巨细。而且，研读法规，常常会让人觉得其中用辞的不厌其烦而觉得可笑。但仔细推敲，美国法律的确是世界上少有的博大精深，粗的能推倒一代政朝，细的能及至人类起居的每一处细小。”②

美国的现代文明概括说来，大致有以下十大特征：

第一，个人主义。个人主义是现代文明的共同的根本特征，但在美国体现得最充分。它是美国价值观念和意识形态的核心，渗透到美国经济、政治、文化乃至社会生活的各个方面。个人主义在美国集中体现在这样两句话上：“个人有权利决定自己的前途和命运”；“我的一切由我自己负责”。这两句话的实质就是强调个人是至高无上的，任何人，无论是国家、政府，还是家庭、父母都不能决定个人的选择和追求，都不能干预个人的自由和权利。美国的自由、平等和民主就是这种个人主义的体现。每一个人都是自主的，都拥有平等地按照自己的意愿行事的自由，他是自己的主人，同时也是社会的主人。

第二，世俗主义。美国完全是在近代精神的影响下建立的，而且它的居民来自不同的文化和宗教背景，这决定了美国不像许多其他国家那样有沉重的传统包袱。与其他国家和民族比较，美国受近代以来西方人文主义精神的影响更深，美国人更关注现实生活的价值和意义，更注重世俗的利益和快乐。他们不仅不追求天堂、永恒，甚至也没有什么崇高的目标和远大的理想，神圣性、崇高性被排除在视野之外。我们知道，多少代美国人都怀抱并追求实现所谓的“美国梦”，但这种美国梦既不圣洁也不崇高，它是一个十分实在而又普通的世俗之梦：富裕。美国世俗主义的最典型表达就是：“拼命赚钱，尽情享受。”这就是美国人生活的价值，就是美国人生活的真谛，就是美国人生活的全部。

---

① ［美］罗纳德·里根：“在莫斯科国立大学的演说”，［美］D. 拉维奇：《美国读本：感动过一个国家的文字》，林本春等译，许崇信校，生活·读书·新知三联书店 1995 年版，第 849 页。

② 陈燕妮：《告诉你一个真美国》，华夏出版社 1994 年版，第 82 页。

第三，拜金主义。许多美国人是怀抱着对财富的梦想来到美国的，市场经济的最大利益化法则又进一步强化了美国人的求利动机，于是财富或利润或其货币化形式的金钱就成为了许多美国人追求的主要目标甚至唯一目标。美国是典型的钱本位国家：金钱是事业成功的标志，是个人价值的体现，是人生幸福的源泉；同时，只要有了金钱，就可以提高社会地位，获取政治权力，进入文化殿堂，就可以得到人间一切美好的东西，如果愿意，也可以得到人间一切丑恶的东西。“美国梦”是富裕梦，实质就是财富梦，就是金钱梦。陈燕妮曾发出感慨说：“在美国才明白美国人严重的拜金情绪坦白而直露，在这一点上连最不能俗的大学校园这一类地方也深受池鱼之殃。”①

第四，实用主义。美国人是以讲求实用、实效著称的。实用主义是美国土生土长的哲学。它是美国民族精神的结晶和升华，同时又成为了美国人的精神支柱和美利坚民族的灵魂。实用主义最突出的特点就是把有用、实用、实效作为一切事物价值的终极尺度。真理也好，知识也好，道德也好，良知也好，它们是不是好东西，就看它们是不是有用。真理之所以是好东西，是因为它有用，即所谓“有用即真理”；道德之所以是好东西，也是因为它有用，即所谓“道德即工具”。

这种实用主义的精神使美国人不重视虚无缥缈的东西，而重视实实在在的东西；不重视过程，而重视结果；不重视动机，而重视效果；不重视来世、天堂，而重视现世、人间。总之，对于美国人来说，什么有利就干什么。科学技术、市场经济最有利可图，所以科学技术、市场经济在美国发展最快。这种实用主义的生存态度确实可以而且事实上已经使物质财富急剧增长，但那些不能还原为物质利益的、不具有实效的许多美好的东西，则可能因为这种态度而被忽视，甚至被蔑视。

第五，强力主义。美国社会强调权利和机会平等，但在此前提下承认个体在实现权利和把握机会方面的不平等，而且鼓励人们通过公平竞争来实现自己的利益和价值，因而竞争成为人们在社会中获得自身利益、实现自己价值的最基本途径。公平竞争最重要的要求是遵循大家公认的竞争规则，而在公平竞争的条件下，能否取胜取决于竞争者自身的实力。在公平竞争面前，只认实力，不认其他；只奖励强者，不同情弱者。因此，在公平竞争这种价值理念主宰下的美国，实际是强者主宰的世界。有人说，美国是儿童的天堂、中年的战场、老年的坟墓。事实上，在美国不仅老人的命运是悲惨的，那些病残者、贫穷者的境遇也是可想而知的。美国过去、现在都推崇“白手起家”的英雄，但实际上有多少人真正能“白手起家”？如果说过去美国曾经有过这么一段光荣历史（如西部大开发），那么今天的实际却是富者愈富、穷者愈穷的两极分化日益严重。

第六，清教主义。在美国的早期移民中有许多人是新教教徒。新教领袖加尔

① 陈燕妮：《告诉你一个真美国》，华夏出版社 1994 年版，第 279 页。

文认为，一个人升天堂还是下地狱，是上帝早已决定了的。新教徒对此深信不疑。但是，加尔文并没有说明，哪些人会被上帝选上天堂，哪些人会被罚下地狱，这在虔诚的教徒中引起了极大的关切。人人都想当上帝的选民，但又不知怎样被选中。当时美国的一些新教牧师注意到，需要向渴望知道自己命运并成为上帝选民的人们解释应怎样理解加尔文的思想，于是他们就根据美国经济发展和时代需要对此作出阐释，从而形成了新教伦理和清教精神或清教主义。

清教主义的基本信念就是，在尘世里，人为了确保他承蒙神恩的殊遇，必须“完成主所指派于他的工作，直至白昼隐退”。按照主之意志的明确昭示，惟有劳作而非悠闲享乐方可增益上帝的荣耀。这种清教主义的信念使美国形成了勤劳、节俭，以及与之相关的干一行、爱一行、专一行，把所从事的职业当作事业干的敬业精神和美德，但也使拼命赚钱成为了目的本身，从而导致了生存异化的发生：赚钱为了生存变成了生存为了赚钱。

第七，消费主义。一位社会学家曾经说，美国已经成了一个“扔东西”的社会——扔掉纸碟子，扔掉剃刀片，扔掉尿布片。用完即扔的现象在美国如此普遍和深入，以至于如今已经不仅扔掉物，而且扔掉人。我们使用一个人（如一个朋友或配偶）是为了使自己高兴，然而当我们在他身上再也得不到什么乐趣的时候，我们就扔掉他，然后再找一个。有学者据此分析美国社会之所以出现如此高离婚率的原因：离婚通常就是意味着男女双方或一方感到“我用不着你了”。这种消费主义是市场经济高度发达的自然结果，但它的问题却是显而易见的：如果全世界60亿人都像美国人这样扔起来，不用说人类从哪里找那么多东西来扔，即使有无限多的东西可扔，那么多的东西往哪里扔？

第八，享乐主义。继承清教主义传统的美国人，在20世纪以前一直都是奉行禁欲主义的，为了创业而尽可能少消费。然而，自20世纪以来，适应市场经济迅速发展的需要，享乐主义迅速取代禁欲主义而在美国普遍风行。有一位人士在谈到这一现象时指出：“在过去，满足违禁的欲望令人产生负罪感。在今天，如果未能得到欢乐，就会降低人们的自尊心。”①享乐主义的基本信条就是：尽情享受，及时行乐。在享乐主义者看来，一个人应该做什么不应该做什么，其唯一标准是做这件事会不会给他带来感官快乐。所谓“觉得好，就干”，“能带来感官享受，就做；不能，就不做”，就是美国享乐主义的典型表达。在消费主义的刺激和推动下，今天的享乐主义不只是努力追求感官欲望的满足，而且要不断刺激和开发感官欲望，在不断刺激和开发中寻求花样翻新的满足。

享乐主义在美国盛行所导致的直接问题就是大量的社会问题。按照柏忠言编

---

① ［美］丹尼尔·贝尔：《资本主义文化矛盾》，严蓓雯译，生活·读书·新知三联书店1989年版，第119页。

著的《西方社会病》的分析，西方的三大社会病，即吸毒、自杀和离婚，其根源都在于享乐主义。“没完没了的感官享受生活，或者对感官享受的醉心追求，总会引导到灰心失望与痛苦的感觉，又正是这种灰心失望和内心空虚引导人们去吸毒和自杀。”① “情欲就是对感官享受的强烈追求。情欲既是大多数婚事原来得以成功的主要原因，同时也是大多数婚姻之所以破裂的主要原因。”②

第九，极权主义。美国是极权主义最典型的国家。由于美国物质文明高度繁荣，人们普遍过着一种相对于其他国家富裕而又优越的生活，特别是经过几代人的努力，“美国梦”终于实现，因而美国社会成员普遍认同美国的社会制度和主流文化，不仅富人，而且穷人都同化到了现存的制度和文化中。我们都会注意到这样的现象：中国许多留美学生毕业后宁可放弃所学的专业在美国当打工仔，也不愿意回国当教授或专家。这也许是美国“极权主义”的表现之一。当然，在美国青年中也曾经出现过反对主流文化和价值的运动，如嬉皮士运动，但这些激进主义情绪远远无法动摇坚固无比的“极权主义”整体力量。嬉皮士运动的最终命运只能走向边缘化，走向颓废。极权主义的最严重后果就是社会由于激进主义消失而缺乏自我批判和自我更新的意识和能力，社会最终会因缺乏活力而走向没落和颓废。

第十，霸权主义。美国是以个人主义和利己主义为至高无上原则的国家，这种原则扩展到国家关系和世界事务中就是国家至上主义和民族利己主义。如果说个人主义和利己主义在美国国内，因为有健全的法制而使之限制在合理的（即不相互妨碍和伤害的）范围内，那么，在世界法制不健全的情况下，美国的国家至上主义和民族利己主义就会恶性膨胀，特别是在它综合实力远远强于其他国家时，它的国家至上主义和民族利己主义就会演变为通常所说的“霸权主义”。由于强制推行美国的价值观念，插手别国内政，干预世界事务，并以此不断扩展美国的势力范围，谋求美国的国家利益，美国的霸权主义已经臭名昭著。

法国远没有美国发达、富裕，但法国也是西方发达国家之一。作为现代文明发达的国家，法国在基本的价值理念方面与美国是一致的。它也具备自由、平等、民主、法制、市场、科技等现代文明的基本规定性，甚至许多美国的价值观念（如自由、平等、民主等）最初还是发源于法国，而且美国现代文明的许多特征也是法国所程度不同地具备的，如个人主义、享乐主义等。但是，我们注意到，法国现代文明与美国现代文明有着许多不同的方面，这些不同的方面就是法国现代文明的特征。正是从这些方面我们可以看到现代文明有着不同的模式，其中有的现代文明模式的缺陷和弊端较少，更值得我们借鉴。

与美国现代文明相比较，法国现代文明至少有以下三个明显不同于美国现代

① ［美］柏忠言：《西方社会病》，张惠兰助编，生活·读书·新知三联书店 1983 年版，第 583 页。
② ［美］柏忠言：《西方社会病》，张惠兰助编，生活·读书·新知三联书店 1983 年版，第 566 页。

文明的特征：

第一，包含更丰富的思想文化内容。

与美利坚民族不同，法兰西民族有着悠久的历史文化传统。早在中世纪，法国就有宗教文学、英雄史诗、骑士文学、市民文学、抒情诗、哥特式建筑等丰富的文化内容。1321 年，巴黎大学诞生。自文艺复兴开始一直到 19 世纪，法国差不多一直是西方现代化运动的先锋，是启蒙运动的主战场，是资产阶级政治革命的典范。响彻近代西方世界上空的“自由、平等、博爱”口号就出自这个国度。但是，法国的现代化不是那么偏激、那么排他、那么异化的，法国的文明并没有在现代化过程中变成单纯的经济技术文明。在经济技术现代化的同时，法国的思想文化不但没有边缘化，没有被排挤、被湮没，相反与经济技术同步发展，甚至比经济技术发展更醒目、更繁荣，法国的现代化因而没有美国现代化那么明显的缺陷和弊端。

近代以来法国的思想文化如此之丰富，以至于法国在相当长的时间里是欧洲乃至西方文化的中心。法国的小说、戏剧、绘画、音乐不断花样翻新，令全世界惊叹。许多文化思潮和流派在法国诞生，然后迅速影响或蔓延到全欧洲以及大西洋的彼岸，如：巴洛克、古典主义、罗可可艺术、浪漫主义、现实主义、自然主义、象征主义、印象主义、超现实主义、现代主义、后现代主义、野兽派、立体派、抽象派、新古典主义，还有理性主义哲学、唯物主义哲学、实证主义哲学、生命哲学、存在主义哲学、结构主义哲学、解构主义哲学，等等。这些思想文化流派可谓是丰富多彩，百花齐放。它们沐浴了现代化运动的本来精神（即自由、平等的精神），但决非过分世俗化、市场化、科技化的，相反大多是对现代文明过分物质化的异议乃至抗议。

思想文化的繁荣是与思想文化的创造者的名字直接联系的。近代以来，法国的哲学家、思想家、文学家、艺术家、音乐家等，有如晴朗的夜空，群星灿烂。例如：

哲学家：伽桑狄、笛卡儿、拉美特利、爱尔维修、孔狄亚克、霍尔巴赫、孔德、柏格森、马塞尔、梅洛·庞蒂、萨特、加缪、拉弗尔、马利旦、列维·斯特劳斯、雅克·拉康、罗朗、巴尔特、阿尔都塞、福科、德里达，等等；

思想家：蒙田、巴斯卡尔、培尔、伏尔泰、孟德斯鸠、狄德罗、卢梭、梅叶、巴贝夫、圣西门、傅立叶、托克维尔等等；

文学家：拉柏雷、高乃依、拉辛、莫里哀、布瓦洛、雨果、大仲马、欧仁·苏、乔治·桑、斯丹达尔、巴尔扎克、德波莱尔、福楼拜、莫泊桑、左拉、戈蒂耶、魏尔伦、兰波、马拉美、普吕多姆、米斯特拉尔、查拉、法朗士、普鲁斯特、罗曼·罗兰、杜加尔、纪德、尤奈斯库、莫里亚克、佩尔斯、克洛德·西蒙，等等；

艺术家：大卫、安格尔、格罗、克洛瓦、马奈、柯罗、库尔贝、罗丹、柯奈、莫奈、德加、雷诺阿、塞尚、修拉、高更、凡高、毕加索、马斯蒂、布拉克、艾奈斯特、达利、米罗，等等；

音乐家：柏辽兹、古诺、马斯奈、比才、弗朗克、佛雷、德彪西、拉威尔、斯特拉文斯基、布莱兹、舍费尔，等等。

在除经济科技领域外的所有其他思想文化领域，现代法国的成就是美国所根本不能与之相提并论的。到 20 世纪 70 年代美国建国两百年的时候，美国著名的哲学家、思想家、文学家凤毛麟角，而著名的艺术家（除电影表演艺术之外）、音乐家几乎是空白。例如，就音乐而言，美国具有特色的只有爵士乐、乡村音乐、摇滚乐，而没有什么著名的音乐家。法国与美国的这一比较至少说明，人类文明发展的道路并不是只能朝着经济技术发达、物质财富繁荣方向单向度地片面发展，而是能同时朝着思想文化丰富、精神情趣高雅的方向多向度地协调发展。这后一种方向不仅会减少人类之间的争权夺利，而且会缓和人类与自然之间的冲突。就个人而言也是如此。并不是每一个人都要把拼命赚钱作为生存的终极目标，至少有一部分人可以把思想文化上的创造作为自己的人生追求，特别是每一个人都可以把全面而自由的发展作为自己生存的坐标。

第二，更注重生活风雅和情趣。

法兰西是世界所有民族中最注重生活风雅和情趣的民族。早在天主教会一统天下、欧洲人思想普遍被宗教神学所禁锢的中世纪，法兰西民族就出现并流行歌颂爱情、赞美和平、讴歌正义的骑士文学、市民文学和抒情诗。这些文学作品最早孕育了法兰西人浪漫主义的个性和情怀。文艺复兴、启蒙运动并没有使这种浪漫主义消失、湮没，相反推动了浪漫主义与人道主义、理性主义的结合和交响。

17 世纪，法国成为欧洲最强大的国家。伴随着王权政治势力的强大，宫廷在全国政治生活和文化中的核心地位确立，外省贵族世家向巴黎集中，16 世纪既已盛行的社交之风通过贵族沙龙进一步兴盛，并通过社交活动在贵族中形成了一种被称为“风雅生活”的贵族生活。这种风雅生活造就了一批风雅之士（不仅有贵族，也有一大批文化人）。他们摆脱了中世纪粗野剽悍的习气，具有良好的文化素质和知识修养（特别是文学艺术素质和修养），谈吐举止高雅而自然，懂得社交礼节，待人接物落落大方、周旋自如，懂得如何赢得众人的注意。通过这些风雅之士，在法国逐渐形成了一种制约个人行为的文化模式，这就是注重生活的风雅和情趣。这种文化模式不仅对 17 世纪以后法国的社会生活产生了深刻的影响，而且对整个法兰西民族的文化气质起了不可忽视的塑造作用。

今天的法国人，尽管在物质生活方面已经现代化，但仍然保留着独特的民族个性和情怀。法国人像美国人一样，并不是每一个人都富有，每一个人都生活在天堂，而且任何人都会注意到金钱在现代生活中具有举足轻重的意义，但他们仍然坚信：“金钱能使人活着，但人活着不是为了金钱。”在他们看来，追求赚钱并不是人生存的唯一目的，赚钱之外人间还有许多值得追求的美好东西。因此，法国人除了工作之外，注重形体健美，努力使自己的容貌出众；注重仪表举止，努力突出个性；注重消遣娱乐，努力享受生活；注重体育锻炼，努力提高身心健康；注重自己动手，努力开发自我；注重外出休假，努力增添生活乐趣。

有关资料显示，法国成年人中有 1/3 以上的人每年至少读 10 本书以上；52% 的男子和 40% 的妇女热衷于单项体育活动，其中 2/3 以上能持之以恒；32% 的法国人在专门从事一项个人所爱好的运动，其中有 1/5 的法国人在跑步，1/8 的人在做健美操，星期天从事体育活动的法国人约占人口总数的 2/3；40% 的家庭备有工具箱，20% 的人有专门的工作台；23.5% 的人参加文学艺术业余活动；法国人在一年中平均有 8 个周末是在家庭以外度过的。在法国人看来，人生来就是一个多层次的生命体，只有在确保其各个组成部分（身体的和精神的、物质的和文化的因素）得到全面、协调发展的前提下，他才能达到尽善尽美的境地。这就是幸福，是我们应该孜孜以求的东西[①]。

第三，对现代文明始终保持警醒的态度。

法国人不像美国人那么认同现代文明，他们对现代文明始终保持一种比较冷静的态度，特别是一些思想家不断地反思和批判现代文明，这种反思和批判不仅对于法国人，而且对于其他国家的人们正确对待现代文明，克服现代文明的缺陷和弊端也发生了重要作用。

在现代文明曙光初露的时候，思想家卢梭就对人类文明包括现代文明进行了深刻的批判。在他看来，如果说现今的人是坏的，这并不意味着人一直是坏的。他认为，在自然状态下，人是天性善良的，他们有两种先于理性的天然感情：关切自身的保存即“自爱心”和对自己同类的怜悯。自然人生而独立自由，他们过着本能的生活，理性在他们身上还没有发展起来，诸如野心、贪婪、嫉妒、虚伪、竞争、渴望受他人尊重和出人头地等社会性情感在他们身上不存在。私有制的产生结束了人类的自然状态，并导致了人类政治不平等和精神不平等的发展。它不仅造就了穷人和富人、主人和奴隶，而且使富人和穷人、主人和奴隶都败坏了。作为“文明”根本标志的科学和艺术的发展更加剧了种种社会性情感和欲望的活跃和发展，从而窒息了人类天生的自由本性。人类的灵魂、德行和情操随着科学艺术的发展而堕落。

卢梭痛斥现代文明的种种弊端，指出竞争败坏了人的天然的同情心和怜悯心，使人变得像狼一样尔虞我诈，弱肉强食；金钱和门第观念亵渎了一切神圣的东西。卢梭的深刻在于，当他同时代的思想家都把文明和进步设想为连续不断、有规律的上升链条，并笼统地认为科学和文明的进步自然而然会造福全人类时，他则敏

① 参见张泽乾编译：《法国的面孔》，时事出版社 1989 年版。

锐地洞察到文明中包含的矛盾，进步中包含的对抗。

如果说卢梭的批判主要是就一般文明而言的话，法国的空想共产主义者巴贝夫、圣西门、傅立叶等人的批判则是直接针对现代文明的缺陷和弊端的。圣西门认为通过大革命建立起来的资本主义制度是不公平的制度，它使劳动者阶级不仅没有得到社会的报酬，反而陷入了极端贫困之中。金钱已变成每个人身上占统治地位的感情，利己主义不仅侵害着一切政治机体，而且成了一切社会阶级的通病。傅立叶在更广泛的范围内揭露了现代社会的种种矛盾。他指出，在资本主义制度下，社会财富完全集中在少数寄生者手中，贫困由富裕产生。商业成了一种新的社会权力，整个社会都受制于商业。既然现代社会充满着矛盾和问题，那么必须用一种更优越的新社会取代资本主义社会，这种新社会就是共产主义社会。

空想共产主义者主要是从制度层面批判现代文明，柏格森等人的生命哲学、萨特等人的存在主义、德里达等人的解构主义则从思想观念的层面对现代文明进行了更深刻的批判。整个现代文明大厦是建立在理性主义的基础之上的。现代文明用理性至上取代了上帝至上，用理性万能取代了上帝万能。凭借理性，生产力和科学技术获得了快速发展，物质文明达到了高度繁荣。人类因此而成为了自身、社会和自然的主人。但是，过分张扬理性至少会导致两方面的问题：一是人的非理性的方面（如情感、意志、直觉等）被忽视，甚至被扼杀，从而使人不再是血肉丰满、充满生命活力、具有个性的人，而成为单面的、苍白的、千人一面的人；二是生产力和科学技术发达所导致的人类自身及其与自然的难以调和的冲突问题。

正是基于对理性主义本身的问题及其后果的反思产生了法国的生命哲学、存在主义和解构主义。这些哲学思潮的一个共同特点就是批判近代以来盛行的理性主义，以及由之而兴起的科学主义、经济主义、极权主义，揭露人的异化和社会的异化，张扬人的非理性方面，突出人的生命、存在本身的意义，以维护人的自由、尊严、价值，使人从经济技术力量以及由此产生的其他各种异己力量中解放出来，获得真正的幸福。

法国现代文明的以上特征告诉我们这样一个简单事实：不像美国人那样生存，不仅能生存下去，而且能生存得好，甚至可能比美国人生存得更好。

四、优　越　性

优雅生存作为自然生存、奴役生存和自由生存这些方式的历史和逻辑的延续，必定会吸收以前所有生存方式的优长，但它既然是对以前所有生存方式的扬弃和超越，作为人类痛定思痛后作出的智慧选择，无疑具有以前所有生存方式所不可比拟的巨大优越性。总的看来，优雅生存最大的优越性在于不仅使人类解脱层出不穷的各种社会问题的困扰，使人类走出生存危机，减轻人类的生存压力，而且可以使世界更美好，使人类更幸福。人类之所以要走向优雅生存，归根到底是因为这种生存方式自身所具有的优越性。否则，即使人类要走出自由而疯狂的生存，也未必一定要走向优雅生存。

从容地为人处世

以前的各种生存方式的一个共同特点在于人总是生活在某种束缚之中：当人以自然的方式生存的时候，主要是受自然的束缚，人因而没有自由；当人以奴役的方式生存的时候，在一定程度上从自然的束缚解放了出来，但还受着社会的束缚，人也因而没有自由；当人以自由的方式生存的时候，人在较大程度上从自然、社会的束缚中解放了出来，但还受着贪欲的束缚，人因而还是没有完全获得自由。以优雅的方式生存则是要进一步使人类从贪欲中解放出来，并从所有的束缚中解放出来，无论这些束缚是外在地强加的还是内在地强加的。优雅生存这种生存方式的第一个优越性就在于能使人从各种奴役力量中摆脱出来，从容地为人处世，不再感到活得很累。

优雅生存不会使人受缚于自然，而能使人真正成为自然的主人和平等的朋友。优雅生存不是屈从自然，也不是有人所谓的“以自然为中心”，优雅生存同样要利用自然、改造自然，但人类有了一种正确的态度和行为，这就是在热爱、保护、顺从、适应的基础上利用和重构自然，使自然生态平衡、风调雨顺、环境和美，从而使自然比本来更美好、更和谐、更适合人类的生存、发展和享受。事实已经表明，这样一种态度和行为不可能在自由生存这种生存方式下产生，因为以自由方式生存的人们，在贪欲的作用和推动下，短视狭隘，杀鸡取卵，竭泽而渔，只会肆无忌惮地疯狂掠夺自然。以优雅的方式生存的人们则不同，他们没有贪欲，导致贪欲的心理能量被转向了精神的追求，因而他们不会贪婪地占有、消耗、浪费自然资源，不会无所顾忌地向自然乱扔，污染和破坏自然环境。同时，他们会理智地对待自然，在自然可能的范围内利用和重构自然，进行适宜的、合理的物质、能量和信息的交换，构建适合人类优雅生存所需要的自然环境。

优雅生存更不会使人类受缚于社会，反而使人真正成为社会的主人，使社会政权机构成为为其成员服务的社会管理机构。优雅生存的重要前提之一是社会民主，公民作为社会的主人的权利可以得到法制的有力保障。就这一点而言，优雅生存的社会与自由生存的社会没有什么实质性的区别。但是，公民优雅生存的社会不再以生产力和经济技术的发展为社会的终极目标或主要目标，而是以人的普遍幸福生存为终极目标，因而不会发生现代社会所出现的社会异化和“极权主义”。社会权力机构不再是统治和压迫社会成员的官僚机构，而是为其成员提供服务的管理机构。官员不再在社会中具有优越的、特殊的地位和权力，为官从政不过是千百种职业中的一种普通职业，任何官员都不可能成为其他人的主人。

优雅生存尤其不会使人受缚于贪欲，而能使人真正成为自己的主人，使人获得全面而协调的发展。优雅生存这种生存方式主要是针对现代人在市场机制和权力机制的刺激和鼓励下所日益强化的贪欲所作的选择，而且这种生存方式可以通过各种途径和措施转移或释放导致贪欲的心理能力。因而优雅生存的社会，贪欲不会再横行，金钱、权力欲望过强的人会被看作是机能亢进，即病态。贪欲是人一切祸患的总根源，一旦这一病根被挖掉，人就会超脱出来，使身心得到协调发展，轻轻松松地为人处世。因而也不会感到活得累，活得沉重，更不会活得提心吊胆，惶恐不安。

世界罪恶减少

自古以来，人世间的罪恶千万种，可以说数也数不清。人世间存在的各种罪恶的根源在哪里？有的人怪罪于上帝，说上帝既然是全知、全能、全善的，为什么创造出了邪恶的人和罪恶的世界？有的人怪罪于人性，说人性是天生有缺陷的，因而人只要一有机会就会作恶。事实上，人通常只在两种情况下作恶：一是饥饿，即所谓“饥荒起盗心”；二是贪婪，即所谓“饱暖思淫欲”。现代文明从根本上解决了千百年来的饥饿问题（尽管从全球看还存在不少饥民），因而现代社会中罪恶的主要根源是贪婪或贪欲。

贪欲即贪婪的欲望，其心理根源当然是人的欲望。人的正常欲望在欲望所指向的资源紧缺的情况下会被强化，如果再加上社会导向或环境的刺激或鼓励，就会膨胀起来，成为贪欲。导致这种贪欲的心理能量如果不转移、不释放，它就会存在。用心理学家马斯洛的话说：“能量要求被运用，只有发挥出来才会停止吵嚷。”① 而且这种贪欲与社会资源多寡成反比，社会资源越紧缺，这种贪欲越强烈。这就会提出两方面的问题：一是社会环境不能过分刺激和鼓励人的欲望，特别是人的物质欲望，因为人类的物质资源是有限的；二是要给人的欲望的释放或升华提供途径，特别是不仅不能刺激和鼓励人的物质欲望，而且要使人的物质欲望通过合适的途径释放出来或升华为精神欲望。倡导优雅生存，就是因为这种生存方式既反对过分刺激鼓励人的物质欲望，同时又给人的物质欲望指出释放或升华的途径。

尽管人间的罪恶各种各样，但归结起来无非是三大类：战争，犯罪，缺德。我们可以进一步具体分析一下这三类罪恶为什么会在人类选择优雅的生存方式时会减少，而在人类选择自由的生存方式时不会如此。

战争的原初根源在于生物界的生存竞争，即所谓“物竞天择”。人类进入文明社会后，在许多方面变得文明起来，但在生存竞争方面非但没有减弱，相反被强化，被强化为群体行为，并强化为越来越先进的武装行为。战争及其威胁的严重存在是人间最大的罪恶，它不仅威胁着人类个体的生存，而且威胁着整个人类种群的

① 高觉敷主编：《西方心理学的新发展》，人民教育出版社 1987 年版，第 407 页。

生存。毫无疑问，战争是人类生存的最大威胁，因而也是最令人类悲哀的事情。如果说生物界的生存竞争是出于生物的本能的话，那么人类的战争是出于人类的贪欲，其目的主要是为了占有更多的社会紧缺资源（如土地、财富、权力等）。

一般来说，人类的资源在任何情况下都不可能达到各取所需的程度，因而要消灭战争这种人间最大的罪恶只能是改变人类的欲望结构以及由此派生的动机结构和目的结构，使人类对社会资源的无限占有欲转变为对精神生活的无限追求欲，这种精神生活以一定的社会资源为基础但不以社会资源的占有本身为目的，它主要包括人的生活乐趣、情趣，个性的发挥，人格的完善等。转变生存方式，使人类走向优雅生存，归根到底就是要改变人类贪婪性的欲望结构、动机结构和目的结构，使人的全部身心结构的重心从占有资源转向生活优雅。可以设想，如果能实现这种转向，战争这种人间最大的罪恶就会失去存在的基础。

犯罪的根源要比战争复杂，但贪欲是其主要的根源应是无可争议的。在贪欲的驱动下，加之其他很多复杂的诱因，今日世界的犯罪率普遍提高。随着社会交往日益密切，犯罪影响面越来越广，破坏性越来越大。团伙性犯罪增加，恶性犯罪案件增多，出现了跨境犯罪、国际犯罪、恐怖活动等许多新的犯罪形式。犯罪问题已经成为各国政府普遍感到头疼的棘手问题。人类为对付犯罪耗费巨大，然而不仅收效甚微，甚至越打击越严重。

现在看来，既然犯罪的主要根源在贪欲，不解决贪欲的问题，就不可能从根本上解决犯罪问题，至少不可能扼制犯罪问题日益严重的态势。而贪欲问题的解决就是要转变人类的生存观念和生存方式，把对资源的强烈占有欲转变为对精神的无限追求欲。从这种意义上看，在人类自由的生存方式下解决不了的日益严重的犯罪问题，只有当人类以优雅的生存方式生存时才有望解决。

缺德也是一种罪恶。这种罪恶在现代社会已经不足以破坏社会秩序，因为现代社会是法制社会，健全的法制可以为社会秩序提供保障，但缺德会使社会风气恶化，使人际关系紧张，使人的心灵腐败。在缺德成风的社会环境中，友爱没有了，真情没有了，甚至亲情、爱情、友情都没有了，人与人之间是赤裸裸的利害关系，整个人间湮没在利己主义的冰水之中，人成为孤独的个体和封闭的心灵。由此看来，缺德作为罪恶看起来没有战争和犯罪那么严重，实际上并非如此。这种罪恶是隐性的，但却是深层次的，损害人的心灵的。

现代社会十分重视法制建设，但不太重视社会道德建设，加上人们的贪欲恶性膨胀，缺德的问题就更普遍、更严重，只是人们目前注意得不够而已。据世界卫生组织的调查，今天有心理问题的人占总人口的1/5。就是说，全世界有10多亿人心理有问题。心理问题的诱因很多，但可以肯定，其中许多诱因与人们普遍缺乏德性相关。普遍缺德的问题是现代人自由的生存方式的结果，显然不可能在自由的生存方式下解决现代社会普遍缺德这一严重问题，而必须走出这种自由的生存方式。走向优雅生存，就是要人们注重德性，完善人格，净化心灵。当人类普遍优雅地生活时，人类就会从冰冷的利己主义世界中走出来，走进温情的德性主义世界中来。

人间充满友爱真情

走向优雅生存不仅可以使人类解脱层出不穷的各种社会问题的困扰，使人类整体走出生存危机，减轻人类个体的生存压力，而且可以使世界更美好，使人类更幸福。其最重要的体现之一就是能使世界充满友爱和真情。

让世界充满友爱和真情是人类一直梦寐以求的理想。然而，无论是在传统社会还是现代社会，这一理想从未真正变成现实。传统社会是一种所谓的“熟人社会”，人们交际的范围狭小，在狭小的亲友和熟人圈子里，人们还有亲情、友情和乡情，有些情感还是真诚的。这即是中国俗话所说的“美不美家乡水，亲不亲故乡人”。然而，传统社会的这种亲情、友情、乡情是十分狭隘的，它只局限于亲友和熟人圈子，一旦走出这一圈子进入“生人社会”，对“生人”则是防范的，甚至是敌视的。

进入现代社会之后，虽然有不少人主张博爱，但事实却是少爱或无爱。现代社会不是使传统社会狭隘的爱扩展开来，使“熟人”之爱变成“生人”之爱，使“狭爱”变成“博爱”，而是使传统的那点情和爱从人身上剥离，使人逐渐成为了一种无情、无爱的冷血动物甚至冷酷动物。今天的人除了还有少量的自然亲情母爱之外，已经完全被理性化了。人既不是爱的主体，也不是被爱的对象。爱没有了，情也没有了。真情没有了，就只有虚伪。现代人喜欢包装自己，为自己作“秀”，以便推销自己，使自己获得更多的好处，而包在“秀”之中的惟有亲爱的“自我”。正因为现代社会使传统社会那点可怜的情爱都无情地抛弃了，所以现代社会更冷冰、更可怕，因而使一些人怀念、留恋或向往传统社会。

导致现代社会情爱丢失的根源还是在于人们的生存方式。现代人自由生存的生存方式的基本特点就是运用理性使个人利益最大化。理性是手段，求利是目的。要使利益最大化就必须使理性运用到极致。理性是人性的一种要素，而且与情感比较，是后发性的要素，使理性过分膨胀必定会影响人性的其他因素，特别是会伤害甚至泯灭与理性对立的情感。

为了使利益最大化，在理性的作用下，人们会把一切关系（包括情感关系）还原为利害关系，唯利是图、不择手段、斤斤计较而不能超脱。例如，父母养孩子，从情感的角度看，应该一切为了孩子自己的幸福，然而现在的人们往往不是这样考虑问题，而是看将来能不能为父母争气、争光，看自己的理想能不能实现，实际是把孩子当成了实现自己功利目的的手段。当然，这样成长起来的孩子对父母也没有什么真情，当父母年迈之时，不是不管他们，就是只给一些生活费。父母之于子女是如此，其他的一切人际关系就可想而知了。

传统社会和现代社会的这种情爱缺失问题靠倡导兼爱、博爱是不够的。中国的墨子提出“兼爱”已经两千多年了，基督教提出“邻人之爱”也有两千年了，西方资产阶级提出“博爱”也有几百年了，“让世界充满爱”的歌曲也唱了许多年。然而令人遗憾的是，今天的世界并不是比过去更充满爱，而是更充满犯罪、恐怖和战争的威胁。人类只有转换生存方式，从利己地、贪婪地生存转向优雅生存，才能从根本上解决情爱缺失的根源问题，使博爱得以实现，使世界真正充满情和爱。当人们普遍追求优雅生存，现代社会人与人之间出于贪欲的、严酷的争权夺利的斗争会逐渐弱化直至消逝。人们之间存在着友好的比赛和竞技，但没有你死我活的激烈竞争。这种新的生存方式会使友情取代仇恨，真情代替虚伪，互助代替欺诈，使社会逐渐走向人性化、人道化、人情化，成为真正适合人类生存的家园。

与自然和谐共处

人类自然环境的恶化和自然资源的迅速消耗是目前人类面临的最紧迫问题。导致这一问题产生的原因是多方面的，如人口增长过快，自然环境和资源整体上的无政府主义，但自由的生存方式无疑是最主要的原因。今天看来，如果人类仍然以过去几百年来一直所采取的生存方式生存，自然环境和资源的问题不但不能解决，相反还会进一步恶化。但是，如果人类选择优雅的方式生存，这一困扰当今人类的难题可以从根本上得以解决。

优雅生存之所以能解决当代人类面临的自然环境问题，主要是两点：

其一，它改变了人的追求方向。优雅生存要求人们追求自我实现，而自我实现虽然要有一定的物质条件作为基础，但物质条件只是基础，不是目标。自我实现主要是精神方面的，如个性发展、人格完善、创造性发挥等。既然整个人类不再以物质财富的占有为目标，作为财富原材料的自然资源的耗费就会大大减少。

其二，它改变了人的享受方向。优雅生存要求人们更多地获得精神性的享受，鼓励人们在精神享受水平方面无限地提高。优雅生存的人们不再把享受的目标放在物质方面，不强调物质的无限占有和尽情享受。对于环境来说，这可以产生两方面的积极效果：一是人们会因此而少消费自然资源；二是人们会因此而少产生污染环境的废弃物。在目前的情况下，少开采自然资源，少向自然丢弃，是解决环境问题的主要途径，而只有当人们选择了优雅生存这种生存方式时，才能做到这一点。

优雅生存不仅可以解决当前人类面临的紧迫的环境危机问题，而且可以建立人类与自然的永久的和谐共处。人类要优雅生存，就不能满足于自然环境的现状，而必须重构自然环境。人类不仅要生存得好，而且要求生存得更好。然而，人类的人口及其需求不断增长，自然资源却不断变少。这样，要满足人类总量不断增长的需要，要使人类生存得越来越好，就不能满足于自然界的现状，必须在较大的范围和程度上改造自然、重构自然，使自然界在一定程度上按照人类的意愿构成和运动。重构自然是人性和人类发展的必然要求，是人类与自然之间关系可能达到的最高境界。

另一方面，人类要优雅生存，在重构自然的过程中必须把握两条基本原则：使自然环境更好（即更适合人类生存）；使自然环境更美（使自然更具有审美价值）。这两条原则概括起来就是要使自然环境舒美。如果人类重构的自然环境能达到舒美的要求，人类与自然就会达到真正和谐一体的境界。

幸福之花普遍开放

现代社会是民主社会，民主社会的主要体现之一就是以大多数国民的利益的实现为国家的基本目的和使命，兼顾少数国民的利益。这种情形无疑比以最高统治者（如皇帝、国王）的好恶、以少数统治者私利的实现、以某种根本不可能实现的尽善尽美的理想天国、以少数社会成员利益的实现为社会的目的和使命这几种情形都好，但是也存在问题。

这些被“兼顾”的少数国民一般都是社会的弱者，如病患者、伤残者、老年人、未成年人、妇女等。他们得依赖他人或社会，而且所得少得可怜，不用说与社会上的那些强者比，即使与普通的正常人比也相去甚远。他们感到社会对他们是不公平的，因为尽管他们对社会的贡献少，但这不是他们的意愿所能决定的。这种社会显然对这些人是不好的，由于他们获益与大多数人获益的相对差距增大，他们甚至更讨厌这种社会，而留恋那种被美化了的昔日社会。

事实上，这种社会对于大多数人也并不是真正好的，因为人难免生老病死，每一个人几乎不可能完全不进入弱者的行列，只是个时间早晚问题。因此，在这种社会中生活，人们的心灵上总会笼罩着阴影，总会潜藏着忧虑。只有以全体社会成员幸福的普遍实现为根本目的和根本使命的社会，才是真正好的社会。这种社会只能是人们优雅生存的社会。

当人们普遍地优雅生存的时候，全体社会成员（而不只是部分社会成员更不只是某一个特殊的人物）的幸福就能普遍实现，尽管不同人的幸福可能在深度和广度上存在着差别。社会成员的结构是复杂的，存在着年龄、性别、禀赋、环境、能力等各方面的差异，因而在现代社会中，并不是每一个社会成员都能成为强者，都能成为富翁。那些老弱病残者不但不能成为强者和富翁，相反会成为社会的弱势人群或边缘人群。如果根据现代文明的价值标准和人生追求，这些人是根本不可能有幸福的，相反他们因为感到自己是在别人的施舍中、同情中、甚至蔑视中度日而感到痛苦和不幸。

但是，如果不只是把金钱、权力、地位、名誉，而是把个性发展、人格完善、德性高尚等也作为衡量人生价值的标准，特别是把自我实现作为衡量人生价值的主要标准，现代社会中的那些弱势人群的感觉就会很不相同。他们虽然在某些方面有缺陷，但可以在其他方面实现自我、享受人生。并不是每一个社会成员都能成为强者、富翁，但每一个人都能自我实现，无论是老人、儿童，还是病残者。当每一个人都能自我实现，而自我实现又被看作是人生价值和幸福的主要标准时，社会的普遍幸福就会实现。

另一方面，只有在人们普遍优雅生存的社会，幸福才能被正确地理解和追求。人都是追求幸福的，但在人类历史上，人们对幸福的理解往往是片面的，甚至是错误的。特别是近代以来，受个人主义、世俗主义、利己主义、经济主义、物质主义、享乐主义等观念的影响，幸福更被狭隘地理解为占有财富、掌握权力、享有名望、及时行乐、尽情享受。这种片面理解最大的问题有两个：

一是使人生的目的和手段发生异化：本来是实现人生目的手段的东西变成了目的本身，如金钱、财富、权力、地位、名誉等，使人最终成了异化物的奴隶；

二是使人的生存浅表化和蜕化：人完全屈从于感官欲望，“天使”的一半、“灵”的部分完全丧失，成为与动物没有实质性区别的东西。

优雅生存则要求人们克服对幸福理解的片面性和错误性，真正正确地理解幸福，因为没有被正确理解的幸福，就不会有优雅的生存。正确的幸福观是优雅生存的前提。

总之，优雅生存最大的优势在于，它能使每一个社会成员都获得幸福，而其他的生存方式则不能。其所以如此，是因为如果一个社会的每一个成员都能做到优雅生存，这个社会就会真正成为自由、平等、公正、幸福、开放、多元、有序、人道的社会，成为真正个体自主而又整体和谐的社会，成为各尽所能、各得其所、各有所乐的社会。生活在这种社会中，每一个人都能心安理得，都能通过不同的途径实现自我，都能获得自己的幸福。

第十五章　优雅生存的规定性

一、一般含义定性

为了准确地理解优雅生存这种生存方式，有必要首先从总体上把握它的含义、特征、规定性、境界等一般性问题。

界定与特征

优雅生存，从一般意义上看，就是优质地、雅致地生存。所谓优质地生存，就是生存的质量高，也就是人的各种需要得到充分的、协调的满足，人的各种才能得到自由的、尽情的发挥。所谓雅致地生存，就是生存的规格高，也就是在人的各种需要中更追求高层次需要的满足，在人的各种才能中更追求高层次才能的发挥。所以，我们可以一般地说，所谓优雅生存，就是在追求各种需要得到充分和协调满足的同时更追求高层次需要满足、在追求各种才能自由和尽情发挥的同时更追求高层次才能发挥的生存方式。从这个意义上看，优雅生存所针对的是劣质地、粗放地生存，也就是说它是针对以前所有生存方式的。因为无论是自然生存、奴役生存，还是自由生存总体上看都是劣质性的、粗放性的。它们在需要的满足和才能的发挥上或者是有缺陷的，或者是变态的，或者是低层次的。

优雅生存，从社会实质上看，就是要在克服自由生存这种生存方式的缺陷和弊端的前提下超越这种生存方式，使人类生存水平和生活质量上升到一个新层次的生存方式。自由生存有许多合理的内容，但其缺陷和弊端也日益明显和严重。

概括说来，它的缺陷和弊端主要表现在：

（1）自利性。个人利益至高无上，把追求个人的物质利益作为一切行为的出发点、核心和目的。只有自爱，没有他爱。同情和良知被物欲所湮没，世界成为一个无情无爱的世界。

（2）物欲性。把人的所有需要和欲望还原为物质需要和感性欲望，追求肉体感受和感官快乐。信奉尽情享受，及时行乐。人的精神没有了，人的灵性没有了，人的终极没有了。

（3）贪婪性。唯利是图，不择手段，心比天高，永不满足，希望占有人间所有金钱、财富、权力、地位、名誉、美色等紧缺资源。为更多地占有，有的人甚至敢冒天下之大不韪，全然不顾礼义廉耻。

（4）异化性。从片面地追求自由、平等出发，其结果却使个人成为自己贪欲控制的奴隶，成为经济技术力量控制的奴隶，个人被更牢固地束缚在各种异己力量之下而不能解放和超脱。个人没有个性，社会成为千人一面的单向度的社会。

（5）破坏性。过分的自爱和贪欲破坏了个人身心之间的协调，破坏了人际关系的和谐，破坏了世界的和平和安宁，破坏了自然生态和环境平衡。整个世界变得越来越冷漠、病态和恐怖。

（6）非普及性。在同一社会范围内，只有那些强者才能真正自由生存，大多数人并不能真正自由生存，那些弱势人群甚至痛苦地、愤恨地生存。对于弱者来说，自由、平等、民主只是空洞的形式，幸福存在于彼岸世界。

优雅生存就是针对自由生存这种生存方式所存在的以上缺陷和弊端及其所导致的严重后果提出的一种力图从根本上走出这种生存方式的困境的新的生存方式。它与自由生存有承继性，也有革新性，它不是一种否定和革命，而是一种扬弃和超越。与自由生存相比，优雅生存具有以下五大特征，也可以说要实现五大转变：

其一，从争权夺利转向高扬个性。自由生存是为利益而生存的，个人利益是生存的目的，追求个人利益是一切行为的动机和原动力，个人利益实现的程度就是个人人生价值的尺度。优雅生存则是为个性而生存的，个性的发挥或人性的实现是生存的目的，追求发挥个性是一切行为的动机、原动力和目的，个性发挥的程度就是个人人生价值的尺度。自由生存注重的是利益（具体化为不同的资源）的占有量，而优雅生存强调的是个性的丰富性和独特性，从而强调人的不可替代的独特价值。总之，自由生存指向外，强调朝外侵占，其目标是功利性的，因而可能有意或无意妨碍和伤害他人、社会和自然；而优雅生存指向内，强调从内高扬，目标是精神性的，因而一般不会对他人、社会和自然产生妨碍和伤害。

其二，从贪得无厌转向充实精神。自由生存由于把利益的占有量作为人生价值的尺度，因而贪婪地、疯狂地去获取利益，甚至会达到唯利是图、不择手段的地步，求利的动机和行为因而恶性膨胀，以致严重变形。优雅生存也要求人们不满足现状，要不断地进取、创新，但主要目标不是利益，而是真正体现人的本性和个性的精神。人的精神的完善是无止境的，需要不断地加以充实，优雅生存就是要求人们把注意力集中于不断充实精神，使精神逐步完善。

优雅生存并不否认获利的必要性和重要性，但这不是人生的主要追求，更不是人生的唯一追求。人占有再多的资源也不能表明人性已经实现，不能体现人的不可替代的独特价值，但人的精神境界可以体现人性实现的水平，体现人的独特性。自由生存与优雅生存都反对人们满足现状，不思进取，知足常乐，强调人应该无限地追求，但前者注重的是无限地追求有限的社会资源，而后者注重的是无限地追求无限的精神境界。显然，人人都无限地追求有限的社会资源必然导致争斗和战争，而无限地追求无限的精神境界则不会引起争斗和战争，相反会使世界因充满德性和情爱而变得美好和温暖。

其三，从穷奢极欲转向珍视生命。自由生存在市场机制的作用下不仅拼命挣钱，而且拼命消费，吃喝玩乐，豪华奢侈，有钱要消费，没有钱也要消费，分期付款制度为这种穷奢极欲、醉生梦死之风提供了合理的形式，并从而使之推向高潮，传统的节俭美德丧失殆尽。优雅生存反对这种浮华的奢靡之风，主张人们适度地合理地消费，特别是反对那种不顾一切地追求极乐的变态或病态做法，要求人们敬重生命，珍视生命，把人的生命看作是非个人的、神圣的、崇高的。优雅生存把追求生之欢乐作为人生的目标，但这种生之欢乐是健康的，而不是病态的；是持久的，而不是短暂的；是务实的，而不是虚荣的；是富有激情的，而不是极度疯狂的；是多方面的，而不只是感官欲望的。

其四，从及时行乐转向关怀终极。在消费主义之风影响下，也由于过度紧张的生活和沉重的生存压力，再加上人际关系紧张，人间缺少真情和友爱，及时行乐已经成为自由生存的一种生存状态。“今朝有酒今朝醉，明日愁来明日当。”心灵陷入纷乱，精神失去寄托，空虚、寂寞、孤独、无聊、颓废、苦闷、忧郁，于是沉醉于声色犬马，放纵于醉生梦死。优雅生存则致力于消除导致享乐主义、纵欲主义、颓废主义、虚无主义的根源，同时引导人们追求自我实现、人格完善、心灵安宁、事业成功、家庭和睦等多样化的、健康的生存目标，使人们过一种积极向上、奋发有为的充实生活。不仅紧紧抓住现在，而且也关注未来，并且着眼于未来而生存，“向死而在”，慎终追远。

其五，从自我中心转向博爱众生。自由生存这种生存方式的核心是以自我为中心。自我是个人一切活动的出发点、中心和目的，个体的自由、权利、利益都是至高无上的。每一个个人都是一个封闭的“单子”，既不可入，也不可出，他只关心他自己，如果偶尔关心他人，那归根到底也是为了关心他自己。这种个人主义、利己主义、自我中心主义是自由生存这种生存方式的根本特性。以自我为中心，为我、利己、自爱都是人性的自然倾向，因而优雅生存并不否认和反对这一切，但它主张个人要努力从狭隘的自我走出来，把自我溶于社群和他人之中，使个人的生活像社会那样不是一个中心，而是多中心。个人不仅应该围绕自我这个中心活动，也要围绕其他中心活动。每一个人不仅要自爱，而且要把爱逐步扩展开来，爱社群，爱众生，使个人的“小我”升华为众生的“大我”，使有限的“小我”溶于无限的“大我”，并使之在其中得以延续和扩展。

要素及其规定性

优雅生存作为一种生存方式，应该是一种具有系统结构的生存模式，正如自由生存一样。与自然生存和奴役生存不同，这种生存模式是人为设计的，因而在我们设计这种模式的时候，必须使其要素更完善，结构更合理。

像其他生存模式一样，优雅生存这种模式也可以划分为两大层次：生存和优雅。生存是基础，有生存才谈得上优雅。生存也是目的，优雅是为了生存，而不是相反。优雅则是生存的方式，或者通俗地说，优雅是一种“活法”，从结果来看就是生存的状态。在这两者之中，如果说生存是活下去的话，那么优雅则是更好地活着。这就是说，生存可以离开优雅，它可以不是优雅的，但优雅不能离开生存，脱离生存追求优雅不仅是虚妄的，而且是有害的。

优雅生存作为一种生存方式或模式，生存与优雅事实上是不能分离的。但是，优雅生存是一种高级的生存方式，它必须以基本的生存得到保障为前提，它是在基本生存有必要保障的基础上通过人的涵养锻炼构建起来的。没有这种前提，人是不可能优雅的。这与自然生存的生存方式不同，对于自然生存而言，生存与生存方式是完全统一的，它是自发的、本能的，不需要人为地构建。当然，当人真正优雅生存时，人的基本生存也会受到优雅的影响，或者说基本生存也优雅了。

人的基本生存就是人的基本需要得到满足。人本主义心理学马斯洛把人的需要划分为五个层次：生理需要，包括空气、水、食物、住所、睡眠、性生活；安全需要；归属和爱的需要；自尊需要；自我实现需要。[①] 按照马斯洛的看法，这前四种需要是人的基本需要（或生存需要），后一种需要是人的发展需要，其中生理需要又是人最基本的需要，所有其他需要只有生理需要得到相对充分的满足后才会产生。生理需要，就是我们中国人通常所说的“温饱”问题。“温饱”是优雅生存的最基本前提，“温饱”问题解决不了，人就不能生存，更谈不上生存得好和更好。因此，我们可以把“温饱”作为优雅生存的底线。古代雅典人优雅的生活就是以此为底线的。当然，一般地说，生理需要越能得到充分的满足，越是有利于人的幸福。如果生活富裕，人们就会生活得更优雅。对于优雅生存而言，如果说生理需要必须得到相对充分的满足，那么其他三种基本需要也应有一定程度的满足。例如，一个人如果安全没有保障，整天提心吊胆过日子，他的生活怎么也优雅不起来。当然，安全需要、归属和爱的需要、自尊需要的满足更与生存方式相关。社会中每一个人都追求优雅生存，人们的这三种基本需要的满足就不会发生问题。

优雅作为一种生存的模式，包括生存目标、生存环境、生存状态（也可以说是狭义的生存方式）等基本要素。从人性的潜能和倾向来看，从历史的经验和现实的可能来看，我们可以对这些要素作出以下基本规定：①生存目标，包括追求自我实现，追求体魄强健，追求人格完善，追求心灵安宁，追求事业成功，追求家庭和睦，追求环境舒美，追求人生体验，追求生之欢乐，追求不可替代；②生存环境，包括自由地生存，平等地生存，公正地生存，和谐地生存，悠闲地生存；③生存状态，包括有学习地生存，有专长地生存，有个性地生存，有创意地生存，有情趣地生存，有格调地生存，有责任地生存，有尊严地生存，有德性地生存，有智慧地生存。

---

① ［美］马斯洛：《动机与人格》，许金声等译，华夏出版社 1987 年版，第 40 页以后。

这里值得注意的是，优雅并不等于马斯洛所说的自我实现。自我实现是把人性的潜能实现出来，这应该是优雅的一个最低层次，但优雅并不啻于此。优雅要求人们把自己人性的潜能尽可能淋漓尽致地发挥出来，也就是说要通过这种发挥，使人具有丰满的个性，具有不可替代性。这正如世界上本来只有七种基本颜色，但不同画家可以用这七种颜色画出许许多多各不相同、绚丽多姿的画一样。在这里个性、创意、作为都是十分重要的。

优雅生存作为一种生存模式，还必须具有与之相适应、相配套并能使之尽可能好地实现的一些可能条件。这些条件不是优雅生存的内在要素，但却是其可能的前提条件。其中有些是外在于生存者的，有些则是内在于生存者的。这些条件的提供主要是社会的责任。我们把这种条件概括为七个方面：价值目标、经济基础、政治制度、教育事业、文化生活、婚姻家庭、个人素质。优雅生存所需要的这七个方面条件的具体规定性我们将在后面具体讨论。这里只是要指出，这七个方面的条件对个体的生存方式、对整个社会的生存方式都起着决定性的作用。人类历史上生存方式或模式之所以不同，从根本上说就在于这些条件的内涵和要求不同。

不同的境界

人类所有的生存方式都不是固定不变的，而是动态的，优雅生存也是如此。但是，与其他生存方式不同的是，优雅生存既可以是一个有止境的过程，也可以是一个无止境的过程。当一个人达到一定的境界时，他就止步不前了，它就是有止境的；当一个人永不满足地不断修炼，不断追求，它就是无止境的。所以，优雅生存是不是有止境，取决于生存者个人。不过，整体说来，优雅生存是一个无限的过程，没有绝对的终极点。对于这一无限的过程，我们可以划分为不同的阶段或层次。这些不同的层次也就是人们通过涵养锻炼可以达到的不同境界。

从人性实现和发挥的角度看，优雅生存可以划分为成功地生存、优质地生存、雅致地生存，完美地生存四个境界，达到这四种境界的人生就是成功的人生、优质的人生、雅致的人生、完美的人生。这四种人生都应该说是幸福的人生，尽管幸福的程度有所不同。

成功地生存，不是指人生某一方面的成功，也不是指整体人生或其中某一方面取得很高的成就，而是指人性能得到实现。人性的实现主要包括两个方面：一是人的需要得到满足；二是人的潜能得到发挥。人的需要可以划分为基本（生存）需要、发展需要、享受需要三种类型。人的潜能可以划分为生活潜能、工作潜能和个性潜能三个方面。成功地生存，就是人的基本需要、发展需要、享受需要都能得到正常的满足，就是人的生活潜能、工作潜能和个性潜能都能得到正常的发挥。成功地生存的人不仅在人性实现方面总体上是成功的，而不是失败的，而且能正常地满足自己的各种需要，能正常地发挥自己的各种潜能。所以，成功地生存的人就是自我实现的人，或者说是发展得好的人，并且是能自我实现的人。

优质地生存，指人性不仅能得到实现，而且至少其中的一些主要方面，能得到圆满的实现。就人的需要而言，基本需要、发展需要、享受需要能得到很好的满足。例如，基本需要能满足到使人有舒适感。发展需要能满足到使人有成就感。享受需要能满足到使人有惬意感。就潜能发挥而言，生活潜能、工作潜能、个性潜能得到超常的发挥。这里的“超常”主要体现在创造精神和创造能力方面，优质地生存的人能创造性地生活、工作，能使个性得到创造性地发挥。优质地生存的人，他的素质高，能力强，作为大，他的生命充满力感，充满活力，他的生活充满创意，充满乐趣。这种人在现实生活中不仅是能很好解决自己生存的人，而且应该是能为他人造福的人。

雅致地生存，指不仅人性能得到圆满的实现，而且能以审美的眼光来看待生存，能以审美的态度来对待生存，使人性闪耀美的光辉，使世界渗透美的魅力。这种生存境界与优质地生存境界的主要差别在于，达到这种境界的人具有更明显的审美意识和能力。他能以审美的眼光和态度来对待各种需要的满足，来享受生活的成功和乐趣，他也能以审美的眼光和能力来设计生活，创造生活。他的生命充满激情，充满灵气，充满魅力，充满美感，而且他还能把这种美感和美撒向人间，使周围的一切更鲜活、更高洁、更精美、更雅致。这种人在现实生活中不仅是能很好解决自己生存的人，是能给他人造福的人，而且应该是给他人创美的人。

完美地生存，指不仅人性能得到圆满的、富有美感的实现，而且目光敏锐，思想深邃，能不断反思和批判自己和他人的生存状态，使人的生存保持警醒和活力。达到这种境界的人更有智慧、更有思想、更有洞察力，对自己的生存和世界的状况更具有冷静的、超然的态度。他更注重反思过去，批判现实，筹划未来，并且具有这方面的素质和才能。他能“以天下为己任”，具有更强烈的社会责任感和历史使命感，人类的生存因为有这样的人而不至于误入歧途，发生异化。这种人在现实生活中不仅是能很好解决自己生存的人，而且是能给他人造福、创美的人，是能为他人启智的人。

人的需要和潜能是各不相同的，特别是在残疾人与正常人之间，儿童、老人与青壮年之间，女人与男人之间差异很大。但是，所有的人都能优雅生存，都能达到优雅生存的不同境界。例如，一个残疾人的潜能是有限的，一个年迈的老人的潜能是较小的，但只要能正常地发挥这些潜能，他就是在成功地生存。应该承认，由于人们的需要和潜能之间存在着差别，而且人们在涵养锻炼方面也不可能整齐划一，因而并不是每一个人都能达到完善地生存的境界。但是，每一个人都至少能达到成功地生存的境界，都能优雅生存，只要有这种意识和功夫。这一点是确定无疑的。

优雅生存与全面发展

人的全面而自由发展，是马克思针对当时资本主义制度下人片面、畸形地生存提出的一种社会理想。在今天的中国，这一理想已经为越来越多的人认同。关于人的全面而自由发展的内涵，马克思并没有作出明确的规定。究竟如何理解“人的全面而自由发展”，目前国内没有一致的意见。有的人把它理解为德、智、体、美等方面全面发展，有的人把它理解为成为“四有”（有理想、有道德、有文化、有纪律）新人，也有的人把它理解为综合素质高。尽管存在着不尽相同的看法，但都承认这一命题反对人的片面、畸形发展，特别是反对人只拥有知识才能，而缺乏理想、道德。

人全面而自由发展的理想与优雅生存的理想在思想倾向上是完全一致的。它们都反对现代文明使人单向度、低层次地发展，反对人的生存过分物欲化、功利化、世俗化、市场化、科技化，反对人性的扭曲和异化，强调人的潜能的全面实现，个性的自由发挥，而且都强调社会不仅要为人的全面而自由发展提供条件，而且要成为人性化、人道化的社会，成为人全面而自由发展的社会。从这个意义上看，人优雅生存的思想，与人全面而自由发展的思想是一致的。

但是，两者之间也存在着一些差异。这种差异主要表现在四个方面：

第一，全面发展的思想侧重于人的潜能的实现和个性的发挥方面，而人优雅生存的思想，不仅强调这一方面，而且强调人的需要（包括基本需要、发展需要、享受需要）得到尽可能好的满足。

第二，优雅生存的思想把人的全面而自由发展只是作为人优雅生存的一个方面或基本层次，即人成功地生存的层次，而不是人优雅生存的全部要求。人优雅生存除了全面而自由发展这一层次之外还包括优质地生存、雅致地生存和完美地生存这些更高的层次。

第三，全面发展的思想更强调人发展的广度，优雅生存的思想同时强调人发展的深度，要求把全面发展与重点发展有机地结合起来。

第四，优雅生存的思想对优雅生存的内涵、特征、规定性以及可能性和现实性提出了系统的构想，更具有可操作性。

这些差异表明，人优雅生存的思想是在现代文明昌盛的历史条件下对人全面发展思想的阐发。

二、生 存 目 标

要优雅生存必须有明确的生存目标。总的来说，优雅生存的目标是人生幸福，但幸福是一个复合的、动态的概念，因而必须进一步明确作为优雅生存目标的幸福的内涵或具体目标。需要注意的是，在下面所列举的目标中，有些仅具有目标的意义，也有些既具有目标的意义也具有实现目标的条件或手段的意义，如环境舒美。

追求自我实现

自我实现是优雅生存的基本要求，也是优雅生存者所应追求的基本目标。一个优雅生存者必须是一位自我实现者。

自我实现的思想早在古希腊哲学家亚里士多德那里就已经提出。他主要是从人性特别是人的功能的角度提出一个完善的人应该是充分实现自己的功能的人，这种功能主要是理性。但使自我实现成为一个当今世界众所周知的概念的是美国著名人本主义心理学家马斯洛。

马斯洛通过大量的研究发现，人类有一种成长、发展、利用潜力的心理需要。他称之为自我实现的需要。当一个人的生理、安全、爱和尊重等基本需要得到合理满足之后，自我实现的需要就出现了。他发现，他所研究的那些自我实现的人就是这样的具有自我实现的需要并使这种需要得到满足的人。

关于自我实现的需要和自我实现，马斯洛在不同地方，从不同角度作过不少表述。他关于自我实现的需要，最通俗的说法莫过于这段话："一位作曲家必须作曲，一位画家必须绘画，一位诗人必须写诗，否则他始终都无法安静。一个人能够成为什么，他就必须成为什么，他必须忠实于他自己的本性。这一需要我们就可以称为自我实现（Self-actualization）的需要。"[①] 他还把这种需要描述成"一种想要变得越来越像人的本来样子、实现人的全部潜力的欲望"。关于自我实现，马斯洛说："自我实现也许可大致被描述为充分利用和开发天资、能力、潜能等等。这样的人似乎在竭尽所能，使自己趋于完美。"[②] "自我实现意味着充分、忘我、集中全力、全神贯注地体验生活。"[③] 自我实现也就是马斯洛所说的人的发展需要得到满足，其本质特征就是人的潜力和创造力的发挥。

马斯洛对自我实现的人进行了大量的实例研究，并对他们的品格进行了描述。这些品格包括 15 个方面：① 能认清现实并保持与现实的良好关系。② 接受自我、他人和自然。③ 自发性、坦率和自然。④ 以问题为中心。⑤ 超然独立和独处。⑥ 自主而不依赖环境。⑦ 常新的欣赏力。⑧ 神秘的或"高峰的"体验。⑨ 关心社会。⑩ 融洽的人际关系。⑪ 民主性格。⑫ 区分目的与手段、善与恶。⑬ 富有哲理的善意幽默感。⑭ 创造力。⑮ 抵制文化适应。[④]

自我实现虽然直接地是人的发展需要满足，但它是继人的生理需要、安全需

---

① ［美］马斯洛：《动机与人格》，许金声等译，华夏出版社 1987 年版，第 53 页。
② ［美］马斯洛：《动机与人格》，许金声等译，华夏出版社 1987 年版，第 176 页。
③ ［美］马斯洛：《自我实现的人》，许金声等译，生活·读书·新知三联书店 1987 年版，第 115 页。
④ ［美］马斯洛：《动机与人格》，许金声等译，华夏出版社 1987 年版，第 179 页以后。

要、归属需要、自尊需要等基本需要的优势出现之后，其优势一般才会出现的高层次需要。就是说，自我实现的需要是在基本需要得到满足后才在决定行为时具有最大力量和强度的需要。因此，自我实现的需要反映了人的总体需要，这种需要的满足也就是人的自我完善，即人性的充分实现。简言之，自我实现就是自我完善。关于这一点，从马斯洛后来对自我实现的重新界定上可以看得十分清楚：

“典型的自我实现状态只在某些罕见人物六十多岁时才出现。我们可以将它看成是一个重大事件，或者力量的突然爆发，此刻，一个人的全部力量都以一种特别有效的和强烈愉快的方式凝聚在一起：他更加整合，更少分裂，更愿意接受体验，更具有特性，表达更完美，更具有自发性，更充分发挥作用，更具有创造力，更幽默，更加超越自我，更加超然独立于他的低级需要，如此等等。在这些高峰时刻，他更加真实地成为他自己，更完全地实现了他的潜能，更接近于他的存在的核心，更充分地具有人性。”①

在刚进入 20 世纪时，美国著名心理学家和哲学家威廉·詹姆斯就断定：普通人只用了他们全部潜力的极小一部分。他把这当作自己最重要的发现之一。他认为，与我们应该成为的人相比，我们只苏醒了一半。我们的热情受到打击，我们的蓝图没能展开，我们只运用了我们头脑和身体资源中的极小一部分。通过研究，马斯洛不仅相信我们每一个人都有大量未被充分利用的潜能，而且相信所有的、至少几乎所有的婴儿生而具有心理发展的潜力和需要，大多数人都有一种自我实现的需要和倾向。他写道：“我们所有的人都有一种改进自己的冲动，一种更多地实现我们的潜力，一种朝向自我实现或人性充分发展的冲动。”②马斯洛据此断定，并不是只有自我实现者才有自我实现的需要，也不是只有自我实现者才有自我实现的时刻，相反，绝大多数人都有可能比实际中的自己更伟大。

马斯洛注意到，尽管事实上好像所有人都有自我实现的潜力，但只有极少数的人达到自我实现。在他看来，其所以如此，有以下两个原因：

原因之一是人们对他们的潜力全然无知，他们既不知道什么是有可能做到的，也不理解自我实现会给人带来什么好处。例如，我们每一个人身上都有伟大的潜力，但要加以测量却是十分困难的。用马斯洛的话说就是，我们无法测出一个人将来可能有多高，只知道他现在有多高；我们无法知道在最好的条件下他会变得多聪明，只知道在目前的实际情况下他有多聪明。

原因之二是人的本质中除了有一种发展趋势外，还有一种相反的趋势，即倒退、害怕发展、逃避自我实现的趋势，即所谓“逃避成长”现象。在马斯洛看来，人们既惧怕自己最坏的东西，也惧怕自己最好的东西；既惧怕自己最低的可能性，

① ［美］马斯洛：《自我实现的人》，许金声等译，生活·读书·新知三联书店 1987 年版，第 315 ～ 316 页。

② ［美］马斯洛：《自我实现的人》，许金声等译，生活·读书·新知三联书店 1987 年版，第 142 页。

也惧怕自己最高的可能性。在最美好的时刻，在最完美的条件下，在最勇敢的关头，我们常常能瞥见一些神圣的东西，然而我们一般都害怕这些东西。在这种时刻，我们在自身看到了超绝的可能性，面对它们，我们会激动得发抖，然而也会因为虚弱、害怕、畏惧而直打哆嗦。

马斯洛认为这正是高峰体验为什么总是很短暂的原因之所在，因为我们还不够强健，以致不能够承受更多的东西。高峰体验太震撼人心，太消耗精力。正因为如此，处于这种狂喜时刻的人们常说“够了”、“我受不了”、“我会死的”等话。马斯洛发感慨说：是的，他们会死的。人们忍受不了长时间的令人极度兴奋的幸福。我们的机体太弱，承受不了任何大剂量的伟大，就像我们的机体不能承受延续整小时的性欲高潮一样。

马斯洛把这种“逃避成长”现象称作“约拿情结（Jonah Complex）”。约拿是旧约《圣经》中的人物。上帝要约拿到尼尼微城去传话，但约拿最初却逃避这一使命，企图乘船远去。“我们绝大多数人都有可能比现实中的自己更伟大，我们都有未被利用或发展不充分的潜力。”①可是，我们许多人却回避了我们自身暗示给我们的天职（如召唤、命运、使命等），往往逃避本性、命运指示给我们的责任，就像约拿试图逃避他的命运一样。在马斯洛看来，这种逃避是徒劳的，而且是有害的。为此，他给人们提出了这样的告诫：“假如你有意降格以求，那我要警告你，你的余生会感受到很痛苦，你将逃避自己的能力、逃避自己的可能性。”②

追求体魄强健

优雅生存必须有好的身体，如果身体素质差，体质弱，经常患病，根本就谈不上优雅生存。因此，身体健康是优雅生存的基本前提。而要保持身体的持续健康，少患或不患疾病，还必须有强健的体魄。体魄强健不仅是优雅生存的前提，而且本身也是优雅生存的重要组成部分。强健的体魄使人充满活力，富有力感。体魄强健的人更轻松，更自信，更潇洒，更有魅力，生命感受力更强，自我感觉更好。

现代文明给人们带来了富裕、享受、更多的闲暇和体力轻松的工作，但同时也使人的体质严重下降：生理器官弱化，生理功能衰减，抵御疾病的能力变差。大多数人已经肩不能挑，背不能扛，手无缚鸡之力。生活在现代文明的人已经成为外强中干、弱不禁风的十分脆弱的动物。他们变美了许多，但同时也变弱了许多；他们的寿命也普遍提高，但患疾病和受伤害的可能也同时提高。由于人际交往密切，环境污染，以及人们生活紧张、放纵，各种疾病流行，特别是恶性疾病不断出现和传播，人们防不胜防，提心吊胆。这种现实也从一个方面体现了现代文明的缺陷和弊端。人们身体的这种状况显然不适合优雅生存的需要。因此，改

① ［美］马斯洛：《自我实现的人》，许金声等译，生活·读书·新知三联书店 1987 年版，第 143 页。
② ［美］马斯洛：《自我实现的人》，许金声等译，生活·读书·新知三联书店 1987 年版，第 143 页。

变这种状况是人们优雅生存面临的重要而又紧迫的任务。

然而，到目前为止，人们对此缺乏必要的认识。合理的营养是增强体质的前提。然而，当代人类营养不良问题十分突出。有资料表明，全世界有20多亿人多少患有威胁生命的缺乏症。原因是维生素A、碘或铁之类的微量元素供应不足。大约2亿人患蛋白质、能量和营养缺乏症。目前有86个国家被列为营养不良国家[①]。体育锻炼是增强体质的主要途径，但有调查表明，目前人们参加体育锻炼的情况是“三多三少”：病人多，健康人少；女性多，男性少；老年多，青年少。这就是说，人们只是面临着疾病的威胁时，面临着变丑、变老的威胁时才重视健康，而根本没有把保持身体健康和体魄强健作为生活的必要组成部分，作为生存的目标之一。这种情况更说明很有必要把体魄强健作为优雅生存所应追求的目标。

体魄强健有三项要求，也可以说是三个标志：健康，无疾病；强壮，有力感；健美，有美感。

身体健康是体魄强健的前提。所谓身体健康，就是身体各器官（包括大脑结构和神经系统）及其机能正常，无疾病，至少无大病。但是，身体健康只是基本要求，并不就是体魄强健。现实生活中，许多人把身体好等同于不患病，满足于身体健康，这是不够的，仅使身体停留于健康的水平，还不能使人优雅。

体魄强健的第二个要求是强壮。所谓强壮，就是身体结实强劲，不易疲劳，有力量，有耐力，速度快，反应灵敏，柔韧性好。一般说来，健康的体力劳动者能达到强壮的水平。

体魄强健的第三个要求是健美。所谓健美，就是身体不仅健康、强壮，而且有美感，是力与美的结合，身与心的和谐。

以上这三项要求，也可以说是体魄强健的三个层次，其中健美是最高境界，是优雅生存所应努力追求达到的境界。在目前的现实生活中只有一些体育运动员才能达到这种最高境界，而普通人一般都相差甚远。如何使普通人也达到这种层次，是构建优雅生存方式面临的任务。总体来看，体魄强健就是要求人们的身体能达到力与美的完美结合，身与心的统一协调，使人们的身体富有力感和美感。

要使体魄强健，首先必须充分认识体魄强健对于优雅生存、对于人生幸福的意义。要认识到，只有身体强健才能真正优雅，才能获得完美的幸福。而且人人都健美，我们的世界会更美好。在对待身体问题上，许多人满足于身体不生病。这种态度是不正确的。事实上，不生病并不等于健康，健康并不等于强壮、健美。提高认识是十分重要的，只有真正认识到体魄强健的意义，才会增强健身的意识、自觉性和兴趣。

---

① 参见*Deutschland*（德国），2002年第1期，第60页。

要使身体强健，还必须掌握健身的知识和技能，包括人体生理知识以及锻炼身体和卫生保健方面的知识和技能。一般来说，要使身体强健，一个人要能进行三至五项体育运动。体育运动不仅是使身体强健的主要途径，而且还是乐生的重要方式之一，在体育活动中人们可以找到许多乐趣。

身体强健不是想出来的，也不是说出来的，而是练出来的。锻炼是使身体强健的唯一途径。因此，必须养成锻炼的习惯。锻炼是广义的，可以是体育锻炼，也可以是劳动锻炼或其他锻炼，关键是要有心。只要有心，在任何地方、在任何时间都可以找到合适的锻炼机会。

此外，身体强健，还需要一定的涵养功夫，或者说需要修炼。身体强健如能达到健美标准，可以说是进入了一种境界，要想进入这一境界，仅靠死板的锻炼是不够的，还需要体悟，需要不断修炼，不断完善。

追求人格完善

人格（personality，亦译为“个性”）是心理学和伦理学研究的重要领域之一。关于人格的理解分歧很大，定义很多。大致来说，可以从它的外延和内涵上来理解人格。从外延上看，人格是“人的心理倾向、心理过程的特点，人格心理特征，以及心理状态等综合的心理结构”[①]。它主要包括需要、动机、兴趣、理想、信念、世界观、价值观、人生观等人格倾向性，能力、气质、性格等人格心理特征，以及心理过程和心理状态。从内涵上看，人格是“个体内在的在行为上的倾向性，它表现一个人在不断变化中的全体和综合，是具有动力一致性和连续性的持久的自我，是人在社会化过程中形成的给予人特色的身心组织”[②]。这个定义把人格理解为全面整体的人、持久统一的自我、有特色的个人和社会化的客体这四个方面。从以上对人格的理解可以看出，人格十分复杂，几乎涉及个人内在的以及外表的各个方面。

自古以来，人格完善一直被作为人生的理想。但是，由于种种原因，在到目前为止的人类历史上，人们的人格从来没有普遍完善过，即使有些曾经一时被认为是人格完善和人格高尚的人，后来看也并非如此。在自然状态下，人们的人格发育还不成熟，甚至还谈不上严格意义的人格。奴役生存的人们，无论是奴役者还是被奴役者，它们的人格都是有缺陷的。在奴役生存的状态下，那种非人性的、非人道的奴役还会被看作是合理的、正当的。特别是在自由生存的状态下，由于商品化、市场化、科技化、利己主义、拜金主义、享乐主义的影响，人格缺损、人格障碍、人格冲突、人格变形、人格扭曲、人格异化等人格问题日益严重。马克思所揭露的资本家人格资本化和货币拜物教、当前中国官员巨额贪污、不惜巨资豪赌、痴迷邪教、从事恐怖活动（如肉弹）等问题就是明证。今天世界各国普遍存在的严

---

① 参见高玉祥：《个性心理学概论》，陕西人民教育出版社 1985 年版，第 8 页。
② 陈仲庚、张雨新：《人格心理学》，辽宁人民出版社 1987 年版，第 50 页。

重犯罪问题、心理问题、精神问题更表明人格缺陷的普遍性、严重性。

当代人类普遍存在的人格问题是人们优雅生存的主要障碍之一。要优雅生存，不仅要有效地解决当前普遍存在的人格问题，使人们的人格普遍健全，而且还必须进一步使人格完善，使人格高尚，使人格个性化。

人格的内涵十分丰富，因而人格完善既涉及人格各种要素的“全”，又涉及人格要素和结构的“健”，还涉及人格层次的“高”。综合这些方面，我们认为，人格完善主要包括人格健全、人格高尚、人格个性化三个方面。一个人的人格达到这三个方面的要求，他的人格就可以说是完善的。

人格健全，主要指人格是健康的、完整的、协调一致的，人格的各个要素没有缺损和障碍，不存在变形、扭曲、冲突、异化的情况。也就是说，它是指一个人是全面完整的人，具有统一持久的自我。

人格高尚，主要指人格倾向性、人格心理特征，以及心理过程和心理状态不仅不存在问题，而且整体上达到了较高的层次，有很强的人格自我调适能力、自我塑造能力和自我完善能力。作为人格完善的人格高尚，不同于通常意义上的人格高尚。人们通常把人格高尚理解为德性高尚或有气节，这里所说的人格高尚是指人格的整体水平，除了德性外还包括其他诸多方面，如兴趣、信念、能力、性格、气质等等。

人格个性化，主要指人格具有独特性或不可替代性。一般说来，人格总是共性和个性的统一，不同人的人格总有一些共同性，同时又总是或多或少有些差异。人格的个性化是强调每一个人都不应该追求统一的人格，都应有自己不同于他人的独特人格，要使人格的共性寓于个性之中，通过丰富多彩的个性来体现，而不是使所有人的人格趋同，使所有的个性统一于一个刻板的模式。人格的个性化是人性的自然倾向，也是人格完善的条件和标志。压制人格个性化不仅不能使人格整齐一致，相反会使人格发生各种问题。在人类历史上和现实中这样的教训很多，很深刻。“因此，我们不能企图通过教育等途径使各不相同的人性最后变成整齐划一的完善人格。如果社会将某种统一的完善人格标准作为全社会每一个成员追求的理想，这种理想最终只会落空。因为无论社会作出什么样的努力，都不能使所有人的人性差异抹平，都不能使所有人塑造成相同的完善人格。”①

人格完善是一个相对难以达到的目标，它不仅直接与个人的学习、实践、涵养相关，而且与生存环境的各种因素息息相关。特别是各种人格问题的克服需要相应的环境配套。例如，在拜金主义盛行的社会环境中，人格金钱化的弊端就很难克服。但是，个人追求人格完善的意识和意志，个人持续不断地学习、实践和锻炼对于人格完善，仍然具有关键性的意义。在历史上有所谓“出污泥而不染”

---

① 江畅：《德性论》，人民出版社 2011 年版，第 224 页。

的美谈，也有所谓“宁为玉碎，不为瓦全”的壮举，这应该是有说服力的证据。

追求心灵安宁

心灵安宁是自古以来许多哲学家和神学家为人们确定的生存目标，他们把它作为人生幸福的最高境界。例如，古希腊哲学家伊壁鸠鲁把作为人生理想的快乐理解为肉体的无痛苦，灵魂的无纷扰。“当我们说快乐是一个主要的善时，我们并不是指放荡者的快乐或肉体享受的快乐……我们所谓的快乐，是指身体的无痛苦和灵魂的无纷扰。不断地饮酒作乐，享受童子和妇人的欢乐，或享用有鱼的盛筵，以及其他的珍馐美馔，都不能使生活愉快；使生活愉快的乃是清醒的静观，它找出了一切取舍的理由，清除了那些在灵魂中造成最大的纷扰的空洞意见。”[①]古希腊另一位哲学家皮浪把“不动心”作为人生追求的最高境界。“最高的善就是不作任何判断，随着这种态度而来的就是灵魂的安宁，就像影子随着形体一样。”[②]中国的宋明理学所主张的“存天理，灭人欲”、古罗马斯多亚派所主张的“断激情”都是为了心灵的安宁。至于神学家更是把心灵的静化和安宁作为人生唯一应追求的目标。过去，我们把这些思想家的主张看作是消极的，认为所表达的是对悲惨的现实无可奈何的心态。这种看法今天看来值得重新思考。

一般都承认，人一半是天使，一半是野兽。就是说，人有灵性的一面，也有感性的一面。在实际的人生中，这种平衡常常容易被打破。由于人的感性是原初的人性方面，而人的灵性是继发的人性方面，因而人的感性方面的力量要比灵性的力量强大得多。如果没有人的自觉的充分作用，感性常常会湮没灵性，甚至使人的灵性变形。现代社会是一种严重物化的社会。在这种社会中，人们一般无法抵御物质的诱惑和物化的力量，于是普遍出现心灵物化的问题。心灵物化的最重要表现，就是人像饥饿的狼，永远也不能得到满足，因而时刻感到痛苦，即使得到片刻的满足，很快又会感到空虚无聊，心灵因而像一个钟摆，总是摇晃在痛苦与无聊之间，不能得到片刻的轻松和宁静。显然，在这种状态下，人只会躁动不安，根本不可能有优雅自在。因此，要优雅生存必须有平常的心态，必须追求心灵的安宁。

心灵安宁并不等于“不动心”，也不等于清心寡欲，而是指能在人的肉欲与心灵、激情与理智之间保持动态平衡，使之和谐共存、相得益彰，而不相互干扰、相互冲突。人的心灵本身不是死水一潭，而是充满愿望和追求的。要使这种充满生机和活力的心灵归于沉寂，既不可能，也很残酷。事实上，人的感性方面与灵性方面是水乳交融的、不可分割的。追求心灵安宁，不是要使它们分开，然后去

---

① ［古希腊］伊壁鸠鲁：《致美诺寇的信》，北京大学外国哲学史教研室编译：《古希腊罗马哲学》，商务印书馆 1961 年版，第 368 ～ 369 页。

② 《皮浪言论辑录》，北京大学外国哲学史教研室编译：《西方哲学原著选读》上卷，商务印书馆 1981 年版，第 177 页。

欲望、断激情，而是要用生存的智慧使它们和睦共处，共存共荣。

要达到心灵安宁的境界，关键是要有既入世又出世的态度，也就是要以积极的态度追求成功，为自己和所在集体（包括单位、国家等）谋求福利，同时又要以超然的态度对待追求的结果，适度淡化对功名利禄的占有，切忌成为功名利禄的奴隶，成为贪欲的奴隶。或者说，既进取又超脱，既重视物质追求又重视精神超越，既关注眼前境遇又关注终极状况。我们不赞成各种宗教所主张的通过超凡脱俗、禁欲苦行、苦修苦练达到心灵安宁的单纯“出世”的做法，也不赞成其他各种禁欲主义的主张。因为这些做法和主张是违反人性的，不仅难以真正使人达到不动心，相反还有可能导致伪善者、伪君子的滋生。

追求事业成功

优雅生存决不是不劳动，不从事职业，相反要把职业当作事业来干，在事业上有所作为，取得成就。这方面的作为对人的整个生活、对人的幸福有着根本性影响。这方面有大的作为就能为幸福提供基础和保障，使人的幸福成为可能。同时，事业上有大的作为本身就是幸福的内容。由事业成功所引起的成就感可以说是最高层次的深度幸福感，具有不可替代性。约翰·杜威说：“职业是唯一能将个人的不同能力和他的社会服务平衡起来的事情，发现适合去做什么并争取机会去做是幸福的关键。”①

人人都想在事业上取得成功，那么怎样才能在事业上取得成功呢？

要在事业上取得成功，首先必须具备以下六个条件，这六个条件是取得事业成功的前提。

（1）树立职业理想。职业理想是从业者的最高追求，它既是指从事什么样的职业是理想的职业，更是指从事职业为了什么。长期以来，从事职业主要是为了维持生活，为了养家糊口，人们的职业理想就是从事一种能得到更多利益的职业。要追求事业成功，必须改变过去的这种职业理想观，树立一种新的职业理想，这种职业理想就是：从业主要不是为了维持生活、养家糊口，而是要通过为社会作贡献来实现自我价值。这种职业理想要求，在选择职业和从事职业时必须着眼于社会的需要，必须着眼于自我的潜在能力和现实能力的发挥。

（2）履行职业责任。履行职业责任就是要在履行职责的同时，对他人、社会、世界、人类负责，具有高度责任感和认真负责精神。这一条主要是对职业责任的要求。职业责任问题很复杂，涉及以下几个方面：一是职业内的责任与职业外的责任；二是眼前的责任与长远的责任；三是现实的责任与潜在的责任；四是直接的责任与间接的责任。所有这些责任有些是可预见的，有些是不可预见的。履行职业责任就是要求人们以强烈的责任感，不断增强责任意识，对职业及其可能引

① John Dewey，*Democracy and Education*，New York: Macmillan，1916，p.308.

起的一切后果切实负起责任来。

（3）具备职业技能。职业技能是从业者必须具备的从事职业的能力和技术。不同的职业有不同的技能要求，但是每一种职业中的从业者都存在着技能的差异，有的技能精湛、高超，有的平庸、低下。要取得事业成功，必须不断提高职业技能，掌握过硬本领。只有一流的技能，才有一流的业绩。

（4）培育职业良心。职业良心是在从业过程中逐步形成的职业道德自我控制机制，是人们的良心在职业领域的体现。职业良心能依据履行职责的要求，对职业行为的动机进行自我检查，对职业活动进行自我监督，对职业行为的结果和影响作出评价。对于履行了职责的良好后果和影响，会得到内心的满足和欣慰，反之，则进行内心的谴责，表现出内疚和悔恨。职业良心对于人们事业成功具有重要的积极作用，一个人要取得事业成功，必须努力培育自己的职业良心。

（5）讲求职业信誉。一般地说，职业信誉是社会对从业者的肯定性评价，它是职业行为的社会价值体现。讲求职业信誉，就是注重职业行为及其结果的社会后果和影响，并根据这种后果和影响，强化社会责任感，努力提高产品或服务质量，从而不断增强职业行为的社会信誉度。

（6）塑造职业个性。职业个性主要是指从业者在职业方面所具有的独特优势和特色。现代社会使各种职业日益规范化、程序化、制度化，大大缩小了职业个性的空间，但这并不意味着不能形成职业个性。只要有意识地、富于创造性地从事职业，就可以逐渐形成自己的职业优势和特色，增强职业的不可替代性，从而扩大职业的影响。从一定意义上说，塑造职业个性的过程，就是创造性工作的过程。

要在事业上取得成功，不仅要具备以上六个条件，还必须具有以下三种态度从事职业活动，这三种职业态度是事业取得成功的保证。

敬业：就是要把所从事的职业当作自己的崇高使命，把自己所从事的职业当作事业干，认真履行自己的职业职责。要崇敬职业，热爱职业。干一行，爱一行。敬业也就是我们通常所说的事业心问题。事业心不只是从事高层次职业的人面临的问题，而且是所有从业人员都面临的问题。只有有强烈的事业心，才能干好工作，才能做出好的业绩。敬业是事业成功的根本要求和前提条件，缺乏这种精神，事业成功无从谈起。

勤业：就是要承当好自己的职业角色，恪尽职守，积极努力，圆满完成职业所赋予的任务。要精通业务，奋发有为。干一行，专一行。这一条主要是对职业作为的要求。这一要求包括两个方面：一是职业能力方面，要求不断学习和实践，做有心人，不断提高职业技能和水平。没有职业能力，职业水平不高，谈不上尽职。二是职业作为方面，要求发挥好自己的聪明才智，尽其所能地履行职责。有能力不愿发挥或不会发挥，也谈不上尽职。这既涉及职业态度问题，也涉及职业能动性发挥的意识和技巧问题。勤业，也就是尽职。它要求人们不仅要能干，而且要肯干、会干。

创业：就是要充分发挥自己的聪明才智，不断开创职业的新局面。这里的创业是广义的。它不仅指人们从无到有地办实业，而且指人们以创造性的态度从事各种职业，或者说职业创新。事业成功的主要标志之一就是取得职业成就，而取得职业成就的最重要途径就是在职业领域不断创新。只有不断创新，才能不断取得成就，才能不断创造出新的业绩。创业比守业要难得多，尤其是创业会受挫折，会失败。因此，创业不仅要有勇气，还要有坚忍不拔的意志，有百折不挠的精神。

追求家庭和睦

家庭和事业是人生的两大支柱。一个人在这两方面有大的作为，他的整个生活就支撑起来了，他就可能从容地对待生活。同时，和事业成功一样，家庭和睦本身就是幸福的内容，由家庭和睦所引起的甜美感也是最重要的幸福感，同样具有不可替代性。

不同时代对家庭和睦有不同的理解和要求。从人类社会发展的未来走向和优雅生存的需要来看，家庭和睦有两个层次的要求：一是基本要求，包括家庭完整，夫妻之间的性爱关系和谐，家庭成员的权利得到尊重，家庭成员尽自己应尽的责任等四个方面。二是理想境界，包括对家庭有自由感、舒适感、温情感、惬意感、眷恋感等五种感受。前者是家庭和睦的前提和基础，也可以说是底线，后者才是家庭和睦的真正含义。①

怎样才能达到家庭和睦的基本要求和理想境界？这是我们讨论追求家庭和睦的重点问题。从中国目前的情况看，赡养老人、抚育孩子已经不是影响家庭和睦的主要问题，主要问题是夫妻关系问题。夫妻关系问题是当前影响中国家庭和睦的症结之所在。“夫妻关系融洽甜蜜可以克服家庭的许多困难，并化解家庭面临的难题，一般能够使家庭和睦，至少可以维持家庭的稳定和完整。如果家庭不和，家庭的危机就会随之而来，而夫妻离婚的直接后果则是家庭破裂。夫妻的婚姻关系是家庭正常关系存续的前提，夫妻关系稳定和谐是家庭和睦的前提和关键。”②

当前影响中国夫妻关系的问题很多，但一个比较突出的问题是，夫妻到了一定年龄之后，特别是小孩长大后，确切地说，在小孩十几岁、夫妻双方四十岁左右，此后家务负担逐渐减轻，一些丈夫再也耐不住寂寞，开始寻思到外面拈花惹草。这时的丈夫通常是事业已经有所成就，经济上有实力，生理、心理成熟，人生经验丰富，男性的魅力日渐显现出来，而这时的妻子已经徐娘半老，女性魅力大减，而且女性大多生来顾家，更放不下孩子，因而仍一门心思关照家庭和丈夫。

---

① 关于家庭和睦的细节讨论，参见本书第 16 章相关部分。

② 江畅：《德性论》，人民出版社 2011 年版，第 272 页。

于是冲突就开始发生了。丈夫已经不满足于婚姻给他提供的已有的一切，希望有更年轻漂亮的女子和自己在一起，并通过各种手段和途径去寻求情感和性的满足。由于种种原因，这种努力是容易达到目的的。当丈夫的这些作为一旦被妻子发现之后，夫妻之间的争斗就不可避免，婚姻危机以及与之相随的家庭危机就发生了。在冲突发生后，有的丈夫可能回心转意，这样矛盾可能得到暂时缓解；有的则一意孤行，或者当面认错，背地里一有机会就旧病复发。一般来说，丈夫并不想轻易地破坏家庭，但是一旦陷入了性爱陷阱或被妻子闹得无可奈何，就有可能放弃婚姻家庭。这就是目前中国离婚率迅速上升的重要原因。

上述问题的发生，当然与夫妻双方都有关系，但更深层的原因则在于我们的时代或现代文明。整体说来，现代文明是强者的文明而不是弱者的文明，是男性的文明而不是女性的文明，是青年的文明而不是老年的文明。在这种文明的环境中，女性，尤其是上了一定年龄的女性，无论是生理上还是能力和事业上，相对于男性而言大多处于劣势。在一定程度上可以说这时的女性已经难以满足仍充满生机和活力、且在多方面处于强势地位的丈夫。一些不满足现状、耐不住寂寞的男性，特别是在事业上有所成就的男性，就会走出家庭。

这里值得指出的是，女性在目前的这种文明中是弱者，不一定真的是弱者。现代文明是一种以强力为其基本特征的强力型文明，在这种文明中男性当然处于强势地位。但是，我们可以设想，如果现代文明逐渐为后现代文明所取代，而后现代文明是一种以柔美为基本特征的柔美型文明的话，情况也许会发生根本性变化。到那时不用说男性在情感性爱生活方面很难走出家庭，即使走出家庭，女性也不会是俯拾即是的。

对于上述问题，笔者虽然思考许久但至今尚无良策，这里提出一点不成熟的意见，仅供讨论。在目前男性仍普遍处于强势地位的情况下，可以考虑在性与爱的问题上从两方面进一步转变观念，调整心态。

其一是将性交、爱情和婚姻加以区分。长期以来，人们常常把性交、爱情、婚姻三者联系在一起，认为婚姻内的人，不能把爱情给予别人，更不能与其他人有两性关系，尽管这并不意味就一定给予作为对方的夫或妻。在不少人看来，爱情和性交即使不能给作为对方的夫或妻，那也不能给别人。其言下之意，一个人一旦结婚，其爱情、性交的所有权就属于对方看管，而不能由他或她自主。这里问题的关键在于，性交、爱情、婚姻三者之间并不是有必然联系的。

有婚姻并不一定有爱情，爱情可能存在于婚姻之外。本书的后面将会讨论，婚姻并不一定以爱情为基础，在一般情况下婚姻更多的是理性权衡、选择的结果，婚姻强调的是“门当户对”、“郎才女貌”，而且婚姻是一种契约关系，维系它的是法律意义上的权利和义务。事实表明，这样的婚姻可能比纯粹建立在爱情基础上的婚姻更稳固，而且这样的婚姻并不意味着没有情感，因为婚姻内没有爱情还会有亲情。婚姻可以带来爱情，但并不必然带来爱情。爱情是一种浪漫的、无功利性的感情，而且在很多情况下以某种距离感、神秘感为前提。婚姻是最功利的，而且婚内之人彼此之间再也无所谓距离感和神秘感。所以，我们说爱情通常存在于婚姻之外。从这种意义上看，夫妻某一方在婚姻之外发生爱情也没有什么可怕的，如果处理得当，并不必然破坏婚姻关系。

婚姻是性满足的最方便、最经济方式，但并不意味着只有婚姻才能获得最好的性满足。在现代社会，人们结婚的重要目的之一，是为了获得性满足，因为婚姻内的性满足被认为是合法的、正当的，而且十分方便、经济。但是，我们注意到在有关婚姻的法律文件中，可以找到夫妻之间有满足对方性要求的义务，但找不到对夫妻在婚姻外获得性满足的禁止。在目前人们的观念中，一旦结婚，性伴只能是夫妻对方。这种观念事实上是不人性的，因为如果一方生理上有障碍或者虽然能性交但始终不能较充分地满足另一方，那这另一方只能自认倒霉，一辈子处于性饥饿状态。当然，我们不能提倡人们到婚外去寻求性满足，但我们也不能因为有了婚外的性交（哪怕只有一次）而非闹离婚不可。

性交关系并不等于爱情关系，爱情和性交两者之间的区别更大。在今天的社会，从某种意义上可以说性满足在商品化，人们花钱可以获得性满足。但是，即使在今天如此开放的社会，爱情并没有商品化。一个人花钱可以买到性满足，但不能买到爱情。这种情况表明，一个人即使在外面有性交问题，甚至有性伙伴，这并不意味着就一定存在着爱情关系，更不意味着必然会妨碍婚内的感情，我们不能因此就简单地断定他或她对婚姻另一方已经变心，婚姻再也不能存续下去了。

其二是婚姻当事人不要因为一方对别人好而认为必然对自己不好。在现实生活中，有许多这样的事例：婚姻当事人一旦发现对方对别人好了（如有好感了或发生了性关系），就马上闹起离婚来。这里值得注意的问题是，当发现了这种情况时可以想两个问题：他或她对别人好了，是不是就一定对自己不好了；如果对别人好了，就要离婚，那还要不要结婚，如果再婚还出现类似情况怎么办。当发生这种情况时，更多地还是要思考对方是不是还是对自己好，或仍然是最适合自己的。只有这样，才能维护婚姻的稳定。如果一发现对别人好，就不顾一切地闹离婚，那除非他或她不再结婚，否则类似的问题还会重复发生，因为今天人们交往的范围大大扩大，而且外面世界的诱惑比较多，很难保证再婚的对象那么安分守己。最好的办法也许是给对方一些空间，尽可能地让对方在不破坏婚姻的限度内有自己的隐私生活。

由于在目前的婚姻关系中，女性处于弱势地位，上述两种观念的转变看起来可能对女性有些不公，但也许在当前和今后相当长时期内是维护家庭稳定、构建家庭和睦的不得已选择。事实上，如果将来人类文明真的从强力型转向了柔美型，女性处于强势地位，这两种观念的转变同样是有效的，尽管到那时可能对男性有些不公。

追求环境舒美

优雅生存，不单纯是个人的事，至少与人生存的环境直接相关。对于人类的生存、发展和享受来说，生存的环境应该是舒适的环境，应该是美的环境。只有那种舒美的环境才是最适合人类生存、发展和享受的环境，才是人类所真正应该追求构建的环境。这种环境已经不只是实现人类幸福的条件，不只是具有工具价值，而且本身就是人类幸福的内容，具有目的价值，人生活在其中就会感到满足、愉悦。因此，我们可以把环境舒美看作是人类所可能追求和应该追求的优雅生存的重要目标。

环境舒美，不仅指自然环境舒美、人为环境（包括国家环境、世界环境）舒美，更重要的是指这两种环境之间的协调、融和。

首先，自然环境、人为环境本身必须是和谐的，其中一种环境存在问题不仅会影响人类与环境整体上的和谐，而且会影响另一种环境的和谐。例如，如果人类充满着罪恶和战争，人类的环境谈不上舒美，在这种人为环境下，自然环境也不可能是舒美的。同样，如果自然环境遭到污染或破坏，人类的环境也谈不上舒美，在这种自然环境下，人为环境也谈不上舒美。

其次，这两种环境的和谐又必须是协调的。如果这两种环境分别看是和谐的，但彼此之间不能和谐，这种环境也不是舒美的。舒美环境的格局和面貌应充分体现大自然与人类居住地相融和，体现生物圈与技术圈相协调，体现自然空间的旷畅、开阔、恬静的牧歌情调与人为空间的繁荣、精致、绚丽的辉煌气势相结合。

环境舒美，既要求环境舒适，也要求环境美。环境舒适主要是指环境与人的身心相协调。在这种环境中生活，有益于人的身体健康，能延年益寿，能使人感到心情舒畅，精神清爽，愿意与环境融为一体。环境美主要是指环境本身具有审美价值，能给人以美的感受和美好的感觉。在这种环境中生活，人会感到美不胜收，心旷神怡，乐而忘返。环境舒美的最低要求，就是环境的绿化、美化、净化、静化，而它的最高要求则是环境的现代化与田园诗化的有机统一。

使环境舒美，对于人类来说是一项艰难的事业。这不仅要求保护环境，而且要求重构环境；不仅要求重构自然环境，而且要求重构人文环境；不仅要求环境舒适，而且要求环境美。但是，只有这种环境才是人类幸福所真正需要的。因此，人类应该通过各种途径努力地去构建这种环境。如果全人类都意识到这种环境对于人类幸福的意义，并努力地去构建这种环境，这种环境的理想境界是完全可能实现的。“人类”是一个集合概念，我们每一个人都是人类的一员，因而每一个人都肩负着构建环境、使环境舒美的责任。就当前的情况而言，每一个人都可以从我做起，从现在做起，在使环境舒美方面做以下努力：

尽量减少垃圾的丢弃。垃圾是影响环境的一个重要因素，我们每一个人都要意识到，每多扔一包垃圾都会对环境增加一分破坏，每一次随意抛弃都是污染，都是在向环境赊账。因此，要努力改变现代消费主义的“用完即扔”的恶习，尽可能使所用物品重复使用，尽量减少各种废弃物。

增强环境意识，在各项工作中体现环保的要求，营造舒美的环境。无论人们做什么工作都可以为环境保护和环境美化作贡献。例如，企业家可以减少废弃物，可以把自己的工厂建设成美化的景区；商人可以使自己的门面更具有审美价值，可以使货物摆放更有美感；设计师和工程技术人员更可以通过自己的努力使自己设计和施工的项目符合环保和使环境舒美的要求。

自觉参与舒美环境的建设。我们每一个人都有家庭和工作场所，如果每一个人都精心地布置家庭和工作场所，都对家庭和工作场所加以改造使之舒美，我们的环境无疑会美丽得多。

追求人生体验

大千世界丰富多彩，无奇不有。世界上的一切，有些对于人生存的影响是积极的或正面的，也有一些对于人生存的影响是消极的或负面的。但是，并非只有那些具有正面影响的事物才对人优雅生存有意义。优雅的人生应该是丰富的人生、深刻的人生。丰富而又深刻的人生就是在短暂的人生中经历过世间尽可能众多的事物、事件和过程，并体验过它们对自身正面和负面的影响。丰富而深刻的人生不应该是平平淡淡的一生，而应是波澜起伏的一生，有过欢乐，有过痛苦，有过狂喜，有过悲哀，有过磨难，有过艰险，有过成功，有过失败，有过挫折，有过失意，有过爱，有过恨，有过悔，有过刻骨铭心，有过惊心动魄，等等。

丰富而深刻的人生阅历和人生体验不仅可以加深对人生、社会、世界、宇宙真谛的理解和领悟，而且有助于把握人生及其价值的真实意蕴，能使人更珍视人生、热爱人生，可以使人生上升到更高的境界，因而是优雅生存的重要内容之一。毛泽东的那种“不管风吹浪打，胜似闲庭信步”的崇高境界，想必只有具备丰富的人生阅历和人生体验才有可能达到。

传统社会的贫穷、落后、封闭使人们对人生有切身的感受，但由于人们长期生活在苦难之中而不能解脱，因而他们不是在体验人生，而是在经历煎熬，而且他们生活范围狭小，不可能有丰富的人生阅历和体验。现代社会的富裕、发达、开放使人们有丰富的阅历，但人们浅尝辄止，没有深刻的感受，而且人们普遍追求安乐和舒适，害怕生活起伏变化，不愿有深刻的体验。现代生活已经使人生越来越平面化、越来越肤浅化。这种平面、肤浅的人生，就像生长在温室的花，经不起风吹雨打，当面临一点人生问题时，就会惊慌失措，发生问题。

现代社会生活虽然方便舒适，但并不是没有获得丰富而深刻体验的可能和机会。一个人可以在工作的竞争中，在家庭的情爱中，在各种重大的事件中，在历史文献中，在文学作品中获得丰富而深刻的人生体验；也可以有意识地磨练自己，使自己在磨练中加深对人生的体验，如不一定总是住在舒适的豪宅，不一定总是坐自己的专车；还可以创造一些条件使自己返璞归真，如参加一些生存训练、极限练习，等等。

这里的关键是要有追求人生丰富而深刻体验的意识。事实上，任何一个人的人生都不可能是一个平静的港湾，总是会遇到各种不同的风浪。这里存在着是勇敢地迎风而上还是努力地回避或躲避它的问题。勇敢地迎风而上就可以使我们经受锻炼和考验，并在这一过程中增加人的经历和体验。

对于人生的各种问题，应有一点尼采所说的那种悲剧精神。叔本华认为，人生总体上是悲剧性的，只是在一些细节上才有一些喜剧的意味，他因此而得出了人生悲观主义的结论。尼采则认为，尽管人生本来是悲剧性的，但悲剧也是一种美，关键在于是不是能欣赏它。

追求生之欢乐

谈到生之欢乐，我们就不能不谈到尼采，不能不谈到尼采的“酒神精神”。对于尼采，有学者说他是“给西方哲学带来颤栗的人”，我们还要说，他是改变整个人类的人生态度的人。是他真正把“生之欢乐”作为一个不得不面对的问题，摆在了我们每一个人的面前，无论是否受过他的直接影响。

这位自命为酒神哲学家的意志主义者一反西方理性主义传统，第一次把酒神（狄奥尼索斯）精神从艺术舞台流布到人生舞台，力倡像酒神那样对待人生。

酒神精神，呈现为醉，不仅是一种审美的基本情绪，而且是人生的极境。醉的本质就是力量提高之感和充实感，实际上也就是肉体活力的横溢，生命力的高涨，力的过剩，它使人具有高度的力感，具有一种通过事物来反映自身充实和完美的内在冲动。一句话，醉是强力意志充溢、生命力饱涨的状态。醉的最古老最原始形式是性冲动的醉，此外还有一切强烈欲望、一切高涨情绪所造成的醉，节庆、竞赛、绝技、凯旋和一切激烈活动的醉，酷行的醉，破坏的醉，因某种天气（如春天）的影响而造成的醉，因麻醉剂作用造成的醉，最后是权力的醉。一旦个人在醉的心境中忘却自我，飘飘然而与宇宙融为一体，他也就战胜了人生的可悲性质。

酒神精神的要义是通过艺术肯定人生、祝福人生，它无视人生的悲剧性质，用艺术来对抗否定生命的悲观主义。用尼采的话说就是：酒神精神的一个重要标志，乃是支配自己，使自己坚强。

要肯定人生，不在它的悲剧性面前逃避、自欺或颓废，应当有一种酒神式的人生态度，应当学会舞蹈，学会欢笑。“我的同胞们，打起你们的精神，高高地，更高地吧！不要忘记你们的腿！你们优秀的舞蹈者们，提起你们的腿吧！如果你们倒立起来，那会更好！……我的同胞们，我把这顶王冠抛向你们！我曾把笑声奉为神圣；你们这些更高贵的人们，我希望你们学习——去笑！”[①]

舞蹈象征一种高踏轻扬的人生态度。一切生命，包括人生，都具有自我超越的本性。舞蹈所象征的就是这种超越性。超越即是飞腾，为了飞腾，人应当学会在一切之上站立、行走、奔跑、跳跃、攀登和跳舞。即使生活之路坎坷艰难，我们也要步履轻盈地走在它上面。超越即是解放，为了解放，人应当能够游离于一切陈规旧习之外，走向善恶的彼岸，用自由的舞蹈踏碎一切传统伦理的束缚。超越性就是神性，充分体现这种神性的就是强者，就是酒神精神化身的查拉图斯特拉。学会跳舞、不断超越，只有这样，才能轻松愉快地享受人生，无拘无束地从事创造。

欢笑象征一种欢快豪放的人生态度。人生有喜也有悲。一个人不仅要能笑对欢乐，而且也要能笑对失败、痛苦和悲剧。生活不应当是泪水之谷，而应当是快乐时光。一个人要感情充溢奔放地活，对一切都兴致勃勃，这才是幸福。不管生命多么短暂，我们都要笑着生，笑着享受，最后笑着死，这才不枉活此生。

尼采的许多观点是我们不能同意的。例如，他对传统道德的全盘否定，对意志地位和作用的过分推崇，把个体的、主观的“超人”作为终极的评价标准和真假、善恶的唯一尺度，等等，都是偏狭的，甚至是根本错误的。但是，尼采也有不少观点是革命性的，具有重要的启示意义。

例如，他反对以往哲学家用理性解释一切，甚至解释理性本身，主张用本能、欲望、意志来说明理性，这有助于克服传统理性主义的偏颇。

他把本体、诸神抛至九霄云外，强调人是价值的创造者，真正向人们描述了一个以人为中心的新世界。

他崇尚人的自由，并把自由与个人联系起来，要求每一个自由的人都必须完全成为他自己，这实际上是想唤醒每一个人的自由的、超越的人格觉悟。

他反对人生来就有高低、贵贱之分和安于现状、服从命运的宿命论态度，号召人们要敢于斗争，敢于超越，敢于成为强者。

特别是他的乐观主义和积极主义精神，对于如何看待和对待人生具有借鉴意义。

在尼采看来，人生尽可以是荒诞的、渺小的、艰辛的、悲剧性的，但人生更是真实的、自强的、任意的，因此是充满欢乐的。他承认人生的孤独、困难和痛苦，但他因为人能够置身于历史舞台而感到由衷的喜悦。他不能容忍一个庸俗、虚伪、腐朽的生命，无情地抨击那些蝇营狗苟、唯唯诺诺的人，那些无所用心、无所作为的人，那些没有个性和人格、不知道自己是谁的人，认为他们纯粹是践踏人生、虚度人生、否定人生。他对生命无限推崇和热爱，对人生充满了美好的遐想和愿望，力倡乐观向上、积极有为、生命力旺盛、富于创造性的人格。

---

① ［德］尼采：《瞧！这个人》，刘崎译，中国和平出版社 1986 年版，第 127 ～ 128 页。

尼采对人生现实的看法是悲观主义的，认为人生原本悲惨而痛苦，甚至是一种无意义的永恒轮回，但是，他并不因此而悲观、消沉、颓废，相反主张以酒神精神来对待这可悲的人生，用生命力的亢奋所造成的具有审美性质的醉感来战胜人生的痛苦，来享受人生，创造人生。张扬酒神精神以获得生之欢乐，这就是尼采思想的真谛。

生之欢乐，并不等于获得某种具体的满足感，因而似乎不是快乐，更不是幸福。尤其是通过张扬酒神精神来获得生之欢乐，似乎是面对人生的痛苦和不幸强装笑颜，这甚至还有阿Q的“精神胜利法”之嫌。这就涉及对人生的更深刻的、或者不如说是哲学的理解问题。

生之欢乐说到底是一种人生态度，这种人生态度承认人生至少可能是欢乐。就是说，即使有痛苦和不幸，也有可能成为一种痛苦和不幸的欢乐，即使有悲剧，也有可能成为一种悲剧性的美。问题在于怎么看待。人生总是有悲也有乐，以悲伤的态度看人生，人生总体上是悲剧，只有某些细节上才有喜剧的意味；以欢乐的态度看人生，人生总体上是喜剧，只有某些细节上才有悲剧的意味。

“怎么看待”并不仅仅是一种主观态度问题，相反，它从根本上规定着人生是否可能幸福。

我们只有相信人生本来是欢乐的，才会去享受人生的欢乐；我们只有相信人生本来是幸福的，才会去追求人生的幸福。如果我们相信人生本来就是痛苦和不幸的，怎么可能享受欢乐和幸福？我们为什么还要去追求幸福？我们追求欢乐和幸福又有什么用呢？

我们说幸福是一种满足感，可是人生事实上不可能始终处于满足状态，甚至大多数时间都处于不满足状态，当然也就不可能有持续的满足感。那么，我们岂不是在大多数时间处于不幸福的状态吗？我们怎么可能有幸福的人生呢？这里就涉及对人生的信念问题。我们只有以欢乐的态度看待人生、享受人生，把生活本身就看作是欢乐和幸福，把获得满足看作是更大的欢乐和幸福，才会有真正幸福的人生。

问题更在于怎么对待。如果说人生本来至少可能是欢乐的，那么就有一个如何享受和如何实现这种欢乐的问题。在哲学的意义上，本来的状态常常就是理想的状态。说人生是悲剧美，如果说这是人生的本来状态，那么也就是人生的理想状态。人生的现实是悲剧，只有以审美的眼光来看，它才是美，否则它就不是美。在这里，审美的眼光是实现和享受这种美的前提，也就是一个“怎么对待”的问题。同样，说人生是欢乐，这种欢乐也是理想的状态，这种状态需要实现，这种实现的途径就是不断创造，就是不断超越。

按照尼采的看法，如果我们以酒神精神来看待和对待人生，就能享受生之欢乐。他的本意并不是要人们逆来顺受，自我安慰，而是要人们像酒神那样以乐观的态度、审美的眼光、百折不挠的斗志去看待人生、体验人生、享受人生、创造人生。

追求不可替代

人生的最大价值在于什么？在于人生的不可替代性。一个人可以成为巨富，可以成为高官，可以成为大师，这都是有价值的。但是，如果你所做的一切都是别人可以做的，你不去做，别人可能做得更好，那么你做的虽然是有价值的，但不是价值最大的。人生的最大价值就在于，你所做的是别人不能做的，是世界上的唯一，就是说，是别人不可替代的。因此，人生最大的追求不是追求别人有的，也不是追求别人暂时没有但可能有的，而应该是追求别人现在没有而且将来永远也不会有的。追求不可替代性就是追求人的唯一性、独特性、不朽性。

人类之所以要追求不可替代性，从现实上来看，是因为每一个人追求不可替代性就会使人个性独特，同时又使世界丰富多彩，从而可以克服现代文明导致的个人平庸刻板、社会千人一面的弊端；从根本上来看，是因为不可替代性实质上是一种多元化的价值标准，根据这种标准，人们不必再把目光放在财富、权力、地位等传统的标准上，而把目光放在自我创造、自我发挥上，从而可以使每一个人都能悠然自得地生存。例如，按照传统观念，一个清洁工人可能因为当不了国家总统而感到遗憾和自卑，但如果他追求不可替代性，他就会意识到，关键不在于地位，而在于他的工作的不可替代性。如果不能创造性地工作，即使当上总统也是意义不大的，相反，如果创造性地工作，做一个清洁工也有其独特的价值。

由此看来，追求不可替代性的最重要意义在于这种追求使每一个人优雅生存成为可能。就是说，在这个世界上，任何时候也不可能人人都成为富豪、总统、教授，但是人人都可以成为有独特个性的生灵，因为人人都可以具有不可替代性。

不可替代性并不意味着怪异，而是意指个人基于自身条件进行创造性活动所形成的、为他所独有的特性。这里的关键是创造性，真正的不可替代性只能是创造性的结果，而不可能自发地形成。哲学家莱布尼茨说，世界上没有两片相同的树叶。不言而喻，在任何时候，世界上没有、也不可能有两个完全相同的人。即使是克隆人也只是与原型生理上相似，而不可能完全等同。从这个意义上看，每一个人一来到世界上就有不可替代性。显然，我们这里所说的不可替代性不是这种意义上的，而是这种具有个性特征的个人通过创造性活动所形成的人生方方面面的个性特征和总体的个性人格。

不可替代性不只是某一方面的，如不只是工作方面的，而是人生各个方面的，因而人生的创造也不只是某方面的，而是人生各个方面的。一个人不仅可以创造性地工作，创造性地学习，而且可以创造性地娱乐，创造性地休闲，创造性地婚爱。有了各方面的创造活动，就会有各方面的不可替代性，也就有了整个人生的不可替代性。

人在本性上有一种惰性，就是倾向于从众。从众虽然使人活得没有个性，但能使人活得轻松，而且没有危险。中国古语中就有“木秀于林，风必摧之”之说。现实生活中从众有种种不同的表现，如求同、“跟风”、追星、赶时髦，以及盲从、迷信、崇拜，等等。这种从众心理是追求不可替代性的大敌。

不可替代性是通过创造实现的，因而创造性地生活是追求不可替代性的关键之所在。要创造性地生活，就要有创造的意识、创造的能力和创造的活动。创造的前提是批判，要不断地反思和批判自我，通过批判不断更新自我，使自我保持活力和生机。不可替代性是人生存智慧的体现，如何始终都意识到自己是有智慧的，并努力把智慧运用于一切生存活动之中。这是追求不可替代性始终面临的课题。

三、生 存 环 境

个人总是生活在一定的环境中，环境直接关系到个人的生存质量，优雅生存同样离不开环境。没有一定的环境条件，单靠一个人的努力，是不可能真正过上优雅的生活的。这里我们讨论优雅生存所必备的环境条件。

自由地生存

自由是优雅生存的最重要的前提条件之一，也是优雅生存必须具备的生存环境。一个受奴役的人肯定谈不上优雅，即使是一个自由人，但生活中处处受约束，不能按自己的意愿行事，同样不可能优雅。一个人只有真正享有自由，也就是说是自己的主人，才有可能优雅生存。有自由才有优雅，没有自由就没有优雅。自由之所以对于优雅生存如此重要，是因为优雅生存从实质上看是一种意志自由的生活，是个性充分而又自由发挥的生活，是创造性的生活，是通过创造谋求不可替代性的生活。如果没有自由，所有这一切就都会成为空中楼阁，根本无从谈起。

事实上，今天自由不仅是优雅生存的前提条件，而且被看作是人与生俱来的、不可剥夺的基本权利。对此，1948 年联合国大会通过的《世界人权宣言》已经有了明确规定。该宣言第一条规定：“人皆生而自由；在尊严及权利上均各平等。”第二条规定：“人人皆得享有本宣言所载之一切权利与自由，不分种族、肤色、性别、语言、政见或他种主张、国籍或门第、财产、出身或他种身份。”第三条规定：“人人有权享有生命、自由与人身安全。”①

自由表面看是个人的事，实际上是社会问题、环境问题。一个人是不是自由的，确实与一个人的意识和能力相关。一个人如果没有自由的意识，他不可能是自由的。德国哲学家黑格尔在谈到古希腊人为什么有自由而古中国人没有自由时

---

① 《世界人权宣言》，李龙、万鄂湘：《人权理论与国际人权》，武汉大学出版社 1992 年，第 292 页。

就谈到这一点。他认为，古中国人之所以没有自由，就是因为他们缺乏自由意识，尽管他们像古希腊人一样具有自由的本性。同样，个人的自由能力也是重要的。在相同的自由环境中为什么有的人有更大的自由，而有的人没有多少自由，甚至根本就没有自由？其主要原因恐怕就是自由的能力问题。但是，无论从历史上看还是从现实上看，自由与否更突出地是一个环境问题，特别是社会成员能否普遍获得自由直接决定于环境。自由作为一个问题，往往不是人们有没有能力自由，而是环境允许不允许人们自由。

在所有环境中，社会环境又是最重要的。其所以如此，是因为在所有妨碍个人自由追求的环境因素中，社会环境的作用力最强。人对自由的追求只能在社会中并通过社会进行，而社会对个人追求的作用可能呈两极趋向：一极是为个人的追求开辟广阔的天地，提供优越的环境；另一极则是完全扼制个人的追求，使个人成为国家机器上的没有自己个性的螺丝钉。显然，人们普遍优雅生存的社会，必须是前一种情形，而不能是后一种情形。

人们对自由存在着种种不同的理解。一般地说，自由有两种基本的含义：一是摆脱束缚的自由，也就是从哪里获得自由（to be free from …）；二是开始行动的自由，也就是自由地去做什么（to be free to do …）。前者是消极意义的自由，后者是积极意义的自由。从与人类生存的关系看，所谓自由，就是能按自己的意愿生存，也就是在日常生活中能按自己的意愿行事。现代自由主义的重要代表人物约翰·密尔曾对自由作了这样明确的规定："唯一实称其名的自由，乃是按照我们自己的道路去追求我们自己的好处的自由，只要我们不试图剥夺他人的这种自由，不试图阻碍他们取得这种自由的努力。"①密尔的话虽然有些功利主义的色彩，但突出了自由的社会实质。

从社会的角度看，自由可以从主体自身和生活领域两个方面来理解：从主体自身的角度看，自由包括人身自由、言论自由、思想自由、信仰自由、创作自由、结社自由，等等；从生活领域看，包括经济自由、政治自由、文化自由、宗教自由，等等。对此，不同的思想家从不同的角度进行了论述。

约翰·密尔认为人类的自由有适当的领域。"这个领域包括着，第一，意识的内向境地，要求着最广义的良心的自由；要求着思想和感想的自由；要求着在不论是实践的或思考的，是科学的、道德的或神学的等等一切题目上的意见和情操的绝对自由"。"第二，这个原则还要求趣味和志趣的自由；要求有自由制订自己的生活计划以顺应自己的性格；要求有自由照自己所喜欢的去做，当然也不规避会随来的后果"。"第三，随着各个人的这种自由而来的，在同样的限度之内，还

① ［英］约翰·密尔：《论自由》，程崇华译，商务印书馆1959年版，第13页。

有人人之间相互联合的自由”①。

美国著名总统富兰克林·德拉诺·罗斯福在1941年的一篇演说中提出了四项人类基本自由。他说：“在我们力求安宁的未来岁月中，我们盼望有一个建立在四项人类基本自由之上的世界。”“第一是言论和发表意见的自由”；“第二是每个人以自己的方式崇拜上帝的自由”；“第三是不虞匮乏的自由”；“第四是免受恐惧的自由”②。

自由有两个重要前提：一是个人的自由不能妨碍和伤害他人的自由，否则普遍的自由就不可能实现；二是自由与责任正相关，一个人有多大的自由，就应负多大的责任，要把自己的自由所引起的一切后果的责任都承担起来。前一前提要求人们在自由时要守法，就是说，人们只能在法制范围内追求自由，不能为非作歹；后一前提要求人们在自由时要审慎，就是说，人们只能在理性的指导下追求自由，不能恣意妄为。

在近代以前，人类总体上说是生活在被奴役的环境中，除少数统治者外，大多数人都是被统治者，也就是被压迫者。少数统治者看起来是自由的，但实际上也不是自由的，因为在大多数人不自由的环境中，少数人是不可能真正自由的。用德国哲学家费希特的话说，“任何把自己看作是别人的主人的人，他自己就是奴隶。即使他并非总是果真如此，他也毕竟确实具有奴隶的灵魂”③。

近代以来，人类为争取社会自由进行了不屈不挠的斗争，通过斗争，“自由”被写到了社会的旗帜上。但是，由于种种原因，特别是由于社会异化的发生，今天的人类并没有真正获得自由。只不过今天奴役人的力量不是来自上帝、国王，而是来自争斗、贪欲。而且今天世界各国发展得很不平衡，有的国家的人民还受着专制的压迫和饥饿的威胁。人类要普遍地优雅生存，争取社会自由还有相当长的路要走。

平等地生存

平等也是优雅生存必备的环境条件。如果一个社会是等级制的社会，有些人生活在社会的上层，有些人生活在社会的底层，而且这些生活在社会底层的人不仅与生活在社会上层的人地位不平等、待遇不平等、收入不平等，而且人格不平等、权利不平等、机会不平等，那么生活在这种社会底层的人们根本不可能优雅生存。这种社会所面临的紧迫任务不是追求优雅生存，而是谋求平等地生存。平等地生存作为优雅生存的一种环境条件，其意义主要在于，只有人与人之间至少

---

① ［英］约翰·密尔：《论自由》，程崇华译，商务印书馆1959年版，第13页。

② ［美］富兰克林·德拉诺·罗斯福：“四大自由”，戴安娜·拉维奇编：《美国读本：感动过一个国家的文字》，林本春等译，许崇信校，生活·读书·新知三联书店1995年版，第661页。

③ ［德］费希特：《论学者的使命、人的使命》，梁志学、沈真译，商务印书馆1984年版，第21页。

在人格上、在承当社会角色的机会上、在享有角色的权利和履行角色的义务上是平等的，一个人才能心理平衡地或心安理得地生活，否则就可能由于心理不平衡导致许多问题，因此而不可能心灵平静安宁地生活。

平等的问题在某种意义上比自由问题更敏感。大家也许还可以平等地过着奴役生活（如传统社会的被统治者），但大家不可以不平等地过自由生活（如现代社会的公民）。要优雅生存，平等是绝对必须的，否则决无优雅可言。

平等地生存只能是相对的，不可能是绝对的。任何一个社会都不可能绝对平等，而且优雅生存的社会也不应该是绝对平等的社会。因此，弄清人类应该追求哪些方面的平等，应该保留哪些方面的不平等，就是十分必要的。在人类历史上之所以经常出现追求平等导致“大锅饭”式的平均主义的后果，就是因为没有弄清楚人类究竟在哪些方面可能平等，以及能在多大程度上获得平等。

人类至少在三个方面不可能达到平等：

第一是禀赋方面。世界上每一个人的禀赋都是不同的，有些人生来就体质强，有些人生来就体质弱，有些人生来聪明，有些人生来愚钝。即使科学再发达，这种不平等也是不可能完全改变的。

第二是环境方面或条件方面。每个人出生于不同的家庭、民族、国家、区域，等等。例如，生在不同的家庭，所受的教育和熏染不一样，人们就会在各方面存在差异。这些不仅是不平等的，而且不可改变。禀赋不一样，再加上环境不一样，每一个人生存的条件就是很不平等的，这也不可能完全改变。

第三是结果方面。人的生活就是一个活动的过程，由于前面两方面的不平等，即使人们作出完全相同的努力，活动的结果也差异巨大。这也是不可改变的不平等。在所有这三个方面，人类可以将不平等控制在一定的限度内，但不可能完全消除不平等。

人类至少在四个方面可能达到平等：

第一是人格方面。人可以在禀赋、环境、结果方面不平等，而且这种不平等人们还可以忍受，但是在人格方面不能不平等，许多人把人格的不平等看作是奇耻大辱。在人类历史上有过人与人之间存在的人格不平等，有些人被认为是为当奴隶而生，有些人被认为是为当主人而生。这种观念今天已经基本破除。今天之所以认为人们的人格应当平等，主要是近代以来的人道主义的影响。按照这种观念，人是生而平等的，每一个人都是人，都有做人的权利和尊严，这必须受到尊重和保护。

第二是权利方面。人格的平等不是空虚的、表面的，而是有实质内容的，这就是大家应该享有相同的社会权利。通常认为，这种权利既包括生命、自由和发展的基本权利，也包括作为公民的其他各项权利。通俗地说，只要是别人可享受的权利自己也都应该享受，除非别人也没有享受。在除了生命、自由和发展的基本权利平等之外的其他公民权利平等中，有两方面的权利平等是十分重要的：一是承当社会角色机会的平等，即每一个公民都应该能平等地获得各种社会角色；二是享有社会角色权利的平等，即无论是谁，只要他获得了一定的角色，就应该享有相应的角色权利。

第三是义务方面。人不仅能够而且应该在享有机会或权利方面平等，也能够而且应该在履行义务方面平等。义务的平等是指无论是什么人只要他承当了某一角色，就应该履行相应的角色义务。通常说的“在法律面前人人平等”就是说的这种平等。这是要求所有人都要平等地承担遵守法律的义务。

第四是机会方面。现代社会是谋求发展的社会，机会对大家都十分重要，而且机会是人应均享的，因而机会也成为了人们追求平等的一个重要领域。从一定意义上说，机会也是一种权利。

值得注意的是，在权利上人人平等，在义务上人人平等，在机会上人人平等，只要求每一个社会成员平等地享有权利、履行义务和获得机会，但并不保证他们都能在相同的程度上实际享有权利、履行义务和获得机会，更不能保证他们都取得相同的结果。

平等像自由一样，一直是人类的向往和理想，但是在传统社会，由于社会是专制主义、等级主义的，不可能有真正的社会平等。近代以来，人类在人格、权利、义务、机会方面平等取得了历史性的进步。今天这些方面的平等得到了普遍的承认，而且在许多国家得到了法律的确认。应该承认，今天人类平等生存的环境已经得到了根本性的改善。现在的问题是，在充分自由的前提下，尽管人们在人格、权利、义务、机会方面平等，但人们在条件和结果方面不平等的差距拉大，以至于人们难以接受。这个问题已经不只是平等的问题，而是社会公正的问题，需要从公正的角度给予解决。

公正地生存

社会公正是优雅生存的至关重要的保障条件。所谓社会公正，最简单地说，就是在一定社会范围内通过对社会资源的公平合理分配使其中每一个成员得其所应得。一般说来，社会成员所应得的东西无非是两类：一是社会角色以及与之相关的权利和义务；二是社会财富。因此，使全体社会成员得其所应得的问题，实际上就可以分解为三个相关的问题：一是如何在社会成员中分配社会角色；二是如何在社会成员中分配与社会角色相应的权利和义务；三是如何在社会成员中分配财富。

首先看第一个问题。如何在社会成员中公平分配社会角色，关键是一个社会的所有社会角色是否对该社会的所有成员开放，换言之，也就是一个社会的所有成员能否自由地承当自己所希望承当的角色。这个问题在不同的社会有不同的处理方式。在奴隶制社会，社会角色就不是对所有的社会成员都开放。一个奴隶只能承当奴隶的社会角色，而不能承当自由民的角色。封建制社会亦是如此，皇帝的角色不是对所有的社会成员开放的。这种角色不平等的分配在这样的社会被看作是公正的。在现代民主社会，所有社会角色对所有人开放才被看作是公正的，反之则被看作是不公正的。就是说，所有的社会角色对于每一个社会成员都是应得的，某些生理限制（如年龄、健康等）除外。

其次看第二个问题。权利应该是与角色相应的、与义务相配的。就是说，承担什么样的义务就应享有什么样的权利，享有什么样的权利就应承担什么样的义务。然而，在自古以来的人类历史上，两者常常发生不相匹配甚至严重扭曲的情形。一是享有权利的人并不一定尽相应的义务；尽义务的人并不一定享有相应权利。也就是说，一部分人承担了另一部分人的义务，而这另一部分人则占有了承担他们义务的那一部分人的权利。二是社会或群体占有了个体的权利。这种权利和义务不相匹配的情况是人与人之间的不平等、个体与整体或群体之间关系颠倒的最重要的表现。人与人之间平等最重要的就是在权利与义务相匹配方面的平等。就是说，个人也好，群体也好，无论是谁，不履行义务就不应该享有相应的权利，享有了权利就应当履行相应的义务。如果在这方面不平等，根本就不可能有社会的平等可言。另一方面，个体组成社会和群体是为了使个体获得更多的权利，如果社会和群体成为了少数人攫取大多数个体权利的工具，那么个体与社会或群体之间本来的关系就被颠倒了。

权利和义务不相匹配的必然后果是，大多数社会成员追求权利的积极性丧失，履行义务的积极性也会因为追求权利的积极性丧失而丧失。因此，如何使社会的权利与义务相匹配是一个关系到社会是否公正的根本性社会问题。一个公正的社会应当建立这样的一种机制，不仅要使承当一定社会角色的人享有相应的权利，同时也要使他不得不履行相应的义务。对于一定的社会角色来说，相应的权利和相应的义务都是他所应得的。

最后看第三个问题。社会财富分配的根据，一般说来，是社会成员所承当角色以及所应享有的权利和所应履行的义务。然而，这个问题十分复杂，至少涉及两个层面的问题。一是社会财富的分配是否真正能根据社会成员所承当的社会角色以及所应享有的权利和所应履行的义务。例如，在专制社会就完全不能如此，分封制、世袭制可谓是其典型。即使在民主社会也很难完全做到这一点，如通常所说的区位优势、地理优势就是这种情形。二是即使能实现社会财富与社会角色以及所应享有的权利和所应履行的义务相匹配，也会存在着事实上的不公问题。例如，一个人承当了私营企业老板的角色，他经营的企业很成功，他就可能占有很多的社会财富，而一个完全丧失了劳动能力的公民，他不可能当老板，他就只能占有很少的社会财富。在这种情况下，社会通过（通常通过政府）宏观调控来实现公正就是十分必要的了。因此，社会财富分配的公正尺度应该是双重的：一是与所承当的社会角色及相应的权利、义务相匹配，二是政府必要的宏观调控。

需要指出的是，作为公正尺度的社会成员得其所应得，并不是指社会成员必得其所应得，而是指能得其所应得。例如，在一个民主的社会，每一个在一定年龄阶段内的成员都有权利成为总统，这可以说是他们的“应得”，但这决不意味着他们一定能成为总统。他们能不能真正成为总统，还取决于他们自己是否愿意，其他人是否同意。从这个意义上看，“得其所应得”是就可能性而言的，而不是就实在性而言的。一个公正的社会就是建立了为其所有成员提供了这种可能性机制的社会。

近代以来，人类开始把自由、平等作为社会的追求，致力于建立现代意义的民主国家，以为实现了公民自由和平等，建立起了保障自由和平等的民主制度就可以建立起人间的天堂，使全体社会成员过上幸福生活。然而，几百年的社会历史实践证明，只是追求自由、平等，而不建立起公正的社会制约机制，其结果是社会的严重两极分化和严重阶级对立。因此，到了20世纪，人类逐渐意识到社会公正对于真正实现全体社会成员幸福的意义，开始关注社会公正问题，并逐渐确立了社会公正的价值理念。到今天，社会公正问题虽没有真正解决，但越来越为各国所普遍重视，公正已被公认为是一条最重要的价值原则。

和谐地生存

自由、平等、公正是优雅生存的必要环境条件，和谐则是更高的要求。自由、平等、公正的社会并不一定是和谐的，但真正和谐的社会必须是自由、平等、公正的。而且自由、平等和公正总是就一定社会范围而言的，如一个国家，对于优雅生存来说，和谐的范围要广得多，除了社会之外，还包括世界和宇宙的和谐、组织或社群（如工作单位、家庭）的和谐以及个人的身心和谐。和谐地生存，就是要使宇宙、世界、社会、组织内的个体以及个人的身心达到有序协调的状态，使这些不同系统内的事物或个体和平共处、相辅相成、相得益彰、良性互动，使这些系统成为最适合人更好地生存的环境条件。

就宇宙系统（主要是自然界）而言，要实现和谐，最重要的是人类要尊重自然、爱护自然、善待自然。事实已经证明，作为人类家园的自然，其承载能力是十分脆弱的，其资源是十分有限的。如果人类一如既往地对自然恣意妄为，人类不仅不能与自然形成人类生存所需要的和谐，相反自然会报复人类，使人类无法在其中生存，更不用说幸福地生存于其中。对于今天的人类来说，要和谐地生存，首先必须关注和重建与自然的和谐。所谓尊重自然，就是要充分考虑自然自身存在和运动的规律，把自然当人看，尊重自然的权利，再也不能无所顾忌地力图改天换地，把人类的意志强加给自然。所谓爱护自然，就是要把自然看作是自己休戚与共、生死相依的伙伴、朋友，爱护自然的一山一水、一草一木，再也不能把自然看作是人类身外取之不尽、用之不竭的宝库。所谓善待自然，就是要把自然看作是弱者，同情它、爱惜它、保护它，再也不能把战胜自然看作是自己力量的体现，在与“天”斗、与“地”斗中寻求乐趣。

今天世界和谐的问题像宇宙和谐的问题一样严重，是人要和谐地生存所必须着力解决的问题。世界已经成为了一个利害相关的有机整体，但并没有建立起协调有序的秩序，尤其是当今世界局部（国家）的有组织性、全局的无组织性严重影响了世界和谐的建立。在当前世界的情况下，人类是不可能普遍和谐地生存的。一般地说，只要实现了人类和平、世界公正和国际合作，世界的和谐秩序就可以建立。现在的问题是，怎样实现人类和平？谁主持世界公正？怎样加强国际合作？从当前的情况看，实现世界和谐的要求只有一个现实的选择，就是通过建立世界政府来加强世界的管理，特别是通过一定的有效机制来克服日益猖獗的极端民族利己主义，从而构建世界和谐的新秩序。由于历史的原因，世界虽然自古以来就存在，但过去分散的世界并不是一个统一的整体，世界真正成为一个联系紧密的整体只是 20 世纪才开始的。要在这么短的时间内解决如此复杂的世界秩序问题，是不可能的事情。我们相信，人类出于整体生存的需要，运用自己的智慧，可以在不太远的时间内解决目前面临的世界和谐秩序问题。

相比较而言，以国家为范围的社会的和谐问题解决得比较好。世界性的以自由化、平等化、民主化、法制化、市场化、科技化为主要内容的现代化运动为已经或正在现代化的国家构建社会和谐提供了良好的条件和机遇。应该承认那些实现了或基本实现了现代化国家从总体上看构建起了或初步构建起了社会和谐。但是，就全球范围而言，社会和谐的程度相差很大，有些尚未现代化的国家在国内尚处于动荡之中，还谈不上实现协调有序。而且已经在不同程度上构建起了和谐的国家也并不是达到了理想的状态。世界各国的情况千差万别，所面临的和谐问题也不尽相同。不过，从总体上看，社会公正问题是目前各国构建和谐秩序面临的普遍问题。要尽快建立社会公正的机制，关键是要加速各国后现代化的进程。

组织和谐的情形更为复杂，各种各样的组织不同，面临的和谐问题也不同。但是，组织是社会的细胞，社会内无数的组织不和谐，不能说社会整体是和谐的，其中的个人也不可能和谐地生存。构建各种不同组织的和谐，一般地说，可以从组织整体和组织个体两个方面努力：从组织整体来说，关键是要在尊重个体权利的基础上实现组织内的公正，使其成员各得其所；从组织个体来说，关键是个体要能以宽容为基础与组织及其他成员和平友好相处。

和谐地生存不仅意指与环境和谐地生存，也包括自古以来思想家十分重视个人的身心和谐，即人的身体（肉体）与心灵（灵魂）的和谐。身心和谐是人生幸福的一个重要问题。就个人自身而言，身心和谐是其幸福和优雅的内在前提，身心不和谐，谈不上人生幸福和优雅。人的身体与心灵本来是水乳交融、不可分割的，但从人类生存的历史来看，本来应该平衡的身心关系却由于种种原因存在着向“心”或向“身”倾斜的问题：传统社会重“心”抑“身”，而自文艺复兴以来特别是 20

世纪则走向重“身”轻“心”。在从现代社会走向后现代社会的今天，注重身心平衡，追求身心和谐，已经成为人生幸福问题的题中应有之义。如果再人为地分割这两个方面，使之对立起来，并扬此抑彼，不可避免地会断送人类本来可能获得的幸福。人们通常把“身”看作是“低俗”，而把“心”看作是“高雅”。如果这样，那么身心和谐不在于有“高雅”而无“低俗”，或有“低俗”而无“高雅”，而在于不仅有“低俗”而且有“高雅”，“低俗”、“高雅”并存不悖、相映生辉。

殷实地生存

优雅生存必须具有一定的物质基础或物质条件。没有一定的物质条件作保障，不用说优雅生存，甚至生存都成问题。可以设想，如果一个人吃了上顿愁下顿，他所关心的就不是优雅问题，而是生存问题。即使一个人基本解决了吃饭穿衣住房的问题，就是说，不再贫困了，但他的生活并不富裕，而且成天要为生计奔波，这个人也很难优雅。优雅生存不仅要求人们摆脱贫困，而且要求人们的物质生活水平达到一定的层次。我们把这种层次定位于殷实。一般地说，这是一种在发达国家属于中等的水平，即所谓中产阶级的层次。

从个人生存的角度看，物质条件大致上可以划分为六个类型或层次：贫困型、温饱型、小康型、殷实型、富豪型、巨富型。贫困型是起码的物质生存条件都不具备，吃饭穿衣住房没有保障的类型。非洲的饥民是这种类型的典型。温饱型是具备基本的物质生存条件，吃饭穿衣住房有基本保障，但也仅此而已的类型。当前中国大多数农民属于这种类型。小康型是具备较充分的物质生存条件，吃饭穿衣住房有充分保障，而且略有剩余的类型。中国工薪阶层大多属于这种类型。殷实型是具备很好的物质生存条件，吃饭穿衣住房有一定层次，而且经济宽余的类型。这种类型也可以说是富裕型。发达国家的中产阶级属于这种类型。富豪型是不仅生活荣华富贵，而且拥有大量财富的类型。当代中国一些善经营的私营业主属于这一类型。巨富型是生活豪华奢侈，拥有巨额财富的类型，像比尔·盖茨那样的世界财富巨头属于这种类型。

在这六种档次中，贫困型是在生存保障线之下，其他五种都在生存保障线之内。在生存有保障的这五种类型之中，殷实型属于中间层，生活在这种物质条件类型中的人，有几个特点：

第一，他们的生活宽绰从容，没有后顾之忧；

第二，他们的工作高效轻松，不必勤扒苦做；

第三，他们有足够的财力和时间发展个人的个性和从事自己喜爱的活动；

第四，他们虽然富裕，但并不拥有大量的财富，因而他们不会为别人眼红，不必为自己及其财富担心。

这些特点也是这种类型的优点。正因为有这些优点，这种类型最适合成为优雅生存的物质条件。与此相比较，其他四种都是不那么合适的（小康型和富豪型）

或不合适的（温饱型和巨富型），太穷没有条件优雅，太富虽然有很好的条件，但时刻生活在对自己及其财产安全担忧的阴影中，事实上也优雅不了。

除以上优点外，殷实型还有一个突出的优点，这就是在现代文明的条件下一般人通过努力都可以达到它。富豪型也好，巨富型也好，在一个社会中只有极少数人可能达到。在这些人中，确实有一些人特别具有聪明才智，他们是靠自己的聪明才智成为大富豪的，但大多数是由于有特殊的机遇、特殊的条件或通过不正当的途径巨富起来的。无论这些人是怎么成为富豪或大富豪的，有一点可以肯定，就是绝大多数普通人难以成为这样的人。殷实型则不同，只要一个国家进入现代文明，生活在这种国家的普通人都可以通过自己的努力过上富裕的生活。即使由于先天不足或天灾人祸不能通过自己的努力达到殷实的水准，社会也可以通过他人帮助、通过社会福利等途径使这些人至少达到小康型水平。因此，殷实地生存对于今天的社会是现实的、可行的，具有普遍性。

悠闲地生存

优雅生存在生活的紧张度方面也有必需的要求。如果一个人在物质条件方面达到了殷实型水平，但这个人的工作十分紧张而且工作时间很长，那么这个人的生存也不可能优雅。优雅的生活必须是悠闲的。只有生活悠闲自在，人们才有时间和精力发挥和发展自己的个性和创造性，才有时间和精力去做自己感兴趣的事情。

大致上说，悠闲地生存必须具备三个基本条件：第一，工作时间不能太长。一是每天都应有较充裕的时间乐生休闲；二是每周的周末（或相当的例假）都应有足够的时间做自己的事；三是每年除了节假日外还应有一段时间的休假。第二，工作不能太紧张，工作压力不能太大。工作十分紧张或工作压力太大，工作结束后需要相当长一段时间恢复体力或精力，甚至工作之外都不能从工作中解脱出来。即使工作时间不长，也不会感到悠闲。要悠闲地生存，必须营造使繁重的工作和工作压力大家承担的环境。第三，家庭生活压力不能太大。家庭有沉重的家务负担，工作之余得花大量的时间和精力对付家庭琐事，这也使人悠闲不起来。悠闲的生活必须使家务劳动社会化。除了这三个基本条件外，还有其他一些条件，如身体必须健康，经济必须富裕，心胸必须坦荡，等等。

从悠闲生存必须具备的条件可以看出，一个人能否悠闲地生存既取决于社会，也取决于自己。从社会的角度看，只有当整个社会从传统文明走向现代文明并逐步转向后现代文明，人们才能悠闲地生活。在传统社会中，由于生产力和科学技术落后，人们为了生存不得不把大量的时间用于工作，不得不艰辛地劳动，不得不为生计发愁。现代社会基本上解决了这个问题，但现代社会竞争过于激烈，工作压力太大。所以，要使人们普遍悠闲地生活，人类必须进一步克服现代文明的缺陷和弊端，从现代文明走向后现代文明。

从个人的角度看，只有从贪欲中解放出来，人们才能悠闲地生活。贪欲是悠闲的大敌。贪欲强烈的人就会被贪欲牵着鼻子走而不能超脱。贪欲在人的本性中有其根源，但为现代文明所大大强化。淡化和克服贪欲必须改变现代文明这个大环境，这是最重要的。但是，个人在这方面也不是完全无所作为的。人生在世，有赚不完的钱，有求不完的名，有谋不尽的权，有做不完的事，不要把这一切看得太重。要经常想一想人生的有限性，许多东西是生不带来死不带去的，不值得为这些身外之物拼死拼活，不应该让它们湮没了人生美好时光。也要想一想还有别人，别人也要生存，得给别人留一些空间，而且别人有可能比自己做得更好，决不是没有了自己地球就不转了，世界就到了末日。多想想这些，生活起来也许更轻松、更洒脱。

四、生存状态

生存状态就是狭义的生存方式，也就是从个人角度看的“活法”。优雅生存是一种优质、雅致的生存，与其他生存方式相比，要求更高。下面从相互联系的十个方面阐述优雅生存的基本状态。这些方面就是优雅生存的一些基本规定性，也可以说是应该如何优雅生存的一些基本要求。这十个方面基本上是依次递进的，其中前五个方面是一个人正常生存应有的状态，同时也是优雅生存的基础，后五个方面是优雅生存的真正体现。

有学习地生存

优雅的生存方式不是自然而然的，而是获得性的，是通过学习才能获得的。没有学习，一个人只能自然生存、奴役生存，不可能自由生存，更不可能优雅生存。学习可以使人获得优雅生存所必须的知识和技能，可以使人获得关于优雅生存的观念和理论，可以使人不断更新已经获得的知识、技能、观念和理论，可以使人不断追求新的更高的生存境界。学习对于优雅生存的重要性是不用多言的。可以说，优雅生存就是有学习地生存，就是会学习地生存，就是不断学习、终身学习地生存。

事实上，教育应该贯穿于人的一生，这并不是什么新的观点。早在中世纪和远古时代，人们就在书面文字中经常强调成人坚持学习的重要性。例如，我国古代“活到老，学到老”的思想就已经包含了终身学习、终身教育朴素而又光辉的萌芽。我国南北朝时期的颜之推就以自己的经历强调终身学习的重要性。他说：“人生小幼，精神专利，长成已后，思虑散逸，固须早教，勿失机也。吾七岁时，诵《灵光殿赋》，至于今日，十年一理，犹不遗忘；二十以外，所诵经书，一月废置，便至荒芜矣。然人有坎，失于盛年，犹当晚学，不可自弃。……幼而学者，如日出之光；老而学者，如秉烛夜行，犹贤乎瞑目而无见者也。”[①]

在这里，颜氏以亲身体会，深感少年之际的学习效果远胜于盛年暮年之时，而以“日出之光”与“秉烛夜行”相比喻，教诲后人务须趁着年少精神专注精力充沛之时抓紧学习。同时，颜氏也看到人生际遇不一，主张即便少年失学乃至盛年失学的人，晚年仍然孜孜不倦勤奋苦学而成高明者大有人在。例如，春秋末年的孔子晚年读《易经》以至“韦编三绝”；战国末年的荀子五十岁游学于齐国的稷下学宫，终于“三为祭酒”；汉代的公孙弘四十余岁才开始学习《春秋》，六十岁时才拜博士，而有“皓首入学”之称。

在今天这样的信息社会，学习不是为了成名成家，而是为了正常生存。学习已经不只是一种手段，而成为了一种目的本身。它本身就是一种生存方式。如果一个人不学习、不会学习，那他的生存简直是不可想象的。可以这样说，教育从来没有像今天这样成为关系人类生存和命运的重要前提，学习也从来没有像现在这样成为个人基本的生存能力。人不可以不学，这不只是人优雅生存的特殊要求，而应是人为人处世的基本要求。

作为优雅生存的生存状态的学习，是广义的学习。

就学习渠道而言，学习在当代当然主要是指学校学习。学校学习是人学习的主渠道。在今天的中国，一个人在学校正规的学习最长可以达到22年，约占整个人生时间的1/4至1/3。一般地说，学校学习主要是使人获得生存必需的知识、技能、观念和理论。不管在学校学习的时间多长，所学习的东西只是一个人优雅生存所需要的基础知识。因此，在学校之外还要自学，不仅要向书本学，还要向生活学，向他人学。在今天的学校教育中，所学的一切并不一定就是优雅生存所需要学习的基础知识，所学的很多东西还是自由生存所需要的。在这种情况下，要优雅生存，更需要自学。

就学习对象而言，学习的对象首先是知识和技能，但不仅仅是知识和技能，还包括价值观念、人生态度、思维方式、行为方式等。这些方面不是完全能在学校学习到的，也不是完全能在书本中学习到的，它们需要在实际生活中养成和更新，需要在生活实践中不断反思和探索。

就学习方式而言，读书、听课是常见的方式。除此之外，实践、修养也是十分重要的方式。学习的过程不只是一个接受的过程，同时也是一个转化融合的过程。转化的过程就是将所接受的外在的东西变成内在的东西。融合的过程就是将所接受的东西与已有的东西融会贯通。转化、融合的过程就是涵育、养成的过程。

就学习的时限而言，学习不是在学校学习所能一蹴而就的。对于优雅生存来说，学习是终身的事，在学校教育之后和之外，还要接受非学历教育，如培训、

① 颜之推：《颜氏家训·勉学》。

交流，等等。自学是更主要的终身学习方式。今天，终身教育、继续教育、成人教育的风气已经兴盛，社会为人们的终身学习提供了良好机会。只要有学习的要求，学习是十分方便的。

今天许多人都在学习，但他们往往不是自愿的，而是被迫的。他们完全是为了实用的、功利的目的而学习的。有的人是为了提高学历而学习，而提高学历不是为了提高生存的境界，而只是为了升职。有的人是为了获得职业资格证而学习，这种学习的目的更实际，就是为了就业或转业。我们完全可以想象，如果不是为了这些实用的、功利的目的，社会还有多少人学习，还有多少人愿意学习。这些为了实用的、功利的目的学习是无可厚非的，但仅仅为了这些目的而学习，而且一旦达到了这些目的就中断或停止学习，那就是可悲的。

要做到有学习地生存，首先要有学习的意识和愿望，有学习的自觉性，并在此基础上养成学习的习惯，而这一切都是建立在对学习的重要性有充分认识的基础之上的。同时，要淡化学习的功利动机，使学习成为一种乐生休闲的方式，成为一种令人愉快的事情。今天许多人不喜欢学习，甚至讨厌学习，就是因为学习的功利色彩太浓。这是一种学习的误区，社会对此要承担责任。优雅生存所需要的学习应该是非功利性的，是与人性相一致的。

肯学习是一种美德，会学习是一种本领。追求优雅生存的人必须具有这种美德，掌握这种本领，追求优雅生存的社会则必须相应地作出全民投资学习、热爱学习、善于学习、享受学习的制度安排，营造人人学习、处处学习、终身学习的环境。

有专长地生存

人生是有限的。人生的有限性既体现在时间上也体现在空间上。就时间而言，人生的有效时间在今天最多不过百年左右。就空间而言，人生的精力是有限的，即使人精力最旺盛的壮年时期，也不可能不休息地连续工作。既然人生是有限的，那么在有限的时间和空间内，不可能在各方面都获得充分的发展，也不可能各方面都有出色的表现，而应该有所为有所不为，也就是应该有专长地生存。

我们主张人的全面发展，但这种全面发展并不意味着所有的潜能都获得相同的发展，而是都有所发展（广度），但同时有所侧重（深度）。正确理解的全面发展应该是全面发展和重点发展的有机结合。各方面都有所发展是为了防止发生畸形，有所侧重是为了提高生存的效益和深度。如果一个人的生存只有全面发展的广度而没有重点发展的深度，他的生存就是没有深度或高度的。人的生存既需要广度的满足，也需要深度的满足。深度满足如何是区别人生质量的最重要标志。例如，一个国家总统和一个清洁工人在今天也许可以获得相同的广度满足，但决不可能获得相同的深度满足。因为国家总统是政治家，无疑是有专长的，而清洁工人不是某方面的专家，一般不是有专长的。

有专长地生存主要是指在人生的一些领域有专长，而不是在人生的所有领域有专长。一般来说，人应该有专长的领域主要是职业领域和兴趣爱好领域。

在人的职业方面，所要强调的是作为和成功，而要有所作为、取得成功就应该有所从事的专业，在所从事的专业方面应该有某方面的专长。今天社会职业分工十分发达，世界上的职业无数种，每一职业内部又有进一步的分工。一个人没有可能、也没有必要从事很多的职业。一般说来，在刚从事职业的时候，还可以进行适当的挑选和调整，但这个过程不能太长，更不能长期变动不已。那种“万金油”式的人是不可能有什么大的作为的。

要有专业专长，首先要接受良好的专业教育。现代社会几乎每一个人都可以接受专业教育。最低的也可以接受中等专业教育。在接受专业教育的过程中，重要的是要有扎实的专业知识和技能，而且在现代经济技术发展迅速的情况下，要有良好的生长和转换的根基。专业的层次和难度有高低，每一个人可以根据自己各方面的情况，选择与自己实际相适合的专业层次和难度，但所学的专业必须基础扎实。要有专业专长，其次要有高度的敬业精神。干一行，爱一行，是使自己在专业上有专长的重要前提和保障。

在兴趣爱好方面，人也应该有一定的专长或特长。兴趣爱好方面的专长虽然没有职业方面的专长与人的生存关系那么密切，但随着人们生活水平的提高和闲暇时间的增加，这方面的专长对于人有质量地生存的意义越来越明显，对于优雅生存更是必不可少的。兴趣爱好方面有专长，是人有情趣、有格调地生存的重要前提，是人自信心和魅力的主要来源之一。

兴趣爱好方面的专长与职业方面的专长不同，这方面的专长不强调特别专，也不强调特别精，而且也不强调单方面。正因为如此，一个人在兴趣爱好方面可以有两项甚至多项专长。例如，一个人可能同时在体育方面喜欢打网球、游泳，在娱乐方面喜欢打牌、跳舞，此外还可能在情趣方面喜欢集邮、钓鱼，而且都比较出色。当然，在兴趣爱好方面也忌讳什么都感兴趣，但什么都不出色，平平而已。一般来说，一个人最好在体育、娱乐、情趣等方面都有一项专长，而且要把广泛的兴趣和爱好与在某方面有所专长结合起来，在广泛参与的同时，在某些方面多下功夫，提升层次。这样，生活既丰富多彩，又有深度层次。

有责任地生存

“责任渗透于人的生活的方方面面，每个人无时无刻不在面临着责任的考验和挑战。责任是人之为人的根本，是人为人处世的神圣使命，一个人承担和履行责任的多少大小与一个人的人生价值的高低成正比。对于社会来说，只有其成员切实担负起自己的责任，社会生活才能正常进行，社会才能顺利发展。责任就其实质而言，是社会生活和社会关系对生活于其中的人的现实要求，是人在世界上生活所应承受的负担和后果。在人际关系、社会关系日益紧密、复杂的当代社会，人们承担的责任也日益种类繁多且层次多级，呈现出复杂而矛盾的结构，人们在履行责任的过程中面临多种因素的相互作用和多种责任之间的冲突。人的责任问题从来都没有像今天这样鲜明和突出。复杂的当代社会生活要求人们具有高度的责任感，同时也要求人们具有处理责任冲突的智慧。”① 优雅生存必须有责任地生存，优雅生存的人无疑应该是负责任地生存的人。

总体上看，责任的含义至少包含两个方面：一是指份内应做的事，即我们日常所讲的“应履行的责任”；二是指没有做好份内应做的事而必须承担的过失或责罚，也就是我们通常所讲的“应追究的责任”。尽管责任从实质上看是实现价值的条件，是应该与权利相匹配的，但并不以价值和权利为前提或为交换条件的。面对责任，一个人要无条件地履行，自觉地将自己的责任承担起来。从这种意义上讲，“责任是一种非交互的关系，即非对等的关系；责任并非奠定在对等、相互的关系之上，所谓担负责任是指：为某人或某事负责而并不要求有所回报。”② 因此，有责任地生存实质上就是要对自己、对他人、对环境负责任而不要求有所回报地生存。

有责任地生存首先要求对自己及其一切行为负责任。优雅生存是自主地生存，其前提是个人按自己的意愿生活，即自由。既然自己是自己的主人，自己是自己的作者，那么个人必须对自己的一切负责，其生存状况如何都取决于自己，不能怨天尤人。就是说，不管我们自己筹划得是否得当，创造得是否成功，那都不关别人的事，而是我们自己的事。同时，既然我们是自由的，那我们还必须对自己基于自由的行为的一切后果负责。这种后果不只是对自己的，还是对他人和环境的，不仅是现实的、眼前的，同时也是潜在的、长远的，不仅指结果，也包括影响。对自己负责就是要对自由及其后果负责。对自己负责并不是消极的，而是积极的。有了这种责任意识和责任追究，我们就有了更大的压力，使我们没有为自己的不幸、失败辩护的借口和托辞，使我们走上人生道路后就再也没有了退路，只能勇往直前地走下去。这样，这种压力也就会转变成我们不断追求的动力。

有责任地生存包括对他人负责。生活在我们每一个人周围的人并不都是能独立自主生存的，许多人需要他人的帮助，而且每一个人都不会总是处于青壮年时期，一生中有很长一段时间需要别人的帮助。因此，我们每一个人都对他人负有责任，只要可能就应该承担起这种责任。正如我们在前面已经指出过的，生活在世界上的人们无非三大类型：他助型的人，自助型的人，助他型的人。根据这种划分，对他人负责就是要求人们首先要解决好自己及其家庭的生存发展问题，然

① 江畅：《社会主义核心价值理念研究》，北京师范大学出版社 2012 年版，第 254 页。
② 甘绍平：《应用伦理学前沿问题研究》，江西人民出版 2002 年版，第 116 页。

后再量力而行，渐次地为更大范围的人群更好地生存作出自己更大的贡献。

有责任地生存还需要对环境负责。环境包括自然环境、社会环境、人际环境。人是生活在环境之中的，环境状况的好坏直接关系到每一个人的生存状况。但是，环境的状况如何又不是既定的，而是我们大家共同决定的。我们每一个人都是环境的主人，都是环境的决定者、创造者，我们对环境的好坏都负有直接的责任。优雅生存要求有优雅的生存环境，追求优雅生存的每一个人都有责任营造优雅的环境。

人们对环境的责任涉及方方面面，概括起来主要是关心环境，热爱环境，保护环境，改善环境。关心环境是前提。一个对环境的状况漠不关心的人，谈不上对环境的责任。热爱环境是动力。热爱环境才能以建设性的态度，而不是以破坏性的态度对待环境。保护环境是基础。保护环境就是不仅自己不去危害和破坏环境，而且自觉地同危害和破坏环境的行为作斗争。改善环境是关键。改善环境主要是通过对环境的贡献实现的。但是，改善环境与关心环境和热爱环境不同，人们各自的情况千差万别，不可能对环境都作相同的贡献。作为对环境的责任，每一个人都应该以主人的态度和身份尽力地为环境的优化作出贡献，通过对环境的贡献使环境有所改善，使我们生活于其中的环境更好，使我们身后的环境比我们所接受的环境更好更美。

有责任地生存的前提是强烈的责任意识和高度的责任感。责任意识就是时刻都想到我们对自己的所作所为可能的后果和影响负有责任。责任感就是我们不仅要有责任意识，更要以负责的态度去做每一件事，同时敢于对自己的所作所为负责。有责任地生存还必须努力提高自己负责任的能力。不做事就不会负责任，少做事就会少负责任。但是，优雅生存是有作为的生存，它要求人们尽可能多地做事，尽可能好地做事。要多做好事情而又能负责，那就需要有负责任的能力。

有尊严地生存

优雅生存是一种温文尔雅的生存。以这种方式生存的人们是善良的，热情的，友好的，但同时又是有尊严的，或者说是堂堂正正地做人的。每一个人都有自己独立的人格，这种人格必须得到他人的尊重，也必须得到自己的尊重和捍卫。这是做人的基本权利，也是优雅生存的基本要求。如果一个人自卑谦恭、奴颜婢膝地生存，他就没有获得做人的基本权利。

有尊严地生存作为人生存的基本权利，作为优雅生存的底线，所针对的是一些否定性的生存状态。这些否定性的生存状态可以概括为三种类型：一是谦恭忍让，逆来顺受。二是卑躬屈膝，阿谀奉迎。三是卖国求荣、助纣为虐。

有尊严地生存是与所有这些否定性的生存状态相对立的。它要求维护自己做人的应有权利，当这种权利受到侵犯时应诉诸法制来保护。它反对为了苟且偷生而摇尾乞怜，更反对为了一己私利而出卖灵魂、良心、人格，甚至肉体。做人的尊严是无价值的，在任何情况下都不应该将它转换成其他的东西，无论这种东西多么急需和珍贵。有尊严地生存就是要求人们有刚正不阿的气节，有“宁为玉碎，不为瓦全”的情操。

有尊严地生存包括尊重自己（自尊）和他人尊重（他尊）两个方面，其中最重要的是自尊。没有自尊，自己把自己的人格当砝码、当儿戏，这样的人不可能有尊严，也不可能得到别人的尊重。自尊就是自己尊重自己。尊重自己什么？不是尊重自己的贪欲，而是尊重自己的人格。这里的人格是指作为一个人应有的规定性，也就是做人应有的准则。什么东西都可以有弹性和余地，人应有的准则是没有弹性和余地的，否则人就可能不是真正意义的人。在这方面降格以求，就是丧失了自己的尊严。

他人尊重与社会环境直接关联。只有在每一个人都是社会的主人的社会，人们才能普遍地相互尊重，才能有尊严地生存。在专制制度下，人不是平等的，那些受奴役的人连活命都没有保障，哪能顾得上尊严？他们本来就如牛马般地生存，也不可能尊重自己和得到他人尊重。从个人的角度看，要得到他人的尊重不仅要尊重自己，而且要尊重他人。尊重他人的黄金法则就是要像希望别人怎样对待自己那样对待别人。只要求别人尊重自己而不尊重别人，是不可能得到别人尊重的。

有尊严地生存需要处理好尊严与宽容的关系。有尊严决不意味着一切都正经古板，严厉苛刻。尊严只是在做人的基本原则上不妥协、不屈就，而不是在所有方面不让步、不宽容。人都是有局限和缺陷的，再优秀的人也会有缺点和不足。因此，无论对自己还是对他人都不能苛求，而应该有宽容的精神。苛求不仅不会赢得尊重，相反会使别人敬而远之，其结果也许有尊严了，但却成了孤家寡人，甚至被看作“怪物”。

有道德地生存

有道德也是优雅生存的重要规定性。有道德不仅是实现优雅生存的必要条件，而且本身具有目的的意义。优雅生存必须有道德地生存。道德大致上可以划分为互相联系的两大部分：社会道德和个人道德。从个人的角度看，道德包括良心和德性或美德两个方面。德性和良心是人生的一种特殊价值，对于人生和幸福具有十分重要的作用。良心是实现人生幸福的自我制约机制，德性则是实现人生幸福的自我保障条件。它们一起为人更好地生存、发展和享受提供动力、营造环境、丰富内容。

人们经常谈到良心，但良心究竟是什么，并不是很容易说清楚的。大致地说，良心是道德感。这种道德感不是一般的情感，而是一种复杂的情结。从结构上看，良心包括道德信念、道德意识、道德意志、道德情感、道德习惯等因素；从内容上看，包括道德准则、道德标准、义务感、责任感、使命感、正义感等方面。所有这些方面综合作用，就构成了我们所谓的良心。从这个角度看，良心是个人道德素质的体现，是个人道德水平的标志。

由于文化积淀的作用，每一个人生来就具有良心的禀赋。正因为如此，任何人都具有孟子所谓的“善端”或“良知”。但是，这种先天的禀赋并不是完全意义上的良心。完全意义的良心，是在特定的社会文化背景中最后形成的。良心可以自发地在社会生活中形成，也可以通过修养形成。自发形成的良心一般与一定社会中大众信奉的日常道德相一致。修养是人的自觉、自主活动，通过修养形成的良心是自主性的道德。这种自主性的道德是现代人道德的特征。由于现代社会是价值、道德多元化的社会，个人的道德和良心越来越成为个人自主选择的结果。从这个意义上看，修养对于现代人形成什么样的良心、良心层次的高低有着决定性的意义。现代社会中任何人的良心不管实际上是自发形成的还是修养形成的，都可以看作是修养形成的。

良心形成的途径不同，势必造成这样一种情形：一个人根据某种道德形成的良心，这种良心也往往会得到相应的道德认同，而不一定能得到其他的道德认同。不过从现代的观点看，以下三点作为判断良心好不好的基本根据也许能得到公认：① 是不是始终都以自己的自由和幸福、以社会的和谐和发展为行为的动机；② 是不是始终都追求对增进自身和社会的根本利益和总体利益有利的效果；③ 是不是具有对自己、他人和社会高度负责的责任心。判断良心好坏的这三条标准，同时也就是我们进行良心修养的三条准则。良心是一种复杂的机制，仅仅意识到什么是好良心的准则是远远不够的，还必须使这些准则成为我们的信念和志向，成为我们的兴趣和爱好，成为我们的品行和习性。当我们按照这种准则行动就会感到自豪，不按照这种准则行动就会感到羞愧时，这种良心就形成了。

良心是每个人价值体系中的制约机制，但它决不是消极的，不只是对自我的限制。它在个人的价值体系中的作用是积极的，它是通过对自我加以适当限制来保护自我，促进自我的发展。它要求行为者适当克服人的那种只顾个体、局部、眼前利益的自然倾向，而兼顾整体、全局和长远利益，要求人们通过正当的手段达到正当的目的。因此应该说，良心是自我制约机制，同时又是自我保护机制，自我协调机制，自我适应机制。它的功能和作用就在于为自我实现，为生存、发展和享受需要更好地得到满足营造环境，开辟道路。

德性（virtue）是道德的（或善的）品质的简称，亦称为美德、品德、。中国和西方德性的理解并不完全一致。西方人所说“德性”大致上相当中国人所说的“优秀品质”，如智慧、勇敢、节制、正义，等等。这些品质之中包含道德品质。中国人所说的“德性”则范围比较狭窄，主要指道德的品质，如仁、义、礼、智、信，等等。德性属于个人道德，如果说良心是个人道德水平的标志，那么可以德性是个人道德素质的标志。

德性是一个十分复杂的历史性综合范畴。它应该包括哪些内容，不同时代不同国度的思想家们的理解很不相同，他们先后提出过许许多多德目。例如，西方思想家们曾提出过的主要德目就有智慧（审慎、明智）、勇敢（刚毅）、节制（克己、克欲）、正义（公正）、中道（中庸）、信仰、希望、爱，等等。中国思想家也先后提出过“三纲五常”、“四维八德”、“三从四德”等诸多重要德目。历史上思想家所列举的各种德目对于人们培养德性是有参考意义的，但是要真正从伦理学意义上认识德性，必须具备关于德性的一般知识。苏格拉底曾提出“德性是知识”（通常表述为“美德即知识”），是关于德性的一般性知识或者说是理解了善的本质的智慧，并认为有了这种知识，就可以在任何情况下都为善而不作恶。苏格拉底是在告诉人们，德目是无法穷尽的，而且是有局限的，必须掌握关于德性的一般知识。

关于德性的一般知识，亚里士多德曾作过系统的研究，提出了系统的德性理论，这种理论至今在整体上没有被超越。亚里士多德的德性理论内容十分丰富，其中有三点是值得特别注意的：

德性是习性。德性不是天生的，而是养成的。一个人只有践行公正才成为公正的，只有践行节制和勇敢才成为节制和勇敢的。知识和理智是德性的必要条件，但要形成德性，还必须在实际的行为中养成正确选择的习惯，因而熏染、教育、训练和修养是很重要的。从这个意义上看，德性尽管是习性但归根到底是自愿选择的结果。

德性是中道。正确选择必须以“中道”为原则。所谓“中道”，就是无论是欲望，还是情感，还是行为，都无过度也无不及，始终保持适中或适度。中道不是绝对的，而是在适当的时间和机会，对于适当的人和对象，保持适当的态度去处理问题。中道是一个与作为恶的过度和不及相对立的一极，它本身就是善，就是正当，而不是在善与恶、正当与不正当之间的中间状态。在过度和不及中，不存在适度的问题。

德性是实践智慧。德性依据理性，凭借意志。在过度与不及之间作出正确的选择需要理性。中道原则就是理性原则。德性即是顺从理性原则的指导，无理性则无德性。但是，要使正确的选择变成习惯则需要意志的作用。德性是理性与意志的统一，是一种养成习惯的实践智慧。

与良心作为内在制约机制不同，德性作为个人道德素质，是个人相对稳定的道德心理特征和行为定势，从根本上规定着良心可能发生作用的范围、深度和力度，规定着行为可能达到的道德水平，规定着个人可能呈现的人格面貌。只有具有良好的德性，一个人才能真正发挥自我制约机制（良心）的作用，才会有优良的行为表现，才会有积极健康的人格和精神风貌。良好的德性还是个人实现幸福所必备的心理素质和主观条件，它可以为个人的追求营造优良的环境。具有良好的德性还可以赢得他人和社会的尊重，可以使人得到自我满足，而这一切都是人幸福的重要内容。完全可以想象出，如果一个人的德性不好，声名狼藉，走到哪里都有人指其脊梁，他会感到幸福还是会感到痛苦，是不言而喻的。

当形成了优良的德性和完善的良心制约机制时，人们就达到了“从心所欲不逾矩”的境界。从心所欲不逾矩，并不是循规蹈矩，而是既能按自己的意愿行事，而又不违犯规则。从心所欲、按自己的意愿行事就是自由，这种自由不是无规则的，而是不逾矩的。因此，从心所欲不逾矩的境界就是真正自由的境界。作为一种真正自由的境界，从心所欲和不逾矩这两个方面都是不可或缺的。一个循规蹈矩的人，他是被动的，不可能有按照自己意愿行事的自由。同样，一个随心所欲、目无法纪的人，看起来是主动的，实际上也是被动的，因为他在实际的社会生活中根本无法随心所欲，不可能真正按自己的意愿行事。只有那种养成了遵守法制习惯的价值主体，或者说遵守法制的主动的自我，才能真正按自己的意愿行事，才能真正达到从心所欲不逾矩的境界。

严格说来，这里所说的“矩”并不只是社会的法制或外在的规则，还应该包括内在的良心。良心是一个人做人的真正准则。尽管良心通常是个人经过长期权衡选择、反复涵养锻炼逐渐形成的，但并不是每一个人在任何时候都倾听良心的呼唤。大量事实证明，在强大的诱惑力面前，一个人有可能放弃自己的做人准则，掩盖良心，泯灭良心，甚至出卖良心。良心与法制不同，它通常没有外在监督机制。因此，一个人不逾外在的“矩”并不难，难的是不逾内在的“矩”。

不逾外在的“矩”，关键在于要牢固地树立法制观念。现代社会高度复杂化，作为社会制约机制的法制也十分复杂，一个人几乎不太可能熟悉所有的法制。在法律面前可以说很难达到传统意义上的“从心所欲不逾矩”。因此，对于现代人来说，从心所欲不逾矩的要求是，牢固地树立法制观念。不逾内在的“矩”，关键在于要始终听从良心的呼唤。人的良心一旦形成，就会作为制约机制在人的内心发生作用，在一些事关自己所确立的价值原则、做人准则的问题上，良心会发出我们应当怎样做的呼唤。不逾内在的“矩”，就是要在任何时候都倾听这种呼唤，服从这种呼唤。

有个性地生存

个性一般地说是环境、教育和个人作为等因素作用以及禀赋所形成的个人的总体特性。这种总体特性由于作用的因素各不相同而各不相同。现代生物学研究表明，每一个人的基因都是不同的。基因是人的遗传密码，包含着人生存的基本信息。既然每一个人的基因都各不相同，因而可以说从生物学上看，每一个人都是不同的，也就是说每个人在生物学上都是有个性的。如果每个人的禀赋各不相同，而且生存的环境也差异很大，即使教育有再大的威力也不可能使世界上的人成为清一色的。从这个意义上看，有个性地生存本来是人人性化地生存的需要。优雅生存的前提是人性化地生存，因而有个性地生存是优雅生存的题中应有之义；

而且有个性地生存可以使个人有更大的自由空间和选择余地，更充分地实现潜能和创造自我，可以使社会更丰富多彩，更充满生机和活力，因而有个性地生存是优雅生存的体现和要求。

尽管有个性地生存是人类生存的现实，也是人性的自然要求，然而自古以来，为了社会的稳定和统治的长治久安，社会总是不断地引导和迫使人们放弃个性，走向同一。

在传统社会，统治者在社会政治管理的导向和政策上特别强调社会生活的统一，以社会的统一作为社会秩序的追求，以社会是否统一作为社会是否有秩序和秩序好坏的标准。由于社会的统一只能由统治者运用政治、经济、道德、法律、舆论等各方面的力量控制人们生活的各个方面来实现，于是社会就必然变成了统治者的一统天下。因此，社会统一的另一面就是社会一统，即由统治者（有时是国王一个人）以他（们）认定的一种标准来规范全体社会成员的一切。

现代社会在观念上和制度上打破了传统的一统，强调个人的自由，但是现代的市场经济和科学技术所形成的整体力量，却从更深的层次使人心甘情愿地沉沦于或迷失于“常人”世界（德国哲学家海德格尔语）。这里的所谓“常人”，就是抽掉了人的一切个性特征的人，即无性别、无年龄、无人格的“标准”人。正因为如此，有个性地生存就不只是优雅生存的要求，而且也是解决长期以来一直存在着的重大人类问题的需要。

有个性地生存就是个人充分发展和发挥自己的个性，社会尊重每个人独具的个性，而且创造条件使每个人的个性更鲜明、更丰富、更鲜活。社会的每一个成员都充分个性化，是有个性生存的标志和特征。在现实生活中有不少人，特别是青少年把有个性地生存仅仅理解为在兴趣爱好、衣着打扮、性格习惯方面的独特、奇异，这是一种误区。这些方面也能体现人的个性，但并不能由此断定一个人是否真正有个性。

有个性地生存，从生理学上看就是要有强健的体格，从心理学上看就是要有健全的人格，从伦理学上看就是有高尚的品格，而且所有这些方面都不是人云亦云，随波逐流的，而是自己自主选择和创造的结果，并且具有独特性和不可替代性。独立自主性是有个性地生存的精髓，按照自己的意愿选择自己的生活和塑造自我、追求个人生活的独特性和不可替代性是有个性地生存的核心内容。所以，有个性地生存是一种很高的生存境界，在优雅生存这种生存模式中处于关键地位。

有创意地生存

人生存于世，一切都按部就班地跟他人（包括父母、教师、社会等）走是最轻松的，也是最省事的，但也是最乏味和无意义的。人与其他生物不同，其他生物一般都出于本能活动，重复性地生存，即使有变化也是极其缓慢的，而且是被动的。而人是有理性的，理性的最重要特点就是不满足现状，不断地追求，并在不断地追求中创新。应该说，有创意地生存也是人的本性使然，是人性化地生存的要求。

有创意地生存是优雅生存的重要体现和根本要求。优雅生存的根本特征就是个性化、具有不可替代性。一个人怎样才能使自己有个性和不可替代性？只能是自我创造。如果我们总是跟在别人后面走，不断重复别人做过的，那么我们不过是别人的拷贝，或者是别人拷贝的剪接。这样的人生毫无疑问是没有个性的。一个人可以学习和借鉴别人，但他并不到此为止，而是在此基础上根据自己的实际批判创新，这样的人才可以形成自己的个性和不可替代性。有创意地生活，对于经济的发展、社会的进步和文化的繁荣也都具有根本性的意义。创新是人类及其社会进化的源泉和动力。没有创新，人类和社会就会停滞不前。停滞不前就意味着衰落。在这种情况下，不用说人类的优雅生存，即使是人类的生存都会发生问题。

人们通常把创新局限于职业领域，一谈到创新就想到科学家的发现，工程师的发明，理论家的创见，文艺家的创意，等等。我们这里所说的人有创意地生存不仅是指职业领域，而且是指人生的所有领域。例如，一个人可以在家庭领域有创意，把他的家庭布置得别出心裁，与他的个性相一致。一个人也可以在兴趣爱好领域有创意，使他的兴趣爱好匠心独运，更具个性特色。当然，在职业领域有创意更重要，因为这种创意不只是个人的事，还关系到他人。所有人在职业方面都追求创新，都有所创新，人类的经济社会文化会发展得更快更好。

一般说来，创新包括两种类型：一是从无到有，即对原来没有出现的问题进行新的研究，作出新的回答。这属于发现、发明一类，是原创性创新。二是突破原有的理论和观念，对原有的问题作出新解释，提供新答案，从而超越原有的理论和观念。这属于改进、修正一类，是改造性创新。

创新可以是某一领域或某一问题方面的创新，也可以是更大范围的创新，甚至可以是整个人生的创新。真正有创意地生存就是要求在整个人生方面都有新意，都有自己的创意。创新是以反思和批判为前提和基础的，没有对大众常识、流行观念和社会现实以及自我的反思和批判，就不会有创新。批判是创新的前提，也是创新的源泉。创新的过程就是反思的过程、批判的过程，同时也是改造的过程、构建的过程。创新是反思、批判、改造和构建的有机统一。

人是从动物、生物来的，虽然有了理性，但理性是后发的人性因素，它的力量远没有先在的、来自生物的本能对人的作用大，而且理性必须是在人有意识的情况下通过一定的意志力才能发生作用，运用理性需要人花费更多的精力。在理性的所有活动中，创新又比重复艰难得多，费力得多。因此，人本能地不愿意从事创新这种劳神费力的事情。这就是人的惰性。由于这种惰性，再加上一些社会性的因素（社会为了稳定通常倾向于反对创新）的影响，大多数人更愿意跟着别人走，更愿意重复性地生存，而不愿意开天下之先，有创意性地生存。因此，要使人们有创意地生存并非一件容易的事，必须提高这方面的自觉性，努力克服人的那种更愿意跟在别人后面重复性地生存的自发倾向。

有情趣地生存

人是有文化的动物。有文化使人的一切活动都打上了文明的烙印，都带有某种温文尔雅的风采。例如，人满足食欲的方式有佳肴、有食文化，满足性欲的方式有情爱、有性文化，人类的物竞天择变成了有序竞争。文化或文明已经使人类不再像动物那样一切都是赤裸裸的、无所顾忌的了。人类的这种文化一般来说是一种大众化的文化。只要一个人正常，都会接受这种文化。即使是一个没有受过什么教育的人，只要生长在这种环境中，都会耳濡目染，自然养成。

人类这种变异的满足自己需要的方式，虽然使人类获得满足比动物获得满足费事得多，也使人活得累得多，甚至还使一些人为此付出了沉重的代价，但却使人的生活有情趣、雅致得多。前些年国外兴起了一股回归自然之风，其意味是指人类为文明所累，为什么不像动物那样与自然一体，而且这样也更有利于自然的生态平衡。然而，这股风气现在不那么强劲了。其中的原因也许是因为人类既然已经走出来了，而且走出来更好，那就再难以走回去。如果回归自然只是偶尔为之，也许是一种情趣风雅，但要人长此以往，那就是倒退或蜕化。

在传统社会，一些有闲的阶层或人士（如西方国家的贵族、中国的“士”）更在此基础上追求生存的风雅情趣。这种风雅情趣虽然有些并不能直接创造物质价值，但使人的生存更有品味和情调。在追求这种生活方式的人士中也不乏故弄风雅之徒，但这种生活方式并非都是只追求浮华空虚而无实质内容和价值的。欧洲的交响音乐就是在这种环境中诞生的，中国的诗词歌赋的兴盛也与此不无关系。现代文明兴起后，在物欲和功利的冲击下，世俗主义不仅湮没了圣洁、崇高，而且也使风雅、情趣荡然无存。一切都被还原为、归结为、化约为实际利益或金钱。今天的社会倒是没了贵族与平民之分，这当然是进步，因为大家现在都是平等的。但是，现代文明不是使平民上升为贵族，而是使贵族下降为平民。这在今天反思起来也许不一定是进步，在某种意义上是一种退步。

情趣并不是否认谋求生存的必要性和重要性，而是要求谋求生存时有所讲究。这种讲究就是要对生活有审美意识、有鉴赏力，要以审美的眼光去审视生活、创造生活、美化生活，使人在得到物质需要满足的同时能得到审美的享受。有情趣地生存不同于“赖活”地生存，更不同于“苟且”地生存，它是雅致地生存。它追求美的欣赏、感受和创造，因而可以给人带来许多单纯的物质满足所不可能获得的乐趣。正因为如此，有情趣地生存是优雅生存的突出体现和基本要求。

有情趣地生存，一般地说，就是出于高雅鉴赏力、感受力、创造力以及兴趣爱好、闲情逸致追求，创造和享受有乐趣和有情调的雅致生活。有乐趣、有情调的雅致生活不是现实存在的，而是人自己创造的。创造和享受这种生活的高雅鉴赏力、感受力、创造力更不是天赋的，而是人学习、锻炼和涵养的结果。

要有情趣地生存必须接受良好的教育和影响，必须具有丰富的文化知识和深厚的文化底蕴。有情趣的人首先得是有教养的人。要有情趣地生存还必须注重自我涵养锻炼。情趣虽然要以文化为背景，但有文化知识和底蕴并不一定有情趣。古板的学究就是如此。情趣不是学来的，而是通过修养获得的，它需要品、赏，需要把玩、参悟，需要躬行践履。因此，有情趣的人也要是有修养的人。

有格调地生存

人可以在不同层次上生存。大致上可以将之划分为八大层次，它们依次是：自然地生存、自私地生存、功利地生存、为他地生存、成功地生存、优质地生存、雅致地生存和完美地生存。

最低的层次就是自然地生存。自然地生存就是像动物那样，活着就是为了吃食，吃食是为了活着。如果还加上一条，那就是繁衍。自私地生存是把自己的利益看作是至高无上的，唯利是图，不择手段，为了一己的私利可以不顾礼义廉耻。功利地生存是把追求自己的利益看作是天然的、合理的，但注意在追求自己利益的同时不妨碍或伤害他人，力图实现自己的利益与他人、社会的利益共进，甚至还可能通过他人的利益最好地实现来实现自己的利益。但是，这样生存的人们像前一层次的人们一样，眼中只有利益（即金钱、财富、权力、美色等），没有其他。为他地生存是把他人利益或整体利益看得比自己利益重要，为了他人利益不惜牺牲自己的一切乃至生命。

这四种层次总的来说都是以利益为中心活着，利益是生存的指挥棒。区别在于有的自觉些，有的不那么自觉；有的更理性化些，有的不那么理性化；有的注重他人利益，有的不注重甚至损害他人利益。在这四个层次上生存的人们除了利益外没有多少其他的、更高的追求。为他地生存虽然更有道德的意味，但这种强调自我牺牲的道德是过时的传统社会的道德。后面的四个层次则是我们所说的优雅生存的境界，即成功地生存、优质地生存、雅致地生存、完美地生存。这四个层次是有格调地生存的层次，尽管它们本身存在着程度的差别。

有格调地生存的主要体现和基本要求是，人不是为了实际利益而生存，不是为了满足自己的物欲而生存，而是为了自我实现而生存，为了充分发展和发挥自己的潜能和个性而生存。这并不否认人有谋求实际利益的必要，但谋求实际利益既不是生存的主要目的，也不是生存的终极目的，更不是生存的唯一目的。在谋求利益之外和之上还有一些追求。这些追求不能还原为实际利益。也就是说，人谋求实际利益是为了活着，但活着决不仅仅是为了谋求实际利益，无论实际利益多或少，也无论实际利益是自己的还是他人的。有格调地生存之所以是有格调的，就是因为它超越了动物，超越了动物的生存方式。

为自己谋利也好，为他人谋利也好，这两类行为都没有从根本上超出动物界，甚至生物界。这两类行为的事例在生物界都有许多。例如，蚂蚁就可以为了整体的利益毫不犹豫地牺牲自己的生命。至于雌性动物为了幼仔不顾一切的情形更是常见。与其他动物不同的是，在人这里加上了理性这一其他动物所不具有的手段，使人能确定目的、制订计划，并能更有效地达到目的。事实上，也不只是人有优势，各种生物都有自己的优势。人真正超出动物的不是求生存的能力，而是灵性。

灵性不等于理性，而是人的灵魂、心灵、智慧，理性只是其中一种形式或体现。这种灵性能使人反思自己，通过反思自己发现自己的本性和潜能。这种灵性也能使人自觉地谋求实现乃至发挥自己的本性和潜能，从而使自我得以实现和完美。从谋求自我生存和自我满足到谋求自我实现和自我完美，这是人类生存对生物生存的一次革命性变革。

要有格调地生存必须追求有格调，追求有格调又必须能超越人的感性自我，发掘灵性的自我，使自己进入大清明的境界。超越感性的自我决不是像禁欲主义那样地否定、节制或扼杀感性欲望，而是因为人的追求上升到了更高境界后，不为感性欲望所左右，不为贪欲所役使，相反能主宰感性欲望，从更高层次上体验、品味感性欲望所获得的快乐，并把感性快乐整合到整个人生幸福之中。人的主要注意力转向了精神性自我和物质性自我有机整体的塑造、发挥和完善，转向了人生整体的幸福和圆满，人就会因此而感到心胸坦荡宽广，感到逍遥自在，感到无限欢乐和惬意。这种情形有点类似于佛教的永生常乐的“涅槃”之境，但它不是基于宗教的禁欲和压抑，而是基于哲学的超越和升华。

有智慧地生存

我们把优雅生存看作是到目前为止人类所能认识和实现的幸福的最高境界，或者说看作是人类幸福的当代形态。如果说智慧是实现幸福的最佳途径，那么智慧也就应该是实现优雅生存的最佳途径，优雅生存就应该是有智慧地生存。这是显然的。但是，我们这里要特别强调的是，有智慧地生存是优雅生存的根本要求或本质要求。

人们对幸福的理解各不相同，现实中人们追求和获得的幸福也各不相同，不过可以大致地分为三类：

以纯物质欲望满足为基础的物性幸福（在某种意义上也可以说是兽性幸福）；

以纯精神需要满足为基础的神性幸福；

介于两者之间，即以物质欲望满足为基础，以精神需要满足为追求的人性幸福。

从历史和现实来看，这三类幸福实现的主要途径是不一样的。实现物性幸福的主要途径是理性，理性是发展生产力和科学技术从而创造物质财富的最有效手段。实现神性幸福的主要途径是信仰，信仰是确信神存在并能达到与神同在或得到神的拯救从而获得永恒而又无限欢乐的最有效手段。实现人性幸福的最主要途径是智慧，智慧是使人认识到人生的幸福在于人性及其潜能的充分实现和尽情发挥并致力于追求和创造这种幸福的最有效手段。

尽管存在着这三种不同类型的幸福，但从智慧的角度看，物性幸福也好，神性幸福也好，它们都不是真正的幸福，而是偏执，是人类智慧出现迷误或偏狭的结果。只有人性幸福才是被理解得正确的幸福，才是真正的幸福。

近代以来，人类就开始追求人性幸福，但由于过分地强调了人的智慧的理性方面，使人性幸福发生了异化：人性幸福被片面地理解为自由地生存，而自由地生存又被理解为对实利的自由追求，其结果是，所获得的幸福是物性幸福而不是人性幸福。人类智慧在人类经历了近代以来的人性异化及其所导致的生存危机之后痛定思痛，才提出了旨在克服自由生存这种模式的种种缺陷和弊端的优雅生存的模式，并把这种生存方式理解为幸福。

人不可能成为单纯的神性存在物，但也不能成为单纯的理性存在物，而应该成为既有神性，又有理性，又有感性的存在物，也就是成为有智慧的存在物。有智慧地生存就是要兼顾人性的这些方方面面，而不能抓住一点，不及其余，使人既不上升为神，也不下降为物，而成为真正的人。正因为如此，有智慧地生存是优雅生存的真正体现和根本要求，因为优雅生存就是使人性及其潜能得以充分实现和尽情发挥。就是说，只有有智慧地生存，才能优雅地生存，而且只要有智慧地生存，就会优雅地生存。有智慧地生存是优雅生存的充分必要条件。

在本书的“引言”中已经说过，真正的智慧应该包括智慧的所有方面。智慧是聪明，但不是小聪明，而是大聪明，是明智。智慧是理性，但不仅是工具理性，还有价值理性，是合规律性与合目的性的统一，是合理。智慧是审慎，但不是谨小慎微，而是深思熟虑，是稳健。既重物欲，又重心灵；既看树木，又看森林；既有近忧，又有远虑，这就是人类智慧的真正本性。有智慧地生存就是要遵循智慧本性的要求行事，注重整体观照，恪守推己及人，践行中庸之道，适度入世出世，追求既优质又雅致、既成功又完美的人性化幸福生活。

第十六章　优雅生存的可能条件

一、价 值 体 系

使优雅生存成为可能的条件包括方方面面，归结起来即是环境和个人两个方面的条件。无论是环境方面的条件还是个人方面的条件都是构建起来的，构建的前提就是价值体系。价值体系，最简单地说，就是作为追求什么价值和怎样追求价值根据的内在价值原则系统。人类的价值体系有两类：社会价值体系和个人价值体系。这两类价值体系是不相同的，但个人价值体系受社会价值体系制约，社会价值体系归根到底决定着个人的价值体系。因此，优雅生存可能的首要条件是必须有与之相适应的社会价值体系。

终极目标：优雅生存

一般地说，社会的终极价值目标是幸福。幸福在不同时代有不同的主要形态，在古代主要表现为涵育德性，近代主要表现为获得利益，现代主要表现为尽情享受，未来社会则应主要表现为优雅生存。优雅生存是当代人类应有的生存目标，是人性幸福的集中体现。因此，作为优雅生存可能条件的价值体系必须以优雅生存为终极价值目标，而不能以任何其他的东西取而代之。这一点必须明确，否则就有可能导致根本性的严重问题。

从人类历史看，在终极价值目标问题上常常发生四类问题：

一是无终极目标的问题，即没有明确的终极追求，“脚踩西瓜皮，滑到哪里算哪里”。其结果是盲人骑瞎马，把社会带向了深渊。

二是南辕北辙的问题，即方向搞错，与所追求的方向背道而驰。这种教训在过去的人类历史上经常发生。许多民族、国家由于种种原因，特别是由于统治者的别有用心，出现过把追求的目标搞错的问题。

三是淡忘问题，即因忙于接连不断的重点问题、突出问题或紧迫问题而逐渐淡忘了终极目标，使终极目标形同虚设。

四是异化问题，即对终极目标不重视，没有将之确定为社会的最高价值原则，久而久之不仅丢掉了最终目标，而且使手段湮没了目标，甚至把手段当成目的。

对于优雅生存这种生存方式而言，如果不把优雅生存本身作为终极目标，同样可能发生这四个方面的问题。因此，必须明确地把优雅生存作为社会价值体系的终极价值目标，作为社会的最高原则。无论任何时候都不动摇它，都不忘记它。

优雅生存是在追求各种需要得到充分和协调满足的同时更追求高层次需要满足，在追求各种才能充分发展和尽情发挥的同时更追求高层次才能的充分发展和尽情发挥的生存方式。以优雅生存为终极价值目标，必须努力解决人们的基本需要的满足问题。基本需要虽然是低层次的需要，但却是强度更大的需要，不解决基本需要就不可能有优雅的生存。以优雅生存为终极价值目标，也必须建立有效的机制引导人们追求更高的需要（自我实现的需要、个性发挥的需要等）的满足。追求更高的需要的满足，才能使人生达到更高的境界。以优雅生存为终极价值目标，还必须创造条件使人们的各种潜能尽可能充分地发展和尽情地发挥。各种潜能充分地发展和尽情地发挥是人性充分地自我实现，是人生可能达到的佳境。

总之，以优雅生存为终极目标，就是要创造一切条件使人们告别劣质的、粗放的生存，走向优质的、雅致的生存。从现实性来看，以优雅生存为终极价值目标，也就是必须克服现代自由生存方式的自利性、物欲性、贪婪性、异化性、破坏性和非普及性等缺陷和弊端，然后在此前提下超越这种生存方式，使人类生存水平上升到一个新层次的生存方式。

把优雅生存作为终极价值目标不是虚的，而是实的，必须使它贯穿于整个价值体系和社会生活的各个方面，使整个价值体系和社会生活都体现它的要求。具体地说：① 必须以它为社会的终极追求，社会的一切活动最终都是指向它的，都是围绕它的，都是服务于它的，它是社会一切活动的目的和中心；② 必须以它为社会的最高原则，社会的一切活动都要以它为根本准则，不仅不能违背它，而且还要贯彻它的要求；③ 必须以它为最终标准，它是价值判断的终极尺度和价值冲突的最高裁决标准，一切事物是否有价值以及价值大小都必须以它为最终根据。

作为社会的终极追求、最高原则、最终标准，应该把它写进宪法，作为立国之本；还应该让它进教材、进课堂、进头脑，通过正规的教育途径，使一个学生从小就知道它对于人生和社会的意义，从而自觉维护它并为实现它的要求而努力奋斗。

实现途径：个性发挥

优雅生存这种优质的、雅致的高级生存方式，是人性及其潜能充分发展和尽情发挥的结果。因此，问题的关键是如何才能使人性及其潜能得以充分发展和尽情发挥。人性及其潜能是个性化的，也就是人的潜在个性，因而使人性及其潜能充分发展和尽情发挥的问题也就是个性发挥的问题。个性发挥是优雅生存的充分必要条件。只有充分发挥个性，才能优雅地生存，而且只要充分发挥个性，就能优雅地生存。个性发挥是走向优雅生存的唯一途径。

个性发挥的前提是个性的发展。人性及其潜能最初只是一种可能性，个性的发展就是要将这种可能性变为现实性，也就是变成能力。因此，个性的发展对于个性的发挥是极其重要的。它决定着个性发展的角度和方向，决定着个性发挥的广度和深度。个性有什么样的发展才会有什么样的个性发挥。没有个性的发展，就不可能有相应的个性发挥。假如一个人有很好的音乐天赋，然而没有在青少年时期充分发挥这一天赋，那么他后来就没有这方面的才能，因而也就不可能尽情地发挥他的音乐个性。

个性的发展实质上就是人的潜能的开发问题。有研究表明，人的潜力是十分巨大的。如何开发人的潜能的问题，包括从哪个角度、朝哪个方向、在多大的范围、开发到什么程度等问题是个性发展必须弄清楚的问题。在这些问题上发生偏差或错误，就可能影响个性的发挥，影响优雅生存的实现。例如，近代以来人们特别注重挖掘人的理性方面的潜能，结果使理性过分膨胀，以至于湮没非理性的方面，使人成为单面人。这种教训是十分深刻的。在个性发展上，不仅存在着一个发展的问题，还存在一个全面发展的问题，也存在一个不同的人的不同重点发展的问题。在这方面社会负有重要责任，因为学校对人们进行什么教育、施加什么影响总体上规定着人们的个性发展的状况。

个性发挥的问题则是在个性发展的前提下，怎样使自己所具有的能力得以发挥的问题，也就是我们经常谈到的个人的聪明才智的发挥问题。个性发挥不仅要强调充分，而且要强调尽情。尽情地发挥，一般来说是充分地，但充分地并不一定是尽情地。尽情发挥与充分发挥不同之处在于，尽情发挥会更主动、更有个性，因而会更有创意、更有特色。使个性尽情地发挥的前提是个人有自由空间，有发挥的条件和环境，特别是要使个人意识到个性尽情发挥的意义，从而提高其能动性和自觉性。在这些前提之下，个性发挥得如何则取决于人的智慧、机遇。

个性发挥与个人奋斗不尽相同。个性发挥当然离不开个人奋斗，但不只是个人奋斗的问题，它需要全社会的共识，需要社会提供环境和条件，需要人们普遍追求个性发挥的氛围。单个人可以奋斗，可以成为“白手起家的英雄”，但不一定能使个性得以充分发挥。个性充分发挥仅靠个人奋斗不行，还需要全社会的共同奋斗。然而，个性发挥又不是一种集体行为。个性发挥需要环境、条件和氛围，但其主体毕竟是个人。个人不具备能力，具备能力不愿意发挥，愿意发挥而不尽情都不可能使个性得到好的发挥。因此，个性的尽情发挥要有个性发展充分的个人，要有有利于个性尽情发挥的社会，还要有这样的个人在这样的社会尽情发挥个性的作为。

保障机制：社会福利

在优雅生存的社会，人人都殷实地生存，因而它应该是一种没有贫穷的社会，每一个人的基本物质需要都能得到满足。我们知道，由于种种原因，任何一种社会都不可能通过按劳分配使每一个人过上殷实的生活，总有一些人是不能通过自己的劳动满足自己的基本物质需要的人，这些人是需要“他助”的人。这些人的基本生活需要问题社会必须给予解决，否则这些人不仅不能过上优雅的生活，相反可能生活在痛苦和不幸福之中，生活对于他们就不会是幸福之光，而是泪水之谷。这样基本需要程度不同地得不到满足的弱势人群，差不多占社会总人口的一半。如果这些人不能优雅地生存，相反贫困地、痛苦地生存，这种社会就不可能成为优雅生存的社会，甚至不是真正的人道化社会。

在传统社会，社会弱势人群的基本生活需要是没有社会保障的，他们完全靠自己的家庭来解决基本生存问题。当家庭又遇到天灾人祸的时候，整个家庭就可能陷入贫困和饥饿之中。在现代社会，在经历了很长一个阵痛的过程之后，在物质文明逐渐发达之后，一些国家通过社会福利的办法来解决弱势人群的基本生存问题，有的国家通过这种途径基本上消灭了贫困现象，所有的公民都有了基本的生活保障。应该说这是人类历史上前所未有的，是一个巨大的历史进步。

但是，我们也应该看到，贫困仍然是困扰当代人类的一个全球性问题。有资料表明，每天只能消费 1 美元或不足 1 美元的人占世界人口的四分之一，每天不足 2 美元的人占世界人口的一半，更有 8 亿人营养不良，每天 2.4 万人死于饥饿，其中四分之三是 5 岁以下儿童。[①] 相对而言，那些基本消灭贫困现象的少数发达国家只是广阔沙漠中的星点绿洲。就那些实行了普遍社会福利政策的少数发达国家而言，也存在着不少问题：

它们所谓消灭贫困只是解决弱势人群的温饱问题，也就是使他们从生活在贫困线之下走到贫困线之上，而这种贫困线不是殷实生活的线，而是最低生活保障线。因此，得到救助的人只是饿不死、冻不死，还远不足以达到过上优雅生活所需要的基本物质生活水平。他们不可能优质地、雅致地生活。

这种社会保障还只是单纯满足人们的生理需要的，基本上没有多少其他方面的必要保障，如在如何为他们的个性充分发展和尽情发挥方面创造必要的条件，他们很难有个性地、有创意地生存。

由于这些弱势人群没有多少机会发挥自己的个性，因而他们感觉到他们的所得不是他们自己努力的结果，而是他人的施舍，他们没有对成功的追求，没有成功感，这样他们缺乏自尊和自信，生活在叹息和抱怨之中。现代社会保障制度存在的问题，使人们害怕进入弱势人群行列，然而事实上没有任何人能保证自己不会衰老，不会生病，不会发生意外。

事实告诉我们，要使人类普遍过上优雅的生活，必须进一步完善社会保障制度，使社会保障坚强有力。

以社会福利为社会保障作为一条基本的价值原则，就是要求社会在追求普遍优雅生存的终极价值目标的过程必须为每一位社会成员提供优雅生存所必须的基本条件。这些条件主要包括：①满足生理、安全等基本生存需要的充分条件；

---

① 参见 *Deutschland*（德国），2002 年第 1 期，第 52 页。

②满足优雅生存需要的必要条件；③个性充分发展和尽情发挥的基本条件。

其中第一个条件是最重要的条件，也是目前各个国家所重视的条件。它要求社会给那些需要帮助的人提供足以使他们达到正常人的生活的条件。这一条件具备了，第二、第三两个条件就相对容易解决。第二个条件主要是要大力发展社会公益事业，使每一个人（包括弱势人群）都同样享受高质、优雅生活所必需的基础条件。第三个条件则主要是要给所有人（包括社会弱势人群）相同的机会和相同的环境。由于弱势人群是特殊的人群，在公益事业、个性发展和发挥的机会和环境方面，还必须充分照顾他们的特殊情况。这种社会福利应该是对每一个人都开放的，只要他不能通过自己的努力达到这些条件，社会就应该为他提供这些条件，不能发生歧视问题。

在上述三个条件中，第一个条件是最难实现的，因为它涉及社会福利经费的来源问题。从整个现代文明的发展来看，人类已经完全具备了这方面的经济实力，问题只在于人类把大量的财富用在了庞大的国防开支和行政开支上，另外还有少数人占有和支配着太多的社会财富。只要国防开支和行政开支削减，同时加大征收富豪财富累进税力度，今天世界的经济实力足以使人类普遍达到殷实的水平。这种削减是可能的，关键是人类要在进一步全球化过程中建立世界权力机构来宏观调控世界事务。

规范机制：民主性法制

以优雅生存为终极目标的社会像现代社会一样，也是一种法制社会，以法制作为社会的规范机制，用法制为社会秩序提供保障。尽管优雅生存的社会可能是犯罪比现代社会大大减少的社会，但是由于人性本身存在着缺点甚至作恶的倾向，而且即便是人们的正常活动也可能相互妨碍和相互伤害，因而在优雅生存的社会仍然需要社会规范机制。这种规范机制的作用就在于使人们都按自己的意愿生活而又不相互妨碍和伤害，通过使人们的行为纳入所期望的秩序范围而使人们的自由和权利得以普遍实现。现代社会的实践告诉我们，现代法制就是这样一种有效的规范机制。现代法制既能给社会正常秩序提供有力的保障，又能给人的个性充分发展和尽情发挥保留最大的空间，因而这种法制是与优雅生存社会的本质要求相一致的。

现代法制不同于传统法制，其基本精神是保护公民的自由和权利。它规定每个人生而平等，具有生命、自由、追求幸福等不可转让的权利，同时也规定每个人的自由和权利不能损害他人的自由和权利。其目的在于使公民在实现自己的自由和权利的过程中不相互妨碍和伤害。以法制为社会的规范机制就是要在法制实践中全面贯彻现代法制精神，坚决遵循现代法制原则。人们经常谈到我国要依法治国，今天要依法治国，说到底就是要贯彻现代法制精神和遵循现代法制原则。

现代法制是民主性法制，它必须以现代民主为基础和前提。现代法制的实质在于它是全体公民意志的体现，是以保护和扩大公民的自由和权利为唯一目的的公民自治性的社会管理方式。现代法制本来并不是现成的东西，而是公民成为社会的主人之后适应自主地管理国家事务的需要而创造的。没有这种需要，没有公民自主管理的实践，根本就不可能形成现代法制的观念、精神、原则乃至整个体系。现代法制的建立和完善必须以现代民主为前提，这是毫无疑问的。但是另一方面，现代民主也还需要现代法制作为保障。现代法制要真正能成为现代民主的有力保障，要真正能发挥保护和扩大民主的应有作用，它本身必须不断完善和健全。

要使法制成为有效的社会规范机制，必须加强法制建设。就我国而言，要加强现代法制建设，首先必须建立健全法制体系。完善的法制体系包括完备的法制创制体系、完备的法制执行体系、完备的法制监督体系。完备的法制体系必须根据现代民主的要求、以实现社会和谐为目的构建。其次要努力提高全民的法制水平。全体公民是现代法制的创制者和信守者，公民的法制水平如何直接关系到整个社会的法制水平。公民的法制水平包括法制观念和意识、法制知识和技能、立法的积极性和守法的自觉性，等等。现代法制的完善最终取决于公民普遍的法制水平。最后还要加强法制的理论研究。现代法制基本上是一种只有两三百年历史的新生事物，它在实践上还很不完善。要改变这种状况，重要的任务之一是要加强法制的理论研究。没有深入系统的现代法制理论研究，就不可能有科学合理的理论作为法制实践的指导，也就不可能有科学合理的现代法制实践。

导向机制：人性化道德

任何文明社会形态都有两种社会制约机制，一是作为规范机制的法制，二是作为导向机制的道德。在传统社会，这种分工尚不十分明确，主要是道德往往同时具有规范的功能。进入现代社会后，为适应给人们更大自由空间的需要，法制与道德的分工越来越明确：法制告诉人们怎样是合法的（好的或善的），怎样是不合法的（坏的或恶的），并规定人们只能做合法的；而道德则侧重于告诉人们怎样更好，怎样最好，并劝导人们做更好的、最好的。

现代社会是一种罪恶多多的社会，而且是一种作恶的可能性、危害性空前的社会，因而在现代社会中法制的作用空前重要，整个社会生活须臾离不开法制的威慑作用，因而现代社会被认为是一种法制社会。如果我们设想优雅生存的未来社会是一种罪恶减少的和谐社会，那么在这种社会，道德的作用会大大增强，法制的作用会相对减弱，这种社会将是一种道德社会。

道德像法制一样，并不是总是好的。传统社会的道德像传统社会的法制一样是专制制度下的产物，它限制甚至扼杀人的自由和个性，也不保障人的基本权利。就像传统社会的法制是恶法一样，传统的道德特别是统治者所倡导的道德总体上看是恶德。进入现代社会以后，这种状况得到了根本的改变，道德像法制一样也逐步地在现代化。但是，在法制不断给人的自由扩大空间和保护人的权利的时候，现代道德同时却在不断地把人们引向追求利益最大化。利益成为了道德的基础，也成了道德的真正动机。道德的意义只在于告诉人们怎样更好地、怎样最好地去实现自己的利益，于是就有了合理利己主义、功利主义、通过利他来利己的道德。

我们不能一概否认这种道德，它至少在推动现代文明的迅速繁荣而社会同时又保持有序的状态方面发挥了巨大的作用。但是，这种现代道德确实存在着偏颇和缺陷，这主要表现在，它把人们的注意力和追求全部引向了利益，而忽视了对人性及其潜能的充分发展和尽情发挥的导向，忽视了对优雅生存方式的构建。因此，我们完全有理由说，现代道德在价值导向方面是偏的，它提倡并推动人们追求物性幸福，而忽略了引导人们追求人性幸福。因此，作为优雅生存社会导向机制的道德也不能是现代道德，而是一种超越了现代道德的道德。这种道德就是与优雅生存这种生存方式相适应并促进这种生存方式普遍实现的道德。优雅生存是人性的要求，因而这种道德也是基于人性并促进人性实现的。据此，我们可以称这种道德为人性化道德。

人性化道德就其理论层面来看，就是本书前面阐述和正在阐述的优雅生存观，包括关于优雅生存的规定性、目标、环境、状态，以及实现优雅生存的途径、条件的阐述。这种生存观认为，通过人性及其潜能的充分发展和尽情实现以求优雅生存，是人类更好的，在目前来看也是最好的生存方式，也就是说，人们这样做是更好的、最好的。人性化道德作为社会价值原则，就是本书第七章所阐述的要求人们“己所不欲，勿施于人”；鼓励人们不仅无损于人，而且有利于人；倡导人们通过他人利益最好地实现来实现自己的利益。人性化道德作为优雅生存社会的导向机制，就是不仅要从理论上构建这种生存观，而且要通过道德的力量引导人们普遍树立这种生存观，使人们的终极追求从利益的最大化转向生存的最优化，推动优雅生存社会早日实现。

激励形式：荣誉性奖赏

优雅生存这种价值目标本身的影响力或诱惑力可以对人们的思想和行为起到激励作用，但这种激励作用需要对这种价值目标有坚定的信念。对它有坚定的信念，它对人们的思想和行为才有激励作用。然而，要树立这种信念不是那么容易的，因为优雅的生活不是现成的，而是需要奋斗才能实现的，而这需要一个过程。因此，在以优雅生存为终极目标的价值体系中还要有补充的激励机制，这种机制要能给人们不断提供不同的刺激来激励人们追求终极目标。这种激励机制应主要采取荣誉奖赏的形式，而不能主要采取物质奖赏的形式。

就激励形式而言，传统社会的经验也许更值得借鉴。传统社会的社会激励远远没有现代社会多，但传统社会的社会激励同样有效，甚至更有效。更重要的是，传统社会主要是采用精神激励的方式，而不是物质刺激的方式。在欧洲一些国家，对于那些德高望重的人，对于在某些方面作出贡献的人，授予爵位。这种爵位主要是荣誉性的奖赏。在英国，这种传统一直保留至今。如果一个人在科学或学术上作出了重大贡献，也许还会给他授予一个不能继承的勋爵爵位。

近代以来，伴随着社会生活的物质化、金钱化，社会的激励形式也日益物质化、金钱化，传统的以精神鼓励为主变成了现代的以物质刺激为主。今天西方的诺贝尔奖、奥斯卡奖、中国的国家最高科学技术奖这样的大奖也好，我们日常生活中的评先进、评劳模也好，言必谈奖金多少。物质刺激适合于刺激人们对物质的追求，而且也确实对人们的物质追求起到了激励作用。但是，当人们的追求从主要是物质性的东西转向精神性的东西以后，当人们的终极价值目标从物性幸福转向人性幸福之后，这种物质刺激的形式也要相应转变，应该从以物质性的奖励为主转向以精神性奖励为主，从以实物性奖励为主转向以荣誉性奖励为主。这是一种价值观念和价值原则的转换。不实行这种转换，优雅生存目标的实现就会受到阻碍。

一般说来，奖励有三个功能：对一定的作为给予肯定；鼓励作为者继续这样做；通过这种肯定和鼓励，激励其他人也这样做。奖励是通过一定的奖励物实现其功能的。但是，奖励本身是无价的，不能还原为经济价值，不能用金钱来衡量。尽管奖励物通常有一定的经济价值，而且有时直接就是金钱，但奖励决不等于奖励物的经济价值。在平常人看来，奖励物应该是人们想要的东西，最好是人们最想要的东西，否则奖励就起不到应有的作用。当人们最想要的是金钱的时候，就应该把金钱作为奖励物，当人们最想要的是荣誉的时候，就应该把荣誉作为奖励物。这种观点看起来似乎有道理，实际上似是而非。这种观点是迎合性的，而不是导向性的。社会以什么为奖励物固然要考虑人们的想要，但更要考虑社会的价值追求。

社会把什么东西作为奖励物会提高这种奖励物在人们心中的地位。在中国“文化大革命”期间，一切奖励物都是纯荣誉性的，如先进生产（工作者）的称号。这种看起来似乎一钱不值的荣誉称号，在那时由于成为了奖励物，而成为人们很想得到的东西。这种情况告诉我们，把什么东西作为奖励物对于人们的追求是有导向性的，社会的奖励可以使奖励物成为人们想要或最想要的东西。把金钱作为奖励物人们就会更加注重金钱，而把荣誉作为奖励物，人们就可能重视荣誉。因此，社会必须慎重地选择奖励物，也就是说不能只根据人们想要什么，更要根据社会终极价值目标要求什么。

在当代中国和当代世界，由于大多数人并不富裕，金钱还是人们最想得到的东西，如果根据人们的想要来确定，今天的奖励物仍然应该是金钱。但是，如果我们根据优雅生存目标的要求来确定，今天的奖励物就不能再是金钱，而应该是荣誉。因为社会通过荣誉鼓励人们，能使人们更重视自我价值的实现，而通过金钱刺激人们，只会把人们引向物欲而不能超脱。

把荣誉性奖赏作为激励机制，把荣誉作为奖励物，并不是像人们所想象的那样不能真正起到激励的作用。既然奖励并不等于奖励物的经济价值，那么即使荣誉本身一分钱不值，它也是有价值的，只不过这种价值不能换算为金钱而已。作为奖励物，荣誉至少具有以下两方面的意义或价值：第一，荣誉是社会和他人对荣誉获得者的选择、追求和作为的褒扬，是对荣誉获得者的自我价值的肯定和确认。第二，荣誉可以使人出人头地，使人赢得他人和社会的尊敬，从而可以提高荣誉获得者的社会地位和社会声望。这两个方面都可以使荣誉获得者产生成就感并因而得到精神满足。这种成就感和精神满足是不可能用金钱买到的，也不可能用金钱来衡量。这种成就感和精神满足正是优雅生存所要追求的。因此，以荣誉奖赏为激励机制与优雅生存的价值追求更相一致。

二、经 济 基 础

优雅生存的社会是其成员普遍殷实地生存的社会，也就是说它应该是一种富裕的社会，而不是一种贫穷的社会。这种富裕的社会也必须有经济增长，否则就不可能成为富裕的。现代文明最重要的贡献之一就是使人类社会摆脱贫穷走上富裕，但是现代文明的富裕是以人异化为经济动物和生态环境遭到严重破坏为代价的。以优雅生存为目标的社会怎样既保持经济增长又不付出现代文明所付出的代价，这是追求优雅生存所必须解决的一个关键性问题。这个问题之所以关键，是因为它一直是困扰着人类的两难问题：如果继续保持经济的繁荣，就需要让人们拼命赚钱，就需要去改造自然；如果让人们不再成为赚钱机器，不再掠夺性地开发自然，可能就不能保持经济的繁荣。这确实是一个难题，这里我们只能提出一些纲要性的初步意见，还需要进一步探索。

经济的适度增长

优雅生存社会的经济必须是一种适度增长的经济。优雅生存的社会是一种朝着更美好的方向发展的动态社会，在经济方面也应该越来越富裕，而且随着人口的增长和人们物质需要、精神性需要的增长，社会的财富总量也得增长。但是，这种经济的增长必须适度。经济适度增长就是要使经济增长控制在以下三个否定性原则的范围之内：不能以牺牲人的幸福为代价，就是说不能为了经济增长而使人成为赚钱机器；不能以破坏环境为代价，就是说不能为了经济增长而破坏和污染环境；不能以迅速消耗自然资源为代价，就是说不能为了一时的经济增长而吃子孙饭。这三个否定性原则的根本要求就是经济增长必须以人为本。之所以提出经济适度增长主要是要使经济保持可持续发展。经济可持续发展已经作为一个经济发展战略提了出来，并且已成为全人类的普遍共识，现在的问题是要使这一战略得到坚决的贯彻实施。

经济增长必须以人为本。经济增长本来是为了人的生存和发展，为了人的幸福，但长期以来人们信奉的经济发展观忽略了经济发展的这一根本目的，以物为本，为了经济发展而发展经济。其结果是，经济发展了，但人成为了实现经济发展的手段、工具或机器，人越来越成为现代生产的附庸，成了经济技术的奴隶。更为严重的是，经济快速发展导致了诸多日益严重的问题：经济发展带来的大多数财富为少数人所占有，社会出现严重的两极分化；经济快速增长导致环境遭到污染和破坏，威胁着整个人类的生存；经济快速增长对有限自然资源的迅速消耗，在不断缩小人类种族延续的可能性。20世纪70年代初，“罗马俱乐部”发表的著名研究报告《增长的极限》第一次明确提出了传统发展观的局限和问题，并针对经济增长、城市化、人口、资源等方面所形成的环境压力，提出“持续增长”和“合理的持久的均衡发展”概念。它使人们认识到，经济发展受资源和环境的强烈限制，如果无节制地破坏下去，必然会使人类丧失赖以生存的自然基础，最终使发展失去意义。在各种人类问题日益严重的今天，人们越来越清醒地意识到，经济增长不仅要考虑资源和环境的承受力，还必须着眼于人，着眼于人更好地生存和发展，着眼于社会成员的普遍幸福，必须满足人的生命健康、安全和社会政治生活的需要、人全面发展的需要和子孙后代可持续发展的需要，必须考虑社会公正、环境公正、代际公正。要满足这些要求，经济再也不能片面地、畸形地发展，而必须适度地、合理地发展。经济增长必须以人为本，说到底就是要以人的健康、安全、生命为本，以社会成员普遍更好地生存发展为本。

经济增长必须着眼于使劳动成为乐生要素。早在19世纪，马克思就曾预见劳动将由谋生的手段变成乐生的要素。在他看来，在未来的社会，生产劳动将会从一种负担变为一种快乐，人们受社会分工所限制的一辈子都从事一种职业的现象将逐渐消失，人们可以根据社会需要和自己的爱好从事各种工作。劳动时间大大缩短，劳动工效大大提高，劳动负担大大减轻。每个劳动者都有充分的时间从事科学研究、文艺创作和其他社会活动；每个人的聪明才智都能得到充分发挥；每个人都能实现自由而全面发展。马克思把摆脱谋生手段的劳动和开始从事乐生要素的劳动看作是人类解放和进入真正人的世界的标志。今天，实现马克思这一伟大理想的条件已经具备，但是，在片面追求经济高速增长的发展观指导下，至今劳动对于绝大多数人来说仍然主要是谋生的手段，在像中国这样的发展中国家尤其如此。我国现实生活中经常见到的煤矿瓦斯爆炸、工厂失火、“积劳成疾，过劳猝死”的事例，就是证明。使劳动变为乐生要素，就是要使劳动者不再成为赚钱的机器，而能在劳动中实现自我价值。强调经济适度增长，就是要使经济增长以劳动成为乐生要素为着眼点和目的，切实保证安全生产，逐步减轻劳动负担和缩短劳动时间，努力改善劳动条件和劳动者的福利待遇，尽力为劳动者实现自我价值提供机会和条件。

经济增长必须与环境改善相协调。人类赖以生存的自然环境已经被人类蹂躏得面目全非。人口的激增对粮食、住房、就业、资源、环境等产生的巨大压力，正在加剧资源枯竭和环境破坏的趋势，使地球越来越不堪重负。以我国为例：我国尚有 3.6 亿农村人口喝不上符合标准的饮用水源；我国约有 1/3 国土面积正在受到酸雨的威胁；农田超过 50 万亩，工业固体废弃物历年堆放；我国工业固体废弃物的堆放量超过了 60 亿吨，若将其摞成高 3 米、宽 2 米的高墙，足以围绕地球 2.5 圈；我国受“三废”污染的耕地面积达 400 万公顷，占全国耕地面积的 1/20，受镉、砷、铬、铅等重金属污染的污灌土地占污灌耕地面积的 1/5。[①]今天，人类面临的已经不是如何保护环境的问题，而是如何改善环境的问题。强调经济适度增长，就是要适度限制经济增长的速度来减轻环境的压力，同时要树立绿色 GDP 的观念，以绿色 GDP 来衡量政府的政绩观，彻底改变以牺牲环境、破坏环境、破坏资源为代价去换取一时的经济增长，使经济增长与环境的逐渐改善相协调。

经济增长必须以节约资源为前提。过快的粗放型经济增长方式正在迅速地消耗地球上十分有限的自然资源。资源问题像环境问题一样正日益严重地摆在人类面前，人类无限的欲望正在耗尽有限的资源。仍以我国为例：黄河是我国河流中断流最为严重的大的河流，有专家断言“黄河将在 21 世纪成为中国的内流河”；地下水超量开采引起地面沉降，正在危及华北，而工业、农业、商业和居民生活等方面的水资源浪费、污染的现象却十分普遍，更加剧了水资源的紧张状况；我国已成为世界上水土流失最严重的国家之一，水土流失呈发展趋势，面积不断扩大，程度加剧。按目前耕地减少的速度，多则十来年，少则几年，我国将面临严重的粮食危机；我国每年减少的草地面积相当于两个县的平均国土面积；我国共有 258 种动物濒临灭绝，共有濒危或接近濒危的高等植物 4000 ～ 5000 种，约占我国高等植物总数的 15% ～ 20%；在我国已探明的 45 种主要矿产资源中，到 2010 年可以保证需求的只有 23 种，到 2020 年将只有 6 种[②]。在这种严重的资源危机面前，我们必须考虑地球的资源是否还能承受我们随意开发和浪费。强调经济适度增长，就是要适度限制经济增长来更加合理地利用自然资源，使资源消耗降到尽可能小的程度，同时要大力发展资源节约型经济，如循环经济、生物经济、节水型农业等，彻底改变以拼命消耗资源换取一时的经济增长，使经济增长与资源的节约相协调。

---

① 参见《科学发展观：时代的呼唤》，《光明日报》，2004 年 7 月 13 日。
② 参见《科学发展观：时代的呼唤》，《光明日报》，2004 年 7 月 13 日。

有调控的社会市场经济

市场经济和科学技术，是现代经济的两根支柱。这两根支柱有一个共同特点：它们都是“双刃剑”，既能给人类带来福祉，也可以给人类带来灾难。今天人类越来越清楚地意识到市场经济的这种两面性，但人类到目前为止还没有找到一种比市场经济更好的经济形式。因此，优雅生存的社会也不得不采用市场经济这种经济形式。怎样尽可能充分利用市场经济的“利”，尽可能减少市场经济的“弊”，这是构建优雅生存社会必须研究解决的问题。

一般认为，市场经济是指以市场作为资源配置的基础性方式的经济。这一规定主要是从形式上作出的，并没有揭示出市场经济的实质。从实质上看，市场经济是市场主体（主要是企业）通过市场机制（价格机制、竞争机制、供求机制、风险机制、利率机制、工资机制等）追求利益（表现为利润）最大化的经济。也可以说得更直白一点，市场经济是一种唯利是图、（只要可能就会）不择手段的经济。

通常认为，市场经济具有六大特点：① 利益主体多元化。市场经济的主体不是政府，而是众多的企业，它们都是利益实体。② 企业行为自主化。所有企业都是自主经营、独立核算、自负盈亏的经济实体和竞争主体。③ 活动动机利润化。所有企业的经营活动都是受利益驱动的。其主要动机甚至唯一动机是获得更多的利润。④ 经济关系市场化。生产、分配、交换、消费等一切经济活动都直接或间接地处于市场关系之中，市场机制是推动生产要素流动和促进资源配置的基本运行机制。⑤ 宏观调控间接化。政府不直接干预企业的生产和经营事务，只通过财政、税收、价格、金融等政策间接地对企业的经营活动进行规范、调节和控制。⑥ 经营管理法制化。所有的经营活动都要按照完善的法制体系进行，政府也只能通过法制来调控各类经济活动。

市场经济是在近代西方最初兴起的，经过短短的几百年时间，今天世界上大多数国家都走上了市场经济的轨道。世界上大多数国家选择市场经济这一事实证明，市场经济确实有其明显的优势。它能使生产社会化。现代社会化大生产是经过市场作用形成的，而社会化大生产是作为现代文明基础的生产方式；它能使社会资源配置优化。它能够通过直接、及时和灵敏地反映供求关系的价格信号引导社会物质资源、资金资源、人力资源流向好的产业、行业和企业，从而实现资源的优化配置，并促使供求平衡；它能使科学技术进步和经营管理水平提高。市场竞争机制给企业以压力和动力，迫使企业努力运用最新的科技成果，不断改进技术和改善经营管理，提高劳动生产率，提高产品质量，增加花色品种，从而使自己在市场竞争中处于有利地位，实现自身利益的最大化；它能最大限度地开发人力资源，使劳动者的知识和技能空前提高。此外，它还能使国内经济与国际经济衔接起来，使经济全球化、世界化。总之，市场经济的最大优势就在于，通过利益驱动和竞争压力促使人们拼命向内挖掘潜力，向外征服世界，从而使社会经济持续繁荣，物质财富迅速增长。

市场经济也有许多问题，对此许多人从不同的角度进行过阐述，这里我们只提出市场经济致命性的、难以克服的三个问题。

问题之一：社会不公。市场经济通过市场机制的作用，特别是竞争机制的作用，迫使人们充分挖掘潜力以提高竞争实力，迫使人们运用先进的科学技术和改进经营管理来提高劳动生产率，因而市场经济是一种高效率的经济，这种高效率必然快速地提高社会财富总量，促进经济高速增长。但是，市场经济的这种效率是以大量企业在竞争中破产和被淘汰为代价的。市场竞争虽然是凭借实力的公正竞争，但这只是形式上的，而不是实质上的。人们尽管权利一样、机会一样，但人们的实力事实上不一样，人们的环境、条件不一样，人们把握机会的能力不一样，竞争的结果是有成有败，出现大鱼吃小鱼、小鱼吃虾米的悲惨格局。这就是说，市场经济实质上是只讲经济效率，不讲社会公平的，如果没有政府的干预，必然导致富者愈富、贫者愈贫的两极分化问题和社会不公问题。几百年的历史事实已经充分说明了这一点。

问题之二：负面效应。由于市场经济本质上是一种唯利是图、（只要可能就会）不择手段的经济，因而这种经济的负面效应特别突出而且特别严重。

市场经济以市场需求为经济活动的导向，是通过满足市场的需求来实现利润的。市场需求的基础是消费者的需求，消费者有需求，市场就有需求。然而，消费者的需求有正常的、不正常的，有健康的、病态的。为了赚更多的钱，厂商就可能不仅去满足正常、健康的需求，而且也千方百计地去满足那些不正常的、病态的需求。于是人们的那些不正常的、病态的需求不仅得不到遏制，相反被刺激、强化。这就是今天的社会为什么色情、毒品等问题如此严重的真正根源之所在。

在利益的驱动下，厂商不只是满足消费者的需要，而且努力地去引导、开发人们的需要。只要厂商发现哪些商品或服务有钱可赚，即使消费者没有需求，厂商会想方设法去引诱人们，开发人们的需求。无孔不入的广告不知使多少消费者陷入厂商所预先布好的罗网。引导和开发需求的结果会改变人们的需求结构，那些更有钱可赚的需求就会被放大，使之恶性膨胀，其结果会使人的需求结构畸形化。

为了节约成本，厂商只要有可能就会滥用自然资源。自然资源在相当长的时期内，有一些到今天实际上都是无主的、无偿的，其成本最低。在利益的驱动下，厂商不会考虑自然资源的利用、开发是否合理的问题，而只考虑是否有更多钱可赚的问题。既然自然资源是无主的、无偿的，他们就会拼命地利用和开发它们，而不管其他人和子孙后代。

生产和产品都可能污染环境，破坏生态，而这通常是一种隐性的、潜在的后果。厂商只要有钱可赚，在有可能逃避限制和处罚的情况下，就有可能不顾这些严重后果。今天严重的全球性环境问题都是厂商不顾生产和产品后果的结果。

问题之三：人性异化。这在某种意义上也是市场经济的消极后果。这一后果也是十分严重的，只是人们至今对此认识尚不够充分。人性本来是不同于兽性的，这种不同就在于人除了肉体的需要之外还有精神需要，除了追求满足肉体需要之外还追求满足精神需要。就是说，人活着就要谋利，但这对于人来说不能变成人活着就只谋利。然而，在市场机制的作用下，利益逐渐成为了人们一切活动的唯一动机，谋利是为了活着，活着就是为了谋利。金钱是利益的货币表现，于是金钱成为人追求的终极目标，成为人生价值的尺度，成为人一切行为的指挥棒。人的一切都被还原为金钱。人为金钱而生，为金钱而死。金钱至上、金钱万能成为了人们生活的信条。这样，本来作为手段的利益或金钱成为了目的本身，不仅成为了目的本身，而且成为了唯一目的或终极目的。

市场经济的这些问题和坏处，在近代西方经济自由放任主义时期表现得十分突出。到20世纪的30年代，凯恩斯等经济学家对市场经济的这些问题开始有了明确意识。凯恩斯将之称为“市场失灵”，并提出在亚当·斯密的“看不见的手”之外增加一只“看得见的手”来加强对市场经济的调控。20世纪30年代大萧条之后，凯恩斯主义为许多经济学家和政府所接受，各国政府以各种方式非常积极地干预经济，而且取得了明显的效果。其中德国的社会市场经济模式在克服市场经济的问题方面尤其卓有成效，值得重视。

德国社会调控的社会市场经济模式既反对经济上的自由放任，也反对把经济管得过严，而要求将个人的自由创造和社会进步的原则结合起来。它要求既保障私人企业和私人财产的自由，又要求使这些权利的实行给公众带来好处。它要求国家对市场给予尽可能少但必要的干预，特别是在市场失灵的地方实行干预，要求国家在市场经济中主动起调节作用，并为市场运作规定总的框架。

张精华在《德国经济》一书中对德国的社会市场经济作了这样的概述：“它要求一个由国家制造的机构化的道德与法律的外部秩序。这种秩序要有利于自由地、自负盈亏地根据自由法制国家的规划进行计划的个体之间的交换关系；它也要保证人在其对社会责任的觉悟下施展在市场上的经济自由，以利于造就一个经济上与社会上高效率的、合乎人道的秩序。”[①]他认为，竞争是德国社会市场经济的核心内容，通过市场，主要通过竞争，实现尽可能的全面而稳定的经济发展；稳定的货币是社会市场经济的前提，即建立一个能够正常运转的货币秩序，以保障价格稳定；国家的任务是管理和监督市场上的竞争，理顺市场调节的过程，校正市场结果，以实现社会安全、社会公正和社会进步[②]。

德国的社会市场经济一方面表明了实行有控制的社会市场经济是可能的；另

① 张精华：《德国经济》，人民出版社1994年版，第11～12页。
② 张精华：《德国经济》，人民出版社1994年版，第12～18页。

一方面也为人类普遍采取这种经济形式提供了经验。

受限制的科学技术

科学技术的产生和发展是人类能动性最典型的体现，也是人类能动性发挥的结果，同时又大大地提高了人类能动性的程度。科学技术的发展导致了人类对自然系统的损害，这使许多人对科学技术的价值产生了怀疑，甚至出现了所谓的“技术悲观主义”。但是，我们必须看到，没有科学技术，人类不仅没有今天的幸福生活，也不可能走出由科学技术所导致的人类目前面临的困境，更不可能解决人类将会面临的各种问题。可以这样说，人类今天的科学技术已经达到了这样的程度，足以毁灭人类及其环境，也可以使人类及其环境走向更美好的明天。因此，人类要优雅地生存必须利用和发展科学技术，同时又要建立防止科学技术被恶用或滥用的有效控制机制。

如果说市场经济是现代文明发展的根本动力，那么可以说科学技术是现代文明发展的主要手段。现代文明的巨大繁荣就是在利益最大化的推动下，通过科技发展特别是科技革命的手段实现的。现代文明是有突出成就的同时又有严重问题的文明，毫无疑问，现代文明的成就和问题都与科技发展相关。对这种相关性进行反思和批判，对于我们正确认识和处理科学技术与人类生存的关系是十分必要的，特别是在技术悲观主义有一定市场的今天，这一点尤其重要。

从科学技术与作为一种文明形态或社会形态的现代文明的关系来看，科学技术对社会发展和人类生存确实具有重大的积极意义。这体现在许多方面，这里列举其主要方面：

科学技术拓展和加深了人类对自然、社会、人类自身的认识。这种认识至少有三方面的意义：其一，满足了人类的好奇心和求知欲，而这是作为人性之一的理性的自然倾向；其二，使人类把握了宇宙各种事物（包括人自身）的本质、规律及其关系，也使人类认识到宇宙各种事物对人类的价值和利害关系，从而获得了关于各种事物的知识和真理，并据此作出评价和选择；其三，为人类根据自己的需要和所掌握的知识、真理利用、改造世界并进行发明创造奠定了基础。总之，科学技术使人彻底离开了动物，使人从对事物的表面的、有限的感觉深入和拓展到深层的、无限的认识。

科学技术大大提高了人类控制（包括利用、改造和重构）自然、社会和自身的能力。人类今天已经从各种束缚力量（包括自然的、社会的、自身的）中解放了出来，成为了自然的主人、社会的主人和自身的主人。人类之所以能如此，主要就是利用科学技术。科学是人的最强有力的工具。利用这种工具，人控制自然、社会和自身的能力大大增强。不难想象，如果没有科学技术，今天的人类会怎样，也许我们还在与动物为伍。发明、制造科学技术需要相应的能力，利用和使用科学技术也需要相应的能力。人类在发明、制造、利用和使用科学技术的过程中使人的能力不断增强，使人的潜力不断开发。科学技术本身就是人的一种特殊能力，它是中介性的、工具性的能力。通过这种能力，人类既增强了控制环境的能力，也提高了使用科学技术的能力。

科学技术特别突出地提高了人类理性能力。科学技术是人发挥自己理性的结果，在发挥自己理性的过程中，人类的理性能力获得了突飞猛进的发展。科学技术是高智能的结晶，要发展科学技术，人类必须最大限度地发挥自己的理性。这种要求使人的理性成为人的所有潜能中发展最为充分的一种能力，以至于影响甚至湮没了人的其他潜能的发展和发挥。但是，对于人类的生存来说，这种发展和发挥也是必要的。

科学技术深刻改变了人类生活，使人类告别了贫穷、落后和愚昧。科学技术是人类发明的神奇工具，它使人类拥有发达的物质文明、精神文明和制度文明，而这种文明本身又具有强大的再生能力，使人类发达的文明成为不灭之火，可以持续地燃烧下去。今天的人类不仅在物质上走向富裕，而且在精神上也在走向丰富多彩。不仅如此，科学技术还深刻地改变了人类的生活方式、思维方式、行为方式，使人类的眼界、胸怀、见识发生了革命性变化，人类因此而真正走上了开放、开明之路。

然而，正如现今人们所普遍认为的那样，科学技术是一把“双刃剑”，它对于人类的生存发展具有极其重大的意义，同时也可能危害人类的生存，而且事实上已经给人类带来了灾难性的后果。

不过，这里首先要指出的是，科学技术与市场经济不一样，市场经济本身就存在着问题，这些缺陷和问题对于人类生存是有害的，科学技术则不同，它本身并非是有问题的，它的问题在于用它干什么，如何使用它。市场经济本质上就是唯利是图的，只要有可能逃避责任，人们就会为了使利益最大化而不择手段。科学技术则是一种工具，人们可以用它去做好事，也可以用它去干坏事，也可以在用它的过程中导致坏的结果，但它本身并不包含干坏事和导致坏的结果的必然性。我们可以把科学技术比作一把好用的斧头，人们可以用它去砍柴，也可以用它去杀人，还可以用它去毁林。我们可以说用斧头杀人不对，用斧头毁林也不对，但不能说斧头本身不对。这里的问题与市场经济的问题不同，不是出在斧头本身，而是出在使用者身上。

人们用科学技术干的坏事有很多，如战争、电脑的“黑客”、“9・11事件”，等等，人们用科学技术导致的坏的结果也有很多，如环境污染、生态破坏、“极权主义”，等等。从这个意义上看，科学技术的问题数不胜数，但从现代文明的现实来看，其问题的根源也许就在于科学技术与市场经济的结合。

这两者的结合是两面性的：一面是它们相互促进，造就了繁荣的现代文明。科学技术在市场经济利益最大化动机的驱使下得到了飞速的发展，而市场经济插上科学技术的翅膀获得了迅猛的进步。可以想象，没有科学技术，今天的市场经济不会如此繁荣，没有市场经济也不会有今天科学技术的发达。另一面是科学技术的误用（或者说恶用）和滥用，导致了今天人们所说的科学技术问题。市场经济具有惟利是图和不择手段的自然倾向，在这种自然倾向不能得到有效遏制的情况下，在各国有政府而世界无政府的情况下，这种自然倾向一旦与科学技术结合起来，就会对人类生存产生种种范围不同、程度不同的危害。而且科学技术越发达，其危害的范围和程度就越大。

前面我们在谈到现代文明的问题时已经指出，现代文明的根本性问题是人的贪欲恶性膨胀。贪欲恶性膨胀从根本上说是由市场经济刺激起来的。日益恶性膨胀的贪欲促进了科学技术的发展，也使科学技术被广泛恶用和滥用。例如，环境污染和生态破坏就是厂商惟利是图的结果，现代战争和现代军备竞赛就是政治家贪欲恶性膨胀的结果。贪欲恶性膨胀是现代科学技术问题的根源，而现代市场经济又是贪欲恶性膨胀的根源。市场经济与科学技术结合，恶性膨胀的贪欲与发达的科学技术结合，就是现代科学技术问题的症结之所在。

由此看来，只要实行市场经济，科学技术就有可能被恶用和滥用，只要人的贪欲不能受到有效遏制，科学技术就会被恶用和滥用，就会对人类生存产生威胁。因此，如何使市场经济得到有效调控，使之不过分刺激人们的欲望，更不导致人们的贪欲恶性膨胀，这是解决当代科学技术问题的根本途径。今天，世界各国都注重对科学技术所导致的问题的治理，这是必要的，但这只是治“表”，不能断“根”。要断“根”，必须改变人们的动机结构，而要做到这一点，必须采取有力措施调控市场经济，防止和限制其问题的发生。

大力发展科学技术对于人类生存的必要性是不言而喻的。这是因为：

只有利用科学技术才能治理人类目前面临的环境问题，使人类走出目前陷入的环境危机。人类目前已经面临着空气污染、水源污染、水土流失、生态危机等严重的环境问题，这些问题得不到很好的解决，是不可能构建起人类所需要的宇宙和谐的。然而，这些问题不可能靠自然界的自我调节能力在短期内修复，只能靠人类运用科技手段来解决。

只有利用科学技术才能解决人类需要不断增长与自然资源有限之间的矛盾。人口的过快增长和人类寿命的普遍延长，人口对自然的压力不断增大，而且人类的需要在不断地扩大和加深，人类需要的总量呈几何级数态势迅猛增长，有限的地球自然资源根本无法承载这么大的需求量。在这种情况下，如果不通过科学技术尽可能减少对自然资源的利用和消耗，不寻求替代性资源，不发明创造更多满足人类需要的物品，人类就只会在很短的时期内迅速地消耗完自然的有限资源，根本谈不上人类与自然的和谐问题。

只有利用科学技术才能不断重构自然和谐。人类不仅要生存，而且要生存得好和更好，因而环境不仅要能满足人类的生存，而且要能满足人类生存得更好的要求。这种环境只能是与人类需要发展相一致的动态和谐环境。然而，环境是不会自动地与人类需要相一致，更不会自然地随人类需要的发展而相应变化。要使环境与人类需要发展的方向相一致，只能靠人类作用环境。人类作用环境的唯一有效途径只能是科学技术。科学技术可以在遵循自然规律的基础上根据人类需要的变化不断地重新规划、重新构建环境，调节人类与自然的平衡和协调。

从所有这些方面不难看出，科学技术的发展是人类优雅生存的基本前提条件，没有科学技术的发展，人类的优雅生存根本无从谈起。

要使科学技术真正发挥有利于人类生存的积极作用，必须建立使科学技术不被恶用和滥用的有效控制机制和使科学技术服务于人类优雅生存的有力导向机制。这两种机制建立的前提是要调整和改变人们的动机结构，使人们不是，至少不只是出于利益最大化去研究、利用科学技术，而是为了充分发挥个人潜能而研究和利用科学技术，使之成为自我实现的途径。要使科学技术不被恶用和滥用，必须运用法制和政策的手段对科学研究和利用进行强有力的干预，并使这种干预机制本身法制化。要使科学技术服务于人类优雅生存则还要进一步引导人们更新观念，普遍确立优雅生存的观念，并在这种观念的指导下从事科学技术的研究和利用，使科学技术真正服从于、服务于人类优雅生存的目的，成为实现人类这一美好目标的强有力手段。

三、政 治 管 理

优雅生存的社会是自由人的联合体。这种联合体当然不同于传统意义的国家，但它不是无管理及其机构的，只是它的管理及其机构是适应人们普遍优雅生存的需要建立的，并以之为唯一目标和使命的，因而不同于传统的也不同于现代的国家机构及其管理。传统社会的管理是通过一部分人统治另一部分人的方式实现的，是专制性的，优雅生存社会的管理则是基于公民自主的管理，是民主性的。就此而言，优雅生存的社会与现代社会的管理有着共同的基础。但是，现代社会的民主是通过政党政治实现的，在一定意义上可以说是党治性的，而优雅生存社会的管理则是真正意义上的公民自治，是民治性的，而且优雅生存的社会要突破现代社会的国家至上主义的局限，彻底改变国家作为暴力机器的传统角色，使之成为社会管理的实体。

公民自主的社会制度

优雅生存的社会必须是公民自主的社会。因为只有在这样的社会中，人们才能在成为社会主人的同时真正成为自己的主人，因而也才能充分发展和尽情发挥自己的个性，才能不断追求优雅生存的更高境界。同时也只有这样的社会才能给人们优雅生存提供所需要的各种环境条件。

公民自主或自治（autonomy）就是我们通常所谓的民主，但“民主”这个词在我国使用得比较混乱，许多用法已经偏离了它的本义。公民自主的实质在于社会成员以主人的身份参与社会管理。“自主”的本意就是有理性的人给自己规定法律。公民自主不是民主的结果，它不是在民主以后或因为民主而产生的，而是民主本身，或者说是民主的核心内容。自主是与他主或他治（heteronomy）对立的。他主是公民接受统治者的统治，由统治者为公民作主，自主则是管理者接受作为社会主人的公民的委托进行管理，为公民服务，对公民负责。

在优雅生存的社会，公民自主是一种广泛的社会制度，它体现在社会生活的各个方面，是社会首要的基本原则。民主政治是公民自主制度的典型特征和政治保障。在古代希腊就已经有过民主政治制度，但现代意义的民主政治是在近代西方作为专制政治的对立物产生的，并且得到了现代人类的普遍认同。民主政治的主要使命是要通过法律和制度保证每个公民的社会主人地位并保证每个公民以主人的身份参与社会管理。

具体说来，民主政治有以下三个特征：

民主政治是一种多元主体政治。在民主政治条件下，作为社会成员的每一个个体都是独立、自由、自主的主体，它们都有自己的价值观和价值观念，都有自己的理想、信念、价值准则和价值追求，都有自己的价值体系。民主政治不仅承认个体的主体地位，而且通过法制给予保障。每一个个体都是主体，这是民主政治的前提和基础，也是民主政治不同于专制政治的根本特征。

民主政治是一种民意政治，不仅体现民意，同时也代表民意。在民主政治的条件下，全体社会成员是社会的主人，社会意志是全体社会成员意志的集中体现，管理机构作为社会意志的代表，按照全体社会成员的意愿从事政治活动。体现和代表民意，这是民主政治的核心，也是民主政治不同于专制的主要特征。不过，到目前为止，人类尚未找到真正能体现和代表全体社会成员意志的政治形式。古代希腊的直接民主不适应人口众多的国家，现代的代议政治也比较容易被少数人操纵和利用。

民主政治是一种法制政治。在民主政治的条件下，社会是通过在民意基础上建立的法律制度管理的，管理机构必须在法制范围内、依据法制进行活动。依法管理，在法律面前人人平等，这是民主政治的基本原则和可靠保证。依法管理，还是个人统治，这是民主政治与专制政治的分水岭。多元主体也好，体现和代表民意也好，最后都要通过法制来实现。真正的依法管理，必须贯彻“在法律面前人人平等”的原则。最有可能破坏这一原则的是权力。因此，权力必须制约。不受制约的权力必然腐败，这被认为是一条万古不易的真理。对权力最有效的制约是权力本身。以权力制约权力，这是贯彻“在法律面前人人平等”原则，从而真正实现法治的制约机制和可靠保证。

现代民主社会已经能给公民的社会主人地位提供保证，但是在使公民自主地参与社会的管理方面还相差甚远，而这正是现代民主政治的问题的症结，也是优雅生存社会所必须着力解决的难题。

公民自主地参与社会管理必须通过一定的方式，遵循一定的规则。那么，什么样的方式和规则才能实现公民有效地参与社会管理呢？公民有效地参与社会管理有两条基本的要求：一是要使尽可能多的公民参与社会管理的过程，特别是社会决策的过程，使决策尽可能体现全体公民的意愿和意志；二是必须讲究效率，以较短的时间和较小的代价作出最好的决策。这两条要求常常是矛盾的。要使一项决策真正体现全体公民的意愿和意志，就必须花费更多的时间和更多的代价；而要尽快地作出决策就必定难以完全体现所有公民的意愿和意志，而讲究决策的效率，尽快作出决策在很多情况下是必要的。因此，民主的运作在方式和规则上必须考虑到这种矛盾，尽量兼顾这两方面的要求。

根据这两方面的要求，民主的运作方式既可以采取直接民主的方式，也可以采取间接民主的方式。直接民主的方式就是公民直接参与管理过程，这种方式一般在较小的范围内可以实行。在某些时候，特别是在对某些特别重大的问题进行决策时，也可以采取这种方式。间接民主的方式则是公民参与选择别人代替自己管理，也就是公民选择自己的代表在一定的时期内代表自己以某种方式进行管理，因而间接民主的方式也就是代表制民主。采取间接民主的方式时，当公民选择了他们中的某些人代表全体时，公民并没有放弃对社会决策的最后控制权。这种方式通常是在较大范围内实行，主要是基于效率的考虑。因为道理很简单，如果在较大范围内一切都采取所有公民直接参与决策的方式，既要花费很长的时间，同时又十分费力、费事。这两种方式各有优点和缺点。在民主管理的过程中具体采取哪种方式，要因时、因地、因事制宜，一切以最佳地实现上述两条要求为原则。

从当代人类的社会实践看，间接民主或代表制是更经常采取的方式。这主要是由于两方面的原因：一是当代人类群体的社会范围较大且层级化；二是当代社会管理日趋复杂化。在这种情况下，根本不可能事事都由公民直接决策和执行，否则公民就会因为参与管理而没有时间从事生产和工作。代表制就是要在不可能实现直接参与的情况下仍能实现公民普遍参与。民主是通过普遍参与进行管理，代表制则有助于实现这一参与。因此，代表制这种高效的民主方式是现代社会所必然要求采取的主要民主方式。可是，间接民主却是一种更复杂、更容易出现问题的民主方式。为了克服或减少间接民主这种高效民主方式可能出现的问题，必须采取一些相应的保证措施。这些措施包括：公民的代表对他们的选民负责，他们的权利来自选民，选民有权罢免他们；公民不仅直接选举立法代表（议员），也直接选举执行代表（行政首长）；公民代表实行任期制；地区代表制（按地区各选出一定数目的代表）与比例代表制（结构成分相当一致的一定选区选出的代表）相结合；等等。

无论是直接民主还是间接民主都必须根据一定的规则进行。民主要有成效，必须明智地选择它的运作规则。根据共同体的不同性质及其不同的问题，民主运作可以采取不同的规则，但选择民主运作的规则有两条基本要求：一是效率，规则必须有助于决策尽可能高效地作出；二是保护，规则能为各位公民提供保护，使决策不伤害他或对他产生有利影响。这两条要求常常会发生冲突，必须给予兼顾。

在所有民主运作的规则中，有一条最经常运用、得到普遍认同的基本规则，这就是多数裁定规则。多数裁定规则简单地说就是根据多数的意见作出决定。选择这一规则的根据在于，对于任何一项决策，公民或公民的代表由于种种原因很难达成完全一致，为了最终能作出决策并提高决策的效率，就根据多数人的意见作出决策。多数裁定规则是民主运作不得不采取的规则，也可以说是民主的一条基本原则。但是，在运用这条规则时存在着三方面的难题：多数怎么确定的问题；少数人权利保护的问题；多数权可能被滥用的问题。

关于多数怎么确定的问题。这个问题存在着两个层次的问题：一是多数多到什么程度。"多数"一般是指在一定范围内"超过半数"。但超过多少才是合适的？是超过一半，还是超过三分之二，还是超过四分之三？这里的问题更在于，超过半数越多，越能保护更多成员的利益，但效率却越低。在很多情况下，绝对的多数是很难达到的。二是什么范围的多数。是实际参加投票的多数，还是有权参加投票的多数，还是全体成员的多数？一般地说，根据实际投票的多数裁定最方便、最省事，因而效率最高，而根据全体成员的多数裁定最能保护更多成员的利益。

关于少数人权利保护的问题。多数裁定规则最大的缺陷就在于，所作出的裁定常常不能兼顾少数人的利益，而在一个国家中这些少数人也许是一些特殊的群体，如少数民族，社会的精英阶层等。如何给少数人的利益以适当的保护，如何给少数人以说话、申辩、适当影响或制约裁定的机会，是运用多数裁定原则必须考虑的。有的国家采取法院对立法诉讼进行复审、建立选举团、不论人口多少各州选举两名参议员等措施，就是为了防止多数不考虑少数。

关于多数权可能被滥用的问题。有裁定权的多数并非总是变动的。如果它不是变动的，或变动得不够频繁，就有可能在它的利益范围内保持绝对控制，反对它的人没有反对它的力量可用，这样多数裁定不仅可能逐渐妨碍普遍参与的实现，而且可能导致固定的多数滥用权力，甚至对少数进行压迫。

由于多数裁定规则可能出现这些问题，因而在运用这一规则时一定要谨慎，尤其不能将这条规则的作用过分夸大，使它等同于民主。这条规则只是实现民主的手段，即使在运用得最恰当的时候它也不是民主本身。民主决不是一种以简单多数裁定进行社会管理的形式，而是一种高层次的社会管理的方式。

为了避免和克服多数裁定规则可能出现的问题，民主运作实践中人们还规定了另外两条基本规则：预定程序规则和保护少数规则。为了使民主决策公开、公平、公正，民主过程必须程序化，民主运作应根据预定的程序进行。这种程序不仅应该是社会成员事先认可的，而且应该法制化。对于不同意多数人决策的少数人的意见应该允许其保留，并通过法制的途径禁止对他们采取迫害性措施。

追求公民幸福的管理机构

优雅生存的社会是公民自主的社会。公民参与社会管理，但并不是每一个公民都是社会的管理者。由于现代社会日益复杂化，社会必须有一部分人专门通过一定的管理机构从事社会管理，只是这些管理机构及其管理者并不是公民的统治机构和统治者，而是公民的服务机构和服务者。目前和今后相当长一段时期内，人类的社会管理机构都会采取政府这种形式，尽管这种以强制力量为后盾的政府迟早会转变成真正意义的社会管理机构。

政府的唯一宗旨或根本使命是追求公民幸福普遍实现。政府作为优雅生存社会的管理者，它存在的根据并不是要造福公民，不像通常所谓的“为官一任，造福一方”那样，而是要追求公民幸福的普遍实现。政府不是救星，而是仆人，其责任是帮助所有公民谋求和实现幸福。谋求和实现个人幸福主要是公民自己的事情，不需要政府去包办代替，否则政府就成了“家长”。

“追求公民幸福普遍实现”这一根本使命至少包括以下意蕴：

其一，建立确保每一个公民自由、平等地追求幸福的机制。每一个公民都平等地按照自己的意愿追求自己的幸福，这是公民与生俱来的、不可转让的基本权利。政府不是要赋予这种权利，而是要确保每一个人的这一权利不受侵犯。

其二，为公民追求自己的幸福营造环境，提供条件，创造机会。政府有责任为公民营造那种公民在其中可以获得幸福的社会环境。例如，现代幸福只能在民主的社会环境中才能实现，没有社会民主，不可能有个人幸福。因此，政府有责任为公民构建民主的社会。政府也有责任为公民谋求幸福提供条件。例如，政府应该为公民提供必要的教育。政府还有责任为公民谋求幸福创造尽可能多的机会。例如，政府要为公民提供良好的就业机会。

其三，对社会不公现象作适当的调节。公民自由地追求幸福，其结果会在公民获得幸福的广度和深度方面形成很大的差异。特别是社会上有一些弱势人群，他们的幸福甚至生存需要政府给予适当的保障。

其四，对幸福的追求给予适当的引导。尽管追求幸福是个人的事，但人们对幸福的理解方面的偏差会影响公民幸福的实现。因而政府有责任为公民追求幸福提供必要的指导，通过舆论、教育等途径告诉人们什么是真正的幸福以及应该怎样追求幸福。

政府应当通过民主、科学的途径集体决策。政府在实施管理的过程中，要对许多问题作出决策，决策是否正确直接关系到政府使命的实现，关系到政府在公民心目中的形象，因而政府决策特别是重大决策不能发生失误。要使政府的决策不发生失误，必须通过民主、科学的途径集体决策。所谓民主决策，主要是指决策要集中尽可能多的公民的智慧。例如，一些较重要的决策可以通过媒体讨论的方式广泛听取公民的意见，也可以召开听证会听取意见。决策听取的意见越广泛，决策失误的可能性越小。所谓科学决策，主要是指决策要听取有关专家的意见，尽可能多地利用专家的智能。例如，政府及其部门可以建立相对稳定的智囊机构，也可以就某一决策召集有关专家进行专门的研究。所谓集体决策，主要是指政府及其部门的组成人员共同决策。尽管政府及其部门通常实行的是行政首长负责制，但这并不意味着政府决策是行政首长一个人的事。对于一些较小、不那么重要的决策可以采取这三种形式中的某一种形式或两种形式，但对于一些重大决策应当同时采取三种形式。

政府应当高效、负责地依法进行管理。政府最经常的工作是对社会事务进行管理。追求公民幸福普遍实现的政府在实施经常性的管理工作时必须遵循三条基本原则，这就是依法、高效、负责。所谓依法，就是政府的一切管理行为都必须有法制依据。政府手中控制着权力，如果不依法行政，就会发生只管那些有利可图的、容易管的事，而不想管那些无利可图、麻烦的事，最终导致政府想管什么就管什么。这种情况一旦发生，不仅会妨碍政府使命的实现，而且会导致政府机构逐渐膨胀，更为严重的是，会导致对公民权利的侵害。依法行政，就是要求政府只能管而且必须管那些法制授权的事。所谓高效，就是政府在依法进行管理的过程中必须讲求办事效率。办事拖拉，推诿扯皮，影响政府职责的履行，影响政府的形象。所谓负责，就是政府在管理过程中要对公民负责，要对管理对象负责，要对政府负责。当断则断，不能因为担心丢掉“乌纱帽”而敷衍塞责。只有敢于负责，政府办事效率才会高。负责与效率直接相关。

政府应当机构简化，职责明确，计较行政成本。近代以来，许多思想家都主张政府要小，形成“小政府、大社会”的格局。“小政府”不仅指政府应管得少，而且政府的机构也要小。事实上，这两者是互为因果的：管得少，就只要小的政府机构；政府机构小，也不可能管得多。官僚机构臃肿，不仅不可能高效，不仅会管一些不该管的事，而且行政成本高。政府机构不仅应简化，而且要职责明确。政府机构只能管理职责范围内的事，而不能管职责范围外的事，否则不是越权就是侵权，而这是违规的。之所以要简化机构，重要考虑之一就是要节省行政成本。政府的开支来源于公民，政府应当有强烈的成本意识，切忌拿着公民的钱来变着法整治公民。

政府官员应当勤政、善政、廉政。政府的职责和使命是通过官员来履行和实现的，因而官员的综合素质、管理能力如何，直接关系到政府的效能和形象。一般说来，政府官员应当能勤政、善政和廉政。所谓勤政，主要是指事业心和责任感，要求官员要敬业和负责。官员肩负着管理社会的责任，因而必须明确自己所肩负的责任，必须切实地履行好自己的职责。所谓善政，主要是指领导才能和领导艺术。领导才能主要包括：知识水平、理论水平、政策水平、决策能力、开创能力、组织能力、管理能力、协调能力、应变能力、表达能力、交际能力、办事能力、合作能力。领导艺术主要体现在处理规范与个性、理智与情感、法制与人情、对上与对下、有为与无为、稳定与发展、继承与创新等关系之中。领导艺术就在于合理地处理好所有这些两难的关系。官员要履行好政府的职责，必须具备良好的领导才能和领导艺术。所谓廉政，主要是指廉洁和自律。官员手中掌握着权力，他们有可能利用这种公权为自己谋取私利。因此，官员要自觉做到廉洁自律，防微杜渐。

规导并重的控制机制

社会控制机制是社会管理的重要手段。为了确保优雅生存的社会的价值目标得以实现，必须建立相应的社会和谐秩序，而要建立这种秩序，就必须建立相应的社会控制机制。社会控制机制是任何社会都必需的，即使社会成员的素质非常高也不例外。因为没有有效的社会控制机制，人们就可能相互妨碍和相互伤害，而且也难以形成共同的理念，追求共同的目标，社会就会因此而陷入混乱。

现代社会在法制的范围内，给人们的活动保留了巨大的空间，在这个空间内人们享有广泛的自由，这较之传统社会确实是一个历史性的进步，但是现代社会的控制机制普遍存在着一个缺陷，就是注重规范，而轻视引导。也就是说，在建立现代社会秩序的过程中，社会注重了规范控制，而忽视了导向控制，或者说，将规范控制与导向控制同一起来，而没有建立规范控制之上的导向控制。无数事例已经证明，社会不给人们提供必要的引导，人们在广泛自由的空间内就可能不知所措，最终会放任人的自然本性，走上贪欲膨胀、唯利是图的道路，其结果是自由化会变成实利化，人因此会成为物欲的奴隶而不能真正获得自由。优雅生存的社会无疑要像现代社会一样追求建立多样性的动态秩序，但同时还要在此基础上进一步给人们提供怎样生存更好、怎样生存最好的价值导向，并建立相应的激励机制。优雅生存的社会不仅追求社会的有序，而且追求社会的美好。

优雅生存的社会的规范机制就是民主性的法制。这种规范机制的最大特点是既确保社会具有稳定的秩序，同时又给人们的生活保留最大的空间。其基本原则就是个人的自由和权利不能妨碍和伤害他人的自由和权利，其直接目的就是要使社会保持多样性的动态和谐，而其终极目的则是要确保个人自由普遍实现。为了建立这样的规范机制，必须建立完善的规则体系和有力的制约机制。现代社会规则体系和制约机制都在逐步法制化，建立完善的规范机制也就是要建立健全的法制体系。

优雅生存的社会是法制健全的社会。法制健全至少包含以下五层含义：其一，这种法制是现代意义的法制，其基本精神在于通过防止公民相互妨碍和伤害使公民的自由和权利得以普遍实现。就是说，它要保护所有社会成员的自由和权利，而不只是保护某一个人或某部分人的自由和权利；其二，这种法制的规范和程序是通过民主的途径确定的，而不是某个人或某些人确定的，充分体现了公民的意志；其三，这种法制所规范的只是人们有可能影响他人和社会的社会行为，而不是人们的所有行为，更不包括人们的思想和动机；其四，这种法制对社会成员所有可能对他人和社会发生影响的行为都能起到调节作用；其五，这种法制对行为的控制是程序化的，而不是随意和随机的，具有严肃性和神圣性。法制健全的这五层含义实际上也就是法制健全的五项基本要求。达到这五项基本要求，我们才能说法制健全，才能说可以为优雅生存的社会提供有效的保障。在现实生活中，我们经常能听到人们谈论法制健全，但人们心目中所理解的法制健全存在着片面性和偏差。要真正做到法制健全，达到上述要求对于我国这样的发展中国家还有很多的工作要做。

优雅生存的社会的导向机制就是人道化的道德。这种导向机制的最大特点是通过启发人的道德自觉引导人们在追求自我实现的过程中不断提升自己的生存境界。其基本原则是推己及人或“己所不欲，勿施于人”（消极的，即与规范机制相配合的），其最高原则是追求人格完美（积极的），其直接目的是使社会更美好，其终极目的则是追求社会成员普遍获得幸福，过上优雅生活。为了建立这样的导向机制，不仅要建立完善的人性化道德体系，而且要使这种道德的原则渗透到社会生活的各个方面，特别是要渗透到社会管理之中，使之成为社会管理所追求的价值目标。

优雅生存的社会是道德高尚的社会。道德高尚至少包含以下三层含义：其一，这种道德是现代意义的道德，其基本精神就是要以人谋求生活得更好的本性为根据，鼓励人们对自身幸福的追求，同时引导人们在追求自己的幸福的过程中，实现自己的幸福与他人的幸福共进，就是说，它要把人们从自爱引向爱人，做到爱人爱己；其二，这种道德给人们的生存提供价值理念和做人原则，提供生活模式和行为方式，并能对人们的生活产生全面的影响，而不只是影响人们的社会行为；其三，这种道德是通过教育和宣传的途径启发人们道德自觉内化为人们的道德素质的，社会能有效地将社会道德转化的个人德性。道德高尚的这三层含义也是道德高尚的三项基本要求，达到这三项要求，我们才能说道德高尚，才能说可以为人们优雅生存提供有效的导向。在现实生活中，有不少把道德理解为乐善好施之类的好人好事，这是对道德的误解。道德是实践智慧，是引导人们怎样通过处理好个人与他人、社会的关系，以及个人自身各种关系以更好地实现自己幸福的一种控制机制或导向机制。社会道德高尚决不意味着大家都去做好人好事，而是意味着大家都知道怎样做更能使自己的幸福与他人的幸福共进，并努力地这样去做。

在建立社会制约机制方面，尤其是在建立社会导向机制方面，大众传媒具有特别重要的意义。它是法制、道德构建和发挥作用的重要途径，它可以与民主性法制、人性化道德一起构成优雅生存社会的控制机制。在社会控制方面，大众传媒的主要意义有两个：一是通过各种报道和评论宣扬什么是善的，什么是恶的，什么是正当的，什么是不正当的，什么是合法的，什么是违法的，使人们在接受信息的过程中形成是非善恶观，形成怎样不好，怎样好，怎样更好，怎样最好的观念；二是通过语言、形象、音响等各种手段强化人们的是非态度，使人们在形成认识的同时形成思想倾向和行为倾向。大众传媒与法制和道德不同，它本身不是一种价值体系，而只是一种传播中介，因而它持什么样的法制观、道德观关系重大。如果一个传媒所持的传统的或其他过时的、不正确的法制观、道德观，或者根本没有什么观，而只是利用媒体一味刺激和满足人们猎奇、变态的心理以找卖点赚钱，那它非但不能产生积极作用，相反会产生消极作用。因此，大众传媒要发挥好优雅生存的社会控制机制的作用，它必须首先更新观念，树立优雅生存观。

大众传媒作为现代社会的主要舆论形式，对个人和群体确立什么样的价值观和价值观念，选择和追求什么，以什么方式追求都具有极为重要的导向作用。如果大众传媒以优雅生存为总的价值导向，倡导人们追求自我实现、体魄强健、人格完善、心灵安宁、事业成功、家庭和睦、环境舒美、人生体验、生之欢乐、不可替代；告诉人们应该自由地、平等地、公正地、和谐地、殷实地、悠闲地生存；鼓励人们有学习地、有专长地、有责任地、有尊严地、有德性地、有个性地、有创意地、有情趣地、有格调地、有智慧地生存；促进人们追求更高的生存境界，歌颂那些生存的强者、楷模、精英、智者，就可以形成有利于优雅生存的舆论氛围，可以使全体社会成员在潜移默化中受到熏陶，普遍形成优雅生存的社会所需要的价值观念和行为方式。另一方面，即使在优雅生存的社会也会存在着邪恶和犯罪，也会存在诸多不公正的现象。这些问题是优雅生存的社会的威胁和障碍。大众传媒在维护社会公正，声张社会正义方面能发挥巨大作用。它可以通过有效、及时的社会舆论谴责邪恶，震慑犯罪，抨击偏私，批评不公，从而形成良好的社会风尚和公正的社会环境。

四、教育事业

近代以来，教育在人类生活中的地位日渐重要。今天，教育不只是发挥着文化知识技能的传承的作用，而且在人们价值观念、思维方式、人生态度的形成和转变方面也发挥着重要作用。近代西方有思想家认为人是教育的产物，今天看来，不仅人是教育的产物，而且社会也是教育的产物，教育不仅决定着人类的现在，也决定着人类的未来。优雅生存的社会是一种比现代社会更完美的社会，因而教育会更发达、更完善。广义的教育包括学校教育和非学校教育、系统教育和非系统教育、显性教育和隐性教育等。在这里我们从广义上来考察优雅生存的社会的教育应有的状况和教育事业应有的追求。

一切为了学生

教育是事关个人成长，社会发展的一项战略性、先导性事业，必须有一种正确的理念。这种理念是教育事业的最高准则。从人优雅生存的需要来看，从未来社会对人的培养要求来看，未来社会教育的根本理念应该是一切为了所有学生健康成长和全面发展，也就是“一切为了学生，为了一切学生，为了学生的一切”。也可以更简单地概括为：一切为了学生。优雅生存的基本要求就是人的个性和潜能获得充分发展，这种要求主要通过教育来实现，而教育必须着眼于、并围绕着学生的健康成长和全面发展才能满足这种要求。

一切为了学生的健康成长和全面发展的理论根据是以人为本。人是教育的根本，也是教育的基础；人是教育的始点，也是教育的归宿；人是教育的中心，也是教育的目的。因此，一切教育都必须以人为本。教育要以人为本，“就是把教育和人的幸福联系起来，和人的自由联系起来，和人的尊严联系起来，和人的终极价值联系起来，使教育真正成为人的教育，而不是机器的教育；使教育不只是人获得生存技能的一种途径，而且还能成为提升人的需要层次、丰富人的精神世界的一种方式”①。

一切为了学生的健康成长和全面发展，就是要以所有学生的健康成长和全面发展作为一切教育的出发点、中心和目的，为学生的健康成长和全面发展提供优质服务，着眼于学生的健康成长和全面发展进行学生管理、教学组织和活动安排。

根据这种根本理念的要求，教育工作要遵循以下几条基本原则：

以学生为中心的原则。要彻底改变师道尊严的旧观念，彻底改变以教师为中心的旧做法。要以学生为中心，以学生的健康成长和全面发展为中心。学生健康成长和全面发展的根据在于社会需求，在于学生未来生存和发展的需要。教育必须为满足这种需要提供服务。教育就是服务。教育者是服务者，学生是服务对象。

以充分发展（或开发）潜能为目标的原则。教育的根本目的不是把学生培养成适合某种需要的人才，而是要把学生可能具有的潜能充分地发掘出来，为他们将来尽情地发挥潜能奠定基础。教育应该是人性化的。所谓教育的人性化，就是要着眼于人性的实现和发挥来进行教育，使每一个人成为他可能成为和应该成为的人。人性实现和发挥的前提就是要把人性所可能具有的各种潜能充分地开发出来，使之成为现实的能力。这一原则反对把学生当作实现某种外在目的的工具来培养，而要求把学生的健康成长和全面发展当作目的本身。

---

① 中国教育与人力资源问题报告课题组：《从人口大国迈向人力资源强国》，高等教育出版社 2003 年版，第 327 页。

规范与引导并举的原则。以学生为中心，并不意味着教师是消极被动的。作为教育者，它应该“教”和“育”。从教育管理者的角度看，教育主要有两方面的任务：规范和引导。要以法制规范学生，以道德引导学生。

兼顾重点与一般的原则。学生的禀赋和素质是有差异的，任何一所学校都不可能使所有的学生都成为名牌。教育者要培育名牌，但不能只管几个名牌，要注意处理好重点学生与一般学生培养的关系问题。因此，学校尽管可以尽可能多地出名牌产品，但决不能将一个次品和废品推向社会。

抓大放小的原则（自主性原则）。教育者要给学生提供服务，但不能成为学生的保姆。教育者的服务包括两方面：一是为学生营造尽可能好的环境和条件；二是对学生进行必要的规范和引导。学生是或者说应该是独立自主的主体。肯定学生的自主性，这是教育工作者一切工作的前提。如果学生还缺乏自主性，教育者的任务不是要帮助他做主，而是要通过一定的途径使他自主。

为了贯彻一切为了学生健康成长和全面发展的要求，一切教育单位都必须做到以下五个“优化”：

优化管理。学生管理涉及多方面，要特别抓课堂管理、课外管理、宿舍管理。优化管理，最主要是要使各项管理人性化、制度化、程序化、一体化，要使学生感到管理不是卡他们，而是为了使他们不相互妨碍和伤害，使他们有良好的学习、生活秩序和氛围。人性化主要是指教育管理要以学生的健康成长和全面发展为本，要与学生的身心发展相一致。制度化主要是指教育管理不是人治，不是长官意志，不是心血来潮，而是有章可循的，也就是以学生健康成长和全面发展确立的管理制度。制度不仅要有规范性，而且要有导向性。程序化主要是指教育管理不是随意的，而是依据一定的程序进行的。程序应是公开的、得到公认的。一体化主要是指教育管理要内外一致并一以贯之，避免政出多门，自相矛盾。

优化服务。教育就是服务，教育工作就是直接为学生提供服务的。服务内容主要包括为学生健康成长和全面发展营造环境、创造条件、提供指导、解决难题。优化服务既有一个服务态度问题，特别是责任心问题，更有一个服务能力问题。

优化活动。组织活动，特别是第二课堂的活动是教育的重要内容之一，也是提高学生综合素质的主渠道之一。学生的活动主要有两类不同的组织者：一是学生工作部门；二是学生的社团组织。要使学生的活动普及化和有成效，学生工作部门必须给予正确、积极的引导，同时还要通过众多不同的社团使所有的学生都投入到活动中去。

优化环境。学生学习生活的环境十分重要，使学生学习生活的环境优化是学生管理的重要内容之一。就学校而言，学生的环境包括不同的层面，如校园环境（包括硬环境和软环境）、班级环境、教室环境、寝室环境、社团环境等等，其中特别值得重视的是班级、社团和寝室。优化环境需要很多外在条件，特别是教师的影响很大，但学生仍然是环境优化的主体，可以通过强调学生的管理使环境更好。在这方面，管理部门要特别注重规范、引导、营造。

优化队伍。优化队伍主要是指优化教育者。教育者，特别是教师直接肩负着教育的任务，而且对学生有重要的示范作用。因此，要使学生健康成长和全面发展，教育者自身必须是健康成长和全面发展的。

为了贯彻一切为了学生健康成长和全面发展的要求，教学单位必须更新教育方式，使之与学生的全面健康成长和全面发展相适应。德国哲学家雅斯贝尔斯在《什么是教育》一书中根据教育方式把教育划分为三种类型："① 经院式教育：这种教育仅仅限于'传授'知识，教师只是照本宣科，而自己毫无创新精神。教材已经形成一套固定的体系。人们崇拜权威作家及其书籍。教师本人无足轻重，只是一个代理人而已，可以任意替换。② 师徒式教育：这种教育的特色是完全以教师为中心，具有个人色彩的传统。学生对教师的尊敬和爱戴带有绝对服从的特点。③ 苏格拉底式教育：从教育的意义上看，教师和学生处于一个平等地位。教学双方均可以自由地思索，没有固定的教学方式，只有通过无止境的追问而感到自己对绝对真理竟一无所知。因此，教师激发学生对探索求知的责任感，并加强这种责任感。"[①]前两种教育方式是与人性相违背的教育方式，通过这两种方式培养的人只会是片面发展、缺乏创新精神和个性的工具型人才；后一种方式才是与人性相一致的教育方式，通过这种方式才可以培养出有个性的完整的人。

素质、技能与个性

教育是人类文化传承的主要途径，因而自人类进入文明社会之后教育就一直存在。但是，不同时代教育的目的和使命是不同的。

在传统社会，教育基本上是统治阶级的专利，统治阶级为了培养接班人和权贵者，因而更注重受教育者的综合素质，特别是人文方面的素质。那时社会的分工还不发达，因而专业技能教育尚不发达。

自近代以来，适应市场经济和科学技术迅速发展的需要，教育成为了再产生劳动力的主要手段，因而获得了空前的大发展，特别是学校教育逐渐体系化，层次和门类越来越多。受教育也成为了人的一种平等权利，教育因而走进了寻常百姓家，日趋平民化。社会化大生产促进了社会分工的大发展，社会的行业和职业分工越来越细，对劳动者的要求越来越高，再加上现代文明的实利化取向，专业技能教育逐渐成为了教育的重点，综合素质教育退居次要地位，学制不断延长，内容不断变窄，教育日趋专业化。教育的平民化和专业化是教育发展史上的巨大进步，为现代文明的繁荣提供了坚实的基础。

随着人类文明从现代到后现代的转变，随着优雅生存时代的到来，教育的目

---

① ［德］雅斯贝尔斯：《什么是教育》，邹进译，生活•读书•新知三联书店 1991 年版，第 7～8 页。

的和使命也必须相应地变化，必须适应和满足人类优雅生存的需要。

优雅生存是在追求各种需要得到充分和协调满足的同时，更追求高层次需要满足，在追求各种才能的充分发展和尽情发挥的同时，更追求高层次才能的发展和发挥的生存方式。适应这种生存方式的需要，教育首要的使命是要培养人的综合素质。综合素质是人的禀赋或潜能通过教育和实践所形成的现实能力，培养综合素质就是要使人的各种潜能得到充分发展。没有各种潜能的充分发展，根本谈不上各种能力的尽情发挥。即使有条件和机会尽情发挥，那种发挥也可想而知。

适应优雅生存的需要，教育的另一使命是要培养人的专业技能。专业技能主要是就职业而言的。后现代社会是现代社会的继续，社会分工仍然会很发达，而且也只有这样才能保证社会的富裕和经济文化的繁荣。生活在这种社会中的人不仅要有良好的综合素质，还必须具有职业专长，必须具有专业技能。在科技发达的时代，这种专业技能不能自发地形成，必须接受教育后才能获得。因此，后现代社会的教育像现代教育一样肩负着培养和提高全体社会成员的专业技能的责任，不仅要使每一个人都具有专业技能，而且要充分发展每一个人的专业技能，并在此基础上着力培养社会发展所需要的专门人才。

适应优雅生存的需要，教育的第三使命是要培养人的个性特色。个性特色主要是指个人所具有的那种不可替代的区别于其他人的特性。每一个人客观上都有个性特色，因而每一个人彼此不同，正如世界上没有两片相同的树叶。但是，无论是传统教育还是现代教育都有意识或无意识地抹杀学生的个性特色，用某种统一的教育模式将学生变成像工厂生产的机器一样的标准产品。于是，学校就成了生产标准学生的工厂。学校的这种标准化生产可以降低教育成本，可以提高教育产量，但是学生的个性被忽视、被湮没了。后现代社会要使社会成员成为具有不可替代性的个性充分发展的人，就必须改变过去的教育忽视个性特色教育的缺陷，必须把培养学生的个性特色作为教育的重要使命之一。把培养人的个性特色作为教育的主要职责之一，这是未来社会教育的一大特色。

个性特色教育与综合素质教育、专业技能教育不同，它主要不是通过课堂教学实现的，而是要通过教育个性化来实现，也就是要使个性特色教育贯穿于、渗透于一切教育活动中，与综合素质教育、专业技能教育结合起来，培养学生的个性意识，鼓励学生充分发展和发挥自己的个性，为学生的个性发展提供各种环境和机会。

教育的这三项使命是就整个教育而言的，在不同层次和不同类型的教育中当然应有所侧重。一般来说，综合素质教育和个性特色教育要贯彻于从幼儿园到大学（包括大学本专科、研究生，也包括高等职业技术教育）的整个普通教育的全过程，专业技能教育则主要是大学教育，特别是高等职业技术教育和研究生教育的职责，也是继续教育的职责。就人的终身教育而言，这三项教育都是必需的，只是不同的年龄段有不同的侧重而已。尽管对于不同层次、不同类型的学校来说，教育的职责有所侧重，但对于个人来说，则不应该有所侧重，而应该接受全面的教育，通过接受良好的教育形成良好的综合素质、个性特色和专业技能。

健全的普通教育格局

教育的三项使命主要要由普通教育来履行。教育要履行好自己的三项使命，最重要的是要有健全的普通教育格局。不同国家的普通教育格局有不同的模式，而且差异比较大。不过，现代普通教育格局一般都是由初等教育、中等教育和高等教育构成的。现代普通教育格局形成的历史很短，大约是在第二次世界大战后适应现代科学技术、市场经济和政治管理的迅速发展而形成的，迄今为止还不到一百年的历史，目前还处于急剧变动之中，未来将会怎样，现在还不好说。而且现代普通教育格局主要是适应现代文明的需要形成的，培养的目标主要是专才，重视专业技能而不重视综合素质，更不用说个性特色。从这个角度看，普通教育网络也还会发生变化。目前流行的这种普通教育划分为初等教育、中等教育和高等教育，在很大程度上是因为还有很大一部分人没有能力接受大学教育乃至中等教育。我们可以设想，如果将来普及了高等教育，这种模式必定会改变。随着全球一体化的到来，未来的普通教育结构和模式会趋同，而且会更简化。

从优雅生存的要求来看，一个人要具备良好的综合素质和个性特色，他必须接受完整的初等教育和中等教育。这两个阶段的教育必须使学生具备作为优雅生存的人所应具备的一般知识和一般技能，所应具备的基本素质和个性。从优雅生存的要求看，一个人要具备良好的专业技能素质，他还必须接受高等教育。高等教育必须使学生具备作为优雅生存的人所应具备的专门知识和专门技能，同时还应进一步提高学生的综合素质和强化学生的个性特色。

从优雅生存的要求也可以看出，未来的普通教育将会改变目前各国各不相同的局面，形成大致相同的格局，这种格局就是把普通教育划分为两个阶段，即：基础教育阶段和高等教育阶段。

基础教育是“通识”教育，是每一个人都必须接受的教育。在基础教育阶段，应取消目前在一些国家存在的中等职业技术教育。因为过早地接受职业技术教育不可能使学生具备应有的一般知识和一般技能，以及应有的综合素质和个性特色。而且从人类目前的现实和未来的发展来看，只接受中等职业技术教育是不可能适应社会的职业要求的。

高等教育是“专才”教育。高等教育可以划分为两个阶段：本科生阶段和研究生阶段。其中本科生阶段也是每一个人都必须接受的教育。本科生阶段又可以进一步划分为侧重职业技术教育的本科和侧重普通高等教育（为研究生奠基）的本科。对于接受职业技术教育的学生而言，职业技术教育就是普通教育的终结，而对于接受普通高等教育的学生而言，研究生教育才是普通教育的终结。这也就是说，普及高等教育是有差别的：大多数人只接受本科生阶段的教育，而另外有少数人还要继续接受研究生教育，使他们成为某方面的高级专门人才。这也许就是未来社会普通教育的总体格局。

普及基础教育不用说在今天的发达国家，就是在一些欠发达的国家也已经成为现实。例如，我国的一些大城市和一些发达地区已经普及了高中阶段的教育。在一些发达国家高等教育也开始普及。从一些发达国家普通教育的发展态势来看，普及高等教育已经是势在必行。例如，美国不仅有发达的普通高等教育，而且出现了遍及每一个社区的社区学院。社区学院的出现使美国普及高等教育已经基本成为现实。美国的经验表明，不仅普及基础教育是可能的，而且普及高等教育也是可能的。从今天中国的情况来看，几乎每一个家庭都希望孩子能接受高等教育，而且每一个家庭都愿意为此投入，问题的关键是政府是否重视。只要政府重视，将更多的经费投入教育事业，并采取各种政策措施推动和鼓励办高等教育，普及高等教育为期是不会太远的。

美国纽约州立大学总校前校长布鲁斯·约翰斯通在2002年于北京举办的中外大学校长论坛上发表的主题为“全球大学的变革方向”的演讲中指出：“大学变革是一个全球性的话题，也是一种不可避免的趋势。”全球的大学在变革中表现出许多共同的特点，其中首要的特点就是高等教育大众化。“人们越来越认识到，高等教育对社会的良好运行、对个人的成长和发展、对在日益激烈的经济竞争中立于不败之地起着至关重要的作用。”①

约翰斯通的这一观点不是空穴来风，而是有事实根据的。发达国家的高等教育已从精英教育向大众化教育发展。如美国的高等教育普及率约占同龄人口总数的55%。在欧洲、日本乃至韩国，大学生要占到同龄人的35%～50%，就连发展中国家的平均水平也达到14.1%。我国目前高等教育发展较快，到2000年年底，各类高等学校在校学生已达到1100万人，但是高等教育的毛入学率刚刚超过11%。尽管我国离高等教育大众化的距离仍然非常遥远，但我国高等教育近二十年发展特别快。

制度化的继续教育

一方面，在信息多元化、全球化的未来社会，科学技术的迅猛发展必将使知识的绝对数量不断成几何级数增长，使知识的更新周期加速。科技的快速发展，知识更新速度加快，必将造成产业结构的变化越来越快，随之而来的是会出现越来越多的结构性失业问题。人们如果不及时更新知识和技能，就不可能适应日益激烈的竞争需要。在这种社会条件下，人们一次性的学校教育远远不能适应知识和科技的迅速变化，而必须终生地学习。

另一方面，随着经济的发展，人们可供支配的收入和闲暇时间日益增多，人

① 见《中国教育报》2002年8月10日第4版。

的平均寿命也在延长，人们的学习需要也会向着更快、更高、更新的目标不断发展和完善，人们在各个时期、各个领域、各个层次的学习积极性、主动性也会相应增强。

因此，学习不应是一次性的，不再是一劳永逸的事，而应是持续的、终生的，是贯穿于人的一生的连续不断的过程。生活在今天的人们，必须活到老、学到老，不断接受继续教育，才能在社会竞争中立于不败之地。

终生性的继续教育，也就是人们通常所说的终身教育。“终身教育”作为一种现代思潮，于20世纪60年代中期开始在一些发达国家传播，70年代联合国教育发展国际委员会报告书中明确要求所有发达国家和发展中国家必须实施终身教育，到80年代后期这一理念在世界各国现代教育中逐步演进为一个被广泛认同的宏大教育实践。终身教育作为为了追求人的生活质量而形成的现代教育理念，其核心思想被认为是“以个人一生主动自愿学习为基础，以个性化、多样化、非职业化学习为特征，以个体发展多样性，个体享受丰富性为原则，它的实质是以人为本、品质为优、能力为先、服务为核，它的本质是不断促进人的全面发展”①。

适应人们终生性继续学习的需要，社会不仅必须给那些离开学校的成年人提供接受继续教育的足够机会和广阔空间，而且必须实现教育的纵向一体化和横向一体化，使教育既贯穿于人的一生，又始终与生活保持密切的联系。这就要求建立终身继续教育的制度，使继续教育制度化、持续化和普及化。“终身教育体系构建的基本特点为：强调以学习者自由地、个性化、主动地学习为主；强调政府和社会应为终身学习者提供多样化的相互沟通的学习组织形式、学习服务理念、学习制度安排；强调学习者对学习内容与手段的选择性、连续性、丰富性。”②

为了构建终身继续教育制度，政府特别是有关教育机构面临着以下责任：

必须建立继续教育的体系，使继续教育成为整个教育事业的必要的、重要的组成部分。为了节省社会资源，继续教育体系应该依托于现有的普通教育体系，但现有的普通教育体系必须予以重新构建。现代普通教育体系是完全适应普通教育的需要建立起来的，缺乏灵活性、多元性和伸展性，不适应多层次、多领域的复杂多样的继续教育。所以，现代的学校教育必须拓展教育的范围，将继续教育作为学校教育的一个重要组成部分。今后大学教育将会普及，继续教育因而将主要是大学后教育，大学将会成为社会继续教育的主体。因此，大学教育必须由现在的单一的普通教育或以普通教育为主的格局转变为普通教育与继续教育并重的新格局。就目前中国而言，存在着大量的普通大学教育之外的继续教育机构，这

---

① 中国高等教育与人力资源问题报告课题组：《从人口大国迈向人力资源强国》，高等教育出版社2003年版，第337页。

② 中国高等教育与人力资源问题报告课题组：《从人口大国迈向人力资源强国》，高等教育出版社2003年版，第337页。

些非普通大学的继续教育机构成本高、质量差，应该将这些教育机构并入普通高等教育。

必须根据不同的学习需求，以最好的方式提供必要的知识和技能。继续教育的需求是十分复杂、灵活、多变的，如何根据学习的需要同时又有一定的导向性进行教育，是教育机构做好继续教育面临的新课题。大致说来，人们可能出于以下三种不同动机来接受继续教育：一是更新知识和技能，这是因为原有的知识和技能老化而产生的学习需求；二是提升知识和技能，这是因为个人从事更高层次的工作或提升人生境界而产生的学习需求；三是变换知识和技能，这是因为个人变换工作种类或生活方式所产生的学习需求。其中第一种动机是最常见的。高等学校应针对这些学习需求来构建继续教育的教学体系。

必须创新继续教育模式，融继续教育、培训、服务为一体。要把继续教育、培训、服务有机地结合起来，发挥资源优势，多方面满足经济建设、社会进步和个人发展的需要。继续教育的主体部分是职业继续教育。职业继续教育内部和外部需要紧密配合，一方面政府和行业有关管理部门要科学地制定培训计划、培训标准及有关政策法规，建立就业准入制度，协调社会各方面关系，在经费、技术、人员等方面给予支持，创造有利于职业继续教育面向社会开放办学的宏观环境；另一方面，职业继续教育和培训机构要根据社会需要和自身能力，合理调整培训计划、师资、设备和课程内容安排，并主动加强与行业、企业和社会各方面的联系，紧密结合生产、经营、管理等社会实践活动，注意引进先进的教学技术、设备和内容，实现最佳办学效果。

必须通过一定的法规程序，将继续教育制度化。尽管每一个人客观上都存在着继续教育的需求，但并不是每一个人都有接受继续教育的愿望，即使有这方面的愿望也常常由于种种原因不去接受继续教育。因此，像今天的义务教育一样，将继续教育制度化对于普遍推行继续教育是十分必要的。这种制度化一方面要明确规定接受继续教育是每一个公民的义务；另一方面要具体规定大学后不同专业每隔多长时间应该接受一次继续教育，每一次继续教育应进行多长时间，同时对是否接受继续教育和继续教育的效果如何要有明确的奖惩措施，特别是要与人们的就业、升迁、奖罚联系起来。只有制度化，继续教育才会普及化和常态化。

五、文化生活

人类进入文明社会以后，文化生活开始成为人们生活的一个部分。随着文明的进步和繁荣，随着人们闲暇时间的增多，文化生活在人们生活中的地位与日俱增，并日益成为人们生活的主体部分。然而，值得注意的是，近代以来各国都把经济政治问题置于工作的重心，只是到最近几十年文化生活问题才作为服务业的一个部分受到注意，文化生活更多地处于自发的无政府状态，它被看作是个人生活而被置于社会管理的边缘，它对于人生存的重要性远远没有引起社会管理者的足够重视。文化生活对于身心健康、乐生休闲、个性发展、人生境界都具有极其重要的意义，直接关系到人生存的质量。对于优雅生存而言，丰富的文化生活既是它的重要内容，也是它的可能条件。优雅生存的社会必须有高度发达的文化生活。

雅俗文化共荣

既然人的本性包含着不可分的“灵”和“肉”的方面，包含着对这两方面的“谋求”，那么，生长在人性这两个方面之上的所谓“雅文化”和“俗文化”，对于人类文化需求的满足，对于人的生存都是必不可少的。尽管人们仍然可以把两种文化分别看作是“高雅”和“低俗”的，但这决不是取舍它们的根据，它们都可以满足人们的不同需要，都可以满足不同人的需要。严格说来，所有文化，无论是高雅的，还是低俗的，都是人的精神食粮，都能满足人的需要，只是有些文化满足的精神需要与人的感性更靠近，有的则与人的理性更靠近。

事实上，“雅文化”与“俗文化”之间区别的根据，主要不应在于它是满足人的感性需要还是满足人的精神需要。例如，芭蕾舞在许多人看来是一种雅文化，但我们不能说芭蕾舞只是满足人们的精神需求，而排除它对人们感官满足的意义。有这样一则报道：一位芭蕾舞欣赏者说，他来看芭蕾舞是为了看芭蕾舞演员美丽的大腿，报纸愤怒地发表评论说，这位观众层次太低，他简直是在亵渎芭蕾舞。这里我们无须评价报纸评论的是与非，但我们不能否认芭蕾舞演员的形体美是感性美，这种感性美更多地是满足众多观众“低俗”的感性需要。实际上审美在更多的情况下是一种感性活动，只是这种感性活动能引起精神上的享受。人是一个有机的整体，很难把感性与理性、身体与精神、“肉”与“灵”截然分开。如果截然分开，那种纯精神性的文化可能是干枯的、僵死的、空虚的，缺乏生机和活力的。

基于以上看法，笔者认为“雅文化”与“俗文化”之间的区别不在于是精神性的还是肉体性的，而在于以下三个方面：其一，文化的雅致性：它是阳春白雪，和者盖寡，还是下里巴人，和者盖众；其二，文化的珍稀性：它是所有人都能享受（成本低的），还是只有一部分人能享受（成本高的）；其三，文化的难易性：它是易于创造或生产的，还是难于创造或生产的。“雅文化”通常是那种阳春白雪，和者盖寡的，只有一部分人能享受的（成本高的），难于创造或生产的文化，而“俗文化”则相反。

以上这三个根据是变化的，因而“雅文化”与“俗文化”的区分也是相对的。有许多过去是粗俗的文化后来变精致了，并因而成为了高雅的，也有许多过去是少数人享有的高雅文化后来成为了大众消费之后变成了低俗的，还有更多因生产成本高而不能为大众所消费的雅文化，今天已经因为科学技术和生产力的发展而成为了俗文化，如电视文化、电影文化、网络文化，等等。从这个意义上看，人类不应该过分看重“雅文化”与“俗文化”之间的区别。特别是在现代文明昌盛的今天，由于人们生活水平普遍提高，由于信息媒体高度发展，“雅文化”变得越来越少，其欣赏者也变得越来越少。而且许多“俗文化”的水准和品味不断提高，如许多优秀的电视剧就是如此。在这种情况下，我们更不应该轻易地贬抑“俗文化”，盲目地褒扬“雅文化”。

笔者以为，与其把文化分为“雅文化”和“俗文化”，还不如区分为“高质文化”和“低质文化”。所谓的“雅文化”也有质量高低之分，其中也不乏低劣产品。以交响乐为例。当我们说交响乐时想到的总是欧洲交响乐大师的作品。这些作品是旷世精品，因而是“雅”的。但是，如果我们想一想我国一些从事交响乐创作的作曲家，他们的低质的交响乐作品也是“雅文化”吗？尽管他们自己可能这样认为，但这种雅文化不是没有人能欣赏得了的，而是没有任何人愿意欣赏的，因为这种欣赏也许是一个痛苦的过程。同样，“俗文化”中也不乏精品。好莱坞的一些著名大片就是如此。

由此看来，文化是属于“雅”的，还是“俗”的无关紧要，关键是能不能很好地满足人们审美、休闲、乐生的需求。无论是“雅文化”还是“俗文化”，只要它是生长于人性并能满足人的健康需要，能使人的生活更美好，都要大力发展。优雅生存的社会，决不是倡导“雅文化”而贬抑“俗文化”的社会，更不可能是只有“雅文化”没有“俗文化”的社会。优雅生存的社会应该是“雅文化”与“俗文化”共荣的社会，应该是使更多过去只有少数人能享受的“雅文化”变成大多数人能享受的“俗文化”，使更多目前还是粗俗、低劣的“俗文化”变成精致、高雅的“雅文化”的社会，是有更多人参与文化创造因而文化更加丰富多彩的文化大众化的社会。

丰富多彩的康乐活动

据社会学家分析，人的时间大致由制约时间、必需时间和休闲时间三个部分组成。制约时间是人们用于完成工作任务的时间，必需时间是人们用于生活起居的时间，休闲时间则是指工作和生活起居之余的时间。随着人类文明的进步，人们的制约时间不断减少，休闲时间不断增加。今天一般人的休闲时间远在制约时间之上。正是休闲时间的增加为今天人类优雅生存提供了机会和可能。

优雅的生活是个性尽情发挥的生活，个性的尽情发挥主要是在制约时间和休闲时间。在制约时间内，人们必须遵守规章制度和工作规程，因而个性发挥是有限制的。只有在休闲时间内，通过丰富多彩的活动，人的个性才真正可以尽情发挥。优雅的生活又是丰富多彩的生活，这种丰富多彩的生活必须以丰富多彩的活动为载体。丰富多彩的活动也只有在休闲时间内才有可能。休闲时间的活动各种各样，其主体部分是以健身、美体、乐生、体验人生、充实人生、创造人生为目的的活动，我们可以把所有这些活动称为康乐活动。如何使休闲时间的活动丰富多彩，如何使这丰富多彩的活动真正具有康乐的意义，这是事关优雅生存是否可能的重要条件。优雅地生存应该是这样的生存：在休闲时间内充满丰富多彩的康乐活动，这些活动虽然人各不同，但都指向健身、美体、乐生、体验人生、充实人生、创造人生，都有助于人生的完美。

今天，人类的康乐活动已经色彩缤纷，甚至可以说是千奇百怪，无奇不有。随着人类文明从现代向后现代转向，人类康乐活动将会形式更多样化，内容更丰富多彩。从目前社会现实情况看，康乐活动主要有六种类型：

（1）健身性的，主要是为了身体健康或强健进行的活动，最常见是体育活动，现在也有一些生存极限训练方面的活动；

（2）健美性的，主要是为了使身体更有力感和美感所从事的活动，如一些体育活动，还有健美操、健美舞、瑜伽、减肥、美容等活动；

（3）保健性的，主要为了康复（疾病或疲劳过程中或之后）或者保持身体健康所进行的活动，如桑拿、推拿、按摩，等等；

（4）娱乐性的，主要是为了让生活快乐、丰富、有趣所从事的活动，如打牌、下棋、唱卡拉 OK，等等；

（5）休闲性的，为了打发时光或寻找乐趣所从事的活动，如观看体育比赛、观看文艺演出、观看电影和电视、外出旅游，等等；

（6）兴趣性的，主要是为了自己的兴趣或爱好所从事的活动，如集邮、钓鱼、种花、养鸟，等等。这些类型彼此之间存在着重叠的情况。例如，一个人打牌就可能既因为对打牌有兴趣，又为了打发时间，也可能还为了寻求乐趣。

要使康乐活动蓬蓬勃勃地开展起来，使每一个人的康乐活动丰富多彩，首先个人必须有康乐的意识、康乐的能力，更重要的是社会要给人们提供从事康乐活动的条件。在以上六类活动中，前面三种类型必须有场地、设施、条件。例如，健身活动至少需要有场地，从事一些比较复杂一点的体育项目，还需要有设施。后面三种与整个社会文化和社会环境关系密切。例如，看体育比赛需要有比赛可看，看电视需要有好节目可看，外出旅游需要有景点可游，而体育比赛、电视节目、旅游景点需要靠社会提供，单个人是无能为力的。就今天的社会而言，康乐活动的条件有些属于社会的公益事业和公共事业，有些属于社会的第三产业，特别是服务业。因此，要使社会康乐活动兴旺发达，社会必须大力兴办公益事业和公共事业，必须大力发展第三产业，把康乐活动作为社会事业来办。

发展康乐事业的重点在社区。康乐活动是人们最经常的活动，有些是每天都进行的活动，必须就近、方便、廉价，因而康乐活动以社区为单位是最合适的。每一个社区都应该有健身、健美、保健方面的基本场所和设施，这些场所和设施可以供人们日常使用。那些更大的康乐活动场所和设施（如大型体育场馆、大型歌舞剧院、大型图书馆、大型博物馆等），可以以城区或城市为单位兴建。康乐设施要以社区为基础，构建布局合理、方便实用的社区、城区和城市康乐设施网络，实现康乐事业社区化、层次化、网络化的有机结合，这将是未来社会康乐事业发展的趋势。

诚信、超实利的社交生活

人是社会化的动物，重要体现之一是人与人之间需要交流情感、沟通想法、叙旧谈新、对话聊天、结伴娱乐。这就是人的社交生活。社交是人生活的重要内容，也是人生存的重要方式。近代以来，伴随着现代文明的兴盛，人际关系日益金钱化，人与人之间只有利害关系，没有纯洁的情谊，是所谓“只有永恒的利益，没有永恒的友谊”。人际关系金钱化的严重后果是人际关系危机，而人际关系危机的严重后果则是心理病和社会病流行。人们要优雅地生存必须重建社交生活，而且必须重建诚信、超利害的社交生活。

广义的社交生活是指家庭以外的人际交往生活，大致上可以划分为两大类：经济方面的人际交往和非经济方面的人际交往。经济方面社交的根本目的是求利，因而可以称之为求利性社交；非经济方面社交的根本目的是乐生，因而可以称之为乐生性社交。狭义的社交生活是指乐生性的社交。求利性社交的动机就是获利，乐生性社交的动机则不是单一的。乐生性社交的直接动机是交朋友。交朋友不仅意指结交朋友，还指与朋友交往。结交朋友的目的则无非是觅知音，找玩伴。与朋友交往就是与知音和玩伴交往。与知音交往主要是为了交流感情，沟通思想，叙旧谈新，对话聊天。与玩伴交往则是为了玩的时候合作、切磋、热闹、开心。当然，知音与玩伴也可能是合一的。

无论是广义的社交生活还是狭义的社交生活都必须遵循诚信这一最基本准则。诚信，就是真诚守信。真诚是社交生活的第一准则。真诚就是真挚诚实，表里如一。守信是社交生活的另一准则。守信就是信守承诺，言行一致。这一原则自古以来一直得到了人们的认同。孔子的弟子曾子就把“为人谋而不忠乎？与朋友交而不信乎？”作为每天自我反省的重要内容。其所以如此，是因为只有真诚才有心与心的交流和碰撞，只有守信才有持久的交往，只有真诚守信才能消除他人的疑虑并赢得他人的信任。真诚守信的反面是虚伪无信。虚伪无信是社交的大敌，是信任危机的根源。

对于求利性的社交也许只要讲诚信就够了，对于乐生性的社交只讲诚信是不够的。非求利性的社交还必须是超实利的。超实利应该是非经济性社交的一条准则。

所谓超实利，就是不计较利害得失，倾情投入，真情奉献。求利性的社交是出于谋求利益的动机进行的交往，这方面的社交本来就是为了实利，不可能也不应该超实利。尽管求利性的社交要讲诚信，但同时也要讲利益，而且讲诚信就是为了更好地实现自己的利益。这种社交既要讲投入、付出，也要讲产出、收获，而且是为了产出、收获才投入、付出的。因而对于这种社交而言，斤斤计较是可以理解、无可厚非的，是所谓“在商言商”。乐生性的社交则不是出于谋求利益的动机进行的交往，这方面的社交则可以而且应该成为超实利的。

超实利要求社交不能为了实现个人的实际利益与人交往，而且在交往的过程中只能讲投入、付出，不能讲产出、收获，产出和收获只是结果，不是目的。对于超实利的社交而言，不可以斤斤计较，只可以投入和奉献，在投入和奉献本身中获得满足和实现自我。从终极的意义上看，乐生性的社交也是为了自我，为了自我的满足和自我实现，但主要不是为了物质欲望的满足，不是为了职业方面的自我实现，而是为了精神情感方面的满足，为了个人生活方面的自我实现。

在实际生活中，求利性的社交与乐生性的社交很难分开，而且一些求利性的社交可以扩展为乐生性的社交，一些乐生性的社交也可以转变成求利性的社交。为了防止社交的经济化、实利化，从而湮没或败坏了乐生性的社交，在社交生活中必须总体上淡化对产出和收获的追求，不可过分斤斤计较。就是说，不仅乐生性的社交要超实利，求利性的社交也要适度超实利。要把那种“只有永恒的利益，没有永恒的友谊”转变成“只有永恒的友谊，没有永恒的利益”。只有这样，人们才能普遍获得真情和友爱。

社交生活尽管看起来是个人的，但一定社会的社交生活方式往往有共性。例如，传统社会的社交更具有超功利性，但比较虚伪浮华，而现代社会的社交则相对较真诚，但实利性很强。一定社会的社交生活方式与社会的经济基础有密切的关系，但并不是完全由经济基础决定的。一般地说，市场经济条件下，人们的社交生活更容易倾向于实利化，但即使是市场经济社会，社会的价值导向对人们的交往生活也起着重要作用，而且市场经济也可以进行调控。防止市场经济泛化，防止一切人际关系都湮没在利己主义的冰水之中，应该是对市场经济进行调控的重要内容。为了重建诚信、超实利的社交生活，社会应该加强价值导向和经济调控的力度。

无所不及的各类社团

社团是现代文明中出现的一种日益普遍的社会生活共同体。今天人类不仅生活在家庭之中、社区之中、单位（或学校）之中，而且还生活在社团之中。许多人不只是一个社团的成员，而是众多社团的成员。社团对于维护个人权利、实现个人价值、发展个人专长、发挥个人个性、满足个人兴趣爱好都具有十分重要的意义。它将是实现优雅生存的一种重要形式，也是优雅生存的一种可能条件。在优雅生存的社会，社团将会无所不及，人们将根据不同的需要和兴趣参加各种不同的社团。

一般地说，社团是人们出于自己的某种需要或兴趣自愿组成的团体或组织。与其他共同体相比较，社团作为共同体有以下几个明显特征：第一，社团可以是出于某种利益或权利需要组成的（如政党、企业家协会），也可以是出于某种兴趣或爱好组成的（如集邮协会、钓鱼协会），也可以是介于两者之间的。第二，社团可以是组织严密的（如宗教团体），也可以是组织松散的（如各类学会）。第三，社团范围可大可小，人数可多可少。范围可大至世界，小至一个社区或一个单位。人数可多至千万，少至几十人甚至几人。第四，社团一般都是自愿性的，是个人选择的结果。社团就其本性而言应该是自由的。第五，社团大多是民主性的，特别是各类兴趣爱好的娱乐社团。社团的这些特征表明，社团是更有利于人的个性丰富、发展和发挥的生活共同体。

由于社团是基于个人的不同需要和兴趣组成的，因而它可以是各种各样的。从目前已经有的各种社团来看，大致可以把社团划分为以下几种类型：

（1）信仰型的。这是为了某种共同信仰组成的社团，最常见的是为了政治信仰、宗教信仰组成的社团，如一些政党组织和几乎所有的宗教组织。

（2）维权型的。这是为了维护某些人群的权利或者是为了维护某些方面的权利组成的社团。例如，工会就是维护工人权利的社团，中国的妇联就是维护中国妇女权利的社团，消费者协会是维护人们消费方面的权利的协会，绿色和平组织就是维护人的生态环境方面的权利的社团。在人类社会问题严重的情况下，这类维权型的社团特别多，也特别活跃。除以上所述者之外，在我国还有农民协会、老年人协会、残疾人联合会、青年联合会、学生会，等等。

（3）专长型的。这是为了交流经验、沟通信息、切磋技艺、维护权利等目的组成的社团。专长型的社团一般都具有某种专业性，但也可以是非专业性的。各种学术性的社团一般都是专业性的，如作家协会，哲学学会、企业家联谊会，等等。目前非专业性的专长型社团不多见，一些非专业的有专长的人士往往参加专业人士组成的专长型社团。

（4）兴趣型的。这是出于某种兴趣或爱好组成的社团。这类社团的灵活性一般更大，它可大可小，可以是正式的，也可以是非正式的。正式的、大的如我国的集邮协会，小的如各种“发烧友”。

（5）娱乐型的。这是出于娱乐休闲而组成的社团。这一类社团一般都不是正式的，如牌友、棋友、球友、舞友，等等。

这些类型的划分是相对的，有些类型不好严格区分，如兴趣型的社团与娱乐型的社团就不好完全区别开来，有的社团本身就同时出于几种不同的目的而组成的，因而同时具有几种功能。例如，作家协会就同时具有专业性、维权性、兴趣性等不同性质。

与发展其他事业不同，发展社团不需要太多经济上的投入，这是发展社团的最有利条件。但是，社团的发展需要其他条件：

需要自由、宽松、开放、民主的社会环境和氛围。大量的社团只会在民主、开放的社会里，在自由、宽松的环境中涌现。在思想一统、言论一统、行为一统的社会，不可能有各种自由的社团存在的余地。自由、宽松的环境不是虚的，而是实的，如社团的建立登记要方便，社团的活动空间要大，社团的自主性要强，社团的社会管理要减少到最低限度，等等。

需要社会管理机构的倡导、支持和服务。社会管理机构可能通过各种途径来宣传建立和参加社团活动对于个人生存和社会和谐的意义，告诉人们如何建立和管理社团的知识和经验，同时还可以为社团的活动提供场所和设施，组织社团联谊等。

需要公众普遍具有强烈的社团意识。即使社会环境自由宽松，社会也倡导支持社团活动，但如果社会成员没有建立社团的愿望，那也是不行的。社团意识既包括在对社团意义有了自觉认识的基础上所产生的建立或参与社团的愿望，也包括把个性发展和发挥与社团生活联系起来的要求。人们普遍有了这种意识，组建社团和参加社团活动就会成为人们的自觉行为。

协调精美的景致

优雅生存的人需要优雅生存的景，只有两者协调一致，才会相映生辉。这里的“景”就是景致、风景、景色。它包含两种意义，既指人们生活环境的景致，也指人们乐生休闲景区的景致。景致的优雅既要求环境景致的协调精美，也要求景区景致的协调精美。在一定的意义上可以说，人是环境的产物。没有优雅的景，就不可能有优雅的人，就没有优雅的生存，优雅的人只能生活在优雅的景中。因此，优雅的景也是优雅生存可能的重要条件之一。优雅的景不仅要与优雅的人同步建设，甚至还要走在前面，让景起到育人的作用。

生活环境景致协调精美的目标就是要使环境舒美。环境舒美，不仅指自然环境舒美，人为环境（包括国家环境、世界环境）舒美，更重要的是指这两种环境之间的协调、融和。环境舒美的最低要求，用通俗的话说，就是环境的绿化、美化、净化、静化，而它的最高要求则是环境的现代化与田园诗化的有机统一。

要使生活环境景致协调精美，关键是要把环境作为景区来建设。在这方面，发达国家，特别是欧美的发达国家，在生活环境景致建设方面已经达到或者接近达到了环境舒美的要求，这些国家的人们生活的环境可以说风光无限。然而，在发展中国家，特别是非洲的一些国家，人们生活的环境十分恶劣，根本谈不上舒美。我国改革开放以来，在这方面有了很大的进步，特别是近几年的生活小区建设和别墅建设，表明中国政府力图使环境舒美的决心。但是，中国的生活环境普遍较差，一些现代化的小区还不过是沙漠中的星点绿洲。

把环境作为景区来建设，无疑需要投入，但决不只是经济投入的问题。有家报纸报道了这样一条消息：一位旅美多年归国探亲的人士在他的国内朋友陪同下参观了深圳、上海、北京。参观完后他的朋友满以为这位旅美人士会感叹中国的进步，然而令他朋友失望的是，这位旅美人士紧锁眉头，一言不发。问其原因，旅美人士答道，尽管中国城市建设的硬件有了很大变化，但中国人的素质并没有多大变化，到处都是脏兮兮的。这就是说，生活环境的舒美最重要的是要靠每一个人的建设。去过日本的人都会发现，日本人的住房并不豪华，也不宽大，但每一家的室内室外都很洁净，每一栋住宅都很精致，周围更是郁郁葱葱。这也表明，生活环境的舒美与其说主要靠投入，不如说主要靠每一个人、每一个家庭、每一个社区的经营。

景区景致的前提是要建设景区。在传统社会，人们缺乏景区意识，除了皇家之外，一般都不建设景区。进入现代社会之后，适应人们乐生休闲的需要，政府为了公益建设景区，厂商为了赚钱也建设景区。今天，世界各国的景区建设都达到了前所未有的规模。但是，从总体上看，还远远不适应人们乐生休闲的需要。现代文明的都市化使城市没有可能景区化，城市只有星星点点的公园，郊区和乡村有景区，人们来去又不方便。随着人们对景区需求的增强，未来的城市将会景区化，未来的乡村将会城镇化。要尽快走向这一步，还必须提高人们对景区与生活质量关系的认识。

景区景致建设有许多要求和讲究，但有一条总的要求，这就是自然化。景区景致建设不是文化设施建设，其主要目的不是要提高人的文化品味，而是要提高人的自然意识。随着人类文明的进化，人类越来越远离自然，这使人升华了，但也使人无根了。建设景区景致，就是要给人们提供接触自然、回归自然、与自然融为一体的机会和场所。如果景区过分人化，就失去了它应有的意义。因此，使景区的景致保持自然的本来面貌，或者创造更好的自然生态环境，使景区的环境更协调、更精美，实现人性化与自然化的有机统一，这是景区景致建设必须遵循的基本原则。

六、婚姻家庭

人类进入文明社会以来，不仅生活在社会中，而且大多都生活在婚姻家庭中，婚姻家庭是人类特别是今天人类的基本生存方式和可能条件。婚姻家庭原本是人类为了繁衍后代而自然形成和延续的，但到了今天，婚姻家庭已经不只是生儿育女的主要方式，而且更经常的是人们获得情爱、满足性欲、休养生息的主要途径。人类社会日益走向开放，在未来的社会人们也许有更多的途径获得情爱、满足性欲和休养生息，但可以肯定，婚姻家庭仍然是最安全、最方便、最经济的方式，因而婚姻家庭在未来社会不仅是有生命力的，而且是优雅生存的重要前提条件。

富有激情的健康性爱

性爱是人类快乐幸福的最重要源泉之一。然而，人们能否大胆地追求和享受性爱，能否追求和享受富于激情的健康性爱决不只是个人的私生活问题，而是与人类文明、与社会文化，特别是与人们普遍奉行的价值观念息息相关。因此，如何营造一个人们可以大胆地追求和享受富于激情的健康性爱，这是使优雅生存成为可能所必须研究的重要问题。

性爱追求性欲的满足。在人的所有欲望中，没有什么欲望比性欲更有可能令人疯狂、令人丧失理智。“色”字头上一把“刀”，英雄难过美人关，多少伟人豪杰败倒在石榴裙之下！于是，性欲被看作是理智的大敌，性爱被看作是人性中最龌龊、最肮脏、最见不得人的阴暗面。在这种文化背景下，对于性，人们只能偷偷摸摸地干，不可明目张胆地谈，而且在偷偷摸摸地干的时候，一旦不小心被人发现，那就是奇耻大辱。

在人的两种基本欲望（“食”、“色”）中，为什么“色”比“食”更令人可怕、谈“色”色变？按理说，“食”和“色”都是人的自然而又正常的欲望，如果说欲望邪恶，那么它们都应当是邪恶的。可是情形并非如此。“食”虽不高雅，但不邪恶；“色”却不仅邪恶，而且可怕，甚至是万恶之源、罪魁祸首。其所以如此的原因也许在于两方面：一是在以前漫长的历史上，人的性生活与动物的性生活几乎没有什么差异，而人的食生活则与动物的食生活相去甚远，相比较而言，人的性生活更代表和体现了人的动物性方面；二是人的性欲的满足，对于个人的生存虽然没有食欲的满足那么重要，但性欲更强烈，性欲的满足能使人获得更大的快乐，因而人在追求性欲的满足方面更有可能丧失理智。正因为如此，在那种认为与动物越近、与理智越远就越邪恶的观念支配下，“色”被看作比“食”更可怕的东西就不难理解了。

对性爱的压抑，不仅会牺牲人类的快乐和幸福，而且还会导致心理疾病和其他消极后果。对此，著名的精神分析学家弗洛伊德曾在《文明化的性道德与现代精神病》一文中进行过专门的分析。

弗洛伊德根据性本能发展史把文化发展过程区分为三个阶段。在第一阶段，各种不能导致生育的性行为方式，都可以自由自在地去做。到了第二阶段，除了能达成生育的那一种，所有其他满足性欲的方式都被压制。第三阶段则只有“合法的”生育才是性目标了。我们目前“文明的”性道德便是这第三阶段的典型。在第二阶段，任何所谓“错乱”了的性行为都被文化所禁止，但是“正常”的性交仍可随心所欲。一旦进入第三阶段，文化所要求的标准更加提高，性自由更受到限制，正式夫妻以外的任何性行为皆被禁止。第三阶段明显的重要特征是，要求两性在婚前都得禁欲，而不曾正式结婚者，只好独处终身。即便是夫妻之间的性行为也受到当代文明性道德的干涉。它仅许可夫妻间以少数几种能够导致生育的动作来寻求满足。因为这个缘故，婚后美满的性交只能维持几年时间，其间还须扣除女方因身体不适（例如行经）而不得不节欲。几年之后，夫妻又开始为节育问题烦恼，性交不再无所顾忌，美妙的感受丧失殆尽，或许还带来心理的不安宁。这种精神方面的失望和肉体满足的剥夺双管齐下，使大多数夫妻再度陷入婚前的惨状：竭尽所能地克制自己，严防性本能泛滥。这样的社会里年轻人忍受禁欲之苦时，所梦寐以求的婚后生涯，竟又是另一种失败。

弗洛伊德肯定地说：在第三阶段，婚后生活绝对不能补偿早年禁欲的痛苦。弗洛伊德认为，这种情形必然导致两个结果：生性强悍、公然反叛的人必将剧增；而那些生性较弱，处于文化势力与他们本身反叛天性的夹击之下，用心理症状来逃避冲突的人也会增加。

弗洛伊德认为，禁欲不可能造就粗犷、自负、勇于行动的人，不可能造就有创造力的思想家、大无畏的开拓者或改革家；通常它只造就“善良”的弱者，它们终不免湮没于大众里，痛苦地听任那些强者的摆布。他甚至认为，许多妇女的智力所以会比较差，乃是因为女人性压抑更甚于男人的结果。

不仅如此，由于现代性道德以两性的性器官结合为其注意焦点，因而实际上纵容了其他性活动。正常的性交方式因道德之名被无情地禁止了，那些错乱的交合方式，也就是用身体的其他部位来代替生殖器交合的方式遂应运而生，日渐风行。同性恋与日俱增，也可视为正常性生活水平不易得到而导致的另一后果。不少男人由于习惯于用反常的方法满足性欲，导致了婚后不易发挥正常的性功能。而那些只能以此类方式获得满足的女人，婚后面对正常的性交，也就只有冷感。这样一来，婚姻从一开始两方面就不能以身以心赤诚相爱，瓦解起来会很快。

弗洛伊德感叹地说：“一般人恐怕很难相信，在那些生活于我们文明的性道德笼罩下的夫妻里面，保有正常性能力的男人少到什么地步，患性冷感的妇女多到什么程度。他们也不会想到，两性为维持其婚姻，需要付出多大的代价，而其成果又何其贫乏，根本不能带来他们所热切期望的幸福。”[①]正因为如此，心理症就成了这种无望挣扎的理想避难所。

鉴于现代性道德的严重后果，弗洛伊德提出了一个严峻的问题：“到底我们这种‘文明的’性道德值得我们去为之忍受牺牲吗？”他的结论是：迫切需要改革。[②]弗洛伊德的结论告诉我们，大胆追求和享受富于激情的健康性爱，首先必须为性爱正名：性爱不仅像饮食一样是人类生活的不可或缺的方面，是自然的、正常的，而且比美食佳肴更有魅力，可以给人带来更强烈、更深沉的满足；其次还必须使性爱开放：性爱作为人的自然、正常的生理需要，其满足应有宽松的环境和条件，在不影响社会秩序和个人身心健康的限度内，不可过分地压抑和限制。

自弗洛伊德提出批评之后，人类的性压抑问题得到了较好的解决，但人类走

---

① ［奥］弗洛伊德：《“文明的”性道德与现代人的不安》，弗洛伊德：《爱情心理学》，林克明译，作家出版社 1986 年版，第 182 页。

② ［奥］弗洛伊德：《“文明的”性道德与现代人的不安》，弗洛伊德：《爱情心理学》，林克明译，作家出版社 1986 年版，第 184 页。

向了另一面：从性压抑到性解放，从性解放到性放纵。

一般认为人类的性解放运动是20世纪20年代自西方肇始，到20世纪60年代达到高潮，其目的是要打破传统的性禁锢，实现性解放，以使人们获得性自由。关于西方的性解放运动，美国心理学家罗洛·梅作了这样的描述："在维多利亚时代，由于性冲动、性感觉和性驱力都遭到全面的压抑，一般人在公开场合都不谈论性问题，因而在这一问题上笼罩着一层神圣的道学气氛。一般男女彼此交往时，就仿佛对方根本不具有性器官似的。威廉·詹姆士，这位英勇的思想斗士，在所有别的问题上都远远领先于他的时代，但对待性问题，却仍然保持着本世纪初特有的那种敬而远之的态度。在他洋洋两大卷的划时代著作《心理学原理》中，只有一页的篇幅被用来谈论性的问题。在该页的末端他补充说："这些细节，谈起来恐怕有些不便……"①

他接着说："到本世纪20年代，几乎一夜之间就发生了剧烈的转变。……在第一次世界大战之后的短短的一段时间内，我们从闭口不谈性问题，突然转变为狂热地着魔于性问题。现在，我们比古罗马以来的任何社会都更强调性的重要性。有些学者甚至相信，我们比历史上任何其他民族都更执著于性的问题。今天，我们已经远不只是缄口不谈性问题，事实上，如果真有火星人降临时代广场的话，恐怕我们除了跟他们谈论性问题之外，就再也找不到别的交流的话题了。"②

他对这种转变作了这样的概括："维多利亚时代的人不愿意别人知道他或她是否有性的感受，我们这个时代的人却惟恐别人不知道我们有性的感受。在1910年以前，如果你说一位女士很'性感'，她会觉得受了侮辱。而今天，她不仅珍视你的这种恭维，而且还会朝你频送秋波。……维多利亚的绅士名媛因自己有性的感受而感到罪过，我们这时代的人却因为自己没有性的感受而感到罪过。"③

性解放的直接后果是性放纵。最明显的是性乱、色情泛滥和高离婚率。不过，这并不是全部。不少学者还从其他的角度对这种后果进行了分析，其中罗洛·梅的分析比较典型，也比较深刻。他从心理分析的角度提出，性解放、性自由导致了性与爱的三个悖论。

第一个悖论：在外在的社会焦虑和社会罪恶感大大减少的同时，内在的焦虑和罪恶感却增加了。这些内在的焦虑和罪恶感往往比外在的焦虑和罪恶感更趋于病态，更难于驾驭，更成为个人沉重的负担。他说，过去，男人向女人发出的挑战是简单而直接的——她会不会跟他上床？这是一个比较容易解决的文化习俗问题。但现代男人所问的问题已不再是"她会不会？"而是"她行不行？"挑战已经转移到女人个人的自信心上来了。一些女人害怕上床，因为她担心男人"会发

① ［美］罗洛·梅：《爱与意志》，冯川译，国际文化出版公司1987年版，第32页。
② ［美］罗洛·梅：《爱与意志》，冯川译，国际文化出版公司1987年版，第30～32页。
③ ［美］罗洛·梅：《爱与意志》，冯川译，国际文化出版公司1987年版，第32～33页。

现我并不擅长做爱”。

第二个悖论：愈来愈看重性技术和做爱手段，个人体验到的性激情和性乐趣越来越少。如今人们谈起做爱时的体会，所问的典型问题并不是在这种关系中有没有激情，而是自己的床上功夫表现得怎么样。在罗洛·梅看来，无论是做爱还是打高尔夫球，讲究技术本身并没有什么错，然而对性技术的过分强调则势必造成一种机械的做爱态度，从而导致异化感、孤独感和人格贬抑感。

第三个悖论：我们高度自诩的性自由已经转变成为一种新形式的清教主义。这种清教主义包括三个方面：第一，它是一种与肉体疏远的状态；第二，情感与理智的分离；第三，它是肉体被作为机器使用。在罗洛·梅看来，罪恶在过去意味着放纵肉体，而现在则意味着性的能力没有获得充分的表现。维多利亚时代的人希望获得爱情而不至于陷入肉体的交欢，现代人却希望获得肉体的交欢而不至于陷入爱情①。

尽管今天的性行为中充斥着各种各样的动机，却惟独没有爱的欲望。在罗洛·梅看来，这就是问题的症结。当代性之所以丧失活力，乃是由于性与爱的分离。“脱裤子上床就像在一个沉闷的下午上街去买东西一样，欲望与它毫无关系，甚至好奇心也振作不起来。”②当性变得越来越机械化，越来越与激情无关，最终越来越缺乏乐趣之后，性的问题也就走向了反面：麻痹性的态度不可思议地发展为隔离性的态度。这样，“性解放运动最终不是以狂欢，而是以悲泣转向攻打自己了。”③

今天的性在相当大的程度上不仅危害着人的身心健康，危害着家庭和社会，而且人们越来越难以在性生活中获得情与爱，获得生之欢乐。这种状况必须改变。人们应该能够大胆地追求和享受性爱，但性爱必须是健康的、富于激情的。

所谓“健康”，是指性爱不仅要对人们的身心无害，而且要对婚姻家庭稳定和社会秩序无害。

所谓“富于激情”，是指性爱不能仅仅定位于人的生理需求的满足（性交），还必须使其充满情意和爱恋（做爱），就是说，性爱的目标不只是性欲满足，而且是或者说主要是生之欢乐。

健康是性爱的前提，富于激情是性爱的真正内涵。富于激情的爱情强调人们不仅要用身体，更要用心灵去做爱，去感受爱，去享受爱，使性爱成为男与女、性与爱、情与意、力与美融为一体的美好状态。这种美好状态就是性爱所应追求的境界。达到这种境界，人类的性爱就真正超越了动物的交媾，成为了人类特有的生存方式和生存状态。

① ［美］罗洛·梅：《爱与意志》，冯川译，国际文化出版公司 1987 年版，第 29 页。
② ［美］罗洛·梅：《爱与意志》，冯川译，国际文化出版公司 1987 年版，第 35 页。
③ ［美］罗洛·梅：《爱与意志》，冯川译，国际文化出版公司 1987 年版，第 57 页。

浪漫欢乐的爱情

与性欲不同，爱情自古以来一直都像自由、平等、正义一样被人类视为美好的东西。之所以如此，其原因不仅是因为爱情很难获得，更重要是因为爱情虽然以性欲为基础却超越于性欲，是性欲的升华，是性与爱的交融；虽然以个人的感情为基础却又超越于个人的感情，是男女双方感情的交融；虽然以自我感受为基础却又超越于自我感受，是由男女心与心交融所达到的一种忘情和出神。许多历史事实已经表明，爱情确实是一种人所特有而动物不具有的专属于人的美好事物：爱情可以使人的眼睛更明亮，使人的心灵更纯洁，使人的生命更充满活力，使人更勇敢、更坚强、更自信、更聪明、更慷慨、更无私。处于爱情状态中的人，是幸福的人，是快乐的人。

然而，令人遗憾的是，尽管今天人们也许仍然认为爱情是一种美好的东西，但由于现代文明世俗化的影响，爱情已经为金钱所腐蚀，为美色所遮蔽，为性交所取代，爱情已经不再是人们追求的目标，而只不过是人们的一种美谈，充其量是涉世未深的少男少女的一种“过家家”的游戏。这应该说是人类生存的一种迷误。丢掉爱情虽然不一定使人类陷入苦难，但却使人类失去许多生活的美好。自古以来，爱情只是人类生活零零星星的点缀，并没有成为每一个人人生的必要组成部分，这应该说是人类生存的重大缺憾。人类要优雅地生存，不能没有爱情。爱情不仅是优雅生存的重要内容，也是优雅生存的可能条件。

爱情是男女之间的相互吸引、相互倾慕、相互爱恋的一种无功利目的的浪漫而欢乐的情感。一般来说，爱情以异性为前提。这是爱情不同于其他情感的一个重要标志。在人类历史上，特别是在今天出现了一些同性恋的情形，这是爱情的一种变态，而不是爱情的一种常规。爱情以异性为前提，并不意味着爱情只是以性为基础。爱情的萌生和存在可能是因为男方或女方性感，但在更多的情况下是因为其他因素，如身材、像貌、性格、风度、谈吐、气质、才华、学识、德性等。所有这些因素都可能使人怦然心动、一见钟情。

爱情最美好的时候是相互强烈地爱恋和吸引、彼此渴望拥有对方的时候。这个时候的到来是以男女双方彼此之间存在着某种距离感、神秘感为条件的，这种距离感和神秘感给对方留下了无限的想象空间。在这个过程中，经常有性冲动并由此导致一些性行为，这无疑会使爱情更强烈、更有魅力，但男女一旦成为固定的性伙伴，特别是生活在一起时，距离感和神秘感以及由此产生的想象空间就会消失，爱情也会因此而逐渐淡化或转变成其他的情感。

爱情往往会成为婚姻的前奏，但真正爱情的目标并不是婚姻。爱情是一种浪漫感情，它的产生和存在没有明确的功利目的。一旦有功利的因素介入，如为了性交、结婚、财富、名誉、地位等，爱情就不再浪漫了，而不浪漫了，当然也就没有爱情了。爱情就是目的本身。如果把爱情作为实现别的目的的手段，爱情就会因此而被亵渎、被玷污而变质。诚然，爱情原本是在有了婚姻家庭制度之后人们为了两性结合而产生的，但是这种感情一旦产生之后就超越了原初的目的，由手段变成了目的本身。现实生活中确实有不少人为了结婚、性满足或其他的功利目的去谈恋爱，也确实有人在谈恋爱之中产生了真正的爱情，但是为了功利目的去谈恋爱并不一定就真的能产生爱情，而如果一旦真的产生了爱情，这种爱情就有了超功利的浪漫特性，这种浪漫的爱情则会因为结婚而转化为其他感情而逐渐终结。

现代人普遍相信，婚姻应该以爱情为基础。这种信念的意思如果是“婚姻应该以爱情为前奏”，那是对的，但这种信念的意思如果是指“婚姻应该存在于爱情的基础之上”，“没有爱情的婚姻是不道德的”，那也许过于理想化。因为在男女双方彼此成为一切都暴露在对方面前的时候，爱情所需要的距离感、神秘感及由此产生的想象空间就慢慢地没有了，爱情的浪漫特性也会慢慢消失。这时候，爱情已经转变成了夫妻之间的亲情。夫妻双方关心的问题不是如何浪漫欢乐，而是如何过好日子。有人说，婚姻是爱情的坟墓。这种似乎有些严酷的说法事实上是不无道理的，因为婚姻打破了爱情所需要的那种距离感和神秘感，使男女双方的想象空间没有了。爱情的实质在于“恋”，男女双方爱恋着就是爱情。没有了“恋”，爱情也就会消失。男女双方结合到一起了，这种“恋”就会慢慢消失。

爱情的无功利目的的浪漫特性表明，爱情可能是多元的。由于爱情不完全是由某种单一的功利目的决定的，而是可能由多种因素产生的，因而同一个人可能同时与不同的异性产生和保持爱情。过去有一种说法认为，爱情是专一的、排他的。这种说法在封闭的社会里是有可能的，因为在一个十分狭小的范围内，人们也许只会对某一个人发生恋情，但在现代开放多元的社会里，这种说法只是人们的一种愿望。爱情就其本性而言是开放的、多元的，而在开放的社会，人们会遇到许多可能刺激人们产生爱情的因素。在这种情况下，人们产生多元的爱情，发生爱情转移就不足为怪。

例如，一位男性可能因为一位女性的相貌而对这位女性产生爱情，他同时也会因为另一位女性的气质而对这位女性产生爱情，甚至还会因为其他因素对其他女性产生爱情，而且这些爱恋之情可能为各位不同的女性所接受。我们还可以设想，这同一位男子年轻时在家乡因为一位女孩的相貌而对这位女孩产生了恋情，而当他工作后可能发现一位女同事相貌更美而喜欢上了这位同事，而不再喜欢过去的女孩。

不管人们怎样评价这种现象，这种现象的存在无疑是可能的。这些情况表明，爱情通常不是专一的，也不是排他的，尽管人们可以努力地去使爱情专一和排他。我国曾流行过“喜新不厌旧”的说法，这一说法虽然主要是劝诫，告诉人们在有了新欢后不要丢了旧爱，但也反映了爱情多元化的可能性。

爱情的无功利目的的浪漫特性也表明，婚外情是可能的。由于爱情是以一定的距离感和神秘感以及由此产生的想象空间为条件的，而婚姻使这种距离感、神秘感和想象空间消失，因而爱情通常并不存在于婚姻之内，而只会存在于婚姻之外。这里的“存在于婚姻之外”，不仅意指存在于婚姻之前，而且也意指存在于婚姻之旁。

不言而喻，处于婚姻状态的人也是人，他或她同样会因为同一异性或不同异性的一种或多种不同魅力怦然心动而去追求婚外的爱情并陷入爱恋。当然，许多人会因为道德的或其他的原因而将这种情感扼杀于萌芽状态之中。而且，许多人因为婚内爱情消失，或在婚内根本没有获得爱情，而希望在婚外去寻求，尽管不少人由于种种原因可能有这个心没有这个胆，不敢将自己的愿望付诸实施。我国曾流行的所谓“家里红旗不倒，外面彩旗飘飘”，反映了我国现实生活中的某些现实情形，作为一种调侃，也在某种程度上表达了人们的愿望。

爱情的无功利目的的浪漫特性还表明，人们有可能对爱情不负责任。爱情一般说来是相互的，只有双方彼此相爱，爱情才会存在，爱情生活才会开始。当事人双方有一方的爱情发生了变化，这种爱情就必然破裂。由于在爱情生活中，爱与被爱都是自然的，因而双方都不存在对爱或被爱负责任的问题。当一方的爱情消失时，我们不能要求他或她对自己过去曾经爱过或被爱过负责，不能要求他或她要出于责任心将已经死亡的爱情继续下去。如果说存在着责任的话，这种责任应该是以一种双方都好接受的方式分手，而不能置对方的感情和感受于不顾，甚至将对方的爱弃之如敝屣。

对爱情的非责任性有清醒的认识是十分重要的。现实生活中，经常发生一方的爱消失之后，另一方死缠活缠着对方，要求对方对自己负责，其结果使问题复杂化、严重化。这种情况就是人们对爱情的非责任性缺乏了解的表现。

既然爱情的本性是浪漫，那么爱情生活就应该还其本来面目，应该是浪漫而非功利化，也非过分理智化的。

爱情的非功利化首先要求人们不要试图通过用功利的手段赢得爱情。历史上有所谓“千金一笑”之说，千金可以赢得的一笑，但这一笑只是开心，并不是爱情。任何珍贵的东西，金钱也好，财富也好，珍宝也好，权利也好，名誉也好，可以换来别人的肉体，甚至可以换来他人的良心、人格，但一般来说不可能赢得他人的爱情。那种试图用功利的手段赢得他人的爱情，不仅是不应该的，而且也是不可能的。

爱情的非功利化其次也要求人们不要通过爱情来达到功利的目的。爱情作为一种非功利性的感情，它的产生和存在都是纯洁的。如果是为了达到某种别有用心的目的去爱，即使赢得了别人的爱，自己也不会产生真正的爱，因而不会有真正的爱情产生。如果在双方彼此相爱的过程中，利用别人的感情来谋求自己的功利目的，这不仅是对爱情的亵渎，而且会因而最终毁灭了爱情。当然，我们也不能完全否认某些东西（如礼物）对于建立爱情关系和增进爱情的意义。因为就爱情的发生而言，情形并不总是双方一见钟情，在很多情况下是一方先产生感情，在这种情况下以某种东西为载体或中介示爱或求爱是无可厚非的。在爱情生活中，以某种东西为信物或礼物表达情意可以使爱情更浓烈。但是，这些东西只是载体或中介，感情要用心去培育，不能指望用这些载体或中介换来感情。

爱情的非过分理智化则是要求人们要更多地用心灵、真情去寻找爱情、回应爱情和感受爱情，而不要过多地用理性、理智去谋求、算计。人是有理性的动物，人们在爱情生活中不可能完全没有理智，也不可能完全不用理性，但过于理性化或理智化，就必定过于计较利害得失，就必定会抑制人的感情。工于心计，不仅容易使爱情瓦解，而且会使爱情丧失应有的激情，变得平淡如水。

爱情的本性在于浪漫，爱情的意义在于欢乐。无论是爱情的浪漫也好，还是爱情的欢乐也好，都是以激情为基础的，没有激情，就没有爱情的浪漫和欢乐。理智是激情的对立面，理智越多，激情越少。这也就是为什么涉世未深的青少年更容易产生爱情，而深谋远虑的成年人不容易产生爱情的根本原因之所在。因此，要获得爱情，非过分理智化是十分必要的。人的理智要更多地用于工作领域，而较少地用于生活领域。在生活领域中，人的理智要更多地用于婚姻和家庭领域，而较少用于性爱和爱情领域。

爱情是浪漫而欢乐的。爱情是人生中最美好的东西，人们应该追求它、珍视它，应该用心呵护它，精心浇灌它，使它更美丽，更充满活力。同时，人们也应该用真情换真情，用真爱换真爱，使爱情之花在我们的社会普遍开放，用爱情净化心灵，用爱情净化社会，使人类生活更美好。

忠诚而又负责的婚姻

人类的婚姻作为人类的一种生存方式由来已久。今天所普遍盛行的一夫一妻制的婚姻方式是人类经过漫长选择和权衡所确定下来的，有其合理性。也许可以断定，在到目前为止人类所能选择的婚姻方式中，这种婚姻方式仍然是最好的一种。当然，一夫一妻制像世界上的任何事物一样，不是绝对完美的。就目前所能预见的而言，优雅生存的社会也只能采取这种婚姻方式。因此，如何使这种婚姻方式得到最完善的实现，值得我们认真研究。

一夫一妻制最明显的特点就是每一个人只能有一个婚姻伙伴，而不能有两个或多个，确定和改变婚姻伙伴必须通过某种形式的认可。婚姻关系是一种契约关系，一旦形成，双方就要对婚姻及其结果承担责任。这种婚姻方式的长处在于，婚姻因双方的责任权利明确而有约束力，因而婚姻和以婚姻为主导的家庭相对稳定，也有利于子女的养育。这种婚姻的问题在于，婚姻可能成为夫妻双方性欲满足、情感满足、个性发展、甚至人身自由的障碍。特别是当人们把结婚看作是两个当事人合为一体，看作是双方把自己向对方托付了终生，认为婚姻双方应当无保留地占有对方的一切，应当夫唱妇随时，这种婚姻就充分暴露出了它的弱点。

近代以来，随着人权观念深入人心，夫妻双方的隐私权、自由权逐渐得到了尊重和确认。夫妻不再被看作是拴在一根绳子上的两个蚂蚱，谁也离不开谁，而被看作是两个独立自主的主体。婚姻关系是两个自主的主体为了生活在一起所结成的，结成之后双方虽然都承担一定的责任和义务，但同时享有相应的权利，而且这一切都是明确的、有一定范围的。对于现代的一夫一妻制婚姻而言，不再存在一方属于另一方的问题，双方是出于各自的需要而自愿结成的婚姻伙伴，而不是使两个独立自主的个体成为一个从此不分彼此的统一整体。但是，由于婚姻关系是一种特殊的关系，它直接关系到人类后代的养育，关系到作为人类社会细胞的家庭的组成，因而自近代以来，社会一方面明确和保护婚姻当事人双方的独立自主权利；另一方面则以更强有力的方式维护婚姻的稳定，要求人们对自己自愿建立的婚姻忠诚和负责，以确保人类社会生活的稳定和和谐。

要求人们对婚姻忠诚和负责，主要是为了人类生活的稳定和安宁，为了人类更好地生存。不难想象，如果人们在婚姻问题上朝秦暮楚，三心二意，左右摇摆，家庭和整个社会就会永无宁日，社会的稳定和和谐也就无从谈起。人们在性爱、爱情方面尚可随心所欲，在婚姻、家庭方面则不可随心所欲，而必须保持忠诚的态度，必须有负责的精神。正是为了确保家庭的安宁和社会的稳定，近代以来，社会努力使婚姻家庭关系法制化，使对婚姻忠诚和负责不仅成为道德上的要求，而且成为法律上的义务。

要求人们对婚姻忠诚和负责，还因为婚姻应该是人们自主地、理智地慎重考虑之后作出的选择。婚姻与性爱、爱情都不同，它主要不是基于欲望和情感，而是建立在理智的基础之上。婚姻的建立不是欲望或情感的冲动，而是经过理性认真考虑、权衡作出的选择，尽管这种选择在传统社会主要是父母、家庭作出的，而现代社会主要是当事人本人作出的。人们尽可以不理智地成为性爱伙伴或爱情伙伴，但不可以不理智地成为婚姻伙伴。因为婚姻关系既然是契约关系、法制关系，就必须理智地对待它，就必须考虑它可能产生的后果。当然，在实际生活中有的人可能没有经过认真选择而草率结婚，但这不应该是对婚姻不忠和不负责的理由，因为这样的人本来应该慎重地对待婚姻而实际上没有如此，其责任在于他们自己。

对婚姻忠诚和负责是对婚姻当事人的总的要求，也可以说是婚姻的一般原则。对婚姻忠诚的基本要求是不能有婚外之婚，包括明显的和隐蔽的婚外之婚。就是说，在一夫一妻制的条件下，婚姻问题是不允许二元化或多元化的，婚姻要求人们忠贞不二。今天明显的婚外之婚由于法律和舆论的禁止已不多见，但隐蔽的婚外之婚则相当普遍地存在。中国曾喧嚣一时的“包二奶”现象就是隐蔽的婚外之婚的典型。

“包二奶”是一种野蛮的、落后的非法婚姻方式，其最大的弊端不仅对合法婚姻不忠，而且重要的是把牺牲“二奶”的自由和人格来把“二奶”作为性奴隶以满足“包者”的占有欲和虚荣心。“包二奶”不只是不道德的，而且是罪恶的。值得注意的是，“二奶”现象与“情人”现象有着根本的区别。“二奶”是妻子，而未必是情人，而“情人”只是情人，而不是妻子。无论从法律上看还是从理论上看，婚姻不排斥婚外的情人，但婚姻排斥婚外的妻子。

对婚姻负责的基本要求是要对婚姻以及由婚姻所引起的后果承担责任。这种责任一般都通过一定的方式明确为夫妻双方的义务。尽管不同国度、不同时代对夫妻的义务的规定不尽相同，不过大致地说至少有以下几种基本的义务：一是夫妻双方性爱的义务；二是夫妻双方以亲人相待（包括相互尊重、相互爱护、相互帮助、相互支持、相互服务）的义务；三是共同哺养子女的义务；四是共同赡养双方老人的义务；五是共同承担家庭费用和家务劳动的义务；六是维护婚姻关系和提高婚姻质量的义务，等等。对婚姻负责就是要自觉地履行这些义务，为使婚姻更美满作出贡献。

对婚姻忠诚和负责，要求人们对待婚姻比对待性爱、爱情更慎重。

缔结婚姻要慎重，不要草率结婚。婚姻使夫妻双方联系到了一起，双方的德性、才能、性格、气质、兴趣、爱好都会影响到婚姻的质量。这就要求人们在建立婚姻关系之前进行审慎的选择，要从多方面权衡。人们可以出于不同的动机结婚，不一定非要出于爱情结婚不可，但是有一个总的要求，就是中国传统社会所说的“门当户对”。不过这里所说的“门当户对”是广义的，而不是狭义的。就是说，婚姻伙伴双方要相当。在寻求婚姻的过程中，不能追求最好或更好，而要追求合适或适宜。大千世界，总体上和各方面比自己强的人多的是，只要自己不懈努力，确实可以找到更好的或最好的。但是，如果最好的或更好的不是与自己相适合的，可能会成为后来婚姻生活的祸根。真正的最好就应是最合适，不合适就不是最好。这是选择婚姻伙伴的基本原则。

这里值得特别提出的是，出于爱情的婚姻不一定是最好的婚姻。爱情是非功利性的浪漫情感，陷入爱情的人一般都不太考虑对方其他的条件，抓住一点，不及其余，即所谓“爱屋及乌”；或者将对方理想化，即所谓“情人眼里出西施”。当双方爱恋着的时候，确实渴望结合为一体，永不分离，但一旦爱情消失（这如前面所指出的，在婚后是必然的）后，双方就可能发现双方本来是不适合结婚的。当然，我们也不是反对有情人成眷属，但有情人成眷属之前也必须冷静地权衡和选择，否则不仅破坏了美好的爱情，而且会遗恨终生。中国民间长期流传着“找媳妇是为了过日子”的观念，这看起来有些俗气，但却很实在。婚姻的实质说到底就是过日子，而过日子则是很现实的，没有那么多的浪漫。前些时候我国流行过“有情人未必要成眷属”一说。这一说似乎有些大逆不道，但冷静地看未必全无道理。婚姻最好以爱情为前奏，但有情人未必一定适合成眷属，当然也未必一定要成眷属。

婚姻生活要慎重，不要游戏婚姻。人们的选择是有局限的，而且要全面深入地了解一个人也不是那么简单，而是需要一个长期的过程。指望婚前短暂、有限的接触就保证双方和谐地生活在一起是不可能的。因此，要使婚姻存在下去，并使婚姻质量高，就需要夫妻双方彼此真诚、信任，求同存异，精心培育感情，共同分担家庭的责任。同时，夫妻双方也不能对婚姻的期望太高，如期望得到性满足，得到爱情，得到享受，得到安乐，等等。当我们有这种期望时，我们必须考虑自己是否给了对方这一切。即使对对方有不满之处也要经常想一想，对方是自己选择的，应该无怨无悔，与其抱怨，不如使其改变。而且夫妻通常彼此是对方的镜子，对方的不好映照着自己的不好，因而在力图改变对方的同时，要努力改变自己，这样才能达到改变对方的目的。

在婚姻关系中，人们能够做的最重要的一点是，双方都要努力地证明自己是对方最合适的婚姻伙伴。人们日常接触的异性总是变化的，在所接触的异性中，婚姻的一方经常会发现比自己的婚姻伙伴更好的人或更值得自己追求的人，这是很自然的。在这种情况下，婚姻的另一方不是要努力地想方设法限制对方，而是要努力地证明尽管别人比自己优秀，但只有自己才是对方最合适的人选。这需要勇气和努力。有了必要的努力和勇气就能稳操胜券：对方尽可以徘徊、游离，但最终会回到自己的怀抱。作出了这种努力，对方仍然要离开自己，那不应该说是自己的不幸，而应该说是对方的不幸。

解除婚姻要慎重，不要轻易离婚。在芸芸众生之中，无论就整体而言，还是就不同方面而言，比自己的婚姻伙伴强的人很多，要想找最好的或更好的，永远也没有尽头。因此，在婚姻生活中，不能总是想着别人比自己的婚姻伙伴强，而要想对方是不是自己最合适的，离开了对方，会不会找到一个更合适的。由于人是处于动态的发展过程中，因而夫妻双方可能由过去般配后来变得不般配。在这种情况下离婚是有理由的，但即使在这种情况下对离婚也要慎重，因为人是有感情、有责任的，就是说，要尊重过去的感情，要对对方、对子女、对家庭、对社会负责。切忌过河拆桥，翻脸不认人。至于那种由于婚前不慎重作出了错误的选择、陷入了婚姻的陷阱或非自愿的婚姻，则应另当别论。

在导致离婚的原因中，有一个重要原因就是一方发现对方对别人有感情。在这种时候，不能总是想着对方对别人好，而要更多地想对方对自己好不好。如果对别人好并不影响对自己好，就没有必要把问题看得太严重，更不要因此而提出离婚。如果我们实际地考虑一下，即使与对方离婚，再找一个人结婚，仍然不能保证对方不对别人好。因此，在婚姻生活中，人们应始终关注的不是对方对别人好不好，而是要关注对方对自己好不好，只要对自己好，就不要太在意对别人好。现实生活中经常有一些这样的例子，夫妻双方很般配，感情也很好，但因为一方对别人也好，而引起另一方的不满，最后导致离婚。这种婚姻的破裂是十分令人遗憾的。

自由、舒适、温情的家庭

不同时代对家庭和睦有不同的理解和要求。从人类社会发展的未来走向和优雅生存的需要来看，家庭不仅应该成为休养生息的“驿站”或“港湾”，而且要成为幸福的乐园，在这里可以获得在世界上任何其他地方都不可能获得的愉悦感。

家庭要成为幸福的乐园，需要达到四条基本要求，追求五种理想状态。前者是家庭幸福的前提和基础，也可以说是底线原则，后者才是家庭作为幸福乐园的真正含义。

家庭幸福的四条基本要求是：

（1）家庭完整。完整的家庭应包括夫妻（父母）、子女，如果能三世同堂，也许更有意义。无子女的家庭、单亲家庭是有缺陷的家庭，难以成为幸福的家庭。单身家庭更不可能成为幸福的乐园。家庭完整是家庭幸福的最基本条件，要使家庭成为幸福的乐园，首先必须使家庭完整。

（2）夫妻之间的性爱关系和谐。夫妻是家庭的拱心石，夫妻不和，决不会有家庭幸福。夫妻和睦的最重要基础是夫妻的性爱关系和谐，夫妻双方能在与对方的性与爱中获得最大的、最深的满足，夫妻就会和谐，家庭和睦也就有了牢固的根基。不管什么层次的家庭，只要夫妻的性爱不正常，家庭就必然会发生危机。许多夫妻经常因为一些小事吵架打闹，这看起来起因是这些小事，实质上可能是性爱关系发生了问题。要使性爱关系和谐，夫妻双方都得努力。一般地说，男方要多体谅，多一些耐心，女方则应态度积极，多配合，多投入。

（3）家庭成员的权利得到尊重。家庭的每一个成员在家庭中都有自己的权利。老人有得到尊重和照顾的权利，孩子有得到保护和抚育的权利，其中特别重要的是夫妻双方的社交权利和隐私权利要得到尊重。夫妻双方过去有朋友，婚后还会结识朋友，这些朋友（包括异性朋友）的情况并不一定都要让对方知道，夫妻都要尊重这一事实，而且要给对方预留一定的交往余地。现代社会中的每一个人都有一片属于自己的隐私空间，夫妻也不应该强行介入其中。许多家庭的问题就是由夫妻把对方看作是自己的专属品、限制对方交异性朋友、要求对方毫无保留地向自己坦陈一切造成的。

（4）家庭成员承担自己应尽的责任。每个家庭成员对家庭、对家庭的幸福都承担着一定的责任，其中夫妻双方承担着主要责任。夫妻双方能对家庭负责，特别是能积极地为家庭作贡献，这也是家庭幸福的基本要求。在这方面尤其值得注意的是，夫妻对家庭的责任是多方面的，不能因为赚钱多、工作忙而放弃对家庭应尽的责任。尽责任不只是为家庭作贡献的问题，还关系到情感问题。夫妻一方积极努力地尽责任，在对方看来他或她心里有家，否则会认为他或她心里没有这个家，而这是很伤感情的。

以上这四条是家庭幸福的基本要求或底线。达不到这些要求，根本谈不上家庭幸福。但是，真正要使家庭成为幸福的乐园，除了以上基本要求，还要追求更高的境界，这种境界可以看作是幸福家庭的理想状态。进入了这些状态，家庭才不仅是幸福的条件，而且是幸福本身，才会给人以愉悦感。这些理想状态是：

自由感。这是一种能让人感到在人生活的所有领域中，家庭是最自由、最宽松的，可以无拘无束地思想、谈论、生活，能使人在这里达到真正放松的状态。

舒适感。这是一种能让人感到这里是最能休养生息的状态。家庭环境优雅温馨，自然和谐，回到家就会感到生活安乐，心情舒畅。

温情感。这是一种能让人感到没有竞争，没有利害关系，充满温暖和关爱，富有情调的状态。

惬意感。这是一种能让人在这里满足各种需要并有美好感觉的状态。

眷恋感。这是一种能让人对自己的家庭有深情的眷恋，有回家的渴望，觉得自己的家庭是最适合自己的，希望使它更美好，不忍心破坏它的状态。

这些要求看起来很高，但达到这些要求是完全可能的，特别是在现代社会家庭的生育功能、经济功能减弱，生活条件改善，闲暇时间增多的情况下，完全能够使家庭成为真正自由、舒适和温情的乐园。问题的关键是，需要家庭成员积极从事家庭活动，并在家庭活动中有所作为。

第十七章　优雅生存之路

一、更新价值体系

走向优雅生存，首要的是更新价值体系。从人类整体来说，就是要从现代价值体系走向后现代价值体系；从目前中国来说，则是要在从传统价值体系走向现代价值体系的过程中，努力避免和克服现代价值体系的缺陷和弊端，在更新传统价值体系的同时实现现代价值体系的更新。21 世纪中国价值体系更新所追求的目标不是构建现代价值体系，而是构建后现代价值体系。因而中国价值体系的更新面临着更艰巨、更复杂的任务，需要更冷静、更理智的态度，需要更深入、更系统的理论探讨。

调整社会价值目标定位

对于现代人类来说，国家是最基本的生存实体，也是最主要的社会形式，在相当的程度上社会是与国家同构的。这种状况在短时期内不会发生改变。在这种情况下，国家确立的社会价值目标对社会的发展、个人的生存有着直接的规范和导向作用。因此，在更新价值体系的过程中，首先必须重视国家对社会价值目标的定位问题。

中国社会像其他社会一样，自进入文明社会以来就有了国家所确立和追求的价值目标。在漫长的传统社会，社会的价值目标尽管多变，不明确，而且理论上的论证也不充分，但总体倾向是明显的，这就是王朝的长治久安。辛亥革命前后，孙中山提出“民权、民族、民生”的三民主义，并将之作为国民党执政的社会价值目标。这一目标吸收了西方现代价值观念，同时又继承了中国传统社会的民本思想，因而既有现代意义又有民族特色，从根本上克服了传统社会只重视王朝长治久安而不重视大众生存发展的弊病，也在一定程度上纠正了现代西方价值目标的偏颇。然而，这一目标由于军阀混战、国内战争和抗日战争而从来没有为国家真正追求过，也未在相当大的程度上得到共识。

中国共产党执政后，中国社会的价值目标被定位为共产主义。共产主义是马克思所确立和论证的社会价值目标。按照马克思的看法，共产主义是一种以每一个社会成员自由而全面发展为原则的社会形式。共产主义这一目标原本是为克服近代资本主义社会价值目标的异化而提出来的，在一定意义上可以说是超越现代社会价值目标的后现代社会价值目标，因而也是一种在理论上得到充分论证的合理的人类社会价值目标。然而，令人遗憾的是，这一目标提出后一直到今天并没有成为西方社会的价值目标。共产党以马克思的共产主义理想作为新中国的社会价值目标确实是具有历史意义的选择，但是在如何实现这一伟大目标的问题上却走了不少的弯路。

弯路最初发生的原因在于以为可以绕开现代文明直接进入共产主义，20 世纪 50 年代甚至有所谓“跑步进入共产主义”之说。马克思的共产主义理想是以近现代文明为前提的，不从根本上具备这个前提是不可能进入共产主义的。中国人在相当长一段时期对此缺乏认识，以为从贫穷落后的农业社会可以一下子跳入共产主义社会。同时，中国人由于没有经过现代文明的洗礼，在对共产主义的理解上也发生了很大的偏差。中国人普遍用传统的小农眼光来看待共产主义社会，把共产主义社会理解为不愁吃、不愁穿、均贫富的平均主义社会，而忽视了作为共产主义根本的“人的全面而自由发展”的原则。更糟糕的是，人们把巩固无产阶级专政作为跑步进入共产主义的途径，于是巩固无产阶级专政本身逐渐成为了社会的价值目标，而真正的共产主义的目标被淡忘。与此同时，人们又认为无产阶级专政是通过阶级斗争实现的，即所谓“以阶级斗争为纲”、“阶级斗争一抓就灵”，于是阶级斗争又成为社会追求的中心。这样一来，社会的价值目标就发生了异化，而这种异化的结果是经济落后、国民贫穷、国力衰弱，整个社会陷入苦难之中。

实行改革开放之后，中国痛定思痛，在社会价值目标上作出了重大的调整：共产主义作为终极价值目标仍然被肯定，但目前的中国还处于社会主义初级阶段，要进入社会主义高级阶段之后的共产主义社会还需要相当长的一个历史时期；社会主义初级阶段的社会价值目标是实现现代化，把中国建设成为高度民主、高度文明的社会主义现代化国家，从个体的角度看，就是全体社会成员达到小康的生活水平，实现共同富裕；在现代化建设过程中经济建设是中心，而市场经济、科学技术成为实现经济发展的主要途径。

社会价值目标调整之后，经过三十多年的发展，中国经济社会发生了翻天覆地的变化，从根本上改变了中国长期贫穷落后的面貌，出现了前所未有的大发展时期。这一事实说明，中国在改革开放过程中所进行的价值目标调整总体上是合理的、有效的。但是，人们也逐渐发现，在中国经济获得高速发展的同时，出现了西方发达国家现代化过程中出现的许多问题，有些问题还相当严重。

在这种情况下，经济社会生态协调发展、人的全面而自由发展的问题被提了出来，并正在成为社会的共识，成为社会政策的导向。但是，到目前为止，人们对中国社会目前所追求的现代化价值目标尚缺乏系统的反思和检讨。这里至少有三个问题需要认真思考和慎重对待：

其一，事实已经证明现代化是有严重缺陷和弊端的，我们是等到实现了现代化之后再来弥补现代化的缺陷、克服现代化的弊端，还是在追求现代化的过程中就努力避免和克服现代化的问题？

其二，现代化只是一种阶段性目标，实现这种目标对于中国来说已经是指日可待的事，那么这种目标实现之后，中国社会应该追求什么？

其三，对于人类生存而言，现代化本身并不是终极价值目标，而是实现价值目标的手段和途径，那么中国现代化建设背后的追求应是什么？

从当代人类文明的发展来看，要对这三个问题作出正确的回答，有必要进一步调整中国社会的价值目标定位。这种调整的总方向就是要回到马克思的理想：人的全面而自由发展，也就是我们所说的：人的优雅生存。之所以要确立和追求这个总方向或总目标，是因为只有如此，以上的三个问题才能得到合理的答案，也才能避免发达国家现代化所走过的弯路。以这种终极目标来规范和引导我国的现代化建设，中国经济社会才有可能真正健康地、协调地、可持续地发展，中国社会才有可能真正成为人性化、人道化、人情化的社会，中国国民才有可能成为真正自由、优雅、幸福的人。可以肯定地说，今天的中国已经到了重新把“共产主义”也即是“人的全面而自由发展”明确写在自己旗帜上的时候了。

更新生存理念

人总是在一定的生存理念的支配下生存的。生存理念就是支撑人生存的基本信念。要优雅地生存，必须确立优雅生存的理念，而要确立优雅生存的理念，必须改变人们现有的生存理念，因而更新生存理念是必要的。

中国还处于传统社会向现代社会转变的过程中，生活在这种转变中的中国人的生存理念也是处于变化的过程中的，呈现出纷纭复杂的局面。在生存信念上，有些人基本上是传统的，有些人基本上是现代的，更多的人则不同程度地处于这两极之间，但可以肯定的是，目前中国没有多少人确立了优雅生存这种超现代的生存理念。生存理念是深层次的观念，要形成一种生存理念，首先必须要认识到这种理念是正确的、合理的、合适的，也就是说是对自己生存更有利的；其次还必须对这一切确信不移；最后还必须使这种理念成为自己的心理定势和行为范型。在确立新生存理念的同时还需要改变习以为常的旧生存理念，这就使新理念的确立不仅是一个长期的过程，而且有可能是一个艰难的、甚至痛苦的过程。因此，中国人生存理念的更新还有很长的路要走，还要经历一个不那么轻松的过程。

生存理念是人各不同、时各不同的，但由于社会主导文化的影响，无论是传统社会还是现代社会也有某种主导的生存理念。这种主导的生存理念通常是社会倡导的，也是为大多数人信奉的。这些理念涉及人生存的各个方面，但其中包含了某种核心理念，这种核心理念是生存理念的精髓。这里我们着重考察一下中国传统社会和中国现代社会的核心生存理念。

最简单地说，中国传统社会人们的核心生存理念是：一切为了身外，其意思是说，在中国传统社会，人们活着不是为了自己，而是为了自己之外的人或物，包括家人、后代、家族、国家。

这种生存理念在道德上的表达就是：忠、孝。所谓忠，广义地说，就是要为国家长治久安鞠躬尽瘁，死而后已。所谓孝，广义地说，就是要为家族的兴旺发达殚精竭虑，不遗余力。根据这种生存理念，个人不是目的本身，而是实现某种别的目的的工具，个人的价值就在于当好这个工具。国家和家族是机器，个人是机器上的部件；国家和家族是房屋，个人是房屋上的砖瓦。个人是微不足道的，是匆匆的过客，国家和家族才是意义重大的，才可能是永恒的。在国家和家族的关系中，国家又是至高无上的。当忠孝不能两全时，要毫不犹豫地全力尽忠。

在实际生活中，人们不可能完全没有自己，有时也得为自己考虑，甚至还有所谓“人不为己，天诛地灭”之说，但是，人们为己最终还是指向他人，如为了光宗耀祖，为了庇荫后代。在这种生存理念支配下，个人已经虚无化，除了“身外”，个人没有了任何属于自己的东西，而且个人没有自我意识，根本没有自我实现的愿望，也不会追求自我实现。总体上看，中国传统社会的生存理念是一种无我的、非我的生存理念。

鸦片战争以来，特别是改革开放以来，由于西方现代价值观念和生存理念的影响，传统的生存理念受到了很大的冲击，到今天已经走向衰落，特别是已经没有多少青年人信奉它。然而，中国传统的核心生存理念是在中国几千年的传统社会逐渐形成的，在中国人的心灵中扎根很深，尽管它今天大势已去，但犹如百足之虫，死而不僵。这种生存理念仍然是社会舆论倡导的主导观念，虽然没有多少人实际信奉它。在普通大众那里，这种生存理念也时常自觉不自觉地表现出来，许多家长为了子女而失去了自我就是常见的例证。历史事实已经证明，“一切为了身外”这种生存理念不仅是过时的旧生存理念，而且既不利于人类个体生存，也不利于人类整体生存，是一种不正确、不合理的、甚至对于人的生存有害的生存理念。中国人要走向优雅生存，必须清算这种旧的有害的生存理念的残余影响，使之彻底退出历史舞台。

改革开放以来，现代生存理念以其强大的生命力在短短的三十余年就战胜了传统的生存理念而成为中国大众普遍信奉的生存理念。与中国传统生存理念截然相反，现代生存理念就其核心而言，概括地说就是：一切为了自我。就是说，人活着不是为了“身外”，而是为了自己。自我就是目的本身，自我之外的其他一切都不过是实现自我的手段。这种生存理念在道德上的表现就是利己主义。利己主义并不是唯利是图、不择手段的极端利己主义，而是利己不损人、为了利己而利他的合理利己主义。

现代生存理念相对于中国传统生存理念是一种巨大的进步。这主要体现在，它承认了个人的独立主体地位和不可取代的独特价值，根据这种理念生存，个人可以成为自己的主人和社会的主人，不仅个人可以获得自由和幸福，社会也可以获得繁荣和发展。正因为如此，这种生存理念能够取代中国传统的生存理念而成为普遍信奉的理念。但是，这种生存理念是在现代文明的基础上生长起来的，有着它自身明显的偏颇和缺陷。这主要表现在两个方面：

一是这种理念使生存的目的从身外转向自我是巨大的历史性进步，但在实现这种转向的过程中走向了另一极端，即把身外的一切都作为了自我实现的手段，努力地去战胜它们、征服它们，从而使之从属于自己，自我被看作是万物的中心，而且努力使自我成为万物的中心，其结果是个人与身外的一切关系紧张。

二是这种理念在使生存的目的从身外转向自我的时候，不是转向个人的全面而自由发展，不是转向个人优雅生存，而是转向了感性欲望的满足和刺激，而忽视了精神需要的满足和开发，其结果是，人越是谋求生存，越是成为感性发达而精神相对贫乏的单向度的人，人越是追求自由，越是成为被贪欲所控制的奴隶。

现代生存理念的这些偏颇和缺陷随着这种生存理念在中国普遍盛行而日益显露出来，因而对这种生存理念也必须更新，使之走向后现代生存理念，即优雅生存理念。

现代生存理念不是中国土生土长的，而且刚传播到中国不久，相对传统生存理念的更新而言，这种生存理念的更新要容易。而且更新这种理念不只是中国面临的任务，也是全人类面临的共同任务，一些发达国家已经有了这方面的理论和经验可供我们借鉴。因此，更新现代生存理念的关键是要有这方面的意识，而且要尽快进行，也就是要在接受现代生存理念的同时更新它、完善它。

人类社会正在走向一个新的时代。尽管人们对这个时代的称谓不同，但对这个时代正在到来是公认的。这个时代保留了自文艺复兴或启蒙运动以来的近现代的一些特征（如自由、平等、民主、法制、市场、科技等），同时又具有诸多不同于近现代的时代特征，并正在形成这个时代特有的理念。从哲学的角度看，这些新的理念有：

（1）以人为本、一切着眼于人的本性和潜能的自我实现的人性化理念；

（2）适度淡化对财富、金钱、权力、地位、名誉等有限或紧缺资源的追求和占有，倡导和鼓励人格健康全面发展、生活丰富多彩的完善化理念；

（3）尊重人、关爱人、真正把人当人看，营造人们在法律的范围，按照自己的意愿自由生活的环境的人情化理念；

（4）在全面提高综合素质的同时充分尊重和推进人的个性发展的个性化理念；

（5）承认和尊重人类不同个体和群体有权自主选择价值观念（包括信仰和信念）、生活方式的多元化理念；

（6）注重以实现个人幸福为终极目的的经济、社会、文化、环境、人类可持续地协调发展的和谐化理念；

（7）追求自由平等同时又适度超越自由平等、实现普遍的社会保障的公正化理念；

（8）把人类看作是一损俱损、一荣俱荣的利益共同体的全球一体化理念；

（9）放弃敌对、争斗、仇恨，追求和睦共处、互惠互利、多方共赢的合作化理念。

人性化、完善化、人情化、个性化、多元化、和谐化、公正化、全球化、合作化等这些新的理念，以及其他一些新理念，与通过修改和完善而被保留的近现代理念一起，构成了我们时代的时代精神。这种时代精神反映了当代世界文明的新走向，与以往任何历史时代相比，更体现了人类（特别是就个体而言）更好生存的需要。今天我们更新生存理念，决不是要使中国人的生存理念回到传统，而是要面向未来、面向世界，使我们确立的生存观念具有现时代性，体现现时代精神的要求。

重建生活质量标准

优雅地生存是一种高质量的生活。一般地说，高质量的生活就是好的生活。真正好的生活不是静态的，而是动态的，应该是一种越来越好的生活。优雅生存是人类的一种共同追求，优雅生存的质量标准应该具有全人类性，同时又具有现时代性。中国要走向优雅生存的社会，就必须根据具有全人类性和现时代性的生活质量标准来建设我们的生活。改革开放以来，中国实行“富民”政策，努力追求全体社会成员的更高质量生活，同时也明确提出了社会成员的生活质量标准，这就是在21世纪初全体社会成员普遍达到小康水平，最终实现全体社会成员的共同富裕。这种生活质量标准是在中国人民普遍贫穷的背景下提出来，有其历史合理性。在人民普遍吃不饱、穿不暖的情况下，没有什么问题比这一问题更加紧迫。但是，在全国人民基本上实现了“小康”的理想情况下，有必要进一步根据优雅生存的要求重新确立中国人民的生活质量标准，否则即使中国人民过上了富裕的生活，这种生活也不能说是高质量的生活。

根据优雅生存的基本规定性和中国现阶段的实际情况，重建中国人民生活质量标准的任务就是要拓展生活质量标准的维度和提高生活质量标准的水准。目前中国社会所追求的生活质量基本上是一维的，就是提高经济生活水平。经济生活是人生活的一个基本方面，而且是人其他生活的基础，经济生活没有保障或层次很低，谈不上其他生活和整个生活的高质量。因此，把提高经济生活水平作为提高生活质量的首要任务是必要的，在中国以前经济落后、目前经济仍不发达的情况下尤其应该如此。但是，经济生活毕竟只是生活的一个方面，尽管它的价值强度最大，但不是价值高度最高的。应该在追求经济水平提高的同时追求其他生活水平的提高，特别是在经济生活水平达到一定的层次之后，更应该把提高其他生活水平放到更突出的位置。单纯强调经济生活水平的提高，其结果是物质主义、拜金主义、享乐主义盛行。当前中国社会存在的许多问题与过分强调经济生活、物质财富对于人生存的意义是直接相关的。

优雅生存的生活标准是系统而全方位的，从中国目前的情况来看，重建生活质量标准必须同时考虑以下几个维度：物质生活的水平，精神生活的水平，家庭生活的水平，个性发展的水平，接受教育的水平，生活环境的水平。总体上来看，目前中国这六个维度的生活质量都需要提高水准，但各自的要求是不尽相同的，对此社会管理者和每一个社会成员都应有清醒的认识。

物质生活水平是基础性的维度，它达到一定的水平是必要的，但最高水平达到普遍殷实（富裕）即可，而不能要求普遍豪富。这一目标对于中国来说，不需要太长的时间即可实现。

精神生活水平是广度和深度最大的维度，社会可以引导人们在这方面无限地追求。

家庭生活水平在一定意义上是从属性的，在物质生活水平和精神生活水平普遍提高的情况下，家庭生活水平会相应地提高，需要做的工作主要是提高家庭成员的和睦程度，而这又与社会的开放自由度、人们的责任心、爱心直接相关。

个性发展水平同样是从属性的，在物质生活和精神生活水平普遍提高的情况下，个性发展水平的提高只是增强社会和个人这方面意识的问题。

接受教育的水平也是一个基础性的维度，这是中国社会目前面临的最重要的问题，必须努力提高社会成员受教育的程度，要把普及大学教育，建立继续教育和终身教育体系和制约机制作为中国未来社会发展的主要任务。

如何提高生活环境的水平是目前中国问题最大的、也是最紧迫的问题。生活环境对于生活质量不是外在的，而是生活质量的一个内在的维度，而且从根本上制约着、甚至规定着生活质量。必须普遍增强中国人的环境质量意识和努力使环境更适合人类生存的自觉性。

做价值体系的创新者

今天的人类社会整体说来都处于价值体系变革的过程中，现代化已经实现的国家在从现代价值体系走向后现代价值体系，现代化尚未实现的国家则在从传统价值体系走向现代价值体系。这是一次普遍的、深刻的伟大革命。这场革命如此普遍、深刻，可以说是人类历史上前所未有的。这场伟大的革命不是某些少数人能完成的，它的完成需要全人类所有成员共同努力。价值体系更新是全人类面临的共同事业，关系到整个人类的未来和命运，全人类所有成员都应该成为价值体系的更新者。

就中国而言，中国不仅在致力于现代化建设，而且在建设的过程中逐渐意识到传统的现代化的缺陷和弊端，试图努力走出一条有中国特色的现代化之路。这种努力是正确的，而且是必须的，但也正因为这样，中国价值体系更新的难度大大增加。就是说，中国在努力完成传统价值体系的更新、构建现代价值体系的同时，又要更新现代价值体系、构建后现代价值体系。这样一条价值体系的更新和构建之路是无先例的，因而更复杂、更艰难，需要经历一个阵痛的过程。为了使这个阵痛的过程尽可能地缩短、尽可能地顺利，全体中国人都自觉参与这个过程，都充分发挥自己的聪明才智，都成为中国价值体系的更新者和创建者，无疑是十分重要的。

中国早有古语说，“天下兴亡，匹夫有责”，但由于长期以来，中国人没有真正成为社会的主人，因而中国人往往把社会价值体系这样的国家大事看作是社会管理者的事，与自己无关。如果说这种看法在过去情有可原的话，那么在今天中国日益民主化的情况下，这种看法和观念就需要改变了。一方面，中国社会价值体系的更新和创建不只是社会管理者的事；另一方面，如此广泛深刻的社会革命决不是社会管理者，更不是少数高层社会管理者所能完成的。

价值体系的更新与构建作为一个宏伟的工程，需要理念、原则，需要规划、方案，需要设计、施工，需要建造、维护。只有所有这些环节不发生失误，这一工程才能顺利完成。不言而喻，每一个中国人都可以在这整个工程找到自己的位置，都可以为之完成作出贡献。另一方面，社会的管理者作为这一工程的设计师、工程师和监理师，也要为全体社会成员参与这一工程，并在参与的过程中充分发挥自己的聪明才智提供机会，创造条件，让他们为这一伟大事业各尽其能、各显神通。

二、改革社会制度

走向优雅生存，其次是要变革社会制度。社会制度是整个社会的构架，是价值观念与社会现实之间的中介，是社会价值体系的关键结构，对社会的存在具有规范和导向作用，对社会的运行起着支撑和保证作用。构建一种新的社会形态和新的生存方式，必须建立与之相适应的新社会制度，同时必须改革与之不相适应的旧社会制度。改革开放以来，中国一直致力于社会体制改革，在制度改革和建设方面取得了巨大的成就，中国的社会制度正在改革中走向完善。中国社会制度改革的目标是实现现代化，包括制度本身的现代化和制度与整个中国的现代化相适应。这一现代化的任务尚未完成，在这种情况下，如果我们要建设优雅生存的后现代社会，不仅要进一步深化和拓展原有的改革，而且要适当地调整改革的方向和方案。

认清社会及其制度的实质

在人类历史上，有很长一段时期社会被看作是外在于个人、个人不能控制它相反受它控制的异己事物，英国哲学家霍布斯就曾经把国家比作巨大的怪物“利维坦”。随着人类文明的进化，人们逐渐发现社会原本是人自己结成的，是人类自己构建的产物。人类结成社会不是为了社会本身，不是为了社会本身的存在和发展，更不是为了构造异己物来统治自己、压迫自己，而是为了彼此安宁和平地生活，为了实现能力互补和分工协作，为了形成个人所不具有的巨大整体力量来实现自己的目的，为了获得真情友爱。人类之所以要结成社会，归根到底是为了使自己生存得更好。使其社会成员生存得更好，就是社会的目的，也是社会的使命和意义。也就是说，人类生存得更好在任何时候和任何情况下都是目的本身，而人类为实现此目的构成的社会相对于人类更好地生存而言永远只是手段。这种目的与手段的关系，在任何时候和任何情况下都不能颠倒，否则异化就会发生，灾难就会降临到人类的头上。

不仅如此，社会不能是一成不变的东西，而应是适应人类生存得更好的需要不断发展变化的。尽管社会的最初形成具有自发性，但人类可以按自己的愿望来不断改革它、重构它，使之不断完善。社会变化的方向应是更好地满足人类生存得更好的需要，也就是更充分地体现社会本身的目的。一旦社会发生异化，必须立即变革它，而且要建立完善的机制有效地防止这种异化发生。

把社会看作是人“为”的、“属”人的、“为”人的，这是人类认识的一次重大转变，它标志着人类自我认识的一个革命性飞跃。这一认识上的重大飞跃是在人类经过现代观念洗礼后完成的，是近代人文主义运动，特别是启蒙运动的最重要成果。然而，我们也注意到，直到今天，世界上一些国家的人们由于没有经过现代观念的洗礼或现代观念洗礼不充分，对社会的这种人“为”性、“属”人性、“为”人性的实质和社会应该人性化、人道化、人情化的道义要求认识得不充分。社会仍被看作是外在于个人的某种独立自存的实体，看作是目的，看作是高于个人的，甚至是至高无上的，个人则被看作是从属的，看作是实现社会这一目的的手段。当个人与社会的利益之间发生冲突时，个人被要求无条件地作出牺牲。

这种看法或观点可以被概括为整体主义的社会观。这种社会观最大的问题是忽视了社会的人“为”性、“属”人性和“为”人性的实质，颠倒了个人与社会、个体与整体之间的本末关系。历史事实已经证明，这种社会观所产生的后果是消极的，甚至是对人类生存有害的。其最大的有害后果就是有可能使社会成为其成员不能控制的一种奴役自己的异己力量，这种异己力量会使人类陷入巨大的苦难深渊。

中国自改革开放以来，随着思想解放和观念更新运动的不断拓展和深入，传统的整体主义社会观受到很大的冲击，个人是终极目的，个体的权利必须得到尊重和保护的观念正逐渐深入人心。但是，中国传统的整体主义社会观扎根很深，要在很短的时间内完善更新这种观念是十分困难的。在实际生活中，传统的整体主义观点无论是在意识形态层面还是在大众意识层面还或隐或显地存在。在中国社会极端利己主义流行的情况下，整体主义社会观被一些人看作是医治现代社会问题的良方，这更使整体主义社会观有了某种存在的“合法”依据。

在这种情况下，进一步正确认识社会的实质，牢固树立社会人“为”性、“属”人性、“为”人性的信念是十分必要而又紧迫的。我们知道，优雅生存的社会是一种以个人自由为基础的人性化、人道化、人情化社会。如果个人的存在和发展不是社会的目的，相反是以社会为目的的，如果个人仍然像在传统社会中一样只不过是整体中的一个“部件”，那么人优雅生存的前提和基础就没有了，优雅生存根本无从谈起。从这个意义上看，进一步认清社会的实质和真正使命，牢固树立现代社会观仍然是中国思想解放和观念更新的重要任务。

随着人类社会的发展，社会日益从人治走向法治。法治的重要体现之一就是社会管理制度化。今天的社会是制度化的社会。制度是人们社会观的体现，有什么样的社会就有什么样的制度，它是人们对社会目的、使命和意义认识的结晶，是经过研究、权衡、比较、选择、决策所建立或制订的，是理智化的结果。但是，制度并不是为了记录或体现人们的社会观，而是为了一以贯之地贯彻人们的社会观，防止所确立的社会观因个别人的别有用心或多数人的集体无意识而任意改变，同时也根据社会观的要求对人们的行为加以规范，对人们的追求加以引导，以保证社会目的、使命和意义的实现。制度的实质就在于通过成文化、准则化、程序化，规范和引导人们的行为和管理本身。制度是实现社会目的、使命和价值的有效保证。

显然，如果说社会是人“为”的、“属”人的、“为”人的，那么制度更是如此；如果说社会是人为构建的，那么可以说制度是人为安排的。制度的这种鲜明的为人性和人为性表明，人在制度安排和制度建设中具有决定性的作用。社会选择什么制度，怎样安排制度，如何制订制度，完全取决于人自身。人是社会的主人，更是制度的主人。中国要走向优雅的社会，必须有适合于优雅生存社会的制度，而要有这种制度，不仅必须正确认识社会的实质，也必须正确认识制度的实质，普遍增强国民对社会制度的责任感。

以民主为本

任何社会及其制度都是人为的、属人的、为人的，尽管许多人并没有自觉地意识到这一点。当认清了社会及其制度的这种性质之后，我们要进一步研究社会及其制度是哪些人“为”的、是“属”哪些人的，是“为”哪些人的。弄清楚这一点是回答如何根据优雅生存的要求改革社会制度的关键。

无论从历史事实看还是从理论逻辑看，社会及其制度可以是一个人“为”的、少数人“为”的、多数人“为”的、全民“为”的；可以是“属”一个人的、少数人的、多数人的、全民的；可以是“为”一个人的、“为”少数人的、“为”多数人的、“为”全民的。一般说一个人为的，就是属一个人的，也是为一个人的，可以如此类推。尽管存在着一个人为的（如一个国王为的），却是为天下子民的这种例外的情况，但这一个人之所以为天下子民最终是为了自己的统治长治久安，一旦为天下子民与自己的统治地位发生不可调和的冲突时，他的选择是不难想象的。因此，我们不能指望一个人“为”的、少数人“为”的、多数人“为”的社会及其制度会是“属”全民的，更不能指望这样的社会及其制度是“为”全民的。一个社会及其制度要真正是“为”全民的，它必须是全民“为”的、“属”全民的，全民“为”、“属”全民、“为”全民三者必须相一致。

社会及其制度怎样才可能是全民“为”的、“属”全民的，又是“为”全民的？答案是明确的，这就是民主。民主的最根本的含义就是公民（广义地说，包括公民和准公民）是社会的主人。只有社会的每一个公民都真正是社会的主人，这个社会及其制度才可能是全民“为”的、“属”全民的和“为”全民的。随着人类社会的进化，社会的目的、结构、运作、功能逐渐被制度化。社会的人为性、属人性、为人性集中体现为制度的人为性、属人性、为人性。社会要成为全民“为”的、“属”全民的、“为”全民的，必须通过制度来实现。

民主之所以能使制度成为全民“为”的、“属”全民的和“为”全民的，是因为只有每一个公民都是社会的主人，他们才能以主人的身份成为制度的平等订立者，他们为自己订立的制度当然是为了他们自己，自然也是属于他们自己。制度并非一旦订立就一成不变，而是要不断根据变化着的现实进行修订、甚至改革。

民主之所以能使制度成为全民“为”的、“属”全民的和“为”全民的，也是因为只有每一个公民都是社会的主人，他们才能以主人的身份修订甚至改革不适应现实的制度。就是说，要使制度真正成为全民“为”的、“属”全民的、“为”全民的，只有通过民主的途径才能实现。民主是全民“为”的、“属”全民的、“为”全民的制度订立、修订、改革的根本原则。如果我们要使中国社会的一切制度都成为全民为的、属全民的、为全民的，必须坚持民主的原则，除了民主之外，别无他途。

改革开放以来，中国社会生活的民主化进程大大加快，而且中国社会还在努力追求民主，其目标是要把中国建设成为高度民主的国家。何谓高度民主的国家？高度民主的国家就是全民“为”的、“属”全民的、“为”全民的国家，其集中体现是国家的一切制度都是全民“为”的、“属”全民的、“为”全民的。中国要追求成为高度民主的国家，关键就是要通过改革使中国的一切制度都成为全民“为”的、“属”全民的、“为”全民的。这一改革的过程也就是社会民主化的过程。这一过程完结之日，也就是中国成为高度民主国家之时。

中国在民主化进程中还有不少障碍，其中最大的莫过于观念的障碍。中国传统社会有一种扎根很深的“明君”、“清官”的观念。这种观念认为国民的幸福不是靠国民自己，而是要靠某位“明君”或一些“清官”，靠他们来为民做主，为民谋福。这些“明君”、“清官”并不是国民选择的，而是偶然出现的，也许是老天恩赐的。不仅老百姓有这种观念，官员也有这种观念。所谓“当官不为民做主，不如回家卖红薯”的说法就是官员具有这种观念的例证。

改革开放以来，中国社会过去普遍流行的这种“为民做主”的观念有所改变，特别是青年人更有明确的自主意识，但这种观念的更新尚不普遍和深入。人们的自主意识主要是就个人而言，而不是就社会而言。例如，青年们追求自主和个性，要求社会和父母少给他们一些约束，但他们并不具有强烈的作为社会主人的要求。民主不是“为民做主”，而是“公民自主”。中国在什么时候真正实现了这一观念的根本转变，什么时候才能进入高度民主国家的行列。

加快法制化进程

如果说中国社会制度改革和完善的根本在于推进民主化进程，那么中国社会制度改革和完善的保障则在于推进法制化进程。中国传统社会总体上说是一种“人治”的社会。人治社会的最突出特点就是统治者为民做主，而不是国民自己做主。国民不过是统治者棋盘上的棋子，统治者高兴时可能慎重地使用这些棋子，甚至爱惜这些棋子，而不高兴时则可能将这些棋子摔碎，甚至还要踏上一只脚研磨，以解心头之恨，而且即使是慎重使用棋子时由于个人智慧的局限还会经常出错。正因为如此，当人们意识到自己像统治者一样，也是人，也有做人的基本权利之后，他们就再也不愿意做统治者手中的“棋子”，而要当家作主人。

为了保障每一个国民当家作主人的权利，防止某一个人或某一些人成为所有其他人的主人，必须有法制来保障，必须从“人治”走向“法治”。中国社会这一过程至少从“五四”运动就已经开始，改革开放以来，这一过程大大加快，但直到今天，这一过程尚未完成，而且任务还十分繁重。在今天的中国，民主的观念已经逐渐深入人心，但要真正走向民主化，必须走向法制化，民主化必须以法制化作为保证。法制化是中国社会制度改革的直接任务，中国社会制度改革的直接目标就是要实现社会管理的法制化，结束“人治”的历史并从根本上杜绝其发生的可能。

社会生活法制化是一项十分复杂的工程，涉及方方面面，头绪很多。其中最主要的也许就是要实现“三化”：管理的制度化、制度的法律化、法律的程序化。

管理制度化就是要使国家的一切管理都制度化。为了防止国家管理“人治”的“长官意志”弊端，保证国家管理的明示性、开放性、可检验性、可监督性，国家的一切管理都必须制度化。所谓国家的一切管理，包括国家生活各个方面的管理，如政治管理、经济管理、文化管理、人居管理、环境管理，等等，也包括国家结构不同层面的管理，如中央的管理、地方各级的管理。所谓制度化就是制度要条文化、规范化、程序化。

一切管理制度都不应是“长官的意志”，而应是所涉及的被管理者自己意志的体现。管理制度对于被管理者来说不应是外在的，而应是他们自己的，不是某一个人的，而是大家共同的意志，具有契约的性质。管理者不过是制度订立者的受托人，是受制度订立者的委托进行管理的。当然，管理者可以在制度的范围内能动地进行管理，但这种管理不仅必须是在制度范围内的，而且必须是制度订立者授权的，不得妄自僭越。

制度法律化就是要使国家的一切制度都法律化。制度法律化是现代法律的重要特征，也是现代法律的根本要求。为了从根本上改变传统社会那种“朕即国家”的专制制度，使国家制度成为全体公民的意志和愿望的体现，并以国家的强制力保证国家的民主性质，防止政治野心家窃国，现代法制从一产生就致力于将国家制度法律化。

国家制度法律化的最重要的体现和标志是宪法的诞生。宪法被认为是一个国家的根本大法，它以法律的形式规定一个国家的社会制度和国家制度，如国家的性质、政治制度、经济制度、国家机关组织和活动的基本原则，以及公民在国家中的地位、公民的基本权利和义务等国家生活中根本性的问题。宪法不仅具有最高的法律效力，是国家一切立法活动的基础和依据，而且它的制定和修改需要经过比其他法律更严格的程序，任何个人包括国家最高领导人都不能违背宪法，更不能改变宪法。宪法的诞生才使国家真正开始从统治者的阶级统治工具变成公民的社会管理机构，也才使国家真正开始从专制走向民主，从人治走向法治。

制度法律化原则不仅要求国家的根本制度必须法律化，而且也要求国家的各种具体制度和政策都法律化，都必须符合和依据法律，并通过合法的途径制定和实施。制度在法律化的过程中，法律也在制度化。正因为如此，在现代社会，法律和制度总是被联系在一起。制度法律化，法律制度化，两者相辅相成，它们一起构成了现代法制的主旋律。

法律程序化就是使法律制定、运用和执行都遵循既定的程序。为了保证法治公正有效地实现，现代法律还要求法律活动和方式必须程序化。程序化被认为是克服专权、维护公正、保持法律纯洁性的手段，法律也因而被区分为实体法和程序法，程序法是实体法制定和实施的保证。

根据法律程序化原则的要求，法律的制定必须通过民主、公开的程序进行，必须反映全体公民的意志；非经法定程序不得因个别情况而改变法律的普遍性，即使它的目标符合公正；法律的执行必须有严格的制度和程序，行政权力必须接受制约和程序的控制，滥用权力应受到追究。

现代法律的程序性原则不仅要求法律活动和方式必须程序化，而且要求程序公正。程序公正包括与偏私对立的公正，与秘密对立的公开，与擅断对立的控权，与浪费对立的效率，与愚昧对立的科学，与野蛮对立的文明等方面的内容。为了保证法律程序公正，保持法律的统一性和权威性，法律程序原则还要求司法独立。司法机关必须依法独立行使职权，不受任何其他机关的非法干涉。

中国目前在以上“三化”方面已经取得了令世人瞩目的进步，但还有许多工作要做。就管理制度化而言，中国社会管理的许多方面还没有实现制度化，不少官员还在把自己看作是被管理者的主人，“拍脑袋”决策；在实现制度管理的一些方面也存在着制度并不是民主的产物，制度多变、冲突、失效等问题。就制度法制化而言，中国存在的问题更多。尽管改革开放以来中国制定了大量的法律，但由于历史的原因，还有许多制度未被法律化，许多管理甚至还未制度化，更不用说法律化。就法律程序化而言也存在着不重视甚至不顾法律程序的问题。推进中国法制化的进程，就是要加大改革的力度，使民主化与法制化同步推进，管理制度化、制度法律化、法律程序化同步推进。

走社会市场经济之路

从制度的层面看，中国改革开放成效最显著的莫过于经济制度。经过三十年左右的改革，中国从过去的计划经济走上市场经济的轨道，这种变化对于中国从传统社会走向现代社会的影响是根本性的，怎样估价其意义都不会过高。然而，正如前面我们曾分析过的，市场经济相对于计划经济和自然经济是一种巨大的历史进步，而且确实有其巨大的优越性，是人类到目前为止可能选择的最好经济形式，但是市场经济是一种有缺陷、有弊端的经济，它所导致的社会公平问题、负面效应问题、人性异化问题是市场经济本身所难以克服和避免的。中国在进行经济制度改革的过程中必须清醒地意识到市场经济可能导致的这些问题，要努力避免和克服这些问题。另一方面，中国的经济制度的市场化任务远未完成，还必须完成市场化的任务。这样，中国的经济制度改革就面临着双重的任务：一要使我国经济普遍走上市场化的轨道；二要克服市场经济的问题。

这两项任务确实是不同的，但可以统一起来，把它作为一种二而一的任务，而且西方市场经济发展的经验告诉我们，必须将两者统一起来，否则中国将会为此付出沉重的代价。将这两项任务统一起来，就是要在进一步实现经济市场化的过程中，克服已经出现的问题和可能出现的问题。

市场经济的问题并非市场经济本身的问题，而主要是市场经济的后果问题。市场经济所导致的问题市场经济本身难以解决，而必须通过外部力量介入才可能解决。这种外部力量从目前来看就是政府的力量。通过政府介入使市场经济由传统自由放任的市场经济转变为政府调控的市场经济，这是人类目前所发现的克服或减少市场经济可能导致的消极后果的唯一选择。中国市场经济起步不久，经济市场化还有很长的路要走，在这种情况下，我们更应该选择社会市场经济化的道路，一方面充分利用市场经济的“利”，同时努力避免市场经济的“弊”。

走社会市场经济的道路，不是要把市场经济与过去的计划经济结合起来，更不是又要回到过去计划经济的老路。社会市场经济的性质还是市场经济，只是这种市场经济与传统的自由市场经济不同，它是有政府对经济进行宏观调控的。这种宏观调控与过去的计划经济性质完全不同，其主要区别有三：

一是计划经济的主体是政府或国家，宏观调控下的市场经济的主体是企业，企业是独立的法人实体；

二是计划经济条件下政府通过其代表直接经营企业，宏观调控下的市场经济则要求政府不再直接经营企业，而只是从全体社会利益出发对企业的经营和整个社会经济进行适度的调控；

三是计划经济条件下政府作为企业的主人对企业的调控不需要依法进行，市场经济条件下政府不再是企业的主人，它对企业的调控不能是任意的，而必须依法行事，所依的“法”是体现包括企业主在内的全体社会成员的意志的。

明确这些区别是十分重要的，否则在强调政府对市场经济进行宏观调控的时候，就有可能自觉不自觉地回到“政企不分”的状态。

对于今天的中国来说，既要强调市场化，又要强调政府调控。中国的市场经济还很不发达、很不完善，因而在市场化与政府调控这两者之间，市场化的任务更为根本、更为迫切，具有首要的意义。中国的政府调控必须在进一步使中国经济市场化、进一步大力发展市场经济的过程中进行，就是说，中国政府首要的任务是致力于发展市场经济，然后才是在发展的过程中加强调控。

三、调整政策导向

要走向优雅生存，还要调整政策导向。政策是政府在法制的范围内对社会实行调控的主要手段，它比法制更直接更鲜明地表达了社会鼓励什么、限制什么、倡扬什么、贬抑什么，对人们的行为具有更具体的规范作用和引导作用。现代社会生活日益复杂和多变化，要对如此多变的社会生活进行必要而又适度的调控，单靠制度是不够的，因而必须有比制度灵活得多的政策，政策是制度的具体化和必要补充。另一方面，现代社会的政策是在一定的制度范围内对社会生活进行调控的，它不仅必须与制度的性质相一致，而且必须为制度的目标服务。

中国正处于社会转型时期，制度正在进行改革，政策的导向也必须调整，使之与正在生成的新制度相一致，并为其目标的实现提供服务。随着改革开放的深入，与制度改革相适应，中国的政策导向已经作了许多调整，但仍然有许多方面与变化的制度不相适应，更与社会变化的走向、与优雅生存的要求不相适应。中国政策的导向主要是在追求现代化，尽管已经注意到了现代化的问题，并已经在政策上有了明确的反映，但后现代（优雅生存）的导向尚不自觉，因而对政策导向作进一步调整是十分必要和重要的。

一切为了公民幸福

与日益复杂和多变的现代社会相适应，政府的政策也是种类繁多、动态变化的。为了使所有这些政策服务于社会所追求的终极价值目标，必须为社会政策确立一个总导向。这个总导向引导所有政策最终指向什么、追求什么。政策的总导向必须与社会所追求的终极价值目标相一致。如果我国社会未来的终极价值目标是全体社会成员或公民优雅生存，那么，我国未来社会政策的总导向就必须是一切为了公民优雅生存。

一切为了公民优雅生存，首先要求一切为了公民。一切为了公民，最基本的要求就是社会的每一项政策都要以公民为本，都要为公民着想，为公民服务，都要以公民为出发点、为目的、为轴心，都要以公民答应不答应、满意不满意、高兴不高兴为衡量其好坏的最终尺度。

一切为了公民还要求政策必须为了全体社会成员。政策不像法律，法律可以保障每一位公民的权利，具体的政策则很难照顾到每一个人的利益。在很多情况下政策调节会使一些人的利益受到损害，或者说一些人会从一项政策中获益更多，这是不可避免的，否则政策就不可能发挥它应有的调节作用。但是，如果一个社会的一切政策都真正是为了全体公民或全体社会成员的，那么在这种情况下必须做到三点：一是从总体上看、从终极上看每一项政策都是为了全体社会成员；二是每一项政策都尽可能照顾最大多数人的利益；三是对可能因某一项政策受到损害的人或从一项政策中获益较少的人有一些适当的方式给予补偿，而不是一味强调大多数人的利益而不考虑少数人的利益。一切为了公民本身包含着为了一切公民。一个以公民为本的社会应该是人道主义的社会，这样的社会的政策不仅要一切为了中心人群，还要一切为了边缘人群，甚至还要考虑那些伏法罪犯的利益，否则他们的正当利益就不会有人去为他们维护和代表。

社会政策是具有强有力的规范性和导向性的，因而不仅存在着政策的终极目的问题，还有一个把公民导向哪里的问题。这两个问题并不是一回事。历史上不乏这样的先例：社会的政策总体上看是为了社会的全体成员，至少是绝大多数成员，然而规范和导向的方向不对，不是把人们引向追求现实的幸福，而是引向某种永恒的天国或某种幻想性的乌托邦。其结果是，人们普遍陷入苦难。因此，政策导向问题不得不重视。政策是为社会的终极价值目标服务的，既然我们的终极价值目标是全体社会成员优雅生存，那么社会的一切政策都要以公民优雅生存为总的政策导向。为这种生存方式服务的社会政策，必须兼顾优雅生存的所有方面，为这种生存方式的普遍实现营造环境，创造条件，提供支持，实行调控。

政策的制定者和执行者通常都是政府，政府要以一切为了公民的优雅生存为政策的总导向，首先必须是公民自己的政府。也就是说，政府必须是公民的受托人，而不是公民的统治者。如果政府是公民自己选择并能监控的政府，其政策就既可能是一切为了公民的，更可能是为了公民优雅生存的。

一切为了公民优雅生存的政府还必须是有能力的政府。政府要有使所有公民都优雅地生存的意识，缺乏这种意识，根本不可能在政策中体现这种导向。政府要有使所有公民都优雅生存的责任感，这种责任感是政府全心全意为公民优雅生存服务的根本动力。政府要始终坚持一切为了公民优雅生存这个总原则，以这个原则作为政策制定和实施的根本尺度和终极标准。政府必须是强有力的，真正能够贯彻一切为了公民优雅生存这个总导向，通过政府的途径和措施有力地推动这一要求在政府的各项工作中得以普遍实现。

贯彻一切为了公民优雅生存这一政策的总导向，政府有许多工作要做，就我国当前的情况而言，有三项政策的导向是亟需调整的，这就是：大力鼓励改善生活质量的产业，适度扼制个人占有，改变社会人格评价标准。

鼓励改善生活质量的产业

新中国成立以来一直到改革开放，我国在产业政策方面的总导向是着眼于社会生产力的发展，不仅不注重社会成员的生活质量，甚至不重视社会成员的基本生存需要。改革开放以来，这种政策导向开始改变，但直到今天这种政策导向的惯性还没有完全被扼制住，而且还没有完全形成着眼于全体社会成员优雅生存、大力鼓励那些改善他们生活质量产业发展的意识。这突出地体现在以下三个方面：

第一，对服务产业（即所谓第三产业）政策的倾斜不够，服务产业在我国还很不发达。服务产业与第一、第二产业不同，它基本上都是与公民生活质量相关的。改革开放以来，我国的确在大力发展服务产业，而且服务产业发展很快，但尚未真正放开，更没有采取大力鼓励和扶持的政策。这些产业大多属于非公有制的，这种所有制性质决定了它难以成为国家的主导性产业，难以得到重点支持和扶植，属于这一产业的企业基本上处于自生自灭状态。

第二，对服务产业缺乏必要的规范和引导。我国服务产业虽然发展很快，但总的看来是自发的、不系统的。服务产业必须规划并在此基础上加以必要的引导，使之能为人提供从生到死、从生活起居到精神满足的纵横交错的全方位立体服务。这样一种体系尚未建立起来，更不用说为公民提供系统的优质服务。我国目前普遍存在的有事找不着人做，有人找不着事做的状况，清楚地表明我国的服务产业还很不发达。

第三，对服务产业中的一些有碍于或有害于公民生活质量的产业没有采取有力的调控政策，这些产业的产品严重影响公民的生存质量，甚至影响公民的身体健康。到目前为止，我国不少产业虽然可以获得更多的税收，但对公民的身体健康是有害的，最典型的莫过于烟草产业。烟草产业在我国许多地区都是支柱性产业，是地方财政和税收的主要来源。显然，政府的政策不是着眼于公民的健康而是着眼于财政收入而大力发展烟草产业。

这些方面的情况说明，我国还需要进一步调整政策导向，要着眼于公民优雅生存大力发展改善生活质量的产业。大力发展这方面的产业，不仅能直接满足人们优雅生存的各种需要，而且可以为人们提供广泛的就业机会和成功机遇。因为这种产业一般投入少，周期短，见效快，大多数正常人都可以从业和经营。更重要的是，大力发展改善生活质量的产业具有广阔的天地，任何人都可以别出心裁地、具有个性地开业和经营，可以成就一番事业，只要有市场需求并有益于人们优雅生存。

通过政策大力鼓励改善生活质量的产业，其前提是对我国生活服务产业要有整体规划，克服目前服务产业无规划的状态。政府有责任对生活服务产业的整体结构进行规划。这种规划首先必须考虑不同层次的社会管理机构应负什么责任，特别是要明确社区的责任；其次必须考虑如何给人们从生到死、从生活起居到精神满足提供全方位的立体的优质服务。大力鼓励改善生活质量的产业，关键是要在政策上支持和扶植根据政府的生活服务产业规划开业和经营的企业，使它们通过增强实力进行公平的竞争，引导它们为公民优雅地生存提供最优的产品和服务。

适度限制个人占有

社会的所有资源总是相对有限的，而人们对资源的欲求则通常呈扩大趋势，特别是在现代文明的条件下，人们的贪欲普遍恶性膨胀，资源与欲求之间的矛盾日益突出。对于我国这样人口众多而经济又不够发达的国家来说，这种矛盾已经成为一个十分严重的社会问题。改革开放以前，我国资源分配的政策导向基本上是平均主义的，改革开放之后，这种平均主义的导向有了很大改变。这无疑是一个重大的历史进步，但与此同时出现了社会资源特别是财富迅速向少数人集中以及与此相关的社会贫富两极分化问题。

有关权威人士综合国内外多项权威性研究成果得出了这样的结论："改革开放以来中国大陆的财富分配状况发生了巨大的变化，其基本特征是财富分配的不平等程度呈现出持续扩大的趋势。在如此之大的国家里，在如此之短时间内，基尼系数的上升幅度如此之高（1985 年为 29.9%，1995 年上升为 38.5%，另一说 1995 年为 44.5%——引者注），在世界历史上如果不能说是绝无仅有，也可以说是非常罕见的。在短短的 20 年之间，中国步入了财富分配不平等程度较高的国家的行列。"①

中外历史事实已经证明，严重的社会资源特别是财富分配不均会给社会带来一系列可怕后果，如损害社会公正，降低道德水准，加剧贫困，降低整体福利水平，诱发社会动荡，导致国家分裂和政府垮台，使秩序丧失合法性，等等。在社会严重分配不均的情况下，社会的起码秩序都难以保障，根本谈不上社会成员普

---

① 康晓光：《财富分配的挑战》，路甬祥主编：《21 世纪中国面临的 12 大挑战》，世界知识出版社 2001 年版，第 342 页。

遍优雅地生存。因此，必须通过有效的政策，控制个人对社会财富的过分占有。

据权威人士分析，中国社会目前的富人有九大成因：一是企业推行承包制，一批敢于承担风险的人走上了“先富起来”的道路；二是国家落实各项政策而得到的一笔补偿资金所惠及的一批人；三是国家鼓励私人经济发展、先“下海”的人；四是20世纪80年代中后期，国家实行部分生产、生活资料和贷款价格的“双轨制”，特殊群体因此而享用了价格差带来的6000亿元财富；五是20世纪80年代末、90年代初最早涉足证券市场的投资人和证券从业人员；六是房地产业投资人；七是倒卖各种指标、出口配额等人群；八是特殊职业者，如影视明星、体育明星、作家等；九是科学技术成果转让获益者①。

这九大成因表明，这些富人几乎都不是像比尔·盖茨那样靠自己的实力成为富人的。在这种情况下，政府更应该采取有效政策扼制个人对社会财富的过分占有。

社会对财富占有的状况一般可以划分为六种类型：贫困型、温饱型、小康型、殷实型、富豪型、巨富型。一个好的社会应该消灭贫困型、温饱型，并适度限制富豪型、巨富型，使社会成员财富占有状况保持在小康型至殷实型。最贫穷的应达到小康型，最富有的不得超过巨富型。所谓适度限制个人占有，就是要通过政策限制人们占有的财富达到巨富的程度。当人们的财富占有高出殷实型之后就应对其进行限制，使之财富的占有最高不能超出富豪型的程度。

当然，这种限制是适度的。这里的“适度”至少有三层含义：

一是不否认个人对财富一定程度的占有，这种程度就是达到殷实，超过殷实，就要进行限制；

二是这种限制是逐步加深程度的，就是说，达到殷实的程度之后开始限制，而不是达到富豪后“打土豪，分田地”；

三是人们可能占有的最高限度不得达到巨富。显然，这里强调“适度”，是为了避免个人财富占有问题的平均主义，保持人们占有财富方面的适度差别。保持这种差别对于刺激人们的进取动机从而保持社会的生机和活力是十分必要的。在中国这样的经济还相当落后、绝大多数社会成员比较贫穷的国家，保持适度的贫富差别尤为重要。

改变社会人格评价标准

人在世界上生存，必须社会化。社会化是人之所以为人的一个基本规定性。人社会化了不一定能很好地生存，但人没有社会化肯定不能很好地生存，甚至根本不能生存。社会化的目的是使社会成员遵守同样的规范，并在所追求的目标和

① 《国家统计局副局长作历史性圈点：中国富人有九大成因》，《武汉晚报》，2002年月11月2日A10版。

达到目标的手段上取得一致。社会化的任务有二：一是使个体知道社会或群体对他有哪些期待，规定了哪些行为规范；二是使个体逐渐具备实现这些期待的条件，自觉地以社会的行为规范来指导和约束自己的行为。就是说，社会化实质上要把社会的期待变成个人追求的目的，把社会的规范变成个人行为的准则。

为了保证成员社会化的普遍实现，社会总要通过不同途径把社会的规范和期待转化为具有道德意义的人格评价标准，用以对人们进行褒贬扬抑。这种人格评价标准表达了社会倡导和鼓励其成员成为什么样的人。社会的人格评价标准是与社会政策的激励机制直接相关的。社会为了引导人们按社会倡导的人格标准塑造自己，总会采取种种措施鼓励这样做的典型。这些措施包括物质奖励、舆论颂扬、授予荣誉、给予优待，等等。这些措施一方面是对已经这样做的人给予鼓励，另一方面通过这些措施激励其他人学习或效法他们。正因为如此，人格标准及其褒贬扬抑机制，不仅对于规范人们的行为具有重要意义，而且对社会成员的人生追求有普遍的重要导向作用。

不同的社会有不同的人格评价标准，优雅生存社会的人格标准必须根据优雅生存的要求来确定。优雅生存有许多规定性，最主要的是要求人们在追求自我实现、体魄强健、人格完善、心灵安宁、事业成功、家庭和睦、环境舒美、人生体验、生之欢乐、不可替代这些生存目标的过程中要有学习、有专长、有个性、有创意、有情趣、有格调、有责任、有尊严、有德性、有智慧地生存。要以优雅生存的这些要求作为社会的人格标准，就必须改变以往和现行的社会人格标准。以往和现行的社会人格评价标准的一个共同缺陷是，它们所追求的人格要么是片面的或单向度的，要么是一律的或无个性的，要么是肤浅的或无深度的。改变社会的人格评价标准就是要克服这种人格评价标准的缺陷，追求人格的深度性、广度性、独特性、丰满性和完美性，也就是要追求优雅生存的人格。

改变人格的评价标准，实现人格标准的转换，最关键的是要改变在人格评价标准及其机制问题上的急功近利的态度。无论从我国来看还是从国外来看，都存在着这种社会人格评价标准的急功近利的问题。在我国，在不同的时期有不同的英雄模范，也有不同方面的英雄模范，但没有各方面都发展得好的典型。例如，今天中国社会有见义勇为的英雄、有劳动模范、有“三八”红旗手、有“五四”奖章获得者、有致富能手、有有突出贡献的专家，等等，却没有把那些优雅生存者或全面发展者推崇为英雄模范的事例。在美国，曾经有所谓的“白手起家”的英雄，但也似乎没有听说有赞誉优雅生存或全面发展的人的称号。

这一切都说明，过去的社会只是为了社会某方面发展的需要才赞誉在这方面表现突出的人士，把他们推崇为社会的“英雄”，让人们向他们学习，而根本忽视了人的全面发展或优雅生存。在这种人格评价标准及其机制的影响下，社会很难生长出那种优质、雅致生存的人，即使有个别这样的人士，也因为社会不倡导和鼓励而无声无息地消逝。当然，社会赞誉和推崇不同方面发展得好的人是必要的，但更要赞誉和推崇那些在各方面都发展得好的人。如果今天的人类社会不改变人格评价机制方面的这种急功近利的态度，不大力倡导和鼓励优雅生存，人们就会更愿意成为某方面的“英雄”，而不愿意成为优雅生存者，社会也就很难走向普遍优雅生存。

我国通过三十多年的改革开放，在社会人格评价标准方面已经发生了很大的变化，改变了以前以政治或道德作为人格评价的唯一尺度的作法，从多方面对人们作出评价和鼓励，这的确促进了我国社会各方面的人才脱颖而出。今天中国社会不再像 30 年前那样只有道德典范，而是各个方面、各个层次的英雄模范济济，可谓是进入了英雄辈出、群贤毕至的英雄时代。但是，我们也应该注意到，尽管我国社会的人格激励政策有了很大的改善，已经从单一的标准走向多元的标准，但还需要进一步改进，不仅要倡导和鼓励人们在某一方面发展得好，更要倡导和鼓励人们在各方面都发展得好，在整体上发展得好。只有各方面发展得好、在总体上发展得好的人才够得上优雅地生存的标准。

我国社会要进入优雅生存的社会，在人格评价标准及其机制的社会导向方面还需要进一步调整。要克服目前还事实上存在的急功近利的倾向，使我国社会的人格评价标准及其机制着眼于个体、社会和人类的更好生存。要通过有效的激励机制使人们普遍追求成为有专业特长、兴趣爱好和个性特色的全面而自由发展的人。

四、革除教育弊端

走向优雅生存，还要革除教育弊端。优雅生存是优质的、雅致的生存方式，这种生存方式严格说来不可能自发地形成，而必须通过系统的教育，特别是系统的学校教育。然而，我们注意到，当代人类的教育，特别是中国目前的教育还很不适应培养优雅生存的人的需要，在诸多方面甚至还与优雅生存的要求相冲突。

改革开放以来，中国的学校教育获得了前所未有的大发展，但由于受到现代文明各种问题的严重影响和侵蚀，我国教育的发展出现了种种偏向和弊端，如过分强调应试（可谓之为“应试教育”），过分追求层次（可谓之为“求高教育”或“精英教育”），过分迷恋成才（可谓之为“专才教育”或“人才教育”）。由于执迷于“应试”、“求高”、“专才”，因而忽视了青少年的天性，忽视了青少年的潜能，忽视了青少年的素质，使我们的教育成为非人性的，甚至是反人性的，使青少年成为考试、学历和学位的奴仆，成为名校、国外、名人的崇拜者、迷恋者和盲求者。教育的这些偏向和弊端已经成为中国社会发展的重要障碍。这些偏向和弊端不革除，中国青少年不可能优雅生存，中国社会不可能走向优雅生存。

教育必须人性化

革除我国的教育弊端，最根本的、也是最重要的是要使教育人性化。所谓教育人性化，简单地说，就是教育要顺应人性，而不能违背人性。教育必须人性化，从根本上说是以人为本的原则在教育上的集中体现，是一切为了学生健康成长和全面发展理念的根本要求。

人性是人之所以为人的规定性。从根本上看，人性在于谋求存在、生存、生存得好、生存得更好。谋求生存得更好，我们可以称为“人的本性”。从总体上看，人性是一个综合体，是一种立体结构，大体上可以划分为需要、动力、获取、满足、调节、智能等子系统。这种立体结构的要素是人性的各种不同规定性，它们是人本性的体现和展开。

抽象地看，特别是在把人性与物性、兽性相比较时，人性无论从根本上看还是从总体上看都是共同的。但是，如果具体地看，特别是从人类整体的历史和从人类个体的历史来看，人性并非是质量完全相同的。不同时代的人、不同民族或国度的人、同一时代不同的人，他们的人性并不是清一色的，存在着质与量的差异，否则我们不能说明为什么生长在相同的家庭、受相同的教育的双胞胎会有迥异的人格。人性也许像人的指纹一样，或者说像世界上的树叶一样，没有完全相同的。

人性的质量水平就是人的潜能限度。不同的人有不同的人性，也就是有不同的潜能限度。人类历史特别是近代以来的历史已经有力地证明，教育对于人类具有巨大作用。但是，教育是不是万能的？它能不能突破人性的质量，能不能超越人的潜能限度？它能不能使所有的人类成员达到某种相同的理想人格？如果能，这样的教育有利于人类的幸福吗？回答是否定的。

从人类发展的历史来看，人性确实会通过一代又一代的教育文化的积淀作用而发生变化，质量变得越来越高，内容变得越来越丰富。但就同一代的人类个体而言，这种变化是极其微小的，以至于可以忽略不计。即使终身不断地进行教育，一个人也不可能完全突破他所禀赋的人性潜能。教育对于人而言，其最大的作用限度就在于使人性充分实现。所谓人性充分实现，就是把人性的潜在的能力转变成现实的能力。教育可以在人性的限度内塑造出不同的能力和人格，但不可能塑造人性本身，不可能突破人性的可能限度。由于每一个人的人性不同，因而相同的教育不可能教育出相同的人格。由于教育不可能像人性那样形式多样，因而不同的教育事实上也不可能塑造出相同的人格。因此，试图通过教育来使所有的人都成为我国当前社会所希望的理想人性、我国当代父母所希望的高级人才，是完全不可能的。

事实上，即使教育真的能够使所有人性质量完全不同的人成为清一色的“理想人才”或“高级人才”，即使教育真的能够使人性变成神性，这个世界也许是圣洁的、完善的，但并不一定是和谐的、美好的。一个由上帝、圣人构成的世界确实不会有罪恶、缺陷，但也没有了美，没有了乐。这种清一色的圣人或神祇世界枯燥乏味、令人恶心，不仅不会为世界绝大多数人所向往，相反会为他们所不齿。果真如此，塑造这种世界的教育罪莫大焉。这就是说，教育不仅不能突破人性的限度，而且也不应该突破人性的限度，而应在人性的限度内，尽可能充分地开发人性的潜能，顺应人性而不是背离人性，更不是反逆人性，根据不同的人性来培养不同的能力，塑造不同的人格。

教育人性化，要求把受教育者当人看。受教育者是人，现在是人，将来也只能是人。教育再有力，也不能使人变成“龙”，更不可能使人变成“神”。因此，教育应该追求使人成为可能成为的人，而不应该追求使人成为不可能成为的人或非人。的确，教育具有导向性和理想性，追求“应当”的目标，但这种“应当”的目标，必须是在可能的限度内。教育人性化所强调的，就是要因人性施教育，使人在其潜能的范围内成为可能成为的人、成为应该成为的人。成为了这样的人就是充分发展的人或发展得好的人。

把受教育者当人看，还要求对受教育者要人道。在我国现实生活中，一些家长为了使子女成龙成凤而残酷地对待孩子，使孩子不堪学业的重负和家长的压力而轻生或夭折。《武汉晚报》曾以“纯真花季不堪沉重学业压力，十佳少年‘积劳成疾’离世”为题报道了这样一件事：年仅14岁的长春女中学生周晓旭因疲劳过度、压力过大在昏迷八天后悄然离世。周晓旭品学兼优，是区十佳少年、优秀团干部，还曾获得各种书法、美术、摄影金银奖近20项。她的父母说：她学习十分努力，每天4点多钟就起来学习，晚间还睡得特别晚。从学前班开始，一直“超前学习”，在正常学习之余到各种补习班学完下一年的课程[①]。这一报道完全可以说是对我国现行教育非人道性的一种控诉。这一事例也许是最典型、最极端的，没有如此严重但与此相似的其他事例不知有多少。

教育人性化，要求把受教育者当目的看。受教育者作为人本身就是目的，而不是实现目的的手段。教育者（社会、教师、家长等）对受教育者进行教育究竟为了什么？按照教育人性化的要求，对受教育者进行教育的目的，不应是为了使受教育者按照教育者的目的、理想或意图成长，成为教育者所期望的人，而应是为了使受教育者充分发展他的潜能，成为其本性充分实现的人。本性充分实现就是自我实现。就是说，教育的目的是通过教育帮助受教育者自我实现。在我国现实生活中，许多父母都把自己没有实现的理想（如成为科学家、政治家、文艺家等）强加给孩子，而根本不考虑孩子的天赋和兴趣，这实际是使孩子（受教育者）

---

① 见《武汉晚报》，2003年3月16日A16版。

成为了实现父母（教育者）目的的工具。这些父母自我感觉这是关爱孩子，实际上是残害孩子。教育人性化，还要求把受教育者当主体看。传统教育理念的重要特征之一是把教育理解为塑造，即把受教育者塑造成教育者所期望的对象。于是，受教育者便成了任人打扮的女孩，想把她打扮成什么就是什么。教育人性化与这种传统教育观是根本不同的。根据教育人性化的要求，教育不是塑造，而是帮助，其实质在于帮助受教育者自我实现。如果我们把自我实现看作是自我塑造，那也可以这样说，教育不是塑造，而是帮助塑造。塑造的对象是受教育者，塑造的主体也是受教育者。教育者的使命是在受教育者自我塑造的过程中给予必要的帮助，帮助他们成为自己的作者，但不能代替他们而成为他们的作者。

还孩子以童年

也许人们会普遍承认，今天中国社会中最辛苦、最令人同情的人群是孩子。在从孩子能说话开始一直到上大学之前的大约 18 年左右的漫长时间内，父母、老师想方设法地折腾孩子，把自己的一切希望、一切理想、一切心思、一切精力都尽可能地用在孩子身上，让孩子幼小的身体和稚嫩的心灵承受巨大的压力，几乎所有的孩子都苦不堪言、深受其害。

在上幼儿园之前，一些家长就琢磨着怎样培养孩子，让孩子学很多东西，使孩子成为“神童”。《武汉晚报》曾报道了一则这样的消息：一个年仅 3 岁的女孩，已经能认识 6000 中文字，而一个普通的受过教育的人只能认识 3000 个左右的中文字。——引用报纸报道这件事只是因为这件事新奇，有新闻价值，而不一定是为了宣扬它。但是，这件事告诉我们什么？它告诉我们这个孩子的家庭不仅扼杀了孩子的天性，而且是在竭泽而渔、揠苗助长，其后果是可想而知的。前些年，国内还有不少名为开发少儿智力、实为赚少儿的钱的产业，如零岁方案、小太阳方案，等等。这些方案迎合了家长的揠苗助长心理，为应试教育起了推波助澜的作用。

孩子上幼儿园，主要不是“玩”，而是“学”，实际上是一个学前班。小小的孩子，让他们学习许多并不能真正理解和接受的东西。快上小学了，家长和老师抓紧时间让孩子上学前班，以免上不了好小学或上小学时落后。事实上，学前班学的是小学一年级的内容，上了学前班的小孩，上小学一年级时对学习没有了兴趣，因为所学的内容学前班已经学过了。

近些年来，我国政府开始强调素质教育，并采取了一些措施，如取消小学升初中的考试，要求小学生就近入学。这本来是为了减轻小学生的负担，但到了望子成龙心切的家长那里却变了样。小学生虽然在学校的课业负担有所减轻，但课余时间的负担并没有减轻。家长们都纷纷利用每分每秒的时间送孩子上各种各样的兴趣班、补习班，以及数学奥赛班、物理奥赛班、外语培训班那样的培优班。我们不能说这样的班对于培养孩子没有一点作用，但事实证明，有那么多家长送那么多的孩子上那么多班，结果有多少学生真正培养了兴趣，真正成才了？事实常常相反，家长要孩子培养的、并且花了巨大精力为孩子培养的兴趣，结果是孩子最不感兴趣的。那些被过早开发其潜能的所谓“神童”，常常到后来比那些没有经受过这样折腾的孩子平庸，甚至变得精神乖戾、性格怪僻，“培优”的结果变成了“培劣”。

从初中开始，孩子进入到人间应试战场，为了蟾宫折桂，为了出人头地，他们在这里进行旷日持久的考试拼搏战役。这长达六年的整个战役被划分为两个阶段：为上名牌高中的初中阶段和为上名牌大学的高中阶段。为了名牌，孩子在父母、教师还有社会的共同压迫下，不得不披星戴月，起早贪晚，没有节假日，没有闲暇时间，苦修苦练，无休无止。一旦考试失败，就被打入另册，孩子羞愧，父母抱怨，老师失望，亲戚摇头。从此，孩子无望，父母无奈。当然，也有一些孩子不甘心，在父母的要求下，在老师的支持下，继续复读，不考取名牌大学誓不罢休。

从幼儿园开始，一直到上大学之前，老师特别是家长用以衡量孩子学习好坏、甚至孩子好坏的主要标准、甚至唯一标准就是学习成绩。成绩好就表扬、奖励，成绩差就批评、惩罚。成绩好坏的唯一尺度就是考试，而考试基本上是死记硬背，只要下功夫，一般成绩都会好。于是老师、家长就成了孩子的“警察”，时刻对孩子是否用功，是否偷懒进行严厉的监管。这种教育方式就是我们通常所谓的“应试教育”。如果说“应试教育”在我国改革开放的初期还有某种特殊的正面作用的话，那么可以说，在今天中国致力于全面建设小康社会的新时期，这一教育制度或模式可以休矣。

“应试教育”最大的问题是使学生成为考试的奴隶，成为应试的机器。为了应付旨在升学或升好学的各种考试，孩子的童年没有了，孩子的天性被泯灭了，孩子失去了此后再也不可能获得的最美好、最宝贵的东西——天真浪漫的童年。事实上，如果理智地进行分析，可以发现，孩子不像目前这样不顾一切地应付考试，而是“学”与“玩”有机地结合，在“玩”中“学”，学生虽然成为不了活辞典，但有可能成为有创新能力的人才。应试教育所鼓励的是磨练“功夫”，而不是培养能力。

有人说：“美国是儿童的天堂。”美国之所以是儿童的天堂，并不只是因为美国的儿童生活条件好或父母更爱孩子，而是因为美国没有像中国这样葬送儿童童年快乐的“应试教育”。试想，如果美国也像中国一样实施“应试教育”，美国恐怕就不是儿童的天堂，而是儿童的地狱。美国儿童生活在快乐的天堂，其结果是美国有大批孩子成长为诺贝尔奖的获得者。与此形成鲜明对照的是，中国儿童生活在艰辛的炼狱，其结果是还没有发现有中国孩子成长为诺贝尔奖的获得者的迹象。

与潜能相宜

中国传统价值观念中有一种根深蒂固的“求高”观念。这种观念认为无论什么，也无论对于谁，层次高的才是好的，因而无论什么，也无论谁都应当追求高层次的，不管这种高层次与追求者是否适宜。例如，为官者就应当追求高官厚禄，而不考虑是否能得到高官厚禄，更不考虑是否适合作高官、享厚禄；求善者应当追求圣贤，而不考虑能否成为圣贤，更不考虑是否适合做圣贤。这种观念在今天中国仍然阴魂不散，而在教育领域尤为严重。对于许多家长来说，无论自己孩子的天赋和身心条件怎样，在他们的眼里孩子似乎都是龙、凤的胚子，他们希望孩子成龙成凤，并想尽一切办法使之成龙成凤。

首先是千方百计地让孩子上高中、上大学。长期以来，由于教育资源的局限，并不是每一个学生都能上高中、上大学，于是就出现了千军万马抢过独木桥的壮观。近年来，我国力图改变目前应试教育的现状，其措施之一是大力发展中等职业技术教育，大力发展高等教育，各普通高校大幅度地扩招，而且大力发展高等职业技术教育。今天，几乎所有的初中毕业生都可以上高中或中专（职高或技校），高中毕业生都有机会上大学，这确实缓解了过去千军万马抢过独木桥的状况，但是并没有从根本上克服应试教育的弊端。所有的初中生都不愿意上普通高中，而要上名牌高中，以至于职高、中专、技校因生源匮乏而纷纷转向。过去争上大学，今天争上名牌。过去高中比录取率，今天高中比名校录取率。在这种导向下，有的学生发誓非北大、清华不上。一旦上了较差的学校，就自觉抬不起头，消沉颓废不能自拔。

在大学本科逐渐大众化后，上研究生又成为家长们关注的焦点。于是，在我国当前出现了一种情景：孩子上了大学还要让他读研究生，获得了硕士学位还要攻读博士学位。国内的博士还不够，要去拿洋博士。我国目前的应试教育体制为满足家长的这种“求高”心理提供了条件。因为在应试教育条件下，只要肯下功夫，即便天赋平庸的人也能不断“深造”下去，直至获得最高的学位。我们可以设想，如果我国在博士研究生之后再增加一种更高的学制和学位，想必要不了多久这种学制和学位又会成为社会特别是家长追逐的对象。直到今天，仍然有不少人把博士后流动站这种非学制性的形式当作更高的学制来追求，也许是一个证明。

中国有古训云：“人往高处走，水往低处流。”这一古训所描述的是自然情形。每一个人都希望自己的人生能达到更高的层次，社会也希望人们追求更高的层次。但是，这里的“高”必须适度。

人面对的是一个价值世界，价值世界里的每一种价值都是对于人而言的，一般说来对于人都有价值。例如，就人的事业追求而言，成为科学家、政治家、企业家、律师、医生、教师都是有价值的，都可以成为人的理想。所有这一切，表面看起来对于每一个人都有价值，都是好物，然而事实并非如此。对于全人类而言，价值世界的价值都有价值，但是对一个具体的个体或群体而言，价值世界里的价值却并一定都有价值，只有那些适合自己的价值才有价值。价值世界里的价值是对于不同的价值主体而言的，决不是对于每一个人而言的，也不是对于每一群体而言的。在面临价值世界进行价值选择时，人们必须考虑和遵循适宜的原则。就是说，只有适合自己的价值才是真正的价值，或者不如通俗地说，才是好的，而不适合自己的价值，对于自己来说则不一定就是好的，相反可能是很不好的。

适宜才有价值，适宜才是好，这种观点早在古代的思想家亚里士多德和孔子那里就已经提出，并得到了充分阐发和强调。“适宜”在亚里士多德那里就是他所谓的“中道”原则。孔子所讲的“中庸”也是强调适宜。尽管先哲圣人有言在先，但是自古以来，人们没有真正遵循他们的遗训，相反常常忽视适宜原则，执意去追求那些看起来十分崇高的价值。令人遗憾的是，即便是在今天，仍然有不少人相信“人皆可以为尧舜”，仍然有不少人主张“人皆应该为尧舜”，问题只在于要朝着理想的目标不断地加强教育和修养。

用现代的眼光看，不仅不可能人人都成为圣人，即使人人都能成为圣人，人人真的都成了圣人，那种清一色由圣人组成的社会也未必是一种真正好的社会。这就如同德国著名哲学家和大学者莱布尼茨在谈到万能的上帝为什么不创造众多的上帝，而要创造有缺陷的生灵和万物时所指出的，如果世界或社会是由众多的上帝组成的，宇宙到处充斥着上帝，这时从个体的角度看缺陷是没有了，但从整体的角度看问题就大了：宇宙再也没有多样性、和谐和美！

主张适宜才有价值，并不否认对更好、最好的价值的追求。在当代社会生活中，人们应当追求更大的价值，而且现实生活也要求人们不能满足现状，而要去追求和创造更多更大的价值。但是，我们所追求的更好、最好也必须是适合我们的更好、最好，那些完全不适合自己的东西无论看起来是多么好，也不是好东西。对于许多好东西，我们可以赞美它们，欣赏它们，但并不一定要拥有它们。在具体的价值选择中，更不应简单地选择看起来是最好的价值，而应选择适合自己的、自己能得到的价值。最好的价值固然是好，但选择了它而得不到它，其损失会更大，即使勉强得到它，也可能因与自己不相适合而成为包袱。

如果一个人天赋并不怎么好，但他们坚信勤能补拙，一定要成为栋梁之材。于是他们靠自己的拼命精神不断攻读，攻读了学士还不够，还攻读硕士，这还不够，还要攻读博士。在注重应试教育的教育体制下，他们果然达到了目的。可是当他们摘下了博士学位的桂冠之后，他们才感到实在承担不了博士所应担当的角色，弄得自己心力交瘁。别人也在对他不满之余丢下一句同情的感叹：“他活得太累！”这时，“博士”这顶桂冠就已经不仅不美丽，而且还十分沉重。

立足于综合素质

现代教育首要的使命是培养人，使人成为一个合格的公民，成为全面发展的人。通常认为，教育是培养和造就人才的。就是说，教育既要培养“人”，也要造就“才”。培养“人”就是要培养学生的综合素质，造就“才”就是要造就学生的专业技能。在这两者之中，提高综合素质是基础、根本，而且更重要。

从历时的角度看，在从幼儿园到博士研究生的整个 25 年教育过程中，从幼儿园到高中的 15 年之中重点应是培养综合素质，从大学本科到博士研究生的 10 年中重点才是造就专业技能。从共同的角度看，无论是幼儿园的教育还是博士研究生的教育，综合素质的培养都是基础。不注重综合素质的培养，综合素质跟不上，专业技能的造就不可能很好地进行，而且即使是掌握了专业技能也可能是有问题的，甚至是有害的。在教育实践中，确实也可以不注重综合素质而只注重专业技能，而且这种现象也存在，但这样教育出来的人是片面的、畸形发展的人，是有问题的人。

1996 年，国际 21 世纪教育委员会向联合国教科文组织提交的报告《教育：财富蕴藏其中》，针对传统教育过分重视技能的片面性提出现代教育应该包括四个基本方面：

学会认知（learning to know）。这种学习更多的是为了掌握认识的手段，而不是经过分类的系统化知识。在整个教育过程中，应当将掌握足够广泛的普通知识与专业能力的学习结合起来，也就是要学会学习。

学会做事（learning to do）。如何教会学生实践他所学的知识？如何使教育与未来的工作相适应？个人能力的概念被置于首要地位。交往能力、与他人共事的能力、管理和解决冲突的能力越来越重要。这意味着不仅要获得专业资格，还要在青少年时期的各种社会经历或工作经历范围内学会做事。

学会共同生活（learning to live together）。教育的使命是教学生懂得人类的多样性，认识地球上所有人之间不仅具有相似性又是相互依存的。教育应当通过扩大对不同族群的人和不同文化和精神价值的认识，通过发现他人和从事一些共同的计划，以避免冲突和增进和平。

学会生存（learning to be）。教育应当促进每个人的全面发展，即身心、智力、敏感性、审美意识、个人责任感、精神价值等方面的发展。使每个人能够形成一种独立自主的、富有批判精神的思想意识和判断能力，以便由他自己确定在人生的各种不同的情况下他认为应该做的事①。

显然，这四个方面强调的是教育要着眼于人的综合素质和人的全面发展。

我国长期以来，特别是改革开放以来，学校一直都不重视甚至忽视综合素质教育，主要不是致力于培养合格的公民或全面发展的人，而是致力于培养“接班人”、“劳动者”、“建设者”。显然，培养“接班人”注重的是政治素质，“劳动者”、“建设者”注重的是专业技能。这样培养出来的人不可能是综合素质高的人，甚至

---

① 参见国际21世纪教育委员会：《教育：财富蕴藏其中》，教育科学出版社1996年版，第76～82页。

根本不具备应有的综合素质。我国近几年强调综合素质教育，但是由于种种原因，特别是急功近利心态的影响，综合素质教育并没有落到实处。这里不妨列举一些现象加以说明：

现象之一：从小学到大学的学习都有所谓主课、副课之分。大学专业课是主课，选修课是副课。专业课较受重视，选修课则能混就混。不仅学生这样看，教师和管理人员也这样看。中学有更明显的主课、副课之分。语文、数学、外语是主课，所有其他的课都是副课。在考试中这三门课各 150 分，物理、化学、生物或政治、历史、地理分别是 100 分，甚至其他的课根本没有纳入到考试的范围。更值得注意的是连小学也有主课（语文、数学）和副课（音乐、美术、体育等）之分。教师、家长都关注学生的语文、数学的成绩，而不过问其他课程的成绩。

现象之二：中学有文科和理科的分科。为了与大学对接，我国的高中有文科和理科的分科。就是说，高中的学生被分成两部分：文科和理科。除了数学、语文、外语之外，选理科的学生只学物理、化学、生物，选文科的学生只学政治、历史、地理。其结果是，选文科的学生缺乏必要的物理、化学、生物知识，选理科的学生缺乏应有的政治、历史、地理知识。这种高中文、理分科是应试教育的最典型表现，其消极后果怎样估计都不过分。

现象之三：从小学到大学都不重视实践课。由于升初中、高中、大学、研究生都不考实践课，因而我国目前小学、中学、大学都不重视实践课。中小学似乎根本没有实践课，大学虽然有实践课，但已经越来越不受重视，没有明确的内容要求，没有严格的考核标准。其结果是，培养的一些学生只能动口不能动手，眼高手低，甚至轻视操作，鄙视劳动。

现象之四：重视政治思想教育不重视德性行为教育。我国从小学开始都十分重视政治思想教育，小学生都高唱“我们的旗帜是共产主义”，但不重视德性和行为规范教育。我们的学生（包括小学生、中学生、大学生、研究生）都知道要爱祖国、爱社会主义，但不一定知道要爱父母，爱同学，甚至不知道爱自己，更不知道怎样去爱。他们都知道集体主义、为人民服务，却不知道帮助父母，不知道料理自己，自己轻而易举就能办到的事情要父母动手。

现象之五：只会“学”，不会“玩”。由于从小学开始家长和老师都只关注学生的学习，而不关注学生的兴趣爱好，更不去培养他们的兴趣爱好，因而我们的学生普遍存在着只会学习，不会娱乐、不会生活的现象。在家长和老师的严密控制之下，学生只得埋头读书，一旦没有了这种控制，他们就争分夺秒地去玩。可是，他们没有什么别的可玩，因为他们既没有欣赏力和情趣，也没有什么兴趣爱好方面的才能，于是只好泡网吧，玩一些简单的游戏，去聊天、猎奇。生活在我国目前这种教育体制之下的学生确实十分可怜，他们的生活单调、空虚、无聊。他们没有时间玩，有时间也不会玩。

不注重综合素质教育，已经导致了严重的后果。今天的大学生中有不少学生心理障碍严重，还有一些学生自杀，其根源就是大学前的教育不注重综合素质，给大学教育留下了后遗症。今天的社会生活中有许多高学历、高智力犯罪的问题发生，这也与我国过去的教育不注重综合素质有关。至于大学生还不知道起码的行为规则和礼貌，博士的生活单调乏味这样的由教育导致的综合素质不到位的情形，在我国的现实生活中更是不胜枚举。

问题的严重性已经向我们敲响了警钟。在市场经济条件下，我们如果不注重学生的综合素质培养，特别是德性行为的养成教育，不立足于综合素质教育，我国未来的社会将面临着严重的危险。市场经济为人们作恶提供了更多的可能，而且作恶的影响更大，如果我们培养的都是一些智能高但德性差的人才，他们的作为将对社会产生什么影响是不言自明的。市场经济竞争日益激烈，任何人都不可能在竞争中总是取胜，失败是难以避免的。在这种情况下，如果没有健康的心态，就很难应对竞争，面对失败。生活在市场经济中的人们，生活压力都很大，要能从容地生存就需要有很强的自我调适能力。如果一个人只会工作不会休闲，他可能持续不了多久身体或心理就会崩溃。因此，我们的教育工作者应该清醒地意识到问题的严重性，更新教育观念，调整教育政策，采取切实措施大力加强综合素质教育，全面提高学生的综合素质，使学生全面发展和健康成长。

加强生存教育

现代文明整体说来是一种有利于强者生存而不利于弱者生存的文明。如果说现代文明使整个人类都面临日益严重的生存危机和所有个人都面临日益严重的生存压力的话，那么生活在现代文明环境之下的弱势人群，如未成年人（儿童、青少年）、老年人、残疾人、妇女等，更直接、更深刻地感受到现代文明所导致的问题，其中青少年尤其如此。青少年作为正在走向成熟的未来人类主体，他们会更清楚地意识到人类的生存危机，更切身地体会到自己的生存压力。同时由于自身的不成熟性，他们更容易陷入生存的困境，更容易发生各种问题，以至于走向极端。

现代文明所导致的青少年生存困境是全方位的、深刻的。择其主要而言，可以列举以下八个方面：

其一，享乐的困境。现代文明是一种推崇享乐的文明，追求享乐既是现代文明的终极目标，也是现代文明的根本动力。作为现代文明基础的市场经济，其根本的动力机制就是通过不断刺激人们的消费和享受来实现利润的最大化。消费水平、享乐水平已经成为人们生存质量、人生价值的标志和尺度。这种观念和现实毫无疑问会对青少年产生影响。生活在现代文明中的青少年，必定会接受这种价值观念和生活方式，必定会把追求享乐作为行为动机和人生目标。然而，处于成长过程中的青少年，他们或者还在读书，其消费来源主要靠家人和社会，即使参加了工作，他们的收入也较低。就是说，一方面，他们消费和享受的外在条件是很有限的，而另一方面，他们处于成家立业阶段，充满了青春和活力，消费和享受的内在需求又是很大的。这样，他们就会经常陷入一方面迫切需要享受，另一方面又没有足够的能力满足享受需求的困境。处于这种困境的青少年，大多数可能通过自己的艰苦奋斗而逐渐改善和走出这种困境，但也有一部分青少年，由于心理不平衡和其他原因而引起心理上的障碍，乃至发生偷窃、抢劫、自杀等反社会的行为。

其二，选择的困境。现代文明是一种保护和强调个体自主的文明。在这种文明的社会中，法制是社会的主要控制机制。法制只控制人们行为的起点，而不控制人生活的全部。每一个人都是自己的主人。在法制的范围内人们还有广阔的选择空间，人们必须在这个空间内对自己的生活和前途作出自己的选择，必须构建适合自己的价值体系。另一方面，伴随着国际经济文化交流的频繁和全球一体化进程的加快，各种不同的思想文化体系相互冲突，竞相争夺市场。而且每一种思想文化都不是绝对好的，也不是绝对坏的，而是各有其优点和缺点。在这种文明环境中，人们始终面临着艰难的选择。特别是青少年，他们思想敏锐，思想观念尚未定型，同时又处于学习阶段，对各种新异的思想文化观念充满着好奇心，更容易通过各种途径接触各种思想文化观念，因而面临着比其他人群更多的选择可能。而且由于他们在思想观念方面必须走向成熟，必须形成自己的价值体系，他们就必须在各种不同的思想文化观念中作出选择。这样，生活在现代文明之中的青少年就不得不经常为选择什么、如何选择而苦恼，为可能发生的选择错误而担心，并因此而会经常面临着选择的困境。面对这种困境，青少年不仅有可能作出错误的选择，而且可能由于选择的压力和困境而焦虑、困惑，发生心理疾病，可能为求得心理平衡而寻求刺激，以至于出现行为偏差。

其三，就业的困境。现代文明的重要后果之一，就是人口的迅速膨胀，世界上大多数国家和全人类都面临着日益严重的人口压力。人口膨胀的一个直接后果就是，人们的就业压力增大。另一方面，科学技术的迅猛发展不断排挤工人，并不断加快产业更新的步伐，其直接后果就是就业机会相对减少并要求不断更新就业能力。生活在这种社会中的青少年，他们一开始就面临着就业的难题，为了谋求职业，他们不得不求助于更高的劳动技能，不得不延长学习时间，提高学历层次。当所有的青少年或大多数青少年都如此时，就业的压力并不会缓解，只不过延迟而已。延长学习时间，又不得不增加教育投入，不得不更长时间地依赖家庭或他人，而这与青少年的自主要求和享乐追求是相冲突的。为了保证不失业或为了失业后能就业，青少年不得不花很多的时间、精力、金钱学习，这使他们感到活得不自在，不舒畅。

其四，竞争的困境。现代文明是一种以竞争为动力机制的文明。竞争不仅存在于职业生活领域，而且已经渗透到了社会生活的各个领域，人从一出生就进入到了竞争的战场，从一懂事就开始了竞争。竞争不仅是自我实现的需要，不仅是成功的需要，更是生存的需要。社会拥有的任何资源都是有限的，而争相占有有限资源的欲求却是无限的。不参与竞争，竞争屡遭失败，一个人就不仅不能占有应有的资源，而且会被人看作是失败者、无能者而承受巨大的心理压力。与社会上的其他的人群相比较，青少年在这方面的压力更大得多。青少年基本上是从一个无产者开始进入社会的，尽管社会可能给他们提供了必需的知识和技能，当然还有年龄的优势使他们充满希望，但除此之外，他们不拥有财富、权力、地位、名誉，在竞争中处于十分不利的地位。另一方面，青少年要成长为一个完全的社会成员，每走一步都面临着激烈的竞争：上学、就业、结婚、升职，等等。必须通过竞争才能获得生存必需的一切，但缺乏必要的竞争实力，处于不利的竞争地位，这就是现代文明中青少年面临的竞争困境。

其五，成长的困境。现代文明是一种高度发达的文明形态，这种文明对于每一个合格的社会成员都提出了高素质的要求，一个人只有具备良好的思想道德素质、知识技能素质、身体心理素质和乐生休闲素质才能在社会中生存得好。这种要求对青少年进入社会提出了严峻的挑战。发达的现代文明使青少年很早就开始懂事，但却必须经历很长的时期、经过巨大的努力才能达到社会对他们提出的要求，才能具备社会所需要的高智能素质、高身体心理素质以及其他高素质，才能成为社会的主人。在这一社会准入的过程中，他们的综合素质不仅要求高，而且基本上不能有缺失，否则他们未来的生存就会发生问题。在这差不多占整个人生一半的漫长时间里，青少年基本上都是依赖于家庭和社会，当家庭和社会存在着问题的情况下，青少年的成长就会遇到障碍。而且，长期依赖他人生存，青少年的自信心和自尊心会受到损害。由于青少年进入社会的要求高，竞争的压力又特别大，因而青少年可能产生厌恶文明、憎恨社会的情绪。

其六，情感的困境。现代文明是一种重智能、轻情感的文明，竞争的压力，使人与人之间的关系普遍紧张。现代社会只相信实力，不相信感情，更不相信眼泪。不仅真正的友情、爱情没有了，而且亲情也正在消失，至于同情，不过成为了实现某种功利目的的手段。所有这些情感最后都汇集成了一种急切要求宣泄的激情。青少年是充满梦幻的时代，他们渴望友谊和爱情，珍视家庭温情。当他们看到现代社会友情、爱情、亲情和同情这些美好的东西都已经异化、变形，被湮没在利己主义的冰水之中，他们的梦幻就会破灭，他们感到冷漠的社会现实与他们热烈的情感需求格格不入，并因而感到迷茫。作为一种反叛，他们可能由理想主义走向自我中心主义，走向颓废主义，发生反社会的行为。

其七，生态的困境。现代文明最重要的消极后果之一，就是自然环境问题，环境污染，生态平衡破坏，不可再生资源的迅速消耗已经使整个人类都面临着生存危机，都有某种末日感。作为具有更长远未来的年轻一代，他们更感到环境对他们未来生存的压力，对自己的前途更充满忧虑。作为未来社会的主人，他们可能更感到自己对人类未来的责任。然而，他们目前并不是社会的真正主人，他们没有能力改变人类的现状，没有能力左右人类发展的方向。他们未来的命运只能由他人决定，只能听天由命。

其八，精神的困境。现代文明是一种世俗化的物质性文明。传统社会所追求的那些神圣的、崇高的、理想的东西都被打倒、被抛弃或被世俗化的东西所取代。人类没有了神圣、崇高和理想的追求，世界再也没有了神秘感，人们再也没有了敬畏感，一切都被还原为物质的欲望及其满足。青少年由于不是社会财富的占有者，目前尚不是这种物欲世界因果链条中环节，他们不能理解成年人为什么要如此不顾一切地不断开发自己的物质欲望，为什么要花样翻新地寻求刺激和满足，而完全抛弃并不需要巨大物质代价、并不需要人们你争我斗就可以获得的圣洁境界、兄弟情谊和浪漫情怀。作为生活在主流文化圈外围的青少年，他们比生活在这种文化圈之中的成年人更感到这种精神性追求缺失的问题和后果。他们甚至以各种不同的方式进行对抗和反叛，但却无力改变现实的一切，他们的努力终归失败，自己最终也只能被同化，进入身不由己的因果链条之中，成为物欲的奴隶，成为现实的屈服者。20 世纪发生的多起大规模青少年造反或反叛活动最终都被社会主流文化所扼杀，就是证明。

青少年面临的生存困境不只是理论上可能的，而是活生生的现实。生活在现代文明之中的青少年，几乎无不面临或陷入这种困境。当然，面临生存困境的青少年并不都畏惧退缩，陷入生存困境的青少年并不都自暴自弃，绝大多数青少年都能勇敢地面临挑战，最终走出困境，健康成长。但是，也有相当数量的青少年由于种种原因而陷入困境不能自拔，甚至走向自我毁灭的道路，而且那些最终走出困境的青少年，也大多经历了心理上和精神上的艰难痛苦历程，这种经历也给他们的心灵留下了终生的阴影。

青少年生存困境的社会后果是严重的。

青少年为了改变生存境遇，为了自己有一个光明美好的前途而以某种文化运动直接对抗或反对作为社会主流文化的现代文明。自第二次世界大战以来，世界许多国家，特别是发达国家出现了多次这样的被称作青少年的“亚文化”运动，如美国的“嬉皮士”、英国的“愤怒青少年”、法国的青少年造反运动、日本的“新人类”，等等。这种青少年的亚文化运动，通常一开始带有某种理想性，而且对克服社会主流文化的惰性有某种冲击作用，导致所谓的“反向社会化”。但是，这种亚文化作为一种越轨文化、反叛文化对社会主流文化具有巨大的冲击力和消解力，因而为主流文化所不容、所扼杀，最终走向颓废，成为普遍性的社会问题。

面临或陷入生存困境的青少年由于感到孤独、苦闷、烦恼、厌倦、恐惧、绝望而发生心理问题和反社会行为，如逆反心理、精神空虚、精神忧郁、歇斯底里、末日感，以及吸毒、性乱、自杀、凶杀、信奉邪教、抢劫等。这些问题虽然绝大多数是个体性的，但却是在日常生活中普遍发生的，不仅会对社会的主流文化构成冲击，而且会严重破坏社会秩序。

针对青少年面临的生存困境及其所导致的问题，我们必须对青少年加强如何更好地生存的教育，使他们能正确面对生存困境，成功走出生存困境，使他们学会生存，学会奋斗，学会成功。

要教育青少年正确认识和对待现代文明，在主动适应现代文明要求的同时努力克服现代文明的弊端。现代文明虽然是有问题的文明，但相对传统文明是一种巨大的历史进步，我们的任务不是要否定现代文明，而是要改善现代文明。青少年不能因为现代文明存在着弊端而一概否定它，更不要以消极的态度去对抗它，相反要以积极的态度努力地去改善它，使它更完善。整个人类正在从现代文明走向后现代文明，而我国目前主要还是从传统文明走向现代文明。建设现代文明是我国今后相当长一段时期内面临的主要任务，尽管我们在建设现代文明过程中需要注意克服现代文明的弊端。在这种情况下，教育要解决好青年如何适应现代文明的问题，如何适应好的问题，如何在适应过程中努力改善它的问题。文明规定着生活其中的每一个人，每一个人也都在创造着文明。要通过教育使青年明确自己所肩负的使人类文明更美好的崇高使命。

要教育青少年树立正确的人生价值取向，在对社会的贡献中并通过对社会的贡献实现自我价值。现代文明是一种强调个体自主的文明。这是它的优势，也是它的问题的根源之所在。以个人为社会的终极实体，以个人幸福和个性发展为社会的终极目标，这种现代社会总的价值取向不会改变。但是，近代以来的事实已经表明，追求个人利益和幸福，追求个性发展不仅不能妨碍和损害他人和社会，而且应该有利于他人和社会，最好是通过他人自由、权利和幸福的实现来实现。这就要求对他人和社会的贡献和服务。要通过教育增强青少年的服务意识和贡献意识，通过自己对他人的服务和对社会的贡献实现自己的生存和发展。

要教育青少年努力提高自己的综合素质，通过增强自己的综合实力来不断改善自己的生存境遇。现代社会是竞争的社会，而且竞争日趋激烈。要在这种环境中生存下去，生存得好，就必须有竞争力，有实力。现在竞争力或实力不仅仅是专业能力，而是综合实力。综合实力是综合素质的表现，只有综合素质高，才会有竞争实力强。因此，教育要在努力提高专业技能素质的同时全面提高自己的综合素质。综合素质提高了，青少年就会成为强者，就不会发生生存困境的问题。综合素质在很大程度上是通过学校来培养，如何使青少年利用学校学习的机会来努力提高自己的综合素质，是教育工作者面临的一个重要问题。

要教育青少年努力提高自己的人生境界，通过自觉的思想修养不断增强对国家和人类的责任感。人可以以不同的境界生活在世界上，这种境界主要是思想境界、精神境界。冯友兰的“四种境界说”——“自然境界”、“功利境界”、“道德境界”、“天地境界”，值得我们借鉴。“在他看来，人生有四种从低到高的四种不同境界：① 自然境界，处于这种境界的人顺其本能或其他社会风俗习惯做事而不自觉；② 功利境界，处于这种境界的人意识到自己，为自己而做各种事；③ 道德境界，处于这种境界的人意识到自己是社会的一员，为社会利益做各种事；④ 天地境界，处于这种境界的人意识到自己是宇宙的一员，为宇宙的利益做各种事。”[①]青年是未来社会的主人，肩负着重大的社会和历史责任。我们曾说过，社会的人可以划分为三种类型：他助型、自助型、助他型。青少年应该努力成为助他型的人，而不应当只成为自助型的人，更不能成为他助型的人。要成为助他型的人就必须不断提高自己的精神境界，成为达到道德境界的人，最好能成为达到天地境界的人。也就是成为对社会乃至人类负责的人，成为“天民”，成为“圣人”。

要教育青少年培养正确的人生态度，运用生存智慧，讲究生活艺术，以健康的心态、宽广的胸怀和积极、乐观、宽容的精神对待各种人生问题。人生态度问题涉及许多问题，如人我、公私、苦乐、荣辱、灵肉、生死等各种问题。人生中的许多烦恼都是由人生态度不正确引起的，这里涉及心态问题、涉及胸怀问题，归根到底涉及人生智慧问题。要教育青少年珍惜生活，热爱生活，要追求成功，也要不怕失败。在失败、挫折和逆境面前，要会自我宣泄，自我安慰，自我缓释。总之，要会自我调节。要使青年相信世界是可变的，是可塑的，只要我们努力奋斗，我们就一定会成功。即使不成功，我们也无愧于我们自己，我们也无怨无悔。

“很久以来，教育的任务就是为一种刻板的职能、固定的情境、一时的生存、一种特殊行业或特定的职位作好准备。教育灌输着属于古旧范畴的传统知识。这种见解至今仍然十分流行。然而，那种想在早年时期一劳永逸地获得一身终生有用的知识或技术的想法已经过时了。传统教育的这个根本准则正在崩溃。现在不是已经到了寻求完全不同的教育体系的时候了吗？我们要学会生活，学会如何去学习，这样便可以终生吸收新的知识；要学会自由地和批判地思考；学会热爱世界并使这个世界更有人情味；学会在创造过程中并通过创造性工作促进发展。”[②]联合国教科文组织国际教育发展委员会提出的这种新的教育观念是值得我们中国人认真思考的。

五、完善社会保障

走向优雅生存，还要建立和完善社会保障体系。社会保障通常被狭义地理解为社会救助（如最低生活保障线、贫困补助等）、社会保险（养老保障）等社会福

① 江畅：《论价值观与价值文化》，科学出版社 2014 年版，第 305 页。

② 联合国教科文组织国际教育发展委员会：《学会生存：教育世界的今天和明天》，上海译文出版社 1979 年版，第 108 页。

利保障。实际上，广义的社会保障不仅包括社会福利保障，还包括社会公益保障和社会服务保障。在我国，目前社会福利保障已经引起了政府和社会的重视，并开始通过行政的力量实施社会福利政策，但对社会公益保障和社会服务保障重视还不够，社会公益设施残缺不全，社会服务不完善、不配套，远远不适应当前我国公众幸福生活的需要。要改变这种状况，还需要进一步更新观念，从广义上理解社会保障，着眼于社会公众普遍更好地生存，加快社会保障体系现代化的步伐，大力促进社会的完善和美好。

提供完备的公益设施

优雅生存作为一种优质的、雅致的生存需要良好的社会条件。这些社会条件是任何个人都无法自备的，只能由社会提供。公益设施就是社会条件中的基础条件。没有必要的公益设施，普遍优雅生存是根本不可能的。一个社会的公益设施越发达，这个社会公众普遍优雅生存越有可能。古代雅典人之所以能优雅地生存，与当时雅典城邦的公益设施发达直接相关。公益设施发达不仅为人们优雅生存提供必要的条件，而且可以为人们提供广泛的就业机会。与这些设施相关的产业都是服务业，大多对就业者要求不高，大力发展这些设施可以为那些由于种种原因不具有较高层次专业技能的人们（如残疾人）广开就业之门，因而可以使社会就业更充分。

改革开放以来，我国社会开始重视公益设施建设，并且取得了明显的成绩。但是，到目前为止，我国的公益设施还是非常落后的，特别是体育场馆、公园、广场、图书馆、博物馆等十分缺乏，人均占有率极低。在公益设施方面，我国的城乡差别十分突出。如果说城市的公益设施还可以用“落后”来形容，那么，农村的公益设施只能用“匮乏”或“空缺”来表述。令人遗憾的是，我国公益设施如此令人堪忧的状况至今还没有引起社会的足够重视。在我国已经明确提出全面建设小康社会奋斗目标的今天，全社会公益设施建设的问题应提上政府工作的重要议事日程。从大力发展服务业，为社会成员提供更多的就业机会的角度看，加快我国公益设施的发展也刻不容缓。在这方面，我国确实有大量的工作应该有人做而现在还没有人去做。

随着人们生活的日益多样化和丰富多彩，人们生活所需要的公益设施也越来越多。大致说来，目前人们所需要的公益设施除水、电、煤、气、道路等基本生活设施外，至少还应包括以下八大类：

（1）教育设施：如小学、中学、社区学院，等等；

（2）文化设施：如图书馆、博物馆、剧院，等等；

（3）卫生设施：如医院、康复院、卫生防疫和监督机构，等等；

（4）体育设施：如体育场、健身房，等等；

（5）托管设施：如幼儿园、养老院，等等；

（6）保健设施：如美容院、桑拿房、按摩室，等等；

（7）娱乐设施：如歌舞厅、棋牌室、游艺室，等等；

（8）休闲设施：如公园、广场、绿地，等等。

所有这些公益设施有以下共同特点：一是它向所有公众（特别是社区居民、城市市民）开放；二是不以赢利为目的，而纯粹是为公众服务的，因而是免费或优惠向公众提供的，具有福利性、慈善性；三是这些设施大多为生活社区所属，由生活社区管理。

我国过去公益设施建设落后和匮乏的主要原因是社会普遍缺乏对优雅生存需求的意识。长期以来，中国人生活要求很低，只要温饱就行，充其量只求达到小康，没有更高的生活奢望，因而许多公益设施都没有纳入到生活的视野，那些已有的设施也不系统，缺乏应有的规划和更新。事实上，大多数公益设施的投入并不大，就我国目前的经济发展水平来说，各地都是可以达到基本要求的。而且这些设施中的大多数都可以保本经营，收回成本。因此，问题的关键不在于经费的投入，而在于人们的观念。如果我国社会普遍意识到了公益设施对于人们的生存和更好地生存的意义，对于缓解当前我国就业压力的意义，我国公益设施落后和匮乏的现状不久会得到改变。

在公益设施建设方面，政府应发挥主导作用。政府的主要职能之一，就是要不断建设和更新面向居民的公益设施，应该把公益设施建设的水平作为衡量政府政绩的主要标准之一。今天，我国的基层政府机构成天忙忙碌碌，但并没有弄清主要的职能是什么，因而主要精力并没有放在所应履行的职能上。基层政府要多方募集资金，不断改善公益设施和社会服务，造福于辖区广大居民，这才是基层政府的正经事。

构建社会服务体系

如果说公益设施是优雅生存所需要的社会条件中的“硬件”，那么，社会服务是优雅生存所需要的社会条件中的“软件”。现代社会服务正在走向体系化、完善化。在今天的中国社会，社会服务不能说没有，但不周全，不到位，既不系统，更不完善，人们普遍感到生活中得不到热情周到的服务，甚至得不到应有的服务。在我国当前存在着一个十分令人不解的现象：一方面大量的失业者找不到工作；另一方面大量的社会服务没有人做。构建社会服务体系，不只是人们优雅生活的需要，而且可以为社会提供大量的就业机会。

社会服务体系大致上说有两个层次：一是小社区（亦可称生活社区）服务；二是大社区服务。小社区为人们提供生活起居、生老病死方面的服务，我国目前农村的乡镇、城市的街道属于这样的社区；大社区为人们提供基础生活设施和高级生活的服务（如供水、供电，高层次的医疗服务、文化服务等），我国目前的城市、县城大致上相当于这样的社区。在这两个层次的社区服务中，小社区服务是基础，与人们的生活更直接相关，而且我国目前这方面的建设尤其落后。这里我们着重讨论小社区服务体系的构建问题。

我们可以从生活条件、人际关系、居民与生活社区的关系这三方面考虑生活社区服务体系的构建。就生活条件而言，生活社区的居住环境整洁，服务功能齐全，治安状况良好，生活在其中的居民感到舒心、方便、安全。就人际关系而言，在生活社区内部的人与人之间，大家彼此熟悉、信任、关切、帮助，人际关系自然、融洽、和谐。就居民与生活社区的关系而言，居民关心、热爱、支持、维护生活社区，把生活社区看作自己的大家庭，对生活社区有较强烈的认同感、归属感、信赖感、依恋感。这三个方面的规定性，就是衡量生活社区服务体系是否完善的标准。一个生活社区达到了这些标准，它就是完善的。完善的生活社区可以成为现代人的生活家园。

上述标准也就是构建生活社区服务体系本身的客观要求。根据这些客观要求，我们可以进一步考虑生活社区服务体系建设或者说生活社区建设的任务。一般说来，生活社区建设的任务就是要使所有的生活社区普遍符合上述要求，达到上述标准，使之成为居民的生活家园。那么，如何实现这一总的任务要求？从我国目前的社会实际和生活社区建设的具体情况看，事实上存在着两个层面的问题：一是建制问题；二是建构问题。我们必须从解决这两个层面的问题入手来实现上述总的任务要求。

就建制而言，我国目前的生活社区建设面临着亟待解决的一些问题。

问题之一：生活社区的界定和划分不明确。“社区”本来是一个社会学概念，其范围是很不确定的，小可指村庄，大可指国家。那么，我们所说的生活社区建设中的“社区”究竟是在哪一种意义和范围上说的？这似乎不明确。与此相关，社区的划分也不确定，没有确定的标准。有时指的是生活小区，有时指的是居委会，有时指的是街道，有时指的是单位的宿舍区。生活社区的界定和划分不明确，不仅不便操作和管理，而且不便在全社会范围内展开生活社区建设。对于这一问题，我们应明确，这里所说的社区是指居民在生活、交往、娱乐等方面十分方便的生活社区。它的范围以大体上相当于目前城市的街道、农村乡镇的辖区范围为宜，太大难以形成家园特色，太小不利于发挥生活社区功能。从我国实际看，生活社区的划分最好能与街道、乡镇的建制统一起来，不要另搞一套，否则很难理顺管理关系。

问题之二：生活社区的隶属关系不清晰。在我国，“社区”一词是实行改革开放之后才出现的，近年来社区建设才纳入政府官员的视野。但是，生活社区的性质和隶属关系尚不清晰：生活社区属于群众自治组织，还是行政组织？是隶属于区（城市）或县（农村），还是属街道或乡镇？我们认为，可以考虑与以上生活社区划分相配套，生活社区的管理机构应是群众自治机构，城市生活社区隶属于区或市政府，农村生活社区隶属于县政府。当然，在理顺隶属关系的基础上，仍然可以吸收有关单位参与共建和管理，调动各方的积极性为生活社区建设服务。

问题之三：城市生活社区建设与农村生活社区建设不同步。当前的生活社区建设，一般都是就城市而言的，几乎未涉及农村。多年以来，农村在文明村镇建设方面也有一定的成效。那么，我们必须考虑怎样使城市的生活社区建设与农村的乡镇建设协调一致起来。另一方面，与城市生活社区已基本上进入现代文明不同，农村生活社区大多尚处于从传统文明向现代文明转变的过程中。两类生活社区的结构和功能都不同，两类生活社区建设的具体任务和方法也有很大的差异。这样，我们还必须考虑怎样才能既把农村生活社区建设纳入全社会整体生活社区建设的宏观考虑，同时又从我国农村的实际出发，根据现阶段我国农村生活社区的现状和发展趋势，加速实现农村生活社区从传统生活家园向现代生活家园的转变。我们认为，在我国这样的农村人口占绝大多数的农业大国，不把农村纳入生活社区建设考虑的范围，不高度重视农村的社会服务体系的构建，我国的社区建设就是有重大缺陷的。

就建构而言，我国目前的文明生活社区建设也存在着有待改善的一些方面。

其一，模式不一致。由于生活社区建设尚处于初创阶段，目前出现了各种生活社区模式百花齐放的局面。我们认为，在现阶段出现这种局面是不可避免的，而且多种模式可以为生活社区建设的进一步发展提供参照和借鉴。但是，从规范管理的角度看，生活社区的模式必须从多走向一，生活社区的结构特别是功能应大体一致。就是说，作为一个现代生活社区，它必须具备一种内在的结构和一些基本的功能。这是生活社区走向规范化本身的客观要求。当然，在这种基本模式之外，生活社区可以而且也应努力形成不同的特色，但这些特色不能湮没和替代它的基本结构和功能。生活社区的这些基本结构和功能是生活社区作为生活社区的规定性，不具备它们，生活社区就不是生活社区，就不能成为生活家园。从宏观的角度看，生活社区建设一般应追求模式的一致性与形式的多样性相统一，不过我们不应忽视，在这两者之中，模式的一致性更具有根本性的、决定性的意义。

其二，机构不健全。生活社区要发挥其功能，必须有相应的管理机构。就目前的情况而言，生活社区究竟应发挥哪些功能，这并不明确。功能不明确，生活社区的管理机构如何设置和如何运作也就难以确定。我们认为，现代生活社区作为生活家园，至少要具备环境管理、生活服务、人际交流、文体活动、矛盾调解这五大功能。生活社区机构要按能最佳地发挥这些功能的要求设置和运作。根据我国实际，在机构设置上可借鉴和利用现行的街道办事处和乡政府，在此基础上进行调整、充实、完善，组成生活社区管委会。今后还可以考虑成立居民代表大会，社区管委会由居民代表大会产生。管委会是生活社区的管理和服务机构，接受上级政府机关和有关部门的指导和管理。

其三，设施不完备。当前生活社区面临的最突出、最难解决的问题是生活社区公益设施不完备，甚至根本没有。每一个生活社区都必须有一定数量的必备公益设施，如服务、文化、体育、娱乐场所等。这些场所的建造、维修、更新、改造，除了要调动各方力量积极参与投入外，更重要的是政府应有一定的固定投入。对于生活社区兴办的、旨在为生活社区居民服务的这些场所，政府应减免税收，使其能廉价地为普通居民提供服务。这些都是社会福利事业的重要内容，对于社会的稳定和全面进步具有极其重要的意义，应得到政府的鼓励和支持。

其四，服务不配套。目前各生活社区都有一些社区性的服务，但这些服务存在两方面的问题：一是这些服务不是由生活社区组织的，而是纯粹以谋利为目的的；二是这些服务不齐全、不配套。生活社区是人们生老病死、入学、就医、就业、生息的场所，生活社区应尽可能地为其居民提供方便的、价廉的、全方位的配套服务，特别是要组织居民相互服务。当然，并非每一个生活社区都能提供所有这些服务，但生活社区的管委会应发挥组织、咨询、中介作用。

其五，活动不经常。除少数生活社区外，一般的生活社区基本不组织服务、文化、体育、娱乐等方面的活动，更谈不上经常。开展这些活动，对于丰富居民的生活内容、增加居民的生活乐趣、促进居民间的情感和信息交流、改善人际关系都是十分重要的。在这方面，除了需要配备一些必要设施外，生活社区还可以利用生活社区区域内拥有的条件定期组织活动。这项工作是最难开展的，但对于现代人的生活来说却是最重要的。

其六，参与不积极。居民对生活社区的建设和活动不热心、不积极，是当前生活社区建设过程中十分突出、令组织者灰心的问题。导致这一问题的原因比较复杂。从生活社区的角度看，主要是没有提供有规则的、常规的配套服务，没有经常性地组织生活社区活动，居民没有养成参与的习惯。从居民的角度看，居民还缺乏生活社区意识，更未形成对生活社区的家园感。这一问题的解决其实并不难。关键在于生活社区要提供完善、配套的服务，组织经常的、丰富多彩的活动，创造居民彼此熟识、交流的机会，力戒一阵风、花架子。同时，组织者也不要希望人们马上就参与、每一次都参与。

我们认为，解决好了以上两个层面的问题，就能实现把生活社区建成现代生活家园的目标和任务。当然，解决上述问题需要一个过程，而且会受到我国整个经济社会发展状况的制约，因而现代生活家园的形成决不会是一蹴而就的。不过，只要有政府的高度重视，有社会各界的大力支持，有广大群众的积极参与，这个过程是不会太长久的，这个目标是不难实现的。

健全弱者生存保障系统

优雅生存的社会是一种追求社会成员普遍幸福的社会。然而，在任何社会总存在着儿童、老人、疾患者、伤残者等需要他人和社会帮助的弱者或生存障碍者。如果没有这种帮助，这些人不仅不可能优雅地生存，甚至根本无法生存或生存质量极差。因此，优雅生存社会必须有完善的社会保障系统为他们的生存提供必要的服务和保障。我们尤其必须意识到，社会保障不只是对弱者的社会保障，而是对所有社会成员的社会保障。每一个人都必定会老死，每一个人都有可能生病、伤残或发生意外。完善的社会保障应该为所有社会成员既提供完善服务又解除后顾之忧。这样，我们每一个人才有可能悠闲自在地、无忧无虑地生活，才有可能优雅地生存。因此，生存保障系统所直接针对的是生存遇到困难的"弱者"，但所间接服务的是所有社会成员。

就目前人类实践而言，社会保障主要包括两大类型：一是社会救助；二是社会保险。

社会救助主要是社会为那些生活没有着落、安全没有保障的人提供必要的支持，使其能正常生存下去。生活没有着落的人主要包括失业者、被遗弃的儿童、没有人赡养和养老保险的老人、遇到重大天灾人祸或意外的人、没有疾病保险的重大疾病患者，等等。安全没有保障的人主要包括那些在人身、财产、家庭安全方面遇到危险而不能通过正常途径得到应有保护的人。例如，遇到重大的法律问题而请不起律师，人身、财产、家庭安全受到歹徒威胁需要警察给予特殊保护，遇到自然灾害、意外事故需要救助，就属于这种情况。社会救助所包括的范围非常广，不能仅仅把它理解为贫穷救济。

社会保险是社会通过平时从个人那里收取一定数量的资金储备来为人们在退休、患病、遇到意外时提供必要的生活保障，使其正常生活下去。如果说社会救助主要是面对极少数社会成员，那么社会保险则是面向所有社会成员的，只要他们有可能提供必需的保险金。在一定意义上可以说，社会保险是通过社会的途径实现社会成员自我救助的方式，通过这种方式可以减轻社会救助的压力。但是，这种方式有两个缺陷：一是它必须以社会成员有必要的经济收入为前提，对于那些没有必要经济收入的人不可能实行社会保险；二是把一切价值还原为经济价值，而有些价值是没法还原为经济价值的，如人的生命、安全等。因此，在社会保险之外还必须有完善的社会救助体系。

近几年来，适应我国现代化的要求，社会保障问题已经成为一个突出的社会问题为全社会所关注，政府正在采取强有力的措施解决这一问题。然而，值得注意的是，到目前为止我国社会所理解的社会保障还是局部性的（只解决失业者和退休者，不考虑病患者、伤残者等）、温饱性的（只解决一点生活费，不考虑社会服务）、权宜性的（主要是为了减轻政府的压力，维护社会稳定，不是为了弱者更好地生存）。中国的社会保障事业只是刚刚起步，还需要大发展。大发展的前提和关键是观念的进一步更新。在发展社会保障事业方面像其他许多方面一样，观念问题仍然是我们的主要障碍。

不能仅仅把社会保障看作是维护社会稳定的需要，而应看作是使社会完美、公众幸福的需要。一个社会如果无法生存下去的穷人多而又得不到必要的社会救助，社会的秩序和稳定就会成为大问题，即所谓“饥寒起盗心”。从这个意义上看，社会保障确实能维护社会的稳定。但是，我们不能把社会保障体系的建立仅仅看作是维护社会稳定的一种应对措施或权宜之计，而应该从维护人权、实现社会公正、建立人道主义社会的角度把社会保障体系的建立和完善看作是使社会更人道化、人情化，也就是使社会更完美、个人更幸福的根本性制度。社会保障应该是一种重要的社会制度，而不应该只是一项应急的政府政策。只有从这种高度来认识社会保障体系的意义，我们才能自觉地加快我国社会保障体系建立和完善的步伐。

不能把社会保障看作只是为弱者提供生存保障，而应看作是为所有社会成员提供社会保障。前面已经指出过，社会保障不但为社会少数需要保障的人提供生存帮扶，而且为所有社会成员提供生存保障。一般地说，社会救助只是针对社会极少数“弱者”的，但值得注意的是，生活在社会中的每一个人随时都有可能从“强者”变成“弱者”。这即是俗语所说的，“天有不测风云，人有旦夕祸福”。在没有健全社会救助系统的社会，一个人即使无近忧也会有远虑。有了健全的社会救助系统，人们就可以没有远虑地生活。至于社会保险更是惠及每个社会成员。社会保险不仅可以使人们无远虑地生活，而且还可以使大多数人不会有靠别人或社会恩惠生存的感觉，因为保险金不是别人的，而是自己的。

不能把社会保障特别是社会救助看作是对弱者的恩赐，而应看作是社会应该给自己的成员提供的保障。给弱者提供社会救助是社会、政府应尽的职责。人类之所以要组成社会，之所以要建立政府，其主要目的之一，就是要在社会中通过政府来实现社会成员之间的互利和互助。社会保障实质上就是一种社会互利互助的方式。这种方式是任何一个社会应该具备的，实现这种互利互助的方式是政府不可推卸的责任，不能为需要帮助的有困难社会成员提供必要的帮助，则是政府的失职。因此，无论是政府官员、被救助者本人，还是其他社会成员都不能把救助看作是“嗟来之食”，而应看作是社会对被救助者应尽的义务。被救助者可以通过社会救助体会到人间的真情、社会的温暖，但没有必要因此而感恩戴德。需要救助者应该得到救助，这是天经地义的。被救助者完全应该心安理得地接受社会的救助，如果得不到这种救助，需要救助者应该指控政府不作为或失职。

不能把社会保障作为一种政府政策，而应作为一种社会制度。社会保障自20世纪30年代在西方国家问世之后，很长一段时间里被作为解决社会问题的一种政策。但是，随着社会的发展，社会保障的地位和作用日益突出，以至于今天在许多国家社会保障已经不是一种政策，而是一种基本的社会制度。社会保障制度化和法律化，这是人类文明进步的必然要求。只要人类社会对自身的控制力增强，只要人类追求人类社会的美好和社会成员的幸福，就一定会建设社会保障体系，并使之制度化、法律化。在我国大力发展社会保障的今天，顺应社会保障事业发展的这一基本走向，可以使我们少走弯路。

建立失败者帮扶机制

优雅生存的社会是一种人人追求成功的社会。我们把成功的生存作为优雅生存所追求的境界的第一层次。这就是说，优雅生存的人生必须是成功生存的人生。成功的生存是从总体上而言的，而不是就人生的一切方面或每一个问题而言的。一个人生活在竞争日益激烈的世界上不可能在一切方面、在一切问题上都成功。成功的人生不是没有挫折和失败，而是能不断地从失败中走出来，不断地从失败走向成功。

不断地从失败走向成功，固然要靠自己永不服输的精神和不屈不挠的意志，要靠自己顽强的奋斗，但也需要社会和他人的帮扶。社会应该形成这样一种氛围：当一个人失败时，不是嘲笑或讥笑他、轻视或蔑视他，而是同情他，鼓励他，帮助他，支持他；而且应该建立这样的制度：当一个人失败时，法制能保证他的个人基本生存条件不被剥夺，政府能为他提供基本生活保障。

可以设想，如果社会形成了这样一种失败者帮扶机制，人们在追求成功的过程中更大胆，更无所顾忌，当然人们也就有可能获得更多更大的成功。在这样的社会条件下，每一个人都输得起，不怕失败，因而人人都会追求成功。相反，如果社会没有必要的失败者帮扶机制，人们在追求成功的过程中就会谨小慎微，缩手缩脚。在这样的社会条件下，人们输不起，害怕失败，一旦失败，一切都完了，因而只有那些敢冒险者或那些“破罐子破摔”者才会无所顾忌地追求成功。

因此，建立失败者帮扶机制也是一种社会保障，是所有追求成功者的必要社会保障。有了这种社会保障，社会才会有更多的追求成功者，才会有更多的成功者，也才会使社会成为每一个人都追求成功的社会。

建立失败者帮扶机制的前提是要在观念上把失败看作是追求成功过程中难以避免的环节。在人的一生中，除非不追求，只要追求就会有失败。一个追求成功的人不可能一辈子不失败，对于追求成功的人们而言，不存在失败不失败的问题，而只存在失败的多与少、失败的大与小、失败后是不是吸取教训从而走向成功的问题。中国有“失败是成功之母”一说。这一说法深刻地揭示了失败与成功的关系：失败不是成功的大敌，而是成功的母体。就是说，成功靠失败来孕育。如果这样来看失败，我们就不会嘲笑失败者，而是去关心、鼓励、帮助、支持失败者，使他们尽快从失败的打击和痛苦中站起来。事实上，在人人追求成功的社会，人人都难以避免失败，我们每一个人都应该对自己的失败持从容的态度，对他人的失败持宽容的态度。

失败者帮扶机制包括三个相互关联的机制：保护机制、保障机制、资助机制。

保护机制主要是指社会要在法制上保证失败者不至于身败名裂、家破人亡。失败者不是犯罪者，不应进行惩治，更不应追究连带责任。他可以输掉他所占有的一切，但不能输掉他的人格、尊严和基本生活保障，更不能使他的家人受到牵连。

保障机制主要是指社会要为在失败者失败后（通常是处于失业状态）提供必要的生活保障。今天许多国家实行的失业救济政策就属于这种机制。

资助机制主要是指社会要为失败者失败后提供再就业或再创业的机会和必要条件。我国目前实行的下岗职工再就业工程可以看作是失败者资助机制。今天许多国家注重给失败者提供再就业或再创业机会，但在提供必要条件方面没有给予足够的注意。社会不仅应建立失业者救助基金，而且应建立失业者再创业基金，为失败者东山再起提供起码的经济条件。

与社会保障事业发展相一致，失败者帮扶机制在一些国家正在形成，而且发展很快，但也存在着诸多问题需要解决。从我国来看，我国的失败者帮扶机制目前主要还停留在政府帮扶的阶段。政府直接帮扶失败者在我国改革开放的初期也许是必要的，但从长远来看，政府不可能承担全社会如此众多失败者的帮扶任务。政府对于失败者的帮扶主要不应是直接帮扶，而应是间接帮扶，例如通过法制、政策等措施帮扶失败者。也就是说，政府要通过法制、政策等多种途径使社会的各种有关组织不得不为失败者提供保护、保障和资助。如果政府把全社会失败者保护、保障和资助的责任全部放在自己的肩上，其结果可能是事与愿违。我国目前失业救济和再就业压力越来越大的一个重要原因，也许就在于政府没有摆正自己的位置，没有充分利用好社会的力量。

六、转换生存方式

走向优雅生存，从个人的角度看，最重要的是转换生存方式。优雅生存要成为一种人类普遍奉行的生存方式，既需要整个社会生存方式的转换，也需要个人生存方式的转换。这两者之间存在着相互依赖、相互促进的关系。整个社会生存方式的转换有赖于个人生存方式的转换，而个人生存方式的转换又有赖于整个社会生存方式的转换。这是一种循环。要突破这种转换的循环，从宏观的角度看，社会的价值目标、社会制度要转变；从微观的角度看，个人的价值取向、生存方式要转换。这两方面的转换不存在先后的问题，这里的关键是“从我做起、从现在做起”。社会不能指望着个人转换了以后再转换，个人也不能指望着社会转换了以后再转换。从我做起、从现在做起，从个人的角度看，就是要在认识到转换生存方式的必要性、重要性、紧迫性之后，自觉地改变自己的生存方式，从传统的生存方式走出来，追求优雅生存。这是人类走向优雅生存的个体基础。当我们每一个人都追求优雅生存，人类优雅生存社会的实现也就不会太远了。

在我国，目前人们更多的是感觉到现代自由生存方式的优点，而对其缺点感受并不特别深。在这种情况下，要使人们再转换生存方式，追求优雅生存，这会比深受现代文明之害的发达国家的人们更困难。但是，我国要实施“赶超式”发展战略，要使社会变得更美好，使人民普遍幸福，每一个人都应该自觉地进行生存方式转换，在走入自由生存的同时走入优雅生存。这应该是我们每一个人唯一正确的选择。

追求优雅生存

改革开放以来，中国社会出现了前所未有的快速发展，曾经长期困扰中国人的“吃不饱，穿不暖”的“温饱”问题基本上得到了解决，中国正在大步走向“小康”社会。“温饱”问题的基本解决，为今天的中国人普遍追求优雅生存奠定了物质基础。同时，经过三十多年的现代化建设，中国正在走向具有自由、平等、民主、法制、市场、科技等现代化基本特征的现代社会。现代化的成就，为今天的中国人普遍追求优雅生存提供了社会条件。对于今天的大多数中国人来说，基本上不存在能不能优雅生存的问题，只存在想不想优雅生存的问题，只要“想”就“能”。今天中国社会发达的程度比发达国家要差，但可以肯定的是比18世纪后、20世纪前的法国强，更不用说比古雅典强。近代法国人、古代雅典人能优雅生存，今天的中国人为什么不能？因此，问题的关键主要不在于优雅生存值得不值得追求、可能不可能追求，而在于我们想不想追求。

大致说来，中国人追求优雅生存有三大障碍。

障碍之一：缺乏对优雅生存的意识。人是有意识的动物，人的追求作为一种有意识的行为，总是在意识支配下进行的。人要追求什么，所追求的这种东西首先必须进入其意识，对这种东西有了意识，才可能有追求的行为。然而，长期以来，人类普遍缺乏优雅生存的意识。今天人类的许多观念是由思想家首先提出来，然后才通过一定的媒介为大众所普遍接受。虽然今天已有思想家提出并论证优雅生存方式的必要性和可能性，但要使大众普遍认同这种生存方式是需要时间的，要使他们普遍形成优雅生存的意识，把优雅生存作为终极目标加以追求更要经历一个相当长的过程。在芸芸众生中不乏追求优雅生存者，但他们毕竟是极少数，而且不一定为大众所普遍认同。

就中国而言，人们尚不知何为优雅生存，不知道它与现存的生存方式有什么区别，不知道我们人类为什么要追求优雅生存，甚至在人们的心目中还没有优雅生存的概念，更不用说对它的意识。在这种情况下，人们不可能自觉地去追求优雅生存。因此，要使中国人普遍追求优雅生存，关键是要对人们进行优雅生存的教育，特别是要通过正规的学校教育，使人们充分认识到优雅生存的必然性、必要性、可能性和优越性，普遍形成何为优雅生存以及如何优雅生存的意识，并在这种意识支配下自觉追求优雅生存。

障碍之二：缺乏追求优雅生存的传统。尽管优雅生存在人类历史上没有成为人类普遍追求的价值目标和生存方式，但在一些国家有过优雅生存的先例，有的国家甚至还形成了这方面的传统，虽然并不十分具有典型意义。例如，法国自中世纪以来，人们就普遍注重生活的风雅情趣。又如，英国自中世纪以来，男士们都很讲究绅士风度，并且形成社会风尚。可是，中国从古至今缺乏古雅典那样自觉追求优雅生存的先例，更没有法国、德国那样的追求优雅生存的传统。

当然，中国自古以来宫廷也有一些类似优雅生存的生活方式，但有三点是值得注意的：其一，中国宫廷生活讲究富贵、豪华、奢侈，而不讲生活的情调、精美、雅致；其二，中国宫廷过分残酷的争权夺利，使血雨腥风湮没了优雅，甚至人情；其三，能过上富贵、豪华、雅致生活的人只占人口的极少数，不用说普通百姓，即使是皇族之外的官员也不能过上这样的生活，除非他们是贪官。中国民间似乎也有一些事例，如隐居山林的隐士、出没江湖的侠士、参悟修行的道士等，但这些人是社会的边缘人，他们的追求和行为并不为社会主流文化和大多数社会成员所认同，而且他们的生活大多是残缺的、非正常的，根本谈不上优雅。

由于缺乏优雅生存的传统，因而过去中国人在生活方面普遍不太讲究。为什么中国的城市和农村到处都脏兮兮的，为什么中国街道两旁到处飘扬着“万国旗”？为什么中国人宁可“赖活”也不求“好死”？也许根源就在于中国缺乏优雅生存的传统。我们常常以自己是文明古国而自豪，但就中国人今天的生存方式而言也许只能划入世界上最落后国家的行列。中国人也讲究，但较多地讲究吃喝，讲究实惠，讲究凑合，较少讲究情调，讲究精美，讲究雅致。许多人都认为中国人素质差。为什么中国人素质差？在相当大程度上与中国人缺乏优雅生存的传统有关系。如果大多数人习惯于“赖活”，不在乎“苟且偷安”，中国人的素质是不可能普遍好起来的。

缺乏优雅生存的传统，缺乏讲究生存质量的习惯，这是中国人普遍追求优雅生存的十分重要的障碍。优雅生存作为一种生存方式，在很大程度上是养成的。如果完全缺乏这方面的习惯和社会风气，要普遍养成这种生存方式就会更困难，阻力就会更大。

障碍之三：现代文明的消极影响。中国正在搞现代化建设。现代化建设的目的是进入现代文明。前面我们已经讲过，现代文明有很多长处和优势，但也有其明显的缺陷和弊端。这就是它会刺激人的贪欲疯长，会使对实利的追求淹没一切，使世界成为缺乏人情和情调的冷冰冰的世界。中国人自古以来过分讲求实惠而不能有所超脱，这种传统不仅不能对现代文明的缺陷和弊端加以扼制和弥补，相反很容易与之一拍即合，使之强化。

近几年中国暴露出来的许多巨贪就是典型的写照。不少巨贪生活很简朴，甚至只以咸菜咽饭，他们贪污大量的钱财决不是为了优雅地生存，甚至他们自己也不知道他们贪污钱财干什么。他们的问题就在于“贪”字充斥了他们的心灵。只讲实惠，钱财又是最实惠，如果贪欲膨胀，一有机会，必定会犯“贪”。过分实惠的生活态度，加上现代文明对贪欲的刺激，这是今天中国许多贪官犯“贪”的深层根源。我们可以设想，如果人们不是持过分实惠的人生态度，或者没有现代文明对贪欲的过分刺激，中国社会的贪污之风不会如此兴盛。

中国走向现代化势在必行，不可改变。在这种情况下，反思现代文明的缺陷和弊端，反思我国文化传统的缺陷和弊端，对于我们在走向现代化的同时走向优雅生存是十分必要而又重要的。现代文明具有巨大的魅力，它的疯狂性对人们的心灵有巨大的侵蚀和吞噬作用，如果不对这种文明进行自觉反思，我们更容易被引入这种文明，而不能超越它走向后现代文明。

要把优雅生存作为生存的最佳方式追求，我们要着重解决三个问题：

一是要弄清楚优雅生存值不值得追求。人们对价值目标的追求是以对价值的选择为前提的，而对价值的选择又是以对价值的评价权衡为前提的。要把优雅生存作为终极价值目标，首先必须在思想上认识到优雅生存是最有价值的，因而最值得选择、最值得追求。优雅生存方式之所以最值得追求的理由，在本书第十四章讨论优雅生存的优越性时已经进行过讨论。但是，我们的论证是理论上的论证，要把理论上的论证变成大众的确信，还有两项工作必须做：一是使人们了解理论并相信理论；二是使人们能在实际生活中感受到理论的正确性。对于第一项工作，一方面要加强理论研究，使理论有说服力；另一方面要通过适当的途径让大众了解理论，这种途径就是教育，特别是学校教育。对于第二项工作，主要是政府要通过适当的途径使理论观念变成现实，使人们切身感受到优雅生存是更值得追求的，其中重要途径之一就是政策。有了教育、政策的作用，有了现实的感受，人们才能真正在思想上确认优雅生存是最值得追求的生存方式。

二是要弄清楚优雅生存可不可能追求。人是具有想象能力的，可以想象许多非常美好、非常有价值然而现实中不存在甚至不可能存在的东西。这些东西看起来值得追求，事实上由于不可能存在，不可能通过追求来获得，因而实际上是不值得追求的。例如，天堂就是如此。天堂按《圣经》的描绘是黄金盖顶，宝石铺地，眼观美景，耳听音乐，生活在其中，人可以享受永恒而无限的快乐。显然，天堂是最值得追求的。然而，近两三千年的事实已经证明天堂是不存在的。就是说它最值得追求，但人不可能达到它。如果对这种不可能达到的美好事物过分迷恋就会发生问题。中世纪追求天堂的结果是发生宗教异化：人成为了自己创造出来的上帝的奴仆。

要使人们追求优雅生存，不仅要使人们相信优雅生存这种生存方式是值得追求的，而且要使人们相信它是可能追求的。由于现代人越来越急功近利，因而不仅要使他们相信优雅生存可能追求，而且要使他们相信优雅生存是见效快的。从这个意义上看，理论上论证这种生存方式是可能的固然必要，但如何使人确信它是现实可能的，它存在于此岸世界，就是更为重要的了。

三是要克服生存的惰性。即使思想上弄清楚了优雅生存值得追求且可能追求，这还不够，尤其对于我们中国人，还必须克服生存的惰性。中国国民性有一个明显的弱点，这就是前面已经指出的“赖活”、“苟安”、“知足”等等，即不讲究生活质量。人完全可以像动物一样自然地生存于世界上，这是最不费力、最不费事的生活。现实生活中的一些流浪者、乞丐就是如此。但是，如果人这样地活在世界上，人就不是真正的人了。

当然，现实生活中像流浪汉、乞丐一样顺其自然而生存的人毕竟是极个别的，但是，在中国“凑合”着或“对付”着过的人却大有人在。我们可以把这种生存方式称为“马虎生存”的生存方式，其主要特点是“惰性”占上风。优雅生存是一种追求作为的积极有为的生存方式。要追求这种积极有为的生存方式，就必须改变中国普遍流行的“马虎生存”这种消极无为的生存方式。这种生存方式在某种意义上说已经成为了中国人的生活习性，要改变这种习性是十分困难的。但是，马虎生存是优雅生存的大敌，不克服马虎生存这种习性，优雅生存的生活方式就不可能普遍确立。

崇尚智慧

在本书“引言”中已经指出过，智慧是实现幸福的最佳途径。如果我们把优雅生存当作是幸福的当代形态，那么智慧当然也就是实现优雅生存的最佳途径。既然如此，我们要转换生存方式，要走向优雅生存，就要热爱智慧，追求有智慧，或者说，崇尚智慧。

人们通常说，中华民族是勤劳智慧的民族。但是，如果我们考察自古至今的中国历史，智慧历来都不是中国社会最热爱、最推崇的东西。

在中国传统社会，社会最推崇的是道德。中国传统社会的道德主要是以“三纲五常”(“三纲”是：君为臣纲，父为子纲，夫为妻纲；“五常”是：仁、义、礼、智、信）为核心内容的仁义道德。在这种道德中，整个说来，没有智慧的地位。“五常”中有“智”，似乎是包含智慧，可事实上并非如此。这里的“智”主要是道德意义上的理智，也就是对仁义道德的意识和把握，而且“五常”整体说来是从属于“三纲”、为“三纲”服务的。因此，这里的“智”与通常意义的“智慧”相去甚远。即使我们把这里的“智”看作就是智慧，它在中国传统道德中的地位也显然是非常次要的，即排在“五常”中的第四位。

这一点与智慧在古希腊社会中的地位形成了鲜明的对照。在古希腊，道德被理解为“德性”，有德性等同于有道德，而在古希腊的四大德性（智慧、勇敢、节制、正义）中，智慧被看作是首要的德性。与此相关，古希腊社会把有智慧的人称为“智者”，“智者”被推崇为社会最受尊敬的人，而我国古代把有道德的人称为“贤人”或“圣人”（最贤者），圣贤被推崇为社会最受尊敬的人。

"五四"运动"打倒孔家店"后，传统道德的显赫地位衰落，"权力"、"政治"、"金钱"、"财富"等都曾经先后成为社会最受推崇和尊重的东西。今天中国社会已经走向开放和多元，人们推崇的、追求的东西开始多起来，金钱、权力、地位、名誉、富有、金钱、美色、知识、能力、才智、学历等都成为人们的"抢手货"。然而，令人遗憾的是，尽管自古到今中国人追求的东西如此之多，但其中没有发现有"智慧"。

对于大多数讲求实惠的中国人来说，智慧是很难理解的。今天许多人已经看到了知识、能力、才智的价值，因而开始推崇这些东西。但是，他们没有意识到这些东西背后的智慧，更没有意识到如果没有智慧，所有这些东西可能是害人的，可能成为人类生存的"杀手"。

也许下面这个事例颇能说明中国人不怎么喜欢智慧。学过外国哲学特别是西方哲学的人都知道，哲学在西方起源于爱智慧，哲学是关于智慧的学问。这一在古希腊就已得到公认的观点，在我国却得不到认同。在中国传统社会，有没有哲学家给哲学下过定义，我们可以忽略不计。新中国成立以来流行的哲学本来是从西方来的，理应接受西方关于哲学的经典定义，可是到中国以后，哲学不再被规定为"关于智慧的学问"，而改成了"关于世界观的学问"。有的哲学教科书甚至只字不提哲学的传统定义，似乎这是可以被忽略的。这里我们无意讨论现行哲学教科书关于哲学定义的是非对错，但值得注意的是，这一忽略表明，在人们的心目中，智慧并不是足够重要的，不值得哲学去研究，哲学应该研究更重要的东西，如世界观。殊不知世界观只是人的诸多智慧中的一种，哲学要研究它，但不只是研究它。

缺乏爱智慧的传统，这是中国传统文化弊端的总根源，也是今天中国许多问题的总根源。中国传统社会为什么长期专制、愚昧、落后、贫穷？就是因为中国人不追求有智慧。为什么我国经济社会发展过程中经常发生"左"的或"右"的偏差？也是因为我们缺乏智慧。今天我国现代化过程中为什么出现诸多令人难以思议的问题（如巨贪问题、防不胜防的假冒伪劣问题、扼杀儿童天性的应试教育问题）？还是因为不能有智慧地对待生存。应该说，我们民族不仅是一个较为缺乏智慧的民族，而且是一个较为缺乏智慧意识的民族。在现实生活中，我们不难发现，当人们遇到问题或困难时，他们会想到很多，但是几乎没有多少人想到要运用自己的智慧，甚至没有想到自己有智慧可以运用。今天的中国社会，像以往的中国社会一样，人们普遍没有养成有智慧地思考、说话、行动的习惯和意识。

显然，在我国这样缺乏智慧传统，缺乏推崇智慧风气的民族，不用说优雅地生存，即便是正常地生存都是很难的。因此，把智慧作为我国社会的第一德性加以推崇，大兴爱智之风是我国走向优雅生存的第一要务。

崇尚智慧的前提是热爱智慧。没有对智慧的热爱就不会有对智慧的追求。我国的思想德性教育告诉人们要热爱很多东西，但从来没有热爱智慧。这不能不说是我国思想品德教育的重大缺憾之一。要热爱智慧，就必须认识到智慧的价值。只有认识到它的价值，才会珍视它，热爱它。要使社会普遍热爱智慧，必须通过各种途径，特别是教育的途径，大力宣传智慧的价值和对于人生、社会的意义。

崇尚智慧的关键是运用智慧。智慧是一种隐性的、潜在的能力，需要通过使用来体现，而且需要运用来提高。要运用智慧，首先要有运用智慧的意识。所谓运用智慧的意识，就是在我们做任何事的时候，都要想到自己是有智慧的，要运用这种智慧，并要根据智慧的要求去做事。要运用智慧，还要注意有智慧地思考，特别是要根据智慧的基本原则行动。每一个正常人都有智慧的潜力，都能成为有智慧的人，关键是我们运用不运用它。智慧不仅是不竭的源泉，而且越运用越充足、越丰富。尽管不同的人智慧的潜能有差异，智慧的水平也有差异，但有一点是人所共同的，这就是：所有人的智慧水平是与其运用成正比的，越是使用，其水平越高。

崇尚智慧的顶点是追求智慧。一般人都会追求智慧，尽管不一定是自觉的、全面的、系统的。但是，他们追求的智慧是日常智慧。这种智慧是必要的，但仅此还不够，还需要生存智慧。自觉地追求生存智慧，尤其是研究生存智慧，这是一般人难以做到的，这一使命通常是由哲学家来履行的。问题不在于社会的每一个成员都要去成为智慧的“恋人”，而在他们都不仅要关注日常的智慧，而且要关注追求生存智慧的哲学家的哲学。哲学家的哲学是提升人们智慧水平，使平常人的日常智慧上升为哲学智慧的阶梯。

哲学家追求智慧就是要从哲学的特殊视野和以哲学的特殊方式从时代精神和社会现实提炼出时代所需要的生存智慧，也就是要构建作为时代精神精华和升华的哲学。普通人追求智慧就是要学习和掌握哲学家所构建的哲学，使之成为自己生存的根本理念和基本原则。就是说，普通人追求智慧的过程就是学习、掌握和运用哲学的过程。一个崇尚智慧的民族，必定是热爱哲学和学习哲学的民族，必定是富于哲学精神和哲学思考的民族。

注重向内用功

就个人而言，优雅生存作为一种优质的、雅致的生存，不能靠社会或他人来提供。毫无疑问，优雅生存必须具备一定的社会条件和一定的人际环境才有可能，但是，社会或他人不可能使某一个人的生活优雅起来。优雅生存的生存方式是一种自我设计、自我塑造的生存方式，优雅生存的生存状态是一种自我作为、自我负责的生存状态。这与自然生存、奴役生存、自由生存都不同。所有这些生存方式和生存状态都可以是消极无为、顺其自然的，优雅生存则只能是积极有为、人工造就的。

优雅生存的作为是自我的作为，也是对自我的作为。作为的主体是自我，作为的对象也是自我。优雅生存的人生是一个人自己作为的过程，也是一个人自己对自己作为的过程。这个过程是一个人不断向内用功的过程。因此，要走向优雅的人生，每一个人都应该注重向内用功：自己创造自己的生活，自己走向优雅和幸福。

注重向内用功，前提是要树立自助意识。自助者，天助之。注重向内用功，关键是不断地自我设计和自我塑造。

注重向内用功，对于中国人来说，有两种障碍是值得特别注意克服的：一是过分强调助他，不重视助己；二是过分依靠他助，不重视自助。

中国传统文化和主流文化整体说来是一种整体主义文化。这种文化的根本特征就是“奉献”二字，即强调个体特别是个人要尽可能地少考虑自己，最好是完全不考虑自己，要尽可能地少顾自己，最好是完全不顾自己，把自己的一切献给整体和他人。根据这种文化的要求，一个人任何时候都不能把自己的生存和发展放在首位，最好是完全不考虑自己的生存和发展。这种文化的目标是要消解自我，而不是要发展自我，因而对于这种文化来说，根本不存在向内用功发展和壮大自我的问题。当然，这种文化强调修身，但修身的目标不是使自我生存发展，使自我强大，而是要泯灭自我，使自我消失在整体之中，成为其中的一个“螺丝钉”或一块“砖”。显然，这种文化不适应优雅生存所要求的自助，所要求的自我实现。我们要追求优雅生存，就要强调向内用功。要强调向内用功，就必须改变过分强调助他的传统观念。不是要通过修养泯灭自我，而是要通过自助发展自我，使自我强大。

人生活在世界上不可能只奉献，不获取，否则人就没法在世界上存活。传统文化要求人们把一切都献给社会和他人，那么马上就会产生个人的基本需要怎样满足的问题。这个问题的解决办法是依靠他人和组织。这里的他人有陌生人，也有同事和朋友，但最主要是父母和亲属，这里的组织主要是单位。就是说，每个人都要考虑他人和社会，都要一切为了他人和社会，至于自己的问题，自己不必考虑，有他人和组织来考虑解决。

于是，社会生活就呈现出这样一幅具有讽刺意味的画面：每个人都以助他、奉献为名而不向内用功，不增强自己的实力，结果是自己既不去解决自己的问题，也不能解决自己的问题，自己的问题只好依赖他助，只好不断地要求他人和单位给予解决。看起来好像每个人都在助他，实际上每个人都需要他助。从强调每个人助他出发，以每个人需要他助告终。这就是过分强调助他、奉献所走入的怪圈。传统中国社会和今天中国社会的许多问题就是因为这个怪圈在作怪。要走出这个怪圈，必须改变过去过分强调助他、奉献的做法，而强调人们首先自助，首先使自己强大，在可能的情况再考虑助他、奉献。也惟有如此，人们才有可能走向优雅生存。

讲究精、雅、新

优雅生存有许多规定性，其内容非常丰富，需要我们不断追求和修养。只有这样，我们才能进入最佳状态，迈向更高境界。但是，在我们从传统生存方式走向优雅生存方式的过程中，有些方面是值得我们特别注意的，这就是讲究生活的精、雅、新。这三方面对于优雅生存而言具有标志性的意义，同时又是我们传统生活方式最缺乏的，也是我们中国人过去最不讲究的。讲究生活的精、雅、新，可以成为我们走向优雅生存的始点和桥梁。

讲究精，就是要讲究生活的质量。人像动物一样，也得谋求生存，但谋求生存的方式与动物有所不同：不只是谋求生活下去，而且谋求生活得好；不只是谋求生活得好，而是谋求生活得更好。谋求生活得更好，就是要讲究生活质量，不能凑合，不能马虎，不能苟且偷生，不能随遇而安。古希腊哲学家赫拉克利特说“猪在污泥中取乐”，其言外之意是只有猪才满足现状、随遇而安，如果人也是这样，人就不是人，而是猪。讲究生活的精，就是要使我们的生活质量高。

何谓生活的高质量？生活的高质量并不意味着人均占有的财富多、家产多，也不意味着人的地位高、权力大，而是生活的智慧含量高，生活的规格层次高。生活就像经营一样，人们可粗放型地经营，也可以集约化地经营。讲究生活质量，就是要求我们的生活是“集约化”的，而不是“粗放型”的。“集约化”与“粗放型”之间的区别不在于作为生活条件的“硬件”，而在于作为生活方式的“软件”。我们也可以把高质量的生活比作“技术密集型”的运作，它不同于“劳动密集型”的运作，强调对生活的智慧投入。

讲究雅，就是要讲究生活的情趣。讲究精主要强调生活的质量高，讲究雅则强调生活的情趣浓。生活质量高并不一定意味着生活情趣浓。今天的法国人和日本人的生活质量都是高的，但日本人的生活过于严肃，缺乏情趣，和日本人在一起就会感觉到沉闷、压抑，相反法国人的生活则富于情调化和浪漫化，也许人们更愿意和法国人在一起生活。生活情趣包括生活的情调、生活的趣味、生活的浪漫，等等。情趣能使人尽情、开心、快乐，能使人有美好的感觉。有了情趣，生活会变得更美好，更富有人情味。

讲究新，就是要讲究生活的创意。讲究新是生活得更好的另一个维度，它强调生活有创意。生活有创意，生活就会个性化。现代工业文明的一个重要特征就是大规模生产以及与之相应的规范化、标准化。这确实可以提高生产效率，便于管理，但这种工业化渗透到人们的生活，就使生活日益刻板化、单调化。在这种情况下，打破工业文明的僵化模式，有创意地生活，使生活走向个性化，会使社会生活更丰富多彩，也可以使人们的才智得到更好的运用，使个性得到尽情的发挥。生活的创意可以体现在家庭、职业、个性等各个领域，其突出特点是在生活的各方面尽可能地做到别出心裁，独运匠心，从而使自己的生活别具一格，甚至不同凡响，令自己开心，令别人称羡。

精、雅、新的一个共同要求，就是“讲究”。所谓“讲究”，就是用心。讲究精、雅、新，就是要用心地对待生活，用心地过日子，用心地装点人生。人生是短暂的，可用以讲究的时光更短。人生就像作品一样，要使人生成为自己的得意之作，成为精品，我们就得用心，就得讲究。用心与不用心，结果大不一样。去过日本东京的人都知道，东京许多居民的住房不一定比我国城市居民的住房大，但几乎所有东京居民的住房外观及周围很整洁，很精美，看上去令人悦目，而我国城市大多数居民的住房外观及周边都脏兮兮，乱糟糟，看上去令人恶心。这就是讲究不讲究、用心不用心之间的差别。

讲究，对于我们中国人来说，最重要的是要有讲究的意识。人是有意识的动物。意识是人一切活动的前提，没有意识，不可能有自觉的活动。要讲究，首先得有讲究的意识。大多数中国人之所以不大讲究，就是因为大家都相当缺乏讲究的意识。讲究所需要的主要是时间和精力，而时间和精力对于今天的大多数中国人来说是不成任何问题的。大家都承认，中国人没有日本人紧张，为什么日本人有时间和精力讲究而中国人没有呢？我国有多少人宁可把时间和精力用于无休止而又无聊的夫妻吵架，用于夜以继日的搓麻将，用于漫无目的的闲逛或神侃，用于令人身心交瘁的内耗，也不愿意分一点时间和精力用于可使自己开心、快乐的“生活讲究”。这直接地说是生活习性的问题，但这种习性形成的原因在于我们缺乏讲究生活的意识。今天我们要改变这种习性也得从培养和增强这种意识开始。

参考文献

（一）英文著作（以作者姓氏字母顺序为序）

[1] Abelson，Raziel and Marie-Louise Friquegnon (eds.)，*Ethics for Modern Life* (6th Ed.)，Boston / New York: Bedford / St. Martin’s，2003.

[2]Annas，Julia，*The Morality of Happiness*，New York / Oxford: Oxford University Press，1993.

[3]Aquinas，St. Thomas，*Virtue*: *Way to Happiness*，Translated with an Introduction by Richard J. Regan，Scranton: University of Scranton Press，1999.

[4]Aristotle，*The Nicomachean Ethics of Aristotle*，Translated by D. P. Chase，China Social Sciences Publishing House，1999.

[5]Baron，M. W.，Philip Pettit，and Michael A. Slote，*Three Methods of Ethics: A Debate*，New York: Oxford University Press，1997.

[6]Cahn，Steven M. (ed.)，*Philosophy for the 21st Century: A Comprehensive Reader*，New York/ Oxford: Oxford University Press，2003.

[7]Cahn，Steven M.，Peter Markie (eds.)，*Ethics: History*，*Theory*，*and Contemporary Issues*，New York / Oxford: Oxford University Press，1998.

[8]Crisp，Roger (ed.)，*How Should One Live? Essays on the Virtues*，Oxford: Clarendon Press，1996.

[9]Graham，Gordon，*Eight Theories of Ethics*，London/New York: Routledge，2004.

[10]Hume，David，*A Treatise of Human Nature*，China Social Sciences Publishing House，1999.

[11]Hursthouse，Rosalind，*On Virtue Ethics*，Oxford: Oxford University Press，1999.

[12]Hutcheson，Francis，*A System of Moral Philosophy* (Vol.1-2)，with a new Introduction by Daniel Carey，Thoemmes Press，2000.

[13]Johnson，Oliver A. and Andrews Reath (eds.)，*Ethics: Selections from Classical & Contemporary Writers* (9th Ed.)，Wadsworth，Thomson Learning，Inc.，2004.

[14]Kant，Immanuel，*Foundations of the Metaphysics of Morals*，Trans. and with Introduction by Lewis White Beck，China Social Sciences Publishing House，1999.

[15]Kant，Immanuel，*Critique of Practical Reason*，Trans. and with Introduction by Lewis White Beck，China Social Sciences Publishing House，1999.

[16]Kekes，John，*Moral Wisdom and Good Lives*，Ithaca / London: Cornell University Press，1995.

[17] LaFollette, Hugh (ed.), *The Blackwell Guide to Ethics Theory*, Blackwell Publishers Ltd, 2000.

[18] MacIntyre, Alasdair, *After Virtue: A Study in Moral Theory*, China Social Sciences Publishing House, 1999.

[19] MacIntyre, Alasdair, *Dependent Rational Animals: Why Human Beings Need the Virtues*, Chicago /and La Salle, Illinois: Open Court, 1999.

[20] Mill, John Stuart, *Utilitarianism*, China Social Sciences Publishing House, 1999.

[21] Nussbaum, Martha, *The Fragility of Goodness*, Cambridge: Cambridge University Press, 1986.

[22] O' Neill, Onora, *Towards Justice and Virtue: A Constructive Account of Practical Reasoning*, Cambridge: Cambridge University Press, 1996.

[23] Plato, *Republic*, Trans. by Robin Waterfield, China Social Sciences Publishing House, 1999.

[24] Pojman, Louis P., *Philosophy: The Pursuit of Wisdom*, Wadsworth, Thomson Learning, Inc., 2001.

[25] Rawls, John, *A Theory of Justice*, China Social Sciences Publishing House, 1999.

[26] Runkle, Gerald, *Theory and Practice: An Introduction to Philosophy*, New York, etc.: CBS College Publishing, 1985.

[27] Sherman, Nancy, *The Fabric of Character: Aristotle's Theory of Virtue*, Oxford: Clarendon Press, 1989.

[28] Slote, Michael, *From Morality to Virtue*, New York / Oxford: Oxford University Press, 1992.

[29] Slote, Michael, *Moral from Motives*, Oxford: Oxford University Press, 2001.

[30] Smith, Adam, *The Theory of Moral Sentiments*, ed. by D. D. Raphael and A. L. Macfie, China Social Sciences Publishing House, 1999.

[31] Williams, Bernard, *Morality: An Introduction to Ethics*, Cambridge University, 1993.

[32] Williams, Bernard, *Moral Luck*, Cambridge University, 1981.

[33] Zagzebski, Linda Trinkaus, *Virtues of the Mind: An Inquiry into the Nature of Virtue and the Ethical Foundations of Knowledge*, Cambridge: Cambridge University Press, 1996.

（二）中文译著（以作者历史先后为序）

[1][古希腊] 柏拉图:《理想国》，郭斌和，张竹明译，商务印书馆 ,1986/1996 年。

[2]《亚里士多德全集》(第八卷)，苗力田主编，中国人民大学出版社，1992 年。

[3][古希腊] 亚里士多德:《政治学》，吴寿彭译，商务印书馆，1965 年。

[4][中世纪] 托马斯 • 阿奎那:《阿奎那政治著作选》，马清槐译，商务印书馆，1991 年。

[5][荷]斯宾诺莎:《伦理学》，商务印书馆，1958年。
[6][英]休谟:《人性论》，关文运译，商务印书馆，1980年。
[7][英]休谟:《道德原理探究》，王淑芹译，陈光金译校，中国社会科学出版社，1999年。
[8][英]亚当·斯密:《道德情操论》，余涌译，中国社会科学出版社，2003年。
[9][英]边沁:《道德与立法原理导论》，时殷弘译，商务印书馆，2000年。
[10][英]约翰·密尔:《功用主义》，唐钺译，商务印书馆，1957年。
[11][英]约翰·密尔:《论自由》，程崇华译，商务印书馆，1959年。
[12][德]康德:《纯粹理性批判》，邓晓芒译，杨祖陶校，人民出版社，2004年。
[13][德]康德:《实践理性批判》，邓晓芒译，杨祖陶校，人民出版社，2003年。
[14][德]康德:《道德形而上学原理》，苗力田译，上海人民出版社，1986年。
[15][德]弗里德里希·包尔生:《伦理学体系》，何怀宏，廖申白译，中国社会科学出版社，1992年。
[16][德]马克斯·韦伯:《新教伦理与资本主义精神》，于晓，陈维纲等译，读书·生活·新知三联书店，1981年。
[17][英]摩尔:《伦理学原理》，长河译，商务印书馆，1983年。
[18][德]石里克:《伦理学问题》，张国珍，赵又春译，商务印书馆，1997年。
[19][德]M. 舍勒:《爱的秩序》，林克等译，生活·读书·新知三联书店，1995年。
[20][美]弗兰克·梯利:《伦理学导论》，何意译，广西师范大学出版社，2002年。
[21][日]牧口常三郎:《价值哲学》，马俊峰，江畅译，中国人民大学出版社，1989年。
[22][美]塞森斯格:《价值与义务——经验主义伦理学理论的基础》，江畅译，中国人民大学出版社，1992年。
[23][美]汤姆·L. 彼彻姆:《哲学的伦理学》，雷克勤，郭夏娟，李兰芬，沈珏译，中国社会科学出版社，1990年。
[24][美]威康·K. 弗兰克纳:《善的求索——道德哲学导论》，黄伟合，包连宗，马莉译，辽宁人民出版社，1987年。
[25][澳]J. J. C. 斯马特，[英]B. 威廉斯:《功利主义：赞成与反对》，牟斌译，中国社会科学出版社，1992年。
[26][美]约翰·罗尔斯:《正义论》，何怀宏，何包钢，廖申白译，中国社会科学出版社，1988年。
[27][美]罗伯特·诺齐克:《无政府、国家与乌托邦》，何怀宏等译，中国社会科学出版社，1991年。
[28][美]A. 麦金太尔:《德性之后》，龚群，戴扬毅等译，中国社会科学出版社，1995年。
[29][美]A. 麦金太尔:《谁之正义？何种合理性？》，万俊人，吴海针，王今一译，当代中国

出版社，1996 年。
[30][美] A. 麦金太尔:《伦理学简史》，龚群译，商务印书馆，2003 年。
[31][美] 丹尼尔·贝尔:《社群主义及其批评者》，李琨译，上海三联书店，2002 年。
[32][美] 麦特·里德雷:《美德的起源——人类本能与协作的进化》，刘琦译，中央编译出版社，2004 年。
[33][美] 欧文·辛格:《爱的本性（第 1 卷）——从柏拉图到路德》，高光杰，杨久清，王义奎译，高光杰校，云南人民出版社，1992 年。
[34][美] 罗尔斯顿:《环境伦理学》，杨通进译，中国社会科学出版社，2000 年。
[35][英] 齐格蒙特·鲍曼:《生活在碎片之中——论后现代道德》，郁建兴等译，学林出版社，2002 年。
[36][美] 罗洛·梅:《爱与意志》，冯川译，国际文化公司，1987 年。
[37]周辅成:《西方伦理学名著选辑》（上、下卷），商务印书馆，1964 / 1987 年。
[38]万俊人:《20 世纪西方伦理学经典》（Ⅰ—Ⅲ），中国人民大学出版社 2004 年版。

（三）中文著作（以作者姓氏笔画为序）

[1]《四书五经》，吴根友点校，中国友谊公司，1993 年。
[2]万俊人:《寻求普世伦理》，北京大学出版社，2009 年。
[3]万俊人:《现代西方伦理学史》（上、下卷），北京大学出版社，1990 / 1992 年。
[4]万俊人:《现代性的伦理话语》，黑龙江人民出版社，2002 年。
[5]马俊峰:《评价活动论》，中国人民大学出版社，1994 年。
[6]王玉樑:《价值哲学》，陕西人民出版社，1989 年。
[7]王玉樑:《价值哲学新探》，陕西人民教育出版社，1993 年。
[8]王海明:《新伦理学》，商务印书馆，2001 年。
[9]甘绍平:《应用伦理学前沿问题研究》，江西人民出版社，2002 年。
[10]田海平:《哲学的追问——从“爱智慧”到“弃绝智慧”》，江苏人民出版社，2000 年。
[11]冯友兰:《中国哲学简史》，涂又光译，北京大学出版社，1996 年。
[12]冯平:《评价论》，东方出版社，1995 年。
[13]江畅:《现代西方价值理论研究》，陕西师范大学出版社，1992 年。
[14]江畅:《自主与和谐——莱布尼茨形而上学研究》，武汉大学出版社，1995 年。
[15]江畅，戴茂堂:《西方价值观念与当代中国》，湖北人民出版社，1997 / 2002 年。
[16]江畅:《幸福之路——伦理学启示录》，湖北人民出版社，1999 年。
[17]江畅:《江畅自选集》，华中理工大学出版社，1999 年。
[18]江畅:《理论伦理学》，湖北人民出版社，2000 年。
[19]江畅:《现代西方价值哲学》（主编），湖北人民出版社，2003 年。

[20] 江畅：《走向优雅生存——21 世纪中国社会价值选择研究》，中国社会科学出版社，2004 年。
[21] 江畅，周鸿雁：《幸福与优雅》，人民出版社，2006 / 2012 年。
[22] 江畅：《教育考试公正论》，湖北人民出版社，2007 年。
[23] 江畅：《比照与融通：当代中西价值哲学比较研究》，湖北人民出版社，2010。
[24] 江畅：《德性论》，人民出版社，2011 年。
[25] 江畅：《社会主义核心价值理念研究》，北京师范大学出版社，2012 年。
[26] 江畅：《论价值观与价值文化》，科学出版社，2014 年。
[27] 孙英：《幸福论》，人民出版社，2004 年。
[28] 孙伟平：《事实与价值》，中国社会科学出版社，2000 年。
[29] 张世英：《张世英文集》6（哲学导论），北京大学出版社，2016 年。
[30] 张世英：《张世英文集》7（境界与文化），北京大学出版社，2016 年。
[31] 宋希仁：《当代外国伦理思想》，中国人民大学出版社，2000 年。
[32] 宋希仁：《西方伦理思想史》，中国人民大学出版社，2004 年。
[33] 李建华：《德性与德心——道德的社会培育及其心理研究》，教育出版社，2000 年。
[34] 李德顺：《价值论》，中国人民大学出版社，1987 年。
[35] 陈少峰：《中国伦理学史》（上下册），北京大学出版社，1996 年。
[36] 陈新汉：《评价论引论》，上海社会科学院出版社，1995 年。
[37] 陈仲庚，张雨新：《人格心理学》，辽宁人民出版社，1987 年。
[38] 何怀宏：《底线伦理》，辽宁人民出版社，1998 年。
[39] 余涌：《道德权利研究》，中央编译出版社，2001 年。
[40] 杨国荣：《伦理与存在——道德哲学研究》，上海人民出版社，2002 年。
[41] 杨清：《心理学概论》，吉林人民出版社，1981 年。
[42] 杨祖陶：《康德黑格尔哲学研究》，武汉大学出版社，2001 年。
[43] 罗国杰：《伦理学》，人民出版社，1989 年。
[44] 罗国杰：《道德建设论》，湖南人民出版社，1997 年。
[45] 罗国杰：《中国传统道德》（规范篇、德行篇、教育修养篇、简编本），中国人民大学出版社，1995 年。
[46] 罗炽等：《中国德育史纲》，湖北教育出版社，1998 年。
[47] 袁贵仁：《价值学引论》，北京师范大学出版社，1991 年。
[48] 欧阳康：《哲学方法论》，武汉大学出版社，1998 年。
[49] 高玉祥：《个性心理学概论》，陕西人民教育出版社，1985 年。
[50] 高觉敷：《西方近代心理学史》，人民教育出版社，1982 年。

[51]高觉敷:《西方心理学的新发展》，人民教育出版社，1987年。
[52]高国希:《走出伦理困境——麦金太尔道德哲学与马克思主义伦理学研究》，上海社会科学院出版社，1996年。
[53]倪愫襄:《善恶论》，武汉大学出版社，2001年。
[54]唐凯麟:《伦理学》，高等教育出版社，2001年。
[55]唐凯麟，张怀承:《成人与成圣——儒家伦理道德精粹》，湖南大学出版社，1999年。
[56]唐凯麟，王泽应:《20世纪中国伦理思潮》，高等教育出版社，2003年。
[57]韩震:《生成的存在——关于人和社会的哲学思考》，北京师范大学出版社，1996年。
[58]韩震:《重建理性主义信念》，北京出版社，1998年。
[59]焦国成:《中国伦理学通论》，山西教育出版社，1997年。
[60]葛晨虹:《德化的视野——儒家德性思想研究》，同心出版社，1998年。
[61]戴茂堂:《西方伦理学》，湖北人民出版社，2002年。
[62]戴茂堂，江畅:《传统价值观念与当代中国》，湖北人民出版社，2001年。

人名术语索引

（以拼音字母为序）

后　　记

本书是在本人的三部著作《幸福之路：伦理学启示录》（湖北人民出版社1999年2月出版）、《理论伦理学》（湖北人民出版社2000年10月出版）和《走向优雅生存：21世纪中国社会价值选择研究》（中国社会科学出版社2004年4月出版）的基础上整合而成的。根据整合的需要，对原书中的内容进行了少量的删节、修改、重写和调整。全书的五篇中，前四篇（人生幸福论、社会和谐论、世界和谐论、宇宙和谐论）可看作是理论的阐述，后一篇（优雅生存论）可看作是理论的应用和延伸。

早在1995年出版的《自主与和谐：莱布尼茨形而上学研究》（武汉大学出版社1995年11月出版，2005年4月再版）中，我把莱布尼茨形而上学的核心概括为个体自主与整体和谐，“自主与和谐”由此成为了我后来整个哲学思想的核心理念。在1999年出版的《幸福之路》中，我把“幸福”范畴作为伦理学的基本范畴，作为该书的中心论题进行探讨。2000年出版的《理论伦理学》，进一步把“幸福与和谐”作为中心论题，讨论人生幸福和社会、世界、宇宙和谐问题。这三本书出版后，恰逢2002年召开的中国共产党第十六次代表大会把“人民幸福”的范畴写进了大会报告，2004年召开的中共十六届四中全会又提出要构建“和谐社会”。这也许纯属巧合。但是，令我欣慰的是，三本书中提出的思想观点看来是具有一定的前瞻性的。这些思想观点，对于生活在现时代的人们反思自己的人生、正确面对自己的生存境遇可能有些参考价值。尤其是《走向优雅生存》对现代文明的反思和批评，对人类未来走向的预示和构想，以及对21世纪中国社会价值选择所提供的方案，对于人们把握正在发生的人类生存方式转换或许有些启迪作用。因此，我觉得将这几本书的思想和内容整合起来出版，确有些许意义。

本书阐述的思想观点是在借鉴西方思想文化成果，反思中国历史和现实的基础上形成的。这些思想观点被有的学者称为幸福主义伦理学理论体系。这一理论体系是本人十多年来对时代精神和现实问题长期艰苦思考的结晶，整体上应该说是一项严肃的学术成果。但是，我也清醒地意识到，由于书中涉及范围广，许多问题还需要进一步探讨，而且由于学识的局限，对一些问题的阐述可能还很外行或有错误。鉴于此，我真诚希望读者和同仁多提批评意见，以便进一步完善这一理论体系。

江　畅

2005年5月1日

第二版后记

本书初版于2005年9月，迄今已十年有余了。这十多年中国社会发生了翻天覆地的历史性变化，其中最深刻的变化是观念的变化，这尤其体现在党的十八大确立了社会主义核心价值观。作为社会主义核心价值观中终极价值目标的“人民幸福”，以及作为其中最重要核心价值理念的自由、平等、民主、法治、公正、和谐、幸福，正是本书所力倡并提供论证和阐释的，因而中国社会这十年的发展与本书所描述的方向是完全一致的。对此，笔者感到十分欣慰。本书还描述了人类后现代化社会的愿景，这就是人类生存方式从自由生存转向优雅生存。本书断言“优雅是当代人类的应有选择”，从当代人类的发展来看，这一断言正在显示其正确性。中国即将建成全面小康社会，中华民族伟大复兴的“中国梦”的实现也指日可待。社会主义现代化实现后，中国社会将向何处去？笔者以为不可能也不应该离开人类文明发展的总体趋势和历史潮流，即从现代社会转向后现代社会，从工业文明转向生态文明，从追求占有转向追求优雅。本书对此作了系统的阐述，这也许能为中国和人类的未来发展提供某种借鉴和参考。正是基于这种考虑，笔者有意修订再版本书。

《幸福与和谐》一书曾获2009年湖北省第六届社会科学优秀成果奖一等奖。本书2005年9月第一次印刷了3000册，到2008年全部售完，并于同年又印刷了3000册。该书出版后产生了相当大的影响，不仅有多篇书评和不少引证，湖北人民出版社编审易学金先生在审读本书稿时称赞有加，并建议出版一个简本。根据他的建议，笔者与周鸿雁博士（当时为笔者的博士研究生）以《幸福与优雅》为书名编写了简本并于2006年在人民出版社出版，印数8000册，全部售完。该书后来又被人民出版社列入《人民·联盟文库》于2012年出版，印数5000册，全部售完。这个简本虽然割舍了不少有价值的内容，但仍然对本书的思想传播发挥了重要作用。

由于多方面的原因，本书的第一版有不少文字错误。为此，笔者后来对其中的笔误和校对错误进行了较细致的订正，并于2008年出版了重印本。这次的第二版又在重印本的基础上作了进一步修订。这次修订主要有以下三个方面：一是个别地方作了补充。引言中补充了一个部分，即“德性：人格完善的可靠保证”，这样就使笔者所主张的幸福主义伦理学体系得到了系统的表达。原第三章（素质与作为）比较单薄，这次作了一些补充。二是对一些过时的表述以及一些文字错误作了纠正。三是对一些重要观点适当增加了一些引证。总体上看，除个别的地方加进了本人后来的观点（这些地方一般都加了注释标明）外，第二版基本保持了本书的原貌。这部著作是笔者阐述幸福主义伦理学体系的代表作，总体上看是框架性、纲要性的，而笔者后来出版的其他多部著作特别是《德性论》（人民出版社2011年版）在内容和观点上对本书作了补充、深化和完善。有兴趣对笔者的幸福主义理论作深入了解的读者朋友，可进一步阅读这些著作（见本书参考文献中的相关部分）。

本书虽然是笔者过去著作的修订版，但也可称作是笔者现在作为其研究员的一些研究机构的一项共同成果，这些机构是：湖北大学哲学学院和高等人文研究院、湖北省道德与文明研究中心、中华文化发展湖北省协同创新中心、湖北省文化建设研究院、清华大学道德与宗教研究院、北京师范大学社会主义核心价值观协同创新中心、北京师范大学教育部人文社科研究基地价值与文化研究中心、中国特色社会主义道德文化协同创新中心（湖南省）。所有这些研究机构长期以来给笔者学术研究提供了平台和支持，借此机会对他们表达诚挚的谢意。这次修订工作主要是笔者的硕博连读生蔡梦雪同学所做，她的努力为本书增色不少，在此感谢她细心而卓越的工作。洪华华老师、李巧萍老师和我的硕士、博士研究生蔡梦雪、陶涛、李文龙、钟典等同学参加了本书的校对工作，在此一并致谢！本书的出版还要感谢科学出版社科学人文分社樊飞编辑一如既往的鼎力支持！

江畅谨识

2016年9月20日

丛书编后记

1994年，为振兴和发展湖北大学的哲学事业，我们两个人（江畅、戴茂堂）分别从湖北大学政治教育系和《湖北大学学报》编辑部调到湖北大学哲学研究所，当时我们信心满满地想建立中国哲学的“沙湖学派”。从那时到今天，已经整整20年了。20年来，沙湖学派从小到大，从弱到强——从当时的几位老师和几位学生，到今天的几十位老师和几百位毕业生和在校生；从没有一个学位点，到今天拥有本科、硕士、博士学位点，以及博士后流动站；从没有任何重点学科到今天具有省级一级哲学重点学科；从当时单二级学科的西方哲学或伦理学研究到今天的作为一级学科的哲学研究，以及更广范围的文化研究，搭建起了湖北大学基础文科的文化发展研究平台。我们正在组织出版五本集刊（《德国哲学》、《价值论与伦理学研究》、《文化发展论丛》(中国卷、世界卷、湖北卷)）和三本蓝皮书（《文化建设蓝皮书：中国文化发展报告》、《世界文化蓝皮书》、《湖北文化蓝皮书》）；正在组织有关中国、世界、湖北文化发展的学术论坛。今天，沙湖学派已经成为中国哲学和文化研究的一支重要力量。我们希望本丛书能以更突出的个性特色为沙湖学派的发展壮大、为我国哲学与文化的繁荣昌盛做出一份贡献！

在2000年开始出版的“价值论与伦理学丛书”的总序中，我们第一次明确宣告了沙湖学派的宗旨，即：“以关注和研究人类（特别是中国）价值与道德问题为宗旨，以个体自主和整体和谐为旗帜，以重反思、重批判、重对话为指针，以出思想、出观点、出理论为使命，力求在哲学和伦理学上有所突破，有所创新，形成独树一帜的‘沙湖学派’，以成为哲学百花园中的一簇充满生机和活力的鲜花。”我们还阐明了出版丛书的基本思路，即：“从广义上理解伦理学，把道德问题作为其中的一部分并放到更广泛的价值问题中去审视和探讨，使伦理学与价值论沟通、统一起来。从哲学的高度研究伦理学，使伦理学成为幸福哲学、价值哲学、人生哲学，成为能为社会和个人观念构建、反思、更新提供一般价值原则和基本行为准则的真正意义的哲学”；“立足中国当代现实，着眼人类未来发展，借鉴现代世界文明，弘扬中国传统文化。不拘一格，广泛吸纳人类已有的一切有价值的思想理论成果，在批判、选择、综合的基础上创新，构建一种理论与应用内在一致的，具有兼容性、开放性、创新性的动态伦理学体系”。在2002年创办的《价值论与伦理学论丛》(后改名为《价值论与伦理学研究》）的发刊词中，我们又强调了这些沙湖学派的基本观念。

上述观念仍然是本丛书的基本观念，我们还会将这些观念进一步运用于文化问题的研究。文化问题的核心是价值问题，价值问题的难题是道德问题。我们将着眼于文化问题研究道德和价值问题，以解决道德问题为突破口破解价值问题和文化问题，以价值问题的研究加强道德问题与文化问题之间的关联，使道德问题、价值问题与文化问题贯通起来，融为一体。我们希望通过我们持续不解的学术探索为我国主流价值观和主流价值体系构建提供理论支持和智库服务。

江 畅
（湖北大学高等人文研究院院长、教育部“长江学者”特聘教授）
戴茂堂
（湖北大学哲学学院院长）
2014 年 10 月